# 自动驾驶系统开发

黄浴 杨子江 ◎编著

清华大学出版社

北京

## 内 容 简 介

本书系统地介绍当今自动驾驶领域前沿的技术理论,从自动驾驶的背景知识开始,对软硬件平台、感知、地图、定位、规划决策、控制、仿真和安全等方面展开深入讨论,并介绍自动泊车系统和车联网技术的应用。

全书共 15 章:第 1 章是自动驾驶系统的概述(开发结构、场景分类和数据闭环等);第 2 章简要介绍自动驾驶的基础理论,即计算机视觉和深度学习等;第 3、4 章是自动驾驶的软硬件平台分析,包括传感器、计算平台、软件架构和操作系统等;第 5～9 章分别介绍自动驾驶的感知、地图、定位、规划和控制模块;第 10 章重点介绍自动驾驶的仿真模拟模块;第 11 章讨论自动驾驶的安全模型;第 12 章讨论自动驾驶的一个特例——自动泊车系统;第 13 章介绍车联网技术(车-路协同和车辆编队);第 14、15 章分别介绍最近自动驾驶相关的两个技术热点,即 3D 场景的神经渲染(以 NeRF 为主)和扩散模型的内容生成。

本书适合有一定基础的读者阅读,如具备在计算机视觉和机器学习(甚至深度学习)方面的理论基础和实践经验。本书提供大量自动驾驶前沿技术的第一手资料,涉及开发自动驾驶的多方面。希望本书能够启发和触动自动驾驶一线的开发人员,在遇到问题和困难时开阔思路并发现解决问题的方法。

**图书在版编目(CIP)数据**

自动驾驶系统开发/黄浴,杨子江编著.—北京:清华大学出版社,2024.5
ISBN 978-7-302-65860-3

Ⅰ.①自…　Ⅱ.①黄…②杨…　Ⅲ.①汽车驾驶—自动驾驶系统　Ⅳ.①U463.61

中国国家版本馆 CIP 数据核字(2024)第 060792 号

责任编辑:黄　芝　李　燕
封面设计:刘　键
责任校对:王勤勤
责任印制:刘　菲

出版发行:清华大学出版社
　　　网　　　址:https://www.tup.com.cn,https://www.wqxuetang.com
　　　地　　　址:北京清华大学学研大厦 A 座　　　邮　　编:100084
　　　社 总 机:010-83470000　　　邮　　购:010-62786544
　　　投稿与读者服务:010-62776969,c-service@tup.tsinghua.edu.cn
　　　质量反馈:010-62772015,zhiliang@tup.tsinghua.edu.cn
　　　课件下载:https://www.tup.com.cn,010-83470236
印 装 者:三河市龙大印装有限公司
经　　销:全国新华书店
开　　本:185mm×260mm　　印　张:37.25　　　字　　数:908 千字
版　　次:2024 年 5 月第 1 版　　　印　　次:2024 年 5 月第 1 次印刷
印　　数:1～2000
定　　价:136.00 元

产品编号:100258-01

# 推　荐　语

**来自学者：**

黄浴博士与杨子江教授是自动驾驶及相关领域的顶级科学家。这部著作对此领域，从基础理论到研究前沿，进行了全面并深刻的阐述。在自动驾驶科技发展的关键时刻，本书的出版恰逢其时。对有科技基础的读者，特别是有志从事自动驾驶研发的科技人员，本书将是不可或缺的宝典。我强烈推荐！

　　——姚期智　清华大学交叉信息研究院院长，2000 年图灵奖获得者，中国科学院院士

自动驾驶是人工智能、软件、能源、机械等学科的交汇，对推动科研发展有巨大的促进作用。黄浴博士及杨子江教授的著作深入探讨了自动驾驶的基础理论和最新成果，我推荐这本优秀的参考书。

　　——管晓宏　西安交通大学电信学部主任，中国科学院院士

黄浴博士与杨子江教授的著作，从基础理论到具体实践，深入浅出地系统讲述了新一代自动驾驶领域的核心技术。两位学者在学术界和工业界都有很深的造诣。本书对于无人驾驶领域的初学者或资深从业者来说，都是不可多得的好书。本人强烈推荐给读者！

　　——杨强　加拿大皇家科学院院士，加拿大工程院院士，香港科技大学计算机科学系讲座教授，微众银行首席人工智能官

**来自企业家：**

从互联网行业再到智能汽车行业，我的创业经历让我相信自动驾驶技术将赋予汽车新的产品定义，带来更多创新，成为诸多新兴技术的载体和连接点。希望黄浴博士和杨子江教授的这本大作，能够在智能汽车产业向自动驾驶方向发展的艰难道路上，为更多人增添力量。念念不忘，必有回响。

　　——李想　理想汽车创始人、董事长兼 CEO

依靠新一代芯片和软件，让自动驾驶成为现实，这将改变人类的出行方式，但相关技术创新和实现尚在起步阶段。希望黄浴博士和杨子江教授这部联袂著作可以吸引更多科技人员奔赴自动驾驶的星辰大海。

　　——余凯　地平线创始人兼 CEO

中国新能源汽车异军突起，正在走向世界，但是以智能驾驶为核心的汽车产业技术革新和产品变现才刚刚开始。这本书无疑为这个新技术领域的从业者提供了进阶指导，希望能助推汽车产业吸引更多优秀的科技人员。

　　——韩三楚　大众集团（中国）董事会成员、执行副总裁、Cariad 中国 CEO

自动驾驶的大幕已经开启,前沿技术的发展日新月异,黄浴博士与杨子江教授合著的《自动驾驶系统开发》,对自动驾驶的基础理论、实践经验以及前沿发展,进行了系统而深入的阐述,内容贴近一线,非常适合从业人员阅读,可以开阔思路、拓展认知。我强烈推荐!

——徐雷　纽励科技创始人兼 CEO、CTO

黄浴博士与杨子江教授长期在自动驾驶前沿进行技术研发,他们的这部著作对自动驾驶研发从业人员来说是很好的技术参考书,希望能够推动这个行业的进一步发展。

——韩旭　文远知行 CEO 兼联合创始人

**来自一线技术专家:**

黄浴博士与杨子江教授长期从事自动驾驶研发的前沿工作,是行业的顶级专家。这部著作详尽地涵盖了当前自动驾驶的相关技术模块,从感知到规划控制,从软件平台到硬件,系统地介绍了自动驾驶研发的相关技术,同时对最新技术,如神经渲染、扩散模型等有清晰的介绍。这部著作对自动驾驶研发从业人员和对自动驾驶技术感兴趣的读者,都是不可多得的参考书和实践教材。我强烈推荐!

——陈学文　广汽研究院首席科学家兼任 xlab 主任

黄浴博士与杨子江教授长期专研自动驾驶前沿技术与量产实践,是不可多得的顶级专家。这部著作凝聚了两位科学家在自动驾驶领域的丰富开发经验和深刻理论理解。无论是自动驾驶研发从业人员,还是对自动驾驶技术感兴趣的读者,都能从本著作中收获良多。我强烈推荐!

——陈光　一汽红旗南京科技开发公司 CTO

近年来自动驾驶技术飞速发展,在新能源汽车赛道已经落地开花,为我们带来了崭新的出行体验。黄浴博士和杨子江教授在自动驾驶领域耕耘多年,成绩斐然。本书系统地介绍了自动驾驶基本原理、软硬件、方法论和发展方向,是一本不可多得的理论结合实战的佳作。

——董远强　小鹏汽车自动驾驶工程高级总监

黄浴博士与杨子江教授是自动驾驶及相关领域的顶级科学家和经验丰富的业界实践者。这部著作从理论到实践、从硬件到软件,全面系统地介绍了自动驾驶各个方向的核心技术,提供了很多自动驾驶前沿技术的第一手探索、实践和思考的经验和资料,是无人驾驶业界的科研人员的一部不容错过的佳作。本人强烈推荐!

——罗琦　英伟达自动驾驶工程总监

# 序

汽车是人类社会"衣""食""住""行"四大基本需求中"行"的重要载体。多年以来,汽车工业的蓬勃发展给人类的交通带来了巨大便利,但随着汽车保有量增长的同时,也导致交通事故频发、能源消耗过度、环境污染严重等社会问题产生。

在新一轮科技革命和产业变革的推动下,汽车已经从单纯由人工控制的交通工具,转变为机械、电子、计算机、人工智能、信息通信等多领域交叉的综合性智慧移动空间和运载出行系统。基于交叉学科,多领域融合的新技术,研发新一代智能网联汽车(也称为网联式自动驾驶汽车),以解决当前交通社会存在的各种问题,已成为国内外研究机构及汽车企业的共识。随着汽车智能化、电动化技术的不断成熟,智能化、网联化的清洁能源汽车可以提供更安全、更节能、更环保、更便捷的出行方式和综合解决方案。进一步地,随着新兴的汽车电子技术、通信技术、大数据平台等技术的进步和应用,融合网联化的新一代智能网联汽车及相关技术得到了广泛的关注和研究,也是国际公认的未来发展方向和关注焦点。

本书作者具有丰富的、深厚的计算机视觉和机器学习工作经验,并在自动驾驶汽车领域深耕多年,是这个新兴领域的一线研发工作者,这也使得本书具有难得的系统性知识体系和深刻的自动驾驶技术观点,相信能够给这个领域的读者或从业者带来启迪和收获。

李克强院士　清华大学

# ○ 前　言

### 自动驾驶的大幕

人类对自动驾驶的梦想甚至早于汽车的诞生。16 世纪,达·芬奇就试图以高强力弹簧为动力让车辆在规划好的路线上自动驾驶。现代社会真正让自动驾驶引起世人关注是通过美国国防部高级研究计划局(Defense Advanced Research Projects Agency,DARPA)在 2004 年启动的自动驾驶挑战赛——Grand Challenge。2005 年,自动驾驶越野赛的冠军是斯坦福大学的 Stanley;2007 年,自动驾驶城市赛的冠军是卡内基-梅隆大学的 Boss。

DARPA 的比赛不仅从学术上促进了大学的科研,也诞生了数家后来的自动驾驶头部企业。2009 年,谷歌公司收购了斯坦福大学的自动驾驶团队,也就是谷歌子公司 Waymo 的前身。2015 年,优步也逐渐把卡内基-梅隆大学自动驾驶团队收编。在这一年,特斯拉发布了 Autopilot,虽然名字上感觉是自动驾驶 L4,但其实还是辅助驾驶 L2。通过 DARPA 竞赛还成就了一家公司,就是生产 64 线机械式激光雷达的 Velodyne。

### 自动驾驶技术的研发现状

自动驾驶的发展基本存在两条技术路线。一条是跨越式开发技术路线,即直接做 L4 级别的自动驾驶系统,以高科技公司谷歌和百度为主,它们对车企行业了解不深,而直接把机器人研发的模式用于自动驾驶车辆。这条技术路线多半不计成本,采用高清地图和高精密度惯导定位,可没有地图的地方也很难运营(不需要和导航地图接口,直接采用高清地图进行规划,对于大规模导航区域的高清地图下载和全局规划的计算复杂度缺乏认识),安装激光雷达这种最好、最昂贵的传感器(当时视觉的深度学习技术比较初级),采用最强的计算平台(因为不是量产,一些 L4 自动驾驶公司直接采用工控机作为支撑,不需要考虑平台移植的工程难度),面对 Robotaxi 的落地,虽然还没有针对任意场景,但在测试的高速和城市街道场景中,基于较可靠的感知性能,的确提供了面向复杂交通环境下最强的规划决策能力。目前看到的基于数据驱动开发的规划决策算法,多半来自 L4 公司,而且其中几个还举办了这方面的竞赛(基于本身提供的开源数据集)。在仿真平台的建设上,L4 公司也是远远走在前面(特斯拉基本已经具备 L4 开发落地能力),包括数据重放和单点测试的可视化能力。高清地图方面,L4 公司的技术也比较成熟。收集的传感器数据,L4 公司在包括激光雷达和车辆定位轨迹等方面也高于一般的 L2 公司。

另一条技术路线是渐进式开发,即先从 L2 的辅助自动驾驶系统起步,然后逐渐适应更复杂的交通环境,从高速、高架慢慢过渡到有闸道、有收费站的场景,最后进入城市的大街和小路,自动驾驶系统的级别也慢慢演进到 L2＋、L3、L3＋和 L4 水平(最近看到一种新趋势,即 L4 自动驾驶的开发公司、L2 自动驾驶的主机厂和 Tier-1 合作,共同开发 L2＋的量产级别车辆)。渐进式开发的技术路线,一般是主机厂和 Tier-1 采用,它们首先会考虑成本、车规和量产用户的 ODD(运行设计域)定义。早先以 Mobileye 为主要供应商,之后特斯拉和英伟达的开发模式成为主流。限于成本,这条路线多采用摄像头为主传感器,加上车企已经接受的毫米波雷达为辅助。相对来说,这条路线的前沿水平(如特斯拉),所采用的视觉感知技术具有明显的优势。因为在融合中雷达出现大量虚警信号,特斯拉甚至在自动驾驶感知模块中放弃了它。以前泊车自动驾驶采用超声波传感器,逐渐也和鱼眼摄像头结合提供泊车辅助、记忆泊车甚至代客泊车的应用。特斯拉也采用超声波提供拥挤交通场景的感知。也许是成本的压力,渐进式开发路线一般是"重感知、轻高清地图"的模式,甚至已经在 BEV 网络模型中实现了感知和在线地图及定位的端到端集成(如特斯拉)。作为行业领军企业的特斯拉,慢慢完善了数据驱动的开发工具链,实现了一个包括数据筛选、数据标注、仿真模拟、模型迭代、场景测试评估和模型部署等的数据闭环。基于自动驾驶的长尾问题和 AI 模型的不确定问题,谷歌公司也有类似的框架,但特斯拉将其发挥到极致,在量产的用户车辆上实现了良性循环,目前它也已经推出 L4 的自动驾驶版本 FSD。

自动驾驶基本存在 1.0 和 2.0 两个发展阶段。自动驾驶 1.0 阶段采用多种传感器构成感知输入,如激光雷达(lidar)、视觉相机、雷达(radar)、惯导 IMU、轮速计和 GPS/差分 GPS 等,各个传感器在感知能力上存在差异,针对性地用多模态传感器融合架构,目前多是采用后融合策略,把各个传感器在相关任务中的结果进行一次滤波,达到互补或者冗余的效果。这方面存在两条路线,一条路线是依靠激光雷达加高清地图的做法,成本高,主要是 Robotaxi 等 L4 公司采用;另一条路线是视觉为主、轻高清地图的做法,成本低,多是 L2/L2＋自动驾驶公司为量产落地的思路。两条路线都会有很传统的后处理步骤(特别是视觉),大量调试工作和问题也来自于此。另外,这个阶段的规划决策多是采用基于规则的方法,实际上没有数据驱动的模型,如开源的 Autoware 和百度 Apollo。由于 L4 公司的运行场景在一些具备高清地图的固定地区,本身感知投入的传感器精度较高,已经做过数据训练规划决策模型的探索;相对来说,L2/L2＋公司还没有建立数据驱动的规划决策模块开发模式,多是采用优化理论的解决方案,普遍从高速场景入手,升级到特斯拉那种"闸道-闸道"的模式,很少能支持城市自动驾驶的复杂场景(如环岛路口和无保护左拐弯操作等)。

自动驾驶2.0阶段应该是以数据驱动为标志,同时对于1.0阶段的感知框架也有比较大的改进。数据驱动的开发模式倾向于端到端的模型设计和训练,对于规划决策而言就是需要大量的驾驶数据去学习"老司机"的驾驶行为,包括行为克隆的模仿学习,以及通过基于模型强化学习(M-RL)估计行为-策略的联合分布等,不再靠各种约束条件下的最优问题求解。其中轨迹预测是一个重要的前奏,需要对智体交互行为进行良好的建模,并分析存在的不确定性影响。对于感知而言,2.0时代需要考虑机器学习模型取代哪种传统视觉或信号处理(滤波)的部分,真正做到采集数据来解决问题的开发模式。例如特斯拉最近的BEV(鸟瞰视图)和Occupancy Network(占用网络),都直接通过深度学习模型实现所需信息输出,而不是采用传统视觉和融合理论去二次处理模型输出。传感器融合理论也从后融合升级到模型中特征融合甚至数据融合(如果同步和标定有一定的先验知识)。这里可以看到Transformer网络在这个感知框架下扮演着重要的角色,同时也给计算平台提出了更高的要求。基于这种数据驱动的自动驾驶平台需求,大模型的设计思路也被引入,因为大量数据的获取,包括高效的数据筛选、自动标注和仿真技术辅助,需要在服务器端维护一个教师大型模型,以支持布署到车端的学生小型模型的训练和迭代更新。

**自动驾驶的挑战和未来**

汽车产业的转型面临的挑战之一是转型到软件定义汽车的新模式。自动驾驶的软件代码量将超过5亿行,是非常复杂的软件系统之一,相比之下,波音787有650万行代码、Android有1500万行代码、Windows 11有5000万行代码、Facebook有6200万行代码、现代汽车有1亿行代码。同时,智能汽车的软件也是现代软件的集大成者,包含了实时嵌入式软件、云计算软件、消费者软件、仿真软件、AI算法和大规模多智体协同系统软件。而且,这么庞大和复杂的软件系统对安全性、可靠性的要求也极高,因为软件的失效会导致性命攸关的严重后果。因此,智能汽车软件需要使用软件工程和软件测试验证最先进的理论及实践。

同时,自动驾驶的进步依赖于人工智能技术的发展。虽然人工智能下围棋已经战胜了人类,但是围棋是一个封闭环境,棋盘格式和下棋规则2000多年都没有变化。而依靠数据训练的机器学习技术很难解决行驶环境中无穷尽的开放场景。例如,小朋友很容易理解的儿歌——"我在马路边捡到一分钱,把它交到警察叔叔手里边",人工智能技术要理解就要解决很多问题。比如为什么捡到一分钱是合理的而捡到一亿元是不合理的,为什么要交给警察,等等。人在生长过程中积累的大量已知的不安全(known unsafe),再加上交通开放场景的未知的不安全(unknown unsafe),是自动驾驶难以解决的长尾问题。当然,自动驾驶要解决的技术难点很多,这将在本书里进行逐一阐述。

虽然实现自动驾驶的挑战很多,但是新一代智能汽车能为社会带来几乎零排放、零事故、零成本的交通出行系统。2020年以来,售价约15 000美元、单次充电行驶里程400千米以上电动汽车的规模上市,可以完全对标主流燃油汽车的性能和使用成本,标志着电动汽车已经到达超越燃油车的临界点。未来10年,电动汽车的普及将使全球石油消耗量减少约30%,汽车产业零排放的目标指日可期。此外,随着自动驾驶带来安全性的提升,最终达到零事故出行的愿景。目前,全世界每年有 135 万人死于交通事故,相当于每 24 秒就有 1 人因交通事故丧命,与交通事故相关的成本约占全球 GDP 的 0.5%。根据 Waymo 公司的最新研究,目前其自动驾驶技术能够规避 75% 的碰撞事故发生,减少 93% 的严重受伤,高于理想状态下人类司机模型的 62.5% 和 84%。并且,电动汽车的维护保养和行驶成本相比燃油车可以大幅度降低,甚至趋近于"零"。首先,电动汽车的运动部件少于 200 个,而燃油汽车的运动部件超过 2000 个,电动汽车在生命周期内的保养成本不到燃油车的一半。电动汽车的电机驱动和车身设计可以支撑 160 万千米运行,在正常情况下行驶,电池可以支持 50 万~80 万千米的行驶距离,也可以通过更换电池持续使用,是燃油汽车使用寿命的 10 倍以上,其生命周期内的折旧费用也可以减少到原来的 1/10。基于换电技术,电池即服务(battery as a service)带来了另一个维度的降低出行成本的方法,尤其在商用车领域,换电服务可以降低因为充电时间带来的服务中断,电池仓可以通过大规模的标准化降低电池采购成本,并且也可以优化电池维护和保养,换电还可以更好地利用电网的价格低谷。综上所述,电动汽车的折旧成本、维护成本和使用成本都相当于传统燃油车的 1/10,在共享出行的场景,每千米成本从今天的 1 元左右,降低到 0.1 元。共享出行的另一个主要开支是软件使用费用,未来自动驾驶模式趋于成熟,按照目前特斯拉自动驾驶订阅模式,每月为 1400 元,假设共享出行的每月里程为 6000 千米,则每千米的 AI 司机费用约为 0.02 元。综合上述数据,通过电动化和自动驾驶,共享出行的成本可以从今天的 1.5 元降低到 0.12 元,百公里出行的成本为 12 元,如果是多人一起出行,则成本进一步降低,和水、电、网络服务的使用成本基本相同。

**本书的写作目的**

在自动驾驶发展方兴未艾时,越来越多的公司、工程师、科学家和学生进入或打算进入这个赛道。笔者希望给读者介绍一下当今自动驾驶前沿的技术理论。

本书主要包括以下内容。

- 简要介绍自动驾驶的概论,包括自动驾驶的分级方法、两种不同的开发结构(模块化和端到端)、自动驾驶的应用场景分类和数据闭环概念等。
- 在展开前沿技术介绍之前,铺垫了涉及的基础理论,如计算机视觉、图像处理、优化理论、机器学习和深度学习等。
- 在开始本书的重点之前,读者需要对自动驾驶的软硬件平台有初步了解,硬件部分有传感器(摄像头、激光雷达、毫米波雷达、超声波雷达和车联网等)、计算平台、线控底盘和电子电气架构等,软件部分有软件架构(如 AUTOSAR 和 aSPICE)、软件开发 V-模型和操作系统。
- 本书真正的重头戏是第 5~9 章,即感知、高清地图、定位、规划和控制。感知部分涉及了多种传感器标定、单目测距、深度图估计、3D 障碍物检测和跟踪、传感器融合(数据级和任务级)、车道线检测、交通标志检测识别、交通信号灯检测识别、双目视觉、驾驶区域分割、人体姿态估计、驾驶人监控系统和新一代 BEV 感知框架等;高清地图部分介绍了高清地图的结构、语义地图的构建、基于车道线地图和基于深度学习的 SLAM 等；定位部分和高清地图部分不可分，包括基于车道线地图的定位、基于激光雷达的地图定位、传感器融合的混合式定位以及基于深度学习的定位方法；规划部分涉及基本的规划理论、对驾驶行为的建模预测、行人行为的建模预测和基于深度学习的模仿学习等；控制方法相对来说比较传统，但是在回顾经典的车辆运动学和动力学模型、控制理论（如 PID 和MPC）之外，也讨论了基于深度学习的控制理论。

- 本书也讨论了自动驾驶研发重要的一个环节：模拟仿真，介绍了传感器仿真，交通模拟模型、汽车/行人仿真模型、可视化平台以及数字孪生和安全-紧要场景数据生成等。

- 作为自动驾驶不可分的一部分是安全理论，本书涉及著名的 NHTSA 的安全要素、国际标准化组织功能安全标准 ISO 26262 和预期功能安全标准 ISO 21448（SOTIF）、网络安全、自动驾驶的安全隐患和解决方法以及系统的验证和确认（V&V）技术，还附加了 Intel Mobileye 的责任敏感性安全模型。

- 目前自动驾驶技术最接近商业落地的一个场景是自动自主泊车。本书专门具体讨论了泊车系统的视觉系统标定、停车位检测、运动规划、传感器融合（超声波和环视摄像系统）和自主泊车系统，特别讨论了停车场的地图制作和基于深度学习的泊车规划方法。

- 车联网是自动驾驶的一个重要辅助，可以看作传感器的"延伸"。本书还讨论了车联网技术的应用，如车-路协同、车辆协同感知和车辆编队的规划及控制等。

- 针对当前比较热门的两种技术，本书也单独给予分析讨论。一是神经渲染，其中包括神经辐射场模型（NeRF）的基础、算法加速、泛化和扩展技术；二是扩散模型，一种性能最优的内容生成模型，介绍其基础理论、改进方法以及在图像合成、图像-图像翻译和文本-图像生成等方面的应用。

**读者对象**

本书读者需要有一定基础，如具备在计算机视觉和机器学习（甚至深度学习）方面的理论基础和实践经验。本书并不是给初学者一个了解自动驾驶的窗口，而是真正深入地进入自动驾驶面临的难题之中，给读者一个全面的认识。本书提供了很多自动驾驶前沿技术的一手资料，希望能够启发和触动自动驾驶一线的研发人员，在遇到问题和困难时开阔思路并发现新的解决方法。

为便于读者阅读和理解，将书中部分彩图以在线图片的形式呈现，请先扫描封底刮刮卡内二维码，再扫描章名旁的二维码查看。

由于笔者水平有限，书中不当之处在所难免，欢迎广大同行和读者批评指正。

黄　浴　杨子江

2024 年 1 月

# ◎ 目录

## 第 5 章 自动驾驶的感知模块 97

# 第1章 自动驾驶系统概论

在自动驾驶系统的概念中有一些模糊的地方,如自动驾驶系统如何定义,自动驾驶的研发中为什么会有那么多的子模块,怎样才算自动驾驶落地等。本章先对自动驾驶系统进行概括性的介绍,使读者了解自动驾驶的分级方法,搞清楚自动驾驶的模块化开发和端到端学习开发的区别,以及了解自动驾驶的应用场景。

1.1节介绍自动驾驶的分级,1.2节介绍模块化开发结构,1.3节介绍不常用的端到端开发结构,1.4节介绍自动驾驶的落地场景分类,最后1.5节介绍数据闭环。

## 1.1 自动驾驶的分级

Mobileye、特斯拉和谷歌Waymo都在研究自动驾驶,但到底如何定义自动驾驶系统以及彼此的区别,这涉及汽车自动驾驶的分级。

目前业界有两套标准:第一套是由美国交通部NHSTA(国家高速公路安全管理局)制定的;第二套是由SAE International(国际自动机工程师学会)制定的。这两套标准的差异主要在于对L4、L5的定义,一般以SAE为准。

SAE将汽车自动化的程度分为6个等级,如图1.1所示。

- L0(driver only,无自动化):汽车没有自主权;由驾驶人全权操作汽车的所有任务。
- L1(assisted drive,辅助驾驶):车仍然由驾驶人控制,但在整车设计中有一些驾驶辅助功能。
- L2(partial automation,部分自动化):包含一些自动功能,如加速和方向盘,但驾驶人不能脱离,仍然需要监控环境。
- L3(conditional automation,有条件自动化):仍然需要驾驶人,但不需要监控环境。当得到警告时驾驶人需要随时接管。
- L4(high automation,高度自动化):在一定条件下系统完成所有的驾驶操作;驾驶人在可能的情况下接管。
- L5(full automation,完全自动化):在任何条件下系统完成所有的驾驶操作;驾驶人无须接管。

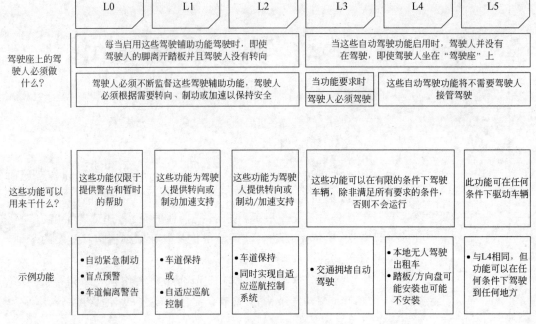

图 1.1   SAE 自动驾驶分级

Mobileye 提供的 ADAS(先进驾驶辅助系统)产品属于 L2,而特斯拉目前实现的 Autopilot 属于 L2～L3,奥迪 A8 提供的在拥挤交通情况下(时速小于 60km)自动驾驶系统 TJP(traffic jam pilot)属于 L3,而谷歌 WAYMO、百度、通用汽车 Cruise AI 和福特 Argo AI 等研发的自动驾驶归类于 L4,目前 L5 还没有可能,属于终极理想目标。

讲得形象些,自动驾驶的级别,L1 是不用脚(feet-off),L2 是不用手(hands-off),L3 是不用眼(eyes-off),L4 是不用脑(mind-off)。

## 1.2   模块化开发结构

自动驾驶系统的开发结构有两种:一种是端到端的"黑盒子"开发结构,二是模块化开发结构。本节介绍第二种开发结构,1.3 节讨论第一种开发结构。不过目前模块化的开发结构仍然是主流。

自动驾驶系统的模块化结构如图 1.2 所示。

**硬件**平台包括传感器、车联网和制动器。

(1) **传感器(sensor)**:提供外界环境数据的器件,如摄像头、激光雷达、毫米波雷达、GPS 和惯性测量单元(IMU)等。

(2) **车联网(V2X)**:用于接收和发射信息,主要和周围其他车辆交换位置和速度数据。

(3) **制动器(actuators)**:车辆控制的接口,对线控(wire-control)车辆来说,制动器输入的是三个信号,即加速踏板、制动踏板和方向盘。

**软件**平台包括感知(高清地图、定位)、规划和控制。

(1) **感知(perception)**:通过感知器采集的数据去了解周围环境,如障碍物、深度、车道线、交通牌、红绿灯和分割情况等。

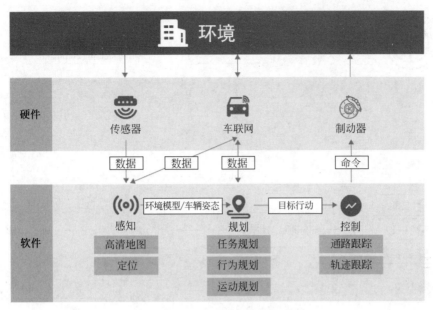

图 1.2　自动驾驶系统的模块化结构

- **高清地图**（**HD map**）：提供车道线级别的地图。
- **定位**（**localization**）：基于高清地图和现场采集的传感器数据之间的匹配来确定自身位置。

（2）**规划**（**planning**）包括三个层次，即任务（路径）规划、行为规划（决策）和运动规划。

- **任务规划**（**mission planning**）：寻找从起始点到终点最短或者最快的道路。
- **行为规划**（**behavior planning**）：在多种驾驶行为中作决策，如变道、超车、拐弯、加/减速和停车等，这种决策取决于交通规则、驾驶习惯和交通状况（障碍物）。
- **运动规划**（**motion planning**）：一种局部规划，用于确定具体化的车道和行动，生成参考通路和带时间的参考轨迹。

（3）**控制**（**control**）和运动规划相连接，也称运动控制，跟踪执行规划的误差，将其反馈到控制器以稳定到参考通路和参考轨迹；对应地，控制也包括两部分：通路跟踪（path tracking）和短时间的轨迹跟踪（trajectory tracking）。

## 1.3　端到端开发结构

端到端的自动驾驶系统就像一个"黑盒子"，如此简单化的开发结构隐藏了学习的难度。它的输入即所有的传感器数据，而输出则是车辆的控制信号。目前追随这种开发结构的典型例子有以下几个：NVIDIA（英伟达）公司开发的 PilotNet、Comma AI 公司提供的开源 OpenPilot，以及特斯拉 Autopilot 总监提出的软件 2.0。

如图 1.3 所示，NVIDIA 的 PilotNet 采用三个摄像头（左、右、中）录取外界环境的数据并输入深度学习的卷积神经网络（CNN）模型，输出为车辆控制的方向盘转角。

但在推理/测试的时候，PilotNet 只用一个"中镜头"输入数据去控制车辆的方向盘，如图 1.4 所示。

如图 1.5 所示，Comma AI 的 OpenPilot 的学习结构包括两部分：一是采用生成对抗网

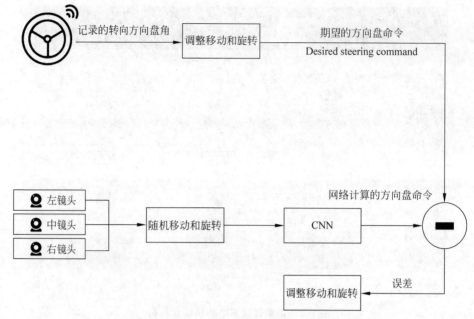

图 1.3   NVIDIA 的 PilotNet 端到端自动驾驶学习系统结构

图 1.4   中镜头输入数据

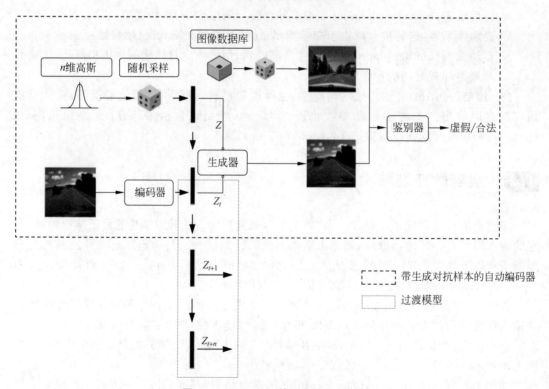

图 1.5   Comma AI 的 OpenPilot 结构

络(GAN)和可变自动编码器(VAE)相结合作为训练主体;二是利用一个行动(action)条件递推神经网络(RNN)模型通过15帧的视频数据来学习一个过渡模型(transition model),作为今后推理驾驶动作的核心。

不过在实际的上车实验中,要求车辆必须具备两个辅助驾驶功能,分别为:①ACC(自适应巡航控制):可以确认由节气门及制动踏板控制;②辅助转向系统:可以确认由方向盘控制。

特斯拉Autopilot总监提出的软件2.0结构如图1.6所示。基本上系统输入了所有的传感器数据,即8个摄像头、12个超声波雷达、1个毫米波雷达以及惯导数据。而输出是控制信号,即加减速和方向盘。目前为止,没有看到特斯拉已经完成这样的实际系统研发。

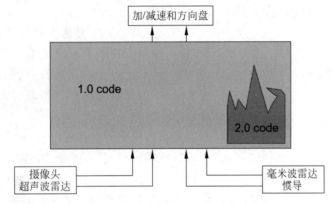

图1.6 特斯拉的软件2.0自动驾驶结构

但是,这种方式并不被大多数自动驾驶开发者所接受。一般采用端到端的开发结构基本靠机器学习或深度学习。而不被采纳的主要原因在于边缘例子过多,深度学习的模型训练需要大量数据,而且不容易控制学习过程。

## 1.4 自动驾驶场景

自动驾驶的场景,根据难度可以分为如下场景。

(1) 自主/自动泊车。自主泊车属于L4,一般自动泊车属于L2~L3。最低级的自动泊车是没有车辆控制的,只是提供泊车的建议,如虚拟的参考轨迹。L2自动泊车会提供停车位检测,并确定规划和控制功能,简单的超声波雷达只是检测一个停车位,而视觉系统可以发现多个停车位,L2自动泊车系统让驾驶人选择其中一个,而L3系统会自动选择。

(2) 园区摆渡车:属于L4,如百度Apollo和法国创业公司EasyMiles的EZ-10,驾驶路径相对固定,规划决策简单,主要在闭环道路循环运行。

(3) 无人送货车:属于L4,其难度在于小区道路拥挤,行人多;但好处是低速,无人在车内;美团、京东、阿里菜鸟和硅谷创业公司Nuro均有这种场景。

(4) 高速路商用大货车巡航:属于L3~L4,其优点是以高速公路为主,商业模式简单,在降低司机成本和降低驾驶疲劳度等方面有优势;缺点是因为高速行驶预警时间要长,而且车身大且长,周围监控难度大;谷歌公司、创业公司图森和智加科技公司在这种场景的自动驾驶研发有布局。

（5）高速路交通拥挤堵塞巡航（HTJAP）：属于 L3，优点是速度慢，缺点是交通拥挤，要预防有极端情况（corner case）；奥迪 A8 实现了这种功能，为此安装了 5 个 4 线激光雷达 Scala。

（6）高速路巡航（HAP）：特斯拉 Autopilot，属于 L2＋，在高速公路上提供自动跟车和车道保持功能，缺点是报警时间不足，优点是在相对封闭的环境中更容易实现自动驾驶，目前正在扩展到街道场景，并加入信号灯检测识别的能力。

（7）城市路交通拥挤堵塞巡航（UTJAP）：属于 L4，目前市场上没有相关的产品，只有研发测试，如 Cruise 在旧金山的研发和 Argo 在迈阿密的研发。

（8）无人出租车（等同于城市自动巡航（urban driving））：属于 L4，只在试运营中，如谷歌公司在凤凰城研发的 Waymo One。

**图 1.7　自动驾驶场景的速度-复杂度关系**

图 1.7 是一个针对速度和计算复杂度的维度分析，将一些典型的场景形象地展示了出来，其中赛车道驾驶（racing circuit）是还没有被普遍关注的场景，速度最快，但仍然应用在封闭的园区，难度还在城市驾驶之下。

自动驾驶的研发目前没有一个非常通用的模式，原因是技术没有成熟，商业落地需要考虑不同的应用场景。在不同的应用场景下，某些问题得到简化，但仍然面临独特的难题。如果把这些应用场景比作自动驾驶这棵大树的各个根系，那么在各个应用场景的技术发展就好像把根系深深"扎入"商业落地的土壤中。

## 1.5　数据闭环

把自动驾驶和数据闭环结合在一起，原因是自动驾驶工程已经被认可为是一个解决数据分布长尾效应的任务，时而出现的极端情况是提供数据驱动的算法模型进行升级的数据来源之一。

构成自动驾驶数据闭环的核心技术和模块都有哪些呢？首先自动驾驶的算法和模块是由数据驱动的，其次是由源源不断的数据需要有合理有效的方法去利用。

如图 1.8 所示是特斯拉自动驾驶的数据闭环框架，包括确定不准确例子、单元测试和扩增、（数据）标注和清洗、（模型）训练和（重新）部署。

如图 1.9 所示是谷歌 Waymo 的自动驾驶数据闭环框架，具体流程为先进行数据收集（传感器日志），接着通过数据挖掘和主动学习进行挑选，并通过（人工）标注员或者（机器）自动标注生成标注数据，然后开发模型，进行自动调参优化，之后进行验证和部署，最后发布在车端。

数据收集和清洗/筛选是数据闭环的首要任务，这里分成车端和云端/服务器端两部分。

一般车端在研发阶段和量产阶段采用不同的策略。在研发阶段，一般采集车会将收集的数据直接以硬盘方式存储，要么通过人工方式把硬盘连上服务器，要么通过特别数据传输通道；在量产阶段会有选择地传递数据，如以特斯拉的"影子模式"进行挑选，车端部署的

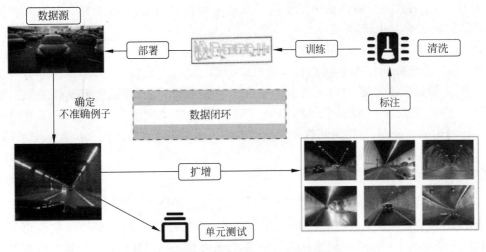

图 1.8 特斯拉自动驾驶的数据闭环框架

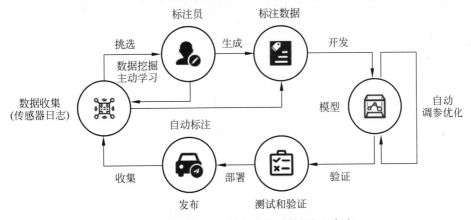

图 1.9 谷歌 Waymo 的自动驾驶数据闭环框架

应用程序发现"影子模式"运行的自动驾驶算法,其决策和驾驶人的行为明显不同;或者利用 CAN 数据进行挑选,判断车辆驾驶数据的异常(如方向盘或者制动的动作很突然);再或者如以特斯拉的触发(trigger)模式进行挑选,根据一种已知的场景模式搜索相似的场景。

而云端/服务器端会对收集到的数据进一步进行筛选,如去除重复场景、挖掘新场景、寻找安全-紧要场景和极端情况等。

数据闭环需要一个云计算/边缘计算平台和大数据的处理技术,这不可能在单车或单机中实现。大数据和云计算发展多年,在数据批处理/流处理、工作流管理、分布式计算、状态监控和数据库存储等方面提供了数据闭环的基础设施支持。

数据标注也是闭环中一个重要的环节。这里标注的效率是一个平台的重要指标,人工标注是非常普遍的方式,但半自动标注,甚至是特斯拉全力开发的自动标注,都需要在算法上做更多的投入,包括线下大模型的开发和人在环的 4D 标注算法构建。

模型训练需要一个强大的 GPU 计算平台,再如 PyTorch 和 TensorFlow 等机器学习训练框架运行多机分布式深度学习训练任务。分布式以数据并行为主,模型并行较少。

模型测试评估需要在仿真环境、封闭环境和开放环境中进行。仿真测试一般会定义一个场景库,产生各式各样的驾驶场景来测试自动驾驶算法,包括软件在环(SIL)、硬件在环(HL)和车辆在环(VIL)等方式。

在模型部署到车端时,模型压缩和加速也是必要的环节,压缩重点在于减少网络参数量,加速目的在于降低计算复杂度、提升并行能力等。

特别是知识蒸馏方法,其将具备大尺寸深度和宽度的网络压缩成尺寸较小的网络,其中压缩模型模拟了复杂模型所学习的函数。基于蒸馏方法的主要思想是通过学习得到softmax 输出的类分布,将知识从教师大模型转换为学生小模型。

## 1.6  小结

本章是自动驾驶技术分析的开头,先对其分级、开发的两种不同路径,即模块化开发结构、端到端开发结构和落地场景进行简单介绍,接着介绍数据闭环的概念。第 2 章将对自动驾驶研发需要的基本理论和工具再进行分析。

## 参考文献

# 第2章 自动驾驶的基础理论

彩色图片

进行自动驾驶系统的开发需要掌握一些专业知识,最根本的是机器学习和深度学习,此外还需要有计算机视觉和图像处理的基础,也涉及一些数值计算和优化算法的知识。

本章无法深入地对这些领域进行详细的介绍,仅简要介绍相关的基本概念和算法,并抽取关键点进行深入介绍。如果真正想全面学习和掌握这些知识,还需要阅读专门的论文和著作。

2.1 节介绍计算机视觉的框架,重点选取几个关键点进行分析,如SIFT 特征提取、摄像头的标定、运动估计和运动恢复结构(SFM),另外一些模块,如立体视觉(stereo vision)、单目形状重建(shape from X)及目标检测/识别/跟踪/分割,都会在第 5 章中重点介绍,这里不再赘述;2.2 节简要介绍图像处理理论,特别分析两种图像去噪的算法,即双边滤波(bilateral filtering,BLF)和非邻域均值(non-local means,NLM)滤波;2.3 节是优化理论一览,特别讨论了两种常见的非线性最小二乘法:G-N法和 L-M 法;2.4 节概述机器学习的理论,重点介绍常用的支持向量机和随机森林;2.5 节对深度学习理论进行概述,其中对卷积神经网络(CNN)、递归神经网络(RNN)、生成对抗网络(GAN)和 Transformer 进行重点讨论。

## 2.1 计算机视觉

什么是计算机/机器视觉(computer/machine vision)?简单地讲,就是计算机像人眼一样,通过图像去理解看到的景物,了解景物包含的东西是什么,每个东西的方位、大小和形状,以及景物的布局等。以自动驾驶遇到的场景来说,计算机视觉需要做到的是:判断车辆是在高速公路上,还是在街道中,甚至是在郊区小路上,以及道路上有哪些车或者行人,道路中有多少条车道,有什么交通牌(停止、限速或者警告等),是不是在交叉路口,有没有交通信号灯,路上有没有其他障碍(如工地、停放的货物,甚至意外的垃圾)等。

加州大学伯克利分校教授 J Malik 曾把视觉的任务称为三个 R:识别(recognition)、重建(reconstruction)和重组(reorganization)(见图 2.1)。

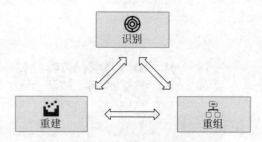

图 2.1　Malik 的 3R 计算机视觉架构

- 识别任务是针对目标的检测、跟踪和分类等。
- 重建任务包括特征匹配、多视角几何学、定位和建图等。
- 重组任务主要是目标分割。

这三个 R 是互相耦合的，识别有助于重建和重组，重建也能够提高识别和重组的性能，重组同样协同识别和重建任务。

再具体地说，让计算机模拟人类视觉并不是一个简单系统能完成的，而是模块化（modular）和分层（hierarchical）的。模块化意味着机器会实现人类视觉的某些功能，如对深度感知、对运动感知和对物体的分离等；而分层是将视觉功能分成低层 2D 图像域、中层 2.5D 运动域和视差（与深度相关）域及高层 3D 形状重建和识别等。本节以计算机视觉专家 R. Szeliski 的著作（见参考文献[2]）为依据，以光度（photometry）、图像（image）和几何形状（geometric shape）为主线展开，贯穿了计算机视觉从底层到高层的基本理论和应用，如图 2.2 所示。

### 2.1.1　计算机视觉底层

计算机视觉底层的任务主要是图像像素级的处理，也有一些底层特征处理。

**1. 图像域的采样混叠**

图像域的采样混叠（sampling and aliasing）实际是摄像头图像的数字化问题；图 2.3 是一个 2D 信号混叠的例子，其中图 2.3（a）为原始的全分辨率图像；图 2.3（b）为使用 25％填充因子盒滤波器（box filter）实现 4 倍下采样；图 2.3（c）为使用 100％填充因子盒滤波器实现 4 倍下采样；图 2.3（d）为使用 9 抽头滤波器（9-tap filter）实现 4 倍下采样。可以观察到低质量滤波器将高频率混叠到可见频率中，而 9 抽头滤波器则完全消除高频率混叠。注：采样间距（sampling pitch）是摄像头上相邻感知单元之间的物理间隔，具有较小采样间距的镜头具有较高的采样密度；填充因子（fill-factor）是摄像头主动感知区域大小（水平和垂直采样间距的乘积），通常建议使用高填充因子，这样捕获更多的光，混叠更少。

**2. 图像处理**

图像处理（image processing）领域是可以独立于计算机视觉的，2.2 节将详细介绍。

**3. 特征提取**

特征提取（feature detection）可找到图像中的一些有显著性的图像特征，它们一般是稀疏的，对某些视觉任务而已，是一种精简的图像描述方式，如角点和边缘；应该说，在计算机视觉领域，深度学习"攻城略地"之前，特征的选择对视觉系统的性能至关重要；最成功和最

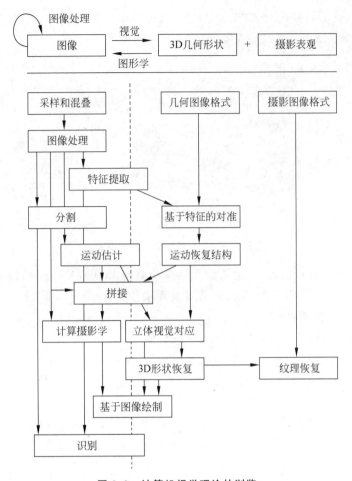

**图2.2  计算机视觉理论的浏览**

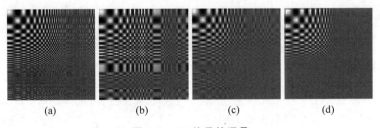

(a)　　　　　(b)　　　　　(c)　　　　　(d)

**图2.3  2D信号的混叠**

著名的设计(hand crafted)特征应该是尺寸不变性特征变换(scale invariant feature transform,SIFT),由加拿大不列颠哥伦比亚大学的教授Lowe提出,SIFT是一种平移、尺度和旋转角度均保持不变的特征,同时也具有光强度不变性,对局部几何畸变表现稳健。

提取SIFT特征的步骤如下。

(1) 构成一幅图像的多尺度高斯金字塔结构,而特征点也称为关键点(key point),可以通过高斯差分(difference of Gaussian,DoG)图像得到。如图2.4所示,使用子八度(sub-octave)差分高斯金字塔(difference of Gaussian pyramid)进行尺度空间特征检测,其中图2.4(a)为子八度高斯金字塔的相邻层相减产生高斯差分图像;图2.4(b)为将像素与其

26个邻居(同一层8个和上、下层各9个)进行比较检测所得3D体积的极值(最大值和最小值);这些操作保证SIFT的光照强度、平移和尺度不变性。

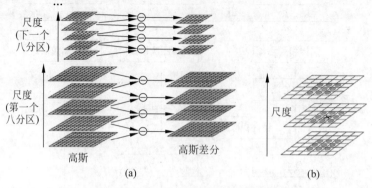

图 2.4　SIFT 在尺度空间的特征检测

(2) 找到尺度空间极值之后,需要使用泰勒级数展开获得更准确的位置(亚像素);因为 DoG 对边缘的响应高,需要予以去除,为此使用类似于 Harris 角点检测的方法,定义 $2 \times 2$ Hessian 矩阵来计算主要曲率(principal curvature),对于边缘,其一个特征值远大于另一个(如大于 10 倍);另外,要去除极值小于阈值的极值点。

(3) SIFT 需要估计主导方向,并以此实现旋转不变性。图 2.5 是 SIFT 的主导方向估计,需要创建所有梯度方向的直方图(幅度加权,或者先去掉小幅度梯度),然后找到显著峰值,即得到主导方向估计。

(4) SIFT 的表示也叫描述子(descriptor),其在关键点周围采用 $16 \times 16$ 邻域,将它分为 16 个 $4 \times 4$ 大小的子块;对于每个子块,创建 8-bin 的方向直方图(见图 2.6);SIFT 是 128-bin 的向量。

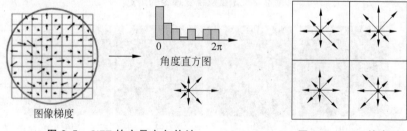

图 2.5　SIFT 的主导方向估计　　　　图 2.6　SIFT 的表示

#### 4. 特征匹配

特征匹配(feature matching)或者在时域中的特征跟踪(feature tracking),是基于特征相似性在其他图像中搜索同一特征,匹配和跟踪利用的约束条件有所不同,前者是几何约束,后者是运动约束;图 2.7 是著名的特征跟踪 KLT(Kanade-Lucas-Tomasi)方法;KLT 的原理与图像运动光流的估计(属于中层部分)是类似的。

#### 5. 图像分割

图像分割(image segmentation)强调的是轮廓边界信息,但还不是完全对应语义意义的物体边界;5.11 节将详细介绍语义和实例分割方法。

图 2.7　KLT 特征跟踪

**6. 基于特征校准**

基于特征校准(feature-based alignment)可以是 2D 图像之间的校准,类似于图像的全局运动估计;也可以是 2D 特征与 3D 特征的校准,如中层部分的图像拼接(image stitching)和摄像头标定(内参数),也可以是 3D 特征之间的校准,如姿态估计(标定外参数)。下面以张正友博士提出的张氏标定法为基础,重点介绍摄像头内外参数标定方法。5.1 节将介绍不同传感器[摄像头、激光雷达、毫米波雷达和 GPS(全球定位系统)/IMU(惯性测量单位)之间的标定问题]。

(1) 首先需要确定在视觉系统中存在几个坐标系,即景物坐标系、图像坐标系和摄像头坐标系,而摄像头标定的任务就是确定三个坐标系之间的转换关系。内参是摄像头坐标系到图像坐标系的转换系数,而外参是景物坐标系到摄像头坐标系的转换系数。

(2) 假设图像点表示为 $m = [u \quad v \quad 1]^{\mathrm{T}}$,景物 3D 点表示为 $M = [X \quad Y \quad Z \quad 1]^{\mathrm{T}}$,那么二者的关系可以表示为

$$sm = A[Rt]^{\mathrm{T}}M \tag{2-1}$$

其中,$s$ 为一个尺度因子;$[Rt]$ 是包括旋转矩阵和平移向量的摄像头外参数矩阵;$A$ 是摄像头内参数矩阵,形式如下:

$$A = \begin{bmatrix} \alpha & \gamma & u_0 \\ 0 & \beta & v_0 \\ 0 & 0 & 1 \end{bmatrix} \tag{2-2}$$

其中,$(u_0, v_0)$ 是图像主点(principal point)坐标;$\alpha$ 和 $\beta$ 是图像坐标轴 $u$ 和 $v$ 的尺度因子;$\gamma$ 表示图像坐标轴的斜度(skewness)。

(3) 摄像头标定需要有一个真实值的标定场,而张氏标定法较其他方法灵活的地方是,这个标定场是一个平面;假设平面方程为 $Z = 0$,那么可以简化为

$$s \begin{bmatrix} u \\ v \\ 1 \end{bmatrix} = A[r_1 \quad r_2 \quad r_3 \quad t] \begin{bmatrix} X \\ Y \\ 0 \\ 1 \end{bmatrix} \tag{2-3}$$

$$= A[r_1 \quad r_2 \quad t] \begin{bmatrix} X \\ Y \\ 1 \end{bmatrix} \tag{2-4}$$

其中,$r_i (i = 1 \sim 3)$ 是旋转矩阵的列向量;这样 3D 点和 2D 图像点的关系就简化成一个单应(homography)矩阵,$H = A[r_1 \quad r_2 \quad t]$,可以看出 $H$ 存在一个尺度因子,意思是只有 8 个未知参数。

（4）显然旋转矩阵是正交的，而 $\boldsymbol{A}^{-T}\boldsymbol{A}^{-1}$ 实际上表示一个绝对锥（absolute conic），这样可以推导出如下公式。定义一个 6D 向量：

$$\boldsymbol{b} = \begin{bmatrix} B_{11} & B_{12} & B_{22} & B_{13} & B_{23} & B_{33} \end{bmatrix}^{T} \tag{2-5}$$

其中

$$\boldsymbol{B} = \boldsymbol{A}^{-T}\boldsymbol{A}^{-1} \equiv \begin{bmatrix} B_{11} & B_{12} & B_{13} \\ B_{12} & B_{22} & B_{23} \\ B_{13} & B_{23} & B_{33} \end{bmatrix} \tag{2-6}$$

$$= \begin{bmatrix} \dfrac{1}{\alpha^2} & -\dfrac{\gamma}{\alpha^2\beta} & \dfrac{v_0\gamma - u_0\beta}{\alpha^2\beta} \\[3mm] -\dfrac{\gamma}{\alpha^2\beta} & \dfrac{\gamma^2}{\alpha^2\beta^2} + \dfrac{1}{\beta^2} & -\dfrac{\gamma(v_0\gamma - u_0\beta)}{\alpha^2\beta^2} - \dfrac{v_0}{\beta^2} \\[3mm] \dfrac{v_0\gamma - u_0\beta}{\alpha^2\beta} & \dfrac{\gamma(v_0\gamma - u_0\beta)}{\alpha^2\beta^2} - \dfrac{v_0}{\beta^2} & \dfrac{(v_0\gamma - u_0\beta)^2}{\alpha^2\beta^2} + \dfrac{v_0^2}{\beta^2} + 1 \end{bmatrix} \tag{2-7}$$

定义 $\boldsymbol{H}$ 的列向量 $\boldsymbol{h}_i = (h_{i1} \quad h_{i2} \quad h_{i3})^T$，那么可以得到一个齐次方程组，即

$$\begin{bmatrix} \boldsymbol{v}_{12}^T \\ (\boldsymbol{v}_{11} - \boldsymbol{v}_{22})^T \end{bmatrix} \boldsymbol{b} = 0 \tag{2-8}$$

$$\boldsymbol{V}\boldsymbol{b} = \boldsymbol{0} \tag{2-9}$$

其中

$$\boldsymbol{v}_{ij} = \begin{bmatrix} h_{i1}h_{j1} & h_{i1}h_{j2} + h_{i2}h_{j1} & h_{i2}h_{j2} \\ h_{i3}h_{j1} + h_{i1}h_{j3} & h_{i3}h_{j2} + h_{i2}h_{j3} & h_{i3}h_{j3} \end{bmatrix}^{T} \tag{2-10}$$

上述方程组的解 $\boldsymbol{b}$ 是 $\boldsymbol{V}^T\boldsymbol{V}$ 的最小特征值对应的特征向量。

（5）这样，可以得到摄像头内外参数的解（$\boldsymbol{b} \rightarrow \boldsymbol{A} \rightarrow \boldsymbol{R}, \boldsymbol{t}$）如下：

$$v_0 = \frac{B_{12}B_{13} - B_{11}B_{23}}{B_{11}B_{22} - B_{12}^2} \tag{2-11}$$

$$\lambda = B_{33} - \frac{[B_{13}^2 + v_0(B_{12}B_{13} - B_{11}B_{23})]}{B_{11}} \tag{2-12}$$

$$\alpha = \sqrt{\frac{\lambda}{B_{11}}} \tag{2-13}$$

$$\beta = \sqrt{\frac{\lambda B_{11}}{B_{11}B_{22} - B_{12}^2}} \tag{2-14}$$

$$\gamma = -\frac{B_{12}\alpha^2\beta}{\lambda} \tag{2-15}$$

$$u_0 = \frac{\gamma v_0}{\beta} - \frac{B_{13}\alpha^2}{\lambda} \tag{2-16}$$

$$\boldsymbol{r}_1 = \lambda\boldsymbol{A}^{-1}\boldsymbol{h}_1 \tag{2-17}$$

$$\boldsymbol{r}_2 = \lambda\boldsymbol{A}^{-1}\boldsymbol{h}_2 \tag{2-18}$$

$$r_3 = r_1 \times r_2 \tag{2-19}$$

$$t = \lambda A^{-1} h_3 \tag{2-20}$$

其中

$$\lambda = \frac{1}{\|A^{-1} h_1\|} = \frac{1}{\|A^{-1} h_2\|} \tag{2-21}$$

（6）当然，以上闭式解（closed form solution）的精度是不够的，而且也不能保证满足 $R$ 的正交性，所以需要进行一个全局最优的最大似然估计（MLE）如下：

$$\sum_{i=1}^{n} \sum_{j=1}^{m} \| m_{ij} - \hat{m}(A, R_i, t_i, M_j) \|^2 \tag{2-22}$$

其中，$\hat{m}(A, R_i, t_i, M_j)$ 是 3D 点 $M_j$ 的 2D 图像投影（$i = 1 \sim n$ 幅图像，$j = 1 \sim m$ 个匹配的图像特征点）；这个非线性最小二乘问题（见 2.3 节）可以采用 Levenberg-Marquardt 算法求解（闭式解作为迭代初始值）。

（7）此外，摄像头存在非线性畸变问题，其模型可以通过多项式表示，求解参数也可以放入上面的 MLE 中，这里不再赘述。

## 2.1.2 计算机视觉中层

中层部分会涉及运动域和视差域的处理。

**1. 图像域的运动估计**

图像域的运动估计（motion estimation）就是从拍摄的连续或者不连续图像对中发现的表观运动，可以是致密的像素光流（optic flow）估计，也可以是针对提取的稀疏特征而言的特征跟踪（feature tracking），比如前面提到的 KLT 方法；如下将介绍广义的 KLT 方法，即参数化运动模型取代简单的平移模型。

（1）依据泰勒展开公式，将基于累积平方差（sum of squared difference，SSD）的运动估计问题表示为步进（incremental motion）方式：

$$E_{\text{LK-PM}}(p + \Delta p) = \sum_i [I_1(x'(x_i; p + \Delta p)) - I_0(x_i)]^2 \tag{2-23}$$

$$\approx \sum_i [I_1(x_i') + J_1(x_i')\Delta p - I_0(x_i)]^2 \tag{2-24}$$

$$= \sum_i [J_1(x_i')\Delta p + e_i]^2 \tag{2-25}$$

其中，$I_1$、$I_0$ 是运动发生的两幅图像；$x_i = (x_i, y_i)$ 是第 $i$ 个图像特征点或者像素位置；$p$ 是取代平移向量的参数化运动向量（可以是仿射变换或者单应变换）；而 $\Delta p$ 是其步进增量；雅可比（Jacobian）矩阵则是

$$J_1(x_i') = \frac{\partial I_1}{\partial p} = \nabla I_1(x_i') \frac{\partial x'}{\partial p}(x_i) \tag{2-26}$$

这里图像梯度是 $\nabla I_1$，向 $J_{x'} = \frac{\partial x'}{\partial p}(x_i)$。

（2）那么，步进运动估计的线性方程是

$$A \Delta p = b \tag{2-27}$$

其中

$$A = \sum_i \boldsymbol{J}_{x'}^{\mathrm{T}}(\boldsymbol{x}_i)[\nabla \boldsymbol{I}_1^{\mathrm{T}}(\boldsymbol{x}_i') \nabla \boldsymbol{I}_1(\boldsymbol{x}_i')] \boldsymbol{J}_{x'}(\boldsymbol{x}_i) \tag{2-28}$$

$$b = -\sum_i \boldsymbol{J}_{x'}^{\mathrm{T}}(\boldsymbol{x}_i)[e_i \nabla \boldsymbol{I}_1(\boldsymbol{x}_i')] \tag{2-29}$$

（3）整个运动估计过程是分级（hierarchical）的：建立高斯金字塔,从金字塔顶端（最粗分辨率）开始步进运动估计（初始运动为零）,之后将估计结果传递到下一层（考虑平移量的尺度变化）,继续步进估计,直至金字塔底层（最细分辨率）。

**2. 经典的运动重建**

经典的运动重建（structure from motion,SfM）,也叫作同步定位和制图（simultaneous localization and mapping,SLAM）,前者概念更广泛,而后者要求时序关系是在线执行的模式。理论上,SFM/SLAM 是在基本假设场景的静态情况下通过摄像头的运动来获取图像序列并得到场景 3D 结构的估计,也是计算机视觉的重要任务,在机器人领域,该任务还会估计现场摄像头的姿态和位置,即定位任务。下面介绍视觉 SLAM 的基本原理（第 6 章会讨论动态环境下的 SLAM 和车道线语义地图,第 7 章会讨论激光雷达定位、基于车道线的定位以及多传感器融合的定位）。

（1）从双目立体几何（stereo geometry）原理开始来定义外极（epipolar）约束：两个摄像头光心分别是 $c_0$ 和 $c_1$,3D 空间点 $\boldsymbol{p}$ 在两个图像平面的投影点分别是 $\boldsymbol{x}_0$ 和 $\boldsymbol{x}_1$,那么直线 $c_0 c_1$ 和两个图像平面的交点即外极点（epipole）$e_0$ 和 $e_1$,$\boldsymbol{p} c_0 c_1$ 平面称为**外极平面**（epipolar plane）,它和两个图像平面的交线 $l_0$ 和 $l_1$ 即外极线（epipolar line）。如图 2.8 所示,可以看到两个摄像头坐标系之间的转换满足$(\boldsymbol{R},\boldsymbol{t})$,同时说明摄像头 $c_0$ 的图像点 $\boldsymbol{x}_0$ 在摄像头 $c_1$ 的图像对应点 $\boldsymbol{x}_1$ 一定落在其外极线 $l_1$,反之亦然。

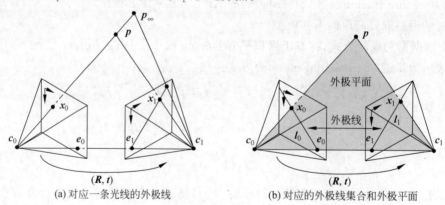

(a) 对应一条光线的外极线    (b) 对应的外极线集合和外极平面

图 2.8    外极线约束

（2）这里需要定义一个**本质矩阵**（essential matrix）$\boldsymbol{E}$ 和一个**基础矩阵**（fundamental matrix）$\boldsymbol{F}$：$\boldsymbol{E}=[\boldsymbol{t}]_x \times \boldsymbol{R}$,其中 $[\boldsymbol{t}]_x$ 是反对称矩阵,即定义向量 $\hat{\boldsymbol{n}}=(\hat{n}_x,\hat{n}_y,\hat{n}_z)$,那么：

$$[\hat{\boldsymbol{n}}]_x = \begin{bmatrix} 0 & -\hat{n}_z & \hat{n}_y \\ \hat{n}_z & 0 & -\hat{n}_x \\ -\hat{n}_y & \hat{n}_x & 0 \end{bmatrix} \tag{2-30}$$

而 $\boldsymbol{F}=\boldsymbol{A}^{-\mathrm{T}}\boldsymbol{E}\boldsymbol{A}^{-1}$,其中 $\boldsymbol{A}$ 是摄像头内参数矩阵；对矩阵 $\boldsymbol{E}$ 和矩阵 $\boldsymbol{F}$ 来说,均满足外极

约束方程：

$$\boldsymbol{x}_1^{\mathrm{T}} \boldsymbol{E} \boldsymbol{x}_0 = 0, \quad \boldsymbol{x}_1^{\mathrm{T}} \boldsymbol{F} \boldsymbol{x}_0 = 0 \tag{2-31}$$

前者是摄像头已标定情况下图像特征点的对应关系，后者是摄像头未标定情况下图像特征点的对应关系。

其次，得到外极线约束（以 $\boldsymbol{F}$ 矩阵为例，$\boldsymbol{E}$ 矩阵相同）如下：

$$\boldsymbol{l}_1 = \boldsymbol{F} \boldsymbol{x}_0, \quad \boldsymbol{l}_0 = \boldsymbol{x}_1 \boldsymbol{F} \tag{2-32}$$

外极点约束（以 $\boldsymbol{F}$ 矩阵为例，$\boldsymbol{E}$ 矩阵相同）如下：

$$\boldsymbol{F} \boldsymbol{e}_0 = 0, \quad \boldsymbol{F}^{\mathrm{T}} \boldsymbol{e}_1 = 0 \tag{2-33}$$

（3）根据上面图像特征点的外极约束方程，由 8 点算法求解 $\boldsymbol{F}$ 和 $\boldsymbol{E}$[8]，以 $\boldsymbol{F}$ 为例，给定一组匹配特征点（$n > 7$）：

$$(x_1, y_1) \leftrightarrow (x'_1, y'_1) \tag{2-34}$$

$$(x_2, y_2) \leftrightarrow (x'_2, y'_2) \tag{2-35}$$

$$(x_3, y_3) \leftrightarrow (x'_3, y'_3) \tag{2-36}$$

$$\vdots$$

$$(x_n, y_n) \leftrightarrow (x'_n, y'_n) \tag{2-37}$$

定义 $\boldsymbol{F}$ 矩阵元素 $f_{ij}$（$i = 1 \sim 3, j = 1 \sim 3$），那么线性齐次方程组为

$$\begin{bmatrix} x_1 x'_1 & x_1 y'_1 & x_1 x_1 y'_1 & y_1 y'_1 & y_1 x'_1 & y'_1 & 1 \\ x_2 x'_2 & x_2 y'_2 & x_2 x_2 y'_2 & y_2 y'_2 & y_2 x'_2 & y'_2 & 1 \\ x_3 x'_3 & x_3 y'_3 & x_3 x_3 y'_3 & y_3 y'_3 & y_3 x'_3 & y'_3 & 1 \\ & & & \vdots & & & \\ x_n x'_n & x_n y'_n & x_n x_n y'_n & y_n y'_n & y_n x'_n & y'_n & 1 \end{bmatrix} \begin{bmatrix} f_{11} \\ f_{12} \\ f_{13} \\ f_{21} \\ f_{22} \\ f_{23} \\ f_{31} \\ f_{32} \\ f_{33} \end{bmatrix} = 0 \tag{2-38}$$

简记为

$$\boldsymbol{Q} \boldsymbol{f} = 0 \tag{2-39}$$

做奇异值分解（SVD）得到 $\boldsymbol{Q} = \boldsymbol{U} \boldsymbol{S} \boldsymbol{V}^{\mathrm{T}}$，而最终 $\boldsymbol{F}$ 的解是 $\boldsymbol{V}$ 最右的奇异向量（singular vector）。

另外，因为 $\boldsymbol{E}$ 矩阵完全由摄像头外参数（$\boldsymbol{R}$ 和 $\boldsymbol{t}$ 共有 6 个未知参数，但有一个不确定平移尺度量）决定，所以存在 5 点算法求解 $\boldsymbol{E}$ 矩阵。

（4）可以分解 $\boldsymbol{E}$ 得到摄像头外参数，其步骤如下：

同样对 $\boldsymbol{E}$ 矩阵做 SVD：$\boldsymbol{E} = \boldsymbol{U} \mathrm{diag}(1, 1, 0) \boldsymbol{V}^{\mathrm{T}}$。

那么第一个摄像头投影矩阵简单设为 $\boldsymbol{P}_1 = [\boldsymbol{I} \mid 0]$，而第二个摄像头投影矩阵 $\boldsymbol{P}_2$ 有 4 种可能的情况，如图 2.9(a)～(d)所示。

$$\boldsymbol{P}_2 = [\boldsymbol{U} \boldsymbol{W} \boldsymbol{V}^{\mathrm{T}} + \boldsymbol{u}_3] \tag{2-40}$$

$$\boldsymbol{P}_2 = [\boldsymbol{U} \boldsymbol{W} \boldsymbol{V}^{\mathrm{T}} - \boldsymbol{u}_3] \tag{2-41}$$

$$\boldsymbol{P}_2 = [\boldsymbol{U} \boldsymbol{W}^{\mathrm{T}} \boldsymbol{V}^{\mathrm{T}} + \boldsymbol{u}_3] \tag{2-42}$$

$$\boldsymbol{P}_2 = [\boldsymbol{U}\boldsymbol{W}^{\mathrm{T}}\boldsymbol{V}^{\mathrm{T}} \; -\boldsymbol{u}_3] \tag{2-43}$$

其中

$$\boldsymbol{W} = \begin{bmatrix} 0 & -1 & 0 \\ 1 & 0 & 0 \\ 0 & 0 & 1 \end{bmatrix} \tag{2-44}$$

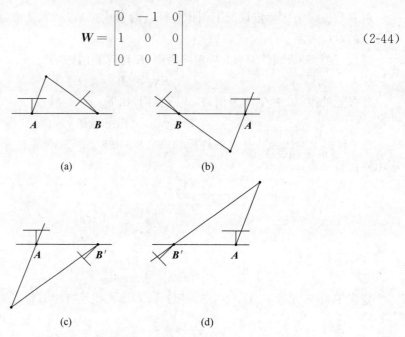

图 2.9 从 $\boldsymbol{E}$ 矩阵分解得到 $\boldsymbol{R}$ 和 $\boldsymbol{t}$

观察视图方向与摄像头中心到 3D 点的方向之间的夹角可以发现,4 种可能中只有图 2.9(a) 情况是合理的解。

(5) 确定两个视角的姿态之后,匹配的特征点 $\boldsymbol{x}$ 和 $\boldsymbol{x}'$ 可以重建其 3D 坐标 $\boldsymbol{X}$,即三角化 (triangulation)理论。首先存在一个线性解,设两个摄像头投影矩阵为 $\boldsymbol{P}$ 和 $\boldsymbol{P}'$,相应地,它们的列向量为 $\boldsymbol{p}_i$ 和 $\boldsymbol{p}'_i (i=1\sim3)$,则有方程组:

$$\boldsymbol{AX} = 0 \tag{2-45}$$

其中

$$\boldsymbol{A} = \begin{bmatrix} u\boldsymbol{p}_3^{\mathrm{T}} - \boldsymbol{p}_1^{\mathrm{T}} \\ v\boldsymbol{p}_3^{\mathrm{T}} - \boldsymbol{p}_2^{\mathrm{T}} \\ u'\boldsymbol{p}'^{\mathrm{T}}_3 - \boldsymbol{p}'^{\mathrm{T}}_1 \\ v'\boldsymbol{p}'^{\mathrm{T}}_3 - \boldsymbol{p}'^{\mathrm{T}}_2 \end{bmatrix}, \quad \boldsymbol{x} = \begin{bmatrix} u \\ v \\ 1 \end{bmatrix}, \quad \boldsymbol{x}' = \begin{bmatrix} u' \\ v' \\ 1 \end{bmatrix} \tag{2-46}$$

但由于一些误差干扰的存在,上述线性解是不存在的,所以需要一个非线性的解,这里采用 $\boldsymbol{F}$ 矩阵定义的外极约束方程 $\boldsymbol{x}^{\mathrm{T}}\boldsymbol{F}\boldsymbol{x}' = 0$,得到最小化误差函数为

$$C(\boldsymbol{X}) = d(\boldsymbol{x}, \hat{\boldsymbol{x}})^2 + d(\boldsymbol{x}', \hat{\boldsymbol{x}}')^2 \tag{2-47}$$

下面采用外极线 $\boldsymbol{l}$ 和 $\boldsymbol{l}'$ 来约束定义误差,如图 2.10 所示,将目标函数重写为

$$d(\boldsymbol{x}, \boldsymbol{l}(t))^2 + d(\boldsymbol{x}', \boldsymbol{l}'(t))^2 \tag{2-48}$$

(6) 另外,在已知重建的 3D 点集,如何和新视角的 2D 图像特征点匹配呢?这个问题的解法称为 PnP(perspective-n-point,n 点透视),算法如下(见图 2.11)。

- 首先,3D 点表示为 4 个控制点的加权和。

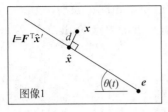 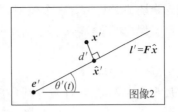

**图 2.10　外极线定义的误差**

- 控制点坐标是求解的（12 个）未知数。
- 3D 点投影到图像上，以控制点坐标建立线性方程。
- 控制点坐标表达为零特征向量（null eigenvectors）的线性组合。
- 上面组合的权重（$\beta_i$）是新未知数（<4）。
- 增加刚体（rigidity）约束以得到 $\beta_i$ 二次方程。
- 根据 $\beta_i$ 数目（无论线性化或重新线性化）求解。

**注**：有时 3D-2D 匹配比 3D 之间匹配的精度高。

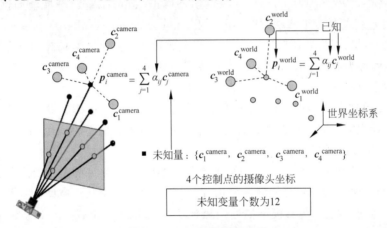

**图 2.11　PnP 求解的示意图**

（7）这里需要补充两个概念：一是稳健估计的随机样本共识法（RANSAC，random sample consensus），另一个是全局优化的集束修正法（BA，bundle adjustment）。

RANSAC 的目的是在包含异常点（outlier）的数据集上稳健地拟合一个模型，如图 2.12 所示。

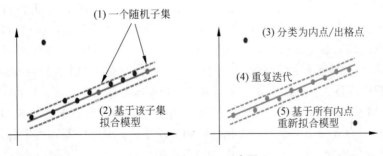

**图 2.12　RANSAC 示意图**

① 从数据点中选择一个随机（最小）子集。

② 根据这个随机子集拟合一个模型,即实例化(instantiate)模型。

③ 基于该实例化模型,将所有数据点分为拟合模型的内点(inlier)或不拟合模型的出格点。

④ 迭代重复①～③步。

⑤ 选择最大的内点集,以此重新估计最终模型。

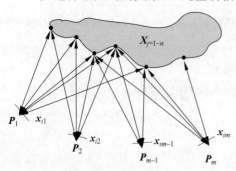

图 2.13　BA 示意图

BA 的目的是优化全局参数估计,对 SLAM 来说,结构重建的 3D 点 $\boldsymbol{X}$ 和其对应的 2D 特征点 $\boldsymbol{x}$,还有估计的视角变换参数(甚至包括摄像头内参数)$\boldsymbol{P}$,位于一个重投影(reprojection)误差函数 $D$ 最小化框架下(见图 2.13),即

$$E(\boldsymbol{P},\boldsymbol{X}) = \sum_{i=1}^{m}\sum_{j=1}^{n} D(\boldsymbol{x}_{ij},\boldsymbol{P}_i\boldsymbol{X}_j)^2 \quad (2\text{-}49)$$

这里集束(bundle)指 2D 点和 3D 点之间的光线集,而修正(adjustment)是指全局优化过程;其解法是非线性迭代的梯度下降法,如 Gauss-Newton 方法和 Levenberg-Marquardt(2.3 节会讨论优化理论)方法,因为问题自身的特性,这里的雅可比矩阵是非常稀疏的;另外,只取重建 3D 点修正的话,称为 structure-only BA,而只取视角变换修正的话,称为 motion-only BA。

(8) 在以上基础之上,再重新审视 SLAM 过程。

① 首先要提到概念 VO,即视觉里程计(visual odometry);VO 是 SLAM 的一部分,VO 主要是估计视角之间的变换,或者运动参数,它不需要输出制图(mapping)的结果,而且 BA 就是 motion-only 的模式。

② SLAM 方法分为两种途径:一种是递推滤波器方法,另一种是批处理估计方法。

- **滤波器方法**。如卡尔曼滤波递推估计,实际上建立一个状态空间的观测模型和状态转换(运动)模型;观察模型描述当摄像头姿态和地标位置(来自地图)已知时观测(地标)的概率;运动模型是系统状态(摄像头姿态)转换的概率分布,即马尔可夫过程;那么在递归贝叶斯估计中,同时更新系统状态和建立的地图,其中融合来自不同视角的观测来完成制图,而估计系统状态可计算摄像头的姿态,即定位问题。

- **批处理估计方法**。也称"关键帧"方法,其步骤如下。a.首先通过选择的头两(关键)帧,采用双目几何的特征点匹配得到初始的 3D 点云重建。b.正常模式:假设 3D 地图可用,并且估计出摄像头增量运动,跟踪特征点并使用 PnP 进行摄像头姿态估计。c.恢复模式:假设 3D 地图可用,但跟踪失败,故没有增量运动,可相对于先前重建的地图重新定位(re-localize)摄像头姿势。d.关键帧 BA:保持一个"关键帧"子集,状态向量是所有关键帧的 3D 地标和对应摄像头姿势,BA 可以在与跟踪模块并列的线程中调整状态估计(注意:关键帧的选择策略是算法性能很重要的一个因素)。

(9) SLAM 中的闭环(loop closure)问题。当摄像头又回到原来的位置时,称为闭环,需要检测闭环,并以此在 BA 框架下优化结构和运动估计;闭环检测和重定位是类似的,可以基于图像特征的匹配实现,俗称基于图像的重定位(image-based re-localization),当"关键帧"子集较大时,需要对特征匹配进行压缩和加速,如词包(bag of words)法和 K 维树(KD-tree)数据结构等。

(10) SLAM 中的传感器可以是单目、双目、深度传感器(RGB-D),甚至激光雷达,也可以和 IMU 融合,称为 VINS(visual inertial navigation system,视觉惯性导航系统)。

**3. 图像拼接法**

图像拼接法(image stitching)是将多幅拍摄同一场景的图像合并为一幅图像,只要原始图像之间存在一定的重叠区域(第 12 章将介绍图像拼接的应用)。

**4. 计算摄影学**

计算摄影学(computational photography)是近年来计算机视觉和图像处理结合的一个新领域,包括以下一些工作。

(1) 高动态范围成像(high dynamic range imaging)用于处理环境光照变化造成的亮度饱和问题。

(2) 超分辨率(super resolution)用于解决如何提高拍摄图像分辨率低的问题。

(3) 立体视觉是一个经典的计算机视觉问题,类似于人类双目系统,其核心是立体匹配(stereo correspondence)和视差估计(disparity estimation),前者是找到景物中某个目标在左右图像里的对应像素或者特征,后者是计算左右眼同一目标的视差,这个视差和目标在景物的深度(depth)成反比;5.12 节将着重讨论。

(4) 多视角立体视觉(multiple view stereo,MVS)是对立体视觉的推广,能够在多个视角(从外向里)观察和获取景物的图像,并以此完成匹配和深度估计,MVS 和 SfM/SLAM 理论上有密切的联系。

## 2.1.3　计算机视觉高层

计算机视觉高层部分主要是进行 3D 处理。

**1. 3D 形状恢复**

3D 形状恢复(shape from X),这里依赖的线索可以是纹理(texture)、轮廓(contour)、光照(shading)、运动(前面提到的 SfM)和多视角(前面提到的 MVS)等,5.3 节会着重讨论该方向。

**2. 目标检测/识别**

目标检测/识别(object detection/recognition)是计算机视觉的重要部分,现在基于深度学习(见 2.5 节)的方法使该领域的发展很快,性能远远超过传统机器学习(见 2.4 节)的方法。5.4 节将讨论 3D 目标检测方法,5.7～5.10 节将讨论自动驾驶特殊的目标检测识别任务,即车道线检测、交通标志检测识别、交通信号灯检测识别和通用目标检测,5.13 节将讨论人体姿态的估计问题。

**3. 计算机视觉和计算机图形学结合的部分**

(1) 景物基于图像的绘制(image-based rendering,IBR)是从图像信息采用计算机视觉方法获取景物模型的某种表达方式,并以此绘制景物的 3D 模型。第 10 章中将涉及 IBR 技术的应用,第 14 章将讨论利用神经网络解决 IBR 问题的方法。

(2) 增强现实(augmented reality,AR)将基于图形学绘制的虚拟物体,添加在计算机视觉分析的现实场景中,并生成一种逼真的"增强"场景。这里计算机视觉对现实场景的 3D

结构重建来说是关键技术,另外,虚拟物体的光照和真实场景也需要自然地融合在一起。在第10章将介绍 AR 在自动驾驶中的应用。

## 2.2 图像处理

图像处理是为了视觉任务在摄像头传感器的图像数据上进行处理,一般是以改善图像质量为目的。但需要注意的是,有些处理过强会影响视觉算法的性能,如过于锐化带来伪角点(fake corner points)或者伪轮廓(contouring)等畸变(artifacts)。

### 2.2.1　图像信号处理器

ISP(image signal processor,图像信号处理器)是指摄像头前端的处理模块,因为相对成熟,所以大多由芯片实现。图2.14是一个 ISP 的实现流程图,个别制造商提供的结构会有些不同,但基本上如此,主要包括的功能有:3A[自动聚焦(automatic focus)、自动曝光(automatic exposure)、自动白平衡(automatic white balance)]、预处理(preprocessing)、去马赛克(demosaic)、颜色转换(color transform)、后处理(postprocessing)。预处理一般会有镜头校正和坏像素的校正,有的在"去马赛克"模块之前有去噪声滤波。后处理一般包括色调映射(tone mapping)、锐化(sharpening)、伽马校正(gama correction)等。

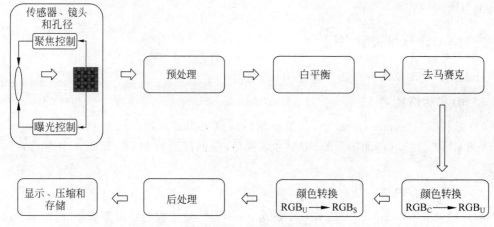

图 2.14　ISP 的实现流程

图像的颜色空间有很多种,除了 RGB 以外,在 ISP 中常用的是 YUV。RGB-YUV 之间的转换是线性的,在摄像头领域非常普遍。

"去马赛克"模块是摄像头传感器感应光线的颜色滤波器阵列(color-filter-array,CFA)带来的,如 Bayer pattern(见图2.15),其实质是一种颜色内插过程。

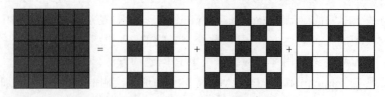

图 2.15　Bayer pattern(拜尔模板)

### 2.2.2 图像滤波

图像处理中滤波是很重要的一部分,去噪声(noise removal)基本就是最常用的滤波应用。最简单的滤波方法有均值滤波、中值滤波(稳健估计理论得出的方法)、高斯滤波和维纳滤波等。

性能好且易被业界接受的方法有双边滤波(bilateral filtering,BLF)和非邻域均值(non-local means,NLM)。被作为图像去噪算法基准(benchmark)的是 BM3D(block matching in 3D,3D 块匹配),只是它的计算量大,速度慢,没有被普及应用。

BLF 的意思是在图像的空间域和亮度域同时做高斯滤波,其形式为

$$I^{\text{filtered}}(\boldsymbol{x}) = \sum_{\boldsymbol{x}_i \in \Omega} \boldsymbol{I}(\boldsymbol{x}_i) f_r(\|\boldsymbol{I}(\boldsymbol{x}_i) - \boldsymbol{I}(\boldsymbol{x})\|) g_s(\|\boldsymbol{x}_i - \boldsymbol{x}\|) \tag{2-50}$$

其中,$\boldsymbol{x}_i$ 是像素 $\boldsymbol{x}$ 滤波区域的像素,$f_r$ 针对亮度空间滤波,而 $g_s$ 则对空间域滤波。图 2.16 是一个 BLF 的滤波示例。

(a) 原理图        (b) 结果图

**图 2.16 BLF 滤波示例**

不同于 BLF,NLM 不是单像素的滤波方式,而是基于小补丁(patch-based)将纹理类似的像素合在一起做均值滤波,其形式为

$$\text{NLM}u(\boldsymbol{p}) = \frac{1}{C(\boldsymbol{p})} \int f(d(B(\boldsymbol{p}), B(\boldsymbol{q}))) u(\boldsymbol{q}) \mathrm{d}\boldsymbol{q} \tag{2-51}$$

其中,$d(B(\boldsymbol{p}), B(\boldsymbol{q}))$ 是分别位于 $\boldsymbol{p}$ 和 $\boldsymbol{q}$ 的两幅图像补丁之间的欧氏距离,$f$ 是递降函数,$C(\boldsymbol{p})$ 是归一化因子。

对于一幅彩色图像 $\boldsymbol{u} = (u_1, u_2, u_3)$ 和一个中心像素 $\boldsymbol{p}$ 而言,其逐像素(pixel wise)去噪实现可写成:

$$\hat{u}_i(\boldsymbol{p}) = \frac{1}{C(\boldsymbol{p})} \sum_{\boldsymbol{q} \in B(\boldsymbol{p},r)} u_i(\boldsymbol{q}) w(\boldsymbol{p}, \boldsymbol{q}), \quad C(\boldsymbol{p}) = \sum_{\boldsymbol{q} \in B(\boldsymbol{p},r)} w(\boldsymbol{p}, \boldsymbol{q}),$$
$$i = 1, 2, 3 \tag{2-52}$$

其中,$B(\boldsymbol{p}, r)$ 指位于像素 $\boldsymbol{p}$ 的 $(2r+1)(2r+1)$ 大小邻域,权重 $w(\boldsymbol{p}, \boldsymbol{q})$ 依赖于欧氏距离,可写成指数函数的形式。而逐补丁(patch wise)去噪实现可写成:

$$\hat{B}_i(\boldsymbol{p}) = \frac{1}{C} \sum_{Q=Q(\boldsymbol{q},f) \in B(\boldsymbol{p},r)} u_i(Q) w(B, Q), \quad C = \sum_{Q=Q(\boldsymbol{q},f) \in B(\boldsymbol{p},r)} w(B, Q), \quad i = 1, 2, 3$$
$$\tag{2-53}$$

其中,权重函数 $w(B, Q)$ 和前面逐像素去噪实现的权重计算类似。

两个实现版本的区别在于 PSNR(峰值信噪比)的增益不同。靠近边界的噪声抖动会在后者聚合处理中得到降低。不过从细节保持的质量角度上看,基于补丁的 NLM 方法并没有明显改进。

图 2.17 是一个 NLM 的滤波示例。

(a)原图　　　　　　　　　　　　(b)结果图

**图 2.17　NLM 滤波示例**

此外,稀疏编码(sparse coding)和深度学习(deep learning)也贡献了一些新的滤波方法,尚需要时间在工业界普及。

### 2.2.3　图像增强

实现图像增强有两种途径:一种是整体增强,如直方图均衡(histogram equalization)方法,如图 2.18 所示;另一种是细节增强,如基于边缘信息的非锐化掩蔽(unsharp masking)方法。

(a)原图　　　　　　　　　　　　(b)结果图

**图 2.18　直方图均衡方法**

图像增强可以从像素空间域进行,也可以从频域分析进行。

一种空间-频域混合的方法是把图像分解成高频部分和低频部分,其中低频部分易做整体增强,高频部分易做细节增强。

## 2.3　优化理论

矩阵理论是必备的,数值计算经常被使用,而优化算法是其中的核心。计算机视觉和机器学习(深度学习)均采用优化理论完成众多任务的实现。

优化需要一个目标(objective)函数,无论是最小化还是最大化。而这个函数有变量(variable),优化的任务就是找到变量的最佳值。优化问题分为限制的和非限制的两种,也可分为连续优化和离散优化两类。

求解优化问题,简单的问题可以存在闭式解(closed solution),如线性最小二乘法(LLS);但复杂的问题是做不到的,只能迭代逼近最优解,如非线性最小二乘法(NLS)。针对迭代逼近的方式,我们会把优化方法分为局部法和全局法,或者分成随机法和确定法。

迭代算法的每一步,基本分成两种策略进行:线搜索(line search)法和信赖域(trust region)法。前者是最常用的方法,它先找到一个方向,然后沿着这个方向寻找逼近目标的下一个变量的位置;后者比较少见,它是构建一个模型函数(model function),其在当前变量附近某个区域的表现和原优化目标函数非常相似,这个区域就是信赖域,而优化变成在信赖域找到模型函数的最佳位置。

常用的线搜索方法是最陡下降法,如牛顿法、高斯-牛顿(Gauss-Newton,G-N)法及其演变的 L-M (Levenberg-Marquardt)法、坐标下降(coordinate descent)法、共轭梯度(conjugate gradient)法等,图 2.19 是一个最陡下降法的方向示意图,其中求解的问题最优解是 $x^*$,迭代的过程中解 $x_k$ 的梯度方向是 $p_k$。

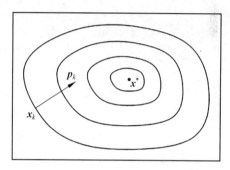

图 2.19　最陡下降法的方向示意图

这里重点介绍一下在计算机视觉领域中最常用的梯度下降法:G-N 法和其变化型 L-M 法。

假设有观测向量 $z_i'$,其预测模型为 $z_i = z_i(x)$,其中 $x$ 为模型参数,那么最小二乘(LS)法就是最小化如下代价函数:平方误差加权和(weighted sum of squared error,SSE)。

$$f(\boldsymbol{x}) = \frac{1}{2}\sum_i \Delta z_i(\boldsymbol{x})^{\mathrm{T}}\boldsymbol{W}_i \Delta z_i(\boldsymbol{x}) \tag{2-54}$$

其中,$\boldsymbol{W}_i$ 是一个任意对称正定(symmetric positive definite,SPD)矩阵,特征误差函数为

$$\Delta z_i(\boldsymbol{x}) = z_i'(\boldsymbol{x}) - z_i(\boldsymbol{x}) \tag{2-55}$$

雅可比矩阵 $\boldsymbol{J}$ 和黑塞(Hessian)矩阵 $\boldsymbol{H}$ 的计算为

$$\boldsymbol{J} \equiv \frac{\mathrm{d}\boldsymbol{z}}{\mathrm{d}\boldsymbol{x}}, \quad g \equiv \frac{\mathrm{d}f}{\mathrm{d}\boldsymbol{x}} = \Delta \boldsymbol{z}^{\mathrm{T}}\boldsymbol{W}\boldsymbol{J} \tag{2-56}$$

$$\boldsymbol{H} \equiv \frac{\mathrm{d}^2 f}{\mathrm{d}\boldsymbol{x}^2} = \boldsymbol{J}^{\mathrm{T}}\boldsymbol{W}\boldsymbol{J} + \sum_i (\Delta \boldsymbol{z}^{\mathrm{T}}\boldsymbol{W})_i \frac{\mathrm{d}^2 \boldsymbol{z}_i}{\mathrm{d}\boldsymbol{x}^2} \tag{2-57}$$

那么 $\boldsymbol{H}$ 近似为

$$\boldsymbol{H} \approx \boldsymbol{J}^{\mathrm{T}}\boldsymbol{W}\boldsymbol{J} \tag{2-58}$$

作为梯度下降法,其 G-N 迭代的步进量即 $\boldsymbol{z} \rightarrow \boldsymbol{z} + \Delta \boldsymbol{z}$,由式(2-59)计算:

$$\boldsymbol{J}^{\mathrm{T}}\boldsymbol{W}\boldsymbol{J} = -\boldsymbol{J}^{\mathrm{T}}\boldsymbol{W}\Delta \boldsymbol{z} \tag{2-59}$$

对于上面 G-N 的迭代步进量计算,可能左边的矩阵不可逆。为此,一种改进的方法是在对角线元素中加入阻尼因子(damped factor)$\lambda$,将 L-M 迭代的步进量计算变成如下方程组:

$$(J^T WJ + \lambda \,\mathrm{diag}(J^T WJ)) = -J^T W \Delta z \qquad (2\text{-}60)$$

一个更通用的优化问题是有限制条件下的目标函数优化,可定义如下:

最小化(minimize) $f(x)$

服从于(subject to) $g(x) \leqslant 0, h(x) = 0, x \in X$

其中,$x = \{x_1, x_2, \cdots, x_{n_x}\}$,函数 $f$ 即目标函数或标准函数,而每个约束 $g_i(x) \leqslant 0, i = 1,$ $2, \cdots, n_g$ 是**不等式约束**,另外每个约束 $h_i(x) = 0, i = 1, 2, \cdots, n_h$ 称为**等式约束**。满足所有约束的向量 $x \in X$ 称为问题的**可行解**;所有这些可行解点的集合形成**可行区域**。因此,该优化问题是找到一个可行点 $x^*$,对每个可行点满足 $f(x) \geqslant f(x^*)$。当然该优化问题也可以定义为最大化(maximize) $f(x)$ 问题,不等式约束则可以写成 $g(x) \geqslant 0$ 的形式。

可以证明如下一阶和二阶导数的 KKT(Karush-Kuhn-Tucker)必要条件成立:存在唯一的向量 $\nu^*$、$\lambda^*$,满足

$$\nabla f(x^*) + \nu^{*T} \nabla g(x^*) + \lambda^{*T} \nabla h(x^*) = 0 \qquad (2\text{-}61)$$

$$\nu^* \geqslant 0 \qquad (2\text{-}62)$$

$$g(x^*) \leqslant 0 \qquad (2\text{-}63)$$

$$h(x^*) = 0 \qquad (2\text{-}64)$$

$$\nu^{*T} \nabla g(x^*) = 0 \qquad (2\text{-}65)$$

并且

$$y^T(\nabla^2 f(x^*) + \nu^{*T} \nabla^2 g(x^*) + \lambda^{*T} \nabla^2 h(x^*))y \geqslant 0 \qquad (2\text{-}66)$$

对于所有 $y$,满足 $\nabla g(x^*)y = 0, i \in \mathcal{A}(x^*), \nabla h(x^*)y = 0$。这里 $\mathcal{A}(x^*)$ 称为起作用约束(active constraint)或起作用集合(active set),定义如下:对 $i = 1, 2, \cdots, n_g$,如果 $g_i(x) = 0$,则称约束 $g_i$ 在 $x$ 处起作用或受约束(binding);如果 $g_i(x) < 0$,则称其在 $x$ 处无效(inactive);那么定义起作用约束为

$$\mathcal{A}(x^*) \triangleq \{i : g_i(x^*) = 0\} \qquad (2\text{-}67)$$

同时可以证明如下二阶导数的充分条件:如果存在唯一的向量 $x^*$、$\nu^*$、$\lambda^*$,满足上述 KKT 条件,并且

$$y^T \nabla^2_{xx} \mathcal{L}(x^*, \nu^*, \lambda^*)y > 0 \qquad (2\text{-}68)$$

对任何 $y \neq 0$,满足:

$$\nabla g_i(x^*)y = 0, \quad i \in \mathcal{A}(x^*), \quad \nu^* > 0 \qquad (2\text{-}69)$$

$$\nabla g_i(x^*)y \leqslant 0, \quad i \in \mathcal{A}(x^*), \quad \nu^* = 0 \qquad (2\text{-}70)$$

$$\nabla h(x^*)y = 0 \qquad (2\text{-}71)$$

其中,$\mathcal{L}(x, \nu, \lambda) = f(x) + \nu^T g(x) + \lambda h(x)$,那么 $x^*$ 是一个严格局部最小解。

这样得到 KKT 充分条件如下:如果 $f(x)$ 和 $g_i(x)$ 是凸可微函数,$h_i(x)$ 是仿射(affine)函数,对于上述优化问题,如果 $(x^*, \nu^*, \lambda^*)$ 满足上述 KKT 必要条件,那么 $x^*$ 是一个目标函数的全局最优解。

限制性的优化问题通过一定方式可以转换成非限制性的优化目标,如拉格朗日乘子(Lagrangian multipliers)。连续二次规划(successive quadratic programming,SQP)方法也称为序贯(sequential)或递归(recursive)二次规划,采用牛顿方法(或类似牛顿方法)直接求

解原始问题的 KKT 条件。结果,伴随而来的子问题被证明是对拉格朗日函数的二次近似最小化,服从约束条件的一个线性近似。因此,这类过程也称为一个投影拉格朗日(projected Lagrangian)法或牛顿-拉格朗日(Newton-Lagrangian)法。根据其性质,该方法产生原始和对偶(拉格朗日乘子)解。

假设 $f(x)$、$g_i(x)$ 和 $h_i(x)$ 均为二次可微函数,给定迭代求解的 $(x^k, \lambda^k, \nu^k)$,其中 $\lambda^k$ 和 $\nu^k$ 分别是等式和不等式约束的拉格朗日乘子,考虑如下 $QP(x^k, \lambda^k, \nu^k)$ 子问题:

$$\min_{d^k} f(x^k) + \nabla f(x^k)^T d^k + \frac{1}{2} d^{k^T} \nabla^2_{xx} \mathcal{L}(x^k, \lambda^k, \nu^k) d^k \tag{2-72}$$

$$\text{s. t. } g_i(x) + \nabla g_i(x^k)^T d^k = 0, \quad i = 1, 2, \cdots, n_g \tag{2-73}$$

$$h_i(x) + \nabla h_i(x^k)^T d^k = 0, \quad i = 1, 2, \cdots, n_h \tag{2-74}$$

其中,$\mathcal{L}(x, \lambda, \nu) \triangleq f(x) + \nu^T g(x) + \lambda^T h(x)$。除了最初的可行性外,$QP(x^k, \lambda^k, \nu^k)$ 的 KKT 条件要求拉格朗日乘子 $\lambda^{k+1}$,可以发现 $\nu^{k+1}$ 满足

$$\nabla f(x^k) + \nabla^2_{xx} \mathcal{L}(x^k, \lambda^k, \nu^k) d^k + \nabla g(x^k)^T \nu^{k+1} + \nabla h(x^k)^T \lambda^{k+1} = 0 \tag{2-75}$$

$$[g(x^k) + \nabla g(x^k)^T d^k]^T \nu^{k+1} = 0 \tag{2-76}$$

其中,$\nu^{k+1} \geq 0$,$\lambda^{k+1}$ 无符号限制。如果 $d^k = 0$,$x^k$ 和 $\lambda^{k+1}$、$\nu^{k+1}$ 一起产生原始问题的一个 KKT 解。不然的话,设定 $x^{k+1} \triangleq x^k + d^k$,$k$ 步进 1,再重复该进程。如果初始值 $(x^0, \lambda^0, \nu^0)$ 和最优解 $(x^*, \lambda^*, \nu^*)$ 充分接近,则迭代程序可以呈现二次收敛。

另外,常用的全局优化算法有如下几种。

(1) 模拟退火(simulated annealing)法:模拟物理退火,即加温过程、等温过程和冷却过程,在统计学的搜索空间寻求最优解。

(2) 遗传算法(genetic algorithm):采用模拟的变量个体群通过类似基因繁殖的变异(mutation)、交叉(crossover)和选择(selection)操作进化到最优解。

(3) 切图(graph cut)法:在构建的节点-边缘(vertices-edges)图中寻找一个切割,实现 max-flow/minimum cut(最大流/最小切分),适合能量最小化问题的求解。

(4) 信念传播(belief propagation):类似动态规划,是简化版的贝叶斯网络,在图模型(graphical model)中相邻节点之间的消息/信念(message/belief)不断传播,最终实现一个变量边际概率(marginal probability)的稳定态。

## 2.4 机器学习

什么是机器学习(machine learning)? 可以理解为,机器为了优化其性能,根据输入的样本或者经验数据,改变它的结构、程序或者数据。

机器学习可以分成四种:监督(supervised)、无监督(unsupervised)、半监督(semi-supervised)和强化学习(reinforcement learning, RL)。

监督、半监督和无监督学习的区分比较明确,就看输入数据是否有标签(label),有标签则为监督学习,没标签则为无监督学习,而只有一部分数据有标签就是半监督学习。不管怎样,一个机器学习方法需要定义目标函数(objective function)计算模型的预测误差。

半监督学习利用未标注数据生成具有可训练模型参数的预测函数,目标比用标注数据

获得的预测函数更准确。由于其混合监督学习和无监督学习两种方法,半监督学习的损失函数可以具有多种形状。一种常见的方法是在训练模型的目标函数中添加一个监督学习的损失项和一个无监督学习的损失项。

有一种特殊的方法称为**自监督**(**self-supervised**)学习,用借口(pretext)任务来学习未标注数据的表征。借口任务是无监督的,但所学习的表征通常不能直接用于下游任务,比如图像分类,必须先进行微调。自监督学习可以被解释为一种无监督、半监督或一种自身策略。自监督学习的方法基本分为生成(generative)学习类、对比(contrastive)学习类和生成-对比(generative-contrastive)混合学习类,即对抗(**adversarial**)学习类。

有一种迭代的方法称**主动学习**(**active learning**),其旨在从未标注的数据集中选择最有用的样本,并将其交给标注器去打标签,以便在保持性能的同时尽可能降低标注成本。主动学习通常是一个迭代过程,在每次迭代中学习模型,其中使用一些启发式方法从未标注数据池中选择一组数据进行标注。

监督学习中有一种方法叫**迁移学习**(**transfer learning**),其将模型训练分成两个阶段:第一阶段是在大型通用数据集(如 ImageNet)上进行训练,无论有无监督;第二阶段是使用训练的权重,在目标(target)数据集上进行微调。在目标数据域的模型不需要从头开始训练,可以减少对目标域训练数据和时间的需求。**域适应**(**domain adaptation**)是迁移学习的一种特殊情况,其利用一个或多个相关源域(source domain)的标注数据在目标域(target domain)执行新任务。

一个典型的迁移学习例子是**零样本学习**(**zero shot learning,ZSL**)。ZSL 方法旨在识别训练过程中可能未见过的目标。最近的 ZSL 方法直接学习从图像特征空间到语义空间的映射,其他还有学习非线性多模态嵌入。虽然大多数 ZSL 方法都通过鉴别性损失(discriminative loss)进行学习,但少数生成模型将类别表示为概率分布。

为了从有限的监督信息中学习,一个新的机器学习方向称为**少样本学习**(**few shot learning,FSL**)。基于如何使用先验知识角度,FSL 可分为三类:①用数据先验知识来增强监督经验;②通过模型先验知识约束假设空间;③用算法先验知识改变假设空间中最佳参数的搜索方式。FSL 可以算是监督学习、半监督学习和强化学习(RL)中的哪种,取决于其除了有限的监督信息之外还有哪些数据可用。

**持续学习**(**continual learning**)也称**增量学习**(**incremental learning**)或者**终身学习**(**lifelong learning**),是指该机器学习方法可以不断积累不同任务得到的知识,而无须从头开始重新训练。其困难是如何克服**灾难遗忘**(**catastrophic forgetting**)和**稳定性-可塑性困境**(**stability-plasticity dilemma**),可塑性指的是整合新知识的能力,而稳定性则是在编码时保留原有知识。持续学习可以分为三类:经验重放(experience replay)、正则化(regularization)和参数孤立(parameter isolation)方法。

和持续学习相关的一个概念是开放集识别(open set recognition,OSR),是指在训练时存在不完整的世界知识,在测试中可以将未知类提交给算法,要求分类器不仅要准确地对所见类进行分类,还要有效处理未见类。开放世界学习(**open world learning**)可以看作持续学习的一个子任务。

强化学习实际上是讨论一个自主的智体(agent)在环境中如何感知和最优地行动(act),最终实现给定的目标(goal)。图 2.20 所示为一个智体和环境交互的示意图,其中状

态为 $S$、动作为 $A$、奖励为 $r$，智体的目标是学习从状态 $S$ 到动作 $A$ 的控制策略，最大化累积的奖励（cumulative reward），其中每次奖励还会随着时间衰减，衰减因子 $\gamma$ 满足 $0 \leqslant \gamma < 1$。

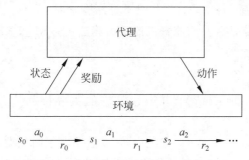

图 2.20 强化学习中智体和环境的交互

强化学习的任务是学习如何选择动作去最大化如下目标：

$$r_0 + \gamma r_1 + \gamma^2 r_2 + \cdots$$

另外，机器学习算法的功用也可以分成预测（prediction）、分类（classification）、聚类（clustering）和相关（association）。

机器学习是人工智能（artificial intelligence，AI）的一个分支，AI 是模仿人的智能活动，学习是其中一个。数据挖掘（data mining）是为了检测模式的存在，而统计分析（statistical analysis）是基于概率模型通过数据推理，信息检索（information retrieval）则是从一组数据中检索想要的信息。

机器学习可以分成两种类型：判别式（discriminative）和生成式（generative）。前者属于从底到上（bottom up）学习，如条件随机域（conditional random field，CRF）模型；后者属于从顶到下（top down）学习，如马尔可夫随机域（Markov random field，MRF）模型。

需要注意机器学习中的以下几个问题。

（1）数据不平衡：正负样本数目差距过大，在感知数据里，常常是负样本大大多于正样本，这样的话需要考虑如何保证分类器的性能。

（2）开发数据集：怎样处理新出现的类数据或者不熟悉的类数据。

（3）维度诅咒（curse of dimensionality）：对"噪声"十分敏感。

（4）过拟合（over-fitting）：简单地说，就是训练数据得到的模型在测试数据中的表现很差；一种直观的感觉是，这时模型学习了"噪声"，而不是真实数据的分布特性。

（5）性能评估指标：ROC（receiver operation characteristic 接收者操作特征曲线）、准确率（precision）/召回率（recall）、混淆矩阵（confusion matrix）、mAP（mean average precision，全类平均正确率）等。

经典的机器学习方法有如下几种。

（1）决策树（decision tree）。

（2）Boosting。

（3）随机森林（random forest，RF）法。

（4）支持向量机（support vector machine，SVM）。

（5）K-NN（K-nearest neighbor K-最近邻）分类。

（6）主元分析（principal component analysis，PCA）。

（7）谱聚类（spectral clustering，SC）。

（8）局部线性嵌入（locally linear embedding，LLE）

（9）神经网络（多层感知机），MLP 一般不是深度学习。

下面重点介绍两个非常普及的监督机器学习算法：SVM 和 RF。

### 2.4.1 支持向量机

在 SVM 中，支持向量（support vector）是它的主要特色。不过，还是先从简单场景讲起。

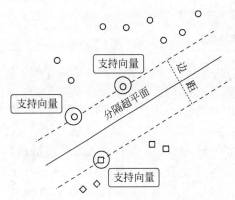

图 2.21 SVM 的可分数据场景

假设数据属于两种类型并且可分，而机器学习的任务是得到一个超平面（hyperplane）将数据中的两类向量分开。如图 2.21 所示，边距（margin）表示一个不包括数据的、平行于超平面的最大隔离带，而支持向量实际上是最接近建立的分离超平面的数据点。有时 SVM 也被称为最大化边距的分类器。

以上只是最简单的情况。现在，问题要复杂些，变成了不同类型数据不能完全分离的场景。这时 SVM 定义了软边距（soft margin），这意味着超平面可以分隔许多但不是所有的数据点。更复杂的情况是，一些分类问题没有简单的分隔超平面存在，这就出现了核戏（kernel trick）法，即存在一个基于核的非线性变换（kernel-based nonlinear transform），将数据转换到一个存在分离超平面的线性空间中（一般来说，这个线性空间一定是比原来空间更高维的），图 2.22 所示为两个非线性变换的例子。常见的核函数一般是多项式、径向基（radial basis）函数和 sigmoid 函数。

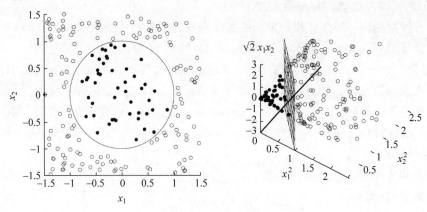

图 2.22 两个非线性变换的例子

那么如何公式化一个存在不可分离数据的 SVM 问题呢？作为监督学习，首先有一组标记的训练数据 $\{x_i, y_i\}, i=1,2,\cdots,l, y_i \in \{-1,1\}, x_i \in \mathbf{R}_d$，那么满足的条件如下：

$$x_i \cdot w + b \geqslant 1, \quad \text{对于 } y_i=1 \text{ 的点} \tag{2-77}$$

$$\boldsymbol{x}_i \cdot \boldsymbol{w} + b \leqslant -1, \quad \text{对于} y_i = -1 \text{的点} \tag{2-78}$$

可以合并为

$$y_i(\boldsymbol{x}_i \cdot \boldsymbol{w} + b) - 1 \geqslant 0, \quad \forall i \tag{2-79}$$

其中，$\boldsymbol{w} \cdot \boldsymbol{x} + b = 0$ 是超平面方程，$\boldsymbol{w}$ 和 $b$ 是分类器参数，这里边距是 $2/\|\boldsymbol{w}\|$。引入拉格朗日乘子 $\alpha_i$，可以将这个训练任务表示为

$$L_p = \frac{1}{2}\|\boldsymbol{w}\|^2 - \sum_{i=1}^{l}\alpha_i y_i(\boldsymbol{x}_i \cdot \boldsymbol{w} + b) + \sum_{i=1}^{l}\alpha_i \tag{2-80}$$

其中，支持向量就是 $\alpha_i > 0$ 的那些数据点。

重复强调一个重要的概念，Karush-Kuhn-Tucker(KKT)条件，表示如下：

$$\frac{\partial}{\partial \boldsymbol{w}_v}L_p = \boldsymbol{w}_v - \sum_i \alpha_i y_i x_{iv} = 0, \quad v = 1, 2, \cdots, d \tag{2-81}$$

$$\frac{\partial}{\partial b}L_p = -\sum_i \alpha_i y_i = 0 \tag{2-82}$$

$$y_i(\boldsymbol{x}_i \cdot \boldsymbol{w} + b) - 1 \geqslant 0, \quad i = 1, 2, \cdots, l \tag{2-83}$$

$$\alpha_i \geqslant 0, \quad \forall i \tag{2-84}$$

$$\alpha_i(y_i(\boldsymbol{x}_i \cdot \boldsymbol{w} + b) - 1) = 0, \quad \forall i \tag{2-85}$$

代入 KKT，上述最小化目标函数变成一个等价形式的最大化目标函数：

$$L_D = \sum_i \alpha_i - \frac{1}{2}\sum_{i,j}\alpha_i \alpha_j y_i y_j(\boldsymbol{x}_i \cdot \boldsymbol{x}_j) \tag{2-86}$$

对于不可分数据，需要引入正松弛变量 $\xi_i$，表示为（见图 2.23）

$$\boldsymbol{x}_i \cdot \boldsymbol{w} + b \geqslant +1 - \xi_i, \quad y_i = +1 \tag{2-87}$$

$$\boldsymbol{x}_i \cdot \boldsymbol{w} + b \leqslant -1 + \xi_i, \quad y_i = -1 \tag{2-88}$$

$$\xi_i \geqslant 0, \quad \forall i \tag{2-89}$$

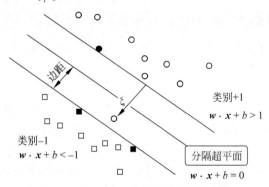

图 2.23 SVM 中带松弛变量的软边距

对应地，分类问题的目标函数变成：

$$L_p = \frac{1}{2}\|\boldsymbol{w}\|^2 + C\sum_i \xi_i - \sum_{i=1}^{l}\alpha_i\{y_i(\boldsymbol{x}_i \cdot \boldsymbol{w} + b) - 1 + \xi_i\} - \sum_{i=1}^{l}\mu_i \xi_i \tag{2-90}$$

那么 KKT 条件会修正或补充带松弛向量的部分：

$$\frac{\partial}{\partial \xi_i}L_p = C - \alpha_i - \mu_i = 0 \tag{2-91}$$

$$y_i(\boldsymbol{x}_i \cdot \boldsymbol{w} + b) - 1 + \xi_i \geqslant 0 \qquad (2\text{-}92)$$

$$\alpha_i \geqslant 0 \qquad (2\text{-}93)$$

$$\xi_i \geqslant 0 \qquad (2\text{-}94)$$

$$\mu_i \geqslant 0 \qquad (2\text{-}95)$$

$$\alpha_i \{y_i(\boldsymbol{x}_i \cdot \boldsymbol{w} + b) - 1 + \xi_i\} = 0 \qquad (2\text{-}96)$$

$$\mu_i \xi_i = 0 \qquad (2\text{-}97)$$

对于带非线性核方法的分类器,可描述为

$$f(\boldsymbol{x}) = \sum_{i=1}^{N_s} \alpha_i y_i \Phi(\boldsymbol{s}_i) \cdot \Phi(\boldsymbol{x}) + b = \sum_{i=1}^{N_s} \alpha_i y_i K(\boldsymbol{s}_i, \boldsymbol{x}) + b \qquad (2\text{-}98)$$

其中,$N_s$ 是支持向量 $\boldsymbol{s}_i$ 的数目,核函数定义为

$$K(\boldsymbol{x}_i, \boldsymbol{x}_j) = \Phi(\boldsymbol{x}_i) \cdot \Phi(\boldsymbol{x}_j) \qquad (2\text{-}99)$$

SVM 在深度学习变得普及之前还是一个非常成功的分类器,作为一个统计机器学习的经典方法,它提供了一种结构化风险(structural risk)最小化的学习方法,而不是经验风险(empirical risk)最小化方法。

SVM 的优点如下。

(1) SVM 是一个凸优化问题,其解一定是全局最优。

(2) 同时适用于线性问题和非线性问题(用核方法)。

(3) 由于支持向量,在某种意义上避免了"维数灾难"。

(4) 理论基础比较完善。

SVM 的缺点如下。

(1) 作为二次规划问题,求解不适用于超大数据集(SMO 的训练算法可以缓解这个问题)。

(2) 基本上是解决二分类问题,但 SVR(support vector regression,支持向量回归)也适用于回归问题;可以通过多个 SVM 组合来解决多分类问题。

### 2.4.2 随机森林

**随机森林也叫随机决策森林**(random decision forest,RDF),是一种用于分类、回归和其他任务的集成学习(ensemble learning)方法。它在训练时构建多个决策树(decision tree),推理时输出各个树的分类或平均预测(回归)。RDF 能够纠正决策树在训练集上过拟合的结果。

集成学习方法构建多个个体学习器(individual learner)来完成任务,可以分成两类:一类个体学习器具有强依赖性,是一种串行工作的序列化方法,代表是促进法(boosting);另一类个体学习器具有弱依赖性,是一种同时工作的并行化方法,代表是袋装法(bagging)。集成学习通过将多个个体学习器结合,常常可以获得比单一的学习器显著改善的泛化性能。

**1. RDF 是袋装法的进化版**

(1) RDF 使用了决策树作为弱学习器。

(2) 在使用决策树的基础上,RDF 对决策树的建立进行了改进。

① 对于普通的决策树,在节点上所有的 $n$ 个样本特征中选择一个最优的特征来做决策

树的左右子树划分。

② RDF 只随机选择节点上的一部分样本特征,这个数字小于 $n$,设为 $m$。

③ 在选择的 $m$ 个样本特征中,选择一个最优特征做决策树的左右子树划分,从而进一步增强模型的泛化能力。

④ 如果 $m=n$,则此时 RDF 的决策树和普通的决策树没有区别;$m$ 越小,则模型越稳健,当然此时对训练集的拟合程度会变差;也就是说 $m$ 越小,模型的方差会减小,但是偏差会增大。

除了以上两点,RDF 和普通的袋装法没有什么不同。

决策树是一种流行的机器学习方法。特别是当树非常深的时候,更适合学习高度不规则的模式,而这种模式偏差低但方差非常高,常常会造成训练集上的过拟合。而 RDF 是一种平均多个深度决策树的方法,在同一训练集的不同部分进行训练,目的是减少方差,但偏差会小幅增加。所以,一些合理的损失大大促进了最终模型的性能。

**2. RDF 的优点与缺点**

1) RDF 的优点

(1) 训练高度并行化,对于大数据的大样本训练速度有优势。

(2) 因为可以随机选择决策树节点划分特征,所以在样本特征维度很高的时候,仍然能高效地训练决策树模型。

(3) 能给出各个特征的重要性判断。

(4) 随机抽样训练出来的模型的方差小,泛化能力强。

(5) 相对于促进法的 Adaboost,RDF 实现比较简单。

(6) 对部分缺失特征不敏感。

2) RDF 的缺点

(1) 在噪声大的样本集上,容易过拟合。

(2) 划分比较多的特征容易对决策产生更大的影响,从而影响拟合性能。

## 2.5 深度学习

什么是深度学习(deep learning)? 根据深度学习的相关定义,它应该是一种分级概念结构,可教会计算机从简单的概念去学习复杂的概念。如果以图来表示这些概念是如何建造的,则是一个深层的多层图。

在某种意义上,深度学习就是特征/表示学习(feature/representation learning),或者分层特征/抽象(abstract)学习。最典型的深度学习模型就是前向反馈网络(feedforward deep network)或者多层感知器(multilayer perceptron,MLP)。

那为什么 20 年以前的 MLP 没有成功呢? 主要原因是:训练数据不够,计算机不够强大,模型参数初始化不对,模型节点的响应函数不对。

深度模型架构分为以下 3 种。

(1) 前向反馈网络:MLP、卷积神经网络(convolutional neural network,CNN)。

(2) 后向反馈网络:stacked sparse coding(成叠稀疏编码)、deconvolutional nets(去卷

积网络）。

（3）双向反馈网络：deep Boltzmann machines（深度 Boltzmann 机）、stacked auto-encoders（成叠自动编码器）。

CNN 应该是最流行的深度学习模型，在计算机视觉中也是影响力最大的。下面简单回顾一下经典的 CNN 模型的发展历程。

- AlexNet 应该算是第一个深度 CNN（见图 2.24）。
- ZFNet 采用 DeconvNet 和 visualization 技术可以监控学习过程。
- VGGNet 采用 $3\times3$ 小滤波器去取代 $5\times5$ 和 $7\times7$ 大滤波器，从而降低计算复杂度。
- GoogleNet 推广 NIN 的思路定义 Inception（见图 2.25）基本模块（采用多尺度变换和不同大小滤波器组合，即 $1\times1$、$3\times3$、$5\times5$）构建模型。
- Highway Networks 借鉴了 RNN-LSTM 的 gaiting（设门）单元。
- ResNet 是革命性的工作（见图 2.26），借鉴了 Highway Networks 的 skip connection（跳连接）想法，可以训练大深度的模型提升性能，计算复杂度变小。
- Inception-V3/4 用 $1\times7$ 和 $1\times5$ 小滤波器取代 $5\times5$ 和 $7\times7$ 大滤波器，$1\times1$ 滤波器做之前的特征瓶颈，这样卷积操作变成像跨通道（cross channel）的相关操作。
- DenseNet 主要通过跨层链接解决 vanishing gradient（消失梯度）问题（见图 2.27）。
- SE-Net 是针对特征选择的设计，gating 机制依然被采用。
- 注意力机制借鉴于 LSTM，实现目标-觉察的上下文模型。

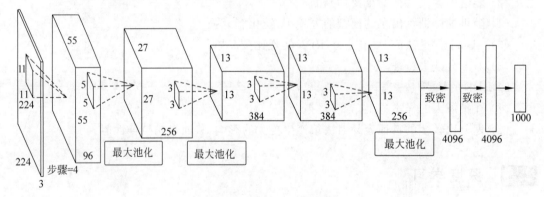

图 2.24　AlexNet 的结构

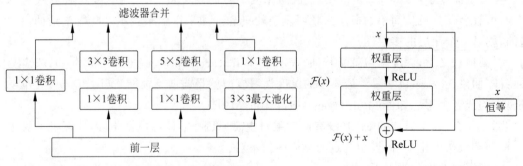

图 2.25　GoogleNet 中的 Inception 结构　　　　图 2.26　ResNet 的示意图

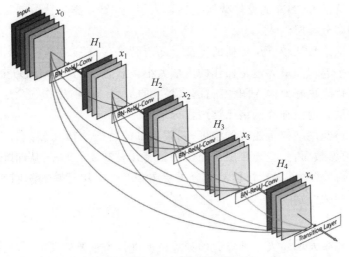

**图 2.27 DenseNet 的结构图**

注：Input——输入，BN——批处理归一化，ReLU——整流线性单元，Conv——卷积，Transition Layer——过渡层

下面重点介绍 CNN 的基本架构分析，目前比较引人注目的 GAN、RNN 网络，以及目前性能较佳的 Transformer 网络。

## 2.5.1 卷积神经网络

如图 2.28 所示为一个 CNN 的整体架构，包括两个主要部分：特征提取和分类器。在特征提取层，网络的每一层都接收来自其前一层的输出作为其输入，并将其输出作为输入传递给下一层。

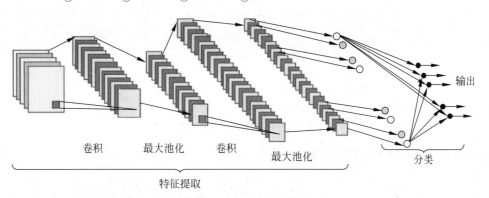

**图 2.28 CNN 的整体架构**

这个 CNN 架构由三种类型层组合而成：卷积（convolution）、最大池化（max-pooling）和分类（classification）。在网络的底层和中层有两种类型的层：卷积层和最大池化层。偶数层用于卷积，奇数层用于最大池化操作。卷积和最大池化层的输出节点组合成为一个 2D平面，叫特征图（feature map）。一个层的每个平面通常由前层一个或多个平面的组合导出。平面的节点连接到前一层每个连接平面的小区域。卷积层的每个节点通过卷积运算从

输入图像中提取特征。CNN 的整体架构包括输入层、多个交替的卷积层和最大池化层、一个全连接层和一个分类层。

更高级的特征来自从较低层传播的特征。随着特征传播到最高层或高级别,特征的维度减小分别取决于卷积和最大池化操作的内核大小。然而,为了确保分类的准确性,通常增加特征图的数量代表更好地输入图像特征。CNN 的最后一层输出作为全连接网络的输入,该网络称为分类层。前馈神经网络已被用作分类层。

相对于最终神经网络权重矩阵的维度,期望数量的特征选择在分类层中作为输入。然而,就网络或学习参数而言,全连接层是昂贵的。有几种技术,包括平均池化和全局平均池化,作全连接网络的替代方案。在顶部的分类层中 softmax 层计算相关类别的得分。分类器选最高分输出相关类别。

### 1. 基本概念

计算神经生物学对构建人工神经元的计算模型进行了重要的研究。试图模仿人类大脑行为的人工神经元是构建人工神经网络的基本组成部分。基本计算元素(神经元)被称为节点(或单元),其接收来自外部源的输入,具有产生输出的一些内部参数(包括在训练期间学习的权重和偏差)。这个单位称为感知器。

感知器的基本模型如图 2.29 所示,其显示神经元的基本非线性模型,其中 $x_1, x_2, \cdots, x_m$ 是输入信号;$w_{k1}, w_{k2}, \cdots, w_{km}$ 是突触权重;$v_k$ 是输入信号的线性组合;$\varphi(\cdot)$ 是激活函数(如 sigmoid);$y_k$ 是输出。偏移 $b_k$ 与输出的线性组合器相加,具有应用仿射变换的效果,产生输出 $y_k$。

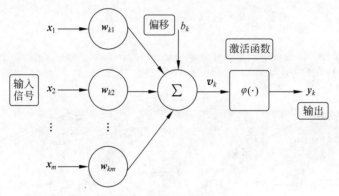

图 2.29    感知器的基本模型

神经元功能可以用公式表示如下:

$$v_k = \sum_{j=1}^{m} w_{kj} x_j \tag{2-100}$$

$$y_k = \varphi(v_k + b_k) \tag{2-101}$$

人工神经网络或一般神经网络由多层感知器(MLP)组成,其中包含一个或多个隐藏层,每层包含多个隐藏单元(神经元)。

一个具有 $L$ 层 MLP 的 NN 模型架构如图 2.30 所示,其中 $x$ 表示输入,$w^k$ 表示第 $k$ 层 MLP 的权重,$b^k$ 表示第 $k$ 层 MLP 的偏移,$a^k$ 表示第 $k-1$ 层的输出也是 $k$ 层的输入($a^0 = x$)。

那么,MLP 的输出为

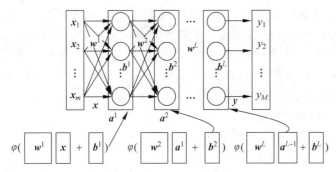

图 2.30　带有 MLP 的 NN 模型

$$y = f(\boldsymbol{x}) = \varphi(\boldsymbol{w}^L \cdots \varphi(\boldsymbol{w}^2 \varphi(\boldsymbol{w}'x + \boldsymbol{b}') + \boldsymbol{b}^2) \cdots + \boldsymbol{b}^L) \tag{2-102}$$

**学习率**（**learning rate**）是训练 DNN 的重要组成部分。它是训练期间考虑的步长,使训练过程更快。但是,选择学习率是敏感的。如果 $\eta$ 较大,网络可能会开始发散而不是收敛;此外,如果 $\eta$ 选择较小,则网络需要更多时间收敛,并且它可能很容易陷入局部最小值。

有三种常用方法可用于降低训练期间的学习率,分别为常数、因子和指数衰减。首先,可以定义一个常数 $\zeta$,基于定义的步长函数手动地降低学习率。其次,可以在训练期间根据以下等式调整学习率:

$$\eta_t = \eta_0 \beta^{t/\varepsilon} \tag{2-103}$$

指数衰减的步进函数格式为

$$\eta_t = \eta_0 \beta^{\left[\frac{t}{\varepsilon}\right]} \tag{2-104}$$

**动量**（**momentum**）是一种有助于 SGD（随机梯度下降）加速训练的方法。它背后的主要思想是使用梯度的移动平均值,而不是仅使用梯度的当前实际值。其数学表达式如下:

$$v_t = \gamma v_{t-1} - \eta \nabla \mathcal{F}(\gamma \theta_{t-1}) \tag{2-105}$$

$$\theta_t = \theta_{t-1} + v_t \tag{2-106}$$

其中,$\gamma$ 是动量;$\eta$ 是第 $t$ 轮训练的学习率。在训练期间使用动量的主要优点是防止网络卡在局部最小值。动量值为 $\gamma \in (0,1)$。较高的动量值超过其最小值,可能使网络不稳定。通常 $\gamma$ 设置为 0.5,直到初始学习稳定,然后增加到 0.9 或更高。

**权重衰减**（**weight decay**）用于训练深度学习模型作为 L2 正则化方法,这有助于防止过度拟合网络和模型泛化。$F(\boldsymbol{\theta}, x)$ 的 L2 正则化可以定义为

$$\Omega = \parallel \boldsymbol{\theta} \parallel^2 \tag{2-107}$$

$$\hat{\varepsilon}(\mathcal{F}(\boldsymbol{\theta}, x), y) = \varepsilon(\mathcal{F}(\boldsymbol{\theta}, x), y) + \frac{1}{2}\lambda\Omega \tag{2-108}$$

权重 $\boldsymbol{\theta}$ 的梯度是

$$\frac{\partial \frac{1}{2}\lambda\Omega}{\partial \theta} = \lambda \cdot \boldsymbol{\theta} \tag{2-109}$$

其中,$\lambda = 0.0004$。

**批处理归一化**（**BN**）通过输入样本移位来减少内部协方差,从而加速 DL 过程。这意味着输入被线性转换为零均值和单位方差。对于白化的输入,网络收敛速度更快,并且在训练期间表现出更好的正则化,这对整体精度有影响。由于数据白化是在网络外执行的,在模型训练期间不会产生白化的影响。在深度神经网络,第 $n$ 层的输入是第 $n-1$ 层的组合,不是

原始特征输入。随着训练的进行，归一化或白化的效果分别降低，这导致发生梯度消失（vanishing gradient）问题。这可能会减慢整个训练过程并导致饱和（saturation）。为了更好地训练，BN 应用于深度神经网络的内部层。这种方法确保了理论上和基准测试（benchmarks）实验中可以更快地收敛。在 BN 中，一层的特征独立地归一化为均值 0 和方差 1。如下算法给出了 BN 的伪代码实现。

**算法：批处理归一化（BN）**

**输入**：小批量（mini-batch）$\boldsymbol{x}$ 值：$\mathcal{B} = \{x_1, x_2, \cdots, x_m\}$                (2-110)

**输出**：$\{y_i = \mathrm{BN}_{\gamma, \beta}(x_i)\}$                (2-111)

$$\mu_{\mathcal{B}} \leftarrow \frac{1}{m}\sum_{i=1}^{m} x_i \qquad\qquad // \text{小批量均值} \qquad\qquad (2\text{-}112)$$

$$\sigma_{\mathcal{B}}^2 \leftarrow \frac{1}{m}\sum_{i=1}^{m}(x_i - \mu_{\mathcal{B}})^2 \qquad // \text{小批量方差} \qquad\qquad (2\text{-}113)$$

$$\hat{x}_i \leftarrow \frac{x_i - \mu_{\mathcal{B}}}{\sqrt{\sigma_{\mathcal{B}}^2 + \varepsilon}} \qquad\qquad // \text{归一化} \qquad\qquad (2\text{-}114)$$

$$y_i = \gamma\hat{x}_i + \beta \equiv \mathrm{BN}_{\gamma, \beta}(x_i) \qquad // \text{尺度和移位} \qquad\qquad (2\text{-}115)$$

**2. 激活函数**

常见的激活函数定义如下，图 2.31 所示为常见激活函数的曲线图。

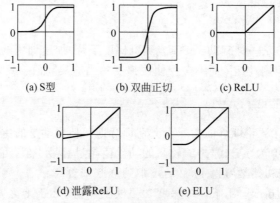

(a) S型    (b) 双曲正切    (c) ReLU

(d) 泄露ReLU    (e) ELU

图 2.31    常见激活函数的曲线图

1）S 型（sigmoid）

$$y = \frac{1}{1 + \mathrm{e}^x} \qquad\qquad (2\text{-}116)$$

**注**：**softmax** 函数是 sigmoid 函数的扩展，输入为一个向量的每个单元，即 $y_i \in \boldsymbol{y}, i = 0, 1, \cdots, C-1, \boldsymbol{y} = [y_0, y_1, \cdots, y_{C-1}]$，输出是 $[0, 1]$ 范围内的值，其公式如下：

$$\mathrm{softmax}(\boldsymbol{y})_i = \frac{\mathrm{e}^{y_i}}{\sum_j \mathrm{e}^{y_j}}$$

2）双曲正切（Tanh）

$$y = \frac{\mathrm{e}^x - \mathrm{e}^{-x}}{\mathrm{e}^x + \mathrm{e}^{-x}} \qquad\qquad (2\text{-}117)$$

3）整流线性单元（rectified linear unit，ReLU）

$$y = \max(x, 0)$$

4）泄露（leaky）ReLU 取小正数 $a > 0$

$$y = \begin{cases} x, & x \geqslant 0 \\ ax, & x < 0 \end{cases} \qquad (2\text{-}118)$$

5）指数线性单元（exponential linear unit，ELU）

$$y = \begin{cases} x, & x \geqslant 0 \\ a(e^x - 1), & x < 0 \end{cases} \qquad (2\text{-}119)$$

**3. 卷积层、池化层、分类层**

1）卷积层

先前层的特征图与可学习的内核在卷积层进行卷积。内核的输出经过线性或非线性激活函数，如 sigmoid、双曲正切（hyperbolic tangent）、softmax、整流线性（rectified linear）和标识（identity）函数，生成输出特征图。每个输出特征图可以与多个输入特征图组合。总体来说，有：

$$x_j^l = f\left( \sum_{i \in M_j} x_i^{l-1} \cdot k_{ij}^l + b_j^l \right) \qquad (2\text{-}120)$$

其中，$x_j^l$ 是当前层输出；$x_i^{l-1}$ 是前一层输出；$k_{ij}^l$ 是当前层内核；$b_j^l$ 是当前层的偏差。$M_j$ 代表选择的输入图。对于每个输出图，给出了附加偏差 $b$。但是，输入图将与不同的内核进行卷积生成相应的输出图。

2）池化层

亚采样层对输入图执行下采样操作，这通常称为池化层。在此层中，输入和输出特征图的数量不会更改。例如，如果有 $N$ 输入映射，那么将会有 $N$ 输出映射。由于下采样操作，输出图的每个维度大小都减小，这取决于下采样掩码大小。例如，如果使用 $2 \times 2$ 下采样内核，则所有图像输出维度将是相应输入图像维度的一半。该操作可以表述为

$$x_j^l = \mathrm{down}(x_j^{l-1}) \qquad (2\text{-}121)$$

在池化层中主要执行两种类型的操作：平均池化或最大池化。在平均池化操作中，函数通常总结来自前一层的特征图的 $N \times N$ 个补丁并选择平均值。在最大池化操作中，从特征图的 $N \times N$ 个补丁中选择最高值。因此，输出地图尺寸减小。特殊情况下，输出图乘以一个标量。已经有一些替代的亚采样层，如分数最大池化（fractional max pooling）层和带卷积的亚采样。

3）分类层

分类层是全连接层，根据前面卷积层提取的特征计算每个类的得分。最终的层特征图表示为一组标量数值的矢量，这些标量数值传递到全连接层。全连接前馈神经层作为 softmax 分类层。

在 CNN 的反向传播中，全连接层按照全连接神经网络（FCNN）的方法更新。在卷积层和其前一层之间对特征图执行全卷积运算来更新卷积层的滤波器。如图 2.32 所示为输入图像

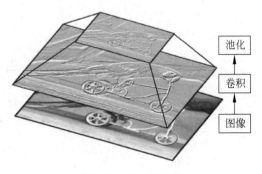

图 2.32 卷积和池化

的卷积和池化的基本操作。

4）网络参数和内存需求

网络参数的数量是衡量深度学习模型复杂性的重要指标。输出特征图的大小为

$$M = (N - F)/S + 1 \tag{2-122}$$

其中，$N$ 指输入特征图的尺寸；$F$ 指滤波器或感受野（receptive field）的尺寸；$M$ 指输出特征图的尺寸；$S$ 代表步幅（stride）。填充（padding）通常在卷积层应用，以确保输入和输出特征图具有相同的尺寸。填充尺寸取决于内核的大小。填充的行数和列数如下：

$$P = (F - 1)/2 \tag{2-123}$$

其中，$P$ 是填充尺寸；$F$ 是内核维度。用于模型对比的指标有多种。但是，在大多数情况下会考虑网络参数的数量和内存需求。第 $l$ 层的参数（$\mathrm{Parm}_l$）量计算公式如下：

$$\mathrm{Parm}_l = (F \cdot F \cdot \mathrm{FM}_{l-1}) \cdot \mathrm{FM}_l \tag{2-124}$$

其中，第 $l$ 层的参数总数记为 $\mathrm{Parm}_l$；$\mathrm{FM}_l$ 是输出特征图的总数；$\mathrm{FM}_{l-1}$ 是输入特征图或通道的总数。如果偏移参数与权重参数相加，则上述等式可写为

$$\mathrm{Parm}_l = (F \cdot (F+1) \cdot \mathrm{FM}_{l-1}) \cdot \mathrm{FM}_l \tag{2-125}$$

例如，假设第 $l$ 层具有 $\mathrm{FM}_{l-1} = 32$ 个输入特征图和 $\mathrm{FM}_l = 64$ 个输出特征图，并且滤波器大小为 $F = 5$，在这种情况下，该层的偏移参数总数为

$$\mathrm{Parm}_l = (5 \times 5 \times 33) \times 64 = 528\,000 \tag{2-126}$$

因此，第 $l$ 层操作所需的内存大小（$\mathrm{Mem}_l$）可以表示为

$$\mathrm{Mem}_l = (N_l \cdot N_l \cdot \mathrm{FM}_l) \tag{2-127}$$

**4. 反向传播**

深度 NN 使用流行的反向传播算法和 SGD 进行训练。在 MLP 的情况下，可以容易地用有向非循环图（directive acyclic graphs）这样的计算图来表示 NN 模型。DL 的表示，让一个单路径网络使用链规则有效地计算从顶层到底层的梯度。如下给出了基本反向传播算法的伪代码。

**算法：反向传播**

**输入：** 具有 $l$ 层的网络，激活函数 $\sigma_l$

隐藏层的输出：$\boldsymbol{h}_l = \sigma_l(\boldsymbol{W}_l^\mathrm{T} \boldsymbol{h}_{l-1} + \boldsymbol{b}_l)$

网络输出：$\tilde{\boldsymbol{y}} = \boldsymbol{h}_l$

计算梯度：$\delta \leftarrow \dfrac{\partial \varepsilon(\boldsymbol{y}_i, \tilde{\boldsymbol{y}}_j)}{\partial \boldsymbol{y}}$ $\hspace{3cm}$ (2-128)

从 $i \leftarrow l$ 到 0 进行

计算当前层的梯度：

$$\frac{\partial \varepsilon(\boldsymbol{y}_i, \tilde{\boldsymbol{y}}_j)}{\partial \boldsymbol{W}_l} = \frac{\partial \varepsilon(\boldsymbol{y}_i, \tilde{\boldsymbol{y}}_j)}{\partial \boldsymbol{h}_l} \frac{\partial \boldsymbol{h}_l}{\partial \boldsymbol{W}_l} = \delta \frac{\partial \boldsymbol{h}_l}{\partial \boldsymbol{W}_l} \tag{2-129}$$

$$\frac{\partial \varepsilon(\boldsymbol{y}_i, \tilde{\boldsymbol{y}}_j)}{\partial \boldsymbol{b}_l} = \frac{\partial \varepsilon(\boldsymbol{y}_i, \tilde{\boldsymbol{y}}_j)}{\partial \boldsymbol{h}_l} \frac{\partial \boldsymbol{h}_l}{\partial \boldsymbol{b}_l} = \frac{\partial \boldsymbol{h}_l}{\partial \boldsymbol{b}_l} \tag{2-130}$$

用 $\dfrac{\partial \varepsilon(\boldsymbol{y}_i, \tilde{\boldsymbol{y}}_j)}{\partial \boldsymbol{W}_l}$ 和 $\dfrac{\partial \varepsilon(\boldsymbol{y}_i, \tilde{\boldsymbol{y}}_j)}{\partial \boldsymbol{b}_l}$ 应用梯度下降

反向传播梯度到下一层

$$\delta \leftarrow \frac{\partial \varepsilon(\boldsymbol{y}, \bar{\boldsymbol{y}})}{\partial \boldsymbol{h}_l} \frac{\partial \boldsymbol{h}_l}{\partial \boldsymbol{h}_{l-1}} = \delta \frac{\partial \boldsymbol{h}_l}{\partial \boldsymbol{h}_{l-1}} \tag{2-131}$$

结束。

**5. 梯度下降和随机梯度下降**

1) 梯度下降

梯度下降法是一阶优化算法,用于寻找目标函数的局部最小值。如下算法伪代码解释了梯度下降的概念。

**算法:梯度下降**

**输入:**损失函数 $\varepsilon$、学习率 $\eta$、数据集 $\boldsymbol{X}$、输出 $\boldsymbol{y}$ 和模型 $\mathcal{F}(\theta, \boldsymbol{x})$

**输出:**最小化 $\varepsilon$ 的最优 $\theta$

重复直到收敛:

$$\bar{\boldsymbol{y}} = \mathcal{F}(\theta, \boldsymbol{x}) \tag{2-132}$$

$$\theta = \theta - \eta \cdot \frac{1}{N} \sum_{i=1}^{N} \frac{\partial \varepsilon(\boldsymbol{y}, \bar{\boldsymbol{y}})}{\partial \theta} \tag{2-133}$$

结束

2) 随机梯度下降

由于训练时间长是传统梯度下降法的主要缺点,因此随机梯度下降法用于训练深度神经网络(DNN)。如下算法伪代码详细解释了随机梯度下降的概念。

**算法:随机梯度下降**

**输入:**损失函数 $\varepsilon$、学习率 $\eta$、数据集 $\boldsymbol{X}$、输出 $\boldsymbol{y}$ 和模型 $\mathcal{F}(\theta, \boldsymbol{x})$

**输出:**最小化 $\varepsilon$ 的最优 $\theta$

重复直到收敛:

随机$(\boldsymbol{X}, \boldsymbol{y})$;

对于$(\boldsymbol{X}, \boldsymbol{y})$的每批$(\boldsymbol{x}_i, \boldsymbol{y}_i)$进行

$$\bar{\boldsymbol{y}}_i = \mathcal{F}(\theta, \boldsymbol{x}_i) \tag{2-134}$$

$$\theta = \theta - \eta \cdot \frac{1}{N} \sum_{i=1}^{N} \frac{\partial \varepsilon(\boldsymbol{y}_i, \bar{\boldsymbol{y}}_i)}{\partial \theta} \tag{2-135}$$

结束

随机梯度下降法在深度学习之外也有很多重要的应用。它是在大规模数据上训练大型线性模型的主要方法。

在 CNN 的模型训练中,另外还需注意以下一些问题。

(1) AdaGrad/AdaDelta:基于梯度历史信息来调整学习率。

(2) 退出(dropout):一种对付过拟合的方法,以一定概率选取节点关闭响应。

(3) 数据增强(data augmentation):增加数据变异,克服过拟合。

(4) 预处理:归一化,主成分分析(PCA)白化(whitening)。

(5) 初始化:如 Xavier 方法。

## 2.5.2　生成对抗网络

生成对抗网络(generative adversarial network,GAN)的原理是什么? 以生成图片为例

比较容易说明。假设有两个网络,生成网络 $G$(generator)和鉴别网络 $D$(discriminator),那么:

(1) $G$ 是一张图片的生成网络,用于输入一个随机的噪声 $z$,通过它生成图片,记作 $G(z)$。

(2) $D$ 是一张图片的鉴别网络,用于确认一张图片是不是"真实"。它的输入参数是 $x$,代表一张图片,输出 $D(x)$ 代表 $x$ 为真实图片的概率,如果为 1,则 100% 是真实的图片;反之若输出为 0,则完全不是真实的图片。

图 2.33 是 GAN 的直观表示。在训练过程中,生成网络 $G$ 尽量生成真实的图片去欺骗鉴别网络 $D$,而鉴别网络 $D$ 尽量把 $G$ 生成的图片和真实的图片区别开来。这样,$G$ 和 $D$ 构成了一个动态的"博弈(gaming)过程"。最后博弈的结果,$G$ 可以生成足以"以假乱真"的图片 $G(z)$,而对 $D$ 来说,它难以判定 $G$ 生成的图片究竟是不是真实的,故 $D(G(z))=0.5$。

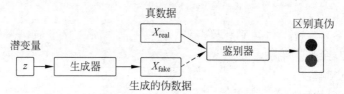

图 2.33　GAN 的直观表示

数学上,GAN 需要优化的目标函数如下:

$$\min_G \max_D V(G,D) = \min_G \max_D \mathbb{E}_{x \sim p_{\text{data}}}\left[\log D(x)\right] + \mathbb{E}_{x \sim p_z}\left[\log(1 - D(G(z))\right]$$

(2-136)

其中,$p_{\text{data}}(x)$ 和 $p_z(z)$ 分别表示在数据空间 $X$ 中定义的真实数据的概率分布和潜在空间 $Z$ 上定义的潜在变量 $z$ 的概率分布,而 $V(G,D)$ 是二元交叉熵函数,通常用于二元分类问题。

由于 $D$ 想要对真实或虚假样本进行分类,因此 $V(G,D)$ 是分类问题目标函数的自然选择。从 $D$ 的角度来看,如果样本来自真实数据,则 $D$ 将最大化其输出;而如果样本来自 $G$,则 $D$ 将最小化其输出。同时,$G$ 想要欺骗 $D$,因此当虚假样本呈现给 $D$ 时,它试图最大化 $D$ 的输出。通过对 $V(G,D)$ 求导,可计算出最优的鉴别器:

$$D^*(x) = \frac{p_g(x)}{p_g(x) + p_{\text{data}}(x)}$$

(2-137)

把这个最优鉴别器代入前面的目标函数,则等式变为 $p_{\text{data}}(x)$ 和 $p_g(x)$ 之间的 JS 散度(Jensen Shannon divergence,JSD)。因此,最小化 $JSD(p_{\text{data}} \| p_g)$ 的最优生成器是数据分布 $p_{\text{data}}(x)$,并且将最优生成器代入最优鉴别器,$D$ 变为 0.5,意思是二者难以区分。

$f$-散度 $D_f(p_{\text{data}} \| p_g)$ 是一种通过特定凸函数 $f$ 测量两个分布之间差异的手段。在 $f$ 是凸函数并且满足 $f(1)=0$ 的条件下,$D_f(p_{\text{data}} \| p_g)$ 可以充当两个分布之间的散度。由于条件 $f(1)=0$,如果两个分布是等价的,则它们的比率变为 1,并且它们的散度变为 0。$f$ 一般称为生成函数,称它为 $f$-散度函数,是为避免与生成器 $G$ 混淆。KL 散度(Kullback-Leibler divergence,KLD)、逆 KLD、JSD 以及其他散度函数可以用特定生成函数 $f$ 的 $f$-GAN 框架导出。

Wasserstein GAN(WGAN)提出了关于 $p_{\text{data}}(x)$ 和 $p_g(x)$ 之间距离的重要研究。GAN 学习将潜在变量 $z$ 变换为 $p_g(x)$ 的生成函数 $g_\theta$,而不是直接学习概率分布 $p_{\text{data}}(x)$ 本身。因此,需要 $p_g(x)$ 和 $p_{\text{data}}(x)$ 之间的测度来训练 $g_\theta$。WGAN 建议将推土机距离

(earth mover distance，EMD)称为 Wasserstein 距离，作为两种分布之间差异的度量。Wasserstein 距离的定义如下：

$$W(p_{\text{data}}, p_g) = \inf_{\gamma \in \Pi(p_{\text{data}}, p_g)} \mathbb{E}_{(x,y) \sim \gamma}\big[\,\|x - y\|\,\big] \tag{2-138}$$

其中，$\Pi(p_{\text{data}}, p_g)$ 表示所有联合分布的集合，$\gamma(x, y)$ 的边缘分布分别是 $p_{\text{data}}(x)$ 和 $p_g(x)$。

深度卷积生成对抗网络(deep convolutional GAN，DCGAN)为 GAN 提供了重要贡献，其建议的卷积神经网络(CNN)架构极大地稳定了 GAN 训练。DCGAN 提出了以下几点很有用的架构建议。

(1) 鉴别器 $D$ 用步幅(strided)卷积取代池化，生成器 $G$ 则用分数步幅(fractional-strided)卷积取代池化。

(2) 在 $D$ 和 $G$ 中同时用批处理归一化(batch normalization)。

(3) 去除全连接的隐藏层。

(4) 在 $G$ 中，除了输出层以外，均采用 ReLU，采用 Tanh 函数。

(5) 在 $D$ 中，全部层采用 Leaky ReLU 发生器。

由于 DCGAN 解决了训练 GAN 的不稳定性，成为各种 GAN 建模的基准。图 2.34 所示为 DCGAN 的生成器架构图。

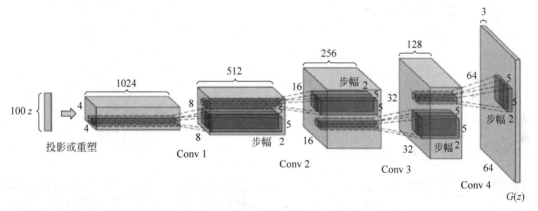

图 2.34 DCGAN 的一个生成器架构

如果生成器和鉴别器都以某些额外信息 $y$ 为条件，如类标签或来自其他模态的数据，则 GAN 扩展到条件模型，即 $y$ 作为附加输入层进入鉴别器和发生器来进行调节。这个网络称为条件生成对抗网络(Conditional Generative Adversarial Net，CGAN)，图 2.35 所示为 CGAN 直观的表示。

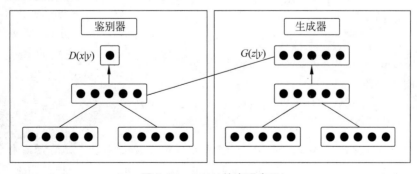

图 2.35 CGAN 的直观表示

GAN 现在已经在很多领域得到应用,如图像翻译、超分辨率、目标检测、目标改变形象、图像生成和视频生成,还有串行数据的生成,如音乐、语言和语音等。

GAN 训练的挑战性要大于 CNN,一些要注意的技巧如下。

(1) 对输入进行归一化。

(2) 注意修正损失函数。

(3) 使用球形噪声分布(不是均匀分布,而是高斯分布)。

(4) 进行批量归一化(BN)。

(5) 避免稀疏梯度出现,如采用激活函数 ReLU 和最大值池化(max pooling)。

(6) 采用叠加一定噪声的软标签。

(7) 推荐使用 DCGAN 或者混合模型,如 KL 散度+GAN 的组合,或 VAE(variational auto-encoder 变分自编码器)+GAN 的组合。

(8) 使用基于强化学习的稳定性方法。

(9) 将训练优化器 Adam 用于生成器 $G$,而随机梯度下降(SGD)用于鉴别器 $D$。

(10) 训练中尽早跟踪出现的故障,检查梯度的模值是否过大或过小。

(11) 除非有充分的理由,否则不要通过统计来平衡损失。

(12) 如果有真值标注,最好用上,如采用辅助(auxiliary)GAN 方法。

(13) 在输入添加噪声干扰,并随时间逐渐降低干扰幅度。

(14) 可以试试多训练鉴别器(特别是当输入含噪时)。

(15) 可以试试批鉴别(batch discrimination)。

(16) 采用 CGAN 中的离散变量,在训练/测试阶段,在生成器 $G$ 中使用退出(dropout)方法,避免过拟合。

### 2.5.3　递归神经网络

递归神经网络(RNN)是唯一的,它允许随着时间的推移在一系列向量上进行操作。如图 2.36 所示是 RNN 的基本架构: $x_t$ 是输入向量, $h_t$ 是隐藏层向量,A 是其中一个隐藏层。

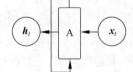

图 2.36　RNN 的基本架构

在 Elman 网络中,使用隐藏层的输出和隐藏层的正常输入一起作为输入。此外,在 Jordan 网络中,使用输出单元的输出作为隐藏层的输入。相反地,Jordan 网络使用输出单元的输出同时作为自身和隐藏层的输入。在数学上可以表示如下。

1) Elman 网络

$$\boldsymbol{h}_t = \sigma_h(\boldsymbol{w}_h \boldsymbol{x}_t + \boldsymbol{u}_h \boldsymbol{h}_{t-1} + \boldsymbol{b}_h) \qquad (2\text{-}139)$$

$$\boldsymbol{y}_t = \sigma_y(\boldsymbol{w}_y \boldsymbol{h}_t + \boldsymbol{b}_y) \qquad (2\text{-}140)$$

2) Jordan 网络

$$\boldsymbol{h}_t = \sigma_h(\boldsymbol{w}_h \boldsymbol{x}_t + \boldsymbol{u}_h \boldsymbol{y}_{t-1} + \boldsymbol{b}_h) \qquad (2\text{-}141)$$

$$\boldsymbol{y}_t = \sigma_y(\boldsymbol{w}_y \boldsymbol{h}_t + \boldsymbol{b}_y) \qquad (2\text{-}142)$$

其中, $x_t$ 是输入向量; $h_t$ 是隐藏层向量; $y_t$ 是输出向量, $w$ 和 $u$ 是权重矩阵, $b$ 是偏移向量。

循环允许信息从网络的一个步骤传递到下一个步骤。可以将递归神经网络视为同一网

络的多个副本，每个网络将消息传递给后继者。图 2.37 显示了 RNN 循环在时域展开
（unroll the loop）的情况。

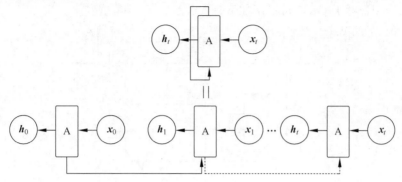

图 2.37 展开的 RNN

RNN 方法的主要问题是梯度消失。

**1. LSTM**

长短时记忆（long short term memory，LSTM）模型的关键思想是单元（cell）状态，如
图 2.38 所示，LSTM 将信息移除或添加到单元状态（cell state），称为门（gates）：输入门（$i_t$）、忘
记门（$f_t$）和输出门（$o_t$），可以定义为如下公式：

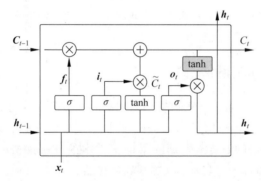

图 2.38 LSTM

$$f_t = \sigma(W_f[h_{t-1}, x_t] + b_f) \tag{2-143}$$

$$i_t = \sigma(W_i[h_{t-1}, x_t] + b_i) \tag{2-144}$$

$$\widetilde{C}_t = \tanh(W_C[h_{C-1}, x_t] + b_C) \tag{2-145}$$

$$C_t = f_t C_{t-1} + i_t \widetilde{C}_t \tag{2-146}$$

$$o_t = \sigma(W_o[h_{t-1}, x_t] + b_o) \tag{2-147}$$

$$h_t = o_t \tanh(C_t) \tag{2-148}$$

LSTM 模型在时间信息处理中很受欢迎。大多数包含 LSTM 模型的论文都有一些微
小的差异。

**2. GRU**

门控递归单元（gated recurrent unit，GRU）也来自 LSTM。GRU 受欢迎的主要原因是
计算成本低和模型简单，如图 2.39 所示。在拓扑、计算成本和复杂性方面，GRU 是比标准

LSTM 更轻的 RNN 版。该技术将遗忘门(forget gate)和输入门(input gate)组合成单个更新门(update gate),并将单元状态、隐藏状态以及一些其他变化合并。更简单的 GRU 模型越来越受欢迎。数学上 GRU 可以用如下公式表示。

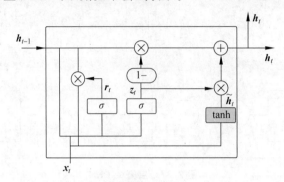

图 2.39　GRU

$$z_t = \sigma(W_z[h_{t-1}, x_t]) \tag{2-149}$$

$$r_t = \sigma(W_r[h_{t-1}, x_t]) \tag{2-150}$$

$$\tilde{h}_t = \tanh(W[r_t h_{t-1}, x_t]) \tag{2-151}$$

$$h_t = (1 - z_t)h_{t-1} + z_t \tilde{h}_t \tag{2-152}$$

GRU 需要较少的网络参数,这使模型推理更快。此外,如果有足够的数据和计算能力,LSTM 可以提供更好的性能。

### 2.5.4　Transformer 网络

Transformer 是一种不同于 CNN 的新神经网络,主要利用自注意力机制来提取固有特征。Transformer 最初应用于自然语言处理(NLP)任务,并带来了显著的改进,如 BERT,通过联合处理左、右、上、下文来预先训练未标记文本的 Transformer。为此 Transformer 被引入计算机视觉,目前似乎已经成为 CNN 的替代品。

一个普通 Transformer 的流水线如图 2.40 所示,Transformer 由一个编码器模块和一个解码器模块组成,其中有几个相同架构的编码器/解码器。每个编码器由一个自注意力层和一个前馈神经网络组成,而每个解码器由一个自注意力层、一个编码器-解码器注意力层和前馈神经网络组成。

在自注意力层中,首先将输入向量转换为三个不同的向量,即 Query 向量 $q$、Key 向量 $k$ 和 Value 向量 $v$,其中维度为 $d_q = d_k = d_v = d_{\text{model}} = 512$。然后将来自不同输入的向量打包成三个不同矩阵 $Q$、$K$ 和 $V$。之后,通过以下步骤计算不同输入向量之间的注意函数,如图 2.41(a)所示:

- 步骤 1:计算不同输入向量之间的分数 $S = Q \cdot K^T$。
- 步骤 2:为梯度稳定性归一化得分 $S_n = S/\sqrt{d_k}$。
- 步骤 3:用 softmax 函数将分数转换为概率 $P = \text{softmax}(S_n)$。
- 步骤 4:获得 $Z = V \cdot P$ 的加权值矩阵。

这样整个过程可以统一到一个函数:

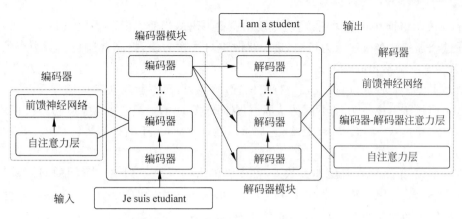

图 2.40 一个普通 Transformer 的流水线

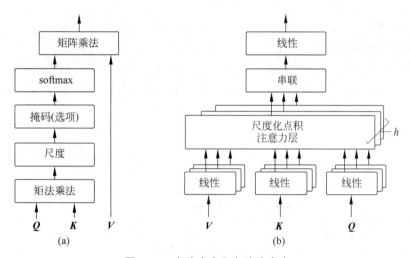

图 2.41 自注意力和多头注意力

$$\text{Attention}(\boldsymbol{Q},\boldsymbol{K},\boldsymbol{V}) = \text{softmax}\left(\frac{\boldsymbol{Q} \cdot \boldsymbol{K}^{\text{T}}}{\sqrt{d_k}}\right) \cdot \boldsymbol{V} \tag{2-153}$$

步骤 1 计算两个不同向量之间的分数,分数是确定在当前位置编码单词时对其他单词的注意度。步骤 2 将分数归一化,使其具有更稳定的梯度,更好地进行训练。步骤 3 将分数转换为概率。步骤 4 将每个 $\boldsymbol{V}$ 向量乘以总计概率,概率较大的向量将在以下各层中得到更多注意。

解码器模块中的编码器-解码器注意力层几乎与编码器模块中的自注意力层相同,只是 Key 矩阵 $\boldsymbol{K}$ 和 Value 矩阵 $\boldsymbol{V}$ 是从编码器模块导出的,Query 矩阵 $\boldsymbol{Q}$ 是从前一层导出的。

注意,上述过程与每个单词的位置无关,因此自注意力层缺乏捕捉句子中单词位置信息的能力。为了解决这个问题,在原始输入嵌入中添加了一个维度为 $d_{\text{model}}$ 的位置编码,获得单词的最终输入向量。具体来说,位置用以下公式进行编码:

$$\text{PE}(\text{pos},2i) = \sin\left(\frac{\text{pos}}{10000^{\frac{2i}{d_{\text{model}}}}}\right) \tag{2-154}$$

$$\text{PE}(\text{pos},2i+1) = \cos\left(\frac{\text{pos}}{10000^{\frac{2i}{d_{\text{model}}}}}\right) \tag{2-155}$$

其中，pos 表示单词在句子中的位置；$i$ 表示位置编码的当前维度。

通过添加一种多头注意力机制，进一步改进自注意力层，提高普通自注意力层的性能。请注意，对于一个给定的参考词，在通读句子时通常会关注其他几个词。因此，单头自注意力层限制了专注于特定位置（或几个特定位置）的能力，而不影响对其他同样重要位置的注意。这是通过赋予注意力层不同的表征子空间来实现的。具体来说，不同的头用不同的 Query 矩阵、Key 矩阵和 Value 矩阵，它们可以在训练后（由于随机初始化）将输入向量投影到不同的表征子空间。

具体来说，给定输入向量和头数 $h$，首先将输入向量转换为三组不同的向量，即 query 组、key 组和 value 组。每组中有 $h$ 个向量，维数为 $d'_q = d'_k = d'_v = d_{model}/h = 64$。然后，将来自不同输入的向量打包成三组不同的矩阵 $\{Q_i\}_{i=1}^h, \{K_i\}_{i=1}^h, \{V_i\}_{i=1}^h$。接着，多头注意力的过程（见图 2.41(b)）如下：

$$\text{MultiHead}(Q', K', V') = \text{Concat}(\text{head}_1, \cdots, \text{head}_h)W^o \qquad (2\text{-}156)$$

其中，$W^o$ 是线性投影矩阵。

$$\text{head}_i = \text{Attention}(Q_i, K_i, V_i) \qquad (2\text{-}157)$$

如图 2.42 所示是 Transformer 的详细结构：在编码器和解码器的每个子层中添加一个残余连接，以加强信息流并获得更好的性能。随后进行层归一化。上述操作的输出可描述为

$$\text{LayerNorm}(X + \text{Attention}(X)) \qquad (2\text{-}158)$$

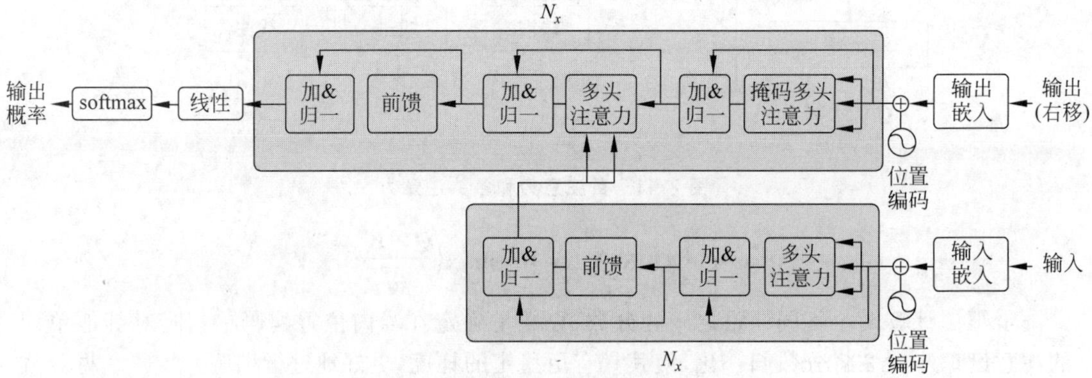

图 2.42 Transformer 的详细结构

注意，这里用 $X$ 作为自注意力层的输入，因为 Query、Key 和 Value 的矩阵 $Q$、$K$ 和 $V$ 都来自相同的输入矩阵 $X$。

在每个编码器和解码器的自注意力层之后应用前馈神经网络。具体而言，前馈 NN 由两个线性变换层和其中的一个 ReLU 激活函数组成，可表示为以下函数：

$$\text{FFNN}(X) = W_2 \sigma(W_1 X) \qquad (2\text{-}159)$$

其中，$W_1$ 和 $W_2$ 是两个线性变换层的两个参数矩阵；$\sigma$ 表示 ReLU 激活函数。隐藏层的维度为 $d_h = 2048$。

解码器的最后一层旨在将向量堆栈转换回一个单词。这是通过线性层和 softmax 层实现的。线性层将向量投影到具有 $d_{word}$ 维度的 logits 向量，其中 $d_{word}$ 是词汇表的单词数。然后，用 softmax 层将 logits 向量转换为概率。

计算机视觉任务中使用的大多数 Transformer 都使用原始 Transformer 的编码器模块。简而言之,它可以被视为一种不同于 CNN 和 RNN 的新特征选择器。与只关注局部特征的 CNN 相比,Transformer 能够捕获远距离特征,这意味着 Transformer 可以很容易地获得全局信息。与必须按顺序计算隐藏状态的 RNN 相比,Transformer 的效率更高,因为自注意力层和全连接层的输出可以并行计算,并且易于加速。

## 2.6 神经网络模型压缩和加速

深度神经网络模型的计算成本高并且存储量大,会在低内存资源设备或有严格延迟要求的应用中遇到阻碍。因此,一种想法就是在深度网络中执行模型压缩和加速,而不会显著降低模型性能。

目前压缩和加速 CNN 模型的技术大致有以下 4 种方案。

(1) 参数修剪和共享(parameter pruning and sharing):探索模型参数中的冗余,并尝试去除冗余和不重要的参数。

(2) 低秩分解(low-rank factorization):使用矩阵/张量分解来估计深度 CNN 模型的信息参数。

(3) 转移/致密卷积滤波器(transferred/compact convolutional filter):设计特殊的结构卷积滤波器,以减少参数空间并节省存储/计算。

(4) 知识蒸馏(knowledge distillation):学习蒸馏模型并训练更紧凑的神经网络以再现更大网络的输出。

通常,参数修剪和共享、低秩分解和知识蒸馏方法可被用于具有全连接层和卷积层的深度神经网络模型;此外,转移/致密卷积滤波器方法仅适用于具有卷积层的模型。低秩分解和转移/致密卷积滤波器方法提供了端到端流水线,可在 CPU/GPU 环境中轻松实现。参数修剪和共享会使用不同的方法,如矢量量化、二进制编码和稀疏约束等。总之,实现压缩和加速需要经过多个步骤。

至于训练方式,可以从预训练的训练方式中提取参数修剪和共享、低秩分解模型,或者从头开始训练(train from scratch)。转移/致密卷积滤波器和知识蒸馏模型只能从头开始支持训练。这些方法是独立设计的,相互补充。例如,可以一起使用转移的网络层以及参数修剪和共享,也可以将模型量化和二值化与低秩分解近似一起使用。

### 2.6.1 参数修剪和共享

如图 2.43 所示是一个三步模型压缩法:剪枝、量化和编码。该方法使用权重共享来量化连接权重,并采用哈夫曼编码量化权重以及码本。首先,通过正常的网络训练学习其连接性;然后,修剪小权重连接;最后,对网络进行重新训练,以学习剩余稀疏连接的最终权重。Hessian 权重可用于衡量网络参数的重要性,所以压缩的一个指标是,最小化聚类网络参数的 Hessian 加权平均量化误差。

每个权重 1-比特表示的极端情况即二进制权重神经网络。有不少直接用二进制权重训练 CNN 的方法,例如 BinaryConnect、BinaryNet 和 XNORNetworks。其主要思想是,在

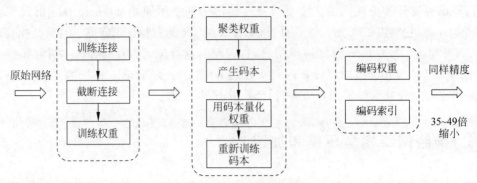

图 2.43　三步模型压缩法

模型训练期间直接学习二进制权重或激活。使用反向传播训练的网络可以容忍特殊的权重失真,包括二进制权重。

在包含全连接层的网络架构中,消除全连接层的参数冗余至关重要,因为它往往是最大的内存消耗部分。这些网络层使用非线性变换 $f(x, M) = \sigma(Mx)$,其中 $\sigma(\cdot)$ 是逐元非线性算子,$x$ 是输入向量,$M$ 是 $m \times n$ 参数矩阵。当 $M$ 是一般密集矩阵时,存储 $m \times n$ 参数和计算矩阵矢量乘积的成本是 $O(m \times n)$ 数量级。因此,最直接修剪参数的方法是将 $x$ 强加为参数化结构矩阵。一个 $m \times n$ 矩阵可以用比 $m \times n$ 少得多的参数来描述,被称为结构化矩阵(structured matrix)。通常,该结构不仅能降低存储成本,还能通过矩阵向量乘法和梯度计算的快速算法加快网络的训练和推理。

### 2.6.2　低秩分解

在 CNN 模型中的大部分计算为卷积运算,减少卷积层将提高压缩率及整体加速率。卷积核可以视为 4D 张量,4D 张量存在大量冗余,基于张量分解是消除冗余特别有效的方式。全连接层可以视为 2D 矩阵,矩阵的低秩特性有助于网络的压缩。

低秩近似是逐层完成的,低秩正则化的典型框架如图 2.44 所示。完成一层后,固定其参数,并基于重建误差对上层参数进行微调。

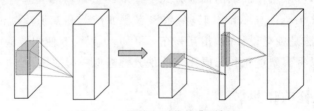

图 2.44　低秩正则化的典型框架

### 2.6.3　转移/致密卷积滤波器

CNN 模型充分体现了输入图像的平移不变性,其参数是高效的,这也是深度 CNN 没有出现过拟合的关键原因。虽然没有强有力的理论验证这一点,但是大量的经验数据支持这一论断,即平移不变性和卷积参数分配对 CNN 预测性能保证起重要作用。转移/致密卷积滤波器的思想来自等变群(equivariant group)理论。

令 $x$ 为输入, $\Phi(\cdot)$ 为网络或层, $T(\cdot)$ 为转移矩阵。等价(equivalence)的概念定义为

$$T'\Phi(x) = \Phi(Tx) \tag{2-159}$$

式(2-159)的含义是通过转移矩阵 $T(\cdot)$ 输入 $x$ 然后将其通过网络或层 $\Phi(\cdot)$ 传递,以及先通过网络映射 $x$ 再转换网络输出,二者给出相同的结果。根据这个等价理论,将转移应用于层或滤波器 $\Phi(\cdot)$ 来压缩整个网络模型是合理的。从经验观察来看,深度 CNN 也受益于使用大量卷积滤波器,这些滤波器将转移矩阵 $T(\cdot)$ 应用于一小组基本滤波器,原因是其本身就是模型的正则化器。

### 2.6.4 知识蒸馏

知识蒸馏(KD)将深度和宽度网络压缩成较浅的网络,其中压缩模型模拟了复杂模型所学习的函数。如图 2.45 所示是 KD 的示意图。基于 KD 的方法的主要思想是通过学习得到 softmax 输出的类分布,将知识从大型教师模型转换为小型学生模型。

KD 框架遵循一种"教师-学生"范式简化深度网络的训练,其中学生根据教师输出设计损失函数进行软惩罚。该框架将教师网络(teacher network)集成到一个有类似深度的学生网络(student network)中,训练学生去预测输出的分类标签。尽管 KD 很简单,但它在各种图像分类任务中展示了有希望的结果。另外一个模型叫 FitNets,它提出了一种训练瘦而深网络的方法,以压缩宽而浅(但仍然很深)的网

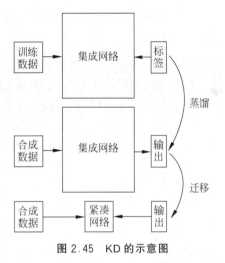

图 2.45 KD 的示意图

络,该方法提出了一种更薄、更深学生模型的扩展想法。为了从教师网络的中间表示中学习,FitNets 让学生模仿教师的全部特征图。然而,可能由于教师和学生的能力差别很大,这些假设仍然过于严格。

### 2.6.5 MobileNets

谷歌提出的 MobileNets 基于流线型架构,使用深度上可分离卷积来构建轻量级深度神经网络。有两个简单的全局超参数,可以在延迟和准确度之间进行有效的折中。这些超参数允许模型在构建时根据问题的约束为其选择合适大小的模型。图 2.46 所示是 MobileNets 的一些应用示例。

基于深度可分离卷积,MobileNets 模型将标准卷积分解为逐深度卷积(depthwise convolution)和被称为逐点卷积(pointwise convolution)的 $1 \times 1$ 卷积。逐深度卷积为每条输入通道配备一个滤波器。然后,逐点卷积应用 $1 \times 1$ 卷积来组合输出逐深度卷积。标准卷积可以在一个步骤中滤波并组合成一组新的输出。深度可分离卷积将其分成两层,一个滤波层和一个组合层。这种分解可显著减少计算和模型大小。图 2.47 显示了标准卷积是如何分解为逐深度卷积和 $1 \times 1$ 逐点卷积的。

MobileNets 结构建立在深度可分离卷积理论的基础上,除了第一层,其他层都是全卷

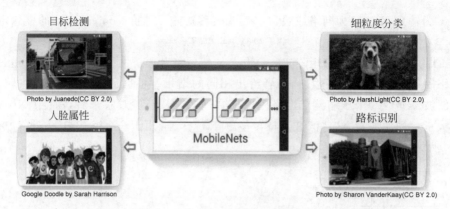

图 2.46    MobileNets 的应用示例

积结构。图 2.48 将两种架构进行对比：一个是具有正规的卷积、批归一化（BN）和 ReLU 的层，另一个是包括逐深度卷积、1×1 逐点卷积以及卷积之后批归一化（BN）和 ReLU 的层。在逐深度卷积层和第一层中，采用跨步卷积（strided convolution）处理下采样。最终，平均池化操作在全连接层之前将空间分辨率降为 1。

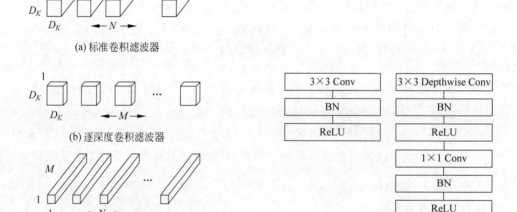

(a) 标准卷积滤波器

(b) 逐深度卷积滤波器

(c) 1×1 逐点卷积滤波器

图 2.47    标准卷积滤波器分解为逐深度卷积和
1×1 逐点卷积滤波器

Depthwise Conv 逐深度卷积

图 2.48    分解架构对比

将深度卷积和点状卷积算作单独层的话，MobileNets 有 28 层。MobileNets 架构的定义如表 2.1 所示。Conv 表示卷积，dw 表示逐深度，s1/2 表示跨度卷积的步幅，softmax 为激活函数，Classifier 表示分类器。

表 2.1    MobileNets 架构

| 型号/步幅 | 滤波器形状 | 输入大小/像素 |
|---|---|---|
| Conv/s2 | 3×3×3×32 | 224×224×3 |
| Conv dw/s1 | 3×3×32 dw | 112×112×32 |
| Conv/s1 | 1×1×32×64 | 112×112×32 |
| Conv dw/s2 | 3×3×64 dw | 112×112×64 |

| 型号/步幅 | 滤波器形状 | 输入大小/像素 |
|---|---|---|
| Conv/s1 | $1\times1\times64\times128$ | $56\times56\times64$ |
| Conv dw/s1 | $3\times3\times128$ dw | $56\times56\times128$ |
| Conv/s1 | $1\times1\times128\times128$ | $56\times56\times128$ |
| Conv dw/s2 | $3\times3\times128$ dw | $56\times56\times128$ |
| Conv/s1 | $1\times1\times128\times256$ | $28\times28\times128$ |
| Conv dw/s1 | $3\times3\times256$ dw | $28\times28\times256$ |
| Conv/s1 | $1\times1\times256\times256$ | $28\times28\times256$ |
| Conv dw/s2 | $3\times3\times256$ dw | $28\times28\times256$ |
| Conv/s1 | $1\times1\times256\times512$ | $14\times14\times256$ |
| $5\times$ ｛ Conv dw/s1 | $3\times3\times512$ dw | $14\times14\times512$ |
| Conv/s1 | $1\times1\times512\times512$ | $14\times14\times512$ |
| Conv dw/s2 | $3\times3\times512$ dw | $14\times14\times512$ |
| Conv/s1 | $1\times1\times512\times1024$ | $7\times7\times512$ |
| Conv dw/s2 | $3\times3\times1024$ dw | $7\times7\times1024$ |
| Conv/s1 | $1\times1\times512\times1024$ | $7\times7\times1024$ |
| Conv dw/s2 | $3\times3\times1024$ dw | $7\times7\times1024$ |
| Conv/s1 | $1\times1\times1024\times1024$ | $7\times7\times1024$ |
| Avg Pool/s1 | Pool $7\times7$ | $7\times7\times1024$ |
| FC/s1 | $1024\times1000$ | $1\times1\times1024$ |
| softmax/s1 | Classifier | $1\times1\times1000$ |

随后谷歌公司提出了一种改进模型,称为 MobileNet V2,其提高了它在多个任务和基准、不同模型尺寸范围内的性能,并定义了一种称为 SSDLite 的新框架,其特点如下。

(1) 基于逆残差结构(inverted residual structure),其中薄的瓶颈(bottleneck)层之间设置快捷连接(skip connection)。

(2) 中间扩展层使用轻型深度卷积来过滤特征作为非线性的来源。

(3) 去除窄层中的非线性以保持表征能力是很重要的。

(4) 允许输入/输出域与变换的表达相分离。

ReLU 一定会带来信息损耗,而且这种损耗是没有办法恢复的。可以有以下两种解决方案。

(1) 将 ReLU 替换成线性激活函数。

(2) 如较多的通道数能减少信息损耗,那么使用更多的通道。

瓶颈块看起来类似于残差(residual)块,其中每个块包含一个输入和之后的几个瓶颈及其扩展。假设感兴趣流形(manifold of interest)是低维的,可以通过将线性瓶颈层(linear bottleneck layer)插入卷积块来捕获它。

图 2.49 是可分离卷积块的演变过程,其中对角阴影纹理表示不包含非线性的图层,而最后一层(浅色)表示下一个块的开始。普通卷积将通道和空域信息同时映射,含有较大的参数量(见图 2.49(a));可分离卷积块解耦通道和空域信息,乘法变为加法,节省一定程度的参数空间(见图 2.49(b));在可分离卷积块之后添加瓶颈,将其映射到低维空间中(见图 2.49(c));从低维空间开始执行可分离卷积块,然后扩张到较高维度,再通过 $1\times1$ 卷积降维(见图 2.49(d))。注:组合在一起做卷积时,图 2.49(d)和图 2.49(c)是等效块。

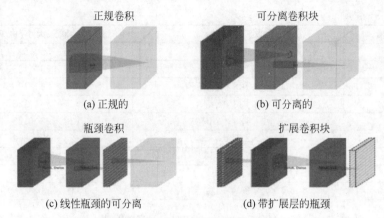

图 2.49    可分离卷积块的演化

图 2.50 所示是残差块和逆残差块二者结构的比较。对角阴影区域不使用非线性,用块厚度来表示其相对通道数。经典残差块具有大量通道的层,而逆残差块则只连接瓶颈。

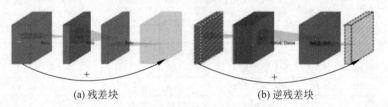

图 2.50    残差块和逆残差块结构的比较

图 2.51 是 MobileNets V1 和 MobileNets V2 的架构对比。可以看出,1×1 的卷积作用只是改变特征图的厚度,而不改变其宽度和长度。

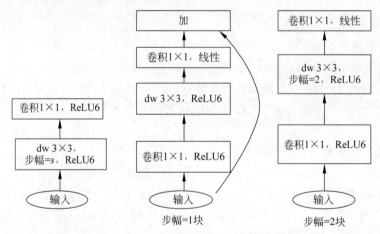

图 2.51    MobileNets V1 和 MobileNets V2 的架构对比

## 2.7    小结

本节主要对自动驾驶研发涉及的基础理论进行概述,包括最重要的计算机视觉理论和深度学习理论,其他相关的还有图像处理方法、优化理论和机器学习算法。第 3 章将对自动驾驶的硬件平台进行简要说明和讨论。

## 参考文献

# 第3章  自动驾驶的硬件平台

彩色图片

    自动驾驶汽车相比于传统汽车的主要区别在于其装备有大量新传感器和支持自动驾驶算法的强大计算硬件。这里讨论的自动驾驶硬件平台主要包括车体控制部分、线控底盘、传感器和计算平台。

    另外，随着"软件定义汽车"(SDV)的大潮，电子电气架构(EEA)也出现了新的演进和发展，包括滑板底盘的出现。而智能汽车的发展，顺应了当今汽车"新四化"(电动化、网联化、智能化和共享化)的变革趋势，也推动计算机技术、通信网络技术、人工智能和大数据云计算等在汽车产业的深入应用。

    3.1节介绍传感器，即摄像头、激光雷达、毫米波雷达、超声波雷达、惯导(IMU)、全球定位系统(GPS)和车联网(V2X)；3.2节简述车体控制，包括VCU/ECU/MCU、CAN总线、ESP和EPS；3.3节主要讨论目前的商业计算平台，如Intel Mobileye公司的EQ系列、NVIDIA公司的Drive Xavier和Orin、TI公司的TDA4VM和Qualcomm公司的Ride；3.4节介绍线控底盘技术；3.5节主要讨论汽车电子电气架构的技术。

## 3.1  传感器

    传感器包括摄像头、激光雷达、毫米波雷达、超声波雷达、惯导、全球定位系统(GPS)以及车联网(V2X)系统。

### 3.1.1  摄像头

    摄像头是一种光学传感器，通过光-电转换将景物的光信号变成电子信号，分为CCD(charge-coupled device，电荷耦合器件)和CMOS(complementary metal oxide semiconductor，互补金属氧化物半导体)两种类型，图3.1所示为二者各自内部的结构。

    **CCD摄像头**一般是全局快门(global shutter)，即一次提取全图像的像素。全局快门是场景在同一时间曝光，所有像素点同时收集光线，同时曝光。在曝光开始的时候收集光线，在曝光结束的时候，光线电路关闭。此时读出的数据即为一幅照片。大部分**CMOS摄像头**是卷帘快门

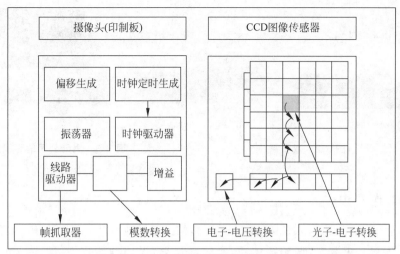

(a) CCD内部的结构

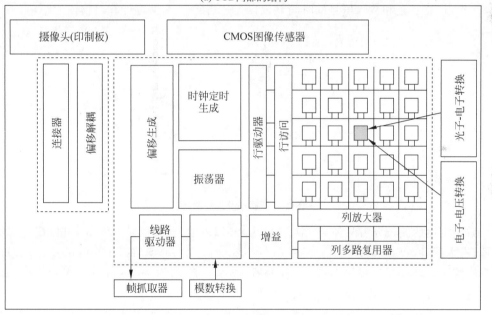

(b) CMOS内部的结构

**图 3.1　CCD 和 CMOS 内部的结构**

(rolling shutter),即逐行或者逐列提取图像的像素。它是逐行曝光方式,在曝光开始时,逐行扫描进行曝光,直至所有像素点都被曝光。

　　另外,摄像头可以构成单目系统,如 Mobileye 视觉系统,也可以构成多目系统(常见的是双目,如图 3.2 所示是博世公司和大陆公司双目产品),如安霸公司的 CV-1/2 系统和特斯拉的 8 摄像头系统,另外,一种特殊的多目系统是环视系统(见图 3.3),由鱼眼摄像头组成的路面拼接图像,主要用于自动泊车。

　　摄像头系统主要的缺点是光照在夜晚或隧道内较差,对比度也下降很多。高动态范围(high dynamic range,HDR)成像技术可以克服一些光照不足或者饱和的问题,Mobileye 视觉系统采用了 HDR 摄像头。有研制的红外热敏镜头,但成本和功耗仍是需要关心的问题。

(a) 博世公司产品　　　　　(b) 大陆公司产品

图 3.2　双目系统　　　　　　图 3.3　大陆公司的环视摄像头系统

### 3.1.2　激光雷达

激光雷达(light detection and ranging,LiDAR)是一种主动光学测距传感器,它的发射器(emitter)发射一束激光,遇到物体后,经过漫反射,返回到接收器,即 sensor 传感器(见图 3.4)。根据发送和接收信号的时间差乘以光速再除以 2,即可计算出物体的距离。

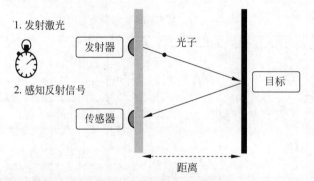

图 3.4　激光雷达的原理

激光雷达的波长分为两种:一种是 1000nm 以内的,典型值是 905nm,可以用硅作为接收器,成本低且产品成熟;还有一种是 1000～2000nm 的,典型值是 1550nm,这个波段硅没有办法探测,需要用 Ge 或者 InGaAs 探测器,成本会更高,但 1550nm 对人眼的安全阈值也更高,这样可以发射更高的激光功率以达到更高的测距灵敏度。

激光雷达发射的激光束分为单线束和多线束,单线束激光雷达扫描一次只产生一条扫描线,其所获得的数据为 2D 数据,所以无法区别有关目标物体的 3D 信息。多线束激光雷达扫描一次可产生多条扫描线,产品包括 4/8/16/32/64/128 线束等。但线束和价格相关,不谈线束则无法确定激光雷达的成本,比如 Velodyne 公司最新的机械式激光雷达达到 128 线(见图 3.5),而奥迪 A8 采用的激光雷达是 4 线,成本完全不是一个级别。目前,激光雷达中有一种可以安装在自动驾驶车辆的四周,其激光线束一般小于 8 线,常见的有 1 线和 4 线;另一种可以安装在自动驾驶车辆的车顶,其激光线束一般不少于 16 线,常见的有 16/32/64(甚至 128)线。

从工作方式来看,激光雷达分为扫描式和非扫描式,扫描式激光雷达通过逐点扫描测距,又分为机械式、转镜式、基于微机电系统(micro-electro-mechanical system,MEMS)、棱镜式以及相控阵(phase arrays)式几种。非扫描式激光雷达就是闪光(flash)雷达,像手电筒一样打出去是一个面阵光测距。

(a) 128线 (b) 64线

图 3.5 Velodyne 激光雷达

如图 3.6 所示,机械式激光雷达通过电机带动光学结构整体旋转,技术点包括系统通道数目、测距范围、空间角度分辨率、系统集成度与可靠性等。机械式激光雷达的优点是扫描速度快,接收视场小,抗光干扰能力强、信噪比高;不足之处在于价格贵、光路调试装配复杂、生产周期长和可靠性不高等。

转镜式激光雷达与机械式激光雷达不同,其激光发射模块和接收模块不动,只有扫描镜在进行机械旋转。激光单元发出激光至旋转扫描镜,被偏转向前发射(扫描角度为 145°),被物体反射的光经光学系统后被一侧探测器接收。

如图 3.7 所示为 MEMS(微机电系统)激光雷达的工作原理,其激光器发出高频率脉冲激光准直为发散角较小的光束,再控制二维 MEMS 扫描振镜的偏

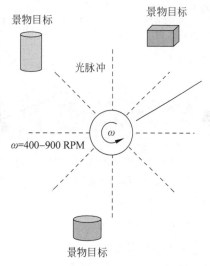

图 3.6 机械式激光雷达的工作原理

转角,改变出射光束方向,在 $X$、$Y$ 轴移动逐点扫描目标。目标反射的回波光束经过接收光学系统汇聚到 APD(avalanche photodiode,雪崩光电二极管)阵列探测器。控制系统基于 ToF(飞行时间)原理准确计算激光飞行往返路径的时间差来实现距离测量。

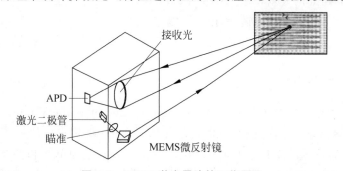

图 3.7 MEMS 激光雷达的工作原理

棱镜式激光雷达收发模块的脉冲激光二极管(pulsed laser diodes,PLD)发射出激光,通过反射镜和凸透镜变成平行光,扫描模块的两个旋转的棱镜改变光路,使激光从某个角度发射出去。激光打到物体上,反射后从原光路回来,被雪崩光电二极管(avalanche photodiode,APD)接收。与 MEMS 方案相比,可以做到很大的通光孔径,距离也会测得更远。

光学相控阵（OPA）技术可通过施加电压调节每个相控单元的相位关系，利用相干原理实现发射光束的偏转，从而完成系统对空间一定范围的扫描测量。

如图3.8所示，闪光激光雷达主要是通过短时间直接发射出一大片覆盖探测区域的激光，再以高度灵敏的面阵接收器来完成对环境周围图像的绘制。

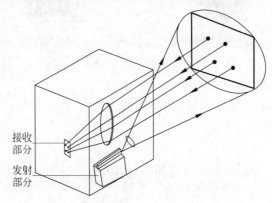

接收部分

发射部分

图3.8　闪光激光雷达的工作原理

纯固态式激光雷达因扫描速度快、精度高、可控性好、体积小等特点被认为是未来激光雷达的发展趋势，但纯固态激光雷达技术并没有完全成熟。

激光雷达的优点很明显，可得到高精确度的目标3D点云结构，但还是有以下缺点。

（1）激光雷达发出的激光本身没有编码，无法识别这束光线是激光发射器发出的还是干扰信号，因此黑客通过模拟车辆和行人的信号，故意捏造假象，从而导致车辆被强制减速或者刹车。

（2）激光雷达发射是辐射状的，所以越远的地方收到的激光点越少，产生的点云也就越稀疏，越远就越难识别障碍物。

（3）有些物体表面的反射激光很弱，就会出现"黑洞"；而有些反射强的物体会干扰其他物体的反射，如路面的大量积水。

（4）激光雷达在旋转时的刷新率相对较慢。

（5）激光雷达很容易受到天气和大气的影响，如大雪、大雨和大雾天气等。

### 3.1.3　毫米波雷达

车载毫米波雷达主要基于调频连续波（frequency-modulated continuous-wave，FMCW）技术，即发射出调频毫米波，并根据毫米波之间的频率差来确定目标位置以及相对速度。

图3.9所示是毫米波雷达接收器的结构，主要是信号处理单元和控制器，其中包括天线、耦合器、混合器、A/D转换器、DSP、滤波器、低噪声放大器等。毫米波雷达的应用分为短距SRR（short-range radar）、中距MRR（mid-range radar）和长距LRR（long-range radar）三种。毫米波雷达的发射波主要是24GHz频段和77GHz频段两种，而后者已经成为趋势。

毫米波雷达不会受到雨、雾、灰尘等常见的环境因素影响，因此毫米波雷达可以说是目前自动驾驶领域唯一的全天候传感器。但有以下缺点。

（1）角分辨率低，噪声大，不能确定目标的边界。

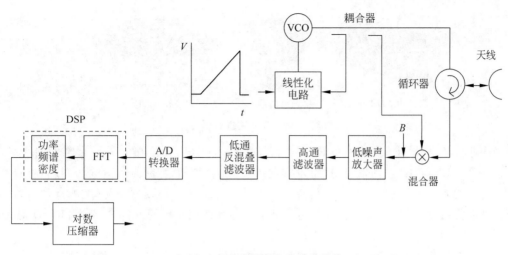

图 3.9　毫米波雷达接收器的结构

（2）对金属敏感，而对人体的探测能力较弱。

（3）只能得到雷达扫射 2D 扇面上的目标距离和径向速度，没有高度信息，无法精确重建景物的结构和形状。

**注**：如果想得到景物的结构形状，需要采用合成孔径雷达成像技术，但这种雷达的成本很高。

图 3.10 所示的是毫米波雷达产品 Delphi ESR-25 的工作范围：短距宽视角（60m、90°）和长距窄视角（175m、22°）切换。

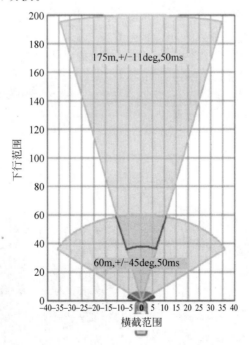

图 3.10　Delphi ESR-25 的工作范围

图 3.11 是几个著名雷达供应商的产品照片。

最近 4D 毫米波雷达成为一个热点，可显著提高感知的能力。与传统的 3D 雷达张量

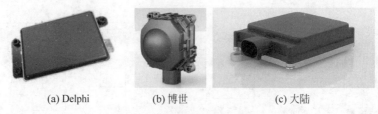

(a) Delphi        (b) 博世        (c) 大陆

图 3.11   毫米波雷达产品

(RT)不同,4D 毫米波雷达的 4D RT 包含沿多普勒、距离、方位和仰角 4 个维度的功率测量,从而可以保留 3D 空间信息,这可以实现精确的 3D 感知,如激光雷达进行 3D 目标检测。

新一代 4D 雷达的出现弥补了传统汽车雷达的低清晰度,并提供了高度测量,非常适合于高级别自动驾驶的应用。此外,它还提供了一些其他低层特征,如雷达截面(RCS)或信噪比(SNR)。

对于新一代 4D 成像雷达,4D 点云将是主要的输出格式,包含空间和速度信息。

雷达传感器凭借其对恶劣天气条件的稳健性和测量速度的能力,20 多年来一直是汽车领域的一部分。高清(HD)成像雷达的最新进展已将角度分辨率降低到低于 1°,从而接近激光扫描性能。然而,如何处理 HD 成像雷达增大的数据量,以及如何估计角位置,仍然是工程实现的挑战。

### 3.1.4   超声波雷达

超声波雷达和前面提到的激光雷达、毫米波雷达的原理类似,只是发射波是声波,测距范围短,近在 6cm 左右,远在 3m 左右,波段为 50kHz。图 3.12 所示为超声波接收器的结构,包括传输波生成器、接收放大器和定时器等。

超声波雷达的一般工作频率为 50Hz,成本低,测距短,大多应用在泊车场合。图 3.13 所示是一款超声波雷达产品 Hexamite HXN43TR。

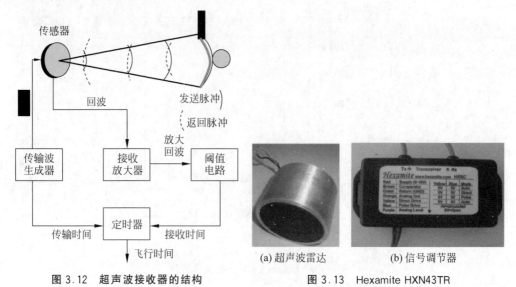

图 3.12   超声波接收器的结构        (a) 超声波雷达        (b) 信号调节器

图 3.13   Hexamite HXN43TR

### 3.1.5 惯导

基于以前的车辆姿态和已知的车速计算当前的姿态,被称为航位推测(dead reckoning, DR),而惯导就是实现 DR 的一种传感器。

车载惯导系统(inertial navigation system,INS)采用运动和旋转传感器计算车辆的姿态和位置,而惯性测量单元(inertial measurement unit,IMU)是 INS 的主要成员,一般包括 3 个正交陀螺仪(gyrometer)和 3 个正交加速度计(accelerometer),分别用于测量角速度和线性加速度。图 3.14 给出的是 IMU 的典型结构,其中最重要的计算部分是积分模块,积分模块是最后生成输出的环节,积分相当于求和,会累计误差,因此这也是 IMU 误差累计的原因,所以一般车载 DR 系统把 IMU 和 GPS 捆绑在一起。不然,需要激光雷达或者摄像头提供误差校正的途径。

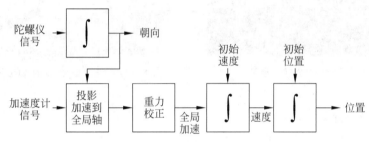

**图 3.14　IMU 的典型结构**

图 3.15 是一个 IMU 的部件拆解图,包括 CPU、印刷电路板组件、陀螺仪、加速度仪和磁力仪。

### 3.1.6 GPS

全球导航卫星系统(global navigation satellite system,GNSS)是指通过全球覆盖的卫星系统提供定位和时间的信号。其基本的操作想法是,接收器测量卫星信号到达的时间,同时记录卫星的发

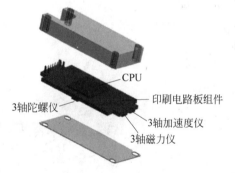

**图 3.15　IMU 的部件拆解图**

射时间,从而获得信号在空间中的传播时间,即估计 GNSS 接收器到卫星的距离,称为伪距(pseudo-range)。

GNSS 接收器通过多点 MLAT(多点定位)技术从伪距估计自身位置,即多个卫星测量数据来计算,位置估计精度取决于伪距精度和卫星几何分布。GNSS 目前有美国的 GPS、俄罗斯的 GLONASS、欧洲的伽利略系统和中国的北斗系统。图 3.16 是美国 NASA 给出的 GPS 全球卫星图。

差分 GPS(differential GPS)改进 GPS 定位精度,主要是通过一个已知位置的参考基站系统,每个基站可以广播 GPS 位置和其内部计算位置的偏差,这样接收信号的用户可以据此校正自身的位置。

RTK(real time kinematics)就是一种差分 GPS 方法,它利用信号载波相位信号,依赖

单个参考基站或者内插的虚拟基站可以实时校正位置,达到厘米级精度(注:一般 RTK 基站覆盖周围 10~20km)。图 3.17 是 NovAtel 出产的 GPS+IMU 套件(有 RTK 选项)。

图 3.16　美国 GPS 全球卫星图

(a) SPAN GPS　　　　(b) CORRECT™ RTK

图 3.17　NovAtel 出产的 GPS+IMU 套件

### 3.1.7　车联网

车联网(V2X)通信是将信息从车辆传递到可能影响车辆的任何实体,反之亦然。它是一种车载通信系统,包含其他更具体类型的通信,如 V2I(车辆-基础设施)、V2N(车辆-网络)、V2V(车辆-车辆)、V2P(车辆-行人)、V2D(车辆-设备)和 V2G(车辆-网格),如图 3.18 所示为 V2X 的直观图。

图 3.18　V2X

V2X 的即时通信可以在道路安全中得到应用,是自动驾驶的重要辅助手段,例如前方碰撞警告、变道警告/盲点警告、紧急电动刹车灯警告、交叉口运动辅助、紧急车辆接近、道路工程警告和排队(自动)等。

根据所使用的基础技术,V2X 通信技术分成两种类型:基于 WLAN 和基于蜂窝(cellular)。

基于 WLAN 的 V2X 的标准化取代了基于蜂窝的 V2X 系统的标准化。IEEE 于 2012 年首次发布了基于 WLAN 的 V2X(IEEE 802.11p)规范,支持车辆(V2V)之间以及车辆和基础设施(V2I)之间的直接通信,该技术称为专用短程通信(dedicated short range communication,DSRC)。DSRC 使用 IEEE 802.11p 提供的基础无线电通信。

2016 年,3GPP 发布了基于 LTE(长期演进)的 V2X 规范作为底层技术,通常称为"蜂窝 V2X"(C-V2X),以区别于基于 IEEE 802.11p 的 V2X 技术。除直接通信(V2V、V2I)外,C-V2X 还支持蜂窝网络(V2N)上的广域通信。与基于 IEEE 802.11p 的 V2X 系统相比,C-V2X 有两个主要优势:额外的通信模式和本机迁移到 5G 的路径(注:5G 又称为第五代蜂窝通信技术,是多种新型无线接入和现有无线技术优化集成后解决方案的总称)。

V2X 车载单元或设备(on-board unit/equipment,OBU/E)包括天线、定位系统、处理器、车辆操作系统和人机界面(HMI)。而 V2X 路边单位或设备(roadside unit/equipment,RSU/E)包括天线、定位系统、处理器、车辆基础设施接口以及其他界面。

图 3.19 和图 3.20 分别是美国硅谷一家 V2X 创业公司开发的车载单元和路边设备产品。

图 3.19　V2X 单元/设备(车载 OBU)　　　图 3.20　V2X 单元/设备(路边 RSU)

## 3.2　车体控制

车体控制主要包括各种控制单元和车载数据总线,以及车辆电子稳定系统(ESP)和电子助力转向系统(EPS)。

### 3.2.1　VCU/ECU/MCU/HCU

汽车整车控制单元(vehicle control unit,VCU)如图 3.21 所示,主要协调变速箱、动力电池、电机及发动机等部件的工作。VCU 是电动汽车整车控制的核心,承担数据交换、安全管理、动力管理等任务。

图 3.21　VCU

电子控制单元(electronic control unit,ECU)又称为车载计算机或者汽车计算机,由微处理器(CPU)、存储器(ROM、RAM)、输入/输出(I/O)接口、模数转换器(A/D)以及整形、驱动等组成。图 3.22 给出的是不同 ECU 在车内负责的各种不同的功能,如后鼓风机、跟踪系统、顶置控制台、高级前向照明、无线电导航系统、电子可调方向盘和安全天窗遮阳等。

微控制器(micro control unit,MCU)如图 3.23 所示,负责各种外围器件与接口器件之间的控制,也遍布悬挂、气囊、门控和音响等几十种次级系统(sub-system)中。

HCU(hybrid control unit,混合控制单元)如图 3.24 所示,负责系统的动力分配、扭矩管理等功能。HCU 一般由增压阀(常开阀)、减压阀(常闭阀)、回液泵、储能器组成。

### 3.2.2　CAN 总线

车载总线就是车载网络中底层设备或仪器互联的数据通信网络。目前有四种车用总线:CAN 总线、LIN 总线、FlexRay 总线和 MOST 总线,这里以 CAN 总线为例介绍。

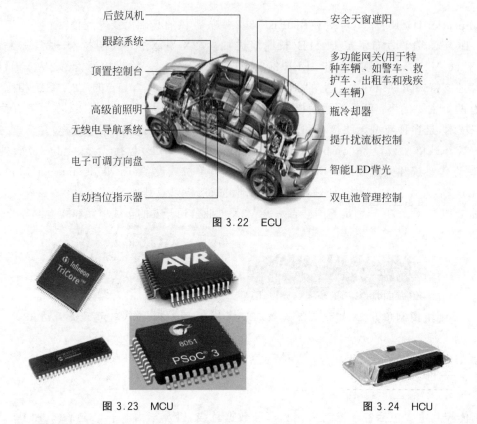

图 3.22   ECU

图 3.23   MCU          图 3.24   HCU

控制器局域网(controller area network,CAN),即 CAN 总线,是一种串行数据通信协议,其通信接口中集成 CAN 协议的物理层(physical layer)、目标层(object layer)和数据链路层(transfer layer)功能,可完成对通信数据的帧(frame)处理,包括位填充、数据块编码、循环冗余检验、优先级判别等工作。图 3.25 所示为 CAN 总线的数据格式样本,包括仲裁 ID、数据长度码、数据、CRC 场和帧尾等。

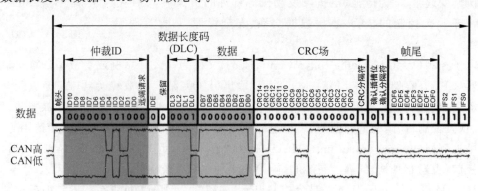

图 3.25   CAN 总线的数据格式样本

图 3.26 是一个 CAN 总线的控制板照片。

### 3.2.3   ESP

车辆电子稳定系统(electronic stability program,ESP)如图 3-27 所示,是一组控制车身

稳定的综合策略,包含防抱死刹车系统(anti-lock brake system,ABS)和驱动车轮防滑系统
(anti-slip regulation,ASR)。图 3-27 中标记的 1~5 表示的组件分别如下。

图 3.26　CAN 总线的控制板

图 3.27　ESP

① ESP 液压装置和集成的发动机控制单元。
② 轮速传感器。
③ 转向角传感器。
④ 偏航率和横向加速度传感器。
⑤ 发动机控制单元。

ESP 是在 ABS 和 ASR 两种系统基础之上的一种功能性延伸,其目的是在提升车辆操
控性能时有效地防止在汽车动态极限状态下出现失控,所以能提升车辆的安全性和操控性。

### 3.2.4　EPS

电子助力转向(electric power steering,EPS)系统是直接依靠电机提供辅助扭矩的动力
转向系统。与传统的液压助力转向(hydraulic power steering,HPS)系统相比,EPS 系统省
去了 HPS 系统的动力转向油泵、软管、液压油、传送带和装于发动机上的皮带轮,具有调整
简单、装配灵活以及在多种状况下都能提供转向助力的优点。

如图 3.28 所示,EPS 主要由扭矩传感器(torque sensor)、车速传感器(vehicle speed sensor)、

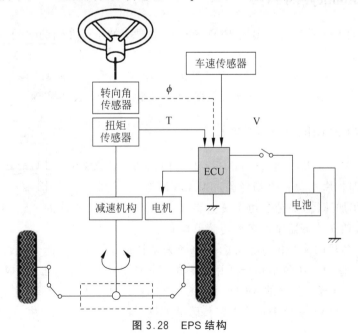

图 3.28　EPS 结构

电机(motor)、减速机构(reduction gear)、转向角传感器(steering angle sensor)和电子控制单元(ECU)等组成。

# 3.3 计算平台

自动驾驶的计算平台有多种,如 CPU、GPU、DSP、ASIC 和 FPGA 等,这里以几个自动驾驶硬件供应商的产品为例介绍各个平台的特性,包括 NVIDIA 公司的 Drive AGX Xavier 和 Orin、Intel Mobileye 公司的 EQ 序列芯片、TI 公司的 TDA4VM 和 Qualcomm 公司的 Ride。

## 3.3.1 NVIDIA Drive AGX Xavier 和 Orin

NVIDIA 在 2018 年 CES(国际消费类电子产品展览会)上推出了 Xavier 平台,当时号称是世界上最强大的 SoC 系统。Xavier 可处理来自车辆雷达、摄像头、激光雷达和超声波系统的自主驾驶数据,是最早投入量产的 AI 芯片。Xavier 集成 90 亿颗晶体管,其中 CPU 采用 NVIDIA 自研 8 核 ARM64 架构(代号 Carmel),GPU 采用 512 颗 CUDA 的 Volta,支持 FP32/FP16/INT8,20W 功耗下单精度浮点性能 1.3TFLOPS,Tensor 核心性能 20TOPS,解锁到 30W 后可达 30TOPS。

2019 年 12 月,NVIDIA 推出面向 ADAS 和自动驾驶领域的新一代 SoC Orin,Orin 拥有 170 亿个晶体管,搭载 NVIDIA 下一代 GPU(即基于 Ampere 架构的 GPU)和 ARM Hercules CPU 核心,可以提供 200TOPS 的运算能力,是 Xavier 的 7 倍,功耗为 45W,于 2022 年量产,面向 L2+自动驾驶场景。

图 3.29 和图 3.30 所示分别为 INIDIA Drive 平台 AGX Xavier 和 Orin 的 SoC 架构图。

## 3.3.2 Mobileye 的 EQ-x

Mobileye 的 EQ 系列在之前的 EQ1~EQ3 主要支持 L2,即辅助驾驶。从 EQ4 开始,它可以支持自动驾驶 L3 以上的功能。图 3.31 和图 3.32 分别给出了 EQ4 和 EQ5 的内部结构。EQ4 能支持 8 路摄像头数据,而且可接收激光雷达和毫米波雷达数据。EQ5 设计成能接收 16 路摄像头数据和其他传感器数据,可以提供软件 SDK 以实现差异化的算法。

## 3.3.3 TI 公司的 TDA4VM

TDA4VM 芯片是基于演进 Jacinto 7 的架构,面向 ADAS 和自动驾驶应用。TI 公司有雄厚的信号处理芯片开发和市场经验,TDA4VM 组合了高性能计算、深度学习引擎、信号和图像处理专用加速器,并符合功能安全要求。以 TDA4VM 搭建的 ADAS 和 AV 平台支持集中 ECU 或独立传感器中的多种传感器模式。

TDA4VM 芯片的核心包括具有标量核和矢量核的下一代 DSP、专用深度学习和传统算法加速器。这些设备还包括用于通用计算的 ARM 和 GPU 处理器、集成的 ISP、视频编解码器、以太网集线器和独立的 MCU 岛。图 3.33 是 TDA4VM 的功能模块框图,而图 3.34 是 TDA4VM 在 ADAS 系统中集成多路传感器的框图。

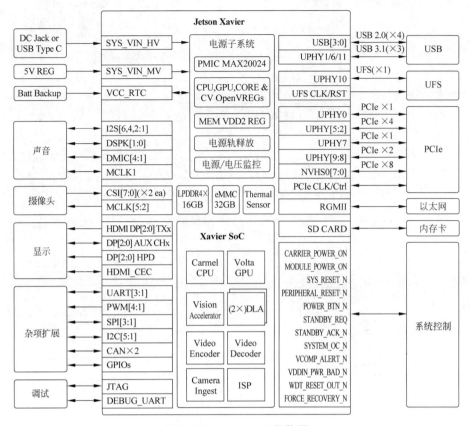

图 3.29 Xavier SoC 架构图

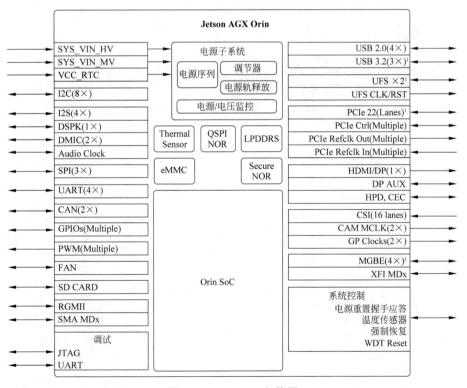

图 3.30 Orin SoC 架构图

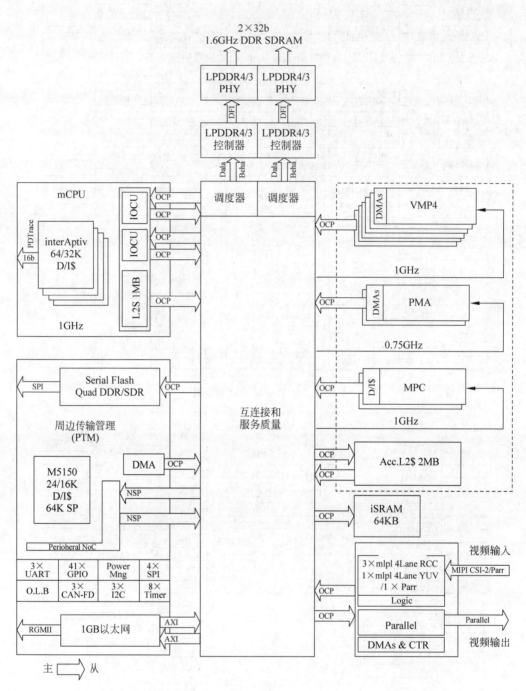

图 3.31 EQ4

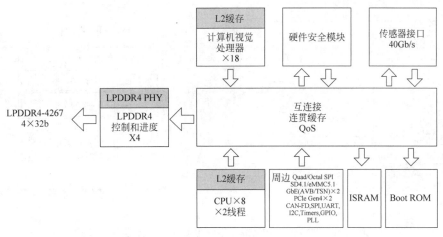

图 3.32 EQ5

图 3.33 TDA4VM 的功能模块框图

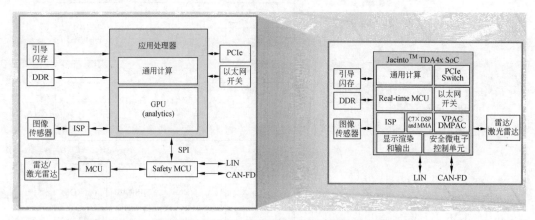

**图 3.34　TDA4VM 在 ADAS 系统中集成多路传感器的框图**

TDA4VM 支持 800 万像素(MP)摄像头,可以同时操作 4～6 个 300 万像素的摄像头,还可以将毫米波雷达、超声波雷达和激光雷达等其他多种传感器数据在一个芯片平台上进行深度融合(后融合)。对于深度学习模型运行,能支持 8TOPS 算力。TDA4VM 的功耗大概为 5～20W。

### 3.3.4　Qualcomm 公司的骁龙 Ride

擅长移动芯片产品的 Qualcomm 公司,设计了一个骁龙 Ride 平台,是车-云 ADAS 基础设施,包括:

- 低功耗 SoC 平台,包括内置功能安全的高性能计算和 AI 引擎。
- 开箱即用的视觉解决方案,支持前置和环绕摄像头。
- 提供模拟仿真和持续学习框架的丰富工具集,其中使用的 DNN(深度神经网络)可以上传云端更快地训练,之后新训练的网络可以从云端重新部署到设备。

骁龙 Ride 硬件平台的一个关键组成部分是骁龙 Ride SoC,具有支持 ADAS 应用程序的硬件模块,包括:

- 做神经网络感知的机器学习和视觉处理块。
- 做图像预处理和后处理应用的视觉加速器。
- 图形加速器,可视化和通用(GP)GPU 并行处理的支持。
- 支持流媒体的视频处理器。
- 符合 ISO 26262 的系统安全管理器。
- ARM 多核 CPU,用于运行通用驾驶策略应用程序。

如图 3.35 所示是骁龙 Ride 视觉 SoC 的结构图,该视觉系统支持多摄像头,分辨率可达 8MP 摄像头,包括前视摄像头和环绕摄像头;提供以太网和 CAN 通信,可处理雷达和激光雷达数据;此视觉系统还可以集成各种其他组件,包括泊车辅助、驾驶人监控和地图众包等;由安全处理器提供安全岛(safety island),为系统安全设计快速启动和安全诊断,还确保车辆网络安全。

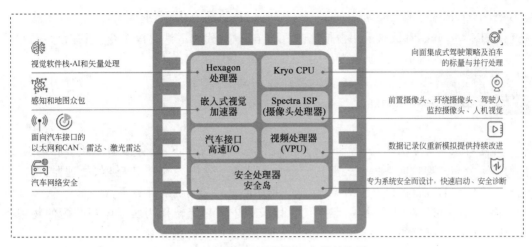

图 3.35　骁龙 Ride 视觉 SoC 的结构图

## 3.4　线控底盘

底盘系统约占整车成本的 10%，而线控底盘是自动驾驶的关键部件，因为如果不能得到它的支持，自动驾驶最终输出的控制信号不一定能够真正得到正确执行。

线控(drive-by-wire 或 X-by-wire)即用电线(电信号)的形式来取代机械、液压或气动等形式的连接，从而不需要依赖驾驶人的力或扭矩输入。

线控底盘主要包括制动系统、转向系统、驱动系统和悬架系统，其具备响应速度快、控制精度高、能量回收强的特点，是实现自动驾驶不可缺少的零部件。

线控底盘技术的安全性对于自动驾驶来说，是最基础、最核心的要素。曾经的纯机械式控制虽然效率低，但可靠性高。线控技术虽然适用于自动驾驶，但同时也面临电子软件的故障所带来的隐患。只有实现功能双重甚至多重冗余，才能保证在故障情况下仍可实现其基本功能。

全球 L4 自动驾驶创业公司最主流的测试开发车是林肯 MKZ，就是因为其高性能、高精度的线控能力表现，易于使用逆向工程实现改装，还有成熟的线控改造服务提供商 AS 和 DataSpeed，共同为自动驾驶初创企业研发提供了稳定、易用的平台。

电动车底盘有三电系统(电池、电机、电控)，有能量回收和热管理系统、线控转向和制动系统，以及悬挂系统等。滑板底盘是把安装在底盘的转向、制动、三电和悬架等模块化布置，根据车型要求相应地变更需求模块，从而缩短开发周期。由于其外形类似于滑板，故名滑板底盘(skateboard)。滑板底盘拥有极高的灵活性，可以满足自动驾驶系统的需要。

滑板底盘最核心的优势是软件定义及软硬件解耦。它可以简化机械结构，减少零部件及硬件带来的边界和限制，可通过轮毂电机的分布式驱动算法升级实现更安全的底盘功能。底盘能够真正做到完全由软件定义，具体体现在分布式驱动的算法上。因为分布式驱动的算法能够实现底盘的完全解放，让它从传统的汽车底盘变成真正的轮式机器人。其背后需要一套算法驱动的设计和柔性制造系统，并实现多品类小批量的分布式制造，才能完全释放滑板底盘的模块化、灵活性等优势。

Arrival、Rivian、Canoo 和 REE 等欧美创业公司，还有中国创业公司 Upower（悠跑科技）和 PIX Moving，都宣布采用滑板底盘。而丰田、现代和雪铁龙等车企，还有舍弗勒和采埃孚等 Tier-1，都纷纷开始研发滑板底盘。

## 3.5 电子电气架构

伴随着汽车行业网联化、智能化、共享化和电动化（CASE）趋势推动下的智能化发展，促使汽车分布式架构向着集中式架构转变。E2A 是整合汽车各类传感器、处理器、电子电气分配系统和软硬件的总布置方案（包括数据中心平台和高性能计算平台）。

通过 E2A 可以将动力总成、驱动信息以及娱乐信息等转换为实际电源分配的物理布局、信号网络、数据网络、诊断、容错、功耗管理等电子电气解决方案。

汽车 E2A 基本划分为三个时代：分布式多 MCU 组网架构、功能集群式域控制器（domain controller）、区域连接域控制器（zone controller）及中央平台计算机（CPC）。

自动驾驶汽车需要使用大量传感器，车内线束也在迅速增长。车内需要传输的数据量激增，同时线束不仅承载的信号更多，而且数据传输速率要求更快。

自动驾驶在新一代 E2A 平台下，通过标准化 API 实现了软硬件的真正解耦，可以获得更强算力的支持，同时数据通信的带宽也得到增强，资源分配和任务调度更加灵活，另外也方便 OTA（over-the-air，空中下载）。

针对智能汽车 E2A，Aptiv 提出"大脑"与"神经"结合的方案，包括三部分：中央计算集群、标准电源和数据主干网络，以及电源数据中心。这个智能汽车架构关注三大特性：灵活性、生命周期内持续更新性，以及系统架构相对容错性和稳健性。

特斯拉 Model 3 的 E2A 分为域控制架构和电源分配架构。驾驶辅助与娱乐系统 AICM（自动驾驶及娱乐控制模块）控制合并到 CCM（中央处理模块）中央计算模块当中，而电源分配架构则考虑自动驾驶系统所需要的电源冗余要求。

## 3.6 小结

本章介绍自动驾驶需要的硬件平台，包括传感器、车体控制、计算平台、线控底盘和电子电气架构等。第 4 章将介绍自动驾驶的软件平台。

## 参考文献

# 第4章 自动驾驶的软件平台

随着自动驾驶技术的发展,有更多的软件公司投入自动驾驶软件平台的开发中,如 NVIDIA 公司的商用化产品 DriveWorks,以及百度开源的阿波罗。

在当今汽车智能化的大趋势下,"软件定义汽车"成为产业共识。相较于传统汽车,智能汽车的目标是创造全新的驾驶体验,这也是形成差异化的关键。因此,软件和算法逐步成为汽车产业的核心竞争要素,同时车辆制造的门槛也由从前的将上万个零部件集成的能力演变成将上亿行代码组合运行的能力。

随着汽车电子电气架构(EEA)的演进,智能汽车软件架构也渐渐从面向信号架构(signal-oriented architecture)向面向服务架构(service-oriented architecture)转型升级。面向服务架构作为一种软件设计方法和理念,具备接口标准化、松耦合、灵活易于扩展等特点。

自动驾驶软件平台基本可分成以下三个层次。

- 系统软件,由硬件抽象层、OS 内核和中间件构成。
- 功能软件,包括自动驾驶通用框架、神经网络模块、传感器模块以及相关中间件。
- 应用软件,包括算法和应用,支持智能座舱以及自动驾驶(包括感知、定位、决策、规划和控制执行等)。

目前在汽车软件平台开发中,最有名的是 AUTOSAR 联盟,它提出了一个开源的软件开发标准。在传统软件开发 V-模型的基础上,汽车软件设计标准 aSPICE 以及著名的功能安全标准 ISO 26262,都提出了各自的软件开发流程。

下面将详细地讨论自动驾驶软件平台的问题。4.1 节介绍汽车行业的软件架构标准 AUTOSAR;4.2 节介绍软件开发过程中著名的 V-模型;4.3 节简述一个汽车软件设计流程标准 aSPICE;4.4 节介绍著名的安全标准 ISO 26262 定义的软件开发流程;4.5 节介绍 NVIDIA 公司开发的自动驾驶软件框架 DriveWorks;4.6 节分析自动驾驶采用的操作系统平台;4.7 节介绍自动驾驶云平台;4.8 节介绍 DevOps 和 MLOps。

## 4.1    AUTOSAR

软件架构(software architecture,SA)是于 20 世纪 90 年代被提出的,它用于对复杂的软件系统进行结构化,并给出其高级的系统描述。以宝马汽车为首的几家 OEM(原始设备制造商)与一些 Tier-1 成立的 AUTOSAR(automotive open system architecture)联盟,旨在为汽车工业开发一套支持分布式的、功能驱动的汽车电子软件开发的架构标准化方案。如图 4.1 所示,AUTOSAR 提供了一个三层的软件结构。

(1) **基础软件层(BSW)**:标准化的软件模块,没有任何功能任务,只提供运行上层功能部分的必要服务。

(2) **运行时环境(RTE)**:中间件,从网络拓扑提取出来的,支持在应用软件部件之间或者应用软件部件与基础软件层之间 ECU 内部/之间的信息交换。

(3) **应用层**:应用软件组件和 RTE 进行交互。

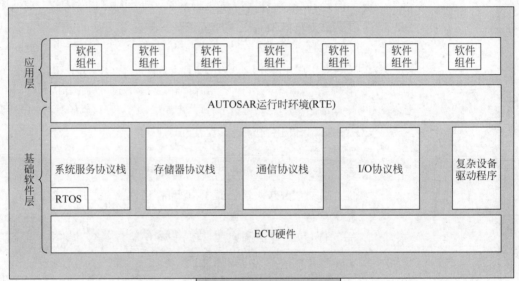

图 4.1   AUTOSAR 框架

基础软件层则被抽象为四级(见图 4.2)。

(1) 服务层(services layer)。

(2) ECU 抽象层(ECU abstraction layer)。

(3) 微控制器抽象层(microcontroller abstraction layer)。

(4) 复杂驱动程序(complex driver program)。

自适应(adaptive)AUTOSAR 是一种 ARA(AUTOSAR runtime for adaptive applications)的标准化接口,如图 4.3 所示。它包括两部分:操作系统功能的接口和通信中间件。后者处理自适应 AUTOSAR 服务和各种本地/远程应用之间的数据交换。这些接口允许 OEM

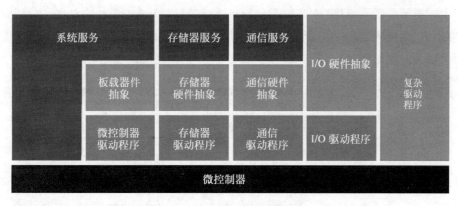

图 4.2　AUTOSAR 基础软件层

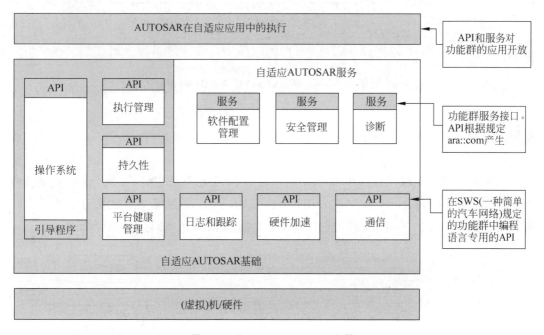

图 4.3　Adaptive AUTOSAR 架构

实现自动驾驶、在线 OTA 软件升级、物联网(internet of things,IoT)、流媒体等服务。

　　与经典 AUTOSAR 相比,这种自适应 AUTOSAR 平台可以在 ECU 运行时实现服务-客户的动态链接,并提供需要的交通基础设施、云服务器、微处理器(如 ARM)和 HPC(GPU)硬件等。

　　执行管理(execution management)功能群负责 ECU 的启动和停止,并保持应用程序状态。它和平台健康管理(platform health management)一起,为那些启动降解(degradation)或者类似策略的应用程序维护提供必要的资源,这样 ECU 可根据定义好的策略在危急时刻做出反应。

　　通信中间件实现在本地应用程序之间以及本地应用程序和其他 ECU 中应用程序之间的服务定向通信,这包括了 AUTOSAR Adaptive 的服务接口。

图 4.4 所示为经典 AUTOSAR 平台和自适应 AUTOSAR 平台的对比,主要从操作系统、通信协议、调度机制和内存管理几方面进行比较;最大的不同在于,自适应 AUTOSAR 采用面向服务的通信模式,内存上采用虚拟地址空间,调度模式也是动态的。

| 类别 | **AUTOSAR** 经典 | **AUTOSAR** 自适应 |
|------|------------------|---------------------|
| 操作系统 | OSEK OS | POSIX规格 |
| 通信协议 | 基于信号的通信<br>(CAN、FlexRay、Most) | 面向服务的通信<br>(SOME/IP) |
| 调度机制 | 固定任务配置 | 动态调度策略 |
| 内存管理 | 各应用采用同样的<br>地址空间<br>(MPU) | 每个应用采用虚拟<br>地址空间<br>(MMU) |

图 4.4　经典 AUTOSAR 平台和自适应 AUTOSAR 平台的对比

## 4.2　软件开发 V-模型

如图 4.5 所示是软件开发 V-模型的流程图,该模型已被汽车行业广泛采用,是工业标准 MISRA(Motor Industry Software Reliability Association,汽车工业软件可靠性联会)C 编程规范的参考模型(有 20 年的历史),同时也是构建 ISO 26262 标准的参考模型。

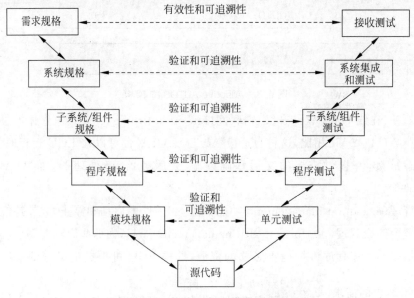

图 4.5　软件开发 V-模型流程图

V-模型代表了一种软件构建加上可追溯性的验证(traceability & verification/

validation)的条理化进程；V-模型的左侧是从需求-设计-实现的途径,而其中的每一步,可以分成多个子系统,彼此并行地看待(系统需求只有一组,但每个子系统可以有不同的设计);V-模型的右侧是从小组件到系统级别的评估,迭代地可追溯性验证(trace & verify/validate)越来越大的系统部分。

根据 V-模型看,自动驾驶的测试在以下一些情况中存在挑战。

(1) 驾驶人不在环情况。

(2) 过于复杂的需求。

(3) 采用了非确定性算法。

(4) 采用了归纳学习算法。

(5) 需要故障-安全/故障-可操作的实现。

为解决这些问题,有以下几种可用的方法。

(1) 通过依次松弛的操作场景的分阶段部署法。

(2) 采用一种"监控-驱动"结构,将最复杂的自主功能和较为简单的安全功能分开。

(3) 故障注入以得到更有效的边界情况(edge case)测试。

## 4.3 aSPICE 软件开发流程

在汽车行业有两个公认的软件设计流程标准：一个是 aSPICE(automotive software performance improvement and capability determination),另一个是 ISO 26262 的软件部分。

图 4.6 是 aSPICE 的流程图。aSPICE 源自一般 SPICE(ISO/IEC 15504)标准,它仍然建立在 V-模型之上,这意味着从需求到源代码的每个过程都有相应的测试。

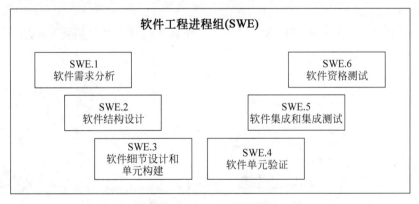

图 4.6 aSPICE 流程图

按照 V-模型,aSPICE 左侧的开发过程如下。

• 分析客户的需求。

• 将客户的需求映射到系统需求。

• 将系统需求分解为逻辑服务,包括设计决策。

- 对于每个软件服务,从系统需求中获取软件需求。
- 将软件需求细分为单元,管理可用资源(内存、CPU 时间等)。
- 设计并实施每个软件单元。

aSPICE 右侧的相应测试过程如下。

- 设计的单元测试:代码是否符合设计?是否满足了非功能性要求(如不崩溃)?
- 软件架构的集成测试:作为服务的单位组成是否仍然有效?
- 软件认证测试软件要求:服务是否符合其要求?
- 系统集成测试系统架构:将所有服务组合到整个系统中,它是否有效?
- 系统认证测试系统要求:整个系统/汽车是否符合要求?
- 验收测试由客户完成。

除了这些流程外,aSPICE 还要支持和管理整个流程,包括存档和制订计划等内容。使用 aSPICE 可实现敏捷开发,灵活的方法会从少的要求开始,但仍执行整个 V-模型过程。

aSPICE 评估包括从"未实现"(N)到"完全实现"(F)0~5 级的评级。

- 0 级:流程最多可"部分"实现 aSPICE 定义的产品(源代码、需求、体系结构描述、测试报告等)。
- 1 级:"很大程度上"(L)能够生产指定的产品。
- 2 级:完全有能力生产工作产品,并且可以通过实现目标、检查进度以及在错过目标时做出反应。
- 3 级:拥有中央标准,而这些都要在工作和项目中遵循。
- 4~5 级:实际上不重要,目标是建立组织流程,更"可预测"和"创新"。

## 4.4　ISO 26262 软件开发流程

ISO 26262(Part 6)依照 V-模型也给出了一个修正的软件开发流程图(见图 4.7)。

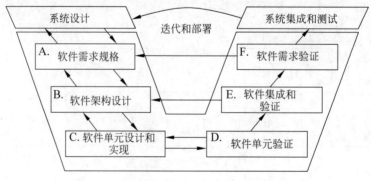

图 4.7　ISO 26262(Part 6)的软件开发流程图

ISO 26262(Part 6)的软件开发流程图规定了汽车应用软件级产品开发的要求,包括:

- 软件级产品开发的一般主题。
- 软件需求规格。

- 软件架构设计。
- 软件单元设计和实现。
- 软件单元验证。
- 软件集成和验证。
- 测试需求验证。

它还规定了与使用可配置软件相关的要求。

ISO 26262 软件架构设计准则如表 4.1 所示。

表 4.1　ISO 26262 软件架构设计准则

| 方　　法 | | ASIL | | | |
|---|---|---|---|---|---|
| | | A | B | C | D |
| 1a | 软件组件的分级结构 | ++ | ++ | ++ | ++ |
| 1b | 软件组件的限制使用 | ++ | ++ | ++ | ++ |
| 1c | 接口的限制使用 | + | + | + | + |
| 1d | 每个软件组件内的高凝聚性 | + | ++ | ++ | ++ |
| 1e | 软件组件之间的限制耦合 | + | ++ | ++ | ++ |
| 1f | 合适的调度特性 | ++ | ++ | ++ | ++ |
| 1g | 中断的限制使用 | + | + | + | ++ |

ISO 26262 软件架构级别的误差检测机制如表 4.2 所示。

表 4.2　ISO 26262 软件架构级别的误差检测机制

| 方　　法 | | ASIL | | | |
|---|---|---|---|---|---|
| | | A | B | C | D |
| 1a | 输入/输出数据的范围检查 | ++ | ++ | ++ | ++ |
| 1b | 合理性检查 | + | + | + | ++ |
| 1c | 数据误差的检测 | + | + | + | + |
| 1d | 外部监控设施 | ○ | + | + | ++ |
| 1e | 控制流监控 | ○ | + | ++ | ++ |
| 1f | 各式各样的软件设计 | ○ | ○ | + | ++ |

## 4.5　NVIDIA DriveWorks 软件平台

NVIDIA 公司的 DriveWorks 是基于它自动驾驶硬件平台的软件框架,如图 4.8 所示,包括一些核心算法(传感器数据处理,如图像处理和点云处理,以及车辆本身的接口算法)、深度学习训练的模型(障碍物检测、红绿灯检测、交通标志识别、车道线检测、十字路口检测、可行道路分割、地图定位)和系统标定工具。在 DriveWorks 之上,NVIDIA 提供了一些自动驾驶的软件 SDK,如具有感知＋规划＋控制的 Drive AV 模块和人机交互的 Drive IX 模块。

图 4.8   DriveWorks 软件平台

## 4.6   车载操作系统

从图 4.8 中也可以看出,NVIDIA 自动驾驶软件平台的底层是它的操作系统 Drive OS。车载操作系统必须是实时操作系统(real time operating system,RTOS),特别是对自动驾驶的支持(其他方面还有车载娱乐、车联网和中控显示屏)。

RTOS 旨在为实时处理数据的应用程序提供服务而且通常没有缓冲区延迟的操作系统。处理时间(包括任何 OS 延迟)要求为 0.1 秒或更短。

实时系统要求处理必须在规定的时间内完成,否则系统将失败。这些处理是事件驱动的,或者是分时的。事件驱动系统根据优先级在任务之间切换,而时间共享系统根据时钟中断切换任务。大多数 RTOS 使用先发制人的调度算法。

RTOS 具有用于调度(scheduling)的高级算法,调度器的灵活性可实现更广泛的流程优先级编排(orchestration)。实时操作系统的关键因素是最小的中断延迟和最小的线程切换延迟;实时操作系统的重要性在于响应速度,而不是执行的工作量。

### 4.6.1 ROS

机器人操作系统(robot operating system,ROS)是机器人领域的一个成熟和灵活的控制编程框架。整个 ROS 可以是分布式计算结构,即各个计算机执行控制过程中的各个部分,但作为一个实体(entity),是机器人在行动。

ROS 是适合自动驾驶汽车的,因为已经有大量的相关开源代码,可视化工具齐全,所以容易在 ROS 环境中开启一个自动驾驶项目。ROS 存在的缺点如下。

(1) 单点失败。所有 ROS 应用完全依赖于一个软件组件 roscore(一个 Python 脚本),处理 ROS 不同部分之间的所有协调。

(2) 不安全性。目前 ROS 不支持阻止第三方进入 ROS 网络的安全机制,也不读取节点之间的通信。

图 4.9 所示为 ROS 的工作方式,整个系统由一些节点组成,而一个节点通过发布/订阅(publicate/subscribe)的方式与其他节点进行通信。例如,图 4.9 中一个传感器作为 ROS 的一个节点,它可以以信息流的方式发布其获得的信息,发布的信息可以被其他节点(如感知、规划或者控制单元)获得。

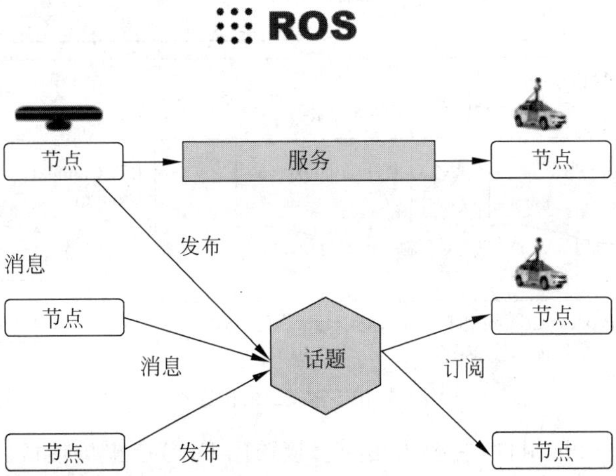

图 4.9 ROS 的工作方式

基于 ROS 存在的问题,ROS2 得以产生(之前的版本称为 ROS1)。相较于 ROS1,ROS2 采用(或者计划采用)如下策略。

- 支持多机器人。
- 对小型嵌入式设备和微控制器的支持。
- 实时系统:支持实时控制,包括进程间和机器间通信的实时性。
- 支持非理想网络环境:低质量高延迟等网络环境。
- 支持基于 ROS 的大规模构建、开发和部署。

ROS2 采用基于 RTSP（real-time publish-subscribe）协议的 DDS（data-distribution service）作为中间层，其中 DDS 是一种用于实时和嵌入式系统进行发布/订阅式通信的工业标准，这种点到点的通信模式类似于 ROS1 的中间层，但是 DDS 不需要借由 master 节点来完成两个节点间的通信，这样系统更加容错和灵活。

如图 4.10 所示是 ROS2 的架构图，其中内部接口主要包括如下两个层：

（1）rmw（ROS 中间件接口）：ROS2 软件堆栈和底层中间件实现之间的接口。这里 ROS2 底层中间件由 DDS 或 RTPS 实现，负责发现、发布和订阅机制、服务的请求-回复机制以及消息类型的序列化。

（2）rcl（ROS 客户端库）：更高级别的 API，用于实现客户端库，不直接触及中间件实现，而是通过 ROS 中间件接口 rmw 抽象实现。

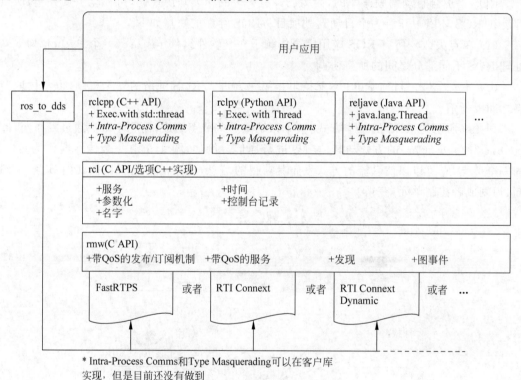

图 4.10　ROS2 架构图

还有一个 ros_to_dds 组件，主要为用户直接访问 DDS 层提供接口。此抽象接口的目标之一是将 ROS 用户空间代码与正在用的中间件完全隔离，这样更改 DDS 供应商甚至中间件技术的时候对用户代码的影响最小。

ROS2 中引入服务质量（QoS）策略用于配置节点之间的通信，这样可以提升 ROS2 不同应用场景的适应灵活性。ROS1 只支持基于 TCP 的通信，而 ROS2 可以表现出 TCP（传输控制协议）的可靠性，也可以表现出 UDP（用户数据报协议）的高实时性。在 ROS2，用户可以通过选择 QoS 配置文件实现不同的通信，其中预设的 QoS 配置文件包括：

- 发布/订阅机制的 QoS 设定。
- 服务的 QoS 设定。

- 传感器数据的 QoS 设定。
- 参数的 QoS 设定。
- DDS 中间层默认的 QoS 设定。

### 4.6.2 QNX

QNX Neutrino 是商业实时操作(RTOS)系统,开发该系统的公司已被手机公司黑莓并购。QNX 采用微核(micro kernel)设计和模块化架构,如图 4.11 所示是 QNX 的架构图。

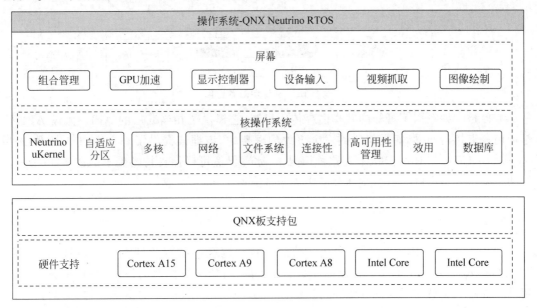

图 4.11 QNX 架构图

微核是提供 OS 核心功能的核精简版。RTOS 是指当外界事件发生并数据产生时,能够以足够快的速度处理,其结果能在规定时间内得到,以控制产生过程或快速对处理做出响应,调度一切资源完成实时任务,并控制所有任务能够协调一致地运行的 OS。

QNX 核提供 4 种服务:进程调度、进程间通信、底层网络通信、中断处理。因此 QNX 核比传统的宏内核(Linux)系统可靠性更高。

### 4.6.3 BOSCH 冰羚

BOSCH 开源的软件冰羚(Iceoryx),用于各种操作系统进程间通信(IPC)的中间件。自动驾驶系统不同进程之间需要传输大量数据,而通用的通信模式是发布/订阅。用于 IPC 的典型中间件解决方案在向中间件传递消息或从中间件传递消息时复制消息。

在中间件堆栈内部可以制作更多的副本,或者消息负载可以序列化。因此,如果 $n$ 个用户订阅了一个发布者,那可以很容易地得到至少 $n+1$ 个消息副本。当通信速度达到 Gb/s 时,在中间件中创建的每个消息副本都会在运行时间和延迟方面增加很大的成本。

冰羚是一种基于共享内存的 IPC 技术,将其与发布/订阅体系结构、服务发现、C++和无锁定算法相结合。通过添加一个避免复制的 API,可以实现真正的零副本——从发布者到订阅者的端到端方法,无须创建单个副本。

使用冰羚 API，发布者将消息直接写入先前从中间件请求的内存块。当消息被传递时，订阅者接收到对这些内存块的引用，同时维护带一个可配置容量的自身队列。

如图 4.12 所示是冰羚零副本通信的示意图。每个订阅者都可以查看哪些消息仍在处理中，哪些消息可以丢弃。冰羚中间件在后台计算时引用，并在读取器完成操作时可释放内存块。

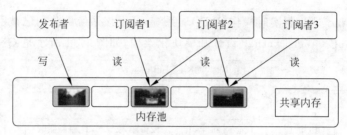

图 4.12　冰羚零副本通信

冰羚是一种数据不可知的共享内存传输机制，它提供了相当底层的 API。假设 API 不是由用户直接访问的，而是集成到一个更大的框架中，该框架提供了一个高层 API 和一些工具，如 AUTOSAR 和 ROS；在这种情况下，冰羚仍然可确保支持零副本 API。如果一个框架也基于发布/订阅架构，则冰羚的集成非常简单。

### 4.6.4　DORA

DORA 是基于 Rust 编程语言开发的面向自动驾驶的数据流计算平台，相比 ROS 和 AUTOSAR，还引入了数据流控制面和数据面分离，可定义数据面的设计架构，是面向自动驾驶和机器人领域的中间件开源项目。如图 4.13 所示是 DORA 的参考架构，它的核心是一个跨端边云的数据流计算框架。

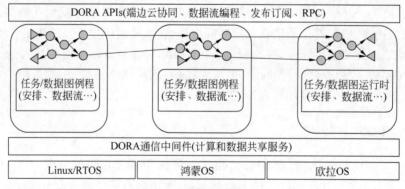

图 4.13　DORA 参考架构

图 4.14 所示是 DORA 更加细节的软件架构，主要分成控制面（control plane）和数据面（data plane）。控制面的组件主要有：数据流 YAML 声明的处理，数据流的管理和遥测；负责解析 YAML 蓝图，按照蓝图部署、管理和监控计算图的运行，同时提供命令行和 API。在其之上，可以利用云原生生态构建更多的工具，如 DORA Hub、Dashboard 和 DevOps 开发工具等。数据面的组件包括节点（node）、算子（operator）和 DORA SDK 库控制面。节点是一个单独的程序进程，可以运行一个或者多个算子，一台计算机可以运行一个或者多个节

点,所以节点部署是可以跨越单机的,算子实现一个算法或者函数处理。在多个节点和算子之间的通信经由通信中间件实现。

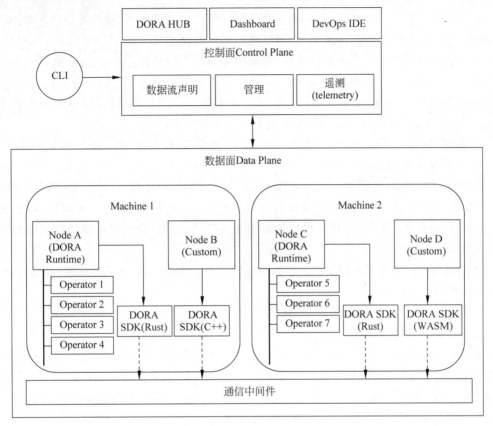

图4.14 DORA软件架构

DORA支持发布/订阅、RPC(远程过程调用)、共享内存、点对点通道的不同通信中间件实现,节点和算子基于统一的数据结构来实现数据的输入和输出;DORA通过声明式语言YAML定义了数据流图标准的node API和operator API(SDK),以及节点内(如任务之间的管道)和跨节点之间端到端数据流图的数据面拓扑关系和实时制约(例如,自驾系统中特定的任务调度算法:软实时、截止时间戳和水位等);YAML描述的部署需求由控制面负责,通过选择不同的通信中间件实现,满足YAML蓝图的部署要求。

为开发者提供一个对开发和生产透明的环境也是云原生的核心价值,DORA通过控制面和云原生生态工具进行云集成,充分利用云原生技术来对数据流组件(nodes-operators-sources-sinks)进行管理、遥测;以及软件组件的生命周期管理。这些工具让开发者能够有效调试组件异常或不安全的行为,并且提供数据记录保存和离线再现运行场景的支持。

## 4.7 自动驾驶云平台

自动驾驶软件平台是离不开云计算的,如大量的数据存储和标注、机器学习(包括深度学习)模型训练、高清地图、模拟仿真及车联网等。

### 4.7.1　开源分布式深度学习框架

本书在第6章、第10章和第13章将会分别详细讨论高清地图、模拟仿真和车联网的技术，这里介绍一下机器学习（深度学习）模型训练平台的技术。

在云平台部署深度学习模型训练，一般采用分布式。按照并行方式，分布式训练基本分为数据并行和模型并行两种。当然，也可以采用数据并行和模型并行的混合方式。

- **模型并行**：不同GPU负责网络模型的不同部分。例如，不同网络层被分配到不同的GPU，或者同一层的不同参数被分配到不同的GPU。
- **数据并行**：不同GPU有模型的多个副本，每个GPU分配不同的数据，将所有GPU计算结果按照某种方式合并。

模型并行不常用，而数据并行涉及各个GPU之间如何同步模型参数，分为同步更新和异步更新。同步更新等所有GPU的梯度计算完成，再计算新权值，同步新值后，再进行下一轮计算。异步更新是每个GPU梯度计算完无须等待，立即更新权值，然后同步新值进行下一轮计算。

分布式训练系统包括两种架构：参数服务器架构（parameter server architecture）和环-全归约架构（ring-allreduce architecture）。

如图4.15所示是参数服务器（PS）结构图。在物理架构上，PS其实是和Spark（一个用于大规模数据处理的开源统一分析引擎）的master-worker的架构基本一致的。基本分为两大部分：服务器群和多个工作者群，而资源管理器负责总体的资源分配调度。服务器群包含多个服务器节点，每个服务器节点负责维护部分参数，服务器管理器负责维护和分配服务器资源。每个工作者群对应一个应用（即一个任务），工作者群之间以及工作者群内工作者节点之间互不通信，工作者节点只能与服务器通信。

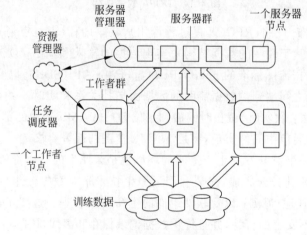

**图4.15　PS的结构图**

而图4.16是Ring-AllReduce的架构图，将GPU多卡构成环形通信，每张卡都有一个左手卡和右手卡；每张卡的网络结构固定，所以里面的参数结构相同；每次通信只将参数发给到右手边的卡，然后从左手边的卡接收数据；经过不断迭代，实现整个参数同步，也就是reduce。

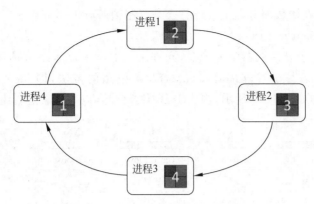

**图 4.16 Ring-AllReduce 结构图**

PyTorch 是 Facebook 团队于 2017 年 1 月发布的一个深度学习框架,目前在 GitHub 上的热度已经超过 Theano、Caffe、MXNet 等框架。PyTorch 现在和多个云平台建立了合作关系,可以安装使用。比如 AWS,在 AWS Deep Learning AMIs、AWS Deep Learning Containers 和 Amazon SageMaker 中,都可以训练 PyTorch 模型,最后采用 TorchServe 进行部署。

PyTorch 有两种方法可在多 GPU 中切分模型和数据:

- DataParallel
- DistributeDataParallel

DataParallel 更易于使用。不过,通信是瓶颈,GPU 的利用率通常很低,而且不支持分布式。DistributedDataParallel 支持模型并行和多进程,单机/多机皆可,是分布训练。

PyTorch 自身提供了几种加速分布数据并行的技术,如 bucketing gradients、overlapping computation with communication 以及 skipping gradient synchronization 等。

谷歌公司的 TensorFlow 可以说是当今最受欢迎的开源深度学习框架,可用于各类与深度学习相关的任务中。TensorFlow 的使用在模型设计和训练中也很方便,可以使用高阶 Keras API;对于大型机器学习训练任务,也可以使用 Distribution Strategy API 在不同的硬件配置上进行分布式训练,而无须更改模型定义。

其中 Estimator API 可以编写分布式训练代码,允许自定义模型结构、损失函数、优化方法以及如何进行训练、评估和导出等内容,同时屏蔽与底层硬件设备、分布式网络数据传输等相关的细节。

tf. distribute. MirroredStrategy 支持在一台机器的多个 GPU 上进行同步分布式训练。该策略会为每个 GPU 设备创建一个副本。模型中的每个变量都会在所有副本之间进行镜像。这些变量将共同形成一个名为 MirroredVariable 的单个概念变量。这些变量会通过应用相同的更新彼此保持同步。

tf. distribute. experimental. MultiWorkerMirroredStrategy 与 MirroredStrategy 非常相似。它实现了跨多个工作进程的同步分布式训练,而每个工作进程可能有多个 GPU。与 MirroredStrategy 类似,它也会跨所有工作进程在每个设备的模型中创建所有变量的副本。

tf. distribute. experimental. ParameterServerStrategy 支持在多台机器上进行参数服务器训练。在此设置中,有些机器会被指定为工作进程,有些会被指定为参数服务器。模型的每个变量都会被放在参数服务器上。计算会被复制到所有工作进程的所有 GPU 中(注:该策略仅适用于 Estimator API)。

Kubeflow 是一个开源机器学习平台,允许用机器学习流水线编排在 Kubernetes 上运行的工作流。该方案基于谷歌部署 TensorFlow 模型的方法,即 TensorFlow Extended。Kubeflow 的结构图如图 4.17 所示,构成 Kubeflow 包含以下几个逻辑组件。

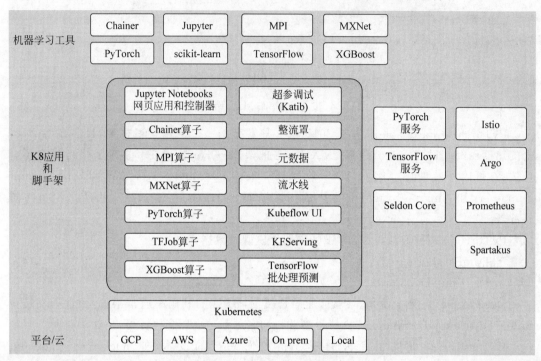

图 4.17　Kubeflow 的结构图

(1) **Kubeflow Pipelines**:基于 Docker 容器构建和部署可移植、可扩展的机器学习工作流,包括一个用户界面、一个用于安排机器学习工作流的引擎、一个定义流水线的 SDK,以及用于 SDK 与系统交互的 Notebooks。

(2) **KFServing**:在 Kubernetes 上启用无服务器推理,为 PyTorch、TensorFlow、scikit-learn 和 XGBoost 等 ML 框架提供高性能和高度抽象的接口。

(3) **多用户**:简化用户操作,允许用户仅查看和编辑其配置中的 Kubeflow 组件和模型。

(4) **训练算子**:通过算子训练机器学习模型,提供在 Kubernetes 上运行 TensorFlow 模型训练的 TFJob 和用于 PyTorch 模型训练的 PyTorchJob 等。

(5) **Notebooks**:部署用于管理和生成 Jupyter Notebooks 的服务。

如图 4.18 所示是 Kubeflow 的流水线架构图,其主要分为八部分:①Python SDK,创建 Kubeflow pipeline 的域特定语言(DSL);②DSL compiler,将 Python 代码转换成静态配置 YAML 文件;③Pipeline web server,流水线的前端服务;④Pipeline Service,流水线的后端服务;⑤Kubernetes resources,创建用户资源定义(CRDs)运行流水线;⑥Machine learning metadata service,存储任务流容器之间的数据交互(input/output);⑦Artifact storage,存储 Metadata 和 Pipeline packages,views;⑧Orchestration controllers,任务编

排,如 Argo Workflow。

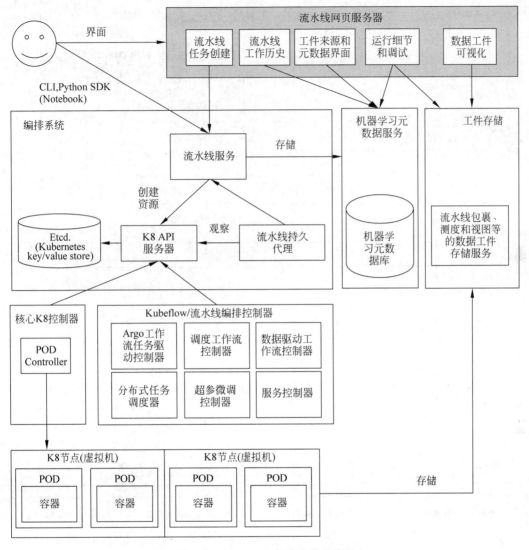

图 4.18 Kubeflow 的流水线架构图

### 4.7.2 自动驾驶云的实例架构

下面以一些商业化的自动驾驶云平台为例阐述其基本架构和功能。

图 4.19 所示是百度云提供的数据一体化解决方案框架图,其采集和标注的数据平台包括缺陷数据(噪声和未见过数据)挖掘、AI 模型迭代流水线和数据管理等。

图 4.20 所示是百度云数据训练平台框图,该一体化训练平台,打通数据、模型与资源,专业模型评测服务,帮助挖掘模型缺陷;其流水线的作业方式可简化模型训练流程;兼容 Apollo、Paddle、Caffe 等多种模型框架,提供上万个极端情况挖掘模型缺陷;另外提供百万千米路测里程和近千种场景类别。

图 4.21 所示是华为云的自动驾驶解决方案架构图,该平台由安全合规、路测数据管理、

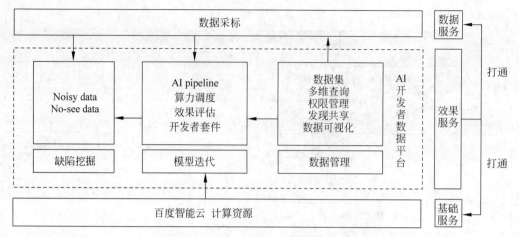

**图 4.19　百度云数据一体化解决方案**

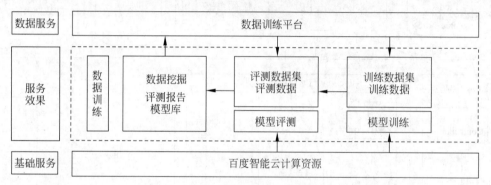

**图 4.20　百度云数据训练平台**

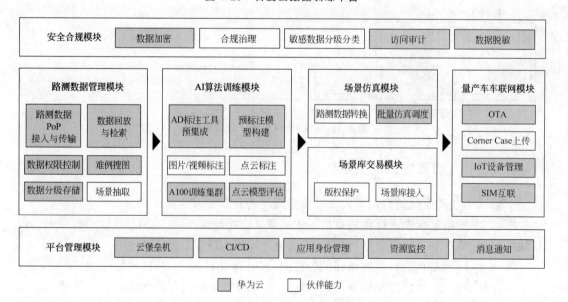

**图 4.21　华为云解决方案结构图**

算法训练、场景仿真、场景库交易和平台管理等模块组成,这些模块彼此松耦合,可面向以下
三类需求。

- **模块按需构建**：基于参考代码快速将模块与研发平台对接上云。
- **E2E快速构建**：基于参考代码构建端到端自动驾驶研发平台。
- **用户自选集成**：提供标准API，方便自选如标注、仿真等环节快速集成。

图4.22所示为阿里云智能计算灵骏在自动驾驶应用中的框架图,灵骏是阿里云的智能计算产品,具备公共云、专有云等多种产品形态,提供异构计算融合集群实例;其支持CPU+GPU等异构算力融合部署、统一调度,为不同应用的计算负载提供多元化的智能计算服务;支持自动驾驶模型开发与仿真测试的全流程应用融合部署,承载自动驾驶全周期开发,消除非必需数据迁移成本。

**图4.22 阿里智能计算灵骏在自动驾驶应用中的框架图**

在灵骏中调用了阿里云的其他基础资源,如对象存储(object storage service,OSS)、CPFS(cloud parallel file storage,云并行文件存储)和机器学习平台(platform of artificial intelligence,PAI)。其中PAI提供包含数据标注、模型构建、模型训练、模型部署、推理优化在内的AI开发全链路服务,内置140+种优化算法,具备各种场景插件,提供低门槛、高性能的云原生AI工程化能力。如图4.23所示是PAI在大模型训练和推理中的应用框架,机器学习平台PAI提供端到端的大模型平台,可实现从大模型订阅、微调(fine tune)训练、模型蒸馏,到离线推理、在线部署、服务体验的完整流程。

如图4.24所示是腾讯自动驾驶云的解决方案框架图:①提供从数据采集-处理-应用端到端数据可信与隐私计算服务,覆盖数据采集、数据配送、数据注入,以及注入云端后的数据与算法训练等方面;②提供数据存储能力,采取软硬件结合的存储方案来支撑特殊数据存储场景,有效降低存储成本;③提供流程化的配置平台,将数据导入、场景提取、数据标注、感知训练、规控仿真与评测等功能串联,一站式创建研发任务;④提供包括数据采集、数据标注工具与服务、模拟仿真、仿真场景库、仿真评测体系建设和算法迭代等一系列功能与服务。

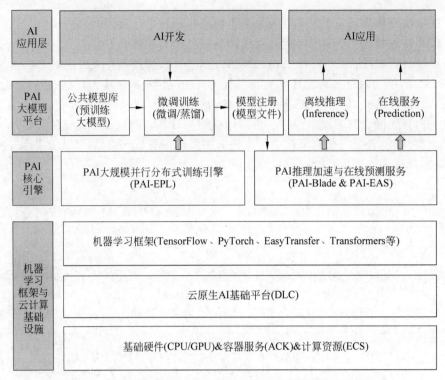

图 4.23 阿里云机器学习平台 PAI 在大模型训练和推理中的应用

图 4.24 腾讯自动驾驶云的解决方案框架图

## 4.8 DevOps 和 MLOps

DevOps,简单来说,就是更好地优化开发(DEV)、测试(QA)、运维(OPS)的流程,开发运维一体化,DevOps 的流程图如图 4.25 所示,通过高度自动化工具与流程,使软件构建、测试、发布更加快捷、频繁和可靠。

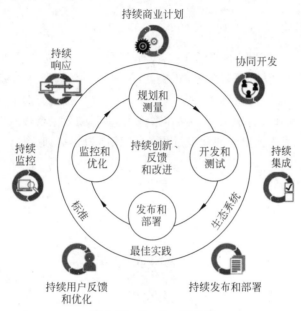

图 4.25 DevOps 流程图

DevOps 是一个完整面向 IT 运维的工作流,IT 自动化以持续集成(CI)/持续部署(CD)作为基础,来优化程式开发、测试、系统运维等所有环节。主干开发是 CI 前提,自动化以及代码集中管理是实施 CI 的必要条件。DevOps 是 CI 思想的延伸,CI/CD 是 DevOps 的技术核心。

MLOps 的核心目标是使 AI 模型从训练到部署的整条端到端链路能够稳定,高效地运行在生产环境中,满足客户的终端业务需求。如图 4.26 所示,数据收集、预处理/数据清洗/特征工程、模型训练和验证、模型测试、部署、维护和改进等构成一个机器学习流水线的生命周期。

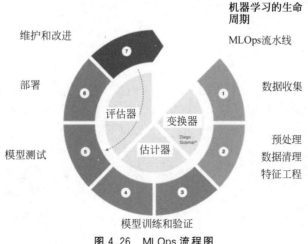

图 4.26 MLOps 流程图

为了达到这个目标,其对 AI 系统核心技术也提出了相应的需求。如部署自动化,对 AI 框架的前端设计会提出明确的需求,如果 AI 框架的前端设计不利于导出完整的模型文件,会使大量的下游不得不在部署环节引入针对各自业务场景需求的"补丁"。

部署自动化的需求也会催生一些围绕 AI 核心系统的软件组件,如模型推理部署优化、模型训练预测结果的可复现性和 AI 生产的系统可伸缩性。

## 4.9    小结

本章继续介绍自动驾驶的平台——软件部分。其中包括汽车行业的软件标准 AUTOSAR、软件工程公认的开发流程 V-模型、汽车软件流程标准 aSPICE 和功能安全标准 ISO 26262 提供的软件开发流程,另外介绍 NVIDIA 公司开发的自动驾驶软件平台 DriveWorks,还有自动驾驶普遍采用的操作系统、自动驾驶云平台以及 DevOps 和 MLOps。从第 5 章起将开始自动驾驶模块的开发过程分析,依次为感知、地图、定位、规划、控制、仿真和车联网。

## 参考文献

# 第5章 自动驾驶的感知模块

彩色图片

自动驾驶要回答以下几个问题：

- 定位——我在哪儿(Where am I)?
- 感知——我周围是什么(What's around me)?
- 预测——下一步会发生什么(What will happen next)?
- 规划——我要做什么(What should I do)?
- 控制——怎么做(How to do)?

感知模块相当于自动驾驶车辆的"眼睛"，它与传感器直接相接，获取大量传感器的输入数据，然后经过分析处理后得到对周围环境的理解，包括障碍物检测、跟踪和距离估计、车道线检测和分割、交通标志检测和交通信号灯识别检测等。由于现在的自动驾驶系统都是装载多个/多种传感器，因此传感器融合是必要的也是重要的感知部分，甚至一些系统把它单独列出来，独立于感知模块。

5.1节介绍各种车载传感器的标定；5.2节介绍单目摄像头测距的各种方法；5.3节介绍单目图像的深度估计算法；5.4节分析目前单目摄像头的3D障碍物检测方法，即3D目标长方体框在图像的投影，而不是2D矩形框而已；5.5节对障碍物跟踪方法展开讨论，包括单目标和多目标情形；传感器融合是重要的问题；5.6节从数据级和任务级两个层次分析了融合的方法；5.7~5.9节主要讨论车载视觉系统关心的三个问题：车道线检测、交通标志检测和交通信号灯识别检测；5.10节重点讨论视觉摄像头看到的可驾驶区域问题，即语义的道路分割；5.11节是基于立体视觉的感知模块分析；由于行人的行为分析需要，人体姿态估计在5.12节讨论；5.13节特别提到驾驶人监控系统(DMS)的实现算法；5.14节对当前最新的BEV(bird-eye-view，鸟瞰视图)感知系统展开深入讨论。

## 5.1 传感器标定

传感器标定是自动驾驶的基本需求，一辆车上装了多个/多种传感器，而它们之间的坐标关系是需要确定的。

该工作可分成两部分：内参标定和外参标定。内参是决定传感器内部的映射关系，如摄像头的焦距、偏心和像素横纵比(还有畸变系数)，而外参是决定传感器和外部某个坐标系的转换关系,如姿态参数(旋转和平移6自由度)。

不同传感器之间标定最大的问题是如何衡量最佳,因为获取的数据类型不一样。

(1)摄像头是 RGB 图像的像素阵列。

(2)激光雷达是 3D 点云距离信息(有可能带反射值的灰度值)。

(3)GPS-IMU 给出的是车身位置姿态信息。

(4)雷达是 2D 反射图。

这样的话,实现标定误差最小化的目标函数会因为不同传感器配对而不同。

另外,标定方法分无靶子(targetless)和有靶子(target)两种,所谓靶子就是人工定制的目标,带有真实值。针对这两种方法来说,前者在自然环境中进行,约束条件少;后者则需要专门的控制场,如典型的棋盘格平面板。

目前,有一些与传感器标定相关的开源项目,如 Kalibr、Autoware 等,还有更多特定标定类型的开源项目,如激光雷达之间和激光雷达-IMU 的标定。OpenCV 还提供了一些标定工具。最近商汤科技公司提供了一个针对自动驾驶不同应用场景的完整 calibration toolbox:OpenCalib。

### 5.1.1　摄像头标定

摄像头的标定曾经是计算机视觉中 3D 重建的前提,张正友著名的张氏标定法,利用绝对锥(absolute conic)不变性得到的平面标定算法简化了控制场(2.1 节有算法的详细介绍),图 5.1 展示了这种方法采集的 5 个不同朝向的棋盘格图像组,该棋盘格贴在一个平面板上,格子大小是已知的,利用棋盘格的角点显著性,在图像中提取其角点的亚像素位置信息,就可以按照张氏方法计算摄像头内外参数(注意镜头的畸变现象)。

图 5.1　摄像头标定采集的 5 幅图像

### 5.1.2　激光雷达标定

以参考文献[3]为例介绍一个组装激光雷达的自标定。

该激光雷达采用 3 台 SICK LMS-151(2D)激光扫描装置,0.5°角分辨率,安装在 1～2Hz 的旋转板上,其允许 360°方位角覆盖和几乎全仰角覆盖,唯一无法观察到的是垂直轴的圆柱体。

如图 5.2 所示,激光 $L_i(i=1,2,3)$ 在平板上的位置由 3 个参数定义:$\tau_i$ 是光束原点距平板中心的距离，$\alpha_i$ 是激光扫描平面与平板切向量的夹角，$\lambda_i$ 是平板径向轴上光束原点的夹角。为方便起见，令 $\lambda_1 = 0$。

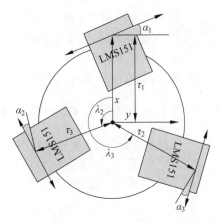

图5.2　激光雷达在旋转平板上的位置

参考文献[3]中定义点云的清晰度（crispness）作为质量测度，通过一个叫雷尼二次熵（Rényi quadratic entropy，RQE）的函数最小化作为在线标定激光雷达的优化目标（注：参考文献[3]的作者还讨论了激光雷达的时钟偏差问题解决方案）。

点云测量 $\hat{X} = \{\hat{x}_1, \hat{x}_2, \cdots, \hat{x}_N\}$ 符合一个分布 $p(x)$，即从给定位置 $x$ 获取测量的概率。为得到 $p(x)$ 的近似，采用 Parzen 窗密度估计方法。在每个真实数据点应用高斯核，可以得到 $p(x)$ 的混合高斯模型（GMM），即

$$p(\boldsymbol{x}) = \frac{1}{N} \sum_{i=1}^{N} G(\boldsymbol{x} - \hat{\boldsymbol{x}}_i, \sigma^2 \boldsymbol{I}) \tag{5-1}$$

其中，$G(\boldsymbol{\mu}, \boldsymbol{\Sigma})$ 是均值 $\boldsymbol{\mu}$ 和方差 $\boldsymbol{\Sigma}$ 的高斯函数。$\boldsymbol{\Sigma} = \sigma^2 \boldsymbol{I}$，其中 $\sigma$ 可调节。

测度清晰度可以和 $p(x)$ 的熵联系在一起。根据熵的定义，RQE 被选择为如下测度：

$$H_{\mathrm{RQE}}[\boldsymbol{X}] = -\log \int p(\boldsymbol{x})^2 \mathrm{d}\boldsymbol{x} \tag{5-2}$$

将 GMM 代入，即得到如下形式：

$$H_{\mathrm{RQE}}[\hat{\boldsymbol{X}}] = -\log \left( \frac{1}{N^2} \sum_{i=1}^{N} \sum_{i=1}^{N} G(\hat{\boldsymbol{x}}_i - \hat{\boldsymbol{x}}_j, 2\sigma^2 \boldsymbol{I}) \right) \tag{5-3}$$

其可以被认为是在 $\hat{X}$ 中点的紧致性度量，简化后得到优化的成本函数：

$$E(\hat{\boldsymbol{X}}) = \sum_{i=1}^{N} \sum_{i=1}^{N} G(\hat{\boldsymbol{x}}_i - \hat{\boldsymbol{x}}_j, 2\sigma^2 \boldsymbol{I}) \tag{5-4}$$

定义激光雷达外参 $\boldsymbol{\Theta} = [\Theta_1^{\mathrm{T}}, \Theta_2^{\mathrm{T}}, \Theta_3^{\mathrm{T}}]^{\mathrm{T}}$，最终点云 $\hat{X} = \{\hat{X}_1, \hat{X}_2, \hat{X}_3\}$，其中 $\hat{X}_i = \{\hat{x}_1, \hat{x}_2, \cdots, \hat{x}_m\}$；测量 $Z = \{Z_1, Z_2, Z_3\}$，其中 $Z_i = \{z_1, z_2, \cdots, z_m\}$，$z_j = h_i(x_j; \Theta_i)$ 即传感器模型。

忽视时域延迟问题，可得到标定的目标函数为

$$E(\boldsymbol{\Theta} \mid \boldsymbol{Z}) = \sum_{i=1}^{N} \sum_{j=1}^{N} G(h^{-1}(z_i; \boldsymbol{\Theta}) - h^{-1}(z_j; \boldsymbol{\Theta}), 2\sigma^2 \boldsymbol{I}) \tag{5-5}$$

其中，$h^{-1}(z_x; \boldsymbol{\Theta})$ 为逆传感器模型 $x = i, j$。

### 5.1.3　手-眼标定

手-眼标定（hand-eye calibration）是一个普遍研究的方法，可以认为是一定约束条件下的优化问题。可以广义地理解，一只"手"（如 GPS/IMU）和一只"眼"（如激光雷达/摄像头）都固定在一台机器上，那么当机器运动之后，"手"和"眼"发生的姿态变化一定满足一定的约束关系，这样求解一个方程就可以得到"手"-"眼"之间的坐标转换关系，一般是 $\boldsymbol{AX} = \boldsymbol{XB}$ 形式的方程，如图 5.3 所示。

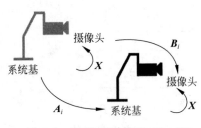

图 5.3　手-眼标定关系 $\boldsymbol{AX} = \boldsymbol{XB}$

手-眼系统分两种：眼-在-手（eye-in-hand）和眼-对-手（eye-to-hand），这里指后者，即手和眼都在动的情况。手眼标定分两步法和单步法，后者最有名的论文是 *Hand Eye Calibration Using Dual Quaternion*，采用的是双四元数方法。一般认为，单步法精度高于两步法，前者在估计旋转之后再估计平移。

### 5.1.4  摄像头-GPS/IMU 标定

以参考文献[4]为例介绍一下摄像头和 GPS/IMU 之间的标定方法。

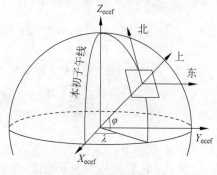

图 5.4    ENU 坐标系

虽然参考文献[4]中提出的方法是给无人机的标定，但对车辆也适合。图 5.4 是 IMU 定义的东-北-上（east，north，up，ENU）坐标系，即 $X_{ecef}$-$Y_{ecef}$-$Z_{ecef}$。

实际上 IMU-摄像头标定和激光雷达-摄像头标定是类似的，先解决一个手-眼标定任务，然后优化标定结果。IMU 没有反馈信息可用，只有姿态数据，所以就做基于姿态图（pose graph）的优化。图 5.5 是 IMU-摄像头优化的流程图，分成两路，左边的摄像头数据是图像（camera image），右边的惯导数据得到姿态（INS pose），姿态能帮助图像做运动重建 SFM，其中初始系统标定（calibration）和惯导姿态数据一起决定摄像头的初始姿态（pose）；然后得到初始的 3D 点坐标，和摄像头标定及摄像头姿态一起进入图优化（graph optimization）得到细化的 3D 点、摄像头姿态和系统标定。

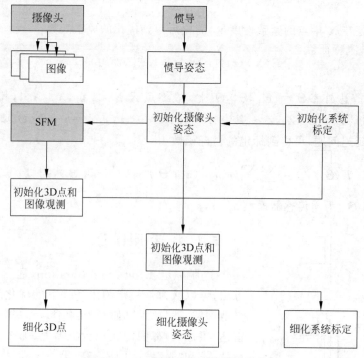

图 5.5    IMU-摄像头标定的优化流程图

图 5.6 是使用的图像标定靶子板，选择一个大小为 2.2m×1.5m 的棋盘格模式板。

图 5.6 标定需要的棋盘格板(类似于摄像头标定)

### 5.1.5 激光雷达-摄像头标定

以参考文献[5]为例来分析**激光雷达(LiDAR)**和**摄像头(camera)**的标定算法。

显然,这是求解一个手-眼标定的扩展问题,即 2D-3D 标定,如图 5.7 所示。

求解激光雷达的姿态变化采用迭代最近点 (iterative closest point,ICP)算法,而摄像头的运动采用特征匹配。后者有一个单目 SFM 的尺度问题,参考文献[5]中提出了一个基于传感器融合的解法:初始估计来自无尺度的摄像头运动和有尺度的激光雷达运动;之后有尺度的摄像头运动会再加上激光雷达点云数据被重新估计。最后二者的外参数就能通过手-眼标定得到。图 5.8 所示为算法流程图,在初始化模块,图像特征点检测和匹配(feature point detection & matching)之后,估计摄像头运动

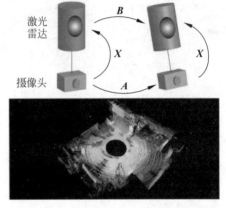

图 5.7 激光雷达-摄像头标定

(camera motion),深度数据做 ICP 校准,二者合一起实现外参数标定(extrinsic calibration);进入迭代状态时,对摄像头运动重新估计,包括 3D-2D 投影、跟踪和摄像头运动估计等,最后进入外参数标定模块输出。

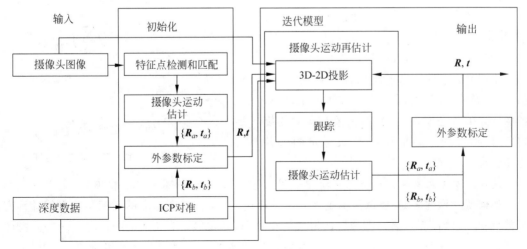

图 5.8 算法流程图

手-眼标定的典型解法是两步法：先求解旋转矩阵 $\boldsymbol{R}$，再估计平移向量 $\boldsymbol{t}$，公式如下：

$$\boldsymbol{R}_a^i \boldsymbol{R} = \boldsymbol{R}\boldsymbol{R}_b^i \tag{5-6}$$

$$\boldsymbol{R}_a^i \boldsymbol{t} + \boldsymbol{t}_a^i = \boldsymbol{R}\boldsymbol{t}_b^i + \boldsymbol{t} \tag{5-7}$$

$$\boldsymbol{k}_a^i = \boldsymbol{R}\boldsymbol{k}_b^i \tag{5-8}$$

$$\boldsymbol{R}_a^i \boldsymbol{t} + s^i \boldsymbol{t}_a^i = \boldsymbol{R}\boldsymbol{t}_b^i + \boldsymbol{t} \tag{5-9}$$

$$\boldsymbol{R}^* = \underset{\boldsymbol{R}}{\operatorname{argmin}} \sum_i \mid \boldsymbol{R}_a^i \boldsymbol{R} - \boldsymbol{R}\boldsymbol{R}_b^i \mid \tag{5-10}$$

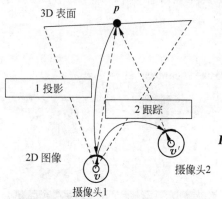

**图 5.9    2D-3D 匹配方法的示意图**

现在因为尺度问题，导致上述解法不稳定，所以要利用激光雷达的数据进行改进。如图 5.9 所示，3D 点云的点在图像中被跟踪，其 2D-3D 对应关系可以描述为如下公式：

$$\boldsymbol{v} = \operatorname{Proj}(\boldsymbol{R}\boldsymbol{p} + \boldsymbol{t}) \tag{5-11}$$

而求解的问题变成：

$$\boldsymbol{R}_a^{i*}, \boldsymbol{t}_a^{i*} = \underset{\boldsymbol{R}_a, \boldsymbol{t}_a}{\operatorname{argmin}} \sum_i \mid \boldsymbol{v}_j' \cdot \operatorname{Proj}(\boldsymbol{R}_a(\boldsymbol{R}\boldsymbol{p}_j + \boldsymbol{t}) + \boldsymbol{t}_a) \mid \tag{5-12}$$

上面优化问题的初始解通过经典的透视-3-点（perspective-3-points，P3P）算法得到。

得到摄像头的运动参数之后可以在两步手-眼标定法中得到旋转和平移共 6 个参数，其中平移估计如下：

$$\boldsymbol{t}^* = \underset{\boldsymbol{t}}{\operatorname{argmin}} \sum_i \mid (\boldsymbol{R}_a^i \boldsymbol{t} + \boldsymbol{t}_a^i) - (\boldsymbol{R}_b^i \boldsymbol{t} + \boldsymbol{t}_b^i)) \mid \tag{5-13}$$

**注**：这里估计摄像头运动和估计手-眼标定是交替进行的，以改进估计精度。除此之外，发现了一些摄像头运动影响标定精度的策略，分析如下。

如图 5.10 所示，可以看出：

（1）摄像头的整体运动（旋转和平移）$a$ 越小，投影误差越小。

（2）$(\alpha - \beta)$ 越小，投影误差越小。

第（1）点说明在标定时摄像头运动要小，第（2）点说明，标定的周围环境深度变化要小，如墙壁。另外还发现，当增加摄像头运动的旋转角时，摄像头运动估计到手-眼标定的误差传播会小。

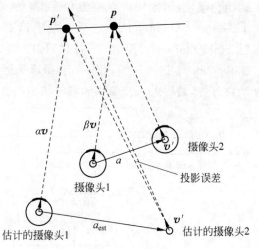

**图 5.10    摄像头 1 的定位误差示意图**

**注**：该方法无法在室外自然环境中使用，因为点云投影的图像点很难确定。

如何优化激光雷达-摄像头标定呢？不是通过 3D 点云和图像点的匹配误差来估计标定参数，而是直接计算点云在图像平面形成的深度图，其和摄像头获取的图像存在全局匹配的测度。问题是这类方法需要大量迭代，最好的做法是根据手-眼标定产生初始值。

　　下面分析三个方法：斯坦福大学的方法只用激光雷达点云，直接用点云和图像匹配实现标定；密歇根大学还采用了激光雷达反射值；澳大利亚悉尼大学在此基础上改进。需要指出的是，后两个方法不如斯坦福大学的方法简便。

　　斯坦福大学的方法是在线修正标定的"漂移"，如图 5.11 所示。精确的标定应该使图中深度不连续点和逆距离变换（inverse distance transform，IDT）边缘匹配。

图 5.11　激光雷达点云和摄像头图像在标定中的匹配关系

　　标定的目标函数是如下定义的：

$$J_C = \sum_{f=n-w}^{n} \sum_{p=1}^{|X^f|} \boldsymbol{X}_p^f \cdot \boldsymbol{D}_{i,j}^f \tag{5-14}$$

其中，$w$ 是视频窗大小；$f$ 是帧号；$(i,j)$ 是图像中的像素位置；而 $\boldsymbol{p}$ 是点云的 3D 点。$\boldsymbol{X}$ 表示激光雷达点云数据；$\boldsymbol{D}$ 是图像做过 IDT 的结果。

　　参考文献[7]中定义了标定的任务就是求解两个传感器之间的转换关系，如图 5.12 所示为 3D 空间点在激光雷达和摄像头两个坐标系之间的坐标变换，求解的是 $\boldsymbol{R}$ 和 $\boldsymbol{t}$，这里假设摄像头的内参矩阵 $\boldsymbol{K}$ 已知。

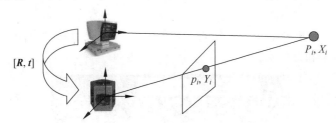

图 5.12　摄像头和激光雷达标定的问题描述

　　定义的共享信息（mutual information，MI）函数是一个熵值，其计算公式如下：

$$\mathrm{MI}(X,Y) = H(X) + H(Y) - H(X,Y) \tag{5-15}$$

其中

$$H(X) = -\sum_{x \in X} \sum_{y \in Y} p_X(x) \log p_X(x) \tag{5-16}$$

$$H(Y) = -\sum_{x \in X} \sum_{y \in Y} p_Y(y) \log p_Y(y) \tag{5-17}$$

$$H(X,Y) = -\sum_{x \in X} \sum_{y \in Y} p_{X,Y}(x,y) \log p_{X,Y}(x,y) \tag{5-18}$$

中间的概率计算如下：

$$\hat{p}(X=k_x, Y=k_y) = \frac{1}{n} \sum_{i=1}^{n} K_\Omega \left( \begin{bmatrix} X \\ Y \end{bmatrix} - \begin{bmatrix} X_i \\ Y_i \end{bmatrix} \right); (k_x, k_y) \in ([0,255] \times [0,255]) \tag{5-19}$$

$$\hat{p}(X=k)=\frac{1}{n}\sum_{i=1}^{n}K_{\omega}(X-X_i); \ k\in[0,255] \tag{5-20}$$

求解的算法是梯度法,如下面给出的算法伪代码(其中涉及的计算见如上公式)。输入是点云、反射图、图像和初始外参数,输出是估计的外参数。迭代循环中依次是联合直方图计算、联合分布的核密度估计、MI 估计和基于 MI 对梯度 $F$ 的参数更新。

**算法**：基于相互信息的标定方法

Algorithm 1　　　　　　最大化 MI 的自动外标定

1：　　输入：3D 点云$\{P_i, i=1,2,\cdots,n\}$,反射图$\{X_i, i=1,2,\cdots,n\}$,图像$\{1\}$,初始估计$\{\Theta_0\}$

2：　　输出：估计参数$\{\hat{\Theta}\}$

3：while $\|\Theta_{k+1}-\Theta_k\|>$THRESHOLD do

4：　　$\Theta_k\rightarrow|\boldsymbol{R}|\boldsymbol{t}|$

5：　　初始化联合直方图：$\text{Hist}(X,Y)=0$

6：　　for $i=1\rightarrow n$ do

7：　　　　$\tilde{p}_i=K|\boldsymbol{R}|\boldsymbol{t}|\widetilde{P}_i$

8：　　　　$Y_i=I(p_i)$

9：　　　　更新联合直方图：$\text{Hist}(X_i,Y_i)=\text{Hist}(X_i,Y_i)+1$

10：　　end for

11：　　计算联合分布的核密度估计(KDE)：$p(X,Y;\Theta_k)$

12：　　计算 MI：$\text{MI}(X,Y';\Theta_k)$

13：　　计算现在的估计：$\Theta_{k+1}=\Theta_k+\lambda F(\text{MI}(X,Y;\Theta_k))$,其中 $F$ 要么是梯度函数
　　　要么是某种启发式的,$\lambda$ 是调整参数

14：end while

参考文献[8]是对密歇根大学方法的进一步改进。首先,其传感器配置如图 5.13 所示,包括 GPS、激光雷达和摄像头。

**图 5.13　标定中的传感器配置**

其中定义了一个新测度,梯度朝向测度(gradient orientation measure,GOM)定义如下：

$$\text{GOM}=\frac{\sum\limits_{j=1}^{n}|\boldsymbol{g}(1,j)\cdot\boldsymbol{g}(2,j)|}{\sum\limits_{j=1}^{n}\|\boldsymbol{g}(1,j)\|\cdot\|\boldsymbol{g}(2,j)\|} \tag{5-21}$$

其中,$\boldsymbol{g}(1,\cdot)$、$\boldsymbol{g}(2,\cdot)$分别是图像和激光雷达点云的梯度,而 GOM 实际上是二者相关性测度。

摄像头-激光雷达的标定流程图如图 5.14 所示,主要分成特征计算(feature computation)和梯度优化(optimization)两个步骤。前者包括图像和点云的朝向和幅度计算;后者是 GOM 计算和基于粒子群(particle swarm)的优化。

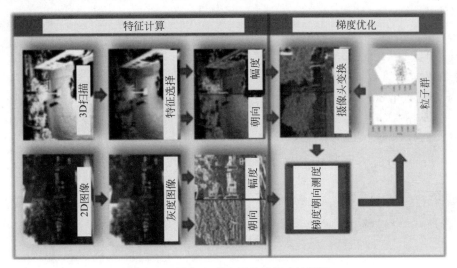

图 5.14 摄像头-激光雷达的标定流程图

点云数据和图像数据匹配时需要将点云投影到柱面图像上,如图 5.15 所示。

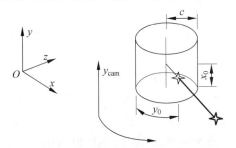

图 5.15 3D 笛卡儿坐标系和柱面坐标系的转换关系

其投影公式如下:

$$x_{\mathrm{cam}} = x_0 - \frac{cx}{z} + \Delta x_{\mathrm{cam}}, \quad y_{\mathrm{cam}} = y_0 - \frac{cy}{z} + \Delta y_{\mathrm{cam}} \tag{5-22}$$

$$x_{\mathrm{cam}} = x_0 - c \cdot \arctan\left(\frac{-y}{x}\right) + \Delta x_{\mathrm{cam}}, \quad y_{\mathrm{cam}} = y_0 - \frac{cz}{\sqrt{x^2 + y^2}} + \Delta y_{\mathrm{cam}} \tag{5-23}$$

其中,$x_{\mathrm{cam}}$、$y_{\mathrm{cam}}$ 分别是图像点的 $X$、$Y$ 的位置;$x, y, z$ 是环境的点坐标;$c$ 是模型的主距离;$x_0, y_0$ 是图像主点位置;$\Delta x, \Delta y$ 是摄像头的校正项。

而在点云的梯度计算之前需要将点云投影到球面上,公式如下:

$$x_{\mathrm{sphere}} = \arccos\left(\frac{z}{\sqrt{x^2 + y^2 + z^2}}\right) \tag{5-24}$$

$$y_{\mathrm{sphere}} = \arctan\left(\frac{y}{x}\right) \tag{5-25}$$

最后,点云的梯度计算方法是:先定义 $p_x$、$p_y$ 和 $p_v$ 分别是当前点的 $x$ 位置、$y$ 位置和灰度值；$n_x$、$n_y$ 和 $n_v$ 分别是邻域点的 $x$ 位置、$y$ 位置和灰度值；$g_x$、$g_y$、$g_{mag}$ 和 $g_{or}$ 分别是梯度的 $x$ 方向值、$y$ 方向值、梯度幅度和朝向，则通过和邻域点的比较计算梯度朝向角如下所示。最后输出的是梯度朝向 $g_{or}$。

**算法**：计算 3D 激光雷达点云梯度

$g_x = 0$

$g_y = 0$

$g_{mag} = 0$

**for** 邻居点 **n do**

$\qquad x = p_x - n_x$

$\qquad y = p_y - n_y$

$\qquad v = p_v - n_v$

$\qquad g_{mag} = g_{mag} + \left| \dfrac{v}{8} \right|$

$\qquad g_x = g_x + \dfrac{vx}{8}$

$\qquad g_y = g_y + \dfrac{vy}{8}$

end

$g_{or} = (g_y, g_x)$

标定的任务变成求解 GOM 最大，而采用的是蒙特卡洛方法，类似粒子滤波器（particle filter）。

另外，最近有两个基于深度学习的标定方法：RegNet 和 CalibNet。

参考文献[136]应该是第一个深度卷积神经网络（CNN）推断多传感器的 6 自由度（DoF）外参数标定，即激光雷达（LiDAR）和单目摄像头。RegNet 将标定的三个步骤（特征提取、特征匹配和全局回归）映射到单个实时 CNN 模型中。在训练期间，随机对系统进行重新调整，以便训练 RegNet 推断出激光雷达投影到摄像头的深度测量与 RGB 图像之间的对应关系，并最终回归标定外参数。此外，通过迭代执行多个 CNN，在不同程度失标定（decalibration）数据上进行训练。

首先，传感器坐标系中给出的点 $x$ 变换为世界坐标系中的点 $y$，定义为一个仿射变换矩阵 $H$，即 $y = Hx$。估计变换矩阵 $H$ 的任务称为外标定。应用深度学习，需要重新定义外标定的问题，在给定初始标定 $H_{init}$ 和基础事实标定 $H_{gt}$ 的情况下，确定失标定矩阵 $\phi_{decalib}$，其定义如下：

$$\phi_{decalib} = \begin{bmatrix} 0 & R & 0 & t \\ 0 & 0 & 0 & 1 \end{bmatrix} \tag{5-26}$$

然后，可以随机改变 $H_{init}$ 以获得大量的训练数据。为了能够建立标定过程可观测的对应关系，用 $H_{init}$ 和摄像头内参数矩阵 $P$ 将激光雷达点投影在摄像头图像平面上，即

$$z_c \begin{bmatrix} u \\ v \\ 1 \end{bmatrix} = P H_{init} x \tag{5-27}$$

对于每个像素 $(u, v)$，如果没有投射的激光雷达点，则存储投影点的逆深度值（摄像头

坐标)$z_c$ 或者为零。相比于图像像素的数量,大多数常见的激光雷达传感器仅提供少量测量数据,因此深度图像非常稀疏。为了应对这种稀疏性,在输入深度图中使用最大值池化对投影的激光雷达深度点上采样。

图 5.16 所示是 RegNet 的结构图,其实现深度和 RGB 图像之间的标定。使用初始标定 $\boldsymbol{H}_{\text{init}}$ 将深度点投影在 RGB 图像上。在 CNN 网络的第一和第二部分,使用 NiN 块来提取丰富的特征以进行匹配,其中索引显示 NiN 块的第一卷积层的核大小 $k$。特征通道的数量显示在每个模块的右上角。CNN 网络最后一部分通过使用两个全连接层收集全局信息来对失标定进行回归(注:NiN 块由一个 $k \times k$ 卷积,然后是几个 $1 \times 1$ 卷积组成)。在训练期间,失标定矩阵会被随机排列,形成深度点的不同图像平面投影数据。

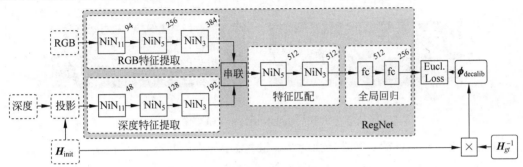

图 5.16 RegNet 的结构图

深度点的投影随给定的初始标定值的变化而强烈变化。当初始校准从标定的基础事实(GT)旋转偏离 $20°$、平移偏离 $1.5\text{m}$ 时,可能导致激光雷达点云的投影的大多数点在图像区域之外,难以与 RGB 图像建立对应关系。

即使这样,训练的 CNN 网络仍然能够改进标定。使用新的估计标定参数 $\hat{\boldsymbol{H}} = \boldsymbol{H}_{\text{init}}$ $\hat{\boldsymbol{\phi}}_{\text{decalib}}^{-1}$ 可以再次投影深度点,从而产生更多供相关计算的深度点。然后,该步骤多次迭代即可。

参考文献[137]是一个自监督的深度网络,能够实时自动估计激光雷达和 2D 摄像头之间的 6-自由度刚体转换关系。在训练时,不进行直接监督(例如不直接回归标定参数);相反,可以训练网络去预测标定参数,以最大化输入图像和点云的几何和光度一致性。

图 5.17 所示是 CalibNet 的标定框架图,其中图 5.17(a)为来自标定摄像头的 RGB 图像;图 5.17(b)为以原始激光雷达点云作为输入,并输出最佳对齐两个输入的 6-自由度刚体变换 $\boldsymbol{T}$;图 5.17(c)为显示错误标定设置的彩色点云输出;图 5.17(d)为显示使用 CalibNet 标定后的输出。

CalibNet 将 RGB 图像、相应的误标定(mis-calibration)的激光雷达点云和相机标定矩阵 $\boldsymbol{K}$ 作为输入。作为预处理步骤,首先将点云转换为稀疏深度图,将激光雷达点云投影到图像平面即可。由于初始误标定的不准确,将误标定点投影到图像平面会导致稀疏深度图与图像(严重)不一致,如图 5.17(c)所示。将 RGB 输入图像和稀疏深度图标准化为 $\pm 1$ 的范围,然后用 $5 \times 5$ 最大池化窗将稀疏深度图最大池化为半致密深度图。

虽然网络的输出可直接预测平移,但需要将 SO(3) 中的输出旋转向量转换为其对应的旋转矩阵。一个元素 $\boldsymbol{\omega} \in$ SO(3) 可以通过使用指数图(exponential map)转换为 SO(3)。

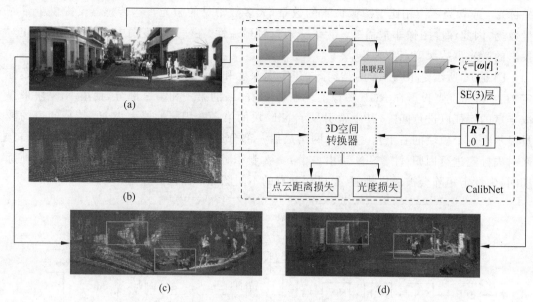

图 5.17　CalibNet 的标定框架图

一旦将网络预测的标定参数转换为 $T \in SE(3)$ 中的刚体变换，就会使用 3D 空间变换器层（spatial transformer layer），通过预测变换 $T$ 对输入深度图进行变换。这里扩展了原始的 3D 空间变换器层以处理稀疏或半致密的输入深度图，如图 5.17(d) 所示。

图 5.18 是 CalibNet 的网络结构图。网络主要由 RGB 和"深度"2 个不对称分支组成，每个分支执行一系列，因此"深度"流的滤波器在每个阶段都会减少。然后两个分支的输出沿着信道这个维度连接并通过一系列附加全卷积和批归一化（batch norm）层，用于全局特征聚合。将旋转和平移的输出流分离，以捕获旋转和平移之间可能存在的模态差异。网络的输出是 $1 \times 6$ 向量 $\boldsymbol{\xi} = (\boldsymbol{v}, \boldsymbol{\omega}) \in SE(3)$，其中 $\boldsymbol{v}$ 是平移速度向量，$\boldsymbol{\omega}$ 是旋转速度向量。

以下是损失函数的定义。

（1）光度损失：在通过预测 $T$ 变换深度图之后，检查预测的深度图和正确的深度图之间的密集像素误差。

（2）点云距离损失：3D 空间变换器层允许在反投影（back projection）后进行点云转换。在这个阶段，尝试度量尺度最小化未校准的变换点和目标点云之间的 3D-3D 点距离。距离测量有：

- Chamfer 距离。
- 推土机距离（earth mover's distance）。
- 质心 ICP 距离。

最后，整个损失函数定义为光度损失和点云距离损失之和。

## 5.1.6　摄像头-雷达标定

以参考文献[9]为例，介绍毫米波雷达和摄像头之间的标定方法。

首先，雷达坐标系 $X_r$-$Y_r$-$Z_r$ 和摄像头坐标系 $X_c$-$Y_c$-$Z_c$ 二者的关系如图 5.19 所示，目标点分别被摄像头和雷达获取得到图像平面点和雷达平面点。

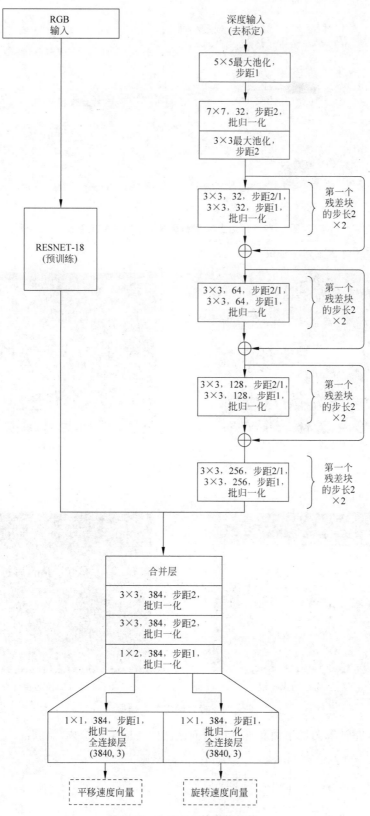

图 5.18 CalibNet 的网络结构

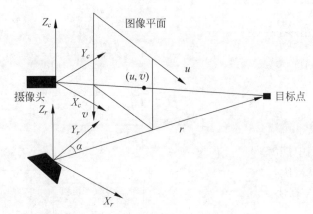

图 5.19　雷达坐标系和摄像头坐标系的关系图

传感器配置如图 5.20 所示。

(a) 雷达和摄像头的安装位置

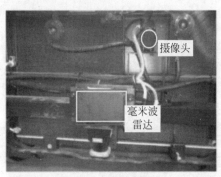

(b) 雷达和摄像头位置放大

图 5.20　传感器配置

标定环境和数据显示如图 5.21 所示。

(a) 雷达-视觉的点校准

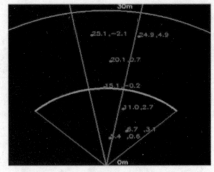

(b) 对应的雷达检测图

图 5.21　标定环境和数据显示

标定其实是计算图像平面和雷达反射面之间的单应矩阵参数,如下:

$$
\begin{pmatrix} u \\ v \\ 1 \end{pmatrix} = \boldsymbol{T}_{\mathrm{I}}^{\mathrm{R}} \begin{pmatrix} x_r \\ y_r \\ 1 \end{pmatrix} = \begin{bmatrix} t_{11} & t_{12} & t_{13} \\ t_{21} & t_{22} & t_{23} \\ t_{31} & t_{32} & t_{33} \end{bmatrix} \begin{pmatrix} x_r \\ y_r \\ 1 \end{pmatrix} \tag{5-28}
$$

### 5.1.7　激光雷达-IMU 标定

激光雷达和 IMU 之间的标定也是自动驾驶常用的标定方法之一,其标定精度对激光雷达测绘和定位模块有很大影响。通常,当激光雷达的外参标定到 IMU 时,通过判断激光雷达的局部地图是否良好来判断校准精度。标定过程是通过滑动窗构造的局部地图,求解从激光雷达到 IMU 的外参。

参考文献[162]中提出的算法,通过最小化协方差矩阵的特征值来最小化特征点到特征平面的距离和,并进行优化,以达到从激光雷达到 IMU 的外参标定目的。

全局优化的 BA 算法最小化每个平面特征点到平面的距离,其公式如下:

$$(\boldsymbol{T}^{*},\boldsymbol{n}^{*},\boldsymbol{q}^{*}) = \underset{\boldsymbol{T},\boldsymbol{n},\boldsymbol{q}}{\operatorname{argmin}} \frac{1}{N} \sum_{i=1}^{N} (\boldsymbol{n}^{\mathrm{T}}(\boldsymbol{p}_i - \boldsymbol{q}))^2 \tag{5-29}$$

$$= \underset{\boldsymbol{T}}{\operatorname{argmin}} \left( \underset{\boldsymbol{n},\boldsymbol{q}}{\min} \sum_{i=1}^{N} (\boldsymbol{n}^{\mathrm{T}}(\boldsymbol{p}_i - \boldsymbol{q}))^2 \right) \tag{5-30}$$

其中,$\boldsymbol{n}$ 为法线;$\boldsymbol{T}$ 为姿态矩阵;$\boldsymbol{q}$ 为一个平面特征点;$\boldsymbol{p}_i$ 为平面上的所有点($i=1,\cdots,N$)。优化后的特征点位置和特征法向量(方向向量)可以写为姿态 $\boldsymbol{T}$ 的函数,因此只有姿态 $\boldsymbol{T}$ 需要优化。

**自适应体素化(adaptive voxelization)**技术可以加速搜索特征对应。假设不同扫描的粗略初始姿态可用(例如,从流行的激光雷达 SLAM 算法 LOAM 的里程计得到),从默认大小(如 1m)重复对 3D 空间进行体素化:如果当前体素的所有特征点(来自所有扫描)位于平面上(例如,通过检查点协方差矩阵的特征值),则当前体素将与包含的特征点一起保存在内存中;否则,当前体素将分成 8 份,并继续检查每个 1/8,直到达到最小尺寸(如 0.125m)。自适应体素化生成体素图,其中不同的体素可能具有适应环境的不同大小。

如图 5.22 所示,其中图 5.22(a)为一个体素图例子,不同颜色表示不同的体素,右下白框图片是树冠上平面点的放大视图,其中包含大小为 0.125m 的 3 个体素(左:前视图;右:侧视图);图 5.22(b)为实际环境照片;图 5.22(c)为所有八叉树在哈希表中的索引。

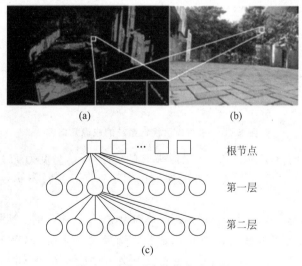

图 5.22　自适应体素化示意图

参考文献[162]中的方法可以获得激光雷达在世界坐标系中任何时间 $t$ 的姿态。由于偏移量对系统的影响随时间的推迟而逐渐增大,因此采用局部制图(local mapping)优化进一步校正偏移量。

据此构建局部地图,然后进一步搜索每帧激光点云与当前帧到下一帧二者局部地图之间的对应关系。

建议标定的自动驾驶车按照 8 字轨迹驾驶。标定场景有几个要求:①确保地面足够平坦;②确保周围有足够的特征,如墙壁、车道线、电线杆、静止车辆等;③标定的车辆按 8 字轨迹循环三次,车速保持在 10km/h;④在周围尽量不要有动态目标,如车辆等。

## 5.2    单目视觉的障碍物测距

单镜头自动驾驶系统有两种不同方法可估计障碍物目标的距离,一是根据目标的检测框信息加上摄像头标定参数(即摄像头姿态)和路面信息,直接计算目标和自身车辆的距离;二是先从单目图像估计深度图(depth map),然后从深度图结合其他几何约束得到目标距离信息。

这里先介绍第一种方法,5.3 节将介绍深度图估计方法。

参考文献[164]对基于视觉的车辆速度估计方法进行了总结,其中也包括测距的部分。

单目测距必然是基于一定假设的,例如:
- 基于单应矩阵/变换(假设路为平面)。
- 增设虚拟的线、模式或区域。
- 已知的一些数据,如某些目标(车辆和车牌)的实际尺寸。

单目测距提高精度的方法有:
- 使用长焦镜头(大焦距),因为误差随焦距的增加而减小。
- 使用尽可能大的已知尺寸目标作为参照物。
- 避免在远离摄像头时对车辆进行测量。目标越近,距离估计的误差越小。

在参考文献[10]中,车载单目视觉系统的成像几何图如图 5.23 所示。

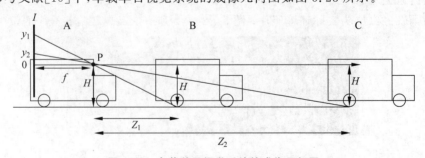

**图 5.23   车载单目视觉系统的成像几何图**

其中本车为 A,前方车为 B 和 C;摄像头 P 的焦距为 $f$,高度为 $H$,和障碍物 B/C 之间的距离为 $Z_1/Z_2$,B/C 检测框着地点在图像的投影是 $y_1/y_2$。那么 $y_i = fH/Z_i$,所以 $Z_i = fH/y_i$。

已知的精度测量是:90 米远的目标测距误差约为 10%,44 米远的目标测距误差约为 5%。

参考文献[11]基于单目视觉的测距构建前方防撞警告系统(FCW)。假设前方车辆的宽度 $W$ 及其图像中的宽度 $w$ 已知,那么它的车距为 $d = FW/w$(见图 5.24)。

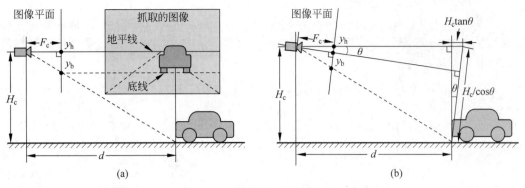

图 5.24　单目测距几何关系图

按照如图 5.24 给出的几何关系，可以计算前方车辆的距离为

$$d = \frac{1}{\cos^2\theta} \cdot \frac{F_c \cdot H_c}{y_b - y_h} - H_c\tan\theta \tag{5-31}$$

整个 FCW 系统的算法流程图如图 5.25 所示。首先是目标检测和跟踪（object detection/tracking）模块，包括目标假设生成（hypothesis generation）、假设验证（hypothesis verification）和目标跟踪（object tracking）三部分；然后是警告（warning）部分，包括目标识别（target identification）、距离估计（range estimation）、撞击时间（TTC）计算和碰撞警告（collision warning）等。

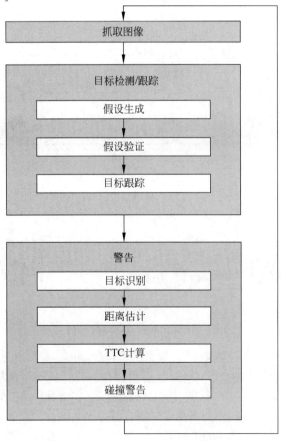

图 5.25　FCW 系统的算法流程图

参考文献[11]中定义了一个虚拟水平线(virtual horizontal line)的概念,估计它位置的公式是 $Y_h = Y_b - H_c W_a / w_a$,其中 $H_c$ 为摄像头高度,$Y_b$ 是车辆框底部的垂直位置。然后可以计算出车辆距离:

$$d = \frac{F_c \cdot H_c}{y_b - y_h}$$

如图 5.26 所示为城市驾驶过程中水平线的估计结果,其中平均偏差是 5 像素,低于高速公路。

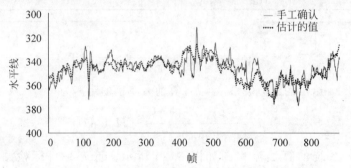

图 5.26　城市驾驶过程中水平线的估计结果

参考文献[12]先计算特征点的运动,由此得到自身摄像头运动,从其平移向量推出俯仰角(pitch angle)大小。

由图 5.27 所示的俯仰角和前车距离的几何关系,可以计算出前方车的距离:

$$D = \frac{H_c}{\tan(\alpha + \beta)} \tag{5-32}$$

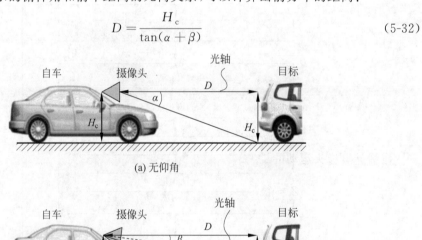

图 5.27　俯仰角和前车距离的几何关系

整个算法的流程图如图 5.28 所示。先检测 Harris 角点,然后计算光流(optic flow),基于著名的 8-点法实现运动重建(SFM),验证运动参数(verify),基于高斯-牛顿法做运动估计优化(motion optimization);然后,分为两个分支,一边通过平移向量估计仰角(pitch angle),另一边通过旋转矩阵估计仰角率(pitch rate),即角速度;最后合在一起估计平均仰角(average)。

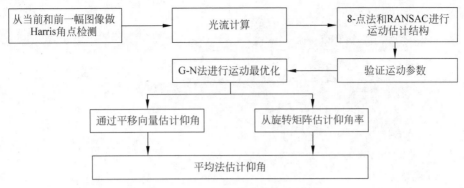

图 5.28 俯仰角估计算法流程图

图 5.29 所示是在运动恢复结构(SFM)中摄像头运动和距离的几何关系,利用立体视觉的外极平面约束,通过平移向量求解深度。

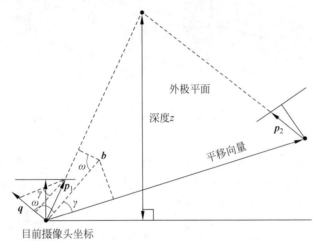

图 5.29 摄像头运动和距离的几何关系

在估计摄像头运动的旋转矩阵 $\boldsymbol{R}$ 和平移向量 $\boldsymbol{t}$ 之后,距离的计算公式如下:

$$Z = \frac{|\boldsymbol{t}|}{\dfrac{|\boldsymbol{p}_1|\sin\omega}{\cos\gamma}} = \frac{\boldsymbol{t}(((\boldsymbol{p}_1 + \boldsymbol{R}\boldsymbol{p}_2) \times \boldsymbol{t}) \times \boldsymbol{R}\boldsymbol{p}_2)}{\boldsymbol{p}_1(((\boldsymbol{p}_1 + \boldsymbol{R}\boldsymbol{p}_2) \times \boldsymbol{t}) \times \boldsymbol{R}\boldsymbol{p}_2)} \tag{5-33}$$

而图 5.30 给出的是路面自身车辆(摄像头)运动的平移向量和俯仰角的关系,其中虚线是车辆轨迹,箭头代表平移向量。

俯仰角计算公式为

$$\beta = \arctan\left(-\frac{t_y}{\sqrt{t_x^2 + t_z^2}}\right) \tag{5-34}$$

最近有一些工作采用数据驱动、端到端、深度学习方法估计目标距离。这种方法基本看作检测模型的回归问题,以下以参考文献[165]和[166]为例进行介绍。

参考文献[165]开发第一个基于端到端的学习模型直接预测图像中给定目标的距离。除了引入基于学习的模型外,还进一步设计一个带有关键点回归器的增强模型,其中定义投影损失来强制执行更好的距离估计,特别是对于靠近摄像头的目标。

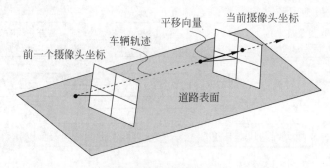

(a) 平移向量和道路表面示意

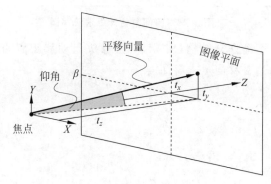

(b) 平移向量和仰角的关系

图 5.30　摄像头平移向量和俯仰角的关系

如图 5.31 所示,基本模型框架由三部分组成,包括一个特征提取器,用于生成整个图像的特征图;一个距离回归器,用于直接预测与对象特定 ROI(感兴趣区域)特征的距离;以及一个多类分类器,用于从 ROI 特征预测类别。

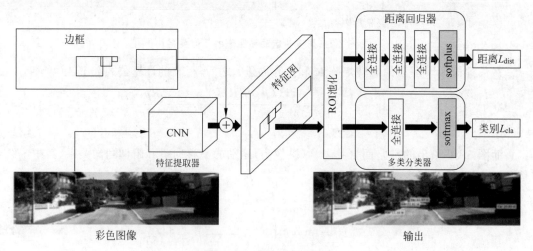

图 5.31　基本模型框架

尽管基本模型能够从 ROI 特征图中预测有希望的目标特定距离,但它仍然不能满足自动驾驶的精度要求,尤其是对于靠近摄像头的目标。

因此,还设计一种带有关键点回归器的增强方法,通过引入投影约束来优化基本模型,从而实现更好的距离预测。如图 5.32 所示,增强模型的流水线由四部分组成:特征提取器、关键点回归器、距离回归器和多类分类器。

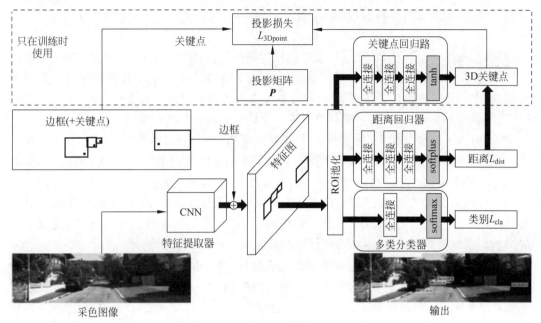

图 5.32 增强模型框架

针对特定目标的距离估计任务,训练深度神经网络的主要挑战之一,是缺乏 RGB 图像中每个目标的距离标注数据集。现有的目标检测数据集仅提供边框和目标类,而密集深度预测数据集为每幅图像提供像素级深度值,但是没有任何目标信息。它们都不提供清晰的目标特定距离标注。

如图 5.33 所示,为了在 RGB 图像中生成目标的特定距离真值,首先用 3D 边框参数从对应的激光雷达点云中分割目标点;然后基于其深度值对所有分割点进行排序;并最终将排序列表中的第 $n$ 个深度值精确为给定目标的地面真实距离。设置 $n = 0.1 \times$ 分割点数量以避免从噪声点提取深度值。

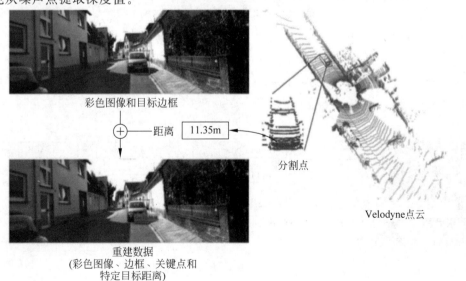

图 5.33 数据集生成框架

此外,将激光雷达点投影到对应的 RGB 图像平面,获得图像坐标作为关键点真值。将目标特定距离和关键点的真值与 RGB 图像一起添加到 KITTI/nuScenes(mini 版)目标检测数据集标签,构建特定距离数据集。

参考文献[166]是谷歌公司开展的远程目标距离估计的研究工作,提出了 R4D,一个通过场景已知距离的参考目标来准确估计远程目标距离的框架。R4D 针对所有已知参考目标的连接来构建一幅图。图边对目标-参考目标之间的相对距离信息进行编码,采用注意模块来衡量参考目标的重要性,并将其组合成一个针对目标的距离预测。

为此引入了两个数据集,伪远程 KITTI 数据集和 Waymo 开放数据集-远程标签。由于 KITTI 数据集未提供远程目标的真实距离,伪远程 KITTI 数据集是一个衍生数据集,删除了 40m 以外的激光雷达点,并将 40m 以外的所有目标视为远程目标。更重要的是,在 Waymo 开放数据集的基础上构建了一个新的大规模数据集,包含带标注的真实远程目标(距离为 80~300m)。总之,虽然这两个数据集在"远距离"(40m 或 80m 以上)的定义上有所不同,但都包括激光雷达点、摄像头图像和远距离目标的距离标签。

R4D 训练一个模型来定位已知距离的远程目标(指定目标),将指定目标和参考表示为图结构。如图 5.34 所示,将目标定义为节点,这些边将目标连接到参考目标;通过提取目标-参考(Tar-Ref)嵌入,将参考信息传播到远程指定目标;R4D 然后将所有目标-参考嵌入信息反馈给注意模块,该模块权衡不同参考信息的相对重要性,并将其组合成一个距离预测来融合来自不同参考的信息。

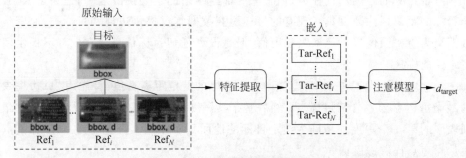

图 5.34    R4D 训练和预测的总结构

R4D 详细的体系结构如图 5.35 所示。为了建模目标-参考成对关系,建议提取联合嵌入和地理-距离嵌入,分别编码视觉和几何关系;受参考目标不同重要性的直觉启发,引入一个注意模块,选择性地聚合成对关系;最后,R4D 通过辅助监督进行训练:目标与其参考之间的相对距离。

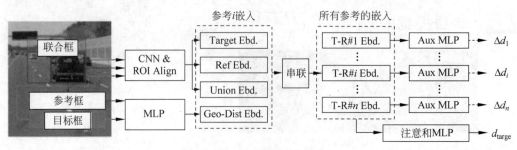

图 5.35    R4D 详细的体系结构

　　为了引导模型关注最重要的参考目标,引入一个基于注意的模块,如图 5.36 所示。遵循谷歌提出的 VectorNet 来构建具有局部和全局信息的嵌入。具体来说,用 MLP 和平均池化提取全局嵌入。

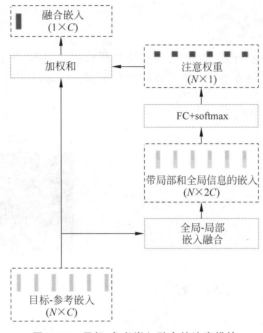

图 5.36　目标-参考嵌入融合的注意模块

　　然后,全局嵌入与原始指定目标-参考嵌入连接在一起。考虑到这些全局-局部嵌入,注意模块用全连接层和 softmax 层预测并规范化每个参考的重要性权重。最后,用这些权重加权平均融合原始指定目标-参考嵌入,最终得到一个嵌入。

　　从指定目标嵌入预测指定目标距离,比从其他间接线索(如参考嵌入)预测指定目标距离更简单。为了鼓励模型学习指定目标和参考目标之间的成对关系,而不是短路线索,参考文献[166]中提供额外的监督。这种附加监督的设计类似于残差表示,残差表示广泛用于计算机视觉,以帮助优化过程。

　　具体来说,在训练阶段,为每个指定目标-参考目标嵌入添加一个相对(或残余)距离头。指定目标和参考目标之间的相对距离 $\Delta d$,即 $\Delta d = d_t - d_r$,其中 $d_t$ 是指定目标的距离,$d_r$ 是参考目标的距离。

## 5.3　单目视觉的深度图估计

　　本节是直接估计单目图像的深度图,即每个像素的深度值。这样,就类似一个虚深度传感器,如微软的 Kinect 深度传感器之类。如果将其逆透视投影到 3D 空间,就构成了虚点云,类似一个激光雷达做的工作。5.4 节直接从单目图像检测 3D 障碍物,获得 3D 边框,其实是隐含地获取了 3D 障碍物的深度数据,只是对背景区域的深度忽略了。

　　深度估计问题在计算机视觉领域属于 3D 重建,即形状恢复(shape from X)。该 X 包括立体视觉(stereo)、多视角立体视觉(multiple view stereo)、轮廓(silhouette)、运动

（motion）（包括 SfM 和 SLAM）、聚焦（focusing）、雾化（hazing）、阴影（shading）、遮挡（occlusion）、纹理（texture）、消失点（vanishing points）等，前面 5 个都是多图像的输入，从空间几何、时域变换和焦距变化的关系推导深度距离，剩下的都是单目的输入。

### 5.3.1　传统方法

如果把图像模糊度建模，图 5.37 是图像边缘模糊的响应模型及其一阶导数和二阶导数，那么单目图像也能估算深度（见图 5.38），即散焦估计深度（depth from defocusing）。

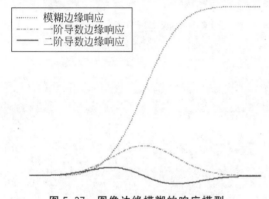

图 5.37　图像边缘模糊的响应模型

图 5.38　散焦估计深度的例子

图 5.39　该图像可以从雾霾估计深度

另外一个现象是大气散射（atmosphere scattering）造成的雾霾（haze）提供了深度信息，即从雾化恢复深度（depth from haze），一般透过大气拍摄的图像，通过散射模型能够推断像素深度（见图 5.39）。式（5-35）给出的是图像亮度 $C$ 和深度 $z$ 之间计算的公式，其中 $C_0$ 是没有散射情况下的图像亮度值，$S$ 是天空的图像亮度值，$\beta$ 是系数。

$$\widetilde{C} = C_0 e^{-\beta z} + S(1 - e^{-\beta z}) \tag{5-35}$$

以上两个任务可以认为是图像复原（deconvolution）算法的两种不同处理方式：图像非盲（non-blind）复原算法和图像盲复原算法。

物体表面阴影的变化可以提供深度的信息，利用图像亮度和其中物体表面的形状之间的关系，即阴影恢复形状（shape from shading，SfS）（见图 5.40）。和 SfM 一样，这是一个病态问题，需要附加约束条件，如物体表面的特性。SfS 一般假设四种表面模型：纯 Lambertian 表面、纯镜面、混合和更复杂的模型。大部分情况下都是 Lambertian 表面，即满足任何观察方向亮度保持不变的均匀照明表面。其目标函数是一个积分，求解的算法比较复杂，类似于有限元。

图 5.41 是 SfS 的一个例子：人脸的结构重建。

纹理的变形提供了该纹理表面形状的线索（见图 5.42），其中图 5.42（c）所示是表面法向图，图 5.42（d）所示才是深度图。

纹理分割是其中必备的基础（也是很难的一部分），此外求解这个纹理恢复形状（shape from texture）的优化问题，必须加上几个纹理元素（textels）约束条件：同质性（homogeneity）、

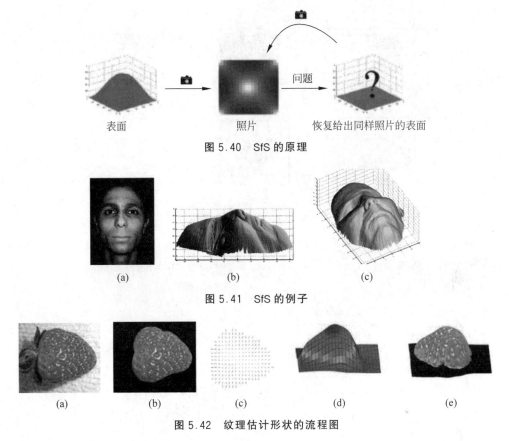

图 5.40 SfS 的原理

图 5.41 SfS 的例子

图 5.42 纹理估计形状的流程图

各向同性(isotropy)和稳定性(stationary)。

遮挡(occlusion)也是深度的一个线索,曲率(curvature)是其中的一个体现,即曲率恢复形状(shape from curvature)。isophote 这个词指一种封闭的物体外轮廓,一般可以通过对图像灰度设门限得到,而它的曲率用来推导对应该门限的深度,如图 5.43 所示。门限在[0,255]范围内变化时就能得到最终叠加平均的深度图。分割仍然是一个求解遮挡的基础,当时分割算法是计算机视觉很头疼的难题,俗称"鸡-和-蛋"(chicken-and-egg)问题。

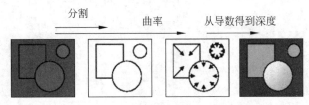

图 5.43 曲率恢复形状的原理

最后再说消失点,即某平面的一组平行线在透视投影下汇聚的点。那么,它相应的平面就能得到深度图,如图 5.44 所示,分别是不同视角得到的、平行线形成消失点的图像。在人工(特别室内)环境下可以推导深度图,沿着平行线的平面,靠近消失点的赋予大的深度值。该方法叫几何透视恢复深度(depth from geometrical perspective)。

以上是典型的传统计算机视觉,需要加约束求解病态的优化问题。下面介绍机器学习如何解决这个视觉问题。

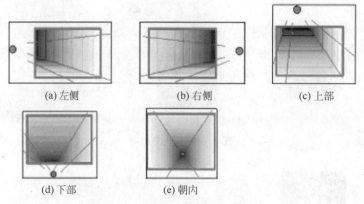

(a) 左侧　　　　　　　(b) 右侧　　　　　　　(c) 上部

(d) 下部　　　　　　　(e) 朝内

图 5.44　消失点估计深度原理

最早看到用机器学习估计深度图的方法是基于马尔可夫随机场（MRF）把各种约束关系放在模型的数据项（data term）和联结项（connectivity term）求解（见图 5.45）。

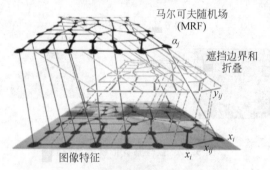

图 5.45　图像中基于 MRF 的建模

如果采用图像分割得到的超像素（super-pixels），可以得到更平滑的结果，所构成的系统（称为 Make3D）性能实例如图 5.46 所示。

图 5.46　Make3D 的结构重建结果

另外一种方法(见参考文献[14])采用机器学习方法在图像分割基础上进行了一个简单的语义分割,即"地"(ground)、"天"(sky)和"垂直"(vertical)标注像素,然后采用简单的平面板(billboard)做纹理映射后变成"立体感"(pop-up)的 3D 景物(见图 5.47)。

(a) 输入图像　　(b) 超像素　　(c) 组合　　(d) 标记　　(e) 新视图

图 5.47　单目图像中景物 pop-up 方法的原理

还有一种方法是把深度图估计变成一个搜索问题,即假设相似图像具有相似深度图,找到的相似图像做深度图融合(depth fusion),然后是深度图平滑,最后 DBIR(基于图像的渲染)生成双目图像对。如图 5.48 所示是其算法框架,详见参考文献[15]。

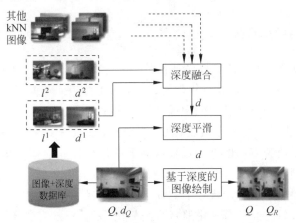

图 5.48　基于图像搜索的深度估计算法框图

针对视频,可以利用光流进行运动分割,那么修正上面的方法,加入运动分割的时域信息,推理深度得到结果,如图 5.49 所示是视频运动分割推理深度的算法框图,详见参考文献[16]。

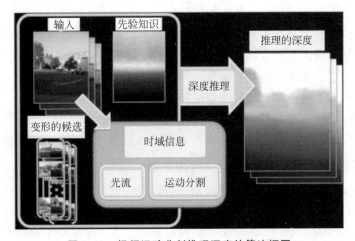

图 5.49　视频运动分割推理深度的算法框图

另外一种改进是利用字典学习(dictionary learning)优化整个搜索过程,如图 5.50 所示,包括训练得到聚类字典(左)和测试(右)从 RGB 图像和训练的 RGB-深度字典对得到深度图,细节见参考文献[17]。

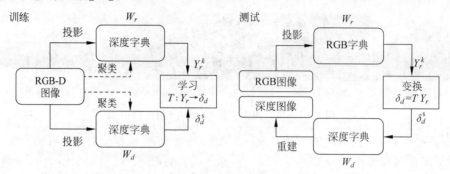

图 5.50    基于字典学习的图像搜索估计深度

## 5.3.2    深度学习方法

从单个图像推断深度信息(单目深度估计)是一个病态问题。随着神经网络的快速发展,基于深度学习的单目深度估计近年来得到了广泛的研究,并取得了良好的精度。同时,深度神经网络以端到端的方式从单幅图像估计密集深度图。

参考文献[167]从训练真值角度把深度估计分成有监督方法、无监督方法和半监督方法。尽管无监督和半监督方法的训练过程依赖于单目视频或立体图像对,但在测试期间网络只从单个图像预测深度图。

**无监督**方法主要采用同一个视频前后帧当作立体视觉对(附加的姿态估计任务),构造一个深度估计的框架。与有监督和半监督方法相比,无监督方法是从几何约束中学习,而不是从真值中学习深度。因此,训练过程依赖于摄像头捕获的单目序列。然而,由于单目序列不包含绝对尺度信息,因此无监督方法存在尺度模糊、尺度不一致和遮挡等问题。

如果采用真实的立体视觉序列进行深度估计模型的训练,则该模型的学习被称为半监督方法。同样,采用稀疏的激光雷达点云作为监督信号也是类似的。

另外,将摄像头参数纳入深度估计框架,并在训练过程中利用域适应技术,将显著提高深度网络的可迁移性,这是近年来的一个热门话题。

首先,双目立体视觉的空间约束被用作无监督学习的单目深度估计,见参考文献[24]~[26]。

如图 5.51 所示是参考文献[25]的算法概览图,损失模块输出左右视差图 $d^l$ 和 $d^r$;损失结合了平滑度、重建和左右视差一致性等项,该模块在四个不同的输出尺度上重复,其中 C 代表卷积,UC 代表上卷积,S 代表双线性内插,US 代表上采样,SC 代表跳联结。注:图中 $C_{ap}$ 是表观匹配损失项(原图像 $I^l/I^r$ 和重复图像 $\tilde{I}^l/\tilde{I}^r$ 之间),$C_{ds}$ 是视差平滑损失项($d^l$ 和 $d^r$ 的梯度),$C_{lr}$ 是左右视差一致性损失项(视差 $d^l/d^r$ 和预测视差 $d^l(d^r)/d^r(d^l)$ 之间)。

如图 5.52 所示是参考文献[24]的模型架构和训练的损失函数,用全卷积层替换全连接的 AlexNet 层,每层有 2048 个大小为 5×5 的卷积滤波器。这减少了网络中的参数数量,并允许网络在测试时接收可变大小的输入。更重要的是,它保留了图像中存在的空间信息,并

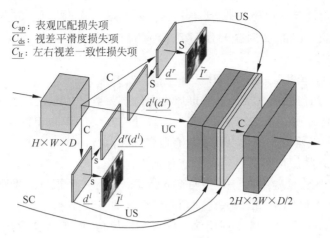

图 5.51 基于 CNN 的单目深度图估计

允许在图中 L7 之后的各层以分步方式(stage-wise)对预测进行上采样,这是基于立体视觉自动编码器的要求。图像的细节在深度卷积网络的最后几层中丢失,"跳线结构"将较粗糙的深度预测与局部图像信息相结合,以获得更精细的预测。网络中 L9 输出(22×76 深度图)之后的层是简单的 4×4 卷积,每个卷积将较粗糙的低分辨率深度图转换为较高分辨率输出。

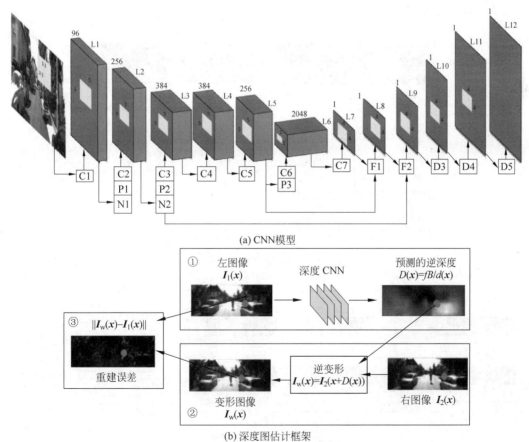

(a) CNN模型

(b) 深度图估计框架

图 5.52 基于 CNN 的单目深度图估计

图中块 C、P、L、F 和 D 分别对应于卷积、合并、局部响应归一化、FCN（全卷积网络）和上采样层。FCN 块 F1 和 F2 对来自层（L7，L8）的预测进行上采样，并将其分别与池化层 P3 和 P2 的输入相结合。

如图 5.53 所示是参考文献[26]算法的流程图及其损失函数。

（1）利用双目几何原理直接从立体摄像头图像以无监督的方式学习深度预测；将一个立体图像直接校准到另一个来实现这一点；该过程仅需要已知的相机标定参数和 CNN 预测的深度图。这种半监督方法可以同时从有监督和无监督的线索中学习。

（2）有监督、无监督和正则化项在半监督损失函数公式中无缝组合；与以前的方法相比，该方法在立体视觉设置中同等对待两个摄像头；所有三个损失分量都以对称的方式为摄像头定义，这隐含地强制了摄像头之间预测深度图的一致性。

（3）在编码器-解码器方案中使用深度残差网络架构，该架构包括长跳连接，以便在输出分辨率下进行精细的细节预测；网络的输入是 RGB 图像，编码器类似于 ResNet-50 架构（没有全连接层），从输入图像中连续提取低分辨率高维特征；编码器以 5 级对输入图像进行亚采样，第一级将图像卷积为半输入分辨率，每个连续级堆叠多个残差块；解码器使用残差块提取编码器的输出；在编码器和解码器中的相应层之间添加长跳连接，在不影响收敛的情况下，稍微改善了所有测度的性能；此外，网络能够预测比没有跳连接更详细的深度图；卷积输出一般只用 ReLU 激活函数，除在一个地方，即在残差块求和的输入点，是在求和运算之后再用 ReLU。

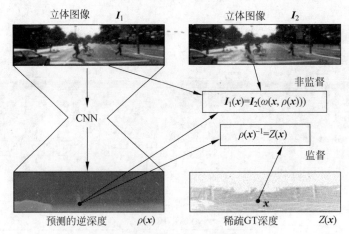

(a) CNN模型进行深度图估计的流程图

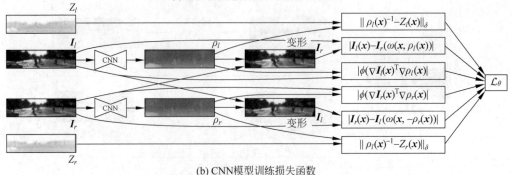

(b) CNN模型训练损失函数

图 5.53　基于 CNN 的单目深度图估计

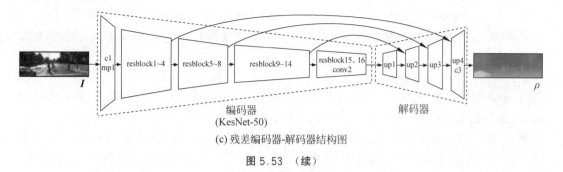

(c) 残差编码器-解码器结构图

图 5.53　（续）

图 5.53 中，$I$ 是图像，$\rho(x)$ 是图像在像素 $x$ 处的逆深度估计，$Z(x)$ 是图像在 $x$ 的深度，$\omega(x,\rho)$ 是图像在 $x$ 基于逆深度 $\rho$ 的变形函数，$\phi$ 是基于图像梯度的平滑函数。

自然的想法是采用帧间运动为单目视频的深度估计提供帮助，实际上是参考文献[28]给出的双任务联合训练的例子，如图 5.54 所示。

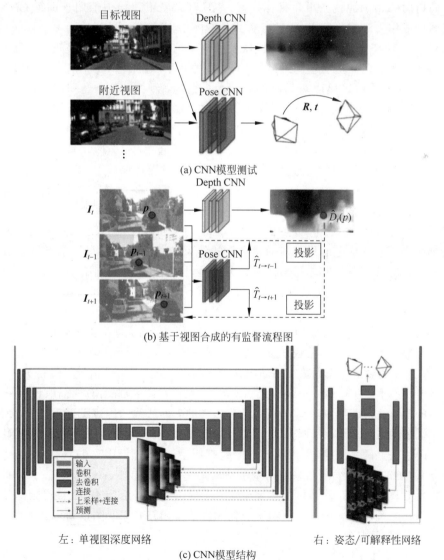

图 5.54　CNN 的单目深度图估计

（1）采用端到端方法允许模型直接从输入像素映射到自运动的估计（参数化为 6-DoF 变换矩阵）和场景结构（参数化为参考视角下的像素深度图）；将视图合成作为一种测度，以一种完全无监督模式，简单地使用非标注图像序列甚至摄像头运动信息来训练；该方法的基础是，几何视图合成系统仅在其场景几何和摄像头姿势的中间预测对应于物理基础事实（GT）时才能始终如一地执行；虽然不完美的几何形状和/或姿势估计对某些场景（如无纹理）合成视图表现尚可，但在有更多样化结构的另一组场景中时，相同模型将悲惨地失败；因此，这里的目标是将整个视图合成流水线制定为卷积神经网络的推理过程，这样在大型视频数据训练视图合成的"元"任务中，该网络被迫学习关于深度和相机姿态估计的中间任务，以便得出对视觉世界的一致解释。

（2）是基于视图合成的有监督流程图；深度网络（depth network）仅将目标视图作为输入，并输出像素深度图 $\hat{D}_t$。首先，姿态网络（pose network）将目标视图（$I_t$）和附近/源视图（如 $I_{t-1}$ 和 $I_{t+1}$）作为输入，并输出相对相机姿势（$T_{t \to t-1}$，$T_{t \to t+1}$）；然后，用两个网络的输出来反向扭曲（warp）源视图重建目标视图，并且其光度重建损失值用于训练 CNN；最后，通过视图合成作为监督测度，以无监督方式从视频中训练整个框架。

（3）是深度/姿态/可解释性预测模块的网络架构；每个矩形块的宽度和高度分别表示相应层的特征图输出通道和空间维度，每个尺寸的减小/增加表示以因子 2 发生的变化。其中(a)对单目深度采用多尺度边预测的 DispNet 架构，除了前 7 个卷积层内核大小分别为 7、7、5、5 之外，其余所有层均为 3；第一个卷积层的输出通道数是 32；图 5.54（c）右图所示为姿态和可解释性网络共享前几个卷积层，然后一个分支预测 6-DoF 相对姿态，另一个分支得到多尺度可解释性掩码；第一个卷积层输出的通道数是 16，除了前两个卷积和最后两个解卷积/预测层的内核大小分别取 7、5、5、7，其余所有层都取 3。

参考文献［31］中的方法是结合表面法向图的联合训练，定义为几何神经网络（geometric neural network，GeoNet），如图 5.55 所示。

（1）一方面，表面法线由 3D 点云的局部表面切平面确定，从深度直接估计；另一方面，深度受到由表面法线确定的局部表面切平面的约束。虽然看起来很简单，但设计神经网络以正确利用这些几何条件并非易事。一种可能是，构建卷积神经网络（CNN）直接从数据中学习这种几何关系，但是也无法从深度获得，甚至不能接近合理的正常结果。

（2）由于噪声和其他问题，最小二乘模块偶尔会产生对表面法线的噪声估计。为了提高精度，采用了一个残差模块，这个残差模块包括一个跳连接的 3 层 CNN 和 $1 \times 1$ 卷积层，目标是平滑噪声并结合表面法线的初始猜测，进一步提高估计准确度。特别地，送到 $1 \times 1$ 卷积之前，CNN 的输出与表面法线的初始估计连接在一起，该初始估计可以是另一个网络的输出。深度-法线网络（depth-to-normal network）的结构在图底部示出，明确地利用深度和表面法线之间的几何关系，网络避免了学习几何一致性的表面法线的困难。更重要的，使用 GT 深度作为预训练网络的输入，允许与其他网络连接和联合微调，从而从原始图像预测深度图。

（3）通过以上两个网络，可以构建一个完整模型。首先使用双流（two stream）CNN 来预测初始深度和初始法线图。采用的基本结构是 VGG-16 和 ResNet-50，基于一个 CNN 预测的初始深度图，用深度-法线网络来细化法线图。类似地，给定表面法线估计，采用法线-深度网络（normal-to-depth network）来细化深度图。用 GT 深度图预训练这个深度-法线网络，对于法线-深度网络，不需要学习任何权重。

参考文献［32］给出的是无监督学习方法，把深度和光流、姿态一起估计，如图 5.56 所

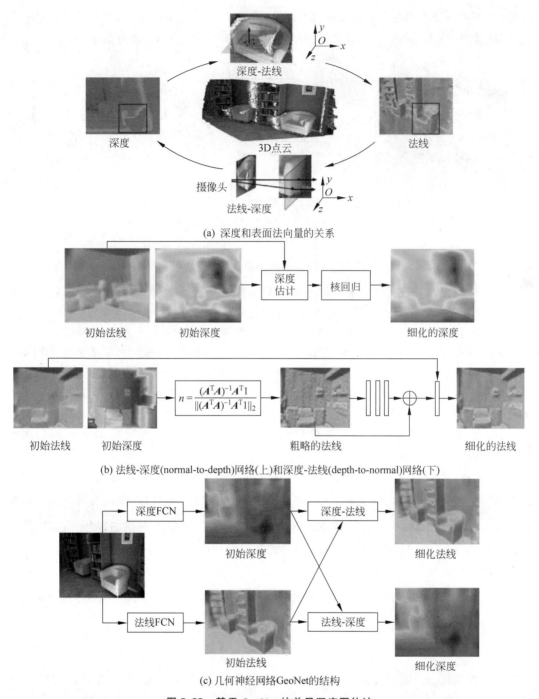

(a) 深度和表面法向量的关系

(b) 法线-深度(normal-to-depth)网络(上)和深度-法线(depth-to-normal)网络(下)

(c) 几何神经网络GeoNet的结构

图 5.55 基于 GeoNet 的单目深度图估计

示,它包含两个阶段,刚性结构推理阶段和非刚性运动细化阶段。推断场景格局的第一阶段由两个子网络组成,即 DepthNet 和 PoseNet,深度图和相机姿态分别回归并融合以产生刚性流(rigid flow);第二阶段由 ResFlowNet 完成动态目标的处理,ResFlowNet 学习的残差非刚性流(non-rigid flow)与刚性流相结合,得出我们的最终光流预测。由于每个子网都针对特定的子任务,因此复杂的场景几何理解目标(target)分解为一些更简单的子任务。不同阶段的视图合成作为无监督学习模式下的基本监督项,最后,在训练期间进行连续性检查。

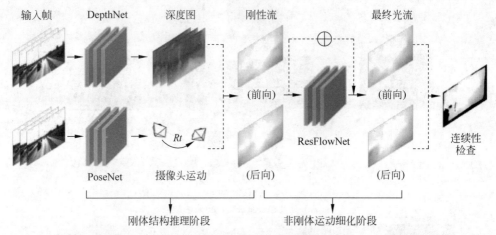

图 5.56　基于 CNN 的单目深度图估计

参考文献[169]提出一种端到端的自监督框架,用连续单目视频数据学习深度和运动 Dyna-DM。它引入了 Dice 系数来检测真正的动态目标。

为了自监督地估计深度,考虑视频序列中的连续 RGB 帧$(I_1, I_2)$,用视差网络(DispNet)输出的倒数来估计这两幅图像的深度$(D_1, D_2)$。为了估计场景中的运动,采用两个具有不同权重的可训练姿态网络(PoseNet),一个用于优化自运动,另一个用于处理目标运动。

首先分别对应于图像$(I_1, I_2)$,抹除所有潜动态目标掩码$(M_1^i, M_2^i)$,**可计算初始背景图像**。这些掩码是用现成的实例分割模型 R-CNN 获得的。

下一步是用这两幅背景图像**估计自运动**$(P_{1\rightarrow 2}^{i=0}, P_{2\rightarrow 1}^{i=0})$。首先定义后向和前向扭曲(warping):

$$\mathcal{F}_{\text{fw}}(I_1, D_1, P_{1\rightarrow 2}, K) \rightarrow \hat{I}_{1\rightarrow 2}^{\text{fw}}, \quad \mathcal{F}_{\text{iw}}(I_1, D_1, P_{2\rightarrow 1}, K) \rightarrow \hat{I}_{1\rightarrow 2}^{\text{iw}} \tag{5-36}$$

其中,$K$ 是摄像头参数 fw 是前向变形,iw 是后向变形。用计算的自运动,前向扭曲一对图像-掩码,从而产生前向扭曲的图像-掩码对$(\hat{I}_{1\rightarrow 2}^{\text{fw}}, \hat{I}_{1\rightarrow 2}^{\text{fw}, i=n})$。将前向扭曲掩码-图像的像素乘积以及目标(target)掩码-图像$(M_2^{i=n}, I_2)$的像素乘积馈入目标(object)运动网络,产生每个潜动态目标的目标运动估计$(P_{1\rightarrow 2}^{i=n}, P_{2\rightarrow 1}^{i=n})$,$n=1,2,3,\cdots$。

通过这些目标运动估计,可以后向扭曲每个目标$\hat{I}_{1\rightarrow 2}^{\text{fw}\rightarrow \text{iw}, i=n}$,$n=1,2,3,\cdots$,和背景图像 $\hat{I}_{1\rightarrow 2}^{\text{iw}, i=0}$,最终扭曲图像是背景扭曲图像和所有扭曲潜动态目标的组合:

$$\hat{I}_{1\rightarrow 2} = \hat{I}_{1\rightarrow 2}^{\text{iw}, i=0} + \sum_{n \in (1,2,\cdots)} \hat{I}_{1\rightarrow 2}^{\text{fw}\rightarrow \text{iw}, i=n} \tag{5-37}$$

为了检测真正动态的目标,首先定义一个**初始自运动网络**,该网络使用 Insta-DM 自运动网络中预训练的权重。Insta-DM 的掩码也将用作包含所有潜动态目标的初始掩码。

$$M_{1,2}^{\text{initial}} = \left(1 - \bigcup_{n \in (1,2,\cdots)} M_1^{i=n}\right) \bigcap \left(1 - \bigcup_{n \in (1,2,\cdots)} M_2^{i=n}\right) \tag{5-38}$$

**注**:Insta-DM 是一个端到端的联合训练框架,在单目摄像头设置下,无监督地对多个动态目标的 6-自由度运动、自运动和深度进行显式地建模。其对动态目标使用前向扭曲,对静态目标使用后向扭曲,避免拉伸和扭曲动态目标。Insta-DM 包括基于 ResNet18 的编码器-解码器结构深度网络(DepthNet)和姿态网络(PoseNet),如图 5.57 所示是 Insta-DM 的流程图。

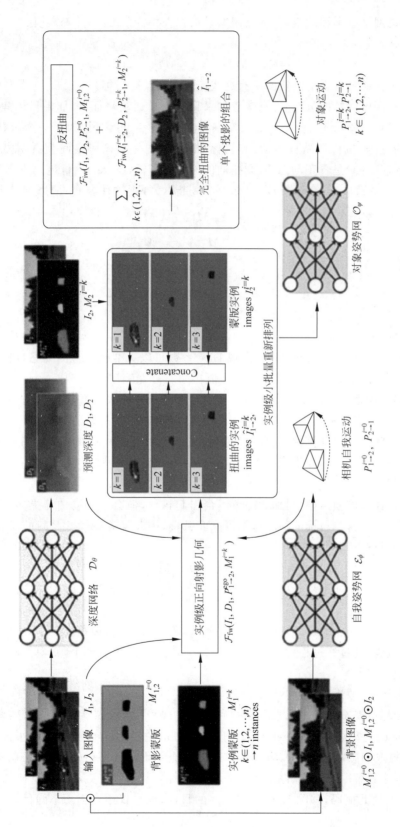

图 5.57　Insta-DM 流程图

有了自运动网络预训练的权重,下面用像素乘积查找背景图像,并确定帧 $I_1$ 和 $I_2$ 之间的初始自运动估计:

$$P_{1\rightarrow 2}^{\text{initial}} = \text{Ego}(M_{1,2}^{\text{initial}} \odot I_1, M_{1,2}^{\text{initial}} \odot I_2) \qquad (5\text{-}39)$$

接着用这个初始自运动前向扭曲所有这些掩码的潜动态目标。

假设姿态和深度的精度可接受,意味着如果目标由自运动表征,即如果目标静态,目标掩码将扭曲到目标(target)图像中的目标(object)掩码。换句话说,如果一个目标是静态的,那么扭曲的掩码(执行初始自运动)和目标(target)图像的掩码之间会有明显的重叠。相反,如果目标(object)是真正动态的,则扭曲的掩码和目标(target)图像掩码将不匹配。

可以用 Dice 系数或 Jaccard 指数(也称为 IoU 指数)捕捉这种类型的重叠或差异:

$$\text{Dice}(\hat{M}_{1\rightarrow 2}^{i=n}, M_2^{i=n}) = \frac{2\,|\hat{M}_{1\rightarrow 2}^{i=n} \bigcap M_2^{i=n}|}{|\hat{M}_{1\rightarrow 2}^{i=n}| + |M_2^{i=n}|} < \theta \qquad (5\text{-}40)$$

$$\text{Jaccard}(\hat{M}_{1\rightarrow 2}^{i=n}, M_2^{i=n}) = \frac{|\hat{M}_{1\rightarrow 2}^{i=n} \bigcap M_2^{i=n}|}{|\hat{M}_{1\rightarrow 2}^{i=n} \bigcup M_2^{i=n}|} < \theta \qquad (5\text{-}41)$$

其中,$\theta$ 为阈值。

静止目标的 Dice 值大于动态目标。Dice 值低于选定 $\theta$ 值的潜动态目标将被归类为真正的动态目标。通过测试 IoU 和 Dice,发现 Dice 系数可以更准确地检测动态目标,因此建议的解决方案是使用 Dice 系数。发现最佳 $\theta$ 值在 $[0.8, 1]$ 范围内。

然而,上述推理是基于深度和姿态估计准确这个假设。在大多数情况下这都是不现实的,因此可以预期动态目标的 Dice 值会更大。为了缓解这一挑战,可以在源帧和目标帧之间使用更大的帧间距。只计算帧 $t$ 和 $t+2$ 之间的重建,而不是帧 $t$ 和 $t+1$ 之间的重建。帧之间的附加距离为动态目标提供了更多的时间,使其偏离自运动将其扭曲的位置,这对缓慢移动的目标有利。

使用现代摄像头的帧速率,附加的距离不会引起抖动,但会使深度估计更加一致,姿态估计更加精确。由于这些目标的移动速度可能非常慢,因此计算较大帧之间的重建有助于确定不可感知的目标运动。

为了移除静态目标,根据所有潜动态目标的 Dice 值对其进行递减排序,并选择前 20 个目标。这些目标最有可能是静态的,并且往往是较大的目标,若 $\theta$ 小于 1,首先移除这些具有较大 Dice 值的目标。

总之,用 Dice 数进行滤波,删除初始掩码的所有静态目标,从而提供一个只包含真正动态目标的更新掩码,此过滤过程称为 $\theta$ 滤波,对每个真正动态目标可用于计算更新的自运动估计和目标运动估计。

在两方面进一步改进:移除小目标和重新考虑不变姿态。

首先,小目标就是在图像中像素数小的目标。将这些目标定义为小于一个图像像素数的 1%。小目标的运动估计往往不准确或不明显,因为这些目标经常离摄像头很远。Dyna-DM 动态目标提取如图 5.58 所示,输入图像和背景掩码用于计算初始自运动,在移除静态目标之前,移除小目标(小于图像像素数 0.75% 的目标),从而生成更新的背景掩码;使用 $\theta$ 过滤器进一步处理此掩码,移除 Dice 大于 0.9 的目标,最终仅用真正动态的目标更新背景掩码。

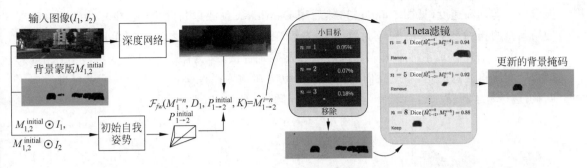

**图 5.58　Dyna-DM 动态目标提取**

其次,当计算 3D 空间的姿态时,一些方法利用前向姿态和后向姿态之间的关系作为一个损失函数,称为不变姿态:

$$\mathcal{L}_1 = |\boldsymbol{P}_{1\to 2} + \boldsymbol{P}_{2\to 1}| \tag{5-42}$$

光度一致性损失 $\mathcal{L}_{pe}$ 将是自监督的主要损失函数。按照 Insta-DM,用加权有效掩码 $\boldsymbol{V}_{1\to 2}(p)$ 将一致性应用于光度损失函数,处理那些无效的实例区域、退出视角和遮挡等:

$$\mathcal{L}_{pe} = \sum_{p\in P} \boldsymbol{V}_{1\to 2}(p) \cdot \left[(1-\alpha) \cdot |\boldsymbol{I}_2(p) - \hat{\boldsymbol{I}}_{1\to 2}(p)|_1 + \frac{\alpha}{2}(1 - \mathrm{SSIM}(\boldsymbol{I}_2(p), \hat{\boldsymbol{I}}_{1\to 2}(p)))\right] \tag{5-43}$$

几何一致性损失 $\mathcal{L}_g$ 是深度不一致性图和有效掩码实例的组合:

$$\mathcal{L}_g = \sum_{p\in P} \hat{\boldsymbol{M}}_{1\to 2}(p) \cdot \boldsymbol{D}_{1\to 2}^{\mathrm{diff}}(p) \tag{5-44}$$

为了在保持锐利边缘的同时平滑纹理和噪声,采用边缘-觉察(edge-aware)的平滑损失:

$$\mathcal{L}_s = \sum_{p\in P} (\nabla \boldsymbol{D}_1(p) \cdot \mathrm{e}^{-\nabla \boldsymbol{I}_1(p)})^2 \tag{5-45}$$

最后,由于与摄像头相同运动的运动目标会存在无限远的罕见情况,用目标高度约束损失 $\mathcal{L}_h$:

$$\mathcal{L}_h = \sum_{n\in\{1,2,\cdots\}} \frac{1}{D} \cdot \left| D\odot M^{i=n} - \frac{f_y \cdot p_h}{h^{i=n}} \right|_1 \tag{5-46}$$

最后,所有的损失加一起:

$$\mathcal{L} = \lambda_I \mathcal{L}_I + \lambda_{pe} \mathcal{L}_{pe} + \lambda_g \mathcal{L}_g + \lambda_s \mathcal{L}_s + \lambda_h \mathcal{L}_h \tag{5-47}$$

参考文献[170]是一个视频多帧估计深度图的方法。多帧深度估计方法由于直接利用几何约束的多视图立体(MVS)成功地提高了深度精度。不幸的是,MVS 经常受到无纹理区域、非朗伯曲面和移动目标的影响,尤其是在未知摄影机运动和深度监督的真实世界视频序列中。参考文献[170]提出一个框架 MOVEDepth,利用单目线索和运动指导来改进多帧深度学习。

MOVEDepth 直接解决 MVS 的固有问题,增强多帧深度学习。该方法的关键是利用单目深度作为度量优先级来构建 MVS 成本体,并在预测摄像头速度的指导下调整成本体的深度候选。通过学习成本体中的不确定性,进一步把单目深度和 MVS 深度进行融合,得到针对多视图几何中模糊性的稳健深度估计。

如图 5.59 所示,给定一个视频序列,首先利用 PoseNet 来估计帧 $T-1$ 和帧 $T$ 之间的摄像头自运动和速度(见图 5.59(a)),然后用 DepthNet 预测单目深度(见图 5.59(b))。随后用预测的摄像头自运动和单目深度优先级在编码的帧特征之间进行单应性扭曲(见图 5.59(c))。所得成本体被解码为深度图和不确定性图,作为融合单目深度和 MVS 深度的指导。值得注意的是,单应扭曲的深度采样范围在预测摄像头速度的指导下进行自适应调整,这缓解了摄像头运动缓慢/静态带来的问题(见图 5.59(d))。

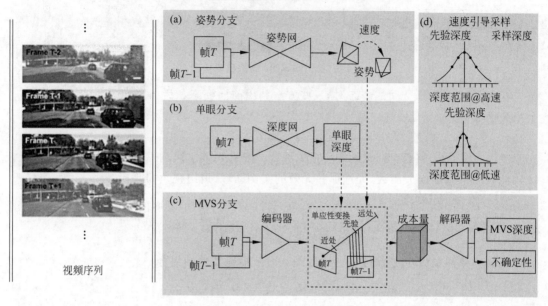

图 5.59    MOVEDepth 架构图

多视图将源图像扭曲到参考摄像头截锥体(frustum)形成成本体,并估计深度为成本体最高输出的值。

MOVEDepth 采用单目方法的线索来补充多目立体视觉(MVS)的局限性。通常,基于学习的 MVS 在固定范围内对深度候选样本进行采样,该范围由 SfM 开源软件 COLMAP 计算或由网络学习。然而,在整个场景的深度范围密集搜索计算成本高昂,并且无法产生准确的深度。粗到细采样或基于置信度的采样可以减少深度范围。然而在自监督的多帧深度学习框架,这些采样是有限的,因为忽略了附近帧的三角化先验(triangulation prior)。

为此 MOVEDepth 提出一个速度-引导的深度采样策略。其关键点是将三角化先验与摄像头运动速度相关联。也就是说,当摄像头高速移动时,视点会发生显著变化,从而为多视图几何提供足够的三角化先验知识。相比之下,慢/静态视频帧具有相近的视点,因此三角化先验贡献有限。对于具有足够三角化先验的视频帧,扩展深度范围以推断准确的深度,而对于不足三角化先验的视频帧,深度范围缩小到更可靠的单目优先级,即一种确定性采样策略,而不是按照概率采样。

计算的 MVS 深度仍然受到无纹理区域、非朗伯曲面和移动目标的影响,这是多视图几何的固有问题。为了解决这个问题,MOVEDepth 引入基于不确定性的融合方法,用更可靠的当前帧单目深度替换不满意的 MVS 深度。如图 5.60 所示,MOVEDepth 用一个不确定性解码器从深度概率上学习一个不确定性图,上分支通过 Localmax 将深度概率解码为深度估计,下分支将深度概率编码为不确定性图,这将作为融合 MVS 深度和当前帧单目深度的指导。

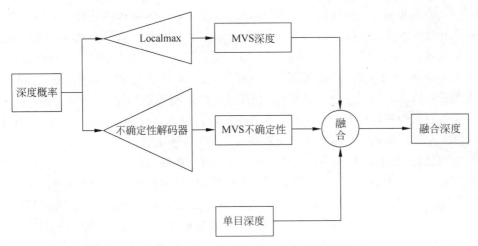

图 5.60  MOVEDepth 的基于不确定性深度融合

## 5.4  单目视觉的 3D 障碍物检测

在单目 3D 目标检测之前,自动驾驶领域主要采用 2D 目标框检测,其基本可分为两种:单步法和双步法。一般单步法快但精度低,双步法慢但精度高。双步法,如 R-CNN、fast RCNN 和 faster RCNN,第一步是要求提供目标的区域建议(region proposal,RP),这样避免整个图像搜索;单步法就没有 RP 或者 RPN,像 YOLO1/2/3、SSD 和 RetinaNet 等,为提高精度采用锚框(anchor),即参考框。在训练时可以预设一组不同尺度、不同位置的锚框,覆盖几乎所有的尺度和位置,利用一些方法去掉锚框性能也不错,好处是架构简单且易于硬件实现,如 CornerNet、ExtremeNet 和 FoveaNet 等。

5.3 节提到的 2D 目标测距,其传统方法是依据检测框着地点和摄像头姿态去估计道路上的距离。本节介绍的是基于单目图像估计 3D 目标检测框的方法,其直接估计 3D 目标的长方体框位置、大小和朝向,结果仍然投影在图像平面上显示,而距离的计算比较简单,根据目标在图像的大小和实际 3D 对应尺寸之比以及焦距而定。

作为 3D 目标检测任务,有必要和激光雷达的方法进行比较。根据参考文献[171],对激光雷达的目标检测进行一个简单回顾。

对激光雷达点云数据的 3D 目标检测可分为:①基于点(输入置换不变)方法;②基于体素(基于网格表征)方法;③基于距离视图的方法;④基于多视图的方法。结构上类似于 2D 图像目标检测,也分成单步法和两步法。

PointPillar 架构是一种基于点和体素的方法。首先,在 $x$-$y$ 坐标中将点云划分为网格,创建一组体素单元(pillar)。云中的每个点($x,y,z$,反射率)都从 4D 向量转换为 9D 向量。这些点以到 pillar 算术平均值的距离和到 pillar 中心的距离延伸。在内部,PointNet(一种 3D 点云特征提取网络)用于从稀疏 pillar 中提取密集的稳健特征。每个 2D pillar 由固定大小的特征向量表征。编码器从 pillar 学习点云表征。最后,应用 2D CNN(改进的 SSD)进行联合边框和分类预测。

CenterPoint 是两步法。第一步找到目标的中心,从中通过不同的回归头估计其他属性,如大小、方向和速度。该网络将 3D 目标视为旋转不变点,在预测旋转目标方面比基于锚(anchor)的检测器更灵活,具有更高的精度。第二步把初始边框估计的面中心其他点特征压缩为向量,传递到 MLP 中,用于预测置信度得分并进一步细化框属性。检测头在 BEV 中实现为热图(heat map)。通过这种方式,热图的每个局部峰值对应于被检测目标的中心。对输入点云特征提取后,传递到 2D CNN 检测头,生成 K 通道热图——每个类对应一个通道——峰值位于检测目标的中心位置。在训练阶段,真值边框的中心被投影到一个视图中,以便检测头可以用聚焦损失瞄准这些投影周围的 2D 高斯分布。

基于图像的 3D 目标检测方法分为两类:①**基于 2D 特征的方法**,首先从 2D 特征估计目标在图像平面的 2D 位置(方向、深度等),然后将 2D 检测提升到 3D 空间中,由于这些方法通常与 2D 检测模型具有相似的架构,因此可以通过 2D 检测的通用分类法(即基于区域法和单样本法)对其进行进一步分类;②**基于 3D 特征的方法**,基于 3D 特征预测目标,直接在 3D 空间中定位目标,根据如何获取 3D 特征,可进一步分为基于特征提升和基于数据提升两种。

由于输入数据缺少深度信息,从 RGB 图像中检测 3D 目标是一项具有挑战性的任务。为了更准确地估计 3D 边框,采用辅助数据并从 RGB 图像提取补充的特征,如 CAD 模型做自动标记和数据增强、激光雷达信号做监督和深度纠正、为提高性能采取附加数据,如深度估计、时域序列和立体视觉。

值得指出的是,基于 BEV 空间的 3D 视觉目标检测已经受到行业的重视,将在 5.14 节单独介绍。

下面通过一些参考文献分析单目基于深度学习的 3D 目标检测方法。

参考文献[44]的方法首先估计目标 3D 朝向,然后回归目标尺寸和 3D 中心,最后得到目标的整个姿态和位置。图 5.61 所示是 2D 和 3D 边框的对应关系图,2D 检测框的每一侧可以对应于 3D 框的 8 个角点中的任何一个,这导致 $8^4 = 4096$ 个配置。在许多情况下,可以假定目标始终是直立的,这样 2D 框顶部和底部分别仅对应于 3D 框顶部和底部的顶点投影,这将对应的数量减少到 1024。此外,当相对目标倾斜角接近于 0° 时,垂直 2D 框边的坐标 $x_{min}$ 和 $x_{max}$ 只能对应于来自垂直 3D 框边的点投影。类似地,$y_{min}$ 和 $y_{max}$ 只能对应于来自水平 3D 框边的点投影。2D 检测框的每个垂直边可以对应于 $[\pm d_x/2, \pm d_z/2]$,并且 2D 边界的每个水平侧对应于 $[\pm d_y/2, \pm d_z/2]$,产生 $4^4 = 256$ 种可能的配置。在 KITTI 数据集中,目标俯仰角和滚动角都是 0°,这进一步将配置数减少到 64。

朝向的局部和全局的关系如图 5.62 所示,其中,$\theta$ 是障碍车的姿态角,而 $\theta_{ray}$ 是自车姿态角。图 5.62(a)是汽车尺寸,汽车高度等于 $d_y$。图 5.62(b)是汽车的局部方向 $\theta_1$ 和全局方向 $\theta$,局部方向相对于穿过视线中心的光线来计算。障碍车的方向以加粗黑色实线箭头表示,视线中心线用浅黑色实线箭头表示。视线中心可能无法通过目标的实际中心,汽车的方向 $\theta$ 等于 $\theta_{ray} + \theta_1$,训练网络估计局部方向 $\theta_1$。

提出一种多格(MultiBin)方法求解物体朝向,即相邻格(bin)之间可以重叠一部分,其 CNN 模型如图 5.63 所示(FC=全连接层),在推理期间,选择具有最大置信度的格,将该格的估计 $\Delta\theta$ 作为该格的中心来计算最终输出。CNN 模型由三个分支组成,左分支用于估计感兴趣目标的尺寸;其他分支用于计算每个格的置信度,并且还计算每个格的 $\cos(\Delta\theta)$ 和 $\sin(\Delta\theta)$。

图 5.61 2D-3D 目标框的相互关系

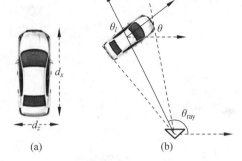

图 5.62 局部朝向角和全局朝向角的关系

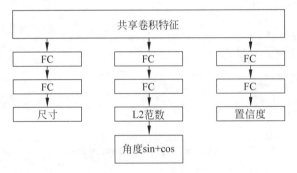

图 5.63 基于 MultiBin 估计目标朝向的 CNN 模型

总之,该方法利用几何约束从 2D 边框来估计 3D 边框,其中朝向估计很关键。

参考文献[34]的方法是对参考文献[33]工作的推广,增加了跟踪模块(见图 5.64),提高了稳定性。

图 5.65 是学习算法的流程图,在区域提议网络(RPN)中预测 3D 中心的 2D 投影位置,其中采用 Mask-RCNN 中的 ROIalign 而不是 Faster-RCNN 的 ROIpool 可减小错位(misalignment)程度。每个求解 3D 边框的感兴趣区域(ROI)包括以下几项:2D 边框、3D 框中心投影、可信度(confidence score)和对应特征向量。

图 5.66 解释了 2D 边框中心和 3D 边框中心的不同。可见的 2D 中心投影点可能错误地位于 3D 坐标里地平面之上/下。其他状态,如被遮挡或截断,将不可避免地受到中心位移问题的困扰,从而导致 GT 和预测轨迹的错位并损害检测性能。

参考文献[35]提出正交特征转换(orthographic feature transform,OFT)用于解决 2D 图像推理物体 3D 边框的问题,原理如图 5.67 所示,基于体素的特征 $g(x,y,z)$ 通过沿投影的体素区域累计图像特征 $f(u,v)$ 得到,然后体素特征沿着垂直方向折叠产生正交特征

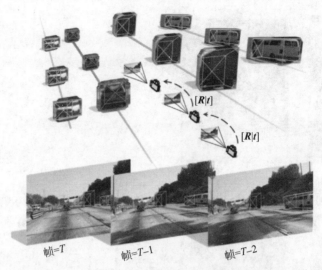

帧=T　　帧=T-1　　帧=T-2

图 5.64　3D 检测和跟踪联合方法

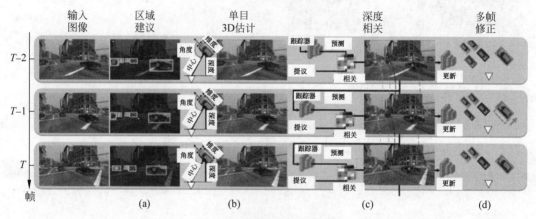

图 5.65　学习算法的流程图

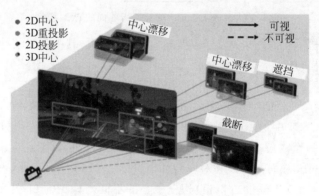

图 5.66　2D 边框和 3D 边框的区别

$h(x,z)$。

　　在一个深度学习框架下,该模块可以把图像特征图映射到正交鸟瞰视图,如图 5.68 所示,输入一个从顶向下网络(top-down network)进行推理。前端 ResNet 特征提取器生成基于图像的特征,通过 OFT 将其映射到正交表示。自顶而下网络在鸟瞰视图空间中处理这

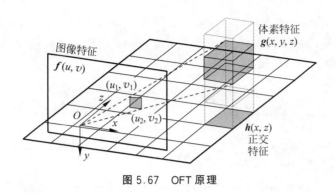

图 5.67 OFT 原理

些特征,并且在地平面的每个位置预测置信度得分 $S$、位置偏移 $\Delta_{pos}$、尺寸偏移 $\Delta_{dim}$ 和角度向量 $\Delta_{ang}$。

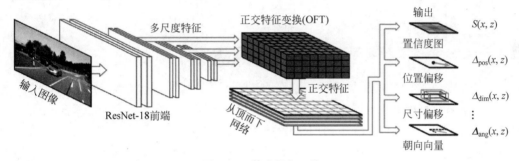

图 5.68 算法框架一览

参考文献[36]所提出方法的算法结构如图 5.69 所示,其采用两步法,加了一个估计深度图的模型,其结果输入区域提议网络(RPN)模块,是比较耗时的做法,后面还将视差图转换成点云,进入检测模块。最后输出的是 3D 位置回归,还有多类别分类、2D 边框回归、3D 姿态回归和 3D 尺度回归。

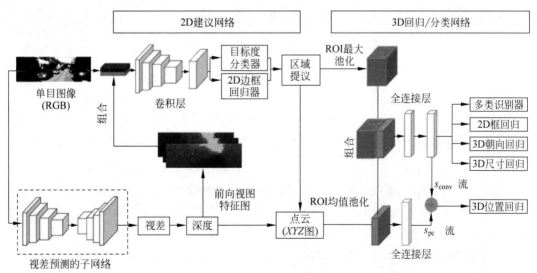

图 5.69 算法结构

参考文献[37]是微软的工作,其算法的框图如图 5.70 所示,提出了实例深度估计

(instance depth estimation，IDE)，不计算图像的深度图。可以直接估计目标 3D 边框的深度，还是采用 Mask-RCNN 的 RoiAlign 取代 ROIpool。包括 4 个模块，即 2D 检测、IDE、3D 位置估计和局部角点回归等模块。

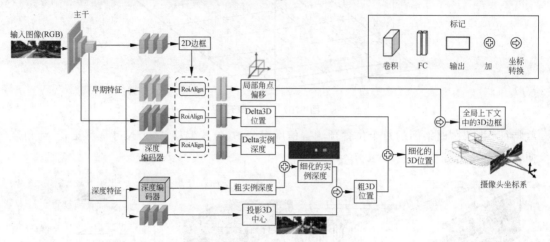

图 5.70    MonoGRNet 算法框图

IDE 的算法框架如图 5.71 所示。DE 子网估计 ABBox-3D 中心 $Z_c$ 的深度，生成不同尺度的两个特征图，分别进入不同的深度编码器，一个和 2D 边框一起到全连接层估计深度，而另一个(粗分辨率)和网格单元一起到全连接层估计粗分辨率的深度，二者融合产生最后的深度图输出。

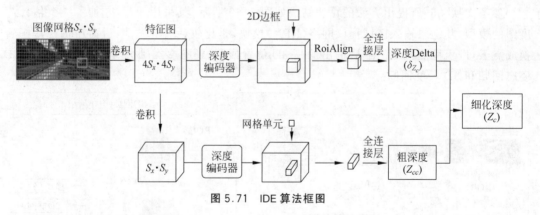

图 5.71    IDE 算法框图

其中 3D 边框在图像中的定位关系如图 5.72 所示，给定单眼 RGB 图像，任务是在 3D 空间中定位特定类的目标，目标由类标签和 BBox-3D 表示，BBox-3D 无论遮挡还是截断，都会绑定整个目标，BBox-3D 由全局上下文的 3D 中心 $C=(X_c,Y_c,Z_c)$ 定义，并且 8 个角点 $O=\{O_k\}(k=1,\cdots,8)$ 与局部上下文相关；3D 位置 $C$ 在摄像头坐标系中标定，并且局部角点 $O$ 在局部坐标系中，分别如图 5.72(b) 和图 5.72(c) 所示。

关于实例深度图(IDM)的概念如图 5.73 所示，给定来自骨干特征图划分的网格 $G$，每个网格单元 $g$ 在距离阈值 $\sigma_{\text{scope}}$ 内预测最近的实例的 3D 中心深度，要考虑深度信息，如图 5.73(a) 所示是单元分配较近的实例，如图 5.73(c) 所示是每个单元预测的实例深度示例。

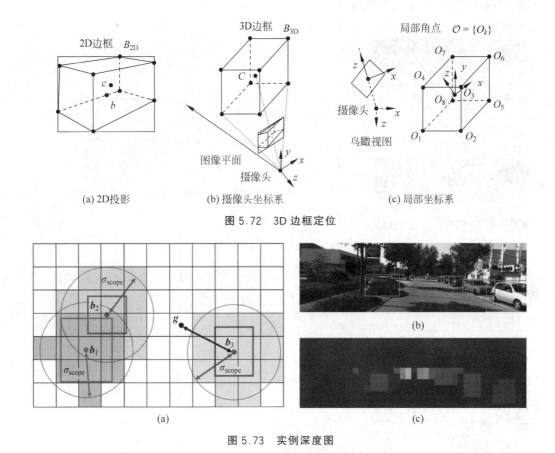

图 5.72 3D 边框定位

图 5.73 实例深度图

参考文献[38]是 Face++和 UCLA 的工作,其算法框图见图 5.74。该方法不仅用了深度估计,还借用了路面假设作为约束。另外,采用可变形线框模型(morphable wireframe model),不过为避免地标敏感,对 3D 边框进行了模糊表示。除此之外,还有一个 3D-2D 一致性(consistency)模块,包括两尺度 3D 假设和 2D 伪观测两部分,下面在图 5.75 中解释。

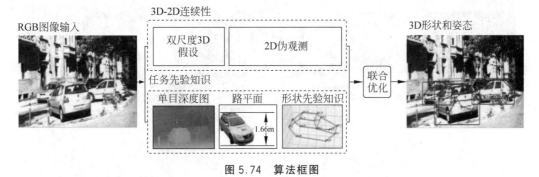

图 5.74 算法框图

图 5.75 所示是 3D-2D 连续性模块的框图,包括 2D 边框、2D 路标、3D 朝向和尺度假设(scale hypotheses)。双尺度 3D 假设包括旋转和缩放的 3D 边框和可变形线框模型。图像伪观测包括 2D 边框和地标。在推理中,用假设和伪观测来初始化要优化的损失函数并生成车辆的最终 3D 姿态和形状估计。

参考文献[52]是一名硕士的毕业工作,其采用 FCN 模型训练得到 2D/3D 边框,如

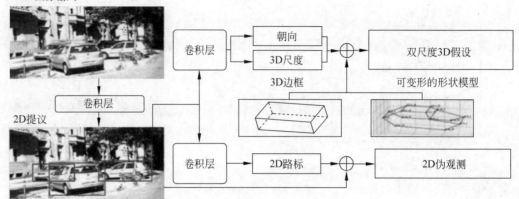

图 5.75　3D-2D 连续性模块的框图

图 5.76 所示。3D 边框有 3 个方向，即前-底（front-bottom）、左-底（left-bottom）、前-左（front-left）。

而 3D 边框的定义如图 5.77 所示，共 8 个角点和 6 个面。

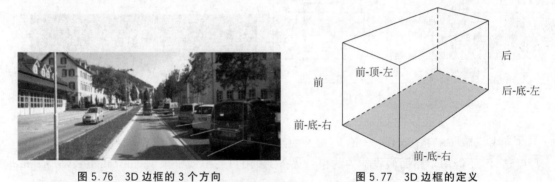

图 5.76　3D 边框的 3 个方向　　　　　　图 5.77　3D 边框的定义

图 5.78 所示为 2D 边框和 3D 边框标注的比较，分别标注 2D 矩形框和 3D 立方体框。

(a) 2D　　　　　　　　　　　　　(b) 3D

图 5.78　2D 边框和 3D 边框的标注

仍然采用路面假设，这是得到 3D 边框的关键。将顶点 $X$ 和 3D 世界中的摄像头位置 $C$ 定义为 $3\times 1$ 向量，点 $X$ 投影到摄像头 $x=[u,v,1]^{\mathrm{T}}$，中心位于 $C$，旋转 $R$ 和标定 $K$，则有图像投影公式：

$$\lambda x = KR(X-C) = \begin{bmatrix} KR & |-KRC \end{bmatrix} \begin{bmatrix} X \\ 1 \end{bmatrix} \tag{5-48}$$

对于逆投影，只能重建光线方向，需要额外的信息来确定顶点 $X$ 的确切位置，即 $\lambda$。可知：

$$\lambda x = KRX - KRC \tag{5-49}$$

$$KRC + \lambda x = KRX \tag{5-50}$$

$$C + \lambda(KR)^{-1}x = X \tag{5-51}$$

这意味着，从 $X$ 获得光线的方向，需要计算 $KR$ 逆和摄像头位置 $C$。这可以从图像投影矩阵 $P = KR[I \mid -C]$ 轻松实现。$KR$ 逆很容易计算，摄像头中心 $C$ 可以计算如下：

$$C = -(KR)^{-1}p_4 \tag{5-52}$$

其中，$p_4$ 是矩阵 $P$ 的第 4 列向量。

根据逆投影和路面假设(已知平面方程 $ax + by + cz + d = 0$，则法线向量 $n = [a\ b\ c]^{\mathrm{T}}$)，可以先得到 3D 边框在路面的位置，求解 $\lambda$ 如下：

$$n \cdot (C + \lambda l_X) + d = 0 \tag{5-53}$$

$$n \cdot C + \lambda n \cdot l_X + d = 0 \tag{5-54}$$

$$\lambda = -\frac{n \cdot C + d}{n \cdot l_X} \tag{5-55}$$

图 5.79 是 3D 边框投影到路面的效果图，它是一个平行四边形，然后被推理出实际 3D 边框底部的正方形。

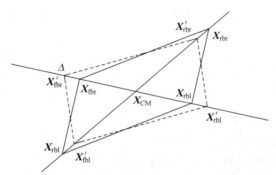

图 5.79　3D 边框投影到路面的结果

如图 5.79 所示，从 3D 边框在路面的图像平行四边形推理出 3D 框的正方形底部，然后加上高度即可得到 3D 边框。估算路面的算法如下：

给定 $N$，$G = \{[x_1, y_1, z_1]^{\mathrm{T}}, \cdots, [x_m, y_m, z_m]^{\mathrm{T}}\}$，初始化 $\mathrm{dst}_{\min} = \infty$。对于 $i = 1, \cdots, N$，步骤如下：

(1) 从 $G$ 中随机抽取 3 个顶点。

(2) 提取采样顶点定义的平面 $ax + by + cz + d = 0$ 的系数。

(3) 计算平面中 $G$ 所有顶点的平方距离和 $\mathrm{dst}$。

(4) 如果 $\mathrm{dst} < \mathrm{dst}_{\min}$，那么 $\mathrm{dst}_{\min} = \mathrm{dst}$，存储 $a$、$b$、$c$、$d$。

(5) 输出最佳拟合 $ax + by + cz + d = 0$ 平面系数 $a$、$b$、$c$、$d$。

利用前面提到的，底-左(bottom-left)线作为前向平面(frontal plane)的法向量，然后用前-底-左(front-bottom-left)的点计算前向平面。找到其和逆投影的交点即得到顶点位置，这样高度就得到估值。

参考文献[176]是伪激光雷达方法的原始版,如图 5.80 所示,其把图像深度图直接反投影到 3D 空间变成点云,然后直接应用激光雷达的 3D 目标检测方法。

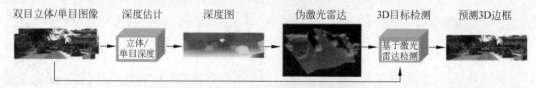

双目立体/单目图像　深度估计　深度图　伪激光雷达　3D目标检测　预测3D边框

图 5.80　伪激光雷达方法流程图

最初该方法假设立体视觉估计深度图,实际上单目的深度图估计也是可以接受的。为了最大限度地与现有的激光雷达检测流水线兼容,对伪激光雷达数据进行一些后处理。由于真实的激光雷达信号仅存在于特定的高度范围内,因此忽略该范围之外的伪激光雷达点。删除虚拟激光雷达源(位于自动驾驶车辆顶部)上方 1 米以上的所有点。除了深度,每个伪激光雷达点的反射率设置为 1.0。

参考文献[177]提出的方法首先确定地平面如何在 3D 目标检测中提供深度推理的额外线索。基于这一观察,其改进 3D 锚框的处理,并引入了一种神经网络模块在深度学习框架中充分利用这些特定的先验知识。

第一个过程是锚框滤波(anchor filtering)。给定一个锚框及其到摄像头距离之间的先验距离,将锚框反向投影到 3D。由于所有感兴趣的目标都位于地平面周围,因此在训练和测试期间过滤掉远离地平面的 3D 锚框。此操作将网络集中在感兴趣目标可能出现的位置。

第二个过程是地面-觉察卷积(GAC)模块。对于基于锚框的检测器,位于中心的特征负责估计所有 3D 参数。然而,要像人类一样用地面像素推断深度,网络模型需要从目标中心执行以下步骤。

(1) 识别目标和地面的接触点。

(2) 用透视几何计算接触点的 3D 位置。

(3) 有向下聚焦的感受野从这些接触点收集信息。

如图 5.81 所示是 3D 目标检测的网络架构,GAC 得到回归张量 $R$,卷积得到分类张量 $C$,锚框滤波会抹去远离路面的目标。

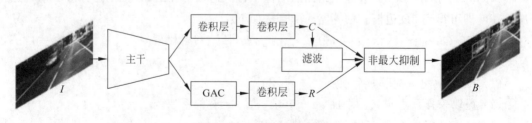

图 5.81　3D 目标检测架构

标准的目标检测或深度预测网络被构建为均匀感受野,并且没有任何透视几何先验或摄像头参数给网络。GAC 模块设计用于引导网络将基于地面的推理纳入网络推理。每个像素点的先验深度值编码为额外的特征图,并引导特征图的每个像素点合并其下方像素的特征。

如图 5.82 所示是 GAC 模块的透视几何关系,当计算垂直偏移时,假设像素是前景目标的中心。当计算深度先验时,假设像素在地面上,是要查询的特征。

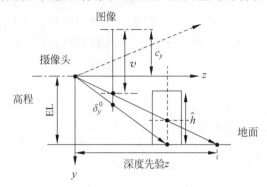

**图 5.82 GAC 模块的透视几何关系**

如图 5.83 所示是 GAC 架构图,网络预测垂直方向上的偏移量,从下面的像素采样相应的特征和深度先验。深度先验用透视几何和道路平面假设计算。

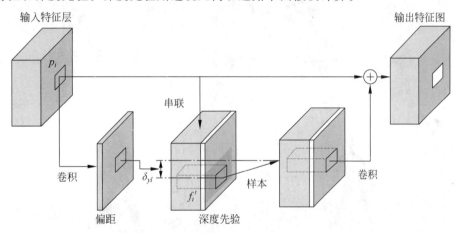

**图 5.83 GAC 架构图**

GAC 模块的另一部分负责预测先验和目标之间的深度残差。该模块在整个网络中是可微分的,并且经过端到端的训练。

## 5.5 障碍物跟踪

目标跟踪是一个视觉老问题,也是一个没有解决的问题,在自动驾驶系统中是重要的,如障碍物跟踪(moving object tracking,MOT)。

跟踪问题的研究,历史很久。跟踪的目标各有不同,如人脸、人体、手、刚体、柔体;形态也是多变的,如点、轮廓、区域、骨架等。跟踪的方法和传感器相关,如深度传感器 Kinect 和传统摄像头(单目和双目)会影响跟踪的算法和结果。即使在当前,深度学习、传感器融合、多目标跟踪和检测-跟踪-检测闭环等课题仍然是跟踪系统搭建的热点。

### 5.5.1 单目标

首先,以参考文献[39]为基础,回顾单目视觉系统下单目标跟踪的方法和类型。

第一个问题,如何描述目标? 图 5.84 以一个人体目标为例给出了多个表示方式。

- 质心(centroid)。
- 多点表示(multiple points)。
- 矩形框(rectangular patch)。
- 椭圆框(elliptical patch)。
- 基于部分的多框表示(part-based multiple patches)。
- 目标骨架(object skeleton)。
- 完整目标轮廓(complete object contour)。
- 轮廓的控制点表示(control points on object contour)。
- 目标剪影(object silhouette)。

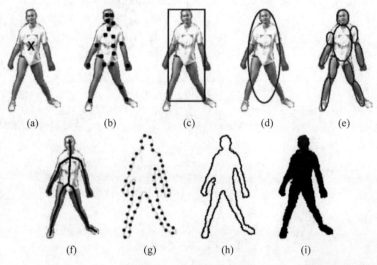

图 5.84　目标表示方法

而目标的特征空间各有不同,如颜色(如直方图)、边缘[如 HOG(方向梯度直方图)]、运动(如 MHOG)、纹理(如 LBP)等。跟踪的方法可以分成图 5.85 所示的树状结构,分为三个大类,分别是点跟踪(point tracking)、基于核跟踪(kernel tracking)和剪影跟踪(silhouette tracking)。

点跟踪分两个技术路径:确定性(deterministic)方法和概率统计(statistical)方法。基于核跟踪分为两条路:基于多视图(multi-view based)的和基于模板(template based)的。前者还可以划成两个方向,即视图子空间法(view subspace)和分类器(classifier),即判别式法。剪影跟踪也分为两种:一种是轮廓演进(contour evolution)法;另一种是形状匹配(shape matching)法。前者又细分成两个:状态空间(state space)法和直接最小化(direct minimization)法。直接优化法存在两个途径:变分(variational)法和启发式(heuristic)法。

表观模型(appearance model)即跟踪的表示方法,是视觉方法的基石,而跟踪当作检测(tracking-by-detection)的思路已经相当流行且被接纳,以参考文献[40]为参考,介绍一下

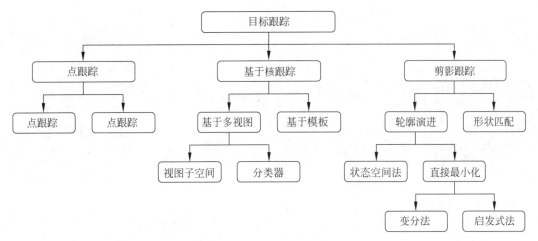

图 5.85 跟踪方法的分类

这方面的跟踪方法。

为什么对表观建模？因为变化多。图 5.86 给出目标表观变化的复杂性例子(仅仅以矩形框为例)，有光照(illumination)、遮挡(occlusion)、变形(deformation)、噪声干扰(noise corruption)、输出平面和运动模糊(motion blurring)等。

图 5.86 目标的表观变化

一个跟踪的流程可以分成以下的流水线进程，如图 5.87 所示，目标初始化(initialization)(可以手工或自动)、表观建模(appearance modeling)[视觉表示(visual representation)和统计建模(statistical modeling)]、运动估计(motion estimation)、目标定位(object localization)。其中统计建模是关键，可以分成三个方向：生成式(generative)、判别式(discriminative)和二者混合生成式。方法分成三个典型：混合模型、核密度和子空间。判别式方法可以是多种识别器(classifier)，如增强(boosting)、支持向量机(SVM)、字典学习(dictionary learning)、鉴别元分析(discriminant component analysis，DCA)和随机森林(random forest)等。混合式可以是单层混合和多层混合。

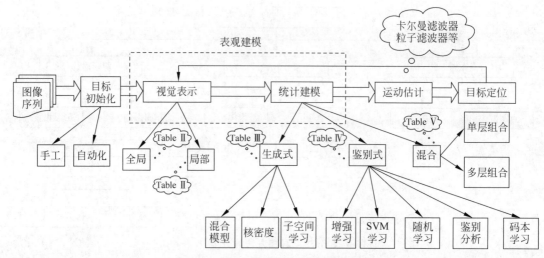

图 5.87　基于表观模型的跟踪方法分类

## 5.5.2　多目标

多目标跟踪区别于单目标跟踪的地方就是多个跟踪目标之间存在相互影响甚至交互行为。多目标跟踪在视觉之外也是一个老课题,如雷达目标,参考文献[43]主要针对雷达信号而言,其中列出的主要算法也被视觉系统采用:联合概率数据相关滤波器(joint probabilistic data association filter,JPDAF)、多假设跟踪(multiple hypothesis tracking, MHT)和随机有限集(random finite set,RFS)。

雷达目标多是点目标,所以运动信息和位置信息比较重要,相对地,表观模型显得简单。图 5.88 是一个多目标跟踪的系统模型,由观测空间(observation space)和状态空间(state space)构成。

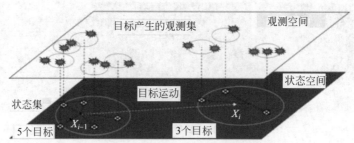

图 5.88　多目标跟踪的系统模型

另外的一篇综述论文(见参考文献[45])是针对视觉系统多目标跟踪的介绍。

首先,如何测量目标的相似性和不同?多目标跟踪系统采用多个途径:表观、运动、交互、排斥和遮挡。

表观模型和单目标跟踪系统是一样的,运动模型也是。交互模型可以分成两种:社交强迫模型(social force models)、群体运动模型(crowd motion pattern models)。排斥模型分为两类:检测级别(两个不同的检测响应不能同一时间指定为同一个目标)和跟踪级别(不同轨迹不能无限接近)。遮挡模型在单目标跟踪中也有涉及,但只包含自身。多目标的遮挡处理方法更复杂,包括局部和整体(part-to-whole)的联系、假设-测试(hypothesize-and-test)、暂存-恢复(buffer-and-recover)等。

那么,如何在跟踪中确认多个目标呢?靠推理。推理方法分为两种:概率统计法和确定优化法。概率统计法可以列出不少,如卡尔曼滤波器、粒子滤波器、多假设跟踪(multiple hypothesis tracker,MHT)、联合概率数据相关滤波器(joint probabilistic data association filter,JPDAF)等;而确定优化法有贝叶斯网络(Bayesian network)、二分图匹配(bi-partite graph matching)、最小成本最大流网络流(min-cost max flow network flow)、CRF、MRF、最大权重独立集(maximum-weight independent set,MWIS)等。

### 5.5.3 基于深度学习的目标跟踪

深度学习在目标跟踪的工作以 Daimler 公司研发组撰写的综述(见参考文献[46])为参考。一个多目标跟踪系统的框架大同小异,如图 5.89 所示,分为数据相关(data association)、状态预测(state prediction)、状态更新(state update)和跟踪管理(track management)几部分。

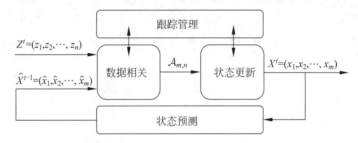

**图 5.89　通用的多目标跟踪系统框架**

而应用深度学习在目标跟踪中的方法可总结为以下四种途径(见图 5.90)。

(1) **特征学习**(表观模型部分),如经典的 CNN。

(2) **数据相关部分**,如 Siamese network 加 Hungarian/LSTM。

(3) **端到端学习法**(比较具有挑战性),如 RNN/LSTM。

(4) **状态预测**(运动/轨迹),如 Behavior-CNN、Social-LSTM、Occupancy Grid Map 等。

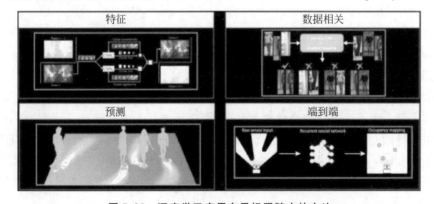

**图 5.90　深度学习应用在目标跟踪中的方法**

参考文献[194]提出一个基于提议的可学习框架,该框架将 MOT 建模为关联图上的提议生成、提议评分和轨迹推理范式。该框架类似于两阶段目标检测器 Faster RCNN,可以以数据驱动的方式解决 MOT 问题。

如图 5.91 所示是该框架的总览,给定一组图像帧和检测作为输入(见图 5.91(a));构造图对数据关联问题进行建模,图中的节点表示检测/轨迹,边缘表示节点之间可能的链接,不同颜色的节点表示不同的目标,类似于两级目标检测器 faster RCNN,该方法采用基于提议的框架,基于关联图生成多个提议(即候选目标轨迹)(见图 5.91(b));用可训练的 GCN 评估生成提议的质量分数(见图 5.91(c));采用简单的去重叠策略进行轨迹推断(见图 5.91(d));获得最终的跟踪输出(见图 5.91(e))。

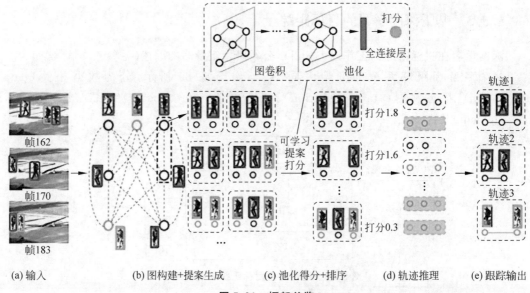

图 5.91　框架总览

参考文献[195]提出了一种位置预测和嵌入关联协同的统一模型 TADAM。这两个任务通过时间-觉察目标注意和分心注意,以及身份-觉察存储聚合模型联系在一起。具体来说,注意模块可以使预测更多地关注目标,而更少地关注干扰物,因此可以相应地提取更可靠的嵌入进行关联。此外,这种可靠的嵌入可以通过存储聚合提高身份-觉察,从而增强注意模块并抑制漂移。

如图 5.92(a)所示,现有方法中位置预测和嵌入关联在遮挡过程中不会相互受益,目标位置的预测发生漂移,提取的嵌入变得含噪;如图 5.92(b)所示,TDAM 方法通过提出的处理遮挡的模型在两个任务之间产生协同作用。

TADAM 的模型架构如图 5.93 所示,一个统一的模型,在位置预测和数据关联之间带来了互利,从而增强了对遮挡的稳健性,提高了跟踪性能。为了实现这一目标,引入时间-觉察的目标注意和干扰物注意,更好地关注目标并抑制来自干扰物的干扰,同时还引入一种身份-觉察的记忆聚合方案,实现更稳健的注意生成。关于 TADAM 模型的命名,其中 TA 和 DA 分别表示目标注意和分心注意,而 M 表示记忆聚合。所有组件都使用统一模型中的相同数据源进行训练。

参考文献[196]提出了一种基于 Transformer 的 DL 跟踪器 MT3v2,并评估其在模型设置中的性能,并将其与基于贝叶斯方法在各种不同任务中进行了比较。

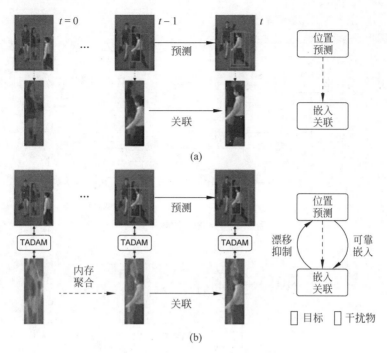

图 5.92　现有方法和 TADAM 的比较

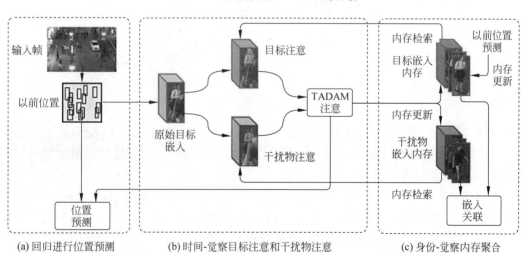

(a) 回归进行位置预测　　(b) 时间-觉察目标注意和干扰物注意　　(c) 身份-觉察内存聚合

图 5.93　TADAM 的模型架构

　　如图 5.94 所示是 MT3v2 的体系架构，输入测量序列由编码器处理，生成嵌入，并由选择机制处理，生成初始估计、目标查询和解码器的位置编码。来自编码器的嵌入以及选择机制的输出被解码器用于一个输出，其描述具有 $k$ 个分量的 multi-Bernoulli 密度。

　　如图 5.95 所示是 MT3v2 的选择机制，先嵌入被馈送到 FFN（feed-forward network，前馈网络），并馈送到 sigmoid 层，生成分数；接着将有前 $k$ 个分数的测量嵌入两个 FFN 中，生成目标查询及其相应的位置编码。

　　为了进一步提高 MT3v2 的性能，在解码器中采用了**迭代细化**的思想。如前所述，解码器输出序列表示 MB 密度的 $k$ 个分量，其中每个分量分别包含该 Bernoulli 分布的均值、协

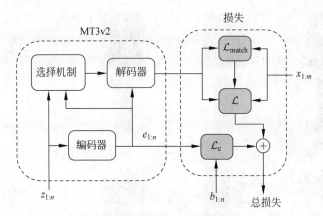

图 5.94　MT3v2 的体系架构

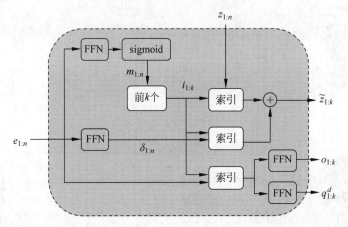

图 5.95　MT3v2 的选择机制

方差和存在概率。不是直接从解码器最后一层的输出计算预测状态均值序列,而是从选择机制计算的初始状态估计开始,每个解码器层生成对其的调整。对初始估计值的所有调整进行求和,得到解码器的输出。

在训练过程中另一项改进是一项辅助任务,即尝试预测哪些测量来自哪些目标(以及哪些是干扰)。添加更简单的辅助任务通常会改善训练过程的初始部分(当主任务仍然很难解决,并且可能不会提供太多梯度信息时)和最终模型的泛化性能。

为了实现这一点,用一个监督对比学习的想法,其中模型训练为相同类样本生成相似的预测,但不同类样本生成不同的预测。在数据生成过程中,用一个整数对每个测量值标注其来源(目标 ID),如果是干扰,则为 −1。

参考文献[197]中提出了一个名为 TransSTAM 的解决方案,利用 Transformer 对每个目标的外观特征和目标之间的时空关系进行有效建模。TransSTAM 由两个主要部分组成:①编码器利用 Transformer 强大的自注意力机制学习每个轨迹的辨别特征;②解码器采用标准的交叉注意机制,同时考虑时空和外观特征来建模轨迹-检测之间的相关性。

如图 5.96 所示是在线 MOT 的 TranSTAM 概览,其基于 tracking-by-detection 框架,以在线模式进行多目标跟踪(MOT)。TranSTAM 是遵循 Transformer 的一个典型编码器-解码器架构,给定一组从帧 $t-T$ 直到帧 $t-1$ 的 $N$ 个轨迹,首先,采用 CNN 模型和绝对空间位置编码(ASPE)模型分别提取每个检测的外观和空间特征;其次,编码器在相对时空位置编码(RSTPE)模块的帮助下学习每个轨迹的辨别特征,这样,所有特征连接起来形成解码器中的存储;再次,一种分配位置编码(APE)为查询生成位置编码,而解码器采用标准交叉注意机制来计算分配矩阵;最后,采用简单的匈牙利算法生成关联结果。

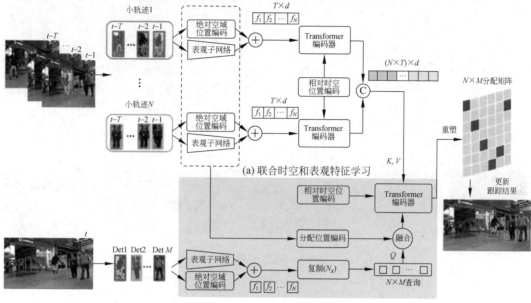

图 5.96　在线 MOT 的 TranSTAM 概览

Transformer 编码器旨在为每个轨迹学习更易辨别的特征表示。大多数现有的基于 Transformer 的跟踪器严重依赖于外观特征,并且无法对长期的时空相关性进行建模。TranSTAM 用一个 Transformer 模型对外观和时空特征同时进行建模。Transformer 编码器的输入是过去 $T$ 帧的一组轨迹。

每次检测的外观特征和空间特征,首先分别通过 CNN 和 MLP 网络嵌入。然后,采用一个简单的"添加"融合算子来融合每个检测的外观特征和空间特征。这些检测特征被排列成特征张量,进一步传递给 Transformer 编码器模块,如图 5.97 所示,Transformer 编码器模块由 $L$ 个 Transformer 层组成,其中每个 Transformer 层有两部分,即自注意力模块和前馈网络(FFN)。

Transformer 解码器根据 Transformer 编码器的输出和 $M$ 个检测特征生成分配矩阵。然后,检测特征被用作查询并被传递到 Transformer 解码器模块。

由于解码器是置换不变的,查询必须不同才能产生不同的结果。如上所述,当估计分配矩阵中同一列的元素时,它们对应的查询特征完全相同。为了解决这个问题,提出了分配位置编码(APE)。对用于计算第 $i$ 个轨迹和第 $j$ 个检测之间的相关性的第 $(i,j)$ 个查询,APE 从第 $i$ 个轨迹中提取特征作为位置编码,然后将其与第 $j$ 次检测的特征嵌入融合,形成最终特征。

如图 5.98 所示是 Transformer 解码器架构,实现 APE,采用交叉注意机制完成数据关联。

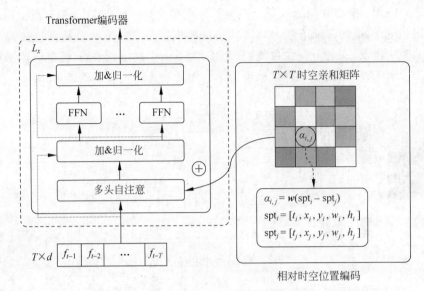

**图 5.97 时空 Transformer 编码器架构**

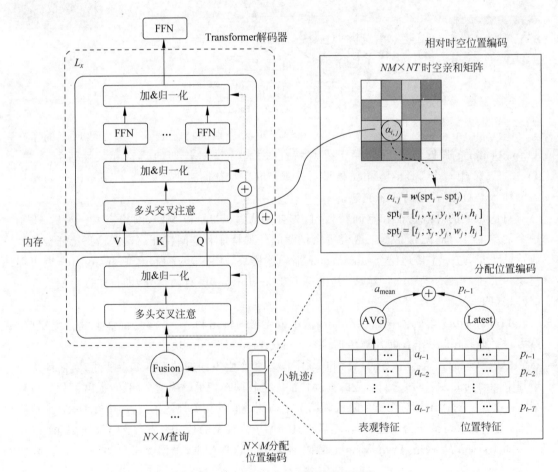

**图 5.98 时空 Transformer 解码器架构**

解码器采用当前帧的检测特征作为查询,并用所有轨迹的编码特征作为 Key 和 Value。解码器遵循 Transformer 的标准架构,用多头自注意和交叉注意机制转换为嵌入。与原始 Transformer 的不同之处在于,模型利用 RSTPE 对查询检测和轨迹检测之间的相对时空距离进行编码,并将其用作交叉注意模块中的偏向项。

通过 RSTPE,单个 Transformer 层中的每个查询都可以根据学习的注意权重自适应地关注所有轨迹检测。对于每个查询,模型可能会更多地关注它附近的轨迹检测,而较少地关注远离它的轨迹检测。用 Transformer 解码器计算分配矩阵的一个好处是 Transformer 层可以提供全局接收野。因此,在计算特定检测-轨迹对的关联性时,可以利用所有轨迹特征,这对于避免 MOT 中的 ID 切换至关重要。

# 5.6　传感器融合

在自动驾驶感知模块中,**传感器融合**已经成为标配,只是这里融合的层次不同,可以是硬件层(如国内禾赛科技公司和美国 Innovusion 公司的产品),也可以是数据层,还可以是任务层,如障碍物检测(obstacle detection)、车道线检测(lane detection)、分割(segmentation)、跟踪(tracking)及车辆自身定位(localization)等。

有些传感器之间很难在底层融合,如摄像头或者激光雷达和毫米波雷达之间,因为毫米波雷达的目标分辨率很低(无法确定目标大小和轮廓),但可以在高层上探索融合,如目标速度估计、跟踪的轨迹等。

参考文献[178]将摄像头和激光雷达的融合分成强融合和弱融合两个大类,而根据激光雷达和摄像头数据表征的不同组合阶段,将强融合再分为前融合、深度融合、后融合和非对称融合四类。

**数据融合**是一种通过原始数据级的空间对齐和投影直接融合每个模态数据的方法。与之不同的是,**前融合**方法是融合数据级的激光雷达数据和数据级或特征级的摄像头数据(如分割任务)。

**深度融合**方法对激光雷达分支的特征级及图像分支的数据级和特征级进行跨模态数据融合。例如,一些方法使用特征提取器分别获取激光雷达点云和摄像头图像的嵌入表征,并通过一系列下游模块融合两种模态的特征。然而,与其他强融合方法不同,深度融合有时以级联方式融合特征,利用原始和高级两种语义信息。

**后融合**也称为目标级融合,指的是融合每个模态中流水线的结果。例如,一些后融合方法利用激光雷达点云分支和摄像头图像分支的输出,并基于两种模式的结果进行最终预测。

参考文献[178]中特意指出:除了前融合、深度融合和后融合外,一些方法以不同的权限处理跨模态分支,因此融合一个分支的目标级信息和其他分支的数据级或特征级信息,定义为**非对称融合**。非对称融合中至少有一个分支占主导地位,而其他分支提供辅助信息来执行最终任务。

参考文献[178]中单独分出来的**弱融合**方法不会以各种方式直接从分支中融合数据/特征/目标,而是以其他方式操作数据。其通常用基于规则的方法利用一种模态数据作为监督信号,指导另一模态的交互。

传感器(激光雷达和摄像头)的融合模型面临的主要问题如下。

（1）错对齐和信息丢失。传统的前融合和深度融合方法利用外部标定矩阵将所有激光雷达点直接投影到相应的像素，反之亦然。然而，由于传感器噪声，这种逐像素对齐不够精确。因此，可以采取周围的信息作为补充，会产生更好的性能。此外，在输入-特征空间的转换过程中还存在其他一些信息损失。通常，降维操作的投影不可避免地会导致大量信息丢失，例如，将 3D 激光雷达点云映射到 2D 的 BEV 图像。解决方法之一是将两个模态数据映射到另一个专门为融合设计的高维表示，可以有效地利用原始数据，减少信息损失。

（2）不合理的融合操作。级联和元素相乘这些简单的操作可能无法融合分布差异较大的数据，难以弥合两个模态之间的语义鸿沟。一种思路是试图用更复杂的级联结构来融合数据并提高性能。

前视图单帧图像是自动驾驶感知任务的典型场景。然而，大多数框架利用有限的信息，没有详细设计辅助任务来进一步理解驾驶场景。可努力的两个方向如下。

（1）采用更多的潜在信息。现有方法缺乏对多维度和来源信息的有效利用，其中大多数都集中在前视图单帧多模态数据上，其他有意义的信息，如语义、空间和场景上下文信息没有得到重视。一些模型试图用图像语义分割任务结果作为附加特征，而其他模型可能利用神经网络主干中间层的特征。在自动驾驶场景中，许多明确语义信息的下游任务可能会极大地提高目标检测任务的性能，例如车道检测、语义分割。因此，未来的研究可以通过各种下游任务（如检测车道、交通灯和标志）共同构建一个完整的城市场景认知框架，帮助感知任务的表现。此外，当前的感知任务主要依赖于忽略时间信息的单一框架。时间序列信息包含序列化的监控信号，与单帧方法相比，它可以提供更稳健的结果。

（2）表征学习的自监督。相互监督的信号自然地存在于从同一个场景但不同角度采样的跨模态数据中。然而，由于缺乏对数据的深入理解，目前无法挖掘得到各模态之间的协同关系。所以应该利用多模态数据进行自监督学习，包括预训练、微调或对比学习（contrastive learning）。通过这些机制，融合模型会加深对数据的理解并取得更好的结果。

域偏差和数据分辨率与真实场景和传感器是高度相关的。这些方面的不足阻碍了自动驾驶深度学习模型的大规模训练和实施。

（1）域偏差。在自主驾驶感知场景中，由不同传感器提取的原始数据伴随着域相关的特征。不同的摄像头系统有其光学特性，而激光雷达可能因机械激光雷达和固态激光雷达也有所不同。更重要的是，数据本身可能是域偏差的，例如天气、季节或地理位置。因此，检测模型无法顺利适应新的场景。由于泛化失败，这些不足妨碍大规模数据集的收集和原始训练数据的可重用性。

（2）和数据分辨率的冲突。来自不同模态的传感器通常具有不同的分辨率。例如，激光雷达的空域密度明显低于图像的空域密度。无论采用何种投影方法，由于无法找到对应关系，一些信息被消除。无论是特征向量的分辨率不同还是原始信息的不平衡，可能导致模型被一个特定模态的数据所主导。目前需要的是一个和不同传感器分辨率兼容的数据表征系统。

**注**：BEV 空间适合和摄像头做传感器融合的模型，一般是特征级，将在 5.14 节专门讨论。

### 5.6.1　数据级

以激光雷达和摄像头的数据融合为例子，实际是激光雷达点云投影在摄像头图像平面形成的深度和图像估计的深度进行结合,理论上可以将图像估计的深度反投到 3D 空间形成点云和激光雷达的点云融合,但较少被采用。原因是,深度图的误差在 3D 空间会放大,另外是 3D 空间的点云分析手段不如图像的深度图成熟,毕竟 2.5D 空间的研究历史更长,比如以前的 RGB-D 传感器、Kinect 或者 RealSense。

这种融合的思路非常明确,一方面图像传感器成本低,分辨率高(可以轻松达到 2～4K);另一方面激光雷达成本高,分辨率低,深度探测距离短。可是,激光雷达点云测距精确度非常高,测距远远大于那些红外(infrared)/飞行时间(TOF)深度传感器,对室外环境的抗干扰能力也强,同时图像作为被动视觉系统的主要传感器,深度估计精度差,更麻烦的是稳定性和稳健性差。所以,是否能把激光雷达的稀疏深度数据和致密的图像深度数据结合形成互补呢?

另外,稀疏的深度图如何上采样(upsample)变得致密,这也是一个已经进行研究的题目,类似 image-based depth upsampling 的工作。还有,当激光雷达得到的点云投到摄像头的图像平面时会发现,有一些不反射激光的物体表面造成了“黑洞”,远距离的街道或者天空区域基本上是没有数据显示的,这样就涉及另一个研究题目——图像导引的深度填补/完成法(image-based depth inpainting/completion)。

解决这个问题的前提是,激光雷达和摄像头的标定和同步是完成的,所以激光雷达的点云可以校准投影到摄像头的图像平面,形成相对稀疏的深度图。

**1. 传统方法**

首先,把任务看成一个深度图内插问题,那么方法类似超分辨率(SR)和上采样,只是需要 RGB 图像的引导(image-guided)。

实现这种图像和深度之间的结合,需要的是图像特征和深度图特征之间的相关性,这个假设条件在激光雷达和摄像头传感器标定和校准时已经提到过,这里就是要把它应用在像素(pixel)/深度素(depel)/表面素(surfel)/体素(voxel)这个层次。

基本上,技术上可以分成两种途径:局部法和全局法。它和其他几个经典的计算机视觉问题,如光流计算、立体视觉匹配和图像分割类似。

简单回顾一下图像滤波的历史。均值滤波→高斯滤波→中值滤波→各向异性扩散(anisotropic diffusion)→双边滤波(bilateral filter)(等价于前者)→非局部均值滤波(non local means filter)→BM3D,这些都是局部法(已在 2.2 节介绍过双边滤波和非局部均值滤波)。那么联合双边滤波(joint bilateral filtering)及著名的引导图像滤波(guided image filtering),在这里都可以发挥作用。

最近有一个方法(见参考文献[47]),采用传统形态学滤波法,性能不比深度学习 CNN 差,其流程如图 5.99 所示,包括扩张、闭合、填洞、模糊等操作。

全局法自然就是 MRF、CRF、全局变分(total variation,TV)、字典学习(dictionary learning)和稀疏编码(sparse coding)之类。如参考文献[48]所提出的,采用 TV,传感器虽然是 TOF,但激光雷达也适用。再如参考文献[49]中提出的,引入语义分割,类似深度排序(depth ordering)。

如果把稀疏深度图看成一个需要填补的问题,那么就属于另外一个话题,即图像导引的深度填补/完成法(image-guided depth inpainting/completion),这方面的技术基本都是全局法,如参考文献[50]。

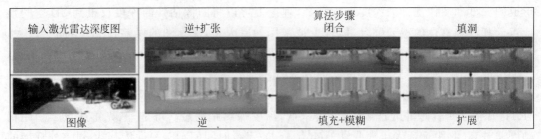

图 5.99　算法流程图

有一类方法,将激光雷达点云投影到图像平面的点作为先验知识或者"种子"(seed)去修正图像的深度估计过程,这就好比一个由激光雷达点云投影到图像上的稀疏点构成的网格(grid),去指导/约束双目图像匹配。如参考文献[51]提出的这个方法,如图 5.100 所示,其将视差空间图像(disparity space image,DSI)的视差范围缩小,计算 SRI(spherical range image,球面范围图像),最大/最小距离滤波,预测最大/最小视差,最后构建 DSI。求解方法是动态规划(DP)。

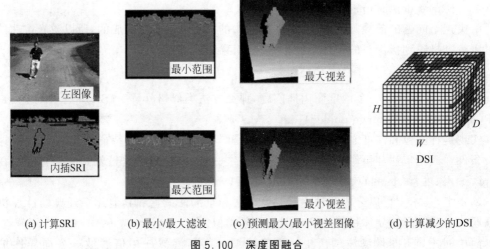

| (a) 计算SRI | (b) 最小/最大滤波 | (c) 预测最大/最小视差图像 | (d) 计算减少的DSI |

图 5.100　深度图融合

**注**:一个 SRI 图像,是球面方位角和仰角的距离函数输出的结果。

**2. 深度学习方法**

最近应用深度学习进行深度图融合的论文不断发表,一是自动驾驶对传感器融合的重视提供了动力,二是深度学习在深度图估计/分割/光流估计等领域的推广应用让研究人员开始布局着手多传感器融合的深度学习解法。

参考文献[158]从网络架构、损失函数、基准数据集和学习策略的设计方面研究了从极度稀疏数据(如激光雷达)进行**深度图补全**的各种方法,并将现有方法基本分为两类:一类是仅有稀疏输入而不用来自不同模态数据做引导,称为非引导深度图补全;另一类是稀疏深度图及其对应的 RGB 图像都用于输入,称为 RGB 引导的深度图补全。

第一类补全方法可细分为 3 种:①稀疏-觉察 CNN;②归一化 CNN;③辅助图像训练方法。

非引导方法通常表现得不如 RGB 引导方法,并受到模糊后果和目标边界扭曲的影响。

这可以归因于关于自然场景的先验信息不足。自然场景的深度图可以分解为光滑表面和表面之间的不连续性,而后者在深度图中形成台阶边。然而,当深度图非常稀疏时,像相邻目标和锐利边缘等先验信息明显缺失,因此,只用 CNN 恢复完整的深度图是困难的。

因此,利用 RGB 信息作为附加输入是简单而合理的。RGB 图像提供关于场景结构的信息,包括纹理、线条和边缘,可补充稀疏深度图的缺失线索,并鼓励平滑区域内的深度连续性和边界处的不连续性。此外,还有一些单目线索,如消失点,可促进深度图估计。

RGB 引导的深度图补全模型可主要分为 5 种:①早期融合模型;②晚期融合模型;③显式 3D 表征模型;④残差深度图模型;⑤基于空域传播网络(SPN)模型。

**早期融合模型**相当简单,因为多模态数据的融合仅在输入层进行,特征提取完全依赖于黑盒 CNN。早期融合模型通常的表现不如**晚期融合模型**,后者可以学习特定领域知识和相关的特征。

多模态特征融合方法已经从直接连接或求和发展到应用语义相关性、注意力机制和空域可变核(spatially-variant kernels)等,也从单空间尺度变成更常见的多空间尺度。

**显式 3D 表征模型**可以分为:①3D-觉察卷积(3DAC);②中间曲面法线表征(ISNR);③从点云学习几何表征(LfPC)的方法。

3D-觉察卷积的方法在准确性和效率上都优于中间曲面法线表征和从点云学习几何表征的方法。这并不奇怪,因为 3D-觉察卷积仅作用于空间上接近的有效深度点,因此较少受到丢失数据的影响,有助于减少冗余。不过,从点云学习几何表征方法的一个明显优势是,在不同的天气和光照条件下表现出更高的泛化精度。

**残差深度图模型**尤其注重提高深度图的几何逼真度。残差模型应用残差学习来预测一个残差图,并将其用作一个密集图的补偿。残差学习的优势通常体现在两方面:首先被视为一种结构调节,可以提高感知质量;其次,由于远距离区域通常会产生较大的深度误差,而近距离区域的深度误差较小,因此残差学习倾向于对具有较大误差的像素进行补充,并对近距离区域或完美预估计的像素保持近零的数值。

**基于空域传播网络(SPN)**的模型在准确性方面明显优于其他类型的方法。此外,基于关联(affinity)的深度图细化不仅因为采用深度图空间的几何约束使结果更精确,而且适用于任何现有模型。不过这种模型不可避免地需要额外的卷积模块来实现 SPN,从而增加模型的复杂性。此外,优化过程中的多次迭代非常耗时。

如下以一些论文工作为例介绍具体的深度图融合方法。

公开的第一篇深度图融合工作报告是 MIT 博士生 F. Ma 的论文。而几乎同一时间来自德国 Andreas Geiger 研究组的论文也得到了发表(见参考文献[52])。他们开拓性的工作使 Kitti 视觉基准套件(vision benchmark suite)启动了 2018 年的深度图补全和预测竞赛(depth completion and prediction competition),不过 MIT 获得了当年深度补全(depth completion)的冠军。

如图 5.101 所示,输入是深度图和对应的掩码图,后者就是指激光雷达点云投影到图像平面的二值图(有投影的掩码像素值为 1,反之为 0),为此设计了一个称为稀疏 CNN 的模型,如图 5.101(a)所示为稀疏卷积层的网络架构网络的输入是稀疏深度图和二进制观测掩码,它通过几个稀疏卷积层(虚线),内核大小从 $11 \times 11$ 减小至 $3 \times 3$;图 5.101(b)是稀疏卷积(sparse convolution)操作的示意图,这里 $\odot$ 表示元素乘法,$*$ 表示卷积,$1/x$ 表示逆和,而输入特征可以是单通道或多通道。

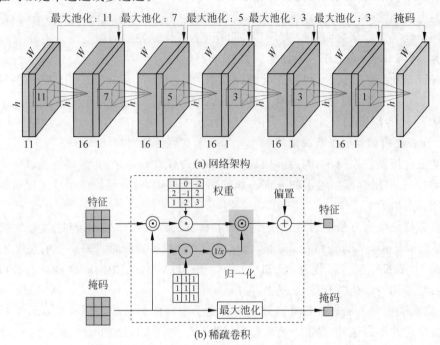

(a) 网络架构

(b) 稀疏卷积

图 5.101    Sparsity Invariant CNN

而 MIT 博士生 F. Ma 的方法(见参考文献[54]),一开始采用"暴力"训练方法,如图 5.102 所示,其中针对 NYU Depth(室内)和 KITTI 设计了不同的模型,立方体是特征图,尺寸表示为特征数 @ 高度×宽度;编码层由 ResNet 和 3×3 卷积组成;解码层由 4 个上采样层组成,然后是双线性上采样。

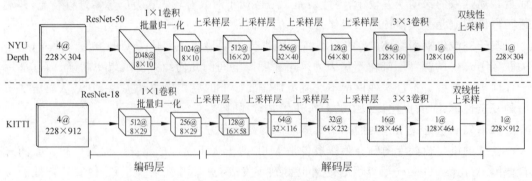

图 5.102    MIT 的方法

随后他们采用了自监督学习 RGB 到深度图的 CNN 方法,并利用相邻帧运动的连续性约束自学习(见参考文献[55])。编码器由一系列卷积组成,增加的滤波器组对特征空间分辨率进行下采样;此外,解码器具有逆架构,转置卷积对空间分辨率进行上采样(见图 5.103(a));图 5.103(b)所示为自监督学习框架,其中白色框是变量,沙漏是要训练的深度网络,蓝色框是确定性计算块(没有可学习的参数),绿色框是损失函数。

自监督学习框架仅需要来自单目相机的颜色/灰度图像的同步序列和来自 LiDAR 的稀疏深度图像。因此,自监督的框架不依赖于任何额外的传感器、标注或其他基于学习的算

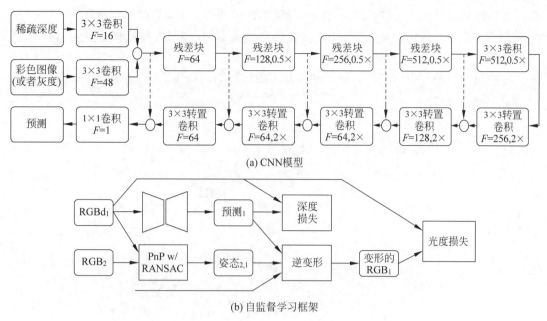

(a) CNN模型

(b) 自监督学习框架

**图 5.103 MIT 的改进方法**

法作为构建块。此外,该框架不依赖于任何特定的神经网络架构选择,在训练时,当前数据帧 $RGBd_1$ 和附近数据帧 $RGB_2$ 都用于提供监督信号。然而,在推理时,仅需要当前帧 $RGBd_1$ 作为输入以产生深度预测 $pred_1$。

凭此方法,MIT 方法获得了 KITTI 比赛的冠军。

INRIA 工作的结构如图 5.104 所示(见参考文献[56]),仍然是编码器-解码器方案,不采用掩码输入(文章中分析其原因是由层-接-层的传递造成失效导致的),而语义分割作为训练的另一个目标。

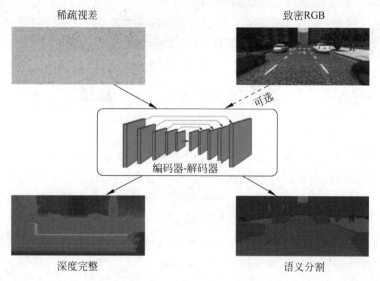

**图 5.104 INRIA 工作的结构**

网络的编码器部分是修正的 NASNet,并在输入稀疏时通过在第一个跨步(strided)卷积层之后删除批量归一化(BN),因为缺失像素的零值伪造了 BN 层的平均计算。

参考文献[56]的作者发现 CNN 方法在早期层将 RGB 和深度图直接合并输入性能不如晚一些合并(和任务层的融合相比,这个还是算早期融合法),这也是他的第二个发现,这一点和参考文献[55]中的观点一致。融合方法的比较如图 5.105 所示,对前融合和后融合进行了直观的对比。

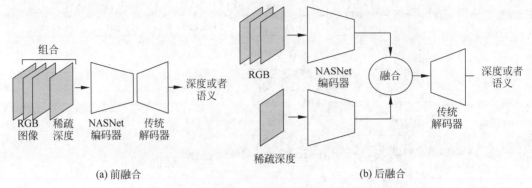

(a) 前融合　　　　　　　　　　　　　　　　　(b) 后融合

图 5.105　融合方法

瑞士 ETH 工学院、Princeton 大学和 Microsoft 联合撰写的论文(见参考文献[57])中提出,还是需要输入二值掩码图(binary mask),也引入了表面法线图增强深度预测,还有置信度掩码(confidence mask),特别加入了目标驱动的注意力机制(attention mechanism)。深度图融合系统流程图如图 5.106 所示。

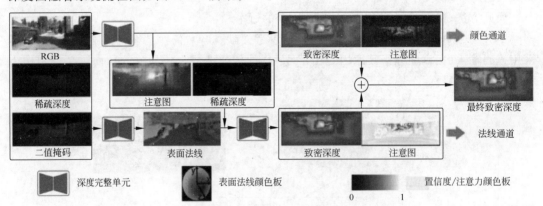

图 5.106　系统流程图

这个深度图融合端到端的神经网络结构用表面法线作为中间表示。整个网络主要由两条路径组成:颜色路径和表面法线路径。颜色路径将彩色图像和稀疏深度作为输入,输出完整的深度。表面法线路径首先从输入彩色图像和稀疏深度来预测表面法线图像,然后将其与稀疏深度和从颜色路径学习的置信度掩码组合在一起以产生完整的深度。这两条路径中的每一条都用一堆深度补全单元(deep completion unit,DCU)实现,然后来自两条路径的深度通过学习的加权和产生最终的完整深度。

端到端融合系统 DCU 模型的细节见图 5.107,用于 RGB 图像/法线和稀疏输入的两种编码器由一系列 ResNet 块组成,然后进行卷积,最后将特征分辨率缩小到输入的 1/16。解码器由四个上投影单元(up-projection unit)组成,逐渐增加特征分辨率并集成两个编码器的特征以产生密集输出。由于输入稀疏深度与解码器输出(如表面法线或深度)强烈相关,因此来自稀疏深度的特征应该在解码器中贡献更多。

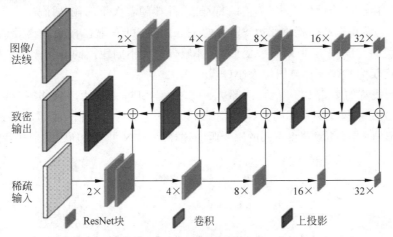

图 5.107 DCU 模型的细节

最后,简单归纳深度学习是如何进行深度图融合这个领域的工作,从暴力训练的模型开始,慢慢加入几何约束,联合训练的思路普遍接受。拖延 RGB 图像和深度图合并的时机是共识,分别训练特征图比较好,要不要掩码图输入还有待讨论。

参考文献[159]在基于空域传播网络的模型中提出了一种基于注意力的动态方法去学习相邻像素之间的关联。具体而言,一个动态空间传播网络(DySPN)利用非线性传播模型(NLPM),将邻域分解为相对不同距离的部分,并递归地生成独立的注意力图,然后将这些部分细化于自适应关联矩阵(adaptive affinity matrix)。此外,采用扩散抑制(DS)操作,使模型在早期收敛,防止密集深度图的过平滑。

DySPN 包括一个简单的非线性传播模型、一个扩散抑制操作和三个极大降低复杂性的变形模块,其流水线框架如图 5.108 所示,其用一个 ResNet34-UNet 模型并行地输出注意力图、初始深度图、亲和力矩阵和稀疏深度测量的置信度预测;注意力图分为 6 部分,并在一个 6 步传播过程中应用于 DySPN 模块。

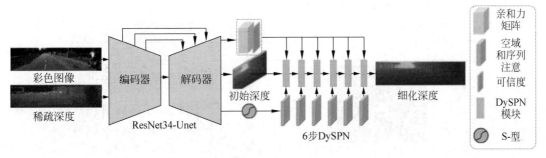

图 5.108 DySPN 流水线框架

NLPM 类似于一个偏微分方程(PDE)描述的扩散过程,直到 $N$ 次迭代结束才会停止,但这不适用于所有像素。如果 $N$ 太高,输出将过平滑,这对于深度补全是不利的。为了解决这个问题,这里采用了一种扩散抑制操作,在每次迭代中估计精细深度图的关联性,以便模型在早期阶段收敛。

$N$ 步 NLPM 的基本思想是使用全局注意力，其复杂度为 $O(m^2 n^2 N)$，深度图大小是 $(m,n)$。当单独将注意力分配给每个采样 $(k)$ 邻居时，复杂性下降到 $O(k^2 N)$。同时，基础网络需要估计比线性传播模型多 $N$ 倍的特征图，并伴随着大量的额外计算。

分析 $7\times7$ 卷积空域传播网络（CSPN）的关联矩阵，可发现在相同距离处的邻居，其关联权重是相关的。DySPN 采用三种变形，将邻域分解为不同距离的部分。这个解耦注意力机制的复杂度仅为 $O(kN)$，与图像大小 $(m,n)$ 无关。

三种变形概览如图 5.109 所示，顶部可见 $7\times7$ DySPN 根据距离将邻域分解为四部分。中间是膨胀 DySPN 聚集两个不同的 $3\times3$ 邻域，其中一个有 3 的膨胀；底部是可变形 DySPN，用两个可变形的 $3\times3$ 邻域获得不同的感受野。这样 DySPN 可减少所需的邻居数量。

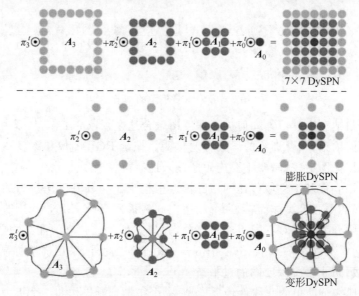

图 5.109　邻居解耦的三种变形

$7\times7$ CSPN 和 $7\times7$ DySPN 的比较如图 5.110 所示。图 5.110(a) 中可见一个固定的关联矩阵被分配给 CSPN，其权重分布在内核的最外层。图 5.110(b) 显示通过注意力机制调整的自适应关联矩阵被提供给 DySPN。

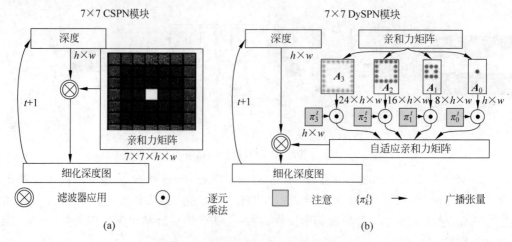

图 5.110　CSPN 和 DySPN 模块的比较

以 ResNet-34 为主干的类 Unet 编码器-解码器网络,作为 DySPN 与其他 SPN 公平比较的基础网络。修改基础网络的头部,以便同时输出注意力图、初始深度图、关联矩阵和稀疏深度测量的置信预测。

参考文献[160]中提出了一种三分支主干,包括 RGB 引导分支、语义引导分支和深度图引导分支。具体地,RGB 引导分支将稀疏深度图和 RGB 图像作为输入,生成包括场景颜色线索(如目标边界)的颜色深度。颜色引导分支的预测密集深度图、语义图像和稀疏深度图作为输入传递给语义引导分支,用于估计语义深度。深度图引导分支采用稀疏深度、颜色深度和语义深度来生成密集的深度图。颜色深度、语义深度和引导的深度自适应地融合,产生三分支主干的输出。此外,应用语义-觉察的多模态基于注意力的融合块(SAMMAFB)来融合所有三个分支之间的特征。进一步改进是,用带空洞卷积的 CSPN++来细化三分支主干生成的密集深度图。

图 5.111 所示为 SemAttNet 的框图。第一阶段由 RGB、语义和激光雷达稀疏深度图组成的多模态数据传递到三分支主干,该主干输出融合的密集深度图中利用 SAMMAFB模块自适应融合 RGB、语义和稀疏深度分支之间的特征;第二阶段通过 CSPN++和空洞卷积进一步细化三分支主干的输出。

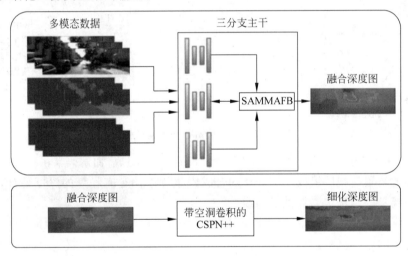

图 5.111　SemAttNet 框图

图 5.112 所示为 SemAttNet 的总览。与之前的图像引导方法不同,这里设计了一个单独分支来学习场景的语义信息。此外,基于注意力融合块(AFB)执行 RGB、深度和语义模式之间的语义-觉察融合。每个分支输出一个深度图和一个置信度图,然后自适应地融合产生一个融合深度图。最后,融合的深度图通过空洞卷积发送到 CSPN++模块进行细化。注:这里 AFB 代表 SAMMAFB。

图 5.113 所示为 SAMMAFB 的体系结构。SAMMAFB 的输入是颜色、语义和深度模态的级联;应用通道方向和空域方向的注意力于连接的特征,生成精细的融合特征图。

具体而言,通道注意的目的是为每个通道分配一个相对于贡献的权重来学习重要通道,以提高整体绩效。类似地,空域注意模块专注于学习这些重要通道的位置。这两个模块相互补充对于生成精细的融合特征图至关重要。

颜色引导(CG)分支旨在学习密集深度补全的重要颜色线索。CG 分支遵循具有跳连

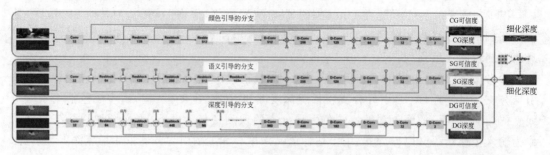

图 5.112　SemAttNet 总览

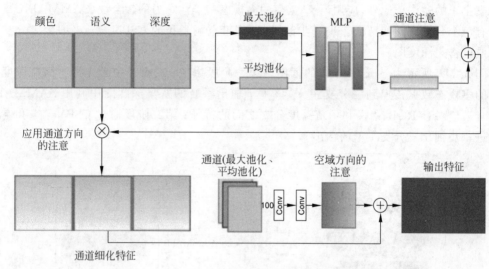

图 5.113　SAMMAFB 的体系结构

接的编码器-解码器网络架构。编码器由 10 个 ResNet 块组成,而解码器由一个卷积和 5 个用于上采样的转置卷积层组成。该分支的合成密集深度图是有噪声的深度估计,但为学习其他分支中场景的结构信息提供了基线。

语义线索有助于理解场景,对于深度完成任务至关重要。然而,仅有 CG 分支不足以学习语义信息。因此,我们提出了一个语义引导(SG)分支,以鼓励学习有效的语义线索,并补充 RGB 图像以实现深度补全。SG 分支将颜色深度、语义图像和稀疏深度图作为输入,并输出由颜色和语义线索组成的密集深度图。将 CG 分支的解码器特征融合到 SG 分支的相应编码器特征中。来自 CG 和 SG 的特征被发送到 SAMMAFB,后者输出精细的融合深度特征图。

深度引导(DG)分支专注于学习深度主导特征,这有助于生成精确的密集深度图。它将 CG、SG 和稀疏深度级联作为输入,并输出密集深度图。与 CG 和 SG 分支中的特征融合策略类似,来自 CG 和 DG 分支的解码器特征融合到 DG 分支相应的编码器特征中。不过在 DG 分支中,SAMMAFB 将三种模态的特征图作为输入,并输出精细的融合特征图。细化的融合特征图由来自 CG 和 SG 分支的有用信息组成,指导 DG 分支学习有效的深度特征表示。网络架构类似于 CG 和 SG 分支,但在编码器和解码器架构中增加了两层,以适应 CG 和 CG 分支解码器的特点。

### 5.6.2 任务级

高层的融合是任务级,如障碍物检测/分类、跟踪、分割和定位。有时融合可能在某一级的特征空间进行,这也会随任务不同而发生变化。

**1. 传统融合方法**

传统融合理论一般包括代数法(如加权和)、卡尔曼滤波、贝叶斯理论和证据理论,其中卡尔曼滤波是最常见的方法。

参考文献[58]使用一个双目相机和激光雷达融合做十字路口安全驾驶系统的障碍物检测。图 5.114 是传感器的配置图,包括雷达(短/长距)、激光雷达、双目摄像头和 V2I 系统。

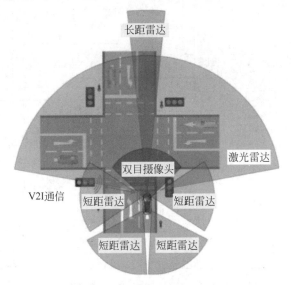

**图 5.114 传感器的配置**

图 5.115 是双目视觉和激光雷达的融合系统的软件框架,包括检测级别的传感器融合和基于模型的跟踪,以及风险评估系统等。双目视觉处理和激光雷达处理两路合在一起作为障碍物检测的传感器融合系统,并进入跟踪模块。其中利用障碍物标记和位置信息进行融合,统一起来进行目标跟踪。

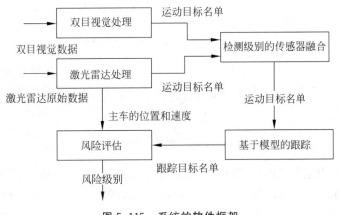

**图 5.115 系统的软件框架**

图 5.115 所示系统中的双目视觉算法如图 5.116 所示,其中图 5.116(a)所示是低级结构图,包括图像获取、亮度调整、下采样、校准、去畸变、稀疏光流估计、自运动估计、深度图估计和 3D 点云计算等;图 5.116(b)所示是高级结构图,分结构环境和非结构环境两个不同场景的流程,其中模块有车道线检测、障碍物分割、障碍物/目标检测和跟踪、障碍物分类、高地图检测、占用格检测和多边图提取等,最后两个流程的结果融合后作为结果。

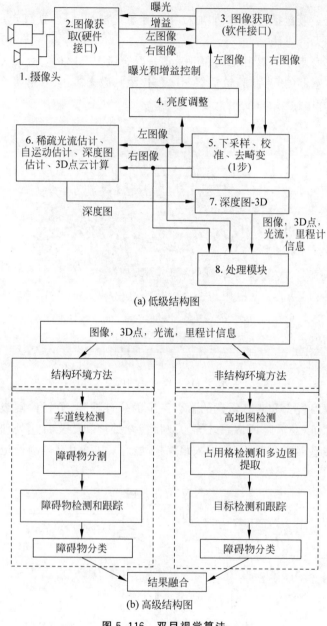

(a) 低级结构图

(b) 高级结构图

图 5.116　双目视觉算法

参考文献[59]中把激光雷达、摄像头和雷达的数据在检测任务级进行融合。如图 5.117 所示是演示车辆和 3 个传感器的配置,均为前向配置的激光雷达、摄像头和毫米波雷达。

参考文献[59]中感知任务的系统框架如图 5.118 所示,包括两部分,分别为 SLAM 和

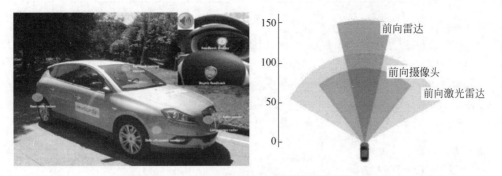

图 5.117 演示车辆和 3 个传感器的配置

运动目标的检测和跟踪(detection and tracking of moving object,DATMO)。

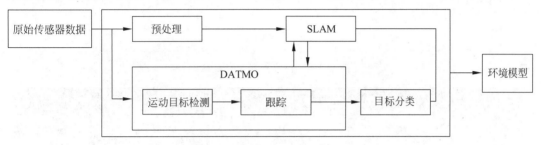

图 5.118 感知任务的系统框架

该感知系统包括激光雷达和摄像头,采用基于证据理论的融合机制,如图 5.119 所示,分别在检测和跟踪两层进行融合。

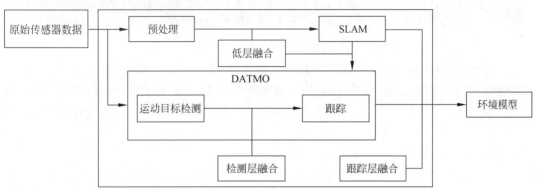

图 5.119 融合机制

而整个多传感器感知融合系统的示意图如图 5.120 所示,包括 2 个模块,分别为前向目标感知(frontal object perception,FOP)和运动目标检测(moving object detection,MOC)。

在 CMU 的论文(见参考文献[60])中采取的融合方式有些不同,其传感器配置如图 5.121 所示,包括 CMU 自动驾驶车、激光雷达传感器、水平视域(horizontal field of view,HFOV)展示。

图 5.122 是参考文献[60]中跟踪系统的框架,包括两层,分别为**传感器层**(**sensor layer**)和**融合层**(**fusion layer**)。传感器层包括雷达、激光雷达和摄像头,每个传感器独自完成目标的特征提取和检测,而融合层包括基于卡尔曼滤波器的融合。

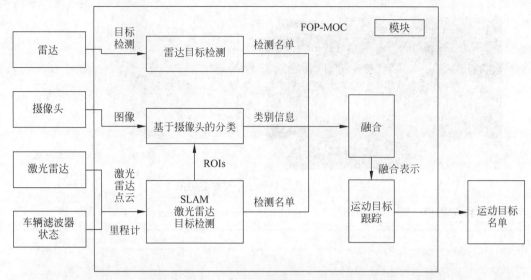

图 5.120　传感器感知融合系统

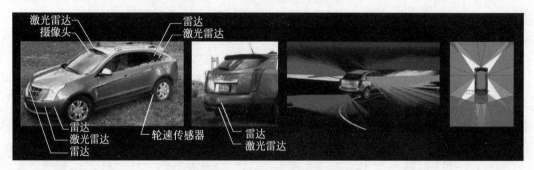

图 5.121　CMU 车辆传感器配置

　　基于数据相关(data association)的跟踪方法针对不同的传感器数据有所不同(见图 5.123)。预测的运动目标假设投影到图像空间,和一组检测的"视觉目标"相关联(见图 5.123(a))。从预测的运动目标中假设产生一组可能的"边缘目标",然后和一组提取的"边缘目标"相关(见图 5.123(b))。同样,从预测的运动目标假设产生一组可能的"点目标",然后和一组的检测"点目标"相关联(见图 5.123(c))。最终在 EKF 平台跟踪进行融合。

　　参考文献[61]是关于毫米波雷达和单目相机的检测融合,需要对毫米波雷达和摄像头标定,计算一个单应性变换(homography)的平面转换。

　　融合策略基于点对准/对齐(point alignment)模块和区域搜索(region search),如图 5.124所示,包括点对准、目标检测的区域搜索和真实障碍物确定三个步骤。

　　雷达检测的点目标视为潜注意焦点,所以融合第一级是进行雷达-视觉点对齐。雷达点作为参考中心,将图像按顺序分割成小段。这将有助于减少甚至消除复杂环境的影响,最终加快障碍物检测速度,并进一步确定障碍物的轮廓。

　　车载传感器的配置如图 5.125 所示,均为前向配置的摄像头和毫米波雷达。

　　基于对驾驶人在道路上的视觉意识分析,检测应限于近距离,这有助于减少潜在障碍物的数量,进而减少计算负荷。然后,真实障碍物的左右边界是驾驶人的视觉焦点,因此应确定障碍物的边缘。

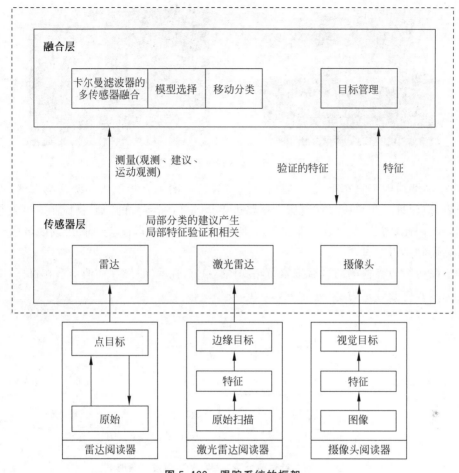

图 5.122 跟踪系统的框架

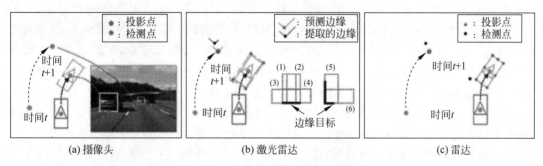

图 5.123 各个传感器数据的相关机制

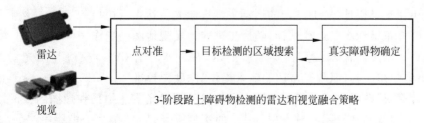

图 5.124 融合策略

图 5.125　车载传感器的配置

　　首先,检测应限于自车附近的道路区域。其次,一次不会检测太多障碍物。然后,应确定其边界,以便进一步精确导航。假设道路边界是预知的,有效的障碍物检测应该限制在这个范围内。因此,雷达-视觉点对准在该范围内进行,视觉搜索也应限制在该区域内。检测的显著障碍物不得超过两个。

　　基于障碍物边界检测的区域搜索策略如图 5.126 所示(假设存在两个潜在目标,即区域 1 和区域 2,其中心分别为 $(u_1,v_1)$ 和 $(u_2,v_2)$)。

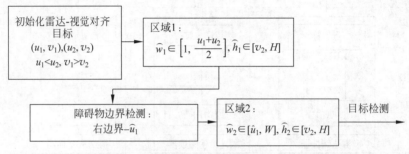

图 5.126　针对两个潜在目标的区域搜索策略

　　整个目标检测级别的融合框架见图 5.127(a),其中上部分是点对齐的实现过程,中间灰色框中是目标检测和目标边界确定的过程,可以看见阴影检测(shadow detection)和边缘检测(edge detection)是算法的根本;图 5.127(b)所示为一个阴影实例,车辆下方的阴影可以用来估计左右边界,这是一个简单、连续但可能无效的特征,但是阴影存在于图中所示的交叉桥下,这可能会给阴影检测带来困难,甚至使检测失败。对于行人,其边缘是显著的,所以行人如同图像中的阴影。从光学角度来看,已知像植物这样的目标可能会漫反射、吸收和遮蔽光,并且摄像头传感器接收的光强度将相对较低,在灰度图像的相应位置形成较暗的部分。在这里,较暗的部分可以被视为障碍物的阴影,这提供了在特殊情况下检测潜在障碍物的指示。

　　参考文献[64]在 LOAM(laser odometry and mapping)的基础上融合了视觉 SLAM 工作。它先用视觉里程计(VO)估计的运动去配准激光雷达点云(见图 5.128),然后用点云的里程计重新修正摄像头的运动估计,随后步进式地实现地图的制作。

　　里程计和制图的流水线如图 5.129 所示,视觉里程计(VO)模块和激光雷达里程计(LO)模块串联在一起,但激光雷达的输入提供"深度图校准"(depth map registration)帮助视觉里程计模块,在激光雷达里程计模块中可以看到激光雷达扫描在地图的校准以 1Hz 的速度更新,而视觉帧在地图的校准以 60Hz 的深度更新,同时在这个模块中,视觉和激光雷达两部分的运动估计进行校准和集成(transform integration)。

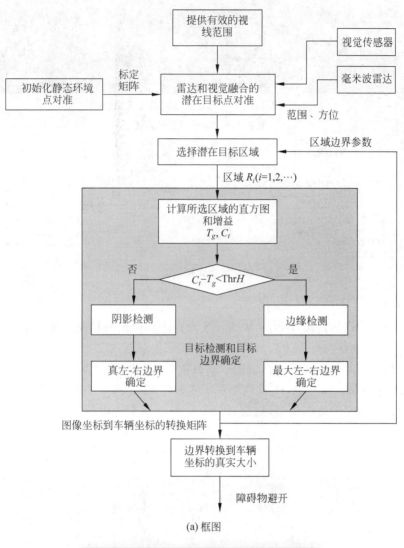

(a) 框图

(b) 阴影实例

图 5.127　目标检测级别的融合框架

视觉里程计           激光雷达里程计

图 5.128 运动估计和制图

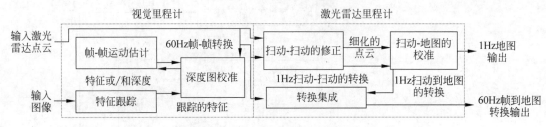

图 5.129 里程计和制图的流水线

### 2. 深度学习方法

最常见的是障碍物检测任务,不少结合激光雷达和摄像头信息的深度学习检测模型被推出。

参考文献[63]基于点云产生前视图和鸟瞰视图,定义了一个稀疏非均匀池化层(sparse non-homogeneous pooling layer)在两个视图之间转换,这样一个 CNN 模型结合点云的鸟瞰视图和前向图像实现目标检测,如图 5.130 所示,其中右边虚框是稀疏非均匀池化层的架构图。

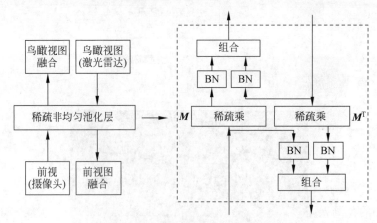

图 5.130 稀疏非均匀池化层的结构

设前向视图大小是 $H_f \times W_f$,鸟瞰视图大小是 $L_b \times W_b$。稀疏非均匀池化层采用特征图(如图像)作为输入,$(u_i, v_i)$ 和 $(x_i, y_i)$ 对作为参数。该层构造 $L_b \times W_b \times H_f \times W_f$ 稀疏矩阵 $\mathbf{M}$;$H_f \times W_f \times C$ 特征图被平坦化(flatten)为致密的 $H_f \times W_f \times C$ 矩阵 $\mathbf{F}$;然后,池化特征图是 $\mathbf{B} = \mathbf{M} \times \mathbf{F}$,可以与目标特征图合并以便进一步处理。在合并之前,对两个特征图应用批量归一化(BN)。在早期阶段不推荐鸟瞰视图和前视图的特征图之间的融合,由于点云的分辨率低于相机图像,因此原始输入的池化会导致图像数据的使用率非常低。稀疏池化最好应用于更深的层。

基于融合的检测 CNN 模型如图 5.131 所示,稀疏非均匀池化层在两个 CNN 之间,最后输出分类和边框回归结果。

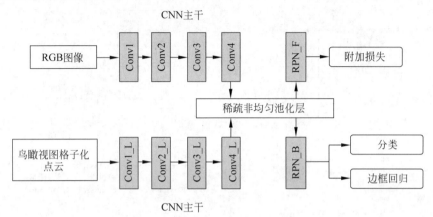

图 5.131　基于融合的检测 CNN 模型

参考文献[65]中提出的 RoarNet 还是基于 PointNet 模型分析点云数据得到 3D 区域建议(region proposal),然后和图像 CNN 模型估计的 2D 边框和姿态合并(见图 5.132)。该模型首先预测 2D 边框和来自 2D 图像中目标的 3D 姿态。对于每个 2D 目标检测,应用几何一致搜索(geometric agreement search)来预测 3D 空间中的目标位置。

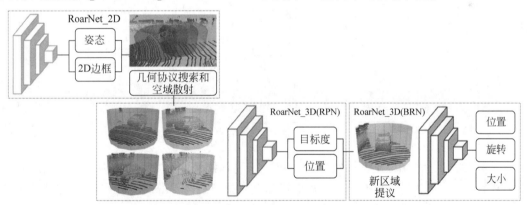

图 5.132　RoarNet 模型结构

以每个位置预测为中心,设置具有直立圆柱(standing cylinder)形状的区域建议。考虑到边框和姿势的预测误差,可以取单个目标的多个区域提议。每个区域提议都负责检测单个目标。将从每个区域提议采样的点云作为输入,模型预测目标位于相对于区域提议中心的位置,该提议递归地给下一步设置新的区域提议。模型还预测目标得分(objectness score),它反映目标在区域提议中的概率。只有那些具有高目标分数的提议才会在下一步考虑。这一部分叫作 RPN。

最后,该模型在先前预测的位置设置新的区域提议。模型预测 3D 边框回归所需的所有坐标,包括目标位置、旋转和大小。这部分是边框回归网络(box regression network,

BRN)。

处理图像的 CNN 方法见图 5.133,其中图 5.133(a)所示是以前 3D 目标检测的旧模型,图 5.133(b)所示是 RoarNet_2D 的新架构,增加了 RPN、ROI ALIGN 和检测+姿态估计(Det+Pose CNN)。

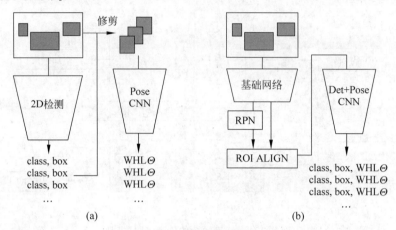

图 5.133 处理图像的 CNN 方法

最终模型结构采用的检测流水线如图 5.134 所示,和单步/两步检测流水线相比,其去除了冗余的预测模块。

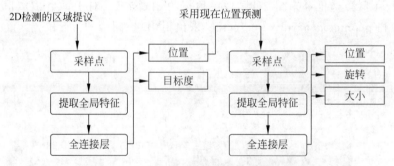

图 5.134 最终模型结构采用的检测流水线

在参考文献[66]中,作者首先利用 2D CNN 目标探测得到 2D 区域提议并对其进行分类;然后将 2D 区域提议提升到 3D,从而成为截锥提议(frustum proposal);给定截锥中的点云($n$ 个点,$c$ 条通道),通过每个点的二元分类实现实例分割;基于分割的目标点云(包括 $c$ 条通道,$m$ 个点),一个轻量回归网络 PointNet(T-Net)尝试通过平移进行点对齐,使得质心接近于非模态中心(amodal box center);最后,边框估计网络(box estimation net)估计目标的非模态 (amodal)3D 边框,如图 5.135 所示。

3D 检测器的示意图如图 5.136 所示,给定 RGB-D 数据,用 CNN 在 RGB 图像中生成 2D 对象区域提议,然后将每个 2D 区域反投影到 3D 观察截锥(viewing frustum),在该观察锥台中,从深度数据可获得点云。从截锥点(points in the frustum)、截锥 PointNet 预测(定向和非模式)目标的一个 3D 边框。

其中采用的 PointNet 模型如图 5.137 所示,左边像沙漏模型,右边 T-Net 输出类型,PointNet 输出 3D 边框参数。

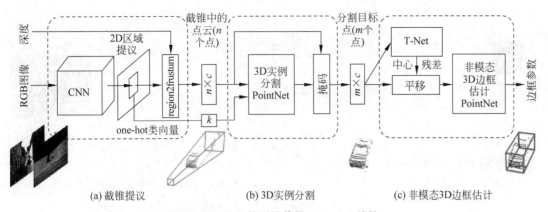

图 5.135 用于检测的截锥 PointNets 结构

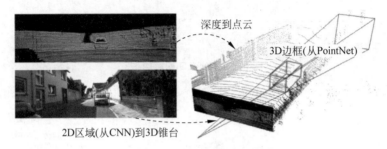

图 5.136 3D 检测器的示意图

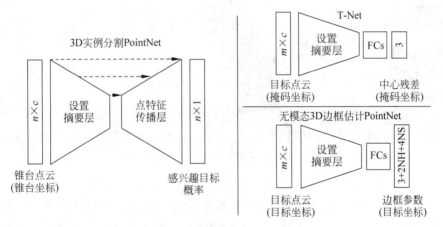

图 5.137 PointNets 的基本架构

参考文献[67]中的方法 MV3D 的结构图如图 5.138 所示,采用激光雷达点云的鸟瞰视图和前视图像两个方向的投影和 RGB 图像共同构成目标检测的输入,检测器类似两步法,其中区域建议被 3D 建议导出的鸟瞰/前视图提议(bird view/frontal view proposal)和 2D 图像提议结合所取代。

参考文献[68]是一个深度学习作跟踪层的融合示例(见图 5.139),它采用"跟踪当作检测"(tracking by detection)的思路,将问题表述为深层结构模型(deep structured model, DSM)中的推理,其中使用一组前馈神经网络利用摄像头和激光雷达数据来计算检测和匹配分数。模型中的推断可以通过一组前馈过程精确完成,然后求解线性程序。通过最小化

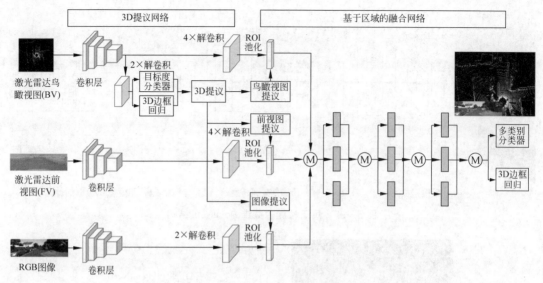

图 5.138　MV3D 的结构图

结构化铰链损耗(structured hinge loss),同时优化检测器和跟踪器来完成整个端到端的网络学习。

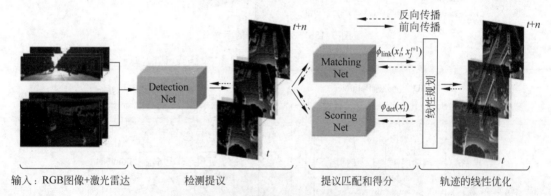

图 5.139　深度学习作跟踪层的融合示例

系统将 RGB 帧(摄像头图像)和激光雷达点云的序列作为外部输入。根据这些输入,系统产生目标的离散轨迹。采用的是一种端到端可训练的架构,其中包括 3 个可学习的网络,分别为 Detection Net、Matching Net 和 Scoring Net。前面的 MV3D 检测器被直接使用产生 3D 目标建议。

DeepFusion(见参考文献[179])提出两种新的技术:InverseAug 模块,反转几何相关的增强(如旋转),实现激光雷达点和图像像素之间的精确几何对齐;LearnableAlign 模块,利用交叉注意力机制,在融合过程中动态捕捉图像和激光雷达特征之间的相关性。

图 5.140 所示是 InverseAug 模块的流水线。InverseAug 的目标是投影数据增强阶段后获得的关键点到 2D 摄像头坐标系,即(a)→(b)(注:关键点是一个通用概念,可以是任何 3D 坐标,例如激光雷达点或体素中心,为了简单起见,以激光雷达点为例)。通过摄像头和激光雷达参数将关键点从增强的 3D 坐标系直接投影到 2D 摄像头坐标系,即(b)→(d),精度较低。因此,首先将所有数据增强反向应用于 3D 关键点,找到原始坐标中的所有关键

点,即(b)→(c)。然后,激光雷达和摄像头参数可用于将 3D 关键点投影到摄像头特征,即(c)→(d)。

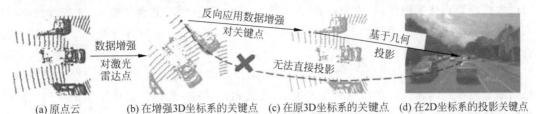

(a)原点云　　(b)在增强3D坐标系的关键点　(c)在原3D坐标系的关键点　(d)在2D坐标系的投影关键点

**图 5.140　InverseAug 模块的流水线**

当 DeepFusion 流水线融合深度特征时,每个激光雷达特征都表示一个包含点子集的体素,因此其对应的摄像头像素位于一个多边形中。对齐成为一个单体素-多像素的问题。一种幼稚的方法是对给定体素相对应的所有像素进行平均。然而,这些直观的像素并不是同样重要,因为来自激光雷达深度特征的信息不平等地与每个摄像头像素对齐。例如,一些像素可能包含用于检测的关键信息,如检测目标,而其他像素可能包含的信息较少,只是一些道路、植物、遮挡物等背景。

为了更好地将来自激光雷达特征的信息与最相关的摄像头特征对齐,DeepFusion 引入 LearnableAlign 模块,它利用交叉注意力机制动态捕捉两个模态之间的相关性,如图 5.141 所示。具体而言,输入包含一个体素单元及其所有对应的 $N$ 个摄像头特征。LearnableAlign 用三个全连接层分别将体素转换为 query,并将摄像头特征转换为 key 和 value。对于每个 query(即体素单元),在 query 和 key 之间进行内积,获得注意的密切矩阵(attention affinity matrix),该矩阵包含体素与其所有对应的 $N$ 个摄像头特征之间的 $1 \times N$ 相关性。由 softmax 运算符归一化后,注意的密切矩阵用于加权和聚集包含摄像头信息的 value。聚集的摄像头信息由全连接层处理,最后与原始激光雷达特征连接。输出最终被输入任何标准的 3D 检测框架中,如 PointPillars 或 CenterPoint,用于模型训练。

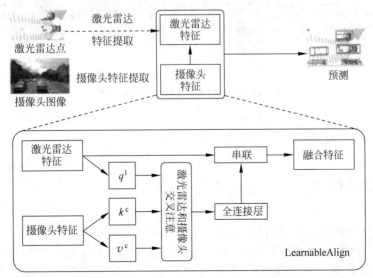

**图 5.141　LearnableAlign 模块的示意图**

体素场融合(VFF)方法旨在保持融合的跨模态一致性,其增强的图像特征、表征和融合为体素场中的一个射线。为此,首先设计可学习采样器从图像平面采样重要特征,并以点对线方式投影到体素网格,从而保持特征表征与空间上下文的一致性。此外,逐射线融合技术将特征与构建体素场的附加上下文融合在一起。混合增强方法对齐特征可变的变换,弥合数据增强中的模态差距。

VFF方法和以前方法的比较如图5.142所示。以前的方法(见图5.142(a))将特征从原始图像投影到体素并以点对点的方式表示,与之相比,如图5.142(b)中所示的VFF方法将特征从增强图像投影到体素场并以点到射线的方式表征。

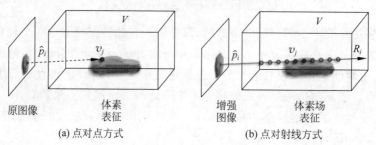

(a) 点对点方式        (b) 点对射线方式

**图5.142　VFF方法和以前方法的比较**

图5.143所示是VFF的3D目标检测流水线框架。首先,不同模态的输入用仅用于训练的混合增强器进行处理;其次,在特征编码器中分别提取两个模态的特征,在射线构造器中建立对应关系;然后在VFF中,采样器选择用于交互的重要图像特征;接着,沿每条射线以高响应特征进行射线融合;最后,在体素场中,融合的和新生成的特征应用随后的检测主干和头来预测最终的3D提议。

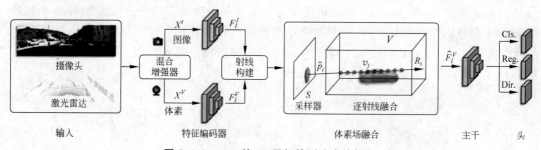

**图5.143　VFF的3D目标检测流水线框架**

这里主要介绍数据层和任务层的融合方法,而对于深度学习的框架,目前还有一种特征层的融合方法受到工业和学术界的重视,即BEV网络,这部分将单独在5.14节进行讨论。

## 5.7　车道线检测

车道线是重要的路上语义信息,车道线检测对自动驾驶系统十分重要。车道线不仅可以提供相关的路况信息以防止车道偏离,还可以辅助车辆定位和前方车辆检测。然而,车道线检测面临许多挑战,包括极端照明、车道线缺失和障碍物等。近年来,基于深度学习的车道线检测算法以其优异的性能备受关注。

**1. 传统方法**

一般车道线检测系统多是基于单目图像的,早期算法多是传统方法。参考文献[69]中的工作基本上分成几个模块:图像清理(障碍物遮挡检测、阴影消除、曝光矫正)、特征提取(道路/车道线检测)、道路/车道线模型拟合(横向/纵向)、时域整合(前后帧)和图像-物理空间(路面坐标系)的对应等。

这里重点介绍采用立体视觉(即双目)的一个方法,其优点是可以利用视差信息。图5.144所示是基于双目的车道线检测,提取和匹配双目特征点之后进行路面估计(road model estimation),计算视差(disparity)图以及基于平行线原理的消失点(vanishing point)估计,之后再提取车道线。在提取视差的算法中,视差范围是一个敏感的指标,这里通过道路平面的估计可以得到一个合理的视差范围,随后再反馈到视差计算模块中,这样可以优化算法。

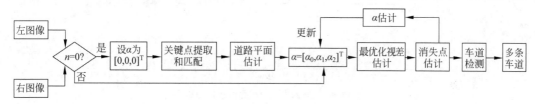

**图5.144 基于双目的车道线检测**

视差计算分为两步:第一步是基于特征点匹配的稀疏视差,其中特征点采用SURF(speeded-up robust features,加速稳健特征)和SIFT(scale invariant feature transform,尺度不变特征转换);第二步基于动态规划(dynamic programming,DP)将稀疏视差内插变成致密视差图。

车道线的提取也采用动态规划算法,只是利用的线索是消失点和图像提取的边缘。消失点估计的算法基于动态规划方法,其中逐行(horizontal band)检测地平线(horizon line)利用的信息是路面视差和边缘,而消失点是车道法线和地平线的交点,然后全局优化得到最佳估计。车道线检测来自消失点,后者给出了车道线的方向和曲率,最后车道线的位置是通过估计其中心线的水平偏移(lateral offset)得到,为此,设计一个1-D累加器,每行的提取边缘参与似然函数的计算。由于车道线"暗-亮-暗"的变化特点,车道线投影会构成一个"加-减"峰值对。图5.145所示是1-D累加器算法的实际操作流程。

在参考文献[70]中给出了更详细的方法可视化介绍。图5.146所示是直观的流程图,包括图像的双边滤波和边缘提取、视差估计和基于视差的道路平面检测、车道线检测和障碍物抹除等。

**2. 深度学习方法**

下面重点介绍现在比较流行的深度学习方法。

参考文献[181]从网络结构和优化目标角度对各种方法进行总结和回顾。目标函数从三方面进行分析:分类、回归和无监督学习(深度生成模型)。其中,无监督训练的目标函数又可分成生成对抗和自回归(AR)两种。

在应用深度学习方法进行车道线检测中,需要考虑的问题包括以下几种。

(1)与普通语义分割目标不同,车道线具有独特的颜色(白/黄色)和形状(细线);神经网络的设计要反映这些独特的特性。

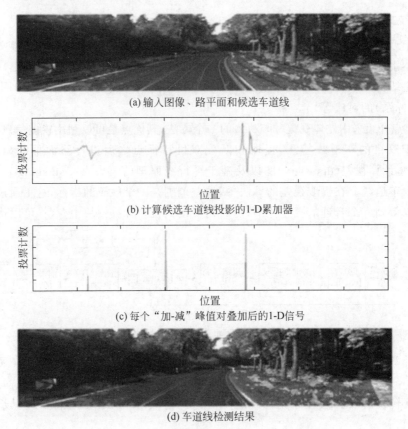

(a) 输入图像、路平面和候选车道线

(b) 计算候选车道线投影的1-D累加器

(c) 每个"加-减"峰值对叠加后的1-D信号

(d) 车道线检测结果

图 5.145　1-D 累加器算法的实际操作流程图

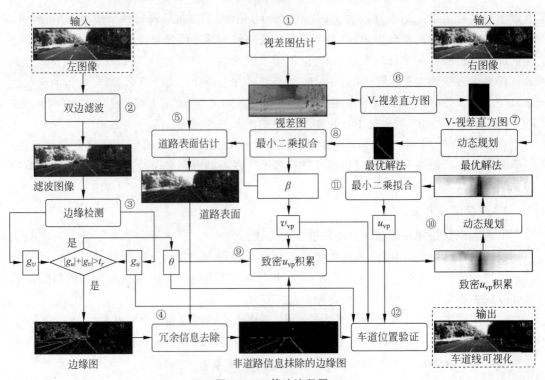

图 5.146　算法流程图

（2）车道线有多种类型,如单实线/虚线和双白/黄实线。有时不仅要检测车道线的位置,还包括车道线的类型。

（3）对于辅助驾驶,实时性能是一个重要的考虑因素。

基于分割的车道线检测方法有一个共同的缺陷：车道线仅占整幅图像的一小部分,分割中的轻微损失会显著降低检测性能。回归网络可以直接预测车道线坐标并分离不同类别的车道线。基于回归的车道线检测易于分类,网络易于收敛,而基于分割的车道线检测方法可以灵活地响应车道线的变异。

以语义分割网络为基础的车道线检测可采用的改进策略包括以下几种。

（1）利用空间结构。在网络学习期间利用车道线的空间结构,如膨胀卷积、图卷积网络和注意力机制。

（2）利用场景先验。场景中的信息可以辅助目标的分割,如消失点。

（3）利用位置规则性。车道线不同于其他分割目标,在场景中的分布具有一定的规律性。例如,车道线分布在路面上,其在 BEV 中是平行的,并且在场景中具有连续性。

在参考文献[72]中,VPGNet 是基于消失点原理的端到端训练出来的多任务神经网络,可以同时处理车道线和道路标记。为此,参考文献[72]的作者建立了一个道路和车道线标记数据库,包括各种交通条件,如下雨/无雨/大雨/夜晚。

VPGNet 设计一个数据层（data layer）来引入网格级注释,这样可以同时训练车道和道路标记。另外,它采用一种网格级掩码的回归方式,其中网格上的点被回归到最近的网格单元,多标签分类（multilabel classification）任务将其组合成目标。这样整合两个具有不同特征和形状的独立任务在一起,即车道和道路标记。在后处理阶段,车道类仅使用多标签任务的输出,道路标记类则同时使用网格框回归和多标签任务两个输出。此外,还添加了一个消失点检测任务,用于在训练车道和道路标记模式期间推断全局几何上下文关系。

VPGNet 的结构如图 5.147 所示,该网络具有四个任务模块,每个任务执行互补合作：格框回归、目标检测、多标签分类和消失点预测。这种结构允许检测并分类车道和道路标记,并在单个前向传播中同时预测消失区域（vanishing region）。模型参数如图 5.148 所示。

在参考文献[73]中,虽然 CNN 模型可以很容易地提取像素中的语义信息,但像素在行和列中的空间关系却没有被完全挖掘出来。为了学习带有强烈形状先验知识但薄弱的表观连贯性的语义目标,如路面上遮挡的甚至缺失的交通车道线,空间 CNN（SCNN）模型在特征图中扩展层结构（layer-by-layer）的卷积为片结构（slice-by-slice）卷积,这样像素之间信息传递（message passings）在每层的行和列中进行。SCNN 特别适合带有强空间关系但缺表观线索的长条连续形状结构或者大型目标,如车道线、墙和杆子/柱子等。

图 5.149 给出的是 SCNN 模型的训练和预测流程图。如图 5.149(a) 所示,在训练过程中,fc7 层的输出通道数设置为 128,fc6 的空洞卷积层"率"（rate）设置为 4,在每个 ReLU 层之前添加了批归一化（BN）,另外添加了一个小网络来预测车道线的存在,即概率图（probmap）,其中目标线宽设置为 16 像素,输入图像和目标图像重新缩放为 $800 \times 288$ 像素,考虑到背景和车道线之间的标签不平衡,背景损失乘以 0.4；如图 5.149(b) 所示,在预测过程中,需要从模型输出的概率图映射到车道曲线,对于存在值大于 0.5 的每个车道标记,每 20 行搜索相应的概率图以查找响应最高的位置,然后通过三次样条曲线连接这些位置,作为最终的预测。

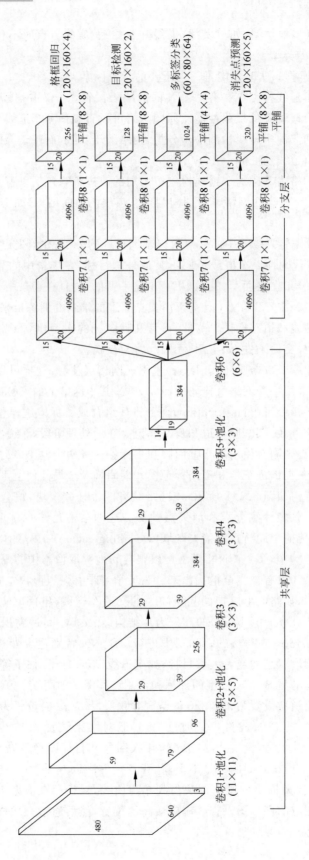

图 5.147 VPGNet 的结构

| 层 | 卷积1 | 卷积2 | 卷积3 | 卷积4 | 卷积5 | 卷积6 | 卷积7 | 卷积8 |
|---|---|---|---|---|---|---|---|---|
| 核尺寸/步幅/填零 | 11, 4, 0 | 5, 1, 2 | 3, 1, 1 | 3, 1, 1 | 3, 1, 1 | 6, 1, 3 | 1, 1, 0 | 1, 1, 0 |
| 池化大小/步幅 | 3, 2 | 3, 2 | | | 3, 2 | | | |
| 额外添加部分 | LRN | LRN | | | | 退出 | 退出、分支 | 分支 |
| 感受野 | 11 | 51 | 99 | 131 | 163 | 355 | 355 | 355 |

图 5.148　VPGNet 模型参数

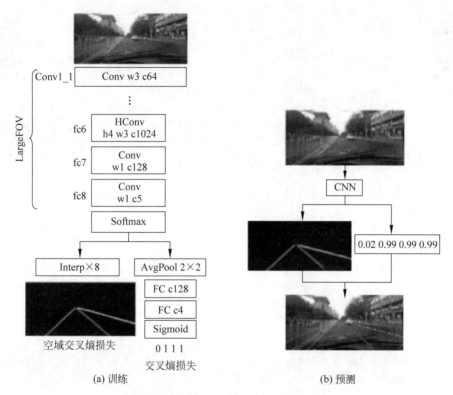

图 5.149　车道线模型的训练和预测

图 5.150 是基于 MRF/CRF 的模型和 SCNN 模型结构更直观的比较,MRF/CRF 理论上适用于信道数等于要分类数的情况,而 SCNN 可以应用于具有更丰富信息的顶部隐藏层。应用于大小为 $C \times H \times W$ 的 3D 张量的 SCNN,其中 $C$、$H$ 和 $W$ 分别表示通道、行和列的数量,张量将被拆分为 $H$ 个切片(slice),然后第一个切片被发送到带 $C$ 个核的卷积层,其中 $w$ 是核宽度;在传统的 CNN 中,卷积层的输出被馈送到下一层,而这里的输出要添加到下一个切片变成一个新切片;新切片发送到下一个卷积层,直到更新最后一个切片为止。

在参考文献[75]中提出了一个神经网络 LaneNet,车道线检测被分成两个步骤,如图 5.151 所示,车道边缘提议(lane edge proposal)网络实际是一个编码器-解码器,其中编码器由卷积层构成,解码器由逆卷积层(deconvolution layers)构成,并采用跳线(skip connections)网络。车道线定位(lane line localization)网络也是编码器-解码器结构,利用前一个网络输出的车道线边缘作为输入,一组 1-D 卷积编码后通过一组 LSTM(long short term memory,长短期记忆递归神经网络)解码器逐步得到车道线参数作为结果。

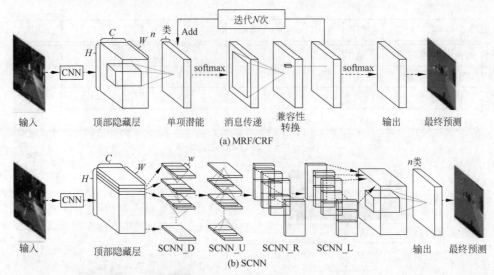

(a) MRF/CRF

(b) SCNN

图 5.150 MRF/CRF 和 SCNN

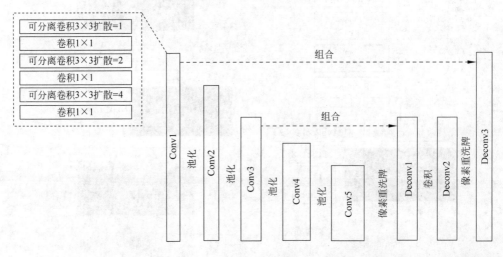

(a) 车道边缘提议网络

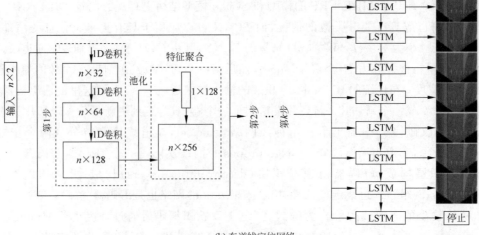

(b) 车道线定位网络

图 5.151 LaneNet

第一步输入是通过逆透视映射(IPM)的图像,输出是像素级车道边缘分类,通过一个高分辨率的特征图产生像素级边缘概率图作为车道线的可信度。第二步基于车道边缘提议检测出车道线作为输出。困难的地方是如何减少路上类似车道线的标记,如箭头和字符等造成的误检。该方法无须假设车道线的种类数,而且计算量小、速度快。

在参考文献[74]中提到,一些方法是将神经网络模型训练成一个像素级分割功能,即使在路上没有标记,也能完成车道线检测。不过,这种方法只能处理预先固定数目的车道线,不适合变道情况。这里提出一个实例分割方法处理车道线检测,这样每条车道构成各自的实例,模型可以端到端训练。在车道拟合之前,为参数化分割的车道实例,采用一个从图像中学习的透视变换,对车道变化的适应性强。

图 5.152 所示是系统流程图,输入是道路图像,LaneNet 输出车道线实例图,标记车道线像素的车道 ID。车道像素通过一个单应性矩阵(homography)H-Net,每条车道拟合成3-阶多项式,然后再投影到图像上。

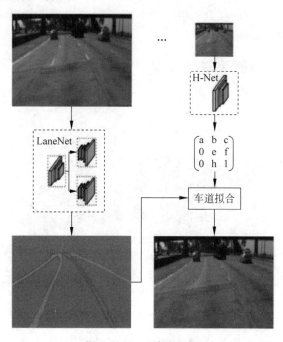

**图 5.152 系统流程图**

参考文献[74]中的工作采用了前面提到的 LaneNet 结构,一个基于编码器-解码器的网络结构 ENet,其修正为一个双分支神经网络,如图 5.153 所示,一个是分割分支,输出二值的车道掩码;另一个是流形嵌入(manifold embedding)分支,每条车道像素产生一个 $N$-维嵌入向量,这样同一车道的嵌入很接近,而不同车道的嵌入就远离。从分割分支出来的二值分割掩码掉背景,剩下的是像素车道嵌入,它们聚类在一起得到聚类中心,即检测的车道线。

参考文献[76]中的方法比较特别,网络直接从单目图像的道路场景中输出 3D 车道线。3D-LaneNet 利用了两个概念:网络内置逆透视映射(IPM)和基于锚(anchor)的车道线表示。前者方便提供一种双重表示,即前视和顶视的信息流;后者的逐列输出促进端到端的方法。最后输出的是每个纵向路片(longitudinal road slice)、车道线通过该路片的可信度及其 3D 曲线坐标。这样的结果类似于基于锚的单步目标检测方法,如 SSD 和 YOLO。其优

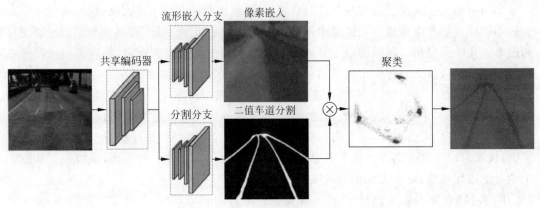

图 5.153　双分支神经网络

点是,它明确地处理好车道线合并和分离的情况。

图 5.154 是车道线检测的实例,其中(a)为端到端方法的流程展示和车道线检测结果; (b)为检测结果投影到原图像。

图 5.154　车道线检测的实例

图 5.155 直观给出了摄像头坐标系和道路坐标系的关系。

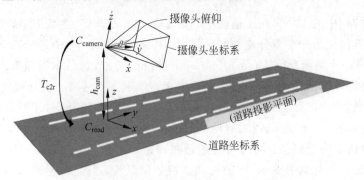

图 5.155　摄像头坐标系和道路坐标系的关系

图 5.156 显示的是一个双上下文(dual context)模块,该模块中主要的积木是投影变换层(projective transformation layer),是一种空间变换(spatial transformer)模块的变形。输入的特征图可微分采样,空间上对应于前视图像平面,输出的是空间上对应"虚拟"顶视图的特征图(注:通过一个网格法实现可微分采样)。这个双重上下文模块利用投影变换层来建立高度描述性的特征图,其中两个多通道特征图的信息流分别对应前视和顶视图像。

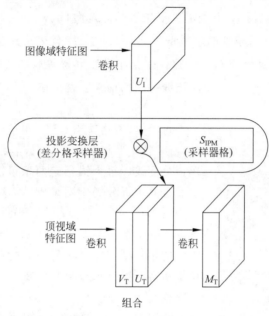

**图 5.156  双上下文模块**

图 5.157 给出了 3D-LaneNet 的结构图,有两个平行信息流(前视流和顶视流),即双路核心。前视流会处理和保持图像的信息,而顶视流则提供平移不变性的特征并预测 3D 车道线检测的输出。前者基于 VGG16,后者类似。

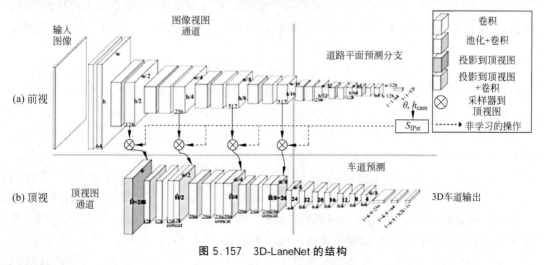

**图 5.157  3D-LaneNet 的结构**

道路场景中的车道线可以通过每条车道线的中心线(lane centerlines)集合 $\{C_i\}_{i=1}^{N_C}$ 和

车道线分隔线(lane delimiters)集合$\{D_i\}_{i=1}^{N_D}$来描述,每个这样的车道线实体(中心线或分隔符)都是以摄影头坐标表示的3D曲线。3D-LaneNet的任务是检测给定图像的车道线中心线和/或车道分隔线集合。

图5.158是车道线输出的结果表示。定义锚为一组$x$-位置垂直等距(纵向)的线$\{X_A^i\}_{i=1}^N$。对于每个锚$X_A^i$,一个3D车道线表示为$2K$个输出神经的激活结果$(\boldsymbol{x}^i,\boldsymbol{z}^i)=\{(x_j^i,z_j^i)\}_{j=1}^K$和一个包括$K$个预定义$y$位置的固定向量$(\boldsymbol{y}=\{y_j\}_{j=1}^K)$,定义一组3D车道线点。$x_j^i$是相对锚$X_A^i$位置的水平偏移,输出$(x_j^i,z_j^i)$代表道路坐标系下的点$=(x_j^i+X_A^i,y_j,z_j^i)$。另外,对每个锚$i$,输出存在一个车道线和锚关联的可信度$p^i$。关联计算采用预定义的纵向坐标$Y_{ref}$。和一个车道线关联的锚$X_A^i$就是在$y$位置$Y_{ref}$车道线最近的$x$-坐标。

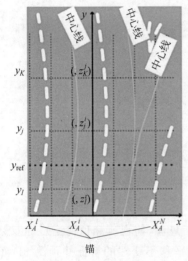

图 5.158　输出的结果表示

每个锚,网络输出车道(可信度和几何)的3种描述$(t)$,其中头两个$(c_1,c_2)$表示车道中心线,第三个$(d)$是车道分割线。每个锚指定两条可能的中心线,可以为车道线合并和拆分提供网络支持,这通常会导致两条车道的中心线在$Y_{ref}$重合,并在不同的道路位置分离,如图5.158中最右侧的示例所示。与中心线相比,车道分隔线的拓扑结构通常更复杂,并且这种车道线表示无法捕捉所有情况(例如,图5.158中未穿过$y=Y_{ref}$的车道分隔线)。

3D LaneNet的预测头产生所描述的输出,通过在$y$维无填充的一系列卷积,特征图被降维,并且最终预测层大小是$3\times(2K+1)\times1\times N$,就是每列$i$对应于单个锚$X_A^i$。对于每个锚$X_A^i$和输出$t\in\{c_1,c_2,d\}$,网络输出由$(x_t^i,z_t^i,p_t^i)$表示。最终预测执行1D非最大抑制,只保留置信度局部最大的车道线(与左右相邻锚相比)。使用样条插值将由少量($K$)个3D点表示的每条剩余车道转换为平滑曲线。

参考文献[182]中提出了一个全局关联网络(GANet),从一个新角度来描述车道线检测问题,其中每个关键点都直接回归车道线的起点,而不是点对点扩展。具体地说,关键点与其所属车道线的关联实现是预测相对于相应车道线起点的偏移量,而不是相互依赖,这个操作可以并行化,从而大大提高效率。设计的车道-觉察特征聚合器(LFA),自适应地捕获相邻关键点之间的局部相关性,补充全局关联的局部信息。

图5.159所示是GANet的总架构图,给定正面图像作为输入,CNN主干、自关注层(SA)和FPN瓶颈提取多尺度视觉特征。在解码器中,用关键点头和偏移头分别生成置信度图和偏移量图,然后将其组合用来聚类关键点为多组,每组指示车道线实例。在关键点头之前应用LFA模块,更好地捕捉车道线的局部上下文,用于关键点估计。

图5.160所示是车道线构建的示意图。首先,从置信度图中选择有效的关键点,以$(x,y)$为例;然后,采样起点$(sx,sy)$,其余关键点指向具有预测偏移$(\delta x,\delta y)$的起始点,并将起始点的坐标估计为$(sx',sy')=(x,y)+(\delta x,\delta y)$(空心点);最后,指向起始点$(sx,sy)$附近

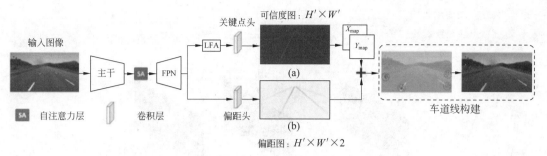

图 5.159 GANet 的总架构

的关键点被分组为一条整车道线。

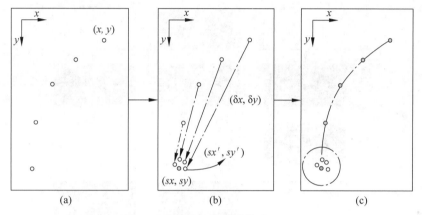

图 5.160 车道线构建

为估计车道线的起始点,选择偏移图上值小于 1 的关键点作为候选起点。由于在同一局部区域内可能有多个关键点与上述标准匹配,因此选择该区域的几何中心点,以确保唯一性。通过这种方式,所有车道的实例都以其起点进行初步确定。

之后,根据关键点和相应起始点之间的偏移估计,将其余关键点与其所属车道相关联,这样每个关键点估计车道线起点的坐标。

LFA 模块首先用卷积层预测关键点与同一车道上被包围的 $M$ 个关键点之间的偏移,然后相邻点的特征与可变形卷积(deformable convolution)相结合,聚合各个关键点的上下文。为了增强 LFA 学习车道线局部形状的能力,引入辅助损耗来监控偏移,其中采用匈牙利关联算法。

图 5.161 所示是 LFA 模块的示意图,首先预测观测的关键点与其相邻关键点之间的偏移,然后收集这些关键点的特征,增强观测关键点的上下文。

参考文献[183]中提出了一种无外参、无锚点的方法,称为 SALAD,无须将特征图转换为 BEV,可在图像视图中回归车道线的 3D 坐标。此外,建立一个真实世界的自动驾驶数据集——ONCE-3DLanes,具有 3D 车道线布局标注。通过点云和图像像素之间的显式关系,其构建一个数据集标注流水线,从 211k 个道路场景的 2D 车道线标注中,自动生成高质量的 3D 车道线位置。

数据集构建的流水线的概览如图 5.162 所示,包括五个步骤,即路面分割、点云投影、人工标注/自动标注、自适应车道线调和(blending)和点云恢复。

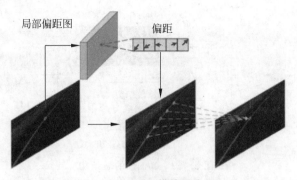

图 5.161　LFA 模块示意图

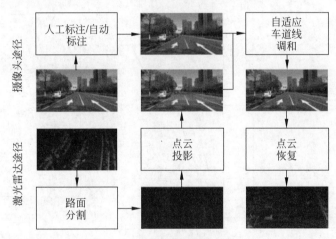

图 5.162　数据集构建的流水线

　　SALAD 是一种空间-觉察的单目车道线检测方法,可直接在单目图像上执行 3D 车道线检测。该算法将图像投影到顶视图,并采用一组预定义的锚点回归 3D 坐标,无须人工制作锚点和外参的监督。

　　SALAD 的模型总体结构如图 5.163 所示。主干将输入图像编码为深度特征,通过两个分支,即语义觉察分支和空域上下文分支对特征进行解码,获得车道线的空域信息和分割掩码;然后整合这些信息进行空域重建,最终获得真实场景的 3D 车道线位置。此外,一种改进的联合 3D 车道线扩展策略可提高模型的泛化能力。

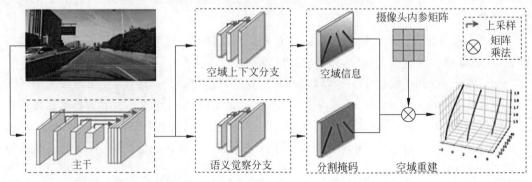

图 5.163　SALAD 的模型总体结构

由于使用下采样和缺乏全局信息,预测车道点的位置不够准确。空域上下文分支接收图像特征并输出像素级偏移图,该偏移图预测图像平面上沿 $u$ 轴和 $v$ 轴的车道线点空间位置偏移 $\delta u$ 和 $\delta v$,据此车道线点的位置的粗略估计将根据全局空域上下文进行修改。

为了恢复 3D 车道线信息,空域上下文分支还生成一个密集的深度图,以回归车道线每个像素的深度偏移 $\delta z$。考虑到图像平面的地面深度沿行增加,因此为深度图的每行指定一个预定义的偏移 $\alpha_r$ 和比例 $\beta_r$,以残差方式进行回归。在稀疏深度图上应用深度补全得到密集深度图,为空域上下文分支提供足够的训练信号。

## 5.8 交通标志检测识别

自动驾驶的车辆在道路上理解交通信号的任务包含两部分:交通标志检测识别和交通信号灯检测识别。基本上,可以把交通标志和交通信号灯当成目标,那么目标检测识别的方法通用,只是会加一些特有知识和性质来体现这类目标的特殊性。

不同地区和国家采用的交通信号灯摆放和变化方式会有所不同。所以,如果制定基于规则的算法,会定义不同的规则;而如果制定基于深度学习的模型算法,那也会存在不同的模型框架。

本节介绍交通标志的检测识别方法,5.9 节介绍交通信号灯的检测识别(对此车联网的时代能够提供更好的解决方案)。

下面根据参考文献[77]介绍这方面的工作。图 5.164 所示为交通信号识别的基本流程,即检测、分类和跟踪,一个经典的视觉目标任务。

关于识别的目标,图 5.165 给出了几个交通标志的例子。

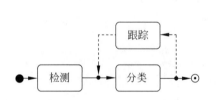

图 5.164 交通信号识别(TSR)系统的基本流程

图 5.165 交通标志示例

已知的 TSR 系统常常面临以下挑战。

- 各个种类的交通标志之间甚至之内,其交通符号往往相似。
- 交通标志褪色或者变脏,颜色发生改变。
- 交通标志弯曲,不再与路面垂直。
- 光照条件差。
- 对比度低。
- 在复杂环境下,其他目标和交通标志相近。
- 天气变化。

图 5.166 所示是 TSR 的一般性检测算法流程:分割、特征提取和检测。其方法基本分为基于颜色的和基于形状两种。如果在机器学习(深度学习)方法中,可能提供端到端的解决方法。

下面介绍清华大学-腾讯公司联合进行的交通标志检测识别工作。它是基于深度学习的方法,需要大量数据标注。图 5.167 所示是像素级掩码的真实交通标志值,用来训练神经网络。

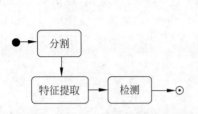

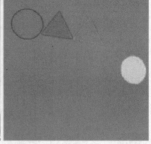

图 5.166　TSR 的一般性检测算法流程　　　图 5.167　交通标志的目标框以及像素级的类别标注

对应的大量的交通标志集合如图 5.168 所示。

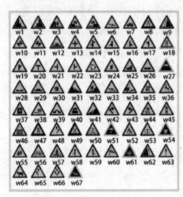

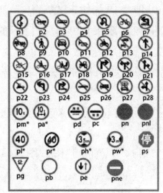

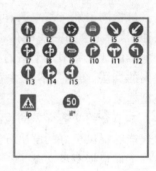

图 5.168　交通标志集(中国)

清华大学-腾讯公司采用的 CNN 模型见图 5.169,是原来简易的目标检测模型 OverFeat 的改型,其模型大小的信息见表 5.1。

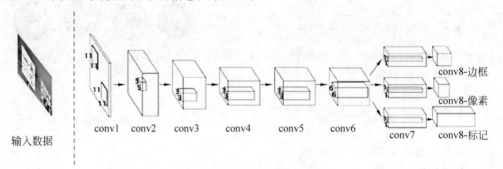

图 5.169　CNN 模型结构

表 5.1　OverFeat 模型参数

| 层 | 数据 | conv1 | conv2 | conv3 | conv4 | conv5 | conv6 | conv7 | conv8-边框 | conv8-像素 | conv8-标记 |
|---|---|---|---|---|---|---|---|---|---|---|---|
| 输出大小 (chan×$h$×$w$) | 3、480、640 | 96、118、158 | 256、59,79 | 384、29,39 | 384、29,39 | 384、29,39 | 4096、15,20 | 4096、15,20 | 256、15,20 | 128、15,20 | 1000、15、20 |

续表

| 层 | 数据 | conv1 | conv2 | conv3 | conv4 | conv5 | conv6 | conv7 | conv8-边框 | conv8-像素 | conv8-标记 |
|---|---|---|---|---|---|---|---|---|---|---|---|
| 输出大小 | | 3、480、641 | 96、59、79 | 256、29、39 | 384、29、39 | 384、29、39 | 384、29、39 | 4096、15、20 | 4096、15、20 | 4096、15、20 | 4096、15、20 |
| 核大小/步幅/填零 | | 11、4、0 | 5、1、2 | 3、1、1 | 3、1、1 | 3、1、1 | 6、1、3 | 1、1、0 | 1、1、0 | 1、1、0 | 1、1、0 |
| 池化大小/步幅 | | 3、2 | 3、2 | | | 3、2 | | | | | |
| 额外添加部分 | | lrn layer | lrn layer | | | | 退出0.5 | 退出0.5 | | | |

最后一层分成两个分支层：一个是像素层（pixel layer），另一个是边框层（bounding box layer）。每个像素层输出表示每个图像区域 4×4 像素包括目标的概率，而每个边框层的结果代表区域和目标框四边的距离。此外，增加一个新层标记层（label layer）输出一个 N 维分类向量。这样，该模型可以同时完成检测和分类的工作。

## 5.9 交通信号灯检测识别

虽然交通信号灯和交通标志之间有一些共同部分，但还是有一些不同的情况，这里针对参考文献[79]讨论其中的问题。

交通信号灯检测识别的主要挑战点有以下几点。

- 大气条件下的色调漂移和光环干扰。
- 其他物体的遮挡。
- 不完整的形状（光线故障）。
- 虚警（其他灯源、刹车灯、反射、行人过路灯、路牌灯）。
- 摄像头快门速度和交通灯 LED 间歇工作的占空比（duty cycle）之间的同步。

图 5.170 所示是加州交通信号灯的种类，第一行为红灯，第二行为黄灯，第三行为绿灯，第三行以下为绿色箭头。图 5.171 所示是交通信号灯的状态变化图（不同于交通标志，交通信号灯是有时序的）。

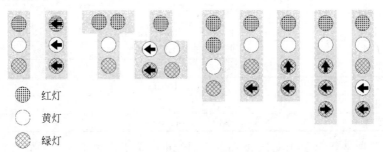

图 5.170 加州交通灯信号的种类

如果交通信号灯位置已知的话（从高清地图得到），可以减小检测的难度，斯坦福大学自动驾驶组采用的就是这种思路。图 5.172 所示为车辆上摄像头坐标系和车辆坐标系的关系，这样如果从高清地图（HD map）得知交通信号灯靠近，通过其在图像平面的投影位置可以简化交通信号灯检测的难度（缩小搜索窗大小）。

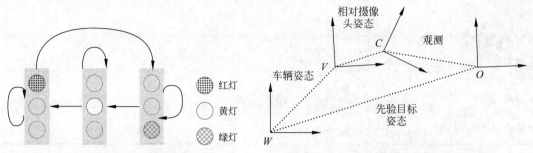

图 5.171　交通信号灯的状态变化图　　　图 5.172　车辆和摄像头两个坐标系的关系

下面介绍博世公司的基于深度学习、立体视觉和车辆里程计（odometry）的交通信号灯检测识别方法，图 5.173 是其系统框图。一条"检测-分类-跟踪"流水线，其中"分类"模块出现两次是为了消除跟踪器的漂移（drift）。

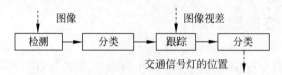

图 5.173　系统框图

为此，研究人员建立了一个交通信号灯数据库 BOSCH Small Traffic Lights Dataset。分类器是基于 CNN 模型的，其对应的模型结构参数见表 5.2，种类包括 5 种，即背景、红、绿、黄和空闲（off），其中空闲是对于交通信号灯关闭的情况。

表 5.2　交通信号灯分类器的模型结构参数

| 通　　道 | 分　辨　率 |
| --- | --- |
| 输入 | $3 \times 64 \times 64$ |
| 卷积 | 滤波器：32，　核：(7,7)，　填充：0，ReLU |
| 最大池化 | 核：(2,2) |
| 卷积 | 滤波器：64，　核：(3,3)，　填充：0，ReLU |
| 最大池化 | 核：(2,2) |
| 卷积 | 滤波器：128，　核：(3,3)，　填充：0，ReLU |
| 全连接 | 核：256，ReLU |
| 退出 | p：0.5 |
| 全连接 | 单位：128，ReLU |
| 退出 | p：0.5 |
| 全连接 | 单位：5，softmax |

其中，检测器是基于 YOLO（you only look once，单步检测器）v1，而跟踪算法是基于立体视觉和车辆里程计估计的车辆运动。因为采用双目视觉，计算的视差图可以计算交通信号灯目标框的 3D 位置，加上车辆里程计的运动信息，由此预测交通信号灯的下一个时刻位置。

采用深度学习训练的模型(采用空间变换网络,即 spatial transformer network)可以消除跟踪的漂移。空间变换网络(STN)的结构参数见表5.3。

表 5.3　空间变换网络的结构参数

| 通　道 | 分　辨　率 |
|---|---|
| 输入 | $6\times64\times64$ |
| 卷积 | 滤波器:16,　核:(3,3),　填充:0,ReLU |
| 最大池化 | 核:(2,2) |
| 卷积 | 滤波器:32,　核:(3,3),　填充:0,ReLU |
| 最大池化 | 核:(2,2) |
| 卷积 | 滤波器:64,　核:(3,3),　填充:0,ReLU |
| 最大池化 | 核:(2,2) |
| 卷积 | 滤波器:32,　核:(3,3),　填充:0,ReLU |
| 全连接 | 单位:128,ReLU |
| 全连接 | 单位:64,线性 |
| 全连接 | 单位:3,线性 |

图 5.174 所示是基于 CNN 的跟踪方法框架,其预测跟踪目标的候选位置偏移(offset)以及误差估计,即图中的$(u,v,e)$。

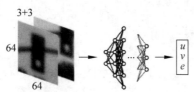

图 5.174　基于 CNN 的交通信号灯跟踪

## 5.10　可驾驶区域分割

分割是计算机视觉一个很难的任务,主要难度是语义信息不容易获得。最近深度学习的发展推动了这个领域的突破,即语义分割(semantic segmentation)和实例分割(instance segmentation),还有最近流行的全景分割(panoptic segmentation)。语义分割是预测每个像素点的语义类别;实例分割是预测每个实例物体包含的像素区域;而全景分割是为每个像素点赋予类别和实例,生成全局分割。

下面依据参考文献[104]总结语义分割的方法,图 5.175 所示是该方法的概括图。

可以说,深度学习在语义分割中的工作开始于 FCN(fully convolution network,全卷积网络),即真正像素-到-像素(pixel-to-pixel)的图像理解。实例分割实际是目标检测和语义分割的结合,其方法基本也分成两个方向:基于目标检测和基于语义分割。前者以 Mask-RCNN 为标志,而后者以串行分组网络(sequential grouping network,SGN)为典型。

参考文献[108]首次提出全景分割,图 5.176 所示为三个分割的概念区别。可以看出,全景分割是真正意义上的景物理解,也是实例分割和语义分割的互补结果。

MIT 和 Google 联合发表的论文中提出了 DeeperLab(见参考文献[110]),其可以看成一个全景分割的典型方法,图 5.177 所示是其算法的流程图,由一个 FCN 产生逐像素的语义

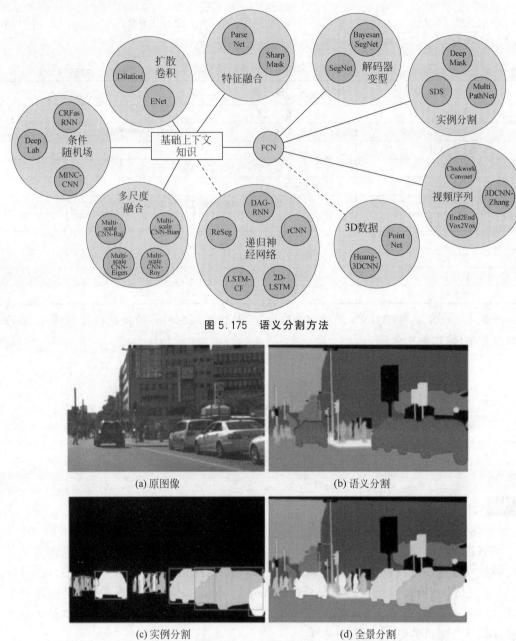

图 5.175 语义分割方法

(a) 原图像　　　　　　　　　　(b) 语义分割

(c) 实例分割　　　　　　　　　　(d) 全景分割

图 5.176 语义分割、实例分割和全景分割的区别

预测和实例预测,然后通过一个快速算法把这些预测融合在一起得到最后的全景分割结果。

在自动驾驶系统中,分割的价值在于,一是高清地图的定位,二是可驾驶道路的识别。下面介绍一种可驾驶道路的分割方法。

首先,道路区域是比较特别的,纹理简单,位置也居中。在参考文献[110]中提出的方法有一个显著的优点就是弱监督下自动分割能力。图 5.178 所示是该方法的概览,从一个预先训练的扩张残差网络(dilated ResNet)提取特征图,采用图像分割的超像素进行特征图校准,利用道路位置先验知识进行聚类,最后产生训练一个语义分割网络 SegNet 的掩码,期间无须任何手工标注。

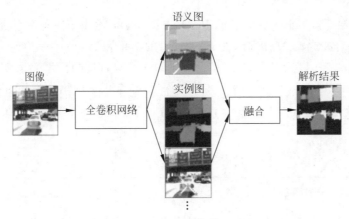

图 5.177 DeeperLab 算法流程

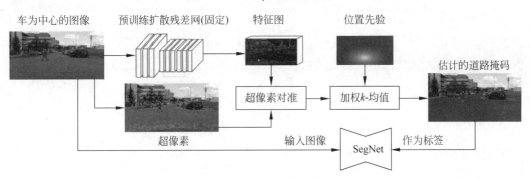

图 5.178 方法概览

参考文献[111]讨论了通过深度学习将激光雷达和摄像头结合进行道路检测的方法。该方法会将 3D 点云先投影到图像平面,然后上采样得到致密的深度图像。该方法训练多个全卷积网络(FCNs)以不同方式完成道路检测,单个传感器工作或者三个融合方式,即前融合、后融合和交叉融合。前/后融合一般是在某个网络深度层集成信息,而交叉融合的 FCN 网络是直接从数据学习如何集成信息,其方法是训练一个在激光雷达分支和摄像头分支之间的交叉接头。

图 5.179 是提出的核心网络 FCN 结构,共 21 层,采用指数线性单元(exponential linear

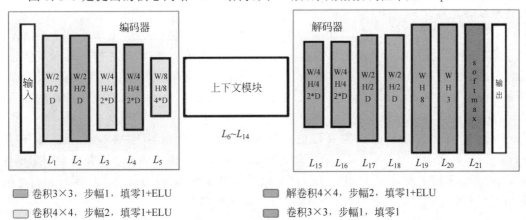

图 5.179 提出的 FCN 结构

unit,ELU)作为激活函数而不是常用的 ReLU。图 5.180 给出了三种融合机制：①前融合，传感器数据直接合并成；②后融合，在 $L_{20}$，输出的结果在数据的深度维度合并，通过一个卷积层完成高层融合；③交叉融合，两个分支通过一个可训练的标量交叉接头连接在一起，即系数 $a_j$，$b_j$，深度层 $j \in \{1, \cdots, 20\}$。在给定深度时，会根据图示的操作对每层输入（摄像头数据 $\boldsymbol{I}_j^{\text{Cam}}$ 和激光雷达数据 $\boldsymbol{I}_j^{\text{Lid}}$）进行计算，公式如下：

$$\boldsymbol{I}_j^{\text{Lid}} = \boldsymbol{I}_{j-1}^{\text{Lid}} + a_{j-1} \boldsymbol{I}_{j-1}^{\text{Cam}} \tag{5-56}$$

$$\boldsymbol{I}_j^{\text{Cam}} = \boldsymbol{I}_{j-1}^{\text{Cam}} + b_{j-1} \boldsymbol{I}_{j-1}^{\text{Lid}} \tag{5-57}$$

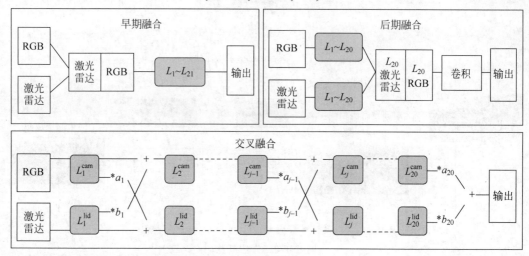

图 5.180　融合机制

## 5.11　双目视觉感知

单目的测距和 3D 估计靠的是检测得到的目标边框(BB)，如果无法检测到障碍物，该系统就无法估计其距离和 3D 姿态/朝向。当没有深度学习时，高居 ADAS 市场第一的 Mobileye(ME)公司主要是基于 BB、摄像头标定得到的安装姿态和高度以及路面平直的假设等来估算距离。

有了深度学习，可以根据 3D 距离的真实值来训练 NN 模型，得到 3D 大小和姿态估计。

双目的优点是可以计算视差和深度，即使没有检测出障碍物（因为有附加的深度信息，检测器会比单目好），也会报警。问题是，双目视觉系统估计视差没那么容易，立体匹配是计算机视觉典型的难题，基线宽对远目标的测距校准，而基线短对近目标的测距结果较好，所以系统的设计存在折中的考量。

目前市场上 ADAS 存在的双目视觉系统就是汽车公司 SUBARU 的 ADAS 套件 EyeSight。百度推出的阿波龙 L4 摆渡车量产 100 台，安装了双目系统。欧盟自主泊车项目 V-Charge 也采用了前向双目视觉系统，自动驾驶研发系统 Berta Benz 也是，而且和雷达系统后融合，其中双目匹配的障碍物检测算法 Stixel 很出名。

谈到双目系统的难点，除了立体匹配，还有标定。标定后的系统会出现"漂移"，所以在线标定是必须具有的。单目也一样，因为轮胎变形和车体颠簸都会导致摄像头外参数发生变化,必须在线进行标定来修正一些参数,如仰角(pitch angle)和偏角(yaw angle)。

双目在线标定就更复杂些,因为双目匹配尽量简化成 1D 搜索,所以需要通过双目校准(stereo rectification)将两个镜头光轴方向平行并和基线垂直。与获得的好处相比,增加的复杂度和成本如果不划算商家就会放弃。

最近双目视觉引起了行业内的重视,是因为硅谷芯片公司安霸(Ambarella)在 2014 年收购了意大利帕尔玛大学的 Vis Lab,研制了双目的 ADAS 和自动驾驶芯片,2018 年 CES(美国拉斯维加斯消费电子展)之后就开始进军车企和 Tier-1 市场。而且,安霸目前正在继续研究提升该系统的性能。此外,大疆车载部门为上汽通用五菱提供的智能驾驶系统就采用了行车的前向双目镜头加泊车的四个环视鱼眼摄像头的视觉系统。同时,我们看到,单目基于目标检测 BB 的系统还是有潜在的危险。

图 5.181 就是安霸在车顶安装的 6 对立体视觉系统的示意图,其中它们的基线宽度可以不一样,相应的有效检测距离也就不同。它可以做在线标定,随时调整双目视觉的参数。

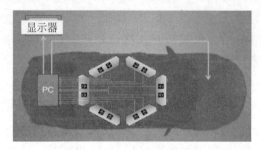

图 5.181　安霸双目系统

## 5.11.1　立体匹配

立体匹配即视差/深度估计。如图 5.182 所示,假设左右摄像头焦距为 $f$,基线(两个光心连线)宽为 $B$,3D 点 $X$ 的深度为 $z$,而其视差(投影到左右图像的 2D 点,其坐标差)即

$$\Delta x = x - x' = \frac{B \cdot f}{z}$$

可见,视差能够反算深度值。但是这里最难的就是如何确定左右摄像头看到的图像是同一个目标,即匹配问题。

匹配方法分为两种:全局法和局部法,参考文献[112]中给出了双目匹配的四个步骤。

(1) 匹配成本(matching cost)计算。

(2) 成本聚集(aggregation)。

(3) 视差(disparity)计算/优化。

(4) 视差修正(refinement)。

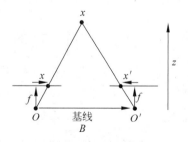

图 5.182　双目视觉

工业界实用的方法基本属于局部类型,原因在于全局类型的方法计算量大,耗时。深度学习可以取代全局法,但目前还不是很成熟。最著名的局部法就是 SGM(semi-global matching,半全局匹配),很多产品在用的方法都是基于此的改进,不少视觉芯片都采用这种算法。

SGM 就是把一个全局优化近似成多个局部优化的问题组合,如下公式是 2D 匹配的优化目标函数,SGM 实现成为多个 1-D 优化路径之和:

$$E(\mathbf{D}) = \sum_p C(\mathbf{p}, \mathbf{D}_p) + \sum_{q \in N_p} P_1 T[\mid \mathbf{D}_p - \mathbf{D}_q \mid = 1] + \sum_{q \in N_p} P_2 T[\mid \mathbf{D}_p - \mathbf{D}_q \mid > 1]$$

$$(5\text{-}58)$$

其中,$\mathbf{D}$ 是视差图像,第一项是对 $\mathbf{D}$ 所有视差像素匹配的成本总和;第二项是对像素 $\mathbf{p}$ 的邻域 $N_p$ 的所有像素 $q$ 增加恒定惩罚 $P_1$,其中视差稍微改变(即 1 像素);对于较大的视差变化,第三项增加了更大的恒定惩罚 $P_2$。如下公式是沿着单个方向 $\mathbf{r}$ 的路径优化函数:

$$L_r'(\mathbf{p}, d) = C(\mathbf{p}, d) + \min(L_r'(\mathbf{p} - \mathbf{r}, d), \quad L_r'(\mathbf{p} - \mathbf{r}, d - 1) + P_1 \qquad (5\text{-}59)$$

$$L_r'(\mathbf{p} - \mathbf{r}, d + 1) + P_1, \quad \min_i L_r'(\mathbf{p} - \mathbf{r}, i) + P_2) \qquad (5\text{-}60)$$

其中,$C$ 是成本,其余部分增加了路径的先前像素 $\mathbf{p} - \mathbf{r}$ 的最低成本,包括对不连续性的适当惩罚。这实现了沿任意 1-D 路径的行为。该成本不会强制可见性或排序约束,因为这两个概念在非外极线的路径都无法实现。因此,该方法与动态规划(DP)相比,更类似于扫描线优化(scanline optimization)。$L'$ 沿路径永久增加,这可能导致非常大的值。然而,可以从整个项中减去前一像素的最小路径成本,即变成:

$$L_r(\mathbf{p}, d) = C(\mathbf{p}, d) + \min(L_r(\mathbf{p} - \mathbf{r}, d), \quad L_r(\mathbf{p} - \mathbf{r}, d - 1) + P_1 \qquad (5\text{-}61)$$

$$L_r(\mathbf{p} - \mathbf{r}, d + 1) + P_1, \quad \min_i L_r(\mathbf{p} - \mathbf{r}, i) + P_2) - \min_k L_r(\mathbf{p} - \mathbf{r}, k) \qquad (5\text{-}62)$$

该修整不改变通过视差空间的实际路径。成本 $L_r$ 在所有方向 $\mathbf{r}$ 的路径上求和。路径数必须至少为 8,并且应为 16,以便提供良好的 2D 图像覆盖:

$$S(\mathbf{p}, d) = \sum_r L_r(\mathbf{p}, d) \qquad (5\text{-}63)$$

**统计变换**(census transform,CS)是将 8/24 比特的像素变成一个二进制序列,另外一个二值特征叫局部二值模式(**local binary pattern,LBP**)和 CS 相似。立体匹配算法就是基于这个变换将匹配变成一个汉明(Hamming)距离的最小化搜索。图 5.183 是 CS 变换的示意图,Census 变换窗(CTW)以 5×5 为例。

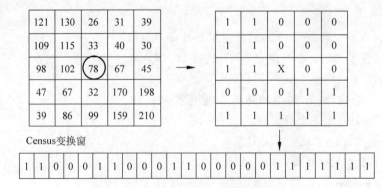

图 5.183　CS 变换的示意图

CS 的优点是对于辐射畸变、边界晕影(vignetting)和噪声的抗干扰性强。

PatchMatch(PM)是一个加速图像模板匹配的算法,其基本思想就是对视差和平面参数随机初始化,然后通过邻域像素之间的信息传播更新估计。PM 算法分为以下五个步骤。

(1)空域传播(spatial propagation)。每个像素检查左边和上边邻居视差和平面参数,如果匹配成本变小就取代当前估计。

（2）视角传播（view propagation）。对其他视角的像素进行变换，检查其对应图像的估计，如果变小就取代。

（3）时域传播（temporal propagation）。前后帧考虑对应像素的估计。

（4）平面细化（plane refinement）。随机产生样本，如果估计使匹配成本下降，更新当前估计。

（5）后处理（post-processing）。左右一致性和加权中值滤波器去除出格点（outliers）。

图 5.184 所示是 PM 算法的示意图，包括空域传播、视角传播和时域传播。

图 5.184　PM 算法的示意图

## 5.11.2　双目在线标定

在参考文献[116]中提出了一个利用路上标志线（斑马线）的在线标定方法，其算法框图如图 5.185 所示。已知斑马线的平行线模式，检测斑马线并提取角点，计算斑马线模式和路面实现匹配的单映变换（homography）参数，得到标定参数。

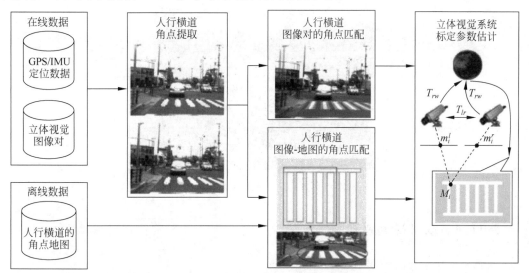

图 5.185　利用路上标志线在线标定算法框图

另一个标定方法是基于 VO 和 SLAM，比较复杂，不过可以同时进行基于地图的定位。图 5.186 所示是其算法的流程图，采用 SLAM 进行在线标定，不适合高频率操作。其中，第 1～4 步为通过立体视觉 SLAM 获取全局连续地图；第 5 步为给出双目相机变换初始估计，第6步为把所有立体相机的地图聚合成一张地图；第7～8步为获取多台相机之间的姿态。

图5.186　基于SLAM在线标定算法框图

和单目方法类似,采用车道线保持平行和路面为平面这个假设可以快速完成在线标定,即基于消失点(vanishing point)理论的方法。该理论假设有一个平坦的道路模型,拥有清晰的纵向车道线,且没有其他目标的边缘和它们平行；要求驾驶车辆速度慢,车道线连续,左右相机的双目配置要左摄像头相对路面的仰角/斜角(yaw/roll angles)比较小；这样跟初始化的消失点(与线下标定相关)比较可以算出双目外参数的漂移量(见图5.187),其算法就是从消失点估计摄像头仰角/斜角。

图5.187　消失点漂移

### 5.11.3　双目视觉感知系统

下面介绍几个典型的双目自动驾驶系统。

Berta Benz采用的障碍物检测算法Stixels基于以下假设：场景中的目标描述为列,因为重心的原因,目标是站立在地面上的,每个目标上的上部比下部的深度大。图5.188所示介绍了基于Stixels的景物分割结果：通过SGM计算视差图,目标可以描述为垂直路面的细长方形Stixels,同时从背景中跟踪和分割出来。

(a) 左图像            (b) SGM视差估计结果(亮近、暗远)

(c) 视差输入的Stixels世界表示       (d) Stixels世界的分割：静态背景和运动目标

图 5.188 障碍物检测和跟踪

图 5.189 是 Stixels 计算的示意图。

(a) 基于动态规划的自由驾驶空间计算       (b) 高度分割中的属性值

(c) 成本图像(灰度值反过来)           (d) 高度分割

图 5.189 Stixels 计算的示意图

图 5.190 所示是加上深度学习视差融合之后再进行 Stixels 计算的框图，包括视差计算 SGM、基于 FCN 模型的检测"意外障碍物网络"(unexpected obstacle network，UON)，基于立体视觉的检测"快速直接平面假设检验"(fast direct planar hypothesis testing，FDPHT) 和概率融合等模块。

VisLab 早期双目障碍物的算法通用障碍物和车道线检测(generic obstacle and lane detection，GOLD)，主要基于视差和逆向投影映射(inverse perspective mapping，IPM)检测车道线，同时根据左右图像的视差计算路上障碍物，如图 5.191 所示为 GOLD 算法示意图。

图 5.192 所示是车道线检测算法示意图。

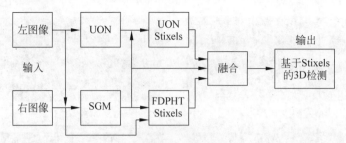

图5.190　深度学习结合的 Stixels 融合框图

(a) 左图像　　　　　　(b) 右图像　　　　　　(c) 左IPM

(d) 右IPM　　(e) 左右IPM门限化和滤波后的差分图像　(f) 增亮左右摄像头看到的路面部分

图5.191　GOLD 算法示意图

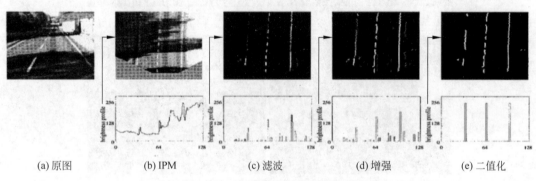

(a) 原图　　　(b) IPM　　　(c) 滤波　　　(d) 增强　　　(e) 二值化

图5.192　车道线检测算法示意图

图5.193 所示是 VisLab 国际自主挑战赛(VisLab intercontinental autonomous challenge, VIAC)的车辆,除了双目摄像头以外,车上还有激光雷达作为道路分类的辅助。

其采用的双目障碍物检测算法的流程图见图5.194,视差估计利用了 SGM 算法和基于 SAD 的相关算法,后处理中加了两个视差空间图像(disparity space image,DSI)空间的滤波器。

障碍物检测算法采用了 JPL 的方法,基于空间布置特性以及车辆的物理特性聚类得到障碍物。物理特性包括最大高度(车辆)、最小高度(障碍物)和最大道路可通过范围,这些约束定义了一个空间截断锥(truncated cone),如图5.195 所示,那么在聚类过程中凡是落在截断锥内的点即为障碍物。

图 5.193 VisLab 自动驾驶车

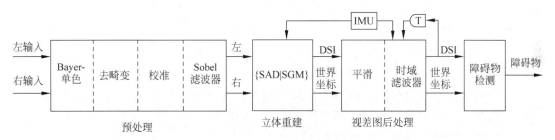

图 5.194 双目障碍物检测

另外,为加速视差估计算法,采用了划分 DSI 的方法,如图 5.196 所示,根据视差对空间进行分层。

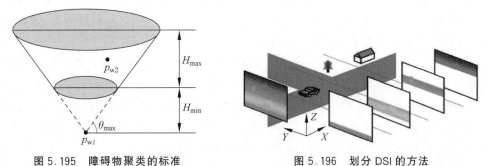

图 5.195 障碍物聚类的标准      图 5.196 划分 DSI 的方法

另一种方法采用如图 5.197 所示的算法框图,基于光照不变性图像(illuminant invariant image)检测自由道路空间,然后通过凸包(convex hull)产生兴趣区域(region of interest,ROI),根据水平视差图定义路上障碍物,其中利用粒子滤波器进行多目标跟踪。

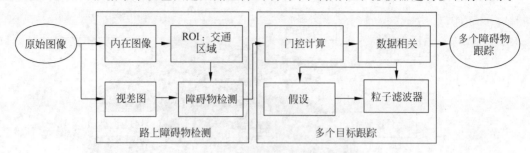

图 5.197　障碍物检测和跟踪框图

总体来看,双目检测障碍物的方法基于视差图与基于路面视差的方法较多。也许随着深度学习发展的突飞猛进,加上计算平台的增强,双目自动驾驶系统也会普及起来。

### 5.11.4　深度学习的双目视差估计

下面介绍深度学习在双目视差估计中的应用。

参考文献[184]和[185]对从图像(单目、双目和多目)中估计深度图的方法进行总结,包括视差/深度估计的多个模块,即特征提取、匹配成本计算、成本体(cost volume)正则化和细化等。

针对这些模块,深度学习的应用可以组合构成立体视觉匹配的网络,其思路可分为早期法和端到端法两种。

早期法用深度学习架构取代了手工特征和相似性计算,其特征提取模块实现为具有共享权重的多分支网络,每个分支根据其输入计算特征,然后使用以下方法进行匹配。

- 固定相关层(实现为卷积层)。
- 一个全连接的神经网络将来自立体图像对的补丁连接特征作为输入,并产生匹配得分。
- 由卷积层组成的卷积网络和 ReLU。

早期法中用卷积层和/或全连接层使网络能够从数据中学习适当的相似性度量,比使用相关层更准确,但速度明显较慢。

端到端方法比较直接,正则化模块的输入是成本体、连接特征或与参考图像、与参考图像的特征和/或作为语义先验的语义特征(如分割掩模或边缘图)连接的成本体,然后正则化并输出深度/视差图或深度/视差分布。

分割掩码和边缘图都可以用于视差/深度估计网络联合训练和端到端训练的深度网络来计算。将语义特征添加到成本体可以改善细节的重建,尤其是在目标边界附近。

正则化模块通常被实现为卷积-反卷积(沙漏)深度网络,其中在收缩部分和扩展部分之间具有跳连接,或者简单的卷积网络。它可以使用 2D 卷积或 3D 卷积,后者的参数较少。两种情况的视差范围都是预先确定的,不重训练就不能重调整。

正则化成本体的深度计算可使用 soft argmin 算子,可微分,允许亚像素精度,但仅限于网络输出的单峰分布,或亚像素 MAP 近似,可处理多峰分布。

端到端的方法可分成以下两个途径。

（1）用单个编码器-解码器，将左右图像堆叠成 6D 体，回归视差图。这些方法不需要显式的特征匹配模块，在运行时速度很快。然而，它们需要大量的训练数据，很难获得结果。

（2）将问题分解为多步来模拟传统立体视觉匹配流水线，每个阶段由可微分块组成，允许端到端地训练。

端到端方法性能存在的问题是视差图可能分辨率低（沿宽度、高度和视差维度）、不完整、有噪声、缺少细节以及过平滑，尤其是在目标边界。因此，一些变形方法会提高分辨率，改进运行处理时间，以及视差补全和去噪等。

参考文献［126］介绍了一个回归网络估计视差的方法，它充分利用几何特性和上下文约束，实现了一个端到端的视差图计算。

图 5.198 是其定义的 GC-Net（geometry and context network）网络框图，上下文在 3D 卷积中体现，而几何特性在左右图像合并在成本体时引入。鉴于之前直接计算成本体最小化得到视差的方法存在以下问题：①该操作是离散的，无法产生亚像素级视差估计；②该操作不是可微分的，无法使用反向传播（BP）进行训练。为此参考文献［126］中提出了一个软最小化（soft argmin）的概念，定义如下：首先，取每个值的负数，将预测成本 $c_d$（对于每个视差值 $d$）从成本体转换为概率体（probability volume）；然后用 softmin 操作 $\sigma(\cdot)$ 归一化视差维度上的概率体；最后，取每个视差 $d$ 的总和，用归一化概率进行加权。该操作是可微分的，可以训练和回归视差估计网络。

GC-Net 的结构见表 5.4，其中，每个 2D 或 3D 卷积层表示一个包括卷积、批归一化（BN）和非线性激活 ReLU 的网络块（除非另有规定，如无 ReLU 或者 BN）；$H$ 表示高度，$W$ 表示宽度，$C$ 表示通道数，$D$ 表示视差最大值，$F$ 表示特征大小。

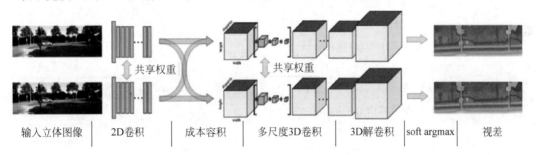

输入立体图像　　2D卷积　　成本容积　　多尺度3D卷积　　3D解卷积　soft argmax　　视差

图 5.198　回归网络 GC-Net 框图

表 5.4　GC-Net 模型的参数

| 参数 | 层描述 | 输出张量维度 |
| --- | --- | --- |
| | 输入图像 | $H \times W \times C$ |
| 一元特征 | $5 \times 5$ 卷积层，32 特征，步距 2 | $1/2H \times 1/2W \times F$ |
| | $3 \times 3$ 卷积层，32 特征 | $1/2H \times 1/4W \times F$ |
| | $3 \times 3$ 卷积层，32 特征 | $1/2H \times 1/4W \times F$ |
| | 添加第 1 层和第 3 层特征（残差连接） | $1/2H \times 1/2W \times F$ |
| | （重复层 2、3 和残差连接）$\times 7$ | $1/2H \times 1/2W \times F$ |
| | $3 \times 3$ 卷积层，32 特征，（无 ReLu 或 BN） | $1/2H \times 1/2W \times F$ |

| 参数 | 层描述 | 输出张量维度 |
| --- | --- | --- |
|  | 输入图像 | $H \times W \times C$ |
| 成本体 | 成本体 | $1/2D \times 1/2H \times 1/2W \times 2F$ |
|  | 3D 卷积层,$3 \times 3 \times 3$,32 特征 | $1/2D \times 1/2H \times 1/2W \times F$ |
|  | 3D 卷积层,$3 \times 3 \times 3$,32 特征 | $1/2D \times 1/2H \times 1/2W \times F$ |
|  | 3D 卷积层,$3 \times 3 \times 3$,64 特征,步距 2 | $1/4D \times 1/4H \times 1/4W \times 2F$ |
|  | 3D 卷积层,$3 \times 3 \times 3$,64 特征 | $1/4D \times 1/4H \times 1/4W \times 2F$ |
|  | 3D 卷积层,$3 \times 3 \times 3$,64 特征 | $1/4D \times 1/4H \times 1/4W \times 2F$ |
|  | 3D 卷积层,$3 \times 3 \times 3$,64 特征,步距 2 | $1/8D \times 1/8H \times 1/8W \times 2F$ |
|  | 3D 卷积层,$3 \times 3 \times 3$,64 特征 | $1/8D \times 1/8H \times 1/8W \times 2F$ |
|  | 3D 卷积层,$3 \times 3 \times 3$,64 特征 | $1/8D \times 1/8H \times 1/8W \times 2F$ |
|  | 3D 卷积层,$3 \times 3 \times 3$,64 特征,步距 2 | $1/16D \times 1/16H \times 1/16W \times 2F$ |
|  | 3D 卷积层,$3 \times 3 \times 3$,64 特征 | $1/16D \times 1/16H \times 1/16W \times 2F$ |
|  | 3D 卷积层,$3 \times 3 \times 3$,64 特征 | $1/16D \times 1/16H \times 1/16W \times 2F$ |
| 学习正则化 | 3D 卷积层,$3 \times 3 \times 3$,128 特征,步距 2 | $1/32D \times 1/32H \times 1/32W \times 4F$ |
|  | 3D 卷积层,$3 \times 3 \times 3$,128 特征 | $1/32D \times 1/32H \times 1/32W \times 4F$ |
|  | 3D 卷积层,$3 \times 3 \times 3$,128 特征 | $1/32D \times 1/32H \times 1/32W \times 4F$ |
|  | $3 \times 3 \times 3$,3D 转置卷积,64 特征,步距 2 | $1/16D \times 1/16H \times 1/16W \times 2F$ |
|  | 添加第 33 和 29 特征（残差连接） | $1/16D \times 1/16H \times 1/16W \times 2F$ |
|  | $3 \times 3 \times 3$,3D 转置卷积,64 特征,步距 2 | $1/8D \times 1/8H \times 1/8W \times 2F$ |
|  | 添加第 34 和 26 特征（残差连接） | $1/8D \times 1/8H \times 1/8W \times 2F$ |
|  | $3 \times 3 \times 3$,3D 转置卷积,64 特征,步距 2 | $1/4D \times 1/4H \times 1/4W \times 2F$ |
|  | 添加第 35 和 23 特征（残差连接） | $1/4D \times 1/4H \times 1/4W \times 2F$ |
|  | $3 \times 3 \times 3$,3D 转置卷积,32 特征,步距 2 | $1/2D \times 1/2H \times 1/2W \times F$ |
|  | 添加第 36 和 20 特征（残差连接） | $1/2D \times 1/2H \times 1/2W \times F$ |
|  | $3 \times 3 \times 3$,3D 转置卷积层,1 特征(无 ReLU 或 BN) | $D \times H \times W \times 1$ |
| 软最小化 | 软最小化 | $H \times W$ |

参考文献[127]中提出的是无监督学习的网络,一个随机初始化网络通过左-右检查(left-right check)引导训练,选择合适的匹配对在迭代过程中更新参数,最后收敛到一个稳定估计。图 5.199 所示是其网络结构,输入为立体图像,输出是视差图。网络分两个分支,其中一个是成本体分支用于估计成本体;另一个是图像特征分支,进行联合体滤波(volume filtering),其中也使用了软最小化的操作。

图 5.200 所示是其迭代无监督训练网络结构,包括视差预测、可信度估计、训练数据选择(基于左-右双向检查)和网络训练 4 部分。

参考文献[128]中提出了一个 PSM-Net,即金字塔立体匹配网络,包括两部分(见图 5.201):

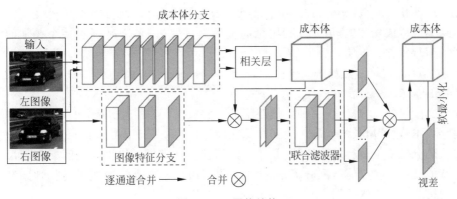

图 5.199 网络结构

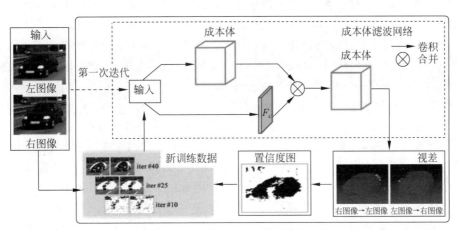

图 5.200 无监督训练网络结构

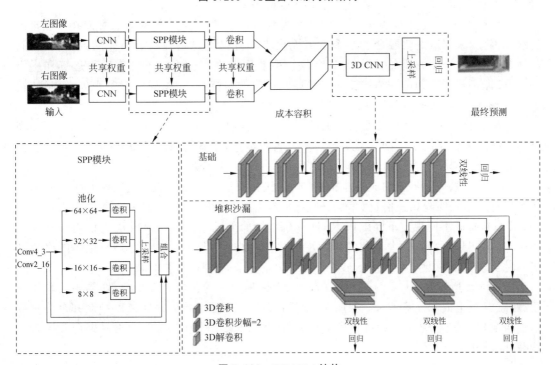

图 5.201 PSM-Net 结构

空间金字塔池化(spatial pyramid pooling,SPP)和 3D CNN。前者将不同尺度和位置的上下文信息集成构成一个体,可充分利用全局上下文信息;3D CNN 通过多个叠加的沙漏网络学习如何规则化成本体。

PSM-Net 的网络参数如表 5.5 所示,conv01 和 conv21 后面是下采样,ResNet 后面是BN 和 ReLU。

参考文献[186]中提出了一种立体匹配的分解模型,解决随分辨率的增加计算成本(时间和内存成本)过度增长的问题。为了降低在原始分辨率下立体匹配的巨大成本,该模型仅在非常低的分辨率下运行密集匹配,并在不同的较高分辨率下使用稀疏匹配来逐尺度恢复丢失细节的视差。在立体匹配分解之后,这个模型用一个遮挡-觉察掩模迭代地融合来自相邻尺度的稀疏和密集视差图,用一个细化网络提高融合效果。

图 5.202 所示是立体匹配分解模型的架构图。给定一对图像,首先提取 $l$ 级匹配的特征图;然后以最低分辨率 $l=0$ 运行密集匹配,并在不同的较高分辨率 $l \geqslant 1$ 下使用稀疏匹配;对于计算的密集视差图和稀疏视差图,将其分层融合,恢复原始分辨率 $l=L$ 的密集视差图;融合包括视差上采样、视差融合和细化。其中,Ⓦ 是左视图和右视图之间的扭曲操作,⊖表示来自相邻层特征图之间的平方差计算。

**致密匹配**的计算如下。在最底层为视差回归建立一个全成本体,由于搜索空间大小可以忽略不计,因此这部分计算占有资源很少。在用 softmax 进行视差回归之前,用成本正则化来校正成本体。成本正则化由 8 个 3D 卷积组成,所有卷积都跟随一个 BN 层。

用掩码表示丢失细节的位置,该位置由一个**细节检测网络**计算当前层特征和低一层特征上采样之间的平方差计算。该网络由 3 个卷积运算和 1 个 sigmoid 函数组成,其学习由一个无监督损失指导,即最大化相邻层特征之间的差异和强制细节的稀疏性。

由于丢失细节是内容-觉察的,其形状和大小表现动态但不固定,因此**稀疏匹配**中不适合用成本体表示。相反,通过互相关计算直接计算视差图。

在稀疏匹配中,遮挡会导致严重的匹配模糊,而细节区域包含许多容易在遮挡中出现的边缘。因此,采用所谓**软融合**的一个学习掩模来融合稀疏视差图和上采样的致密视差图。具体来说,用一个**回归网络**来生成一个软掩码。回归网络包含 3 个 2D 卷积运算和一个sigmoid 激活函数。回归网络的输入是级联在一起的左特征、上采样的密集视差图、稀疏视差图、当前细节区域的掩码和稀疏匹配的稳健性掩码。

至于**细化网络**,用视差扭曲右图的特征,然后将扭曲后的右特征图、左特征图和当前视差图连接到细化网络中。细化网络包含 7 个卷积运算,所有卷积之后都有一个 ReLU 激活函数和一个 BN 层,不过最后一个卷积之后只有一个 BN,没有 ReLU。

ACVNet 采用一种新的成本体构造方法,从相关线索生成注意权重,在关联体中抑制冗余信息并增强匹配相关信息。为了产生可靠的注意权重,其提出多级自适应图像块匹配(MAPM),提高不同视差下匹配成本的可辨别性,如无纹理区域。该成本体称为注意关联体(ACV),可以无缝嵌入大多数立体匹配网络中,由此产生的网络可用一个更轻的聚合网络同时实现更高的准确性。基于 ACV,得到的是一个立体匹配网络 ACVNet。

图 5.203 所示是 ACVNet 的结构图,ACV 的构建过程包括 3 个步骤,即初始关联体构建、注意权重生成和注意滤波;利用生成的注意权重过滤初始关联体可以抑制冗余信息并增强匹配相关信息,从而获得注意关联体;特征提取采用 3 层 ResNet,成本聚合采用多个沙漏(hourglass)网络。

表 5.5　PSM-Net 的网络参数

**CNN / SPP 模块**

| 名字 | 层设置 | 输出维度 |
|------|--------|----------|
| **CNN** | | |
| conv0_1 | 3×3,32 | $\frac{1}{2}H\times\frac{1}{2}W\times32$ |
| conv0_2 | 3×3,32 | $\frac{1}{2}H\times\frac{1}{2}W\times32$ |
| conv0_3 | 3×3,32 | $\frac{1}{2}H\times\frac{1}{2}W\times32$ |
| conv1_x | $\begin{bmatrix}3\times3,32\\3\times3,32\end{bmatrix}\times3$ | $\frac{1}{2}H\times\frac{1}{2}W\times32$ |
| conv2_x | $\begin{bmatrix}3\times3,64\\3\times3,64\end{bmatrix}\times16$ | $\frac{1}{4}H\times\frac{1}{4}W\times64$ |
| conv3_x | $\begin{bmatrix}3\times3,128\\3\times3,128\end{bmatrix}\times3,\text{dila}=2$ | $\frac{1}{4}H\times\frac{1}{4}W\times128$ |
| conv4_x | $\begin{bmatrix}3\times3,128\\3\times3,128\end{bmatrix}\times3,\text{dila}=4$ | $\frac{1}{4}H\times\frac{1}{4}W\times128$ |
| **SPP 模块** | | |
| branch_1 | 64×64 avg pool 3×3,32 双线性插值 | $\frac{1}{4}H\times\frac{1}{4}W\times32$ |
| branch_2 | 32×32 avg pool 3×3,32 双线性插值 | $\frac{1}{4}H\times\frac{1}{4}W\times32$ |
| branch_3 | 16×16 avg pool 3×3,32 双线性插值 | $\frac{1}{4}H\times\frac{1}{4}W\times32$ |
| branch_4 | 8×8 avg pool 3×3,32 双线性插值 | $\frac{1}{4}H\times\frac{1}{4}W\times32$ |
| concat[conv2_16,conv4_3,branch_1,branch_2,branch_3,branch_4] | | $\frac{1}{4}H\times\frac{1}{4}W\times320$ |
| fusion | 3×3,128 / 1×1,32 | $\frac{1}{4}H\times\frac{1}{4}W\times32$ |

**成本容积**

左和漂移的右组合　$\frac{1}{4}D\times\frac{1}{4}H\times\frac{1}{4}W\times64$

3DCNN(堆积沙漏)

| 名字 | 层设置 | 成本容积 |
|------|--------|----------|
| 3Dconv0 | 3×3×3,32 / 3×3×3,32 | $\frac{1}{4}D\times\frac{1}{4}H\times\frac{1}{4}W\times32$ |
| 3Dconv1 | $\begin{bmatrix}3\times3\times3,32\\3\times3\times3,32\end{bmatrix}$ | $\frac{1}{4}D\times\frac{1}{4}H\times\frac{1}{4}W\times32$ |
| 3Dstack1_1 | 3×3×3,64 / 3×3×3,64 | $\frac{1}{8}D\times\frac{1}{8}H\times\frac{1}{8}W\times64$ |
| 3Dstack1_2 | 3×3×3,64 / 3×3×3,64 | $\frac{1}{16}D\times\frac{1}{16}H\times\frac{1}{16}W\times64$ |
| 3Dstack1_3 | deconv3×3×3,64 add **3Dstack1_1** | $\frac{1}{8}D\times\frac{1}{8}H\times\frac{1}{8}W\times64$ |
| 3Dstack1_4 | deconv3×3×3,32 add **3Dconv1** | $\frac{1}{4}D\times\frac{1}{4}H\times\frac{1}{4}W\times32$ |
| 3Dstack2_1 | 3×3×3,64 add **3Dstack1_3** | $\frac{1}{8}D\times\frac{1}{8}H\times\frac{1}{8}W\times64$ |
| 3Dstack2_2 | 3×3×3,64 / 3×3×3,64 | $\frac{1}{16}D\times\frac{1}{16}H\times\frac{1}{16}W\times64$ |
| 3Dstack2_3 | deconv3×3×3,64 add **3Dstack1_1** | $\frac{1}{8}D\times\frac{1}{8}H\times\frac{1}{8}W\times64$ |
| 3Dstack2_4 | deconv3×3×3,32 add **3Dconv1** | $\frac{1}{4}D\times\frac{1}{4}H\times\frac{1}{4}W\times32$ |

| 名字 | 层设置 | 成本容积 |
|------|--------|----------|
| 3Dstack3_1 | 3×3×3,64 / 3×3×3,64 add **3Dstack2_3** | $\frac{1}{8}D\times\frac{1}{8}H\times\frac{1}{8}W\times64$ |
| 3Dstack3_2 | 3×3×3,64 / 3×3×3,64 | $\frac{1}{16}D\times\frac{1}{16}H\times\frac{1}{16}W\times64$ |
| 3Dstack3_3 | deconv3×3×3,64 add **3Dstack1_1** | $\frac{1}{8}D\times\frac{1}{8}H\times\frac{1}{8}W\times64$ |
| 3Dstack3_4 | deconv3×3×3,32 add **3Dconv1** | $\frac{1}{4}D\times\frac{1}{4}H\times\frac{1}{4}W\times32$ |
| output_1 | 3×3×3,32 / 3×3×3,1 | $\frac{1}{4}D\times\frac{1}{4}H\times\frac{1}{4}W\times1$ |
| output_2 | 3×3×3,32 / 3×3×3,1 add **output_2** | $\frac{1}{4}D\times\frac{1}{4}H\times\frac{1}{4}W\times1$ |
| output_3 | 3×3×3,32 / 3×3×3,1 add **output_3** | $\frac{1}{4}D\times\frac{1}{4}H\times\frac{1}{4}W\times1$ |
| 3 输出 | [output_1,output_2,output_3] | |
| 上采样 | 双线性内插 | $D\times H\times W$ |
| fusion | 视差内插 | $H\times W$ |

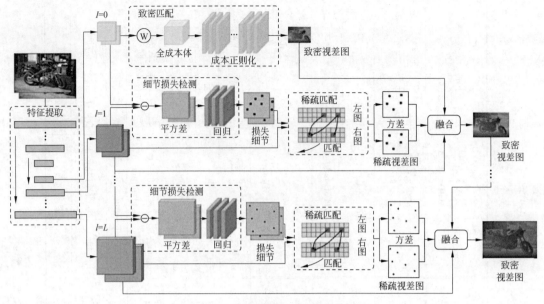

图 5.202    立体匹配分解模型的架构图

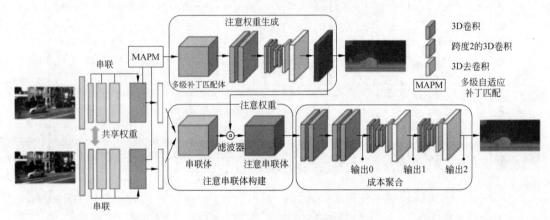

图 5.203    ACVNet 的结构图

注意权重的目的是滤波初始关联体,以强调有用信息并抑制不相关信息。为此,从立体图像对之间的相关性提取几何信息来生成注意权重。传统的相关体估计是计算像素到像素的相似度,由于缺乏足够的匹配线索,该相似度对无纹理区域不可靠。为了解决这个问题,提出一种基于 MAPM 更稳健的相关体构建方法。

如图 5.204 所示是 MAPM 的想法,从特征提取模块获得 3 个不同层特征图(a-b-c),其通道数分别为 64、128 和 128;对于特定层的每个像素,用一个预定义大小和自适应学习权重的黑洞块(atrous patch)来计算匹配成本;通过控制膨胀倍数,确保图像块的范围与特征图层相关,同时在中心像素的相似性计算中保持相同数量的像素;两个对应像素的相似度是图像块中对应像素之间相关性的加权和(分别用黑色和灰色表示)。

为了获得不同视差的准确注意权重来滤波初始关联体,用真值视差来监督注意权重。为此,计算市场估计和视差真值之间的平滑 $L_1$ 损失,指导网络的学习过程。

最后,基于 ACV 构建一个实时版的 ACVNet,名为 ACVNet-Fast。ACVNet-Fast 采用

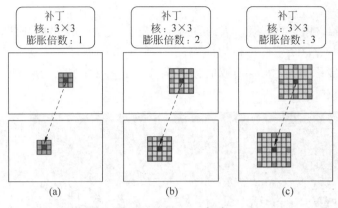

**图 5.204 MAPM 想法**

与 ACVNet 相同的特征提取。图 5.205 所示为 ACVNet-Fast 的架构,ACVNet-Fast 和 ACVNet 之间的主要区别在于 ACV 构造和聚合。

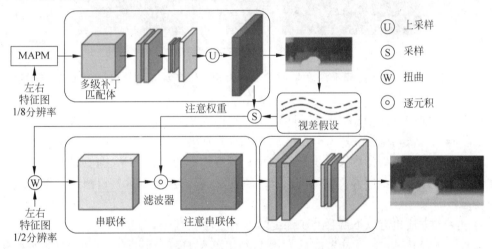

**图 5.205 ACVNet-Fast 的架构图**

特别地,ACVNet-Fast 基于 1/8 分辨率的特征图构造 MAPM,然后用两个 3D 卷积和一个 3D 沙漏网络进行正则化,获得 1/8 分辨率的注意权重。在预测视差附近采样 $h$ 个 ($h=6$)假设来缩小视差搜索空间,该预测视差是由 1/2 分辨率的上采样注意权重获得。根据这些假设构造稀疏关联体和样本注意权重去获得稀疏注意权重,然后构造稀疏注意关联体。

对于成本聚合,只用两个 3D 卷积和一个 3D 沙漏网络来正则化稀疏注意关联体。由于包含的匹配信息非常有效,因此只需要一个非常轻的聚合网络。通过这种方式,实现准确率和效率的良好平衡。

# 5.12 人体姿态估计

在行人检测工作中,基本上对身体姿态的涉及很少,但对行人的跟踪和行为预测则需要对人体姿态建模和估计。下面基于最近深度学习在该领域的进展工作讨论一下人体姿态估计的方法。

人体姿态骨架以图形格式表示人的方向。本质上,它是一组坐标,通过彼此连接来描述人的姿态。骨架中的每个坐标都称为部件(parts)、关节(joint)或关键点(keypoint)。两部分之间的有效连接称为一对(pair)或肢体(limb)。图 5.206 所示是一个人体姿态骨架模型,包括多人的场景。

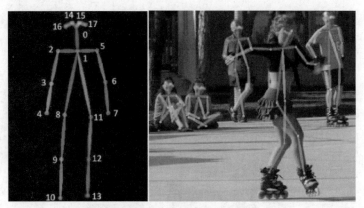

图 5.206　人体姿态骨架模型

参考文献[188]对最近基于深度学习的 2D 和 3D 人体姿态估计(HPE)解决方案进行了全面回顾。

HPE 分为两大类: 2D HPE 和 3D HPE。根据人数,2D HPE 方法分为单人和多人设置。对于单人方法,有两类基于深度学习的方法,分别为①回归方法,基于深度学习回归器直接建立从输入图像到身体关节坐标的映射;②身体部位检测方法,包括两个步骤:第一步生成用于身体部位定位的关键点(即关节)的热图,第二步是将这些检测的关键点组合成全身姿态或骨架。

对于多人方法也有以下两种基于深度学习的方法。

(1) 自顶而下的方法。首先检测人,然后利用单人 HPE 预测每个人的关键点来构建人体姿态。

(2) 自底而上的方法。首先在不知道人数的情况下检测身体关键点,然后将关键点聚类为各个姿态。

自顶而下的方法用现成的人体检测器从输入图像中获得一组边框(每个框对应一个人),然后将单人姿态估计器应用于每个边框以生成多人姿态。与自顶而下的方法不同,自底而上的方法首先定位一幅图像的所有身体关节,然后将它们分组到相应的目标。在自顶而下的流水线中,输入图像的人数将直接影响计算时间。自底而上方法的计算速度通常比自顶而下的方法快,因为不需要分别检测每个人的姿态。

对 2D HPE 单人方法而言,回归方法和身体部位检测方法有各自的优点和局限性。回归方法可以通过端到端的框架学习从输入图像到关键点坐标的非线性映射,这提供了一种快速学习范式和亚像素级预测精度。然而,由于高度非线性问题,通常只给出次优解。身体部位检测方法,特别是广泛应用的基于热图的框架,预测关键点的精度取决于热图的分辨率。当使用高分辨率热图时,计算成本和内存占用显著增加。

对于 2D HPE 多人方法,一方面,自顶而下的流水线会产生更好的结果,因为它首先使用检测方法从图像中检测每个人,然后使用基于单人的方法预测关键点的位置。另一方面,自底而上的方法通常比自顶而下的方法更快,因为它们直接检测所有关键点,并使用关键点关联策略(如密切关系链接、关联嵌入和逐像素关键点回归)将它们分组为单个姿态。

2D HPE 面临的挑战,一是严重遮挡的场景,二是计算效率,三是罕见姿态的数据缺乏。

OpenPose 是用于多人人体姿势估计的最流行的自底而上方法之一,部分原因在于其良好的开源实现。与许多自底而上的方法一样,OpenPose 首先检测属于图像中每个人的部件(关键点),然后将部件分配给不同的个体。图 5.207 所示是 OpenPose 模型的体系结构。

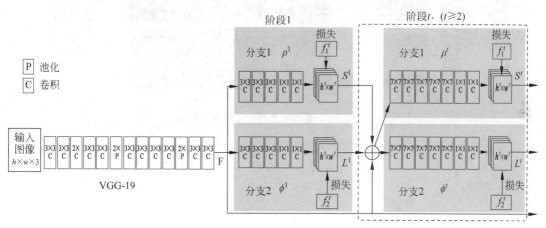

图 5.207 OpenPose 模型的体系结构

OpenPose 网络首先使用前几个层(VGG-19)从图像中提取特征,然后将这些特征馈入两个平行的卷积层分支。第一个分支预测一组 18 幅置信度图,每幅图表代表人体姿态骨架的特定部分。第二个分支预测一组 38 个部件亲和力场(part affinity field,PAF),它表示部件之间的关联程度。

该系统连续地细化每个分支的预测。如图 5.208 所示,使用部件置信度图,在部件对之间形成二分图(bi-partite graph);使用 PAF 值可以修剪二分图中较弱的链接。通过上述步骤可以估计人体姿势骨架并将其分配给图像中的每个人。

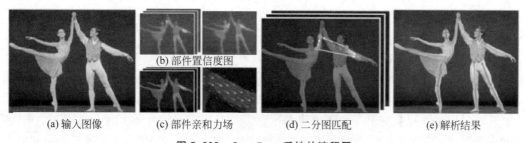

(a)输入图像　　(c)部件亲和力场　　(d)二分图匹配　　(e)解析结果

(b)部件置信度图

图 5.208 OpenPose 系统的流程图

Facebook 提出了 DensePose-RCNN,是 Mask-RCNN 的一种变体,可以在图像人体区域内致密地估计人体部位的坐标。这个工作是之前 DenseReg 的继续。DenseReg 主要是针对人脸图像的 3D 表面重建。

为此,DensePose 标注了新的人体姿态数据集,把"野外"(in the wild)图像,即存在背景、遮挡和尺度变化，和人体姿态之间，同样建立致密的对应关系。通过训练"修复"（inpainting）网络可以填补缺失的基本事实值，以此提高训练集的有效性。

图像和姿态致密对应的标注如图5.209所示，先将图像分割成语义区域，然后在任何渲染的部分图像上为每个采样点定位相应的表面点来标注图像和3D表面模型之间的致密对应。

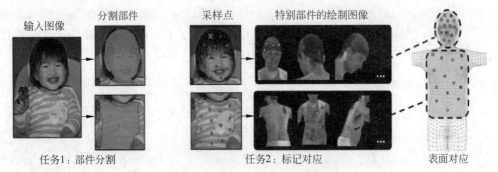

输入图像　分割部件　采样点　特别部件的绘制图像

任务1：部件分割　　　任务2：标记对应　　表面对应

图5.209　图像和姿态致密对应的标注

图5.210所示是DensePose-RCNN架构，使用一系列区域提议（region proposal）生成器、特征池化（feature pooling）和一个全卷积网络（FCN），致密地预测离散人体部件的标签和连续坐标。

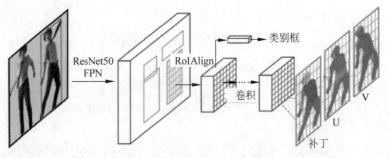

ResNet50 FPN　RoIAlign　类别框　卷积　补丁　U　V

图5.210　DensePose-RCNN架构

DensePose-RCNN采用一个级联结构，如图5.211所示，RoIAlign模块输出提供给DensePose以及完成其他任务（如掩码、关键点）的辅助网络；一旦从所有任务中获得第一阶段预测，就输入每个分支的第二阶段细化结果。

3D HPE方法根据输入源类型进行分类，分为单目的RGB图像/视频或其他传感器（如IMU）。这些方法中的大多数使用单目RGB图像和视频，其进一步分为单视图和多视图方法。单视图方法按单人与多人进行区分。多视图方法主要用于多人姿态估计。

从单目图像和视频的单个视图重建3D人体姿态，受到自遮挡和其他目标遮挡、深度模糊和训练数据不足的影响。这是一个严重的病态问题，因为不同的3D人体姿态可以被投影到类似的2D姿态轮廓。此外，对于基于2D关节的方法，2D身体关节的微小定位误差会导致3D空间中的大姿态失真。与单人情况相比，多人情况更为复杂。

单人3D HPE方法可根据其是否使用人体模型分为无模型和基于模型的方法。

无模型方法不使用人体模型来重建3D人体表征，可进一步分为两类：①直接估计方法；②2D姿态提升到3D的方法。

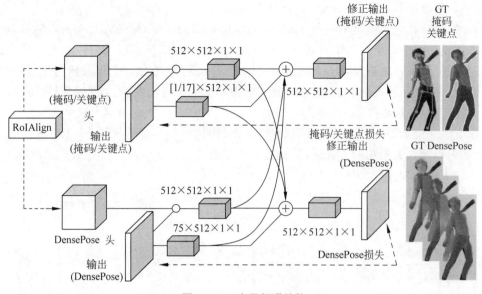

图 5.211　交叉级联结构

基于模型的方法采用人体模型(运动学模型和体模型)。运动学模型是运动约束下连接骨骼和关节的关节体表征,近年来在 3D HPE 中得到了越来越多的关注。基于运动学模型的先验知识,如骨骼关节连接信息、关节旋转特性和固定的骨骼长度比,可以合理地估计姿态。体模型(volumetric model)可以恢复高质量的人体网格(mesh),提供人体的额外形状信息。

3D HPE 多人方法,对于单目 RGB 图像或视频来源,与 2D HPE 多人方法类似,可分为自顶而下方法和自底而上方法。

自顶而下方法首先执行人体检测以检测每个人,然后对于每个检测的人,通过 3D 姿态网络估计绝对的根(人的中心关节)坐标和 3D 根-相对姿态,以此把所有姿态与世界坐标对齐。

与自顶而下的方法不同,自底而上的方法首先生成所有身体关节位置和深度图,然后根据根深度和部位相对深度将身体部位与每个人相关联。自底而上方法的一个关键挑战是如何对属于每个人的人体关节进行聚类。

自顶而下的方法通常依靠人体检测方法和单人姿态估计方法来获得有希望的结果。但随着人数的增加,尤其是在拥挤的场景中,计算复杂性和推理时间可能会变得过多。此外,由于自顶而下方法首先检测每个人的边框,场景中的全局信息可能会被忽略。图像中人体裁剪区域的深度估计可能与实际深度顺序(前后遮挡关系)不一致,并且预测的人体部件(手、臂、腿和脚)可能被放置在重叠(overlaid)位置,即出现不合理的冲突。

相反,自底而上方法具有线性计算和时间复杂性。然而,如果目标是恢复 3D 人体网格,那么自底而上方法重建人体网格并不简单。对于自顶而下的方法,在检测到每个人之后,可以结合基于模型的 3D HPE 单人方法轻松恢复每个人的人体网格。而对于自底而上的方法,需要额外的模型回归模块,基于最终的 3D 姿态重建人体网格。

一些 2D HPE 方法,如 OpenPose,已被广泛用作 3D 方法中的 2D 姿态检测器。除了3D 姿态,还可以从图像或视频中恢复 3D 人体网格。3D HPE 面临的挑战包括:模型的泛化、遮挡的稳健性和计算效率(和 2D HPE 一样)。

参考文献[189]中提出了一种 Multi-Hypothesis Transformer(MHForer),学习多个合理姿态假设的时空表征。为了有效地建模多假设依赖关系,并在假设的特征之间建立强关系,任务被分解为三个阶段:①生成多个初始假设表征;②建立自假设通信模型,将多假设合并为一个单一的聚合表征,然后将其划分为多个不同的假设;③学习跨假设通信,并聚合多假设特征,合成最终的 3D 姿态。

图 5.212 所示是 MHFormer 的框架概览图,构建一个三步骤框架,首先生成多个初始表征,然后以独立和相互的方式进行通信,合成更精确的估计。注:这里只显示单帧 2D 姿态作为输入的过程。

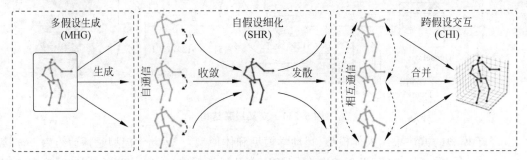

图 5.212　MHFormer 的框架概览

该框架更有效地建模了多假设的依赖关系,同时也在假设特征之间建立了更强的关系。

具体而言,在**第一步骤**中引入多假设生成(MHG)模块,对人体关节的固有结构信息进行建模,并在空域生成多个多层特征(multi-level feature)。这些特征包含从浅到深不同深度的语义信息,因此可被视为多个假设的初始表征。

在**第二步骤**中提出了一个**自假设细化(self-hypothesis refinement,SHR)**模块来细化每个假设特征。这里提出两个模块对时域一致性进行建模,并增强时域那些粗糙表征。第一个模块是**多假设自注意(multi-hypothesis self-attention,MH-SA)**,独立地对单假设依赖性进行建模,构建自假设通信,能够在每个假设内传递消息以增强特征。第二个模块是**混合假设(hypothesis-mixing)**多层感知器(MLP),跨假设交换彼此信息。多个假设合并为一个收敛表征,划分为多个发散的假设。

**最后一个步骤**,跨假设交互(CHI)模块对多假设特征之间的交互进行建模。CHI 的一个关键设计模块是多假设交叉注意(MH-CA),捕获彼此多假设相关性,建立交叉假设通信,能够在假设之间传递信息,更好地进行交互建模。随后,另外一个模块,即假设混合MLP,聚合多个假设,合成最终预测。

图 5.213 所示是 MHFormer 的几个模块细节,其中(a)为 multi-hypothesis transformer(MHForer)的概述;(b)为多假设生成(MHG)模块提取每帧人体关节的固有结构信息,并生成多个假设表征,这里,$N$ 表示输入帧的数目,$T$ 表示转置操作;(c)为自假设细化(SHR)模块用于细化单个假设特征;(d)为 SHR 之后的交叉假设交互(CHI)模块支持多假设特征之间的交互。

MH-SA 缺乏跨假设的联系,这限制了其交互建模。为了捕获多个假设彼此之间的相关性以进行交叉假设通信,提出了多个多头交叉注意(MCA)元素并行组成的 MH-CA。

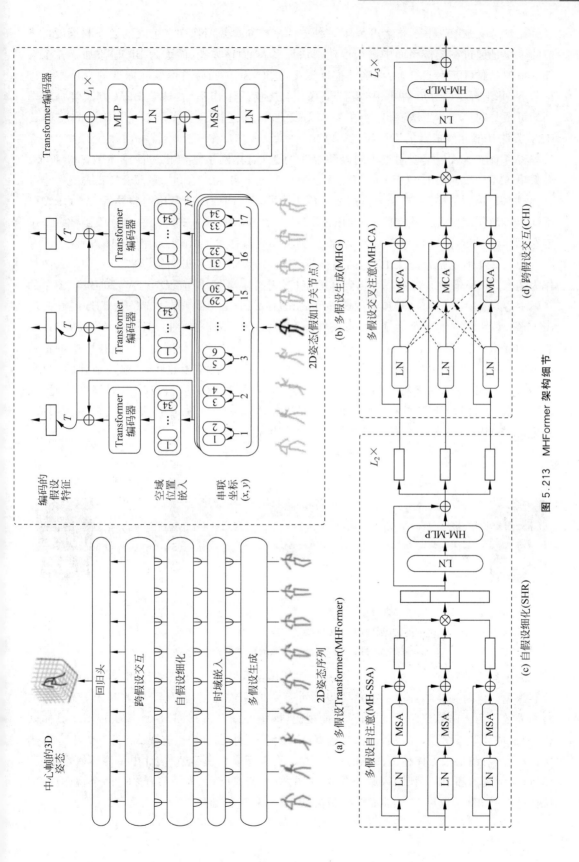

图5.213 MHFormer架构细节

在参考文献[190]中，作者开发了一种方法来推断单幅图像中多个人的姿态和深度。之前的工作是通过在图像平面中进行推理来估计多人，而该方法（简称为 BEV）添加了一个额外的虚拟鸟瞰（BEV）表征，可明确地推理深度，这时 BEV 同时对图像和深度的身体中心进行分析，并结合这些分析估计 3D 身体位置。与之前的工作不同，这个 BEV 方法是一种端到端可微分的单样本方法。另外，在参考文献[190]中还提出了一个 3D 人体模型空间，让 BEV 方法从婴儿到成人的不同年龄推断出形状。

SMPL 和 SMIL 模型用于将成人和婴儿的 3D 身体网格参数化为低维参数。AGORA 模型将 SMIL 和 SMPL 模板形状以权重 $\alpha \in [0,1]$ 进行线性混合，扩展了 SMPL 去支持小孩身体，称为"年龄偏移"。当混合模板解决成人和儿童之间的尺度和比例差异后，AGORA 可不计年龄地使用成人形状空间。SMPL＋A 还是随 SMPL 的方式定义一个分段函数，把 3D 姿态、形状和年龄偏移映射到一个 3D 网格。当年龄偏移过大时，则采用 SMIL 模型。

图 5.214 所示是该方法 BEV 的整体框架图，BEV 采用多头架构，给定一个 RGB 图像作为输入，BEV 输出 5 幅图。对粗到细的定位，用前 4 幅图，即前视图（FV）和 BEV 图中的身体中心（body center）热图和定位偏移（localization offset）图。首先按深度/高度展开 FV/BEV 图，然后将它们组合生成 3D 中心/偏移（3D center/offset）图。对于粗检测，从 3D 中心图中提取人的粗略 3D 位置；对于细定位，在相应的 3D 中心位置对 3D 偏移图中的偏移向量进行采样，添加这些可以提供 3D 平移预测；对于 3D 网格参数回归，输入估计的 3D 平移（x\_i,y\_i,d\_i）和网格特征（mesh feature）图，3D 平移的深度值被映射到深度编码，在（x\_i,y\_i）从网格特征图中采样特征向量，并将其添加到深度编码中，进行最终参数回归。最后，用 SMPL＋A 模型将估计参数转换为人体网格。

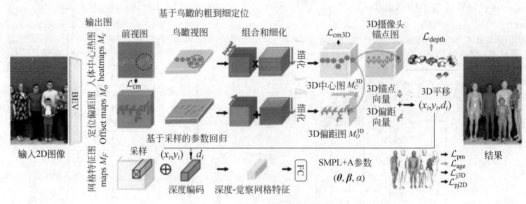

图 5.214　BEV 方法的整体框架

为了有效地建立 3D 表征，前视图和鸟瞰视图必须协同工作来估计相应目标的图像位置和深度。平行独立估计两个视角图将不可避免地导致对不准，从而导致基于 3D 热图的检测失败。为了连接这两个视图，根据前视图（即中心图和偏移图）估计鸟瞰视图。具体来说，为了估计鸟瞰视图，将关联的前视图和主干特征图作为输入。前视 2D 身体为中心的热图，被作为对图像中人体稳健注意的一种形式，有助于模型在 BEV 估计中专注于探索深度。然后，从前视图和 BEV 视图裸站并合成 2D 图来生成 3D 图。为了整合来自两个视图的 2D 特征并增强 3D 一致性，对合成的 3D 图执行 3D 卷积进行细化。

## 5.13   驾驶人监控系统

参考文献[198]从 5 个主要维度描述了驾驶人的状态：困倦、精神负担、分心、有情绪和受影响。

驾驶人监控系统(driver monitoring system，DMS)一般是对 L2～L3 的自动驾驶系统而言的，对 L4 是没有意义的，除非系统仍然是需要安全员的测试环节。

监控的目的是发现驾驶人走神(distraction)、疲劳(fatigue)或者打瞌睡(drowsiness)，甚至出现无法驾驶的意外情况，如欺骗辅助驾驶系统用矿泉水代替双手在方向盘上，或者与乘客争吵打架等。另外，如果作为自动驾驶的研发阶段，监控驾驶人可以提供驾驶行为的第一手数据，甚至用于仿真模拟系统中。

非侵入式(non-intrusive)方法是监测的首选方法，而基于视觉的系统更具有吸引力。主要的视觉线索包括面部特征、手特征或身体特征。许多检测系统仅使用单个视觉线索，这种系统的稳健性差，如出现遮挡或光照变化，则容易被干扰。所以将多种视觉线索组合才是关键，也是具有挑战性的。

一个驾驶人面部监控系统是基于驾驶人面部图像处理来研究驾驶人身心状况的实时系统。可以从眼睑闭合、眨眼、凝视方向、打哈欠和头部运动等，检测到驾驶人的状态。该系统基本分成两大类：

(1) 仅从眼部区域检测驾驶人的身心状况。

(2) 不仅可以从眼部区域检测，还可以从脸部和头部等其他区域检测。

图 5.215 所示是一个驾驶人脸部监控系统框图。检测人脸，如眼睛和其他脸部特征，同时跟踪变化，提取症状，实现疲劳和分心检测。驾驶人面部监控系统的主要挑战如下。

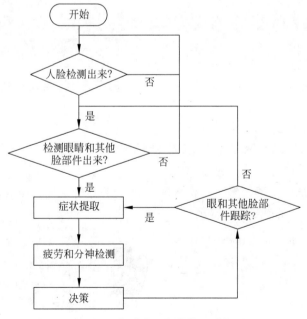

图 5.215   驾驶人面部监控系统框图

- 第一个挑战是如何准确定义疲劳以及如何测量疲劳、疲劳与体温、皮肤电阻、眼球的运动、呼吸频率、心率和大脑活动之间存在一定的关系,第一个也是最重要的疲劳迹象会在眼睛中出现。

- 第二个挑战是测量驾驶人对道路的注意力。可以从驾驶人头部和注视方向(gaze direction)估计驾驶人的注意力。

人脸检测方法可参照一般目标检测的方法,现在深度学习也已经在这个领域体现出强大的能力,性能大大超出传统方法。人脸检测是一个老问题,人脸检测比较有挑战性的情况如下。

- 面内旋转。
- 面外旋转。
- 化妆品、胡须和眼镜的存在。
- 表情(快乐、哭泣等)。
- 照明条件。
- 脸部遮挡。
- 实时处理要求。

眼部区域总是先被用于驾驶人症状提取,因为最重要的心理活动与眼睛活动有关。眼睛检测分为两大类,分别为基于红外光谱成像的方法和基于视觉的方法。

除了眼睛,还可以检测其他面部成分,如嘴巴、鼻子和脸部突出(salient)点。

面部跟踪是分析驾驶人心理活动的主要手段。这种跟踪任务和一般单目标的跟踪是相似的,主要面临以下挑战。

- 从 3D 空间到 2D 空间的映射时会使一些信息丢失。
- 具有复杂的形状或运动形式(模式),如复杂的面部表情。
- 部分遮挡。
- 环境的光线变化。
- 实时跟踪要求。

与疲劳、分心和打瞌睡有关的症状提取包括以下几点。

- 与眼部区域有关的症状:闭眼、眼睑之间的距离、眨眼速度快、凝视方向和跳跃运动。
- 与嘴巴区域有关的症状:开/闭。
- 与头部有关的症状:点头、头部姿势和头固定不变。
- 与面部有关的症状:主要是表情。

图 5.216 所示是一个基于深度神经网络(DNN)的驾驶人监控系统,包括两个步骤,一是人脸检测和校准,二是昏昏欲睡检测。

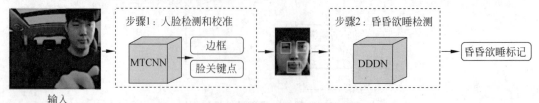

图 5.216　基于 DNN 的驾驶人监控系统

基于脸部、双目和嘴巴三个区域的检测网络结构和基于单目（左眼）区域加嘴巴区域的检测网络结构分别如图 5.217 和图 5.218 所示。

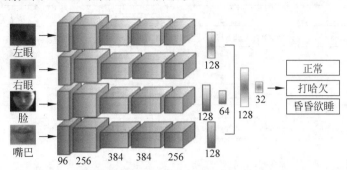

**图 5.217 基于脸部、双目和嘴巴三个区域的检测网络**

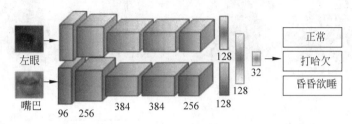

**图 5.218 基于单目（左眼）区域加嘴巴区域的检测网络**

图 5.219 所示是一个基于深度学习模型的人脸表情识别系统，其步骤从左到右依次是：输入图像检测面部和特征，从面部成分提取时域特征，使用预训练的分类器（图像取自 CK＋数据集）确定表情。

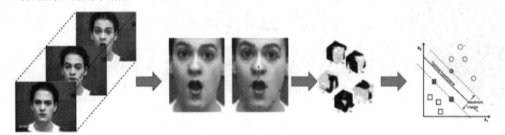

**图 5.219 人脸表情识别系统**

而整个深度学习模型是 CNN 和 LSTM 相结合，如图 5.220 所示。

参考文献[62]中提出了一个用身体姿势（posture）来识别驾驶人分心症状的系统，其症状类包括喝酒、调整收音机、正确姿势驾驶、摆弄头发或化妆品、面向后面、与乘客交谈、用左手打手机通话、用右手打手机通话、用左手发短信、用右手发短信。

系统的算法框图如图 5.221 所示，包括面部检测、手部检测和皮肤分割。对于每幅输出图像（即面部、手部、皮肤），训练 AlexNet 模型和 InceptionV3 网络（5 个 AlexNet 和 5 个 InceptionV3），最后的识别结果是一个 5 个模型输出的加权组合。

参考文献[199]中提出了一个模型，该模型将驾驶人面部的一块区域以及眼睛区域的一部分作为输入，并将其视线划分为车辆中的 6 个粗略感兴趣区域（ROI）。经过额外重建损失训练，一个沙漏网络学习上下文特征表征。为了使系统对特定目标的外观和行为变化具

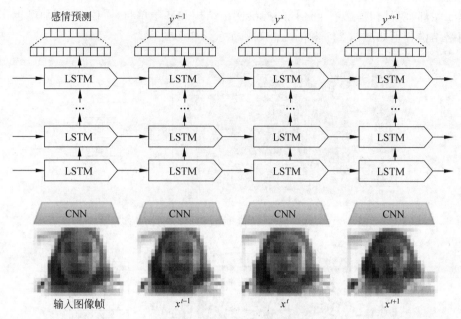

图 5.220    人脸表情识别（FER）

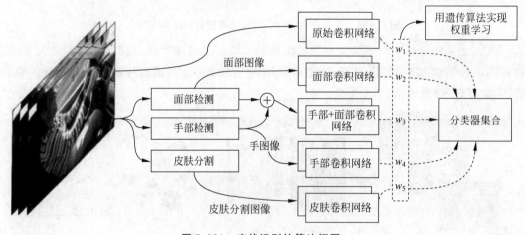

图 5.221    症状识别的算法框图

有稳健性，设计了一个个性化的沙漏模型，通过一个辅助输入进行调整，该输入表征驾驶人的基准视线行为。

　　分类（即带预测头的编码器）或重建模块（即编码器-解码器）组合在一起可以进一步提高模型性能。辅助模块的（预测或重建）损失充当正则化器，可提高主要任务的模型性能。对于驾驶人视线分类任务，添加一个重构元素可以调整模型权重，在做出决策时隐式关注上下文像素。

　　如图 5.222(a) 所示，在模型中，$E$ 分别将裁剪后的面部和眼部图像 $I_c$ 和 $I_e$ 作为输入，并将其连接为双通道张量（$I_c \oplus I_e$）产生特征向量（即 $E(I_c \oplus I_e)$）作为其编码表征。然后，将该特征向量通过预测头 $P$ 提取估计的视线向量 $p_g$，将其发送到解码器 $D$ 生成面部和眼部的重建 $D(E(I_c \oplus I_e))$。编码器 $E$ 由一个膨胀卷积层、一组 $n$ 个下采样残差块和一个用于编码的致密层组成。解码器 $D$ 取 $E(I_c \oplus I_e)$ 为输入，然后通过 $n$ 个上采样像素混叠块输出。为了更好地传播信号,在 $E$ 和 $D$ 的相应层之间添加跳连接。编码后的特征还通过预测头 $P$,其由两个致密连接层组成,然后进行 softmax 激活,产生扫视的预测向量 $\boldsymbol{p}_g$。

图 5.222(b) 所示为沙漏框架的个性化版本,由相同的编码器($E$)和解码器($D$)模块组成。对于训练数据集中的每个驾驶人,提取基线面部裁剪 $\boldsymbol{B}_c$ 和眼部区域 $\boldsymbol{B}_e$,其中 $\boldsymbol{B}_e = \dfrac{1}{m}\sum\limits_{i=1}^{m}\boldsymbol{I}_e$ 和 $\boldsymbol{B}_c = \dfrac{1}{m}\sum\limits_{i=1}^{m}\boldsymbol{I}_c$,对驾驶人向前看的所有情况。在训练之前计算基线面部裁剪和眼部图像。在训练期间,提取当前帧的表征 $E(\boldsymbol{I}_c \oplus \boldsymbol{I}_e)$。此外,驾驶人的基线表征 $E(\boldsymbol{B}_c \oplus \boldsymbol{B}_e)$ 用基线图像计算。在表征空间中用编码特征计算这些张量之间的残差,即 $E(\boldsymbol{I}_c \oplus \boldsymbol{I}_e) - E(\boldsymbol{B}_c \oplus \boldsymbol{B}_e)$。该残差作为驾驶人向前看的视线行为变化度量,并与当前帧表示 $E(\boldsymbol{I}_c \oplus \boldsymbol{I}_e)$ 连接。这个张量通过预测头 $P$ 获得扫视预测向量 $\boldsymbol{p}_g$。在训练过程中,每个 $E$ 和 $D$ 的两个流共享权重。

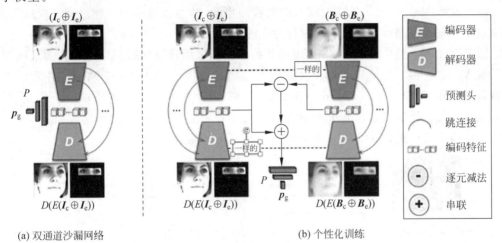

(a) 双通道沙漏网络　　　　　　　　　　(b) 个性化训练

图 5.222　沙漏网络和个性化模型

当摄像头类型(RGB 或 NIR)、位置(方向盘或后视镜)和车内饰发生变化时,驾驶人视线会明显不同。为了缓解域不一致问题,为双通道沙漏模型提出了一种多域训练机制。该机制利用来自一个域的一组丰富的标注训练图像,从第二个域的训练样本中学习域不变性特征。

参考文献[200]中提出了一种车载监控系统,结合了 3D 姿态估计、安全带分割和安全带状态分类网络。所提出的 3D 姿态估计直接估计驾驶人和乘客的关键点绝对坐标,并且由安全带分割实现采用基于特征金字塔的结构。此外,结合 3D 姿态估计和安全带分割的结果来区分佩戴安全带的正常和异常状态。

参考文献[199]中工作的目标是以自顶而下的方式检测驾驶人和前排乘客的绝对 3D 语义关键点坐标,并使用单个 ToF 相机执行安全带分割。图 5.223 所示为车载监控系统的总体架构,包括 3D 姿态估计、安全带分割和安全带分类。在绝对 3D 姿态估计中,用传统的 CNN 结构提取关键点的热图。对于精确的安全带分割掩码,先对骨干网络中的所有输出特征采用基于去卷积层的并行结构,然后用这些网络的输出和高分辨率特征作为输入。安全带状态分类网络包括 1×1 卷积层和全连接层。最后,使用 softmax 操作生成安全带状态置信度得分。

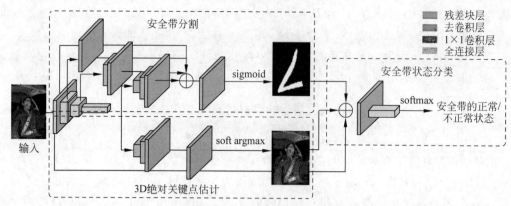

图 5.223　车载监控系统的架构图

参考文献[201]中努力追求时间有效的检测模型,其直接忽略视频帧之间的时间关系,并重点研究每种检测模态在检测驾驶行为中的重要性。

图 5.224 所示是单模态 DMS 模型的架构,首先,采用预训练的 2D CNN 作为基础编码器从输入图像中提取特征;其次,利用多尺度通道注意模块(MS-CAM)将通道注意引入这些特征;然后,在 SE(squeeze-and-excitation,压缩和激发)块的基础上添加一个分支,不用全局池化来保存局部信息;接着,这两个分支的特征通过加法进行融合,输入 sigmoid 函数生成加权特征的权重;最后,这些特征被传递到全连接层进行预测。

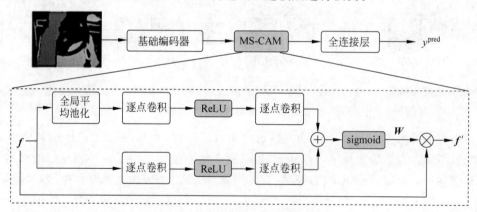

图 5.224　单模态 DMS 模型的架构

多模态输入来自顶部红外摄像头、顶部深度摄像头、前部红外摄像头和前部深度摄像头的 4 个同步图像帧。考虑到这些图像具有不同的模态,利用 4 个单独的编码器相应地提取空间特征。为了实现来自 4 个源的特征一次性融合,扩展 MS-CAM 的头部数量,并用 softmax 函数来分配权重。

多头 MS-CAM 的结构如图 5.225(a)所示,基于原始的多尺度通道注意模块(MS-CAM)、注意特征融合(AFF)和迭代注意特征融合(iAFF),扩展 MS-CAM 的注意头数,生成 4 个权重矩阵。相应地,将 AFF 和 iAFF 的原始 MS-CAM 替换为修改版,允许一次性融合 4 个特征图,如图 5.225(b)和图 5.225(c)所示。

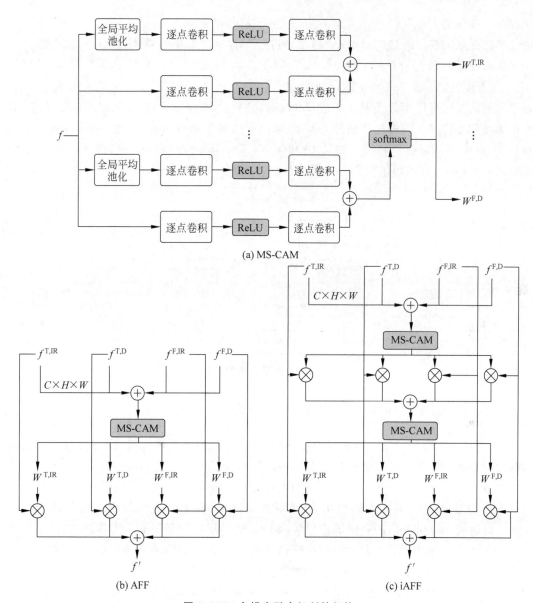

图 5.225 多模态融合机制的架构

# 5.14 BEV 的视觉感知系统

BEV 是鸟瞰视图(bird's eye view)的简称,也被称为上帝视角,是一种用于描述感知世界的视角或坐标系(3D)。在自动驾驶的系统中,规划和控制一般在 BEV 空间进行。而基于 BEV 的视觉感知系统即代表一种端到端的、由神经网络将摄像头透视投影的视觉信息从图像空间转换到 BEV 空间的环境理解框架。

特斯拉 AI DAY 展示了基于 BEV 的端到端视觉感知系统,其中将多摄像头和 IMU 的输入构成感知-地图-定位的端到端系统,空域融合采用 Transformer 的网络结构来实现。

这在自动驾驶的工业和学术界引起了又一次视觉感知的创新。

参考文献[138]和[139]对 BEV 的工作进行了详尽的总结。首先,BEV 的视觉感知中关键的部件是视角变换,即如何从透视视角(PV)转换到 BEV。根据变换的方式,可以将BEV 方法按照如图 5.226 所示进行分类,粗分为两个大类,即基于几何和基于网络的方法。基于几何的方法可以细分为基于单应(homograph)变换的方法和基于深度的方法两种,而基于深度的方法又可以进一步划分为基于点、基于体素和结合 IPM 三种;基于网络的方法可以分为两种,即基于 MLP 的方法和基于 Transformer 的方法两个类,其中基于Transformer 的方法可以继续细分成稀疏查询、致密查询和混合查询的三种方法。

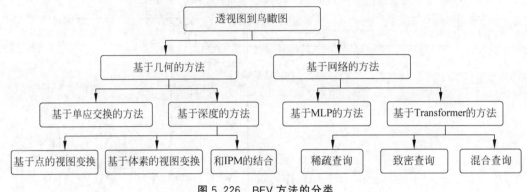

图 5.226　BEV 方法的分类

## 5.14.1　基于单应变换的 BEV

3D 空间中的点可以通过透视投影变换到图像空间,而将图像像素投影到 3D 空间的逆问题是病态的。逆透视映射(IPM)即基于逆映射点位于水平面的附加约束,解决数学上不可能的映射问题。单应矩阵可以从相机的内外参物理地导出。

有些方法在网络训练阶段使用 IPM 变换特征图,而不是在预处理或后处理中应用IPM。做跨视图语义分割的视图解析网络(VPN)框架就是一个例子。数据训练的 VPN 模型将视图观察结果解析为自顶而下的视图语义图,指示所有目标在像素级的空间位置。

从图像平面转换到 BEV 空间的主要问题是缺少自顶而下视图数据的真值。为了缓解这一问题,可在 3D 图形环境中培训 VPN,并利用域适应技术迁移 VPN 到真实场景,这样可以处理真实世界的数据。图 5.227 所示是 VPN 的工作流程,其中仿真部分展示了 VPN的体系结构和训练方案,而真实场景部分展示了将 VPN 迁移到真实世界的域适应过程。

在 VPN 中,先将视图观察结果输入编码器,提取视图特征图,所有来自不同角度和不同模态的视图特征图都会被转换;然后在 View Transformer 模块(VTM)聚合为一个自顶而下的视图特征图;最后将聚集的视图特征图解码为自顶而下的视图语义图。

VTM 主要学习视图特征图和自顶而下视图特征图之间所有空间位置的相关性。VTM 不会改变输入视图特征图的形状,因此可以将其插入任何现有的编码器-解码器类型网络体系结构中,实现经典语义分割。VTM 由视图关系模块(VRM)和视图融合模块(VFM)两部分组成。

由于前视图和 BEV 之间存在较大间隙和严重变形,仅采用 IPM 不足以在 BEV 中生成无失真图像或语义图。预测场景布局表征的深度神经网络 Mono Layout 利用对抗性特征

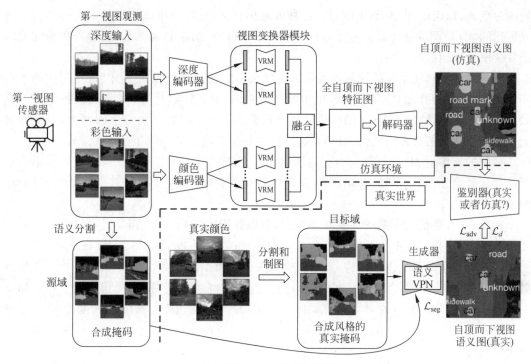

图 5.227　VPN 的工作流程

学习"虚幻"遮挡图像部分的合理补全。图 5.228 所示为 Mono Layout 网络的架构图,包括上下文编码器、非对称(amodal)布局解码器和两个对抗学习的鉴别器,输出的是 BEV 空间的场景布局。

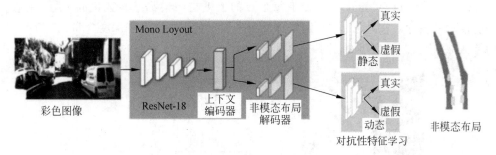

图 5.228　Mono Layout 网络的架构

　　上下文编码器从输入的单目图像中提取多尺度特征表征,用于捕获静态和动态场景组件以进行后续处理。非模态静态场景解码器解码共享的上下文以生成静态场景的非对称布局。该模型由一系列反卷积和上采样层组成,共享上下文映射到静态场景 BEV。而非模态动态场景解码器的结构类似于道路解码器,可在 BEV 中预测车辆占用率。最后,两个鉴别器将预测的静态/动态布局正则化,其分布与合理道路几何的真实分布和地面真实车辆占用率相似。

## 5.14.2　基于深度的 BEV

　　视角变换的另一种方法是基于深度预测。其中基于点的方法直接使用深度估计将像素转换为点云,在连续 3D 空间中散播。这种方式更直接,更容易集成单目深度估计和基于激光雷达的 3D 检测成熟经验。不过,由于难以进行可推广的端到端训练,这种方法面临着模型复杂度和性能低的问题。

另一个基于深度预测的视角转换是基于体素的方法。与分布在连续 3D 空间中的点云相比,体素通过离散 3D 空间来构造用于特征变换的均匀结构,为 3D 场景理解提供了更有效的表征手段,后续基于 BEV 的模块可以直接附加。尽管牺牲了局部空间精度,但在覆盖大规模场景结构信息方面其仍然更有效,并且与视图转换的端到端学习范式兼容。

早期的工作将 2D 特征图与相应的预测深度分布进行外积(outer product)来实现这一目标。其假设分布是均匀的,即沿射线的所有特征都相同,如 5.4 节介绍的单目 3D 目标检测方法——OFT。

相反,另一种范式会明确预测深度分布,并以此构建 3D 特征。因其具有计算效率高和灵活等优点,这类方法很受重视。LSS(lift-splat-shot,提升-投射-出击)方法就是一个例子。

LSS 是一个端到端体系结构,直接从摄像头图像数据提取场景 BEV 表征。单目传感器融合的挑战在于,需要深度信息将图像平面像素转换为参考坐标系坐标,但与每个像素相关的"深度"本质上是模糊的。如图 5.229 所示,LSS 的"提升"步骤预测深度上的类分布(categorical distribution)和上下文向量,其外积确定透视光线上每个点的特征,更好地接近真实深度分布。

该系统有 $n$ 幅图像$\{X_k\}$输入,每幅图像都有一个外在矩阵 $E_k$ 和一个内在矩阵 $I_k$,外在矩阵和内在矩阵一起定义了每台相机从参考坐标$(x,y,z)$到局部像素坐标$(h,w,d)$的映射,$d\in D$。在训练或测试期间,不需要使用任何深度传感器。设 $p$ 是具有图像坐标$(h,w)$的图像像素。将$|D|$点$\{(h,w,D)\}$与每个像素相关联,其中 $D$ 是一组离散深度,例如由$\{d_0+\Delta,\cdots,d_0+|D|\Delta\}$定义。点云中每个点的上下文向量都是参数化的,匹配注意和离散深度推理的概念。在像素 $p$ 处,网络预测每个像素的上下文 $c$ 和深度分布 $\alpha$。与点 $p_d$ 相关的特征 $c_d$ 定义为像素 $p$ 的上下文向量。

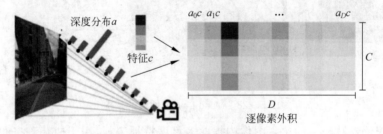

图 5.229　LSS"提升"步骤的可视化

LSS 将来自所有摄像头的预测融合到场景的一个结合表征中,对标定误差更具稳健性。图 5.230 所示是 LSS 方法的概览,将 $n$ 幅图像及其相应的摄像头内外部参数作为输入,将每幅图像分别"提升"到每个摄像头的特征截锥体中的点云,然后将所有截锥体"投射"到栅格化 BEV 网格。最后,BEV CNN 处理 BEV 表征,下游可进行 BEV 语义分割或规划。

类别深度分布网络(CaDDN)用每个像素的预测类别深度分布,将丰富的上下文特征信息投影到 3D 空间的适当深度区间,然后用计算效率高的 BEV 投影和单步检测器来产生最终的输出检测。

图 5.231 所示是 CaDDN 的架构,该网络采用 3 个模块用于生成 3D 特征表征。还有一

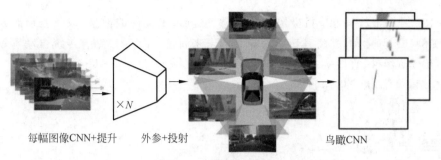

**图 5.230 LSS 方法的概览**

个模块用于执行 3D 检测，用估计的深度分布 $D$ 从图像 $I$ 生成截锥体特征 $G$，将其转换为体素特征 $V$；体素特征折叠为 BEV 特征 $B$，用于 3D 目标检测。

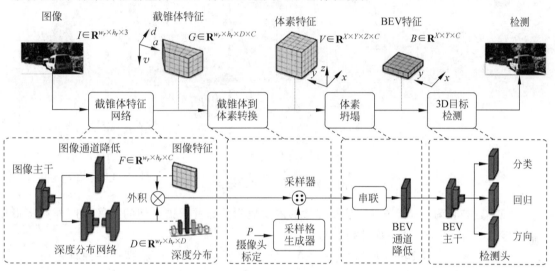

**图 5.231 CaDDN 的架构**

截锥体特征网络将图像特征与估计深度相关联，以此将图像信息投影到 3D 空间。如图 5.232 所示，每个特征像素 $F(u,v)$ 用属于 $D$ 离散深度格(bin)的深度分布概率 $D(u,v)$ 加权，生成截锥体特征 $G(u,v)$。

而截锥体到体素转换模块利用已知的摄像头标定和可微分采样技术，将截锥体特征 $G$ 转换为体素表征 $V$，如图 5.233 所示，每个体素的采样点投影到截锥体栅格。用三线性插值对截锥体特征进行采样，填充 $V$ 中的体素。

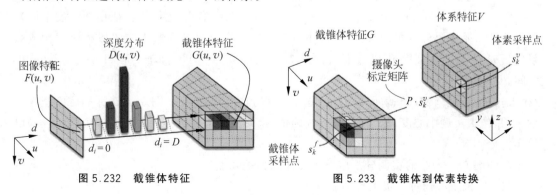

**图 5.232 截锥体特征**      **图 5.233 截锥体到体素转换**

FIERY 是一个从一组单目摄像头的 BEV 预测未来概率的模型,该模型预测未来动态智体的实例分割和运动,并将其转换为非参数未来轨迹。FIERY 结合传统自动驾驶栈的感知、融合和预测组件,直接从多个 RGB 单目摄像头的输入进行 BEV 预测。

图 5.234 的流水线描述如下。

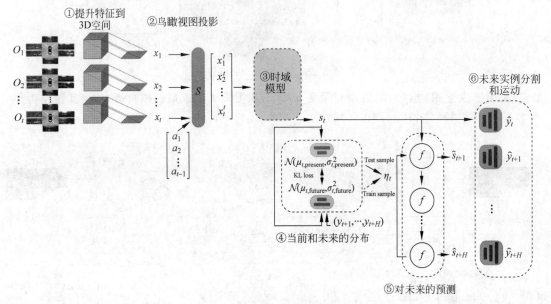

图 5.234    FIERY 的架构概览

(1) 过去时刻 $\{1,2,\cdots,t\}$,预测像素的深度概率分布并根据已知的摄像头内外参将摄像头输入$(O_1,O_2,\cdots,O_t)$提升到 3D。

(2) 特征投影到 BEV$(x_1,x_2,\cdots,x_t)$。用空域变换器模块 $S$,根据过去的自运动$(a_1,a_2,\cdots,a_{t-1})$将 BEV 特征转换为当前参考系(时间为 $t$)。

(3) 3D 卷积时域模型学习时-空状态 $s_t$。

(4) 参数化两个概率分布:当前和未来分布。当前分布以当前状态 $s_t$ 为条件,未来分布以当前状态 $s_t$ 和未来标签$(y_{t+1},y_{t+2},\cdots,y_{t+H})$为条件。

(5) 从训练中的未来分布和推理中的当前分布采样一个潜代码 $\eta_t$。当前状态 $s_t$ 和潜代码 $\eta_t$ 是未来预测模型的输入,递归地预测未来状态$(\hat{s}_{t+1},\hat{s}_{t+2},\cdots,\hat{s}_{t+H})$。

(6) 状态被解码为 BEV 未来实例分割和未来运动$(\hat{y}_{t+1},\cdots,\hat{y}_{t+H})$。

深度概率(depth probability)作为一种自注意机制的形式,可根据特征预测深度平面来调制特征。基于已知的摄像头内外参(相对于车辆),来自每个摄像头的图像和深度构成张量$(u_t^1,u_t^2,\cdots,u_t^n)$,被提升到一个共同的参考坐标系(时间 $t$ 自车的惯性中心)下的 3D 空间。

输出特征是鸟瞰视图解码器 $D$ 的输入,可得到多个输出头。图 5.235 所示是模型输出示意图,包括实例中心度、语义分割、实例偏距(指向实例中心的方向)、实例未来流(运动)以及实例分割等。

其中图 5.235(f)的实例分割结果需要注意如下几点。

(1) 实例中心通过非极大值抑制获得。

(a) 摄像头输入

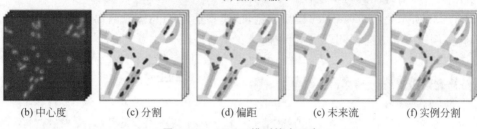

(b) 中心度 　　(c) 分割 　　(d) 偏距 　　(c) 未来流 　　(f) 实例分割

**图 5.235　FIERY 模型输出示意**

（2）用偏移向量将像素分组到最近的实例中心。

（3）未来流允许一致的实例识别,采用从 $t$ 到 $t+1$ 的未来流和时间 $t+1$ 的中心来比较扭曲(warped)中心。

### 5.14.3　基于 MLP 的 BEV

不同于基于几何的方法,另一种选择是以数据驱动的方式对视图转换进行建模,有效地利用摄像头的几何结构,其中神经网络充当 PV 和 BEV 之间的映射函数。

多层感知器(MLP)在某种程度上可以看作一个复杂的映射函数,其将输入映射到具有不同模态、维度或表示的输出中。摆脱摄像头标定设置继承的归纳偏差,一些方法倾向于利用 MLP 学习摄像头标定的隐式表示,实现在两个不同视图(即 PV 和 BEV)之间的转换。

HDMapNet 是一个在线高清地图的学习方法,对摄像头和/或 LiDAR 的点云/图像特征进行编码,并在 BEV 中预测向量化高清地图。

图 5.236 所示是传统制图方法和在线地图学习方法的比较。

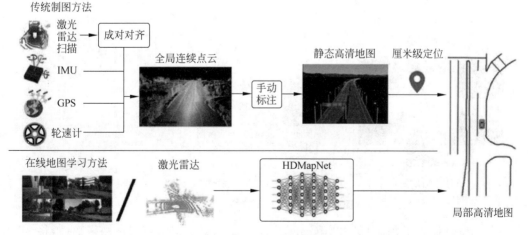

**图 5.236　传统制图方法和在线地图学习方法的比较**

标注和维护高清地图的经典流水线会面临许多挑战。首先,移动制图系统(MMS)传感器之间需要精确标定和持续维护,以确保高清地图的准确性,从而使 MMS 难以扩展。其次,点云拼接的 SLAM 算法出现小错误可能会导致最终点云中的大偏差。再次,融合的点云需要大量人力和资源进行道路几何结构、语义标签(如车道和道路边界)以及驾驶区域拓扑结构的手动或半自动标注。最后,可靠的全天候定位算法仍然是一个悬而未决的问题,这进一步限制了高清地图的可扩展性。

图 5.237 所示是 HDMapNet 模型概览,该模型适用于一幅或两幅图像和点云,输出语义分割、实例嵌入和方向预测,最后生成向量化高清地图。

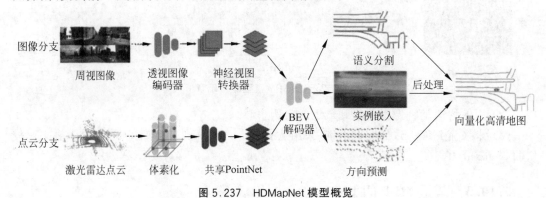

图 5.237　HDMapNet 模型概览

HDMapNet 模型包括 4 个神经网络,分别为图像分支的透视图像编码器和神经视图转换器、基于柱(pillar)结构的编码器和地图元素解码器。如果模型仅将周视图像、激光雷达总云或两者一起作为输入,HDMapNet 系列表示为 HDMapNet(Surr)、HDMapNet(LiDAR)和 HDMapNet(Fusion)。

图 5.238 所示是其中神经视图转换模块的示意图,首先将图像特征从透视图转换为摄像头坐标系,然后再将其转换为 BEV。图 5.238(a)是透视图的 6 幅输入图像;图 5.238(b)是 6 幅摄像头坐标系的特征图,通过图像编码器提取特征并用 MLP 进行变换得到,每幅特征图覆盖不同的特定区域;图 5.238(c)是自车坐标系的特征图,由 6 幅特征图融合而成,并转换为带相机外参的自车坐标系。

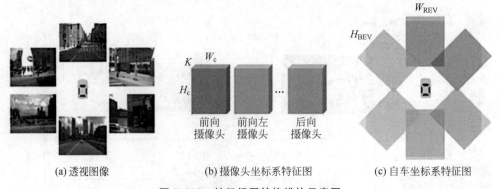

(a) 透视图像　　　　(b) 摄像头坐标系特征图　　　　(c) 自车坐标系特征图

图 5.238　神经视图转换模块示意图

点云编码器是有动态体素化(dynamic voxelization)的 PointPillar 网络变性,将 3D 空间划分为多个柱结构,并从柱状点云的柱状特征学习特征图。

该地图是一个复杂的图网络,包括车道分隔线和车道边界的实例和方向信息。车道线需要向量化,而不是像素级表示,以便自驾车辆跟随。

因此,BEV 解码器不仅输出语义分割,还预测实例嵌入和车道方向。后处理过程从嵌入中聚类实例并进行向量化。BEV 解码器是一个全卷积网络(FCN),具有 3 个分支,即语义分割分支、实例嵌入分支和方向预测分支。

Fishing Net 由一组神经网络组成,接收来自不同传感器模式的传感器数据,并将其转换为一个通用的自顶而下语义网格表征。

图 5.239 所示是 Fishing Net 视觉网络的架构,其采用从 VPN(view parsing network,视图解析网络)模块修正的 OFT(orthographic feature transformation,正交特征转换),直接把 PV 特征转换到 BEV 特征。

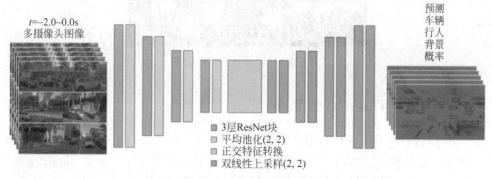

图 5.239 Fishing Net 视觉网络的架构

图 5.240 所示是 Fishing Net 激光雷达和毫米波雷达的架构,与图 5.238 相比,区别就在于视觉 BEV 的视角变换比较难。

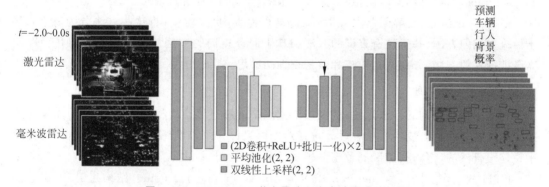

图 5.240 Fishing Net 激光雷达和毫米波雷达的架构

激光雷达和毫米波雷达依赖于类似 U-Net 的结构。编码器由一组 5 个块组成,一对卷积层和平均池化层。解码器由 5 个块组成,3 个卷积层和批量归一化(BN)。该网络还包括 U-Net 风格的跳连接。

视觉网络架构由基于全卷积 ResNet 主干的传统编码器-解码器方案组成。一个三层 ResNet 块,在编码器和解码器中各有 4 个块。在编码器和解码器之间采用 OFT 层。

所有模态共享相同的输出参考帧和表征,因此沿着模态维度对 softmax 值应用聚合函数。评估的两个聚合函数是平均池化和优先级池化。平均值是正常的算术平均,用于减少输出方差。优先级的定义如下,行人:3,车辆:2,背景:1。如果成像设备在像素分类上不一致,选择预测类别具有最高优先级的成像设备。

给出一组传感器模态,其中包含来自当前时间步 $t_0$ 和 $p$ 过去时间步 $t-p,\cdots,t-1$ 的感知数据,在当前时间步 $t_0$ 和未来时间步 $t_1,\cdots,t_f$ 推断自上而下的语义网格。语义网格中表示了三个目标类:①易受伤害的道路使用者(VRU),包括行人、自行车手和摩托车手;②车辆;③背景。

一些实验结果示例如图 5.241 所示,大矩形框是车辆,小矩形框是行人、自行车手和摩托车手等。

图 5.241　输出语义网格结果

### 5.14.4　基于 Transformer 的 BEV

除了 MLP 之外,无须明确利用摄像头模型的数据驱动方法中还有另外一个解决方案,就是目前深度学习在自然语言处理(NLP)和计算机视觉造成性能突破的 Transformer(具有交叉注意)网络,其用于将 PV-BEV 的映射得到目前最佳的性能。

特斯拉也采用了这样的方法,其首先使用位置编码设计一组 BEV 查询,然后通过 BEV 查询和图像特征之间的交叉注意机制执行视图转换。从此,人们提出了许多方法来使用 Transformer,或者更具体地说,是用交叉注意来建模视图转换。

根据 Transformer 解码器中可学习 slots(称为查询)的粒度,将这些方法分为三类:基于稀疏查询的方法、基于致密查询的方法和基于混合查询的方法。以下主要介绍几种性能高居排行榜的方法,分别来自稀疏和致密查询两种思路。

#### 1. 基于稀疏查询

对基于稀疏查询的方法来说,查询嵌入使网络能够直接产生稀疏感知结果,而无须显式执行图像特征的密集变换。这种设计选择对于以目标为中心的感知任务(如 3D 目标检测)来说是很自然的,但将其扩展到致密型感知任务(如分割)却并不简单。

ETH 的工作 STSU(structured BEV traffic scene understanding,结构化 BEV 交通场景理解)遵循基于稀疏查询的框架,其受 2D 检测框架 DETR(DEtection TRansformer)的启发,从单幅图像提取表征 BEV 空间中局部道路网络的有向图。该方法还用两组稀疏查询来联合检测 3D 目标,一组用于道路中心线,另一组用于动态目标,其中,Transformer 网络可以利用目标和道路中心线之间的相关性。TopologyPL 考虑道路网络的拓扑结构,通过最小循环(minimal cycles)保持,改进了 STSU 的性能。

图 5.242 所示即 STSU 的架构,网络的核心架构是 Transformer,将学习的道路中心线和目标查询一起处理;处理后的中心线查询用于输出检测概率、控制点和道路中心线关联特征;目标查询用于计算类概率和定向目标框参数。

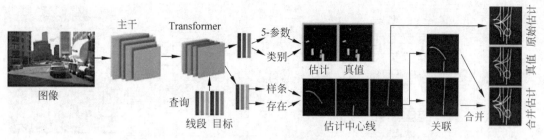

图 5.242 STSU 的架构

STSU 处理 Transformer 的输出有以下两个分支。

第一个是**车道分支**,它有 4 部分:检测头(中心线存在概率)、控制头(Bezier 控制点)、关联头(关联特征向量)和关联分类器(关联中心线概率)。在训练期间,首先输出中心线控制点和检测概率,并在估计中心线和 GT 中心线之间用匈牙利匹配算法。关联步骤是在匹配估计上执行的。在推理中,对中心线的检测概率进行阈值处理,并对活跃的中心线执行关联步骤。

第二个是**目标分支**,处理 Transformer 提议向量,包括两个模块和一个可选的后处理网络。第一个模块是检测头:对 Transformer 输出处理产生类概率分布,包括"无检测"类;第二个模块是 5-params head:一个 MLP+sigmoid 层,产生定向目标框的归一化参数;后处理网络是 Refinement Net:细化网络将实例估计转换为语义分割。细化网络的结构类似于 BEV 解码器,其中较低分辨率的输入被放大以提供细粒度的分割图。

由于 Transformer 没有位置概念,因此采用位置嵌入(PE)。系统用了两种不同的位置嵌入,第一个编码图像域空间信息,在归一化累积位置使用正弦函数;第二个位置嵌入对给定像素相应 BEV 位置进行编码。

这里设计了两个**位置嵌入**(图像和 BEV),使得它们是输入特征图通道大小的一半。因此,将图像位置嵌入添加到一半通道中,将 BEV 位置嵌入添加到另一半。这种双重位置嵌入称为分开位置编码(split positional encoding)。

另一个稀疏 query 的 BEV 典型例子是 DETR3D。DETR 的贡献是在 2D 目标检测中引入定义的 set-to-set 损失,DETR3D 也是采用这种损失用于基于 BEV 的 3D 目标检测。该方法用基于几何的特征采样过程代替交叉注意机制。它首先从可学习的稀疏查询中预测 3D 参考点,然后使用标定矩阵将参考点投影到图像平面上,最后对相应的多视图、多尺度图像特征进行采样,进行端到端的 3D 边框预测。

DETR 一次预测所有目标,并使用 set-to-set 损失函数进行端到端训练,该函数在预测目标和真值目标之间执行二步匹配(bipartite-matching)。DETR 放弃了用先验知识进行编码的多个设计组件,如空间锚(anchor)或非最大抑制(NMS),简化了检测流水线。

图 5.243 所示为 DETR 的架构,DETR 用传统的 CNN 主干来学习输入图像的 2D 表征。模型将该表征扁平化,在传递到 Transformer 编码器之前用位置编码进行补充。Transformer 解码器将少量固定的学习位置嵌入(即目标查询)作为输入,并额外处理编码器输出。DETR 将解码器的每个输出嵌入传递给一个共享前馈网络(FFN),预测一个检测结果(类和边框)或"无目标"类。

图 5.244 所示是 DETR3D 的概览,输入的一组多视图图像通过 ResNet(带可变形卷

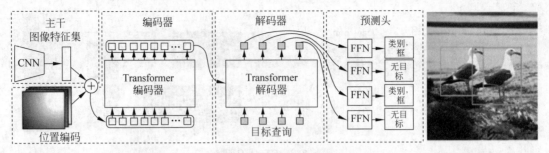

图 5.243    DETR 的架构

积)和 FPN 进行编码。该模型对一组稀疏目标查询进行操作,其中每个查询解码为一个 3D 参考点。将 3D 参考点投影到图像空间,这样可以变换 2D 特征以优化目标查询。DETR3D 模型对每个查询进行预测,并使用 set-to-set 损失(基于 bipartite matching)进行训练。

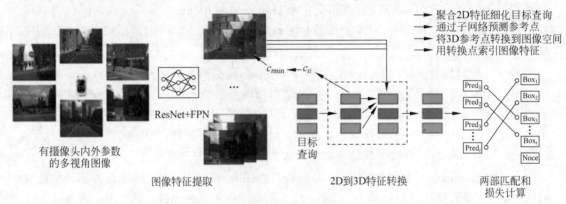

图 5.244    DETR3D 概览

DETR3D 采用迭代的工作模式,用基于 set-to-set 计算的 $L$ 个网络层从 2D 特征图生成边框估计。每层包括以下步骤。

(1)预测与目标查询相关联的一组边框中心。

(2)用摄像头变换矩阵将这些中心投影到所有特征图中。

(3)通过双线性插值对特征进行采样,并将其合并到目标查询中。

(4)使用多头注意机制,协同目标交互,细化目标查询。

为了缓解 DETR 3D 中复杂的特征采样过程,PETR(多视图 3D 对象检测的位置嵌入变换)将摄像头参数导出的 3D 位置嵌入编码到 2D 多视图特征中,这样稀疏查询可以直接与交叉注意中位置-觉察图像特征进行交互。图 5.245 所示为 PETR 和 DETR3D 的比较。

图 5.246 所示是 PETR 的架构,将多视图图像输入主干网络(如 ResNet),提取多视图 2D 图像特征。在 3D 坐标生成器中,所有视图共享的摄像头截锥体(frustum)空间被离散为 3D 网格。不同的摄像头参数网格坐标被变换到 3D 世界空间坐标,然后将 2D 图像特征和 3D 坐标注入 3D 位置编码器中,生成 3D 位置-觉察特征。查询生成器生成的目标查询与 Transformer 解码器中的 3D 位置-觉察特征交互进行更新,更新后的查询进一步用于预测 3D 边框和目标类。

其中,3D 位置编码器的架构如图 5.247 所示,将多视图 2D 图像特征输入 1×1 卷积层进行降维;通过多层感知将 3D 坐标生成器生成的 3D 坐标转换为 3D 位置嵌入;3D 位置嵌

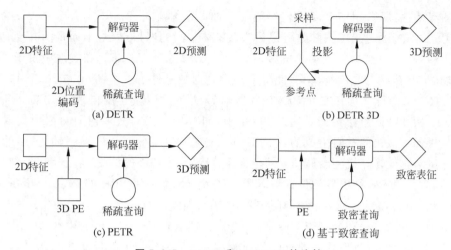

图 5.245　PETER 和 DETR 3D 的比较

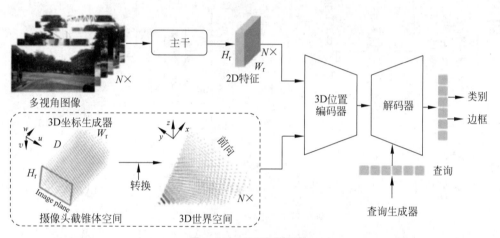

图 5.246　PETR 的架构

入的形状与 2D 图像特征相同,而 3D 位置嵌入与同一视图的 2D 图像特征加一起,生成 3D 位置-觉察特征。最后,将 3D 位置-觉察特征扁平化,用作 Transformer 解码器的输入。

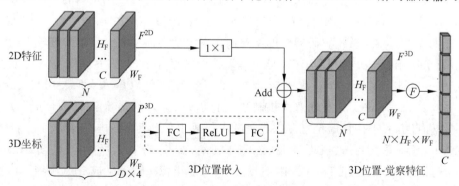

图 5.247　3D 位置编码器的架构

对于时域建模,主要问题是如何在 3D 空间中对齐不同帧的目标位置。PETR 将 3D 位置隐式编码为 2D 图像特征,无法执行显式特征转换。由于 PETR 已经证明了 3D PE 在 3D

感知中的有效性,那么 3D PE 是否仍然适用于时间对齐呢?

在 PETR 中,通过摄像头参数将摄像头截锥体空间的网格点(对不同视图共享)转换为 3D 坐标,然后将 3D 坐标输入简单的多层感知(MLP)生成 3D PE。在实践中发现,简单地将前一帧的 3D 坐标与当前帧对齐,使得 PETR 在时域条件下工作良好。

PETRv2 的总体架构建立在 PETR 的基础上,并通过时域建模和 BEV 分割进行扩展,如图 5.248 所示,2D 图像特征是通过 2D 主干(如 ResNet-50)从多视图图像中提取的,3D 坐标是从摄像头截锥体空间生成的,如 PETR 一样。考虑到自运动,前一帧 $t-1$ 的 3D 坐标首先通过姿态变换转换到当前帧 $t$ 的坐标系;然后,将相邻帧的 2D 特征和 3D 坐标分别串联在一起,并输入特征引导的位置编码器(FPE);最后,使用 FPE 为 Transformer 解码器生成 key 和 value 组件。此外,从可学习的 3D 锚点和固定的 BEV 点分别初始化两个,分别为检测查询(det query)和分割查询(seg query),并馈送到 Transformer 解码器中,与多视图图像特征交互。最后,将更新后的查询分别输入检测头和分割头进行最终预测。

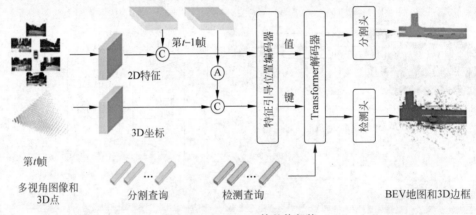

图 5.248    PETRv2 的总体架构

### 2. 基于致密查询

对于基于致密查询的方法,每个查询都预先分配 3D 空间或 BEV 空间的位置。查询数目由光栅化的空间分辨率决定,通常大于基于稀疏查询方法。致密 BEV 的表征可以通过致密查询与多个下游任务(如 3D 检测、分割和运动预测)图像特征之间进行交互来实现。

由于每个 Transformer 解码器层的注意操作在大量查询和 key 元素中有较大的内存复杂度,通常会限制图像分辨率和 BEV 分辨率以减少内存开销,在许多情况下这可能会妨碍模型的可扩展性。最近,基于致密查询方法这个问题得以解决,即采用可变形注意(deformable attention)。这种注意力机制结合了可变形卷积的稀疏空间采样和注意力机制的关系建模能力,只关注稀疏位置可以显著减少普通注意力机制的内存开销。

BEVFormer 采用了这种可变形注意力机制,如图 5.249 所示,BEVFormer 应用 Transformer(空域)结构和 Temporal(时域)结构从多摄像头输入生成 BEV 特征,其利用查询在空域和时域查询,并相应地聚合时-空信息,有利于实现感知任务的更强表征。

BEVFormer 的总体架构如图 5.250 所示,BEVFormer 有 6 个编码层,除了 3 种定制设计,即 BEV 查询、空域交叉注意和时域自注意外,每个编码层都遵循 Transformer 的传统结构(即无变形注意力机制)。具体来说,BEV 查询是网格状的可学习参数,旨在通过注意力

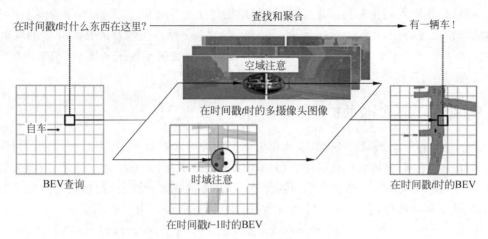

**图 5.249　BEVFormer 的示意图**

机制从多摄像头视图中查询 BEV 空域特征。空域交叉注意和时域自注意是用于 BEV 查询的注意层,根据 BEV 查询,可查找和聚合多摄像头图像空域特征及历史 BEV 时域特征。

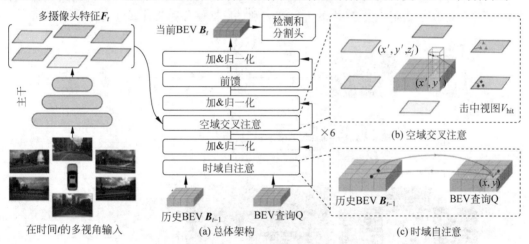

**图 5.250　BEVFormer 的总体架构**

在推理过程中,在时间戳 $t$,将多摄像头图像馈送到主干网络(如 ResNet-101),并获得不同摄像头视图的特征 $\boldsymbol{F}_t = \{\boldsymbol{F}_t^i\}$,其中 $\boldsymbol{F}_t^i$ 是第 $i$ 视图的特征。同时,保留之前在时间戳 $t-1$ 的 BEV 特征 $\boldsymbol{B}_{t-1}$;在每个编码器层中,首先通过时域自注意,用 BEV 查询 Q 从之前的 BEV 特征 $\boldsymbol{B}_{t-1}$ 查询时域信息。然后,用 BEV 查询 Q 通过空间交叉注意从多摄像头特征 $\boldsymbol{F}_t$ 中查询空域信息。在前馈网络之后,编码器层输出细化 BEV 特征,作为下一个编码器层的输入。在 6 个堆积编码器层之后,在当前时间戳 $t$ 处生成统一 BEV 特征 $\boldsymbol{B}_t$。以 BEV 特征 $\boldsymbol{B}_t$ 为输入,3D 检测头和地图分割头可分别预测 3D 边框和语义地图等感知结果。

**3. 几何线索的引入**

在视角变换的 Transformer 方法中,训练网络的收敛速度比较慢,并且需要大量数据。现在有更多的方法试图利用 3D 几何约束实现快速收敛或数据效率。

可变形注意方法(如 BEVFormer)通常依赖于摄像头投影矩阵来计算用于特征采样的 2D 参考点,这有助于网络关注图像上的适当区域并放弃全局注意的操作。

另外,位置嵌入变换 PETRv2 模型,可采用摄像头标定矩阵生成 3D 位置嵌入,以几何先验取丰富图像特征,并帮助 Transformer 通过隐式几何推理去学习从 PV-BEV 的映射。

虽然基于 Transformer 的方法不一定需要逐像素深度进行视图变换,但深度信息对于 Transformer 的几何推理来说仍然很重要。

### 5.14.5    BEV 框架的扩展

基于深度的方法,即 BEVDepth,其利用编码的内外参获得显式深度监督信号,进一步引入深度校正子网络,可以抵消深度真值中投影导致的干扰,提升了基于体素方法的精度。同时,BEVDepth 采用一种快速视图变换操作,即高效的体素池化,解决将特征从图像视图投影到 BEV 的速度瓶颈。

先从一个普通的 BEVDepth 模型开始,如图 5.251 所示,简单地将 LSS 的分割头替换为用于 3D 检测的 CenterPoint 头,所构建的 BEVDepth 模型由 4 个主要组件组成:①一种图像编码器(如 ResNet),用于从 $N$ 个视图输入图像 $I$ 提取 2D 特征;②一个 DepthNet 根据图像特征估计图像深度;③一个视图 Transformer,将图像特征投影到 3D 表征,然后将其池化到集成 BEV 表征;④3D 检测头预测类别、3D 框偏移和其他属性。

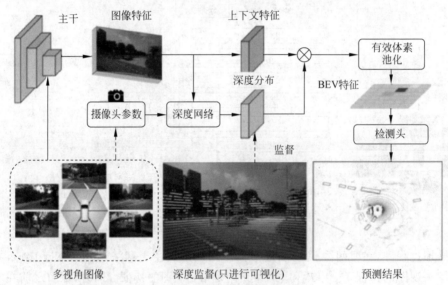

图 5.251    BEVDepth 的示意图

在普通 BEVDepth 中,通过对深度模块的唯一监督来自检测损失。然而,由于单目深度估计的难度,单一的检测损失远远不足以监督深度模块,建议从点云数据导出的真值深度来监督中间深度预测值。已知自车坐标系到第 $i$ 个视图摄像头坐标系的旋转运动 $R$ 和平移运动 $t$,给定第 $i$ 个摄像头内参,则可以计算得到对摄像头 $i$ 而言某个时刻 $t$ 图像的真值深度。

在深度监督的帮助下,DepthNet 应该能够生成可靠的预测深度。由于自车的剧烈运动,校准的摄像头参数 $R$ 和 $t$ 有时可能不精确,导致图像特征和深度真值之间出现空间偏离。当 DepthNet 的感受野受到限制时,偏离问题变得更加严重。

因此,提出了一个深度校正模块来缓解这个问题。此外,深度校正模块增加 DepthNet

的感受野,以解决定位误差问题,而不是根据自车干扰来调整深度真值。具体而言,在 DepthNet 中堆叠多个残差块,然后是可变形块。图 5.252 所示是 DepthNet 的架构,上下文特征直接由图像特征生成,而设计的 SE(squeeze-and-excitation 压缩和激发)类层的变形与图像特征聚合,更好地估计深度。

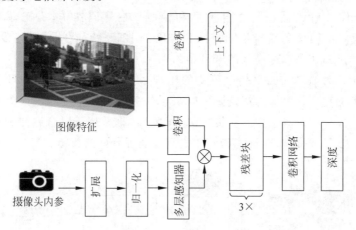

图 5.252　DepthNet 的架构

得益于感受野的改善,偏移的深度真值能够在正确的位置处理好这些图像特征。

体素池化是 BEV 检测器的关键,其目的是将 3D 多视图特征聚合为一个完整的 BEV 特征。一般来说,它将自车空间划分为几个均匀分布的网格,然后将落入同一网格的截锥体特征汇总,形成相应的 BEV 特征。为此,LSS 利用了一种累计求和技巧(cumsum trick),即根据相应的 BEV 网格 ID 对所有截锥体特征进行排序,将所有特征进行累积求和,然后减去格边界的累积和。这样的实现会带来很多额外计算,因为需要对大量的 BEV 坐标进行排序。此外,该技巧采用的顺序运行前缀和(prefix sum),效率不高。

这两个缺陷都会影响检测器的整体运行速度。当然可以选择提高并行性来加速前缀和,而 BEV Depth 中给出一种更简单的解决方案,其充分利用了 GPU 设备的高度并行性,称为**高效体素池化(efficient voxel pooling)**,如图 5.253 所示,主要想法是为每个截锥特征分配一个 CUDA 线程,该线程能将该特征添加到相应的 BEV 网格中,用改进的高效体素化替换原来的体素池化,可以将 BEVDepth 加速到 3 倍。

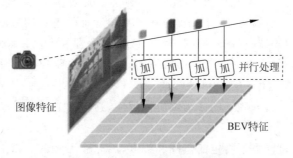

图 5.253　BEVDepth 的高效体素池化模块

从 PV-BEV 变换方法导出的紧凑有效的 BEV 表征,对许多下游任务都很友好,如目标检测、地图分割、预测和运动规划。共享主干网可以大大节省计算成本并提高效率。因此,一些工作试图使用统一的框架同时执行多个任务。

BEVerse 设计迭代流程,有效生成未来状态,并联合推理 3D 检测、语义地图重建和运动预测任务。具体来说,BEVerse 首先执行共享特征提取和提升(lifting),从多时间戳和多视图图像生成 4D BEV 表征。在自运动补偿之后,利用时空编码器进一步提取 BEV 特征。最后,加上多个任务解码器进行联合推理和预测。在解码器中,提出**栅格采样器**(**grid sampler**)来生成对不同任务支持不同范围和粒度的 BEV 特征。此外,还设计一个**迭代流**(**iterative flow**)方法,实现内存高效的未来预测。

图 5.254 所示为 BEVerse 和传统范式的比较,传统的范例是按序列堆叠这些子任务,其中一个子任务的输出作为输入馈送到下一个子任务。由于重复的特征提取和传播,传统范式本身会带来额外的计算负担。而提出的 BEVerse 框架用于联合感知和预测,通过共享特征提取和并行多任务推理,在性能和效率之间实现了更好的权衡。

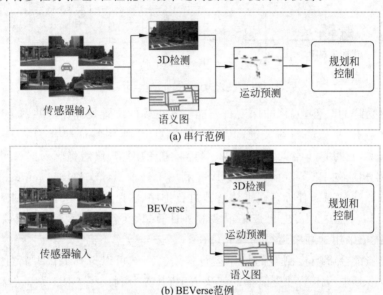

(a) 串行范例

(b) BEVerse范例

图 5.254　BEVerse 和传统范式的比较

图 5.255 所示是 BEVerse 的工作流程,BEVerse 从 $N$ 个时间戳中获取 $M$ 个周围的摄像头图像,并将相应的自运动和摄像头参数作为输入。通过多任务推理,输出包括当前帧的 3D 边框和语义图,以及后续 $T$ 帧的未来实例分割和运动轨迹。BEVerse 由 4 个子模块组成,依次为图像视图编码器、视图转换器、时空 BEV 编码器和多任务解码器。

**图像视图编码器**采用 Swin Transformer 作主干网,**视图转换器**采用 LSS 的方法,如 FIERY **时空 BEV 编码器**由一组时域块组成。

**多任务解码器**由并行和独立的一组解码器组成,其中每个解码器包括栅格采样器、任务编码器和任务头。

由于不同的任务可能需要特定的范围和粒度,因此输入 BEV 特征的空间范围和分辨率不能直接用于解码。例如,语义地图的学习需要细粒度特征,因为 3D 空间的交通线很窄。因此,**栅格采样器**裁剪特定任务区域,并通过双线性插值转换为理想分辨率。为提高效率,实验中基本将 BEV 栅格设置得大而粗。

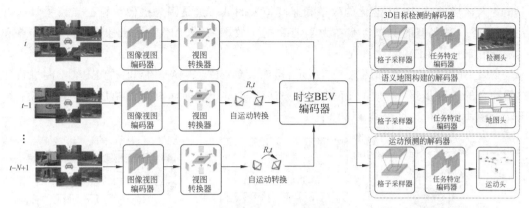

图 5.255 BEVerse 的工作流程

特征采样后,用轻量级**任务编码器**在相应的 BEV 栅格对特定任务特征进行编码。这里用 ResNet 基本块构建主干,并结合图像视图编码器类似的多尺度特性。输出特征上采样到输入分辨率,并发送到**任务头**。

由于 BEV 的特征表征由多个摄像头视频构建,因此单目和激光雷达的方法之间的维度差距(dimension gap)已经消失。因此,为激光雷达设计的检测头可以直接采用,无须修改。所以使用两步法 **CenterPoint** 的第一步(the first stage)作为 **3D 目标检测头部**。

带有 BatchNorm 和 ReLU 的两个普通卷积层构建**语义地图重建头**,输出通道是语义地图中 Cmap 的类数。

随着 BEV 感知算法的快速发展,一种更具可解释性的图像和点云融合方法是将图像特征传输到 BEV,并根据 BEV 上的物理对应关系融合来自两个模态数据的特征。

BEVFusion 在融合阶段充分保留图像的稠密语义信息和空间几何信息,并提出一种有效的 BEV 池化操作来加速推理。RRF 通过投影和双线性采样为图像特征定义一个 3D 体,连接光栅化雷达 BEV 图像,并降低垂直维度,最终得到 BEV 融合特征图。

图 5.256 所示是 BEVFusion 的流水线概览,给定不同的感知输入,首先应用特定于模态的编码器来提取其特征;其次,将多模态特征转换为一个统一的 BEV 表征,同时保留几何和语义信息;接着,存在的视图转换效率瓶颈可以通过预计算和间歇降低(interval reduction)来加速 BEV 池化过程;然后,将基于卷积的 BEV 编码器应用到统一的 BEV 特征中,可缓解不同特征之间的局部偏准;最后,添加一些特定任务头支持不同的 3D 场景理解工作。

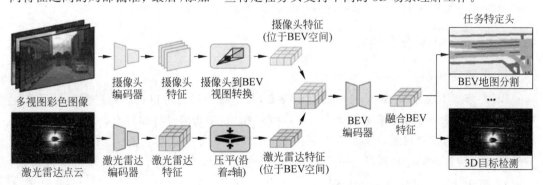

图 5.256 BEVFusion 的流水线概览

令人遗憾的是,BEV 池化的效率和速度惊人的低。这是因为摄像头特征点云数量非常大,即构成一种典型的工作负载。为了消除这一效率瓶颈,BEVFusion 提出通过预计算和间歇降低来优化 BEV 池化进程。

高效 BEV 池化方法如图 5.257 所示,摄像头到 BEV 转换是在统一的 BEV 空间进行传感器融合的关键步骤;有效的 BEV 池化方法通过预计算使间歇降低和加快网格关联;视图转换模块的执行速度提高了 40 倍。

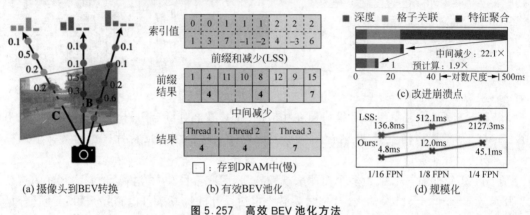

图 5.257　高效 BEV 池化方法

BEV 池化的第一步是将摄像头特征点云的每个点与 BEV 网格相关联。与激光雷达点云不同,摄像头特征点云的坐标是固定的(只要摄像头内外参保持不变,通常在适当标定后)。基于此,预计算每个点的 3D 坐标和 BEV 网格索引。根据网格索引对所有点进行排序,并记录点排名。在推理过程中,只需要根据预计算的排序对所有特征点重排序。这种缓存机制可以将网格关联的延迟从 17ms 减少到 4ms。

网格关联后,同一 BEV 网格的所有点将在张量表征中连续。BEV 池化的下一步是通过一些对称函数(如平均值、最大值和求和)聚合每个 BEV 网格内的特征。现有的实现方法是首先计算所有点的前缀和(prefix sum),然后减去索引发生变化的边界值。然而,前缀和操作需要在 GPU 进行树缩减(tree reduction),并生成许多未使用的部分和(因为只需要边界值),这两种操作都是低效的。为了加速特征聚合,BEVFusion 实现一个专门的 GPU 内核,直接在 BEV 网格并行化,为每个网格分配一个 GPU 线程,该线程计算其间歇和(interval sum)并将结果写回。该内核消除输出之间的依赖关系(因此不需要多级树缩减),并避免将部分和写入 DRAM,从而将特征聚合的延迟从 500ms 减少到 2ms。

### 5.14.6　BEV 存在的问题

#### 1. 感知分辨率

BEV 分辨率决定了 BEV 特征的表示粒度,其中每个特征可以精确地追溯到世界坐标中的网格。需要高分辨率来更好地表示小尺度目标,如交通信号灯和行人。近年来,随着图形卡计算能力的快速发展,PV 图像分辨率和 BEV 网格大小显著增加。这些基于 BEV 的方法因为高输入分辨率造成的高计算负担仍然是部署的一个严重问题,需要进一步探索。

#### 2. 图像特征的采样范围和频率

采样范围的设定决定图像平面后的观察截锥体(viewing frustum)有多少将被采样到

BEV 空间。默认情况下,该范围等于激光雷达标注的有效范围。当效率具有更高优先级时,观察截锥体的上 $z$ 轴部分可能会受到影响,因为在大多数情况下,它只包含不重要的信息,如天空。采样频率决定了图像特征的效用,更高的频率确保模型以更高的计算成本精确地采样每个 BEV 位置对应的图像特征。

### 3. 后处理

虽然 BEV 检测消除了多摄像头目标级融合的负担,但进一步后处理中还是会有益处。根据 BEV 变换的性质,重复特征可能沿着光线到摄像头中心在不同的 BEV 位置进行采样。这将导致对一个前景目标进行重复假检测,其中每个假检测具有不同的深度,但都可以投影回图像空间中的相同前景目标。为了缓解这个问题,利用 2D 检测结果对 3D 检测结果进行重复移除是有益的,其中 2D 边框和 3D 边框实现二分匹配(bipartite matching)。

### 4. 多任务训练(MTL)

虽然 CNN 受益于与多个相关任务的联合优化,但 3D 目标检测和 BEV 分割的联合训练通常不会带来改善。检测性能往往受到影响,不同类别之间对分割性能的改善并不一致,需要更多的努力来探索不同感知任务之间的依赖关系,实现联合改进。

## 5.15　小结

本章介绍了自动驾驶的关键部分——感知模块,其中涉及感知目标的检测、跟踪和分割,同时分析了以摄像头为主传感器的标定、目标测距、深度估计和融合任务等,并针对视觉传感器的一些问题,如车道线、交通信号灯和交通标志的检测和识别等也进行了讨论。此外,补充了驾驶人监控系统的工作,并介绍了当前最新的 BEV 感知网络。第 6 章将介绍自动驾驶的高清地图技术。

## 参考文献

# 第6章 自动驾驶的高清地图

彩色图片

　　高清地图(HD map)的概念于 2010 年由 Mercedes-Benz 首次引入,随后于 2013 年为 Bertha Drive 项目做出贡献。在 Bertha Drive 项目中,Mercedes-Benz S500 以完全自主的模式完成了 Bertha-Benz Memorial Route,在过程中使用高度精确且信息丰富的 3D 路线图,该路线图后来被一家名为 HERE 的参与该项目的地图公司命名为高清(HD)实时地图。

　　高清地图在自动驾驶领域被看得很重,因为它能提供先验知识,让感知难度降低,同时使规划有的放矢。

　　高清地图不是新的东西,已经有一些地图和自动驾驶公司开始制作和使用高清地图。但是,高清地图的制作和包含的信息以及精度仍然没有统一的共识。

　　本章主要介绍高清地图相关内容,其中 6.1 节介绍高清地图的基本类型、层次、格式和制作方法,6.2 节重点讨论语义地图的各种生成方法,6.3 节强调车道线级别高清地图的制作方法,6.4 节介绍基于深度学习的 SLAM 方法。

## 6.1　高清地图

　　不同于以前的导航地图,自动驾驶需要重新定义的高清地图来定位车辆。要描述这个驾驶环境,这些高清地图需要达到一个从未有过的厘米级精度,而一般的导航地图精度在 10 米水平。

　　高清地图包含自动驾驶所需的道路/环境的所有关键静态特性(如道路、建筑物、交通信号灯和交通标志),包括由于遮挡而无法由传感器现场检测的语义目标。近年来,用于自动驾驶的高清地图以其高精度和丰富的几何和语义信息而著称。它与车辆定位功能紧密相连,并不断与不同的传感器交互,包括激光雷达、雷达和摄像头,构建自动驾驶系统的感知模块。

　　高清地图的基本原则如下。

- **预计算**(mapping as pre-computation):是离线完成的。
- **安全**(mapping to improve safety):支持安全驾驶的规则,如交通规则(限速、交通信号灯、禁停等)。

- **传感器**(map as a unique sensor)：感知的扩展，预测的超视距。
- **全局共享**(map as global shared state)：可以在云端交换数据，达到实时共享的作用。

图6.1是美国网约出租车公司Lyft给出的高清地图分层结构，下面逐一介绍高清地图各个层的内容和作用。

（1）几何地图层（geometric map layer）：主要是3D信息（见图6.2）。

制图时采集的原始传感器数据，如激光雷达、摄像头、GPS和IMU，通过SLAM算法处理，重建观测区域的3D结构。同时SLAM输出和3D点云对齐，得到车辆的运动轨迹。而这些点云经过处理后会得到存储在几何地图的各个目标，两个重要的目标是体素化（voxelized）的几何地图和路面地图，该路面地图（ground map）是今后其他地图之间对齐的关键，如和语义地图对齐。

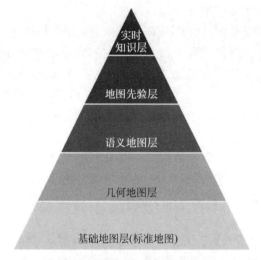

图6.1 高清地图的存储结构

图6.2 几何地图层

（2）语义地图层（semantic map layer）：在几何地图上加上语义物体（见图6.3）。

语义目标包括各种交通2D和3D目标，如车道边界、交叉路口、斑马线、泊车位、停止路牌、交通信号灯等。这些目标还包含丰富的元数据（metadata），如限速和车道拐弯限制。一个语义目标存有确定的位置和目标框，一般通过目标检测算法可以得到语义假设，但还不足以产生高精度地图，所以需要人工通过可视化和标注工具进行后期处理来确认质量和修补错误。

图6.3 语义地图层

但高清地图仅仅包括几何地图和语义地图两层提供的静态和物理部分还不够，有时环境的动态和行为部分也很重要。

（3）地图先验层（map priors layer）：包括动态元素的信息，甚至包括驾驶行为。

地图先验层中的信息涉及语义地图层和几何地图层。如交通信号灯的变化次序和时间间隔、泊车场的车道上有可能存在泊车的概率。不像几何地图层和语义地图层，地图先验层主要起着提示的作用。

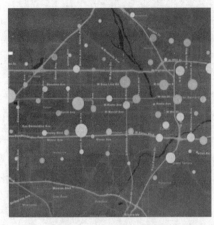

图 6.4　实时知识层

（4）实时知识层（real-time knowledge layer）：在高清地图的顶层，可读写，可更新（见图 6.4）。

实时知识层包括实时交通信息，如速度、拥挤和新发现的建设带（construction zone）。实时知识层的作用主要是支持自动驾驶车辆实时收集和交换全局信息。

以上高清地图的各层独立制作。在提供给无人车之前需要校准在一起。

高清地图目前有两条路，即以激光雷达扫描为主的高成本制图方法和以摄像头为主的低成本制图方法。大公司普遍采用高成本方法，如 HERE、TomTom、谷歌、苹果、百度、高德、四维图新和 ZENRIN 等，一些创业公司也遵循这样的路线，如 DeepMap、Civil Maps 和 Carmera 等。

参考文献[21]给出了高清地图制作的方法总结。

**数据获取/收集**是生成高清地图的第一步。数据采集用一个移动制图系统（MMS）完成。MMS 是一种装有地图传感器的移动车辆，包括 GNSS（全球导航卫星系统）、惯导 IMU、激光雷达、摄像头和雷达，用于收集地理空间数据。商业化高清地图提供商采用众包技术收集数据，以构建和维护高清地图。

一旦收集到初始传感器数据，通常会对其进行融合和排序以生成初始地图，主要用于精确定位。**初始地图**主要使用 3D 激光传感器生成。然而，它可以与其他传感器融合，如 IMU、GPS、里程计和视觉里程计，以便在高清地图中进行更精确的状态估计。INS 和 GPS 传感器提供方向和位置信息，它们更新厘米精度范围内的地图位置。

这些点云地图具有很高的精度，可以帮助地面车辆在 3D 空间进行厘米级精确定位。对地图做点云校准后，将从 PCL 地图创建**矢量地图**。点云校准将多个重叠的点云对齐，以生成详细而准确的地图。

矢量地图包含与车道、人行道、十字路口、道路、交叉路口、交通标志和交通信号灯相关的信息。这一关键特征后来被用于检测交通标志和交通信号灯、路线规划、全局规划和局部路径规划。毫无疑问，**地图生成**是高清地图制作的一个组成部分，可以定义为一个高清地图的基础几何地图层。

地图生成技术可分为**在线地图**和**离线地图**。离线地图数据全部收集在一个中心位置。这些数据采用卫星信息或激光雷达/摄像头存储的数据。收集数据后，将脱机生成地图。此外，使用在线地图中的轻量级模块自动生成地图。除了地图生成类型外，地图绘制技术还可以通过传感器或传感器的融合方式进行分类。

除了使用 NMS（非最大抑制）系统采集数据制作高清地图，还有其他一些方法可以采用，如 2D 航空影像和卫星图像。

下面以日本地图公司 ZENRIN 为例介绍激光雷达制图的基本流程,如图 6.5 所示为制作高清地图的流程图,输入车辆位置和姿态,以及点数据和图像,在 GPU 加速环境中完成点云校准、点云-图像校准和地图特征提取,最后通过标注得到高清地图。其中,基于图像的深度学习模型可以支持 GPU 环境下的检测分类任务。

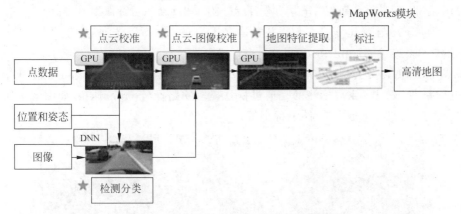

图 6.5　日本公司 ZENRIN 高清制图的流程

其中高清地图的语义目标标注和在自动驾驶中的定位(localization)应用如图 6.6 所示,语义目标包括交通信号灯、车道线、交通标志和道路边界等,基于摄像头的交通信号灯检测和 3D 位置估计后,和高清地图的交通信号灯位置进行匹配。

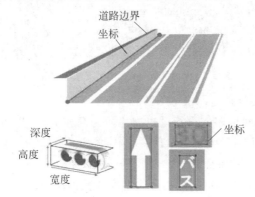

(a) 高清地图中的语义目标:交通信号灯、车道线、交通标志等

(b) 高清地图的交通信号灯应用于自动驾驶的定位

图 6.6　ZENRIN 公司高清地图语义目标的标注和应用

低成本的方法也有不少公司采用,如 Intel Mobileye、Mapbox、Tesla、Lvl5、Mapper、Ushr、Atlatec、极奥、MOMENTA、宽凳科技、深动科技(DeepMotion)和 Wayz.ai 等。一般

低成本方法会采用众包的方法获取数据,而且更新成本低。

低成本的视觉地图制作方法基于 SLAM 技术。参考文献[6]、[7]中对动态环境 SLAM 进行了总结,将这方面方法基本分为以下三大类。

(1) 定位和重建,分为两部分,即运动分割、定位和 3D 重建。

(2) 动态目标分割和跟踪,分为动态目标分割和 3D 动态目标跟踪。

(3) 运动分割与重建联合估计,主要是基于分解(factorization)的工作,包括非刚体(non-rigid)和多连接体(multibody)目标。

以 Intel Mobileye 公司定义的道路经验管理(road experience management,REM)框架为例,也称路书(roadbook),标注的是通过视觉提取的路标(landmarks),如图 6.7 所示,包括车道线、道路边界、交通标志、路上标记等。

图 6.7    Intel Mobileye 公司定义的 REM

两种流行的地图格式分别是 OpenDRIVE 和 NDS。

OpenDRIVE 是一种对道路网进行逻辑描述的开源格式,采用可扩展标记语言(XML)语法,主要在仿真器领域使用。OpenDRIVE 文件描述了道路、车道和目标的几何特性,如道路上的路标,以及道路上的特征(如信号)。OpenDRIVE 采用一种节点格式,用户定义的数据可用来扩展这些节点,便于不同应用程序之间的数据交换。

OpenDRIVE 的道路元素包括三类:参考线、车道和特征(附属设施),如图 6.8 所示。道路网络是沿着参考线建模的,参考线是每条道路的核心部分。道路、车道及其高程附属于参考线。代表道路特征的目标,如信号,可以使用参考线或全局坐标系进行放置。参考线(中间的蓝线)位于道路中心,车道(蓝色和浅蓝色)依附于此参考线。

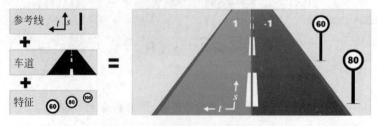

图 6.8    OpenDRIVE 的道路元素

　　OpenDRIVE 可以视为不同道路的建设工具。多条路段形成一个道路网络,并且可以相互连接。OpenDRIVE 描述道路网络的所有静态目标,这些目标使得模拟车辆在该道路上行驶。为了渲染完整的环境,需要为静态路边目标(如树木和建筑物)提供额外的描述格式。路表面特性包含在 OpenCRG 文件格式中。驾驶模拟的动态内容,如车辆机动,则用OpenSCENARIO 来描述。这三类道路元素相辅相成,涵盖了闭环车辆仿真应用的静态和动态内容。

　　OpenDRIVE Manager(OdrManager)负责实时管理如何读取 OpenDRIVE 数据,OdrManager 的数据库管理方式见图 6.9。

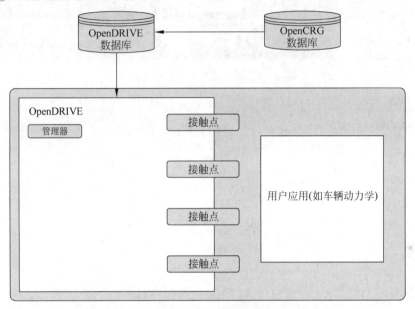

图 6.9　OdrManager 的数据库管理方式

　　OpenDRIVE 以道路为基本数据管理单元,车道、道路目标和标记等位于道路之下,作为附属属性。在几何意义上,这些附属要素以道路参考线为基准,不能独立存在。

　　NDS(Navigation Data Standard,导航数据标准)是汽车业导航数据库标准化的格式,采用 SQLite 数据库,支持步进更新,提供了多种工具供用户使用。

- NDS SQLite:参考引擎。
- Relational DataScript(RDS)工具:描述 NDS 格式的语言,支持 Java/C++/Python语言生成 API 工具和 HTML 文档。
- Certification Bench:基于详细的测试和证书,验证 NDS 数据库的兼容性。
- Investigation Modules:测试 NDS 数据库在硬件上的执行框架。
- Database Inspector:NDS 数据库的台式可视化工具。

　　NDS 已经具备高清地图的描述功能,图 6.10 所示是 NDS 与自动驾驶相关的结构图,包含以下模块:道路几何、道路拓扑、高清车道模型、定位路标和障碍物等。

　　NDS 和 OpenDRIVE 格式之间可以实现转换,如图 6.11 所示是一个 NDS 和 OpenDRIVE格式双向转换的模块概览。

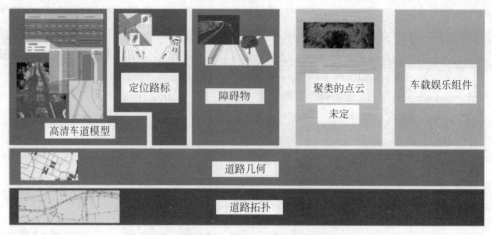

图 6.10    NDS 的高清地图描述结构

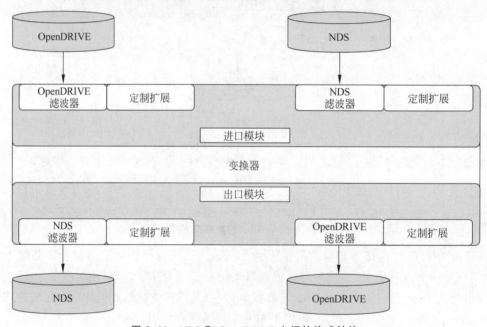

图 6.11    NDS 和 OpenDRIVE 之间的格式转换

## 6.2    语义地图

语义地图的概念比较模糊,这里的"语义"是指有可检测和分类的真实目标存在,如一些路标性的建筑、交通标志、交通信号灯等。目前,能实现这些的工具基本就是通过深度学习训练的检测分类器以及实例全景分割应用。

参考文献[22]分析语义 SLAM 的方法。传统的场景理解方法忽略了语义部分,只关注环境的几何重建。语义理解不是处理那些毫无关系的 3D 点,而是为收集的数据赋予更高层次的含义,这就是语义 SLAM。真实世界环境通常包含许多结构和目标,其携带有助于在 SLAM 充当地标的高级语义信息。赋值语义有助于通过推断缺失信息来重建场景,并为重建场景提供补充信息。

基于深度学习的语义分割技术对推动语义 SLAM 的研究发展具有建设性意义。将基于模型的 SLAM 方法与基于时空 CNN 的语义分割相结合，可以为 SLAM 模型提供更丰富的定位特征表征。

从摄像头获得的信息也可以与 GPS、INS 和轮速计融合，作为自运动估计系统。这种模型本质上用深度学习来捕捉时间运动动态。使用视觉里程计（VO）的直接方法是利用输入图像的灰度信息。然而，与基于特征的方法相比，这些方法不能保证最佳性。深度神经网络可以进一步学习刚体运动，用原始点云数据作为输入，预测刚体变换。

针对视觉 SLAM，参考文献[23]进行了总结，其中涉及三个主要问题：语义信息的提取和目标关联、语义信息的应用及语义视觉 SLAM 的优势。概率目标关联策略是提高 SLAM 系统感知能力的最佳方法之一，但其稳健性和通用性需要进一步提高。此外，由于现实世界环境的复杂性，语义信息的提取和目标关联的准确性很容易受到影响。

语义信息可以帮助算法区分静态和动态目标，提高动态环境中的定位精度和稳健性。采用语义信息来分割运动目标并过滤出与运动目标相关联的特征点是一种常用的方法，可以改善动态环境中的系统定位。

为了更好地解决地图问题，建立准确可靠的 3D 语义地图变得越来越重要。早期的语义地图通常使用先验目标 CAD 模型数据库来构建 3D 语义地图，这可以恢复真实场景并节省大量存储致密点云的空间。然而，CAD 模型仅限于预定义数据库中的目标。

目前，语义信息可以用于传统 SLAM 算法框架的所有阶段，包括初始化、后端优化、重定位和闭环检测。然而，有限的计算资源与不断增长的计算需求之间的矛盾，极大地阻碍了语义视觉 SLAM 的发展。例如，在语义信息提取中，系统需要实时获取语义信息，并需要对语义信息进行及时滤波和关联。需要注意的是，语义视觉 SLAM 仍处于开发阶段，许多隐藏的问题需要解决。例如，错误的目标关联会使系统在目标级 SLAM 中更加脆弱。

下面通过几篇参考文献讨论典型的语义地图制作方法。

参考文献[8]在输入立体图像的前提下，做深度图估计和物体分割，结合稀疏场景流（scene flow），即一种 3D 光流，对场景进行重建。图 6.12 所示是制图的系统框图，包括预处理、实例处理和重建三部分。预处理部分得到致密深度图估计、目标分割和视觉里程计结果；实例处理部分给出掩码的场景流向量、3D 目标跟踪、掩码颜色和深度，以及静态背景的颜色和深度；重建部分给出实例重建、基于体素垃圾收集算法的正则化重建以及静态背景重建。

下面是一些实现的细节。

（1）预处理：根据输入立体序列计算致密深度图和稀疏场景流，同时基于左图像进行实例（目标）的语义分割，此处深度图估计采用深度学习训练的模型 DispNet，而语义分割采用多任务网络级联（multi-task network cascades，MNC）。

（2）从场景流中计算视觉里程计，采用开源库 libviso2。

（3）将输入的颜色、深度和景流分割输出背景、各个运动目标。

（4）通过场景流和语义分割估计每个新检测目标的 3D 运动，通过和摄像头自身运动（ego-motion）比较得到每个目标的状态，即静态、动态或者不确定。

（5）对每个感兴趣的刚体，初始化/更新其重建结果，这里 SLAM 方法借用开源的工具

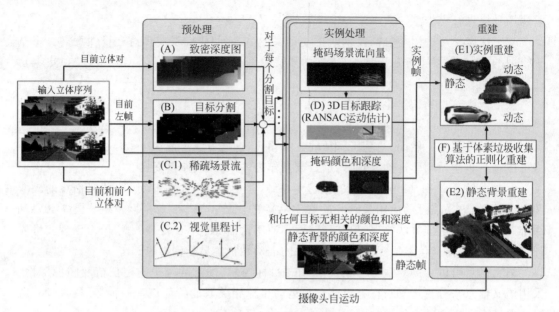

图 6.12　制图的系统框图

InfiniTAM(一个深度图融合和跟踪的 SLAM 平台)。

(6) 更新静态地图的重建。

(7) 完成体素垃圾的收集,去除那些因为深度图畸变造成的不合理体素,如图 6.13 所示是一个畸变的例子,树枝、树叶处的深度估计不准确,这样重建的 3D 轮廓会有一条背离感知方向的彗星尾。

图 6.14 所示是一个去除运动目标的静态地图以及一个重建的运动车辆的例子。

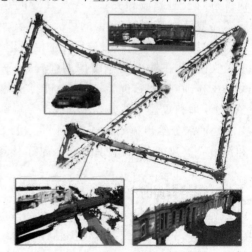

图 6.13　深度图误差造成的畸变　　　　图 6.14　静态地图以及运动车辆

参考文献[9]中的方法是将几何、语义和数据相关几部分结合起来的 SLAM,在纯几何模型中加入语义目标,描述成中间层部件特征的结构化模型,并采用概率数据相关方法,而不是直接建立语义特征和目标之间的联系。

图 6.15 所示是惯导、几何和语义(左上角)的测量数据,将重建传感器的轨迹,以及检测

目标(车)和估计车部件(即门和轮子)的位置等。

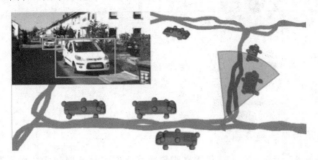

图6.15　一个统一的 SLAM

如图 6.16 所示,这种方法采用的是关键帧(keyframe)思路,每个关键帧提取了语义路标和几何[基于 ORB(一种快速特征点提取和描述的算法)特征描述]路标。

如图 6.17 所示,为了得到与语义路标相关的目标的姿态,采用了一种基于部件(part-based)的目标模型(类似于著名的变形部件模型 DPM),在目标的路标特征之间引入结构约束,如根位置和目标部件的相对平移量。

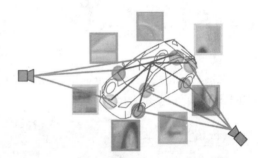

图6.16　几何特征(ORB)和语义特征(车)路标的比较　图6.17　带有形状先验知识和在线摄像头约束的结构化目标模型

SLAM 的问题即求解传感器轨迹和语义路标位置的优化问题,而因子图(factor graph)是一个概率图模型(graphical model),可以将这个优化问题转换为一个带约束(要素)的随机变量(节点)图。图 6.18 描述了这样一个因子图的构成例子。

数据相关和 SLAM 放在一起求解的方法是期望-最大(expectation-maximization,E-M)算法,E 步是给定传感器轨迹和语义路标位置计算相关分布,M 步是给定数据相关分布,更新传感器轨迹和语义路标位置。

参考文献[10]中的方法是在单目半致密(semi-dense)SLAM 中加入深度学习的成果,构成语义地图,制作语义地图的框图如图 6.19 所示,其中 2D-3D 标签转移(label transfer)是将 2D 分割图投射回 3D 特征点云空间。

图 6.20 所示是一个算法流程图,包括三个进程:关键帧选择和细化、2D 语义分割以及 3D 重建和语义分割。其中采用 DeepLab-v2 模型做语义分割,SLAM 用的是以前的 LSD-

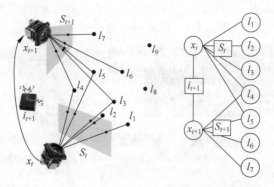

图 6.18　路标的 IMU 和语义观测数据限制的状态向量构成因子图

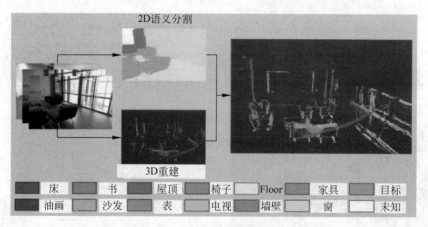

图 6.19　3D 语义地图

SLAM(large-scale direct monocular SLAM,大规模的单目直接 SLAM)方法,而条件随机域(CRFs)模型负责 3D 的融合。

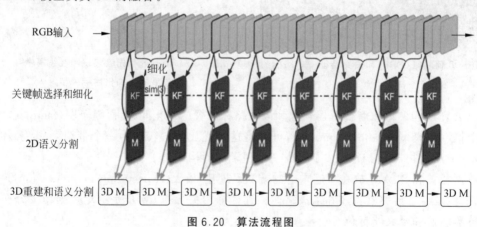

图 6.20　算法流程图

## 6.3　基于车道线的高清地图

高清地图的第一个特点就是拥有车道线级别的地图精度。下面讨论(主要是摄像头视觉系统)如何构建车道线地图,也是特殊语义地图的一些方法。

参考文献[11]中介绍了一个直接根据航拍图像构建地图的方法。航空图像产生路标地图需要图像分类和路标描述相结合,参考文献[11]中提出了一个旋转不变性的特征向量作为图像描述,用于估计路标和道路边界。

用于密集航空图像分类的图像描述子需要满足以下要求。

(1)适用于彩色图像。颜色信息是地标检测(如植被)的重要依据,颜色是高度依赖于照明变化的,但航空图像通常可用于几乎照明不变的大区域。

(2)无对比度归一化。对于高对比度像素和低对比度像素的致密分类,局部对比度是一个独特的图像特征。在这种情况下,对比度归一化可以用于解释照明的变化。

(3)无尺度不变性。在经过正交校正(orthorectified)的航空图像中,理想情况下图像中的所有地标都具有相似的大小。若不需要尺度不变性,相反目标大小可以用作特征。

(4)旋转不变性。地标可能出现任意旋转。尽管可以用大量不同旋转的地标来训练分类器,但旋转不变的特征描述符可以显著减少手动训练工作量。

(5)规则的、从路标估计车道边界的算法中,实验结果表明其显著减少了后期手工修正的工作量。

基于 Haar 小波,作者提出一个快速旋转不变性的图像描述子,如图 6.21 所示。为了简化,取 $20 \times 20$ 个样本点子集为例,首先,计算对像素 $i$ 的垂直和水平 Haar 小波响应 $d_{y,i}$ 和 $d_{x,i}$;然后,将像素 $i$ 的小波响应转换为相对于中心点的绝对值 $\lfloor d_i \rfloor$ 和方向 $\varphi_i$;接着,将采样点划分为 8 个不同大小的同心子区域;最后,根据与中心的 8 个不同距离 $r$ 和 8 个不同方向 $\varphi$ 将采样点的绝对值累积在 $8 \times 8$ 直方图中,输出一个 64 维的特征向量。

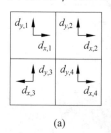
(a)
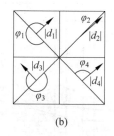
(b)
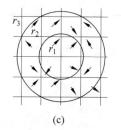
(c)
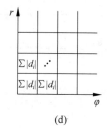
(d)

图 6.21　旋转不变性描述子的计算过程

为了加入颜色信息,分别为色调(H)、饱和度(S)和亮度(I)通道并行计算这种描述子,实验证明这种方式比 RGB 通道的颜色描述子产生更好的结果。

基于该描述子,每个像素都会被识别为路标的一部分或是非路标,识别器采用简单的 SVM。图 6.22 是路标检测分类结果实例,其中图 6.22(a)所示为原始图像;图 6.22(b)所示为采用传统 HSV 像素 $9 \times 9$ 邻域补丁构成 243 维特征向量进行识别,作为比较结果;图 6.22(c)所示为采用提出的旋转不变性特征向量进行识别,发现在训练集较小时(手工标注量较小)获得较好的结果。

在参考文献[12]中,一个高精度车道线级别道路地图(high precision lane level road map)的要求如下。

- 每条道路分成道路段序列。
- 每个道路段、车道数目不变。
- 每个道路段相邻的车道在同一方向是隐含连接的。

(a)

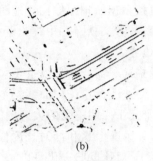
(b)

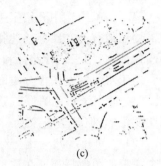
(c)

图 6.22　路标检测

- 不同的道路其车道是可以不连接而相交的。
- 每个道路段的车道可定义为解析曲线。
- 车道曲线图的精度期望是分米级别。

这里采用一种线性参数化的立方 Hermite 样条（CHS）方法来描述车道线。基于 CHS 的分割方法是：首先根据道路的相交点提供一个初始化分解，在两个节点之间假设 $(n-1)$ 个顶点和 $n$ 个基函数；然后估计顶点位置和切向方向。图 6.23 所示为道路地图的实例，其中图 6.23(a)所示是一个道路集合的例子，"•"符号表示道路相连点；图 6.23(b)所示是道路网的一部分细节，包括各个道路的车道线相交，"。"代表节点之间能表达道路形状的一组顶点。

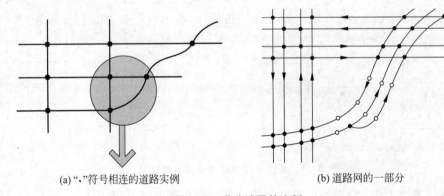

(a)"•"符号相连的道路实例　　　　　(b)道路网的一部分

图 6.23　道路地图的实例

参考文献[13]中定义了增强地图（enhanced map，Emap），其目标是比标准地图更完整、更准确地描述道路，以满足高级驾驶人辅助系统（ADAS）的要求。Emap 会表示每条车道，并描述车道之间在拓扑上的连接关系。按照这种方法，增强地图在法国、德国和瑞典已经被构建。

车辆的定位一般分为以下三个级别。

- 宏尺度（macroscale）：10 米精度，GPS 和道路数据库匹配。
- 微尺度（microscale）：亚米精度，地图不带有绝对坐标。
- 中间尺度（mesoscale）：车道级精度，带绝对坐标的地图。

构建 Emap 属于移动地图绘制（mobile mapping），一种在绘制区域直接收集道路网络几何的方法。大多数地图提供商使用配备校定传感器的专用车辆收集和处理信息，目的是定位和绘制周围所有道路、车道标记和路牌。

与最常见的基于多段线方法相比,Emap 通过回旋线(clothoid)定义道路元素,更适合实际的道路形状,这降低了要存储在数据库中的信息量。

Emap 不仅包括一组描述道路几何形状的路段,还包括这些路段的拓扑信息。路段与其相邻路段相连,Emap 假设车辆可以在一条路段的任何点过渡到另一条路段,不会人为地限制到路段的节点,给定位系统提供了更大的灵活性。

图 6.24 所示是同一地区的地图比较。

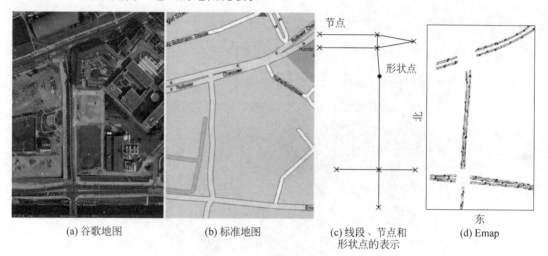

(a) 谷歌地图　　　　　　(b) 标准地图　　　　(c) 线段、节点和　　　(d) Emap
形状点的表示

图 6.24　地图级别比较

Emap 提供线段的拓扑信息包括:

- 左、右和前相邻路段的特征。
- 每条道路上车道段的相对横向位置。
- 确定两条路段之间的连接性。
- 在短时间内建立复杂的连通图。

参考文献[14]中的 Lanelets,记录自动驾驶环境的几何和拓扑特性。它是一个核,指那些相互连接的驾驶区域道路线段,主要用于行为层(注:德国高清地图公司 Atlatec 采用 Lanelets 编辑地图结果)。

如图 6.25 所示,Lanelets 是有左右边界的折线,以一定精度近似车道几何,确定驾驶方向。

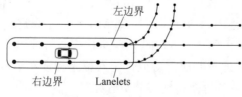

图 6.25　Lanelets 示意

基于连接的 Lanelets,路径规划可以执行。图 6.26 所示为一个 Lanelets 在汇聚和交叉时的状况,积累三个 ID,即 ID:4453、ID:6451 和 ID:2146,其中 ID:6451 是左转弯操作。

图 6.27 所示是在 JOSM(Java OSM)编辑器上展示重叠的 Lanelets 结果(注:OSM 是 OpenStreetMap,一种开源的地图格式,JOSM 可以操作 OSM 数据)。

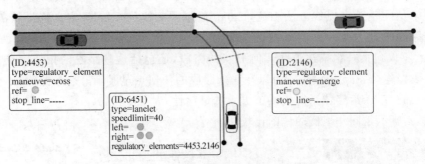

图 6.26    Lanelets 在汇聚和交叉时的状况

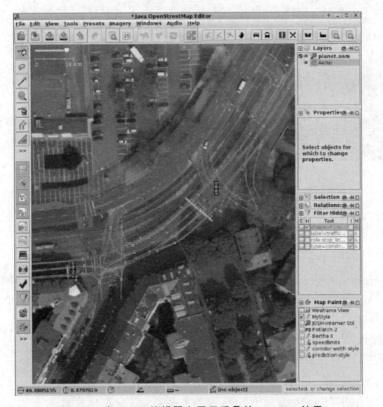

图 6.27    在 JOSM 编辑器上展示重叠的 Lanelets 结果

参考文献[15]中采用 2D 激光雷达(单线),其成本低于一般高清地图所用的多线雷达。

路标识别是建立车道地图的前提。图 6.28 所示是一个车道线识别的实例,激光雷达面向地面,进行 180° 平扫,最大距离为 80 米,测距可能有 5 厘米的误差。算法要求先进行路面估计(折线表示法),然后通过路面反射值设定阈值来提取车道线,最后利用差分 GPS 和 IMU 进行数据校准,将车身位置变换到 UTM 绝对坐标系上。

车道地图建图就是找到车道。图 6.29 所示是车道提取的实例,首先,道路中线分割(road centerline segmentation,RCS)采用一种简化的折线段表示;然后,基于 Douglas-Peucker 算法,沿不同方向将中线段分成多个部分,并得到形状点集;最后,车道通过类似霍夫变换的 Radon 变换得到。

上面提到的道路中线分割(RCS)见图 6.30 给出的实例,图 6.30(a)是整个道路的结果,

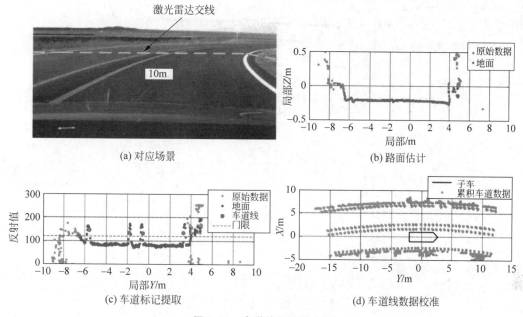

(a) 对应场景

(b) 路面估计

(c) 车道标记提取

(d) 车道线数据校准

图 6.28 车道线识别的实例

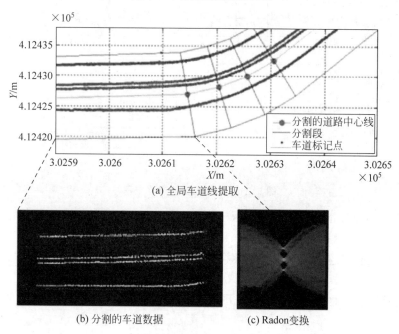

(a) 全局车道线提取

(b) 分割的车道数据

(c) Radon变换

图 6.29 车道提取实例

图 6.30(b)是局部放大的 RCP 点。

车辆姿态估计是定位中的重要环节,图 6.31 所示是车道地图的定位流程,其中采用 GPS 和激光雷达数据-车道地图的 ICP 匹配算法实现。车辆姿态数据进入一个卡尔曼滤波器进行递推。

参考文献[16]中所定义的地图包含三个元素:道路、车道和车道线。不过,它是基于激光雷达的高清地图,采用 ArcGIS 制成。该地图提供道路级和车道级的规划能力,能够辅助智能车通过交叉路口。

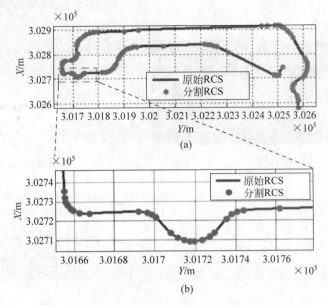

图 6.30　道路中线的分割实例

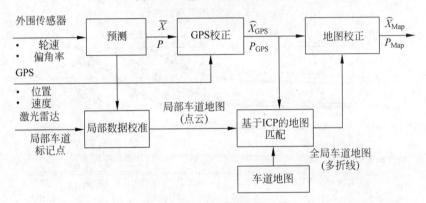

图 6.31　车道地图的定位流程

**注**：ESRI（environmental systems research institute）是一个国际 GIS（geographic information system）软件的提供商，ArcGIS 是商用位置服务的软件工具。

这种地图用于描述车道网和道路网的拓扑结构，同时给出车道线的几何描述，以如图 6.32 为例，其中每条车道线都由一组车道分段线组成，即一组数字描述。

车道线级的规划通过路口的实例见图 6.33，其路径描述为一个数字序列 [3,59,55,36,30,35]。

图 6.32　车道线的几何描述

图 6.33　车道线级的规划

参考文献[17]中建立了一个车辆路径规划的三层车道级别的地图,即道路层(road-level layer)、中间层(intermediate layer)和车道层(lane-level layer)。道路层保留了当前现有地图模型的大多数传统数学表达式,包括道路和交叉口,旨在利用基于道路层地图的成熟路线算法;中间层充当上层和下层之间的桥梁,其中存储了一些集合之间的关系,用于路由规划和其他应用;车道层设计用于表达车道级别的细节,不仅包括道路上的车道集合和更详细的交叉口,还包括几何元素,如车道中心线的高精度点和车道线等。

如图 6.34 所示为三层车道级别的地图模型,其中 $R_a$ 是道路集合,$C_a$ 是道路级交叉口集合,$P_c$ 和 $E_c$ 分别是进入和离开道路交叉口的节点,$T_a$ 表示节点之间存在拓扑连接的道路级交通矩阵,$Q_a$ 是道路类别和长度,$R_m$ 是车道集合,$C_c$ 是车道级交叉口集合,$P_m$ 和 $E_m$ 分别是进入和离开车道交叉口的节点,$T_m$ 表示节点之间存在拓扑连接的车道级交通矩阵。

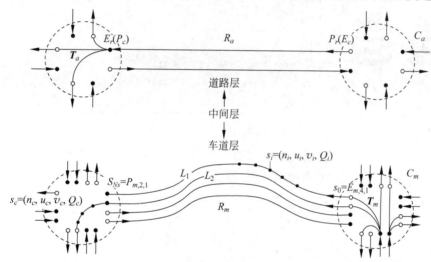

图 6.34　三层车道级别地图的模型

图 6.35 所示是中间层道路级和车道级的路口信息描述,其中进出路口几个道路之间的拓扑连接描述为交通矩阵(traffic matrix)形式,标注有两种节点(进入和离开),箭头表示道路方向。

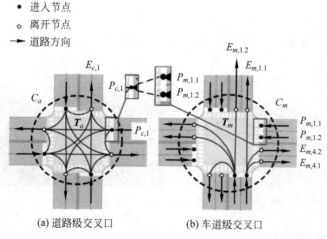

图 6.35　中间层

参考文献[18]中讨论生成了一个高精度车道地图的系统,其系统框图如图 6.36 所示,包括三部分,即数据获取、数据处理和道路建模。采用 3D 激光雷达和 GPS 加惯导(INS)收集数据,数据处理包括路面提取、3D 激光雷达数据积累、车道线分割、骨架化和排序等步骤,道路建模采用分段多项式曲线。

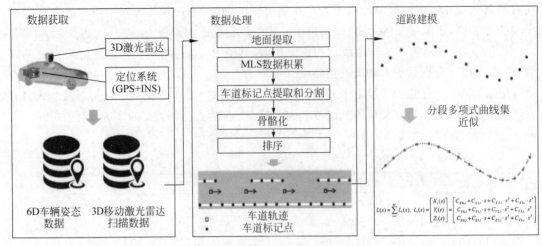

图 6.36　系统框图

图 6.37 所示是车道线点的提取和聚类方法,提取区域是由车辆的姿态决定的,每个区域提取的点就是标记点,这些点被用于道路建模。

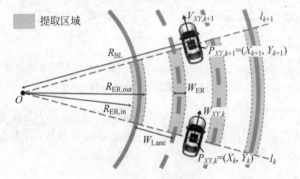

图 6.37　车道线提取

图 6.38 所示为局部地图数据和图像平面之间的转换,显示的是地图的精度。

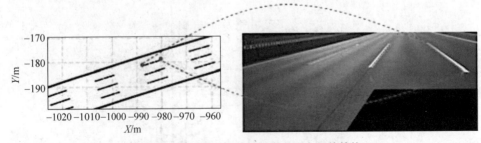

图 6.38　局部地图数据与图像平面之间的转换

参考文献[19]中提出了一个基于车道语义分割的高清地图自动构成方法。其采用单镜头系统,通过 FCN 语义分割来检测车道线,然后提取车道特征,用来检测闭环,其流程如

图 6.39 所示,利用车道线和轮编码器(wheel encoder)建立图节点(graph node)地图,有两种节点,分别是路标节点和车辆姿态节点,最后基于图优化的算法 iSAM(incremental smoothing and mapping,增量式平滑和建图)方法生成地图。

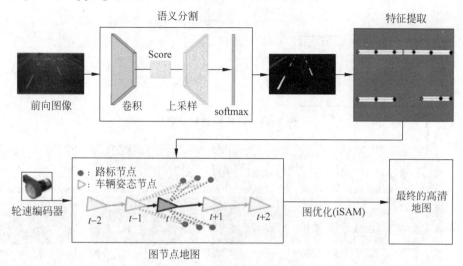

图 6.39　系统流程图

特征提取的算法见图 6.40,距离车辆最近的像素被设置为车道的种子点,连接到种子点的点被选为来自同一车道的点。然而,在真实的道路情况下,许多车道被删除或中断,因此很难通过 4-连通或 8-连通方法判断车道是否连通。由于车道是横向连接的,所以这里采用的是沿着图像列做横向连通判断的方法。这样即使车道被中断或擦除,也可以计算车道的连通性。车道的特征点是在距种子点一定距离处提取的,距离设置为 40 像素,约 0.4m,从车道末端提取最终特征点。

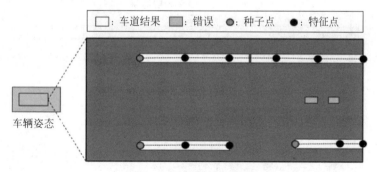

图 6.40　特征提取的算法

闭环检测的示意如图 6.41 所示,一般停止线比较适合作定位的路标位置,并用来估计车辆的姿态。

图 6.42 所示是一个语义分割结果。

图 6.43 所示是高清地图的示例。

在参考文献[20]中提出了一个地图管理系统,其概览如图 6.44 所示,通过一个移动通信访问的共享远程地图同时对多个车辆进行定位,模块"基于表观的路标选择"(appearance-based landmark selection)可以从地图中检索符合表观条件的路标,并有效地利用现有带宽;

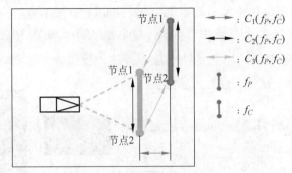

图 6.41 闭环检测的示意

图 6.42 语义分割结果

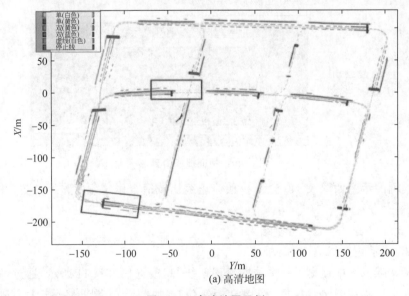

(a) 高清地图

图 6.43 高清地图示例

(b) 上部矩形框部分放大

(c) 底部矩形框部分放大

图 6.43 （续）

一旦车辆完成一次驾驶,搜集的地图数据将上传到后端,合并到地图中;随后,后端的模块"地图概括"(map summarization)保证地图的规模不会超过路标的数量上限,也保证了存储容量的上限条件,从长远来看更有利于地图维护。

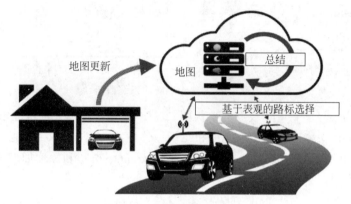

图 6.44　地图管理系统概览

地图更新是地图管理中很重要的工作,图 6.45 所示为其系统流程图,首先新收集的数据需要在可用的地图进行定位,一旦定位精度过低,就从数据集中建立新的路标添加入地图中;然后是一个概括步骤,限制地图中的路标数目不超过固定的数目。另一种情况下,则重新统计在定位中观测到的所有路标,但不添加新的路标。

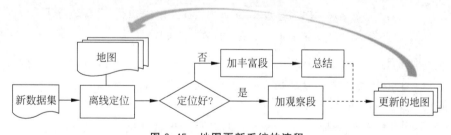

图 6.45　地图更新系统的流程

## 6.4　基于深度学习的 SLAM 方法

下面对深度学习的语义 SLAM 通过一些参考文献进行分析。

DeepSFM(见参考文献[24])的想法来自传统集束调整(BA),通过深度学习模型引入两个成本体(cost volume),分别对应于深度图估计和姿态估计。

图 6.46 所示是 DeepSFM 系统框图。传统计算机视觉利用成本体加强多帧图像之间

的光度和几何一致性,一般深度学习会分别估计深度和姿态,图中 DeepSFM 则是通过两个成本体(深度和姿态)来加强光度和几何一致性。

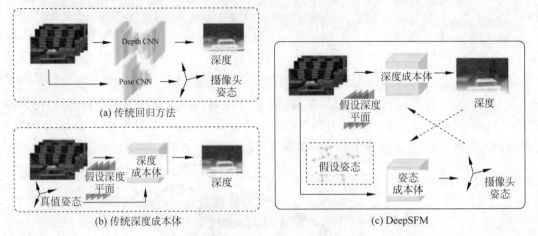

图 6.46　DeepSFM 的系统框图

图 6.47 所示是 DeepSFM 模型的架构图,2D CNN 用于提取光度特征以构建成本体,初始源深度图和摄像头姿态用于引入光度和几何一致性,一系列 3D CNN 层应用于两个成本体,即 D-CV 和 P-CV,最后使用上下文网络(context network)和深度回归操作来生成目标图像的预测深度图。

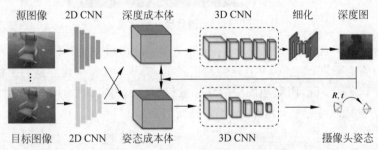

图 6.47　DeepSFM 模型的架构图

特征提取采用了 7 层 CNN(3×3 卷积)和 SPP(spatial pyramid pooling,空间金字塔池化)层,其中 4 个池化的核大小分别是 $4×4$、$8×8$、$16×16$ 和 $32×32$。最后通过 2D CNN 和上采样得到同样分辨率的特征图,用于构造成本体。

D-CV 基于传统平面扫描(plane sweep)的思路,输入包括三个元素:目标(target)图像特征、扭曲源图像特征和齐次深度一致性图。利用假设采样(hypothesis sampling),在逆深度空间均匀生成 $L$ 个虚拟的平面(垂直于前向轴)样本,这样可以将源视点的特征图和深度图反投影到目标视点的 3D 空间,基于此得以生成成本体。

对于 P-CV,其成本体基于摄像头姿态。其输入元素和 D-CV 一样,但生成成本体需要围绕初始的摄像头姿态均匀产生一组候选摄像头姿态,如图 6.48 所示即假设摄像头姿态采样方法的示意图。同样,基于这些姿态,把源视点的特征图和深度图扭曲到目标视点,以此构成成本体。

参考文献[25]中为稀疏视觉 SLAM 系统提出了一种利用紧凑场景表征的致密制图框

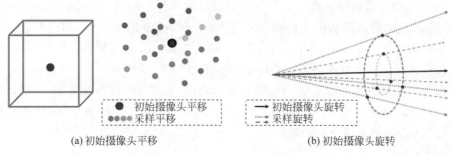

(a) 初始摄像头平移             (b) 初始摄像头旋转

**图6.48 假设摄像头姿态采样(HCPS)示意图**

架 CodeMapping。当今稀疏视觉 SLAM 系统可以准确可靠地估计摄像头轨迹和地标(landmarks)位置。虽然这些稀疏地图对定位很有用,但它们不能用于其他如避障或场景理解等任务中。

CodeMapping 将 SLAM 系统产生的摄像头姿势、关键帧和稀疏点作为输入,并为每个关键帧预测致密深度图像。其采用变分自动编码器(VAE),以灰度、稀疏深度和来自稀疏 SLAM 的重投影误差图像为条件,预测不确定性-觉察致密深度图。

VAE 可以进行多视图优化以改进致密深度图像,从而提高重叠帧的一致性。制图模块以松散耦合的方式与 SLAM 系统并行地单线程运行。这种设计可与任意量度的稀疏 SLAM 系统集成,不会延迟 SLAM 过程。致密制图模块不仅可以用于局部制图,还可以通过 TSDF(截断符号距离函数)融合进行全局一致的致密 3D 重建,实验中以 ORB-SLAM3 为例。

图 6.49 所示是 CodeMapping 的系统概览图,致密制图模块订阅 BA(集束修正法)得到的稀疏点集和摄像头姿态,在致密制图线程中运行稀疏-致密预测和多视图优化。

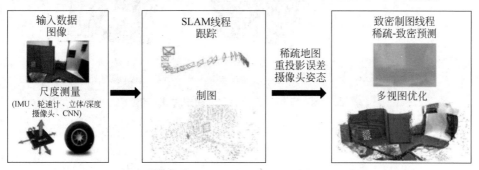

**图6.49 CodeMapping 系统概览**

该系统启动一个 SLAM 线程(跟踪、定位和全局地图线程)和一个连续并行运行的致密制图线程,直到输入的数据流停止。这项工作用 ORB-SLAM3 作为稀疏 SLAM 系统,支持多模态传感器输入。

SLAM 线程如下:

- **跟踪**。使用传感器信息来估计摄像头相对于现有地图的姿态。在 ORB-SLAM3 运行 pose-only BA,最大限度地减少当前图像和地图之间匹配特征的重投影误差。该过程在每个输入帧实时完成,判断当前帧是否为关键帧。
- **地图**。运行 BA 进行姿态和几何细化。ORB-SLAM3 为此运行局部和全局 BA;局部 BA 仅用少量关键帧进行优化,而全局 BA 用整个姿态图进行。每次局部 BA 后,

SLAM 线程将数据从有 4 个关键帧的窗口传输到致密制图(dense mapping)线程；4 个关键帧包括最新的关键帧和基于 ORB-SLAM3 的共见性(covisibility)标准挑选的前 3 个共见(covisible)关键帧。关键帧数据由各自的摄像头姿态、稀疏地图和重投影误差图像组成；每个稀疏地图通过关键帧的投影 3D 地标(landmarks)获得，重投影误差图像通过每个 3D 地标投影到所有可观测帧得到的相应匹配 ORB 特征位置平均距离获得。与其他帧无匹配的新校准(registered)关键点，其重投影误差初始化为一个很大的值(如 10)。

致密制图线程如下：

- **稀疏-致密预测**。致密制图线程接收到来自 SLAM 线程的关键帧数据，检查该关键帧数据是否已经处理过，如果没有处理，则用稀疏地图和重投影误差输入图像，运行深度补全(depth completion)VAE，预测初始密集深度图。这里深度补全 VAE，为预测的致密深度图生成低维潜代码，用于之后的多视图优化。

- **多视图优化**。初始预测之后，深度图通过 SLAM 系统提供的摄像头姿态滑动窗多视图优化进行细化，如图 6.50 所示，其采用的因子图(factor graph)考虑了重叠帧之间不同类型的因子(照片测度因子、重投影因子和稀疏几何因子 Sparse)。多视图优化仅优化每帧代码，而不优化摄像头姿态。因为假设来自稀疏 SLAM 的姿态已经足够准确，并且逐像素致密对齐(dense alignment)不太可能进一步提高准确性。

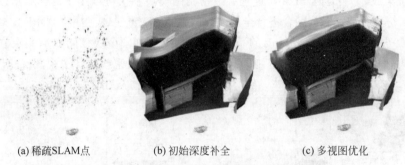

(a) 稀疏SLAM点　　　　(b) 初始深度补全　　　　(c) 多视图优化

图 6.50　5 帧深度补全和多视图优化实例

图 6.51 所示是 CodeMapping 网络架构图，是之前 SLAM＋VAE 方法的扩展结果。

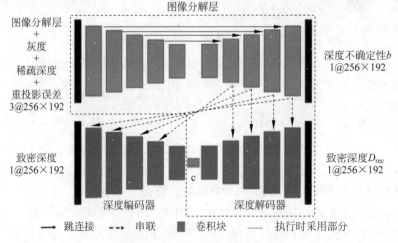

图 6.51　CodeMapping 网络架构图

图 6.51 顶部的网络是一个 U-Net,将灰度图像与稀疏深度和稀疏 SLAM 系统的重投影误差图连接起来作为输入。深度和重投影误差值用邻近参数化(proximity parametrization)归一化到[0,1]。该网络通过多个卷积层计算特征,输出深度不确定性(depth uncertainty)预测。

图 6.52 所示为无重投影误差条件的深度预测实例,其没有考虑重投影误差条件,点由稀疏 SLAM 生成,网络完成致密几何重建;其中圆圈突出显示出预测受到 SLAM 点异常值的严重影响。

与内点相比,出格点往往具有更高的平均重投影误差值。因此,U-Net 的输入包含稀疏重投影误差图,为网络提供每个点(per-point)的不确定性。图 6-51 底部的网络是一个取决于分解特征的 VAE。该网络生成潜代码、致密深度预测和

图 6.52　无重投影误差条件的深度预测实例

不确定性图(uncertainty map)。该网络的损失函数由深度重建损失和 KL 散度损失组成。

DROID-SLAM(见参考文献[26])是一种基于深度学习的 SLAM 系统,其通过密集 BA 层对摄像头姿态和像素深度进行重复迭代更新。尽管在单目视频方面进行了训练,但若采用立体视觉或 RGB-D 视频,有希望提高性能。

图 6.53 所示是 DROID-SLAM 的示意图,其包括递推的迭代更新(recurrent iterative update),在光流估计模型基础上进行了以下两点改进:

(1) 采用多帧优化,而不是两帧。

(2) 更新基于一个差分致密 BA(DBA) 层。

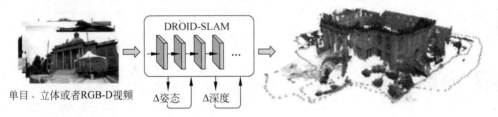

图 6.53　DROID-SLAM 的示意图

DROID-SLAM 采用一个帧图(frame graph)表示帧之间的共见性(co-visibility),帧图是在训练推理过程中动态构建的。在每次姿态或深度更新后,可以重新计算可见性以更新帧图。如果摄像头返回到以前制图的区域,可以在帧图中添加长距离连接以执行闭环(loop closure)优化。特征提取主要来自光流估计模型,同样包括两个网络:特征网络和上下文网络。特征网络输入前后帧图像对用于构建一组关联体(correlation volume),而上下文网络则是输入当前帧图像,其提取的上下文特征则在更新操作期间注入光流网络。

SLAM 系统的核心组件是如图 6.54 所示的学习更新操作。更新操作是具有隐状态的 $3 \times 3$ ConvGRU,它对帧图的边缘进行操作,预测映射到深度的流修正(flow revision),并通过 DBA 层进行姿势更新(图 6.54 中,$d$ 是逆深度,$G$ 是摄像头姿态,$C_{ij}$ 是关联体输出,$L_r$ 是加速关联计算的查找表,$p_i$ 是关联的像素坐标格,$p_{ij}$ 是关联的致密对应流域)。另外,$\Pi_c$ 指摄像头模型映射函数,$\Pi_c^{-1}$ 指逆摄像头投影函数,$r_{ij}$ 是修正光流域,$E$ 是 DBA 在整个帧图的损失函数。对于 GRU 而言,$h_{ij}$ 是 GRU 的隐状态,$w_{ij}$ 是 GRU 的关联可信度图。

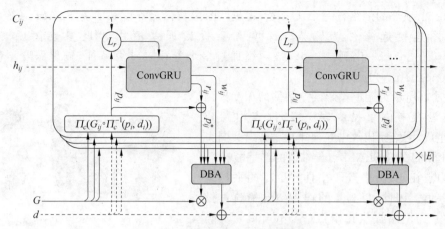

图 6.54　DROID-SLAM 的更新操作

相关特征提供了有关致密流域每个像素位置附近视觉相似性的信息,使网络能够学习对齐视觉相似的图像区域。但是,对应关系有时是模棱两可的。该流域提供了一个互补信息源,允许网络利用运动场中的平滑度来获得稳健性。

相关特征和流特征在注入 GRU 之前分别通过两个卷积层进行映射。此外,通过逐元加操作将上下文网络提取的上下文特征注入 GRU。

ConvGRU 是一个具有小感受野的局部操作。沿着空间维进行隐态平均,提取全局上下文,并将此特征向量用作 GRU 的额外输入。全局上下文在 SLAM 中很重要,因为不正确的对应关系(如由大型运动目标引起)会降低系统的准确性。对网络来说,发现错误对应并修正非常重要。DBA 层把流修正集映射成姿态集,并逐元深度更新。

整个系统包含两个异步运行线程,前端线程接收新帧、提取特征、选择关键帧并执行局部 BA,后端线程同时对关键帧的整个历史记录执行全局 BA。

## 6.5　小结

本章介绍了高清地图的基本原理,包括格式、层次和制作方法,特别强调其中语义地图层的讨论,尤其是低成本的制作方法。车道线是道路语义地图中最重要的语义物体,摄像头自动驾驶系统尤其重视对车道线的提取和匹配,如 Mobileye 的 Rem。最后,介绍了基于深度学习的 SLAM 方法。

在此基础上,第 7 章将重点介绍基于高清地图的定位技术,这也是高清地图的首要功能。

## 参考文献

# 第7章 自动驾驶的定位模块

彩色图片

就道路上的自动驾驶车辆而言,其首要任务之一是将车辆定位在道路上。为此,车辆需要考虑来自多个传感器的信息,并将这些信息与来自道路地图的数据融合。道路定位问题可以归结为三部分:第一部分是车辆当前行驶道路的确定,事实上,全球导航卫星系统还不够精确,无法自行推断出这些信息,因此需要一个滤波步骤;第二部分是估计车辆在车道中的位置;第三部分是评估车辆当前行驶的车道。这里的讨论主要限于后两部分,因为第一部分在基于导航地图的定位中已经有成熟的方案,如地图匹配(车辆位置与地图的路网相匹配)等。

有两种技术适合这个任务。第一种技术取决于高清地图存储的地标精确位置(如车道标记),系统必须将检测的地标与地图中存储的地标相匹配;第二种技术完全依赖于车载传感器检测视觉地标,如道路上的所有车道。然而,由于其他车辆的遮挡,有时无法检测到道路上所有的车道标记。因此需要将提取的相关道路级特征送入一个评估车道数和车辆行驶的车道的高级融合框架。本章只限于讨论第一种技术。

基于地图的定位实际上分为两个阶段。在位置识别(place recognition)阶段,将视觉传感器输出与一组地理标记的感兴趣地图区域进行比较,确定车辆在地图中的初始位置。在地图度量定位(map metric localization)阶段,不断将视觉传感器的输出与经过的当前地图区域对齐,这样车辆在地图上运动的同时被跟踪。

因此,定位需要感知模块提供数据输入和地图的信息进行匹配。类似于感知模块,定位模块也会采用传感器融合的思路,即采用 GPS/DGPS(如 RTK)、IMU、摄像头、激光雷达加高清地图的组合。

GPS 定位是经典的方法,但是环境中电磁波的传播会因为天气、大气层,高楼大厦和山丘等因素产生时间误差,并造成估计的距离误差。为了补偿部分误差,提出了差分 GPS,即 DGPS,如 RTK 技术。千寻网络背靠中国兵器工业集团和阿里巴巴集团两个大公司,在全国范围内提供这方面的服务。

还有另外两个定位算法,即里程计法和惯性导航法。里程计(odometry)法是一种被广泛应用的方式,通过安装在车轮上的光电编码器(wheel encoder)记录车辆的运动过程,从而估计其位置。惯性导航法

(IMU)则利用加速度计和陀螺仪实现定位。对于里程计,轮子侧滑会带来误差,而惯导的积分累积误差也会带来困扰。里程计和惯性导航的定位精度一般比较差,最好和GPS或者激光雷达/摄像头联合使用实现航位推测(dead reckoning)。

运用激光雷达点云数据进行定位的方法是要求感知输入的激光雷达点云(有的方法允许反射图)和高清地图的点云匹配。如果直接利用ICP算法,则计算量太大。在大家熟悉的算法中,常用的有正态分布变换(normal distributions transform,NDT),以及斯坦福大学的直方图滤波器(histogram filter)和粒子滤波(particle filter)等。算法要求车载系统有激光雷达传感器,能够实时采集现场点云数据。也有压缩点云数据的快速匹配定位方法,如TomTom的RoadDNA,Civil Maps的指纹图(fingerprint map),但是定位难度和精度上会有所折中。

摄像头定位是视觉里程计或视觉SLAM所采用的方法,以前有不少关于"基于图像的重定位"(image-based re-localization)问题的研究,用于SLAM的闭环(loop closure)检测和跟踪失败(tracking failure)恢复等。SLAM方法包括稀疏法、致密法和半致密法,但在自动驾驶这个场景中,稀疏法是最合适的。不过,单纯靠视觉的特征点来实现定位是不足的,还需要语义目标的辅助,即语义地图。在自动驾驶中,最实用的语义地图是基于车道线的地图。

本章是第6章的衔接,首先介绍低成本的基于车道线地图的定位技术,然后讨论基于激光雷达的定位算法,接着分析多传感器的融合定位方法,最后介绍基于深度学习的定位方法。

## 7.1    基于车道线地图的定位

本节重点介绍几个车道线地图的定位方法。

参考文献[2]中提出了一种对定义的道路符号标志(symbolic road marking,SRM)和停车线的检测方法,将其作为低成本车辆定位系统的一部分。该方法的输出与全球导航卫星系统(GNSS)、惯性测量单元(IMU)和扩展数字地图(EDM)协作进行车辆定位。SRM和停止线的检测结果与扩展数字地图(EDM)相匹配,补偿GNSS的定位误差和IMU的累积误差。

由于车辆不仅通过SRM和停车线检测结果,而且通过GNSS和IMU进行定位,因此SRM和停车线的检测器不必找到所有目标,但最好尽可能减少误报产生。此外,SRM和停车线的检测器应消耗尽可能少的计算资源,因为检测程序后剩余的计算资源将应用于车辆定位。

SRM含有9个种类(见图7.1),即直行、左拐、右拐、直行/左拐、直行/右拐、禁止直行、禁止左拐、禁止右拐和菱形,加上停车线,共10种路标可以用来进行定位。

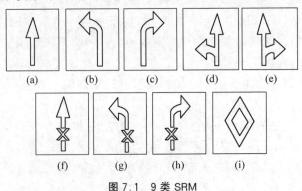

图 7.1    9 类 SRM

图 7.2 所示是 SRM 候选产生的流程图。

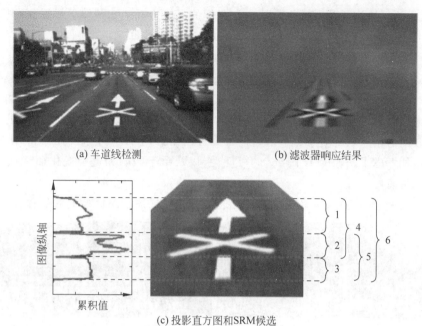

(a) 车道线检测　　　　　　　　　(b) 滤波器响应结果

(c) 投影直方图和SRM候选

图 7.2　SRM 候选产生的流程图

图 7.3 所示是停车线检测的示意图。

(a) 边缘像素　　　　　　　　　(b) 方位图

(c) 停车线候选　　　　　　　　　(d) 最终结果

图 7.3　停车线检测的示意图

参考文献[3]中提出了自动识别道路标记的方法,并用其中检测的特征来计算车辆的位置。如果道路标记在之前已经进行过测量,则可以提供绝对的全球定位,否则只提供相对位置信息。

路标的检测系统依据训练图像所学习的路标模板的特征。选择的模板特征是 FAST

（加速分段检验特征）角点。在运行时，使用以下过程来匹配这些模板，首先选择有希望的特征匹配，然后执行结构匹配。模板是从包含路标的真值边框训练图像学习得到的。首先，对训练图像进行校正，补偿透镜和透视失真；然后，在感兴趣区域内检测 FAST 角点，并将边框和角点及其 HOG（梯度直方图）描述子存储为该特定路标的模板。每种路标类（停车线、自行车道、转弯箭头等）可能含有各种视图、道路和照明条件相对应的多个模板。

在运行时，对每个测试图像执行逆透视校正、MSER 检测、FAST 角点检测和 HOG 描述子推断。检测测试图像中的路标，并基于角点特征进行识别。首先，基于角点的 HOG 描述子找到假定的角点匹配对，然后，通过匹配路标内角点的 2D 几何结构匹配算法来细化结果。几何匹配考虑了图像中多个路标的可能性，以及由于照明和透视变化而无法检测模板某些特征的可能性。

这里的路标包括箭头、斑马线和限速标志。图 7.4 描述了路标检测的过程。

(a) 原始图像    (b) 校准的逆透视映射(IPM)    (c) ROI检测    (d) FAST特征

图 7.4    路标检测的过程

姿态估计分析了两种方法：PnP 算法和 IPM 方法。PnP 算法需要了解路标的 3D 位置和特征，为此，采用视觉里程计（VO）方法，基于立体视觉三角测量和局部 BA 来跟踪点并计算其 3D 位置。IPM 图像中的每个像素对应于地面上的物理距离，因此，给定 IPM 图像的路标内的角点像素位置，可以估计摄像头与这些角点特征的相对姿态。然而，PnP 方法的结果比 IPM 图像的结果更差。因此，重点放在 IPM 方法上。

图 7.5 所示是一个路标检测示例的示意图，连续帧结果逐行显示，即帧♯、原始图像、IPM、车辆位置。十字标记用来估计位置、GPS 位置，以及道路线的 GPS 位置。

图 7.5    路标检测示例的示意图

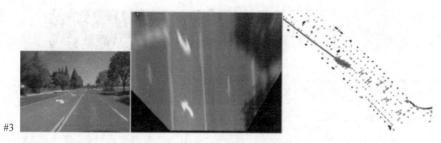

图 7.5 （续）

图 7.6 所示是路标的两个示例，显示了提取的角点。实际上，这些角点带有 GPS 位置信息，会和角点的描述子一起被存入地图的数据库。

图 7.6 路标角点示例

参考文献[4]中基于 Chamfer 匹配（基于 Chamfer 距离）将路标的边缘和轻量级 3D 地图校准，其中路标表示为一组稀疏点。这种仅匹配路标几何结构的定位算法增强了在环境光度和外观变化方面的稳健性。算法中考虑车辆里程计（vehicle odometry）和外极线几何约束，并提出一个非线性优化问题，估计 6 DoF 的摄像头姿态。

图 7.7 说明了用于定位的连续和断开的车道线以及斑马线等地图元素。

图 7.8 所示是定位的流程图，检测的道路标记和 3D 地图中的道路标记投影到图像平面进行匹配，利用**外极线（epipolar）几何和视觉里程计**作为约束去估计摄像头姿态，以求解优化函数。

参考文献[5]中采用了一种常用的字符识别（OCR）系统 TESSERACT，对符号进行分类。如果里程计或位置信息可用，则可以进行空间滤波和映射。所获得的信息可以一方面用于改进定位，另一方面用于为规划或生成规划地图提供进一步的信息。

传感器采用两种系统配置，即单目和双目，单目借用消失点几何约束，双目直接通过 3D 重建来完成定位。图 7.9 是整个算法流程图，IPM 产生顶视图（top view），分水岭（watershed）算法实现图像分割，估计交通符号的候选，进行字符识别（OCR）。另外，"重投影到道路表面"是可选项，OCR 需要进行线下的识别器模型训练。

图 7.10 所示是一些路标检测的示例。

如果采用双目，可直接通过立体视觉三角化重建 3D 信息，如图 7.11 所示。

在参考文献[6]中使用立体摄像系统及包含路缘和路标的高精度地图实现厘米级定位。地图是使用扩展的传感器设置预先创建的。GNSS 位置仅用于初始化，在定位过程中不需要。地图数据在已知车辆姿态的情况下可投影到图像平面，如图 7.12 所示。

参考文献[6]是基于激光雷达和摄像头传感器采集路边界和车道线的数据，以完成地图定位，如图 7.13 所示为激光雷达（左）和摄像头（右）数据。

图 7.7　定义的地图元素

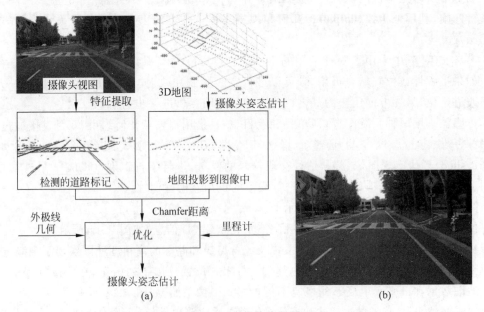

图 7.8　定位的流程图

字符识别训练
从符号定义中产生字体

生成顶视图

生成字符识别候选项

设置标记

分水岭(watershed)分割

候选选择

字符识别

选项
重投影到道路表面
空域聚类

图 7.9　算法流程图

图 7.10　路标检测的示例

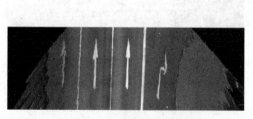

图 7.11　立体双目 3D 重建

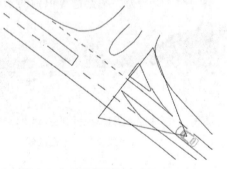

图 7.12　地图数据投影到图像平面

图 7.13　激光雷达和摄像头数据

　　图 7.14 所示是地图制作的过程,具体为录取数据、处理 GNSS 数据、产生鸟瞰视图、提取车道标记和手工审查,其中提取车道标记是关键。

　　地图制作过程中采用的双目和 GPS-IMU 系统传感器设置如图 7.15 所示,自车位置通过固定坐标系的一个点位置和一个方向来描述,而定位方法是在卡尔曼滤波器框架下,以车道线和道路边界数据作为观测向量。

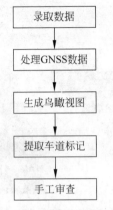

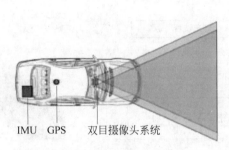

图 7.14　地图制作的过程　　　　　图 7.15　系统传感器设置

　　地图包含表征路标或路缘的线段,而测量值以点的形式获得。地图匹配的目标是实现点测量与线段的最佳匹配,这意味着横向关联和纵向关联。因此,每个地图线段被采样到地图点。对于这些地图中的每一个点,搜索最近的测量点以提取误差,这实现了横向和纵向的误差估计。

　　图 7.16 所示为一条车道线检测(十字)和地图匹配(线)的示例。

　　图 7.17 所示为一条路边界识别的示例。

图 7.16　车道线检测和地图匹配　　　　　图 7.17　路边界识别实例

　　参考文献[7]中提出了一个用于车辆全球定位和 3D 点云重建的系统框架,它在粒子滤波器(particle-filter)架构中结合了立体视觉里程计、卫星地图和道路地图。该框架侧重于一般存在运动目标的车辆定位场景,不使用全球定位系统(GPS)。其特点是使用道路地图和立体重建渲染精确的俯视图,并将这些视图与卫星图像进行匹配,消除漂移并获得精确的全球定位。

　　系统框架如图 7.18 所示,双目实现视觉里程计和致密深度图,并得到重建的点云;点云生成顶视图后,和经过取阈值处理的卫星地图匹配,然后和道路地图得到的距离道路地图一起进入**粒子滤波器**(PF),获取姿态后,和重建的点云结合生成点云地图,最后是地图覆盖生成。

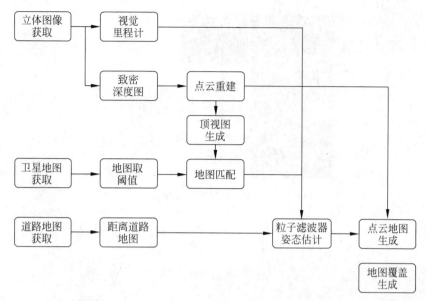

图 7.18　系统框架

系统的单元设置如图 7.19 所示,包括双目立体图像、区域的卫星图像和双目重建的环境顶视图。

系统采用谷歌静态地图 **API**,通过 **HTTP** 请求获取卫星图像和街道地图。创建一个称为道路地图的自定义地图样式,从街道地图中删除所有非道路的特征和文本,并选择前景颜色为白色,道路颜色为黑色,得到的二进制地图图像适合于图像处理算法来恢复道路位置。

图 7.19　系统的单元设置

在粒子滤波器(PF)进行摄像头和卫星图像匹配之前,道路相对应的卫星图像区域通过其强度值进行阈值处理,结果是一个仅包含道路视觉特征的二进制图像。另外,使用距离变换(distance transform)获得路线图,并获得附近道路像素的平滑下降值。

PF 保存来自地图上可能车辆状态的概率分布样本,并根据粒子权重通过重要性重采样(importance resampling)对粒子进行重采样。每个粒子都有一个关于车辆位置、姿态和速度的假设。粒子状态为$(x,y,\theta,v)$,其中 $x$ 和 $y$ 表示车辆相对于固定原点的位置,单位为 m;参数 $\theta$ 表示车辆相对于地图的绝对航向(单位为°);参数 $v$ 对应于车辆在航向方向上的线性/切向速度,单位为 m/s。

参考文献[8]中提出了一种使用低成本传感器(GPS 和基于摄像头的车道识别)和具有车道级精度的地图进行粗地图定位的方法,同时更新感知的道路网络和地图,称为 **LaneSLAM**。图 7.20 所示是一个典型的定位场景,从左到右依次为带卫星图像的车道地图和全局姿态观测(圆区域)、前向摄像头图像和建立的车道观测值。

图 7.21 所示是 LaneSLAM 的因子图(factor graph),左边部分求解姿态跟踪,中间部分确保曲线更新,右边部分解决相关问题。

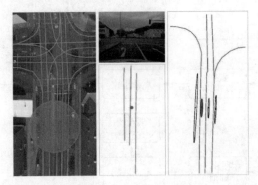

图 7.20 典型的定位场景

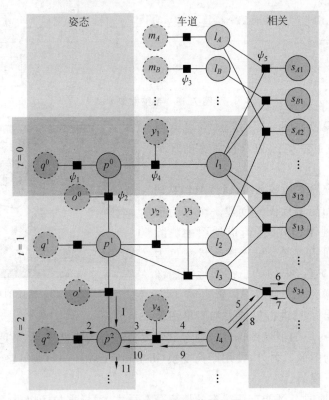

图 7.21 LaneSLAM 的因子图

总体来说,这个因子图在观测误差建模时有 5 个不同类型的因子。

(1) 因子 $\psi_1$:假设正态分布的噪声,把实际姿态和观测的姿态连接在一起。

(2) 因子 $\psi_2$:假设观测误差是正态分布,通过里程计连接两个连续时刻的实际姿态。

(3) 因子 $\psi_3$:连接地图的一条车道线和对应的实际车道线,其偏差满足正态分布。

(4) 因子 $\psi_4$:观测的车道线和对应的实际车道线及其实际姿态连接在一起,观测误差仍然满足正态分布。

(5) 因子 $\psi_5$:一对实际车道线和其二值指示器变量连接在一起。

参考文献[8]中采用循环置信传播(loopy belief propagation,LBP)算法求解一个因子图(factor graph)的 SLAM 问题,其中消息传递(message passing)是实际的迭代算法。

参考文献[9]中提出了一种基于路标 SLAM 的方法,称为 **Road-SLAM**,该算法充分利用从摄像头图像中获得的路标,用于实现全球定位。为了用路标匹配来实现闭环检测,其将路标和周围车道组成的特征定义为子地图,采用随机森林(random forest)方法提高匹配精度。系统采用的设备如图 7.22 所示,包含双目摄像头、惯导、轮速编码器,以及 RTK 差分 GPS。

图 7.22 系统采用的设备

Road-SLAM 的主要观测量是路标。它需要进行图像分割和分类。如图 7.23 所示是 Road-SLAM 系统的直观介绍,其中道路标记转换成 3D 点云,分割并分类成 6 种。以此创建具有道路标记之间关系的子地图(道路标记和附近车道线),并用于 SLAM 的闭环检测。

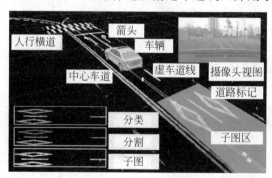

图 7.23 Road-SLAM 系统的直观介绍

Road-SLAM 算法的流程图如图 7.24 所示,首先,摄像头图像和惯导、里程计一起输入,带路标的图像会转换到路面(即 IPM,逆透视映射)并生成点云;然后,为了分割属于路标的点云,对 IPM 图像进行自适应二值化;接着,分割的路标进入分类模块(采用 random forest,即随机森林),被划分为 6 类;再接着,基于地图子图匹配(采用广义 ICP 算法)检测闭环(loop closure);最后,在姿态图(pose graph)中进行优化(采用已知的 iSAM 算法)。

其中的点云分割算法框图如图 7.25 所示,先进行 3D 点滤波(包括体素化滤波和半径出格点滤波),然后进行第一次分割,去除中心线、停止线和断裂的车道线一类目标而保留道路标记;在车道线检测之后,进行第二次分割,去除车道线只留下数字或者斑马线等,最后产生分类候选。

6 种分类目标分别为道路标记、数字、箭头、车道线、斑马线、未知。

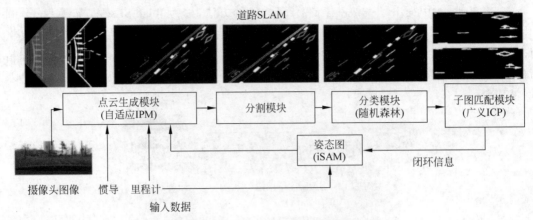

图 7.24　Road-SLAM 算法的流程图

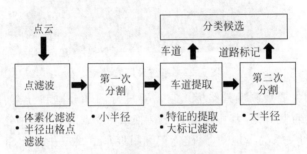

图 7.25　点云分割算法框图

# 7.2　基于激光雷达的定位

## 7.2.1　正态分布变换定位

正态分布变换定位最经典的方法应该是最大分布变换（NDT）。首先，将点云分成规范的蜂窝（cells），求解每个蜂窝的均值和方差；然后，将环境地图表示成一组正态分布之和。

每个分布可以看成一个局部表面的近似，即其位置、朝向和平滑度。朝向和平滑度是方差矩阵的特征向量和特征值。据此，一个分布可以是 2D 空间的一个点、一条直线、椭圆或者圆。在 3D 空间，如果这个点云分布的特征值相等，或者一个远小于另外一个，其意味着局部是一个平面。同理可以得到其他几何面的 NDT 特性，如球体和椭球。图 7.26 所示是3D 点云数据及其 NDT 表示，其中点云分成 16 个同样大小的蜂窝，当每个蜂窝有 3 个以上的点时，计算其均值和方差。最后，计算正态分布。图中的亮度对应概率的大小。

在定位中，激光雷达点云匹配的初始化一般通过 GPS、IMU 或者里程计（如轮速计）进行。给定两个点云数据（一般是一个来自地图，另一个来自需要定位的车辆），那么基于NDT 的匹配估计步骤如下。

（1）建立第一个点云的 NDT$(q_i, \Sigma_i)$。

（2）初始化匹配的 3D 变换参数 $p$（如 0 或者 IMU 数据）。

（3）第二个点云数据的每个点 $x_i$，根据变换参数映射到第一个点云坐标系 $x_i'$。

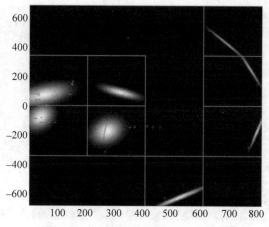

图 7.26　3D 点云数据及其 NDT 表示

（4）确定每个映射点的对应正态分布。

（5）该变换参数的分数取决于每个映射点的分布估值之和。

（6）执行该分数的优化算法的迭代步进，如牛顿法，得到更新的参数估计。

（7）跳回步骤（3），直到满足收敛条件。

如步骤（5）的分数实际上是一个相关性测度，计算公式如下：

$$\mathrm{score}(\boldsymbol{p}) = \boldsymbol{\Sigma}_i \exp\left(\frac{-(\boldsymbol{x}_i' - \boldsymbol{q}_i)^{\mathrm{T}} \boldsymbol{\Sigma}_i^{-1}(\boldsymbol{x}_i' - \boldsymbol{q}_i)}{2}\right) \tag{7-1}$$

其中，$\boldsymbol{p}$ 是要估计的变换参数；$\boldsymbol{x}_i'$ 是第二个点云中的点 $\boldsymbol{x}_i$ 根据变换参数映射到第一个点云坐标系；$\boldsymbol{q}_i$ 是第一个点云的均值；$\boldsymbol{\Sigma}_i$ 为第一个点云的方差矩阵。

## 7.2.2　粒子滤波定位

粒子滤波是一个求解状态空间问题的蒙特卡洛模拟方法，其思想就是用粒子集来表示概率，从后验概率中随机抽取的状态粒子来代表其分布，又称串行重要性采样法（sequential importance sampling）。简单来说，粒子滤波法是指通过传播一组随机样本对概率密度进行近似，以样本均值代替积分运算，从而获得最小方差分布的方法。

在定位任务中，3D 姿态就是其状态向量，可以假设待估计的变量是水平位置和偏角（$x$，$y$，yaw），而其他两个角即卷角和仰角（roll，pitch）认为是足够准确的。粒子滤波的变换同样基于 GPS/IMU 进行预测，而观测值会影响粒子重要性的权值，并作为重采样的概率。为避免灾难性的定位误差，一些粒子会以当前 GPS/IMU 的姿态估计进行选择。GPS/IMU 也可以用于观测值计算，GPS/IMU 的预测值也可以用于定位计算。

粒子滤波可以在没有 GPS/IMU 的情况下运行，这样唯一的环境参考就是地图。在参考文献［13］中，定位用的地图主要是路面特征地图，所以在定位时非路面的目标会被抹去，如图 7.27 所示是路面提取的示例。

## 7.2.3　直方图滤波器定位

另外一种定位方法，就是把平面上偏移（$x$，$y$）的似然分布（likelihood distribution）表示

图 7.27　路面提取示例

成一个 2D 直方图滤波器(histogram filter)。同样,这个滤波器包括以下两部分。

(1) 运动预测,以降低基于运动的估计可信度。

(2) 观测更新,以增加基于传感器数据的估计可信度。

将 IMU 更新集成进来,一个平滑坐标系统可以对 GPS 姿态的调变"免疫"。滤波器的运动模型很简单,不需要对车辆运动的不确定性建模,而只需要对平滑坐标系和全局坐标系的不确定性建模。观测更新意味着新的激光雷达数据进入可以修正车辆的位置估计。

不需要把每次的激光雷达反射看成一次观测,而是和地图一样,从累计的传感器数据中建立一个滚动网格(rolling grid)。这种方法可以直接比较传感器的数据和地图的数据,避免了过于强调那些有大量反射的区域(树木和大量动态目标)。

最后,将运动预测和观测更新结合,即似然分布和先验分布相乘,就形成了姿态估计的后验分布和后验估计。图 7.28 所示是斯坦福大学采用直方图滤波器定位的一个示例,其中左图是 GPS 定位误差,而右图是直方图滤波器的定位结果。

图 7.28　直方图滤波器定位示例

## 7.3　基于传感器融合的定位

前面已经介绍,激光雷达和 GPS/IMU 可以融合一起。下面介绍其他传感器融合定位的方法。

参考文献[16]是参考文献[2]工作的继续,在参考文献[2]的工作中主要介绍道路标记和停车线用于定位,而参考文献[16]的工作又结合 GPS、惯导、轮速计和地图等进行车辆定位,如图 7.29 所示是其系统框架的示意图。

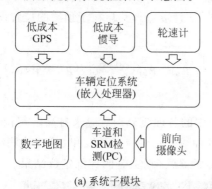

(a) 系统子模块      (b) 定位系统板(约10cm宽)

**图 7.29 系统框架的示意图**

定位算法采用粒子滤波来融合各个传感器送来的信息。每个粒子代表一个状态向量,包括 2D 车辆位置和其前向角(heading angle),即

$$\boldsymbol{x}_t^n = \begin{bmatrix} x_t^n & y_t^n & \theta_t^n \end{bmatrix}^{\mathrm{T}}, \quad 1 \leqslant n \leqslant N \tag{7-2}$$

其中,$n$、$N$ 分别是粒子的索引和数目。

粒子初始化来自 GPS 的姿态,而状态预测方程(运动)定义为

$$\hat{\boldsymbol{x}}_{t+1}^n = \begin{bmatrix} \hat{x}_{t+1}^n \\ \hat{y}_{t+1}^n \\ \hat{\theta}_{t+1}^n \end{bmatrix} = \begin{bmatrix} x_t^n - \dfrac{\tilde{v}}{\tilde{\omega}}\sin(\theta) + \dfrac{\tilde{v}}{\tilde{\omega}}\sin(\theta + \tilde{\omega}\Delta t) \\ y_t^n + \dfrac{\tilde{v}}{\tilde{\omega}}\cos(\theta) - \dfrac{\tilde{v}}{\tilde{\omega}}\cos(\theta + \tilde{\omega}\Delta t) \\ \theta_t^n + \tilde{\omega}\Delta t + \tilde{\gamma}\Delta t \end{bmatrix} \tag{7-3}$$

$$\tilde{v} = v + \text{sample}(\sigma_v^2), \quad \tilde{\omega} = \omega + \text{sample}(\sigma_\omega^2), \quad \tilde{\gamma} = \text{sample}(\sigma_\gamma^2) \tag{7-4}$$

其中,$\hat{\gamma}$ 是朝向角随机噪声;$\text{sample}(\sigma^2)$ 是产生均值为 0,而方差是 $\sigma^2$ 的随机干扰;$v$ 和 $\omega$ 是车速和角速度,分别来自轮速计和惯导。

粒子滤波中重要的是粒子权值,主要取决于观测值,这里指 GPS、车道线(lane)、道路符号标志(SRM)和基于 SRM 的地图。这里权值 $w_t^n$ 定义为

$$w_t^n = w_{t-1}^n \cdot w_{t,\text{GPS}}^n \cdot w_{t,\text{LANE}}^n \cdot w_{t,\text{SRM}}^n \tag{7-5}$$

式(7-5)右边第一个乘子是前一时刻的权值,而后 3 个依次取决于 GPS、车道线和道路符号检测。

GPS 的权值计算如下:

$$w_{t,\text{GPS}}^n = \frac{1}{2\pi\sqrt{\det(\boldsymbol{\Sigma}_{\text{GPS}})}} \times \exp\left\{ -\frac{1}{2}(\hat{\boldsymbol{p}}_t^n - \boldsymbol{p}_{\text{GPS}})^{\mathrm{T}} \boldsymbol{\Sigma}_{\text{GPS}}^{-1}(\hat{\boldsymbol{p}}_t^n - \boldsymbol{p}_{\text{GPS}}) \right\} \tag{7-6}$$

其中,$\boldsymbol{\Sigma}_{\text{GPS}}$ 是 $2 \times 2$ 矩阵,$\boldsymbol{p}_{\text{GPS}}$ 是 GPS 给出的位置,和粒子预测位置的误差构成一个高斯分布。

车道线的权值计算如下:

$$w_{t,\mathrm{LANE}}^{n} = \frac{1}{\sqrt{2\pi\sigma_{\mathrm{LANE}}^{2}}} \times \exp\left\{-\frac{1}{2}(\hat{l}_{t}^{n} - l_{\mathrm{LANE}})^{2}/2\sigma_{\mathrm{LANE}}^{2}\right\} \tag{7-7}$$

其中,$l_{\mathrm{LANE}}$ 是车道线检测的侧向位置,和粒子预测的侧向位置误差构成一个高斯分布。

SRM 的检测和地图的匹配得到其地图位置,如果一个图像中同时检测多个 SRM,那么它们在地图中的匹配位置可以被平均作为最后估计 $p_{\mathrm{SRM}}$,其与粒子预测的位置误差满足高斯分布。这样,SRM 的权值计算如下:

$$w_{t,\mathrm{SRM}}^{n} = \frac{1}{2\pi\sqrt{\det(\boldsymbol{\Sigma}_{\mathrm{SRM}})}} \times \exp\left\{-\frac{1}{2}(\hat{\boldsymbol{p}}_{t}^{n} - \boldsymbol{p}_{\mathrm{SRM}})^{\mathrm{T}}\boldsymbol{\Sigma}_{\mathrm{GPS}}^{-1}(\hat{\boldsymbol{p}}_{t}^{n} - \boldsymbol{p}_{\mathrm{SRM}})\right\} \tag{7-8}$$

以上构成了粒子滤波的定位平台。

图 7.30 是定位的实验结果示例:上方图中的各种线分别对应来自高端定位系统/多传感器融合定位/GPS 的定位结果;中间图的各种线分别对应车道线和 SRM 检测结果;下方图中的各种标记分别对应高端定位系统/多传感器融合/GPS 的详细定位结果。

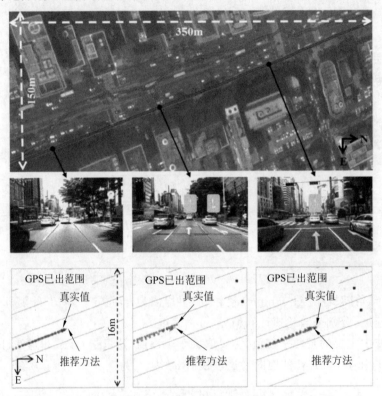

图 7.30 定位的实验结果示例

参考文献[17]中提到了百度阿波罗开源系统采用的定位系统,其传感器配置见图 7.31,包含 64 线激光雷达(velodyne HDL-64E)、高动态范围(HDR)摄像头、长距雷达、GPS(NovAtel ProPak6),以及陀螺仪和加速仪组成的惯导(NovAtel IMU-IGM-A1)。

其系统的架构总览如图 7.32 所示,结合传感器输入(如上介绍)和激光雷达建立的地图,估计最优的位置、速度和姿态(position-velocity-angle,PVA)。由 GPS 和激光雷达估计得到的 PVA 作为卡尔曼滤波器(KF)的观测,而 KF 提供预测的 PVA 先验知识。捷联式惯导系统(strap-down inertial navigation system,SINS)集成 IMU 数据(来自加速度计和陀螺

**图 7.31　传感器配置**

仪)作为 KF 的预测模型,而 KF 估计的加速度计和陀螺仪偏差以及 PVA 误差等作为校正信号送入 SINS。

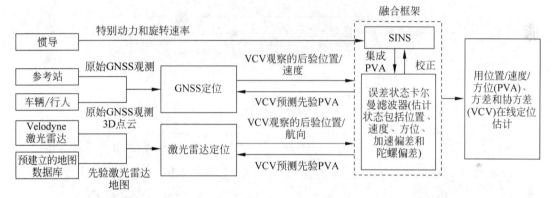

**图 7.32　系统的架构总览**

基于激光雷达的定位算法如图 7.33 所示,前向角的估计采用了视觉的方法 Lucas-Kanade 特征跟踪法,水平定位则采用了前面提到的直方图滤波器。

算法:基于激光雷达的定位

输入:先验图 $m$,在线点云 $z$,粗变换 $T_0 = (x_0, y_0, \phi_0, \theta_0, h_0)$ 和搜索空间 $X, Y$

输出:最佳校准 $(\hat{x}, \hat{y}, \hat{a}, h)$ 和方差矩阵 $C_{xy}$

1. $\hat{h} \leftarrow$ 航向度估计
2. $\hat{a}_0 \leftarrow m(x_0, y_0)$　　　* 得到地图中的高度
3. 　　变换点云 $z$,通过 $(x_0, y_0, \hat{a}_0, \theta_0, h_0)$
4. **for** $x_i y_i \in \{x_0 + X, y_0 + Y\}$ **do**
5. $P_r \leftarrow \mathrm{SSD}_r(x_i, y_i, z, m)$
6. $P_a \leftarrow \mathrm{SSD}_a(x_i, y_i, z, m)$
7. $P(z | x_i, y_i; m) \leftarrow (P_r)^\gamma \cdot (P_a)^{1-\gamma}$
8. $P(x_i, y_i) \leftarrow P(z | x_i, y_i, m) \cdot (\bar{P}(x_i, y_i))^{1/k}$
9. **end for**
10. $(\hat{x}, \hat{y}) \leftarrow \{P(x_i, y_i))\}$
11. $C_{xy} \leftarrow \{P(x_i, y_i)\}$
12. $\hat{a} \leftarrow \{P(x_i, y_i)\}$　　　* 得到地图中的高度
13. **return** $(\hat{x}, \hat{y}, \hat{a}, \hat{h}, C_{xy})$

**图 7.33　基于激光雷达的定位算法**

　　GPS 定位系统采用 RTK，即差分 GPS 方法。而传感器融合的定位方法将 GPS、激光雷达和 IMU 定位结合在卡尔曼滤波器框架下，由于 IMU 误差是累积增大的，所以这个滤波器的状态变量是误差信号，即误差状态（error-state）卡尔曼滤波器。由于传输和计算延迟，观测延迟的问题需要解决。这里采用双滤波器，还有一个固定大小的缓存，用于按时间次序保存的滤波器状态、滤波器观测值以及 IMU 数据。第一个滤波器通过时间更新和 IMU 数据积分来计算实时 PVA 及其方差；而第二个滤波器处理延迟的观测量。定位系统中延迟和紊乱的处理如图 7.34 所示，其中输入数据有惯导数据、激光雷达定位和 GNSS 定位三种。

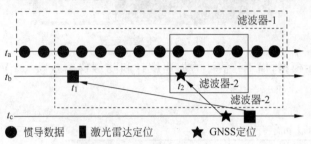

图 7.34　定位系统中延迟和紊乱的处理

图 7.35 所示是不同环境下的性能分析。

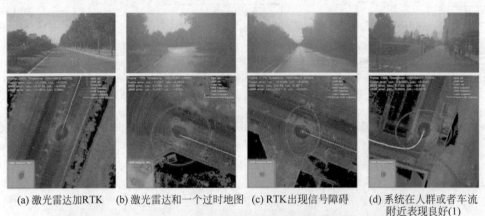

(a) 激光雷达加RTK　(b) 激光雷达和一个过时地图　(c) RTK出现信号障碍　(d) 系统在人群或者车流
附近表现良好(1)

(e) 系统在人群或者车流
附近表现良好(2)　　(f) 采用灰度和高度线索后成功

图 7.35　不同环境下的性能分析

参考文献[18]中将摄像头、激光雷达和 IMU 称为局部传感器,而 GPS、磁力仪和气压计称为全局传感器。局部传感器定位准,但会漂移;全局传感器定位比较杂乱,但无漂移。系统框架的直观图如图 7.36 所示,它提出的想法就是将局部传感器和全局传感器结合来进行定位。局部估计器主要是视觉里程计(VO)和视觉惯性里程计(VIO);全局估计器是基于姿态图(pose graph)的优化。二者结合就是将局部的估计和全局坐标系对齐,并消除漂移。

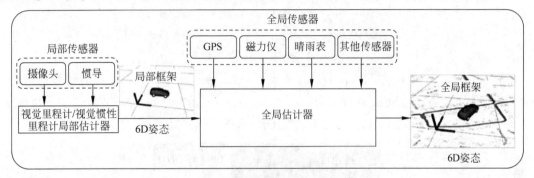

图 7.36　系统框架的直观图

参考文献[19]中的方法来自以前的视觉惯性里程计(visual inertial odometry,VIO),其目的就是在一个滑动窗(sliding window)里通过 IMU 数据和图像特征估计摄像头的姿态,其流水线操作的直观图如图 7.37 所示,包括初始化模块、测量值预处理模块、带重定位的局部视觉-惯性里程计模块和全局姿态图优化模块。初始化模块包括视觉 SFM 和视觉-惯性对准;测量值预处理模块执行特征检测跟踪和惯导预积分;带重定位的局部视觉-惯性里程计模块包括 VIO、关键帧检测、闭环检测、特征搜索等;而全局姿态图优化模块的细节见下文。

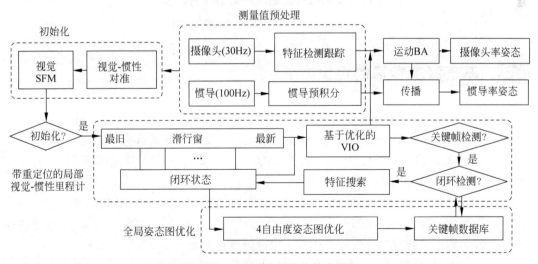

图 7.37　VIO 流水线操作的直观图

全局姿态图的示意图如图 7.38 所示,每个姿态(包括位置和朝向)构成姿态图中的一个节点,节点的密度取决于最低工作频率的传感器。两个相邻节点之间的边代表来自局部估计(VO/VIO)的局部约束,它限制节点之间的相对姿态变换,而其他边是全局传感器的全局约束。

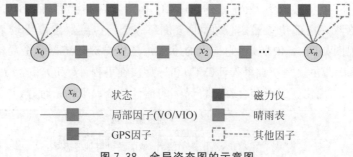

图 7.38　全局姿态图的示意图

　　姿态图优化是最大似然估计（MLE）问题，包括一段时间车辆姿态的联合概率分布，其求解的算法是著名的集束调整（bundle adjustment，BA）。图 7.39 所示是在一个大规模室外场景中新方法（VIO 加 GPS、磁力仪和气压计）和 VIO 的定位结果对比。

图 7.39　新方法与 VIO 的定位结果对比

# 7.4　基于深度学习的定位方法

　　参考文献[22]专注于视觉定位的方法，从基于结构和基于回归两个方向进行总结。基于结构的定位通过将 2D 像素特征与 3D 点场景坐标匹配来估计摄像头姿态，其方法分为两种：基于匹配的定位和基于场景坐标回归的定位。第一种方法基于描述子匹配，第二种方法基于可训练的定位流水线。

　　基于回归的方法又可分成绝对姿态回归（APR）和相对姿态回归（RPR）。基于 APR 的定位，从端到端神经网络构建的一个 2D 地图直接回归姿态；基于 RPR 的定位，用地理参考（geo-fenced）数据集的检索方法或其他方法来回归相对姿态。

　　在基于结构特征的定位流水线中，运动恢复结构（SFM）或者 SLAM 可以构建 3D 点云模型。与基于回归的方法相比，基于结构特征的流水线更依赖于 3D 场景模型的先验信息。在建立场景模型 3D 点云与查询图像之间的对应关系后，通过几何约束恢复摄像头姿态，应用 PnP 求解来计算摄像头姿态，并用 RANSAC 方法来去除出格点。

　　根据网络输入，APR 可以分成三种：单目图像、一对图像辅助以及图像序列/视频。

与单目图像的方法不同,用图像对做辅助学习的 APR 通过估计辅助约束的相对姿态来学习绝对姿态。这可能涉及全局一致的姿态预测,可提高定位性能,即减少定位误差和提高定位稳健性。

基于图像序列/视频的 APR 方法具有相似的流水线,同时通过 CNN 特征提取和定位回归来估计平移和朝向。

以下基于一些参考文献分析基于神经网络的定位方法。

参考文献[23]中提出了一种在线元学习算法,视觉里程计(VO)网络能够以自监督的方式持续适应新的环境。

然后根据损失进行更新,并在下一时间推断帧。网络学习找到一组权重,对于图像序列 $\mathcal{D}_i$ 和 $\mathcal{D}_{i+1}$ 都表现良好。在线学习期间,时空信息由 convLSTM 合并,并利用特征对齐进行快速适应。

VO 网络的架构如图 7.40 所示,VO 网络 $\theta_i$ 在滑动窗中图像序列 $\mathcal{D}_i$ 取 $N$ 个连续帧,以自监督的方式估计姿态 $\hat{T}_t^{t-1}$、深度 $\hat{D}_t$,$\hat{D}_{t-1}$ 和图像序列 $\mathcal{D}_i$ 的掩码 $\hat{M}_t$。DepthNet 预测深度,PoseNet 取连续两帧图像和连续深度图像去回归姿态,MaskNet 根据深度和姿态的图像合成带来的扭曲残差预测一个掩码。在每次迭代 $i$ 时,根据损失更新网络参数,并在下次对图像序列 $\mathcal{D}_{i+1}$ 进行推断。网络学习找到一组权重 $\theta_i^*$,对图像 $\mathcal{D}_i$,$\mathcal{D}_{i+1}$ 都表现良好。在线学习过程中,通过 convLSTM 聚合时空信息,并利用特征把不同时间的特征分布 $\hat{\mathcal{F}}_t$,$\hat{\mathcal{F}}_{i+1}$ 对齐,实现快速自适应。

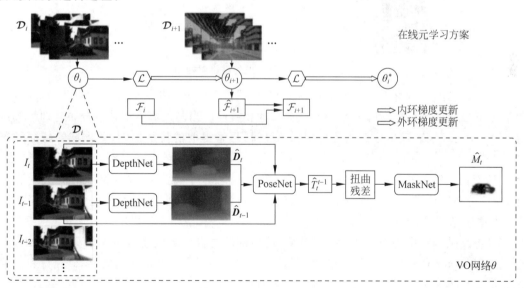

图 7.40 VO 网络的架构

采用模型不可知元学习(MAML),其目的是最小化验证集上的评估(自适应)误差,而不是最小化训练集上的训练误差。在内环梯度更新中,通过自监督损失和更新参数 $\theta_i$ 来评估在图像序列 $\mathcal{D}_i$ 中 VO 的性能。在外环梯度更新中,评估更新后的模型 $\theta_{i+1}$ 在后续帧序列 $\mathcal{D}_{i+1}$ 上的性能。

在训练和在线测试阶段模拟这种连续自适应过程。在训练过程中,通过最小化训练数据集中所有序列的损失总和,促使网络学习基权重 $\theta$,从而实现快速在线自适应。这种元学习方案解决了在线学习中的随机梯度问题。

图7.41所示为DepthNet、PoseNet和MaskNet的网络架构,将递归单元嵌入DepthNet和PoseNet的编码器中,允许卷积网络不仅利用空间信息,还利用时间信息进行深度和姿态估计。ConvLSTM的长度是图像序列的帧数,ConvLSTM充当网络的存储器。当新帧被处理时,网络能够记忆并从过去的经验中学习,从而更新参数快速适应没见过的环境。这种方法可增强不同时间步长之间的相关性,从视频输入中学习运动摄像头的时间动态特性。

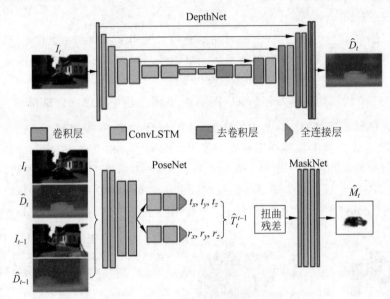

图7.41　几个子模型的网络架构图

特征对齐通过调整不同时间的特征分布,将域自适应方法扩展到在线学习环境,其目的是在不断变化的环境中增强非平稳特征分布的相关性。当测试数据的特征分布与训练数据相同时,学习算法表现良好。当改变到新环境时,尽管提取的特征不同,两个域的特征分布应该相同。

尽管在开放世界中运行VO时,视图会发生变化,但深度图像序列会在时间上观测连续,特征分布应该类似。这种特征归一化和对齐方法作为正则化手段,简化了学习过程,使学习的权重在非平稳环境中保持一致。

参考文献[24]中提出了一种基于注意-觉察特征的自动驾驶视觉定位框架DA4AD,用于实现厘米级定位精度。利用注意力机制,一个端到端深度神经网络搜索显著、独特和稳定的特征。

图7.42所示是DA4AD框架的主要步骤,其中图7.42(a)是"局部特征嵌入"模块提取的热图(中间)和描述子(右);图7.42(b)是地图3D关键点,由"注意关键点选择"模块根据地图热图来选择;图7.42(c)是给定一组候选姿态,将地图中的相邻关键点投影到在线图像(顶部)上,找到在线图像中的相应特征描述子;图7.42(d)是通过评估总体特征匹配成本来估计最优摄像头姿态。

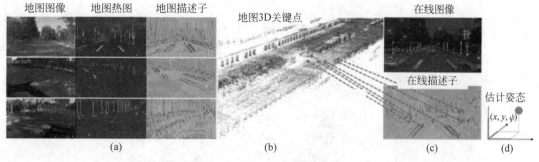

图 7.42 基于注意-觉察特征的定位框架

如图 7.43 所示,基于端到端深度注意-觉察特征的视觉定位框架网络架构和系统工作流,可分为三个不同阶段,分别为训练阶段、地图生成阶段、在线定位阶段。为了寻求最佳性能,当系统处于不同阶段时,同一模块会选择不同的算法或策略。

整个架构可以分解为三个主要模块:①局部特征嵌入(LFE);②注意的关键点选择(AKS);③加权特征匹配(WFM)。

训练阶段包括所有三个模块:LFE、AKS 和 WFM。首先,给定预测的姿态,选择其在欧几里得距离内最近的地图图像。接下来,LFE 模块从在线和地图图像中提取密集特征,并从地图图像中相应地提取关注热图。AKS 模块基于热图的注意得分,从地图图像中选择好的特征作为关键点。然后,从激光雷达点云投影获得它们的相关 3D 坐标。最后,将这些3D 关键点和特征描述子作为输入,WFM 模块通过在 3D 成本体中搜索来寻找最优姿态偏移,并将最优姿态偏移与真值进行比较得出训练损失。

训练后,有一个指定的地图生成步骤,调用网络的一个子部分。考虑到激光雷达扫描和真值姿态,可以轻松获得激光雷达点的全球 3D 坐标。然后将关键点及其描述子和 3D 坐标保存在地图数据库中。

在线定位阶段,在线图像中不同分辨率的特征图再次通过 LFE 子网络推断进行估计。给定预测的摄像头姿态,从最近的地图图像中收集关键点及其特征描述子和全局 3D 坐标。给定 WFM 模块中构建的成本体中所采样的候选姿态,将这些关键点投影到在线图像上。不同分辨率的三个特征匹配网络级联,实现从粗到细的推理,并输出估计的车辆姿态。

图 7.44 所示是三个主要模块的架构图。

LFE 模块试图提取好的局部特征描述子以及任务的相关性权重(注意得分),在图像中表示为热图。理想情况下,这些提取的描述子应该是稳健的,以便在不同照明条件或季节引起的外观变化下进行匹配。注意得分应突出显示可靠目标,避免场景中的干扰和噪声。

AKS 模块采用"描述-选择"方法来选择一组适合长期匹配的关键点,并将其保存在地图数据库中。

给定在线图像中提取的密集特征和地图图像中与其 2D 特征描述相关联的 3D 关键点,在先验姿态周围采样一组候选姿态并评估每个候选的匹配成本,WFM 模块估计最佳的姿态。

参考文献[25]中提出了一种基于场景不可知的几何计算和贝叶斯推理的 VO 在线自适应框架。图 7.45 所示是该在线自适应方法的框架图。

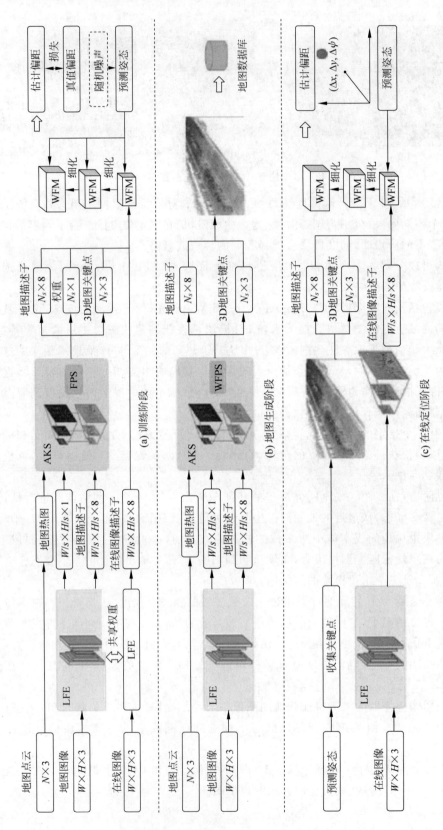

图 7.43　架构和系统工作流

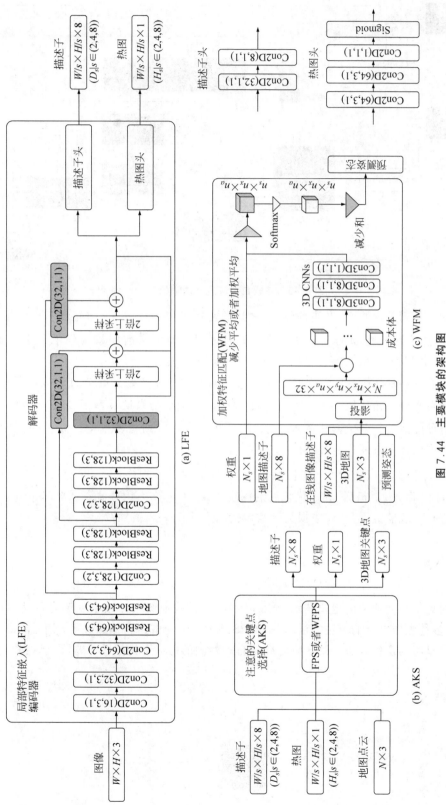

图 7.44　主要模块的架构图

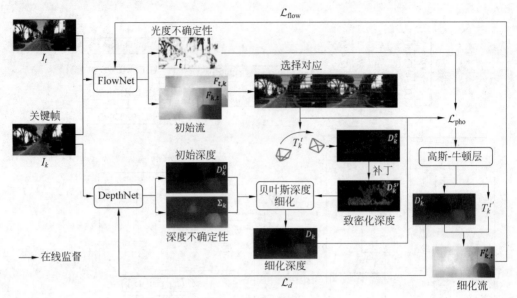

图 7.45 在线自适应方法的框架

FlowNet 预测关键帧 $I_k$ 和当前帧 $I_t$ 之间的密集光流 $F_{k,t}$、$F_{t,k}$ 和光度不确定性 $\Gamma_t$，DepthNet 通过估计关键帧的深度 $D_k^0$ 和不确定性 $\Sigma_t$ 提供当前场景几何的先验。此处 DepthNet 采用 Monodepth2 模型，FlowNet 采用 RAFT 模型。

相对姿态 $T_k^t$ 通过基本矩阵或 PnP 从选定的流对应关系求解。在线自适应过程中，首先通过一个可微分三角化模块恢复稀疏深度 $D_k^s$，这个稀疏结果通过基于补丁（patch）的表征可以进行深度滤波得到致密化深度 $D_k^{s'}$；然后在一个贝叶斯更新框架中先验的深度 $D_k^0$ 在随后的深度估计中不断进行改进。

当前帧 $I_t$ 及其根据预测 $T_k^t$ 的扭曲帧 $\hat{I}_t$ 得到加权光度损失 $\mathcal{L}_{pho}$，并通过一个可微高斯-牛顿层进行最小化；最后，利用优化后的深度 $D_k'$ 和 $F_{k,t}'$ 作为伪真值姿态对 DepthNet 和 FlowNet 进行在线监督学习，其中损失函数包括深度项 $\mathcal{L}_d$ 和光流项 $\mathcal{L}_{flow}$。

## 7.5 小结

本章讨论了高清地图的定位技术，从最基本的车道线地图到高成本的激光雷达点云地图，分析了多传感器融合的定位方法，包括 GPS、IMU、激光雷达和摄像头等传感器，最后介绍基于深度学习的定位方法。第 8 章将介绍自动驾驶的另一个挑战性课题，即规划和决策。

## 参考文献

# 第8章　自动驾驶的规划模块

彩色图片

自动驾驶中的规划模块用于确定车辆的动作，规划模块基于输入的感知结果输出规划结果，而规划结果将输入控制模块确定车辆的实际操作。前面提到"感知"相当于自动驾驶的"眼睛"，那么"规划"就相当于"大脑"，是非常重要的模块。

首先，需要确定几个专业词的表述：路线＝route；路径＝path；轨迹＝trajectory。

8.1节首先介绍基本的规划理论，分三个层次，即任务规划、行为规划和运动规划；8.2节讨论驾驶行为建模和预测，主要是基于数据驱动的机器学习方法；8.3节扩展到行人行为的建模和预测问题；最后8.4节讨论如何学习老司机的驾驶技术，是8.2节的深入。

## 8.1　基本规划理论

一个自动驾驶的规划可分成三个层次：任务规划、行为规划、运动规划。

### 1. 任务规划

任务规划（mission planning）也是路线规划（route planning），是最高级的，定义起点（pickup）和终点（drop-off），以及从起点到终点的道路。其中最经典的算法主要是 Dijkstra 和 A*。

Dijkstra 算法适于计算道路权值均为非负的最短路线问题，可以给出图中某一节点到其他所有节点的最短路线。由于输入为大型稀疏矩阵，所以该算法存在耗时长、占用空间大的缺点。Dijkstra 算法的实质是广度优先搜索，是一种发散式的方法，所以空间复杂度和时间复杂度都比较高，其算法复杂度为 $O(n^2)$，$n$ 为节点个数。

启发式搜索算法 A* 是深度优先的搜索，其通过引入成本函数，加快了搜索速度，提高了局部搜索的精度，是较流行的最短路算法。A* 算法所占用的存储空间少于 Dijkstra 算法。其时间复杂度为 $O(bd)$，$b$ 为节点的平均出度数，$d$ 为从起点到终点的最短路的搜索深度。

Dijkstra 和 A* 只适合小环境的路线搜索，大环境的道路网络需要更高级的途径搜索算法。

### 2. 行为规划

行为规划(behavior planning)也叫决策器(decision maker),进行一些与其他智体正确交互的特设决策,遵循规则约束并产生局部目标,如变道、超车、通过交叉口等。这个多半是一个有限状态机(FSM)和行为树(behavior tree)的决策过程,但是遇到没有定义的状态出现时,就很难处理。

**有限状态机**模型通过构建有限的有向连接图(DCG)来描述不同的驾驶状态以及状态之间的转换关系,并根据驾驶状态的迁移生成驾驶动作。但该类模型忽略了环境的动态性和不确定性,此外,当驾驶场景特征较多时,状态的划分和管理变得难以处理,不适用于复杂的城区道路环境。

**行为树(BT)**模型也是通过当前驾驶状态的属性选择不同的驾驶动作,只是将驾驶状态和动作变成了树状结构,通过"查询"机制进行策略搜索。这类决策模型需要针对每个驾驶场景离线定义决策路线,不适合较大的状态空间和动作空间,另外也无法考虑环境中的不确定性。

行为觉察的规划(behavior-aware planning)要求具备交互和协作的决策过程,但不确定性会爆炸般增大,可想到的有 3 个方法可解决该问题。

(1) 动态环境的更好描述,包括动态障碍物。

(2) 交互和协作的条件建模。

(3) 采用联合分布建模。

一种行为决策方法是使用大量的驾驶数据通过机器学习对驾驶行为建模,既可以预测其他车辆的轨迹,也能够进行自身车辆的行为规划,在 8.2 节展开讨论。

### 3. 运动规划

运动规划(motion planning)也叫局部规划,将产生合适的路径或/和一系列动作,以实现局部目标。运动规划可以采取路径或轨迹的形式。在路径规划(route planning)框架内,解决方案路径表示为函数 $\sigma(\alpha):[0,1]\rightarrow\chi$,其中 $\chi$ 是车辆的状态配置空间。在轨迹规划(trajectory planning)框架内,明确考虑了控制执行时间。这种考虑允许直接建模车辆动力学和动态障碍物。解决方案的轨迹表示为时间参数化函数 $\pi(t):[0,T]\rightarrow\chi$,其中 $T$ 是规划时间范围。与路径规划不同,轨迹规划规定了车辆状态配置如何随时间演变。

**路径规划**问题是在状态配置空间 $\chi$ 找到路径 $\sigma(\alpha):[0,1]\rightarrow\chi$,其从初始状态配置开始,最后到达目标区域,同时满足给定的全局和局部约束。涉及解决方案路径的质量,可用"可行"(feasible)和"最优"(optimal)术语来描述。"可行"的路径规划是指在不关注解决方案质量的情况下,确定满足某些给定问题约束;而"最优"的路径规划是指在给定约束条件下找到一条优化某个质量准则的路径。

最优路径规划问题可以正式表述如下。设 $\chi$ 是状态配置空间,$\sum(\chi)$ 表示所有连续函数 $[0,1]\rightarrow\chi$ 的集合,车辆的初始状态配置为 $x_{init}\in\chi$,路径必须在目标区域 $X_{goal}\subseteq\chi$ 结束。车辆所有允许状态配置的集合称为自由状态配置空间,并表示为 $\chi_{free}$。通常,自由状态配置是那些不会导致与障碍物碰撞的状态配置,但自由状态配置集也可以表示路径上其他完整的约束。路径上的微分约束由 $D(x,x',x'',\cdots)$ 表示,可用于约束路径某种程度的平滑度,例如路径曲率和 / 或曲率的变化率界限。例如,在 $\boldsymbol{X} \subseteq \mathbf{R}^2$ 的情况下,微分约束可以用 Frenet-Serret 公式强制执行路径的最大曲率 $\mathcal{K}$:

$$D(\boldsymbol{x}, \boldsymbol{x}', \boldsymbol{x}'', \cdots) \Leftrightarrow \frac{\|\boldsymbol{x}' \cdot \boldsymbol{x}''\|}{\|\boldsymbol{x}'\|^3} \leqslant \mathcal{K} \tag{8-1}$$

此外,设 $J(\sigma): \sum(\chi) \to \mathbf{R}$ 是成本函数,那么**路径规划**问题的最优解可以概括如下, 给定 $(\boldsymbol{\chi}_{\text{free}}, \boldsymbol{x}_{\text{init}}, \boldsymbol{X}_{\text{goal}}, D, J)$,找到 $\sigma^*$:

$$\underset{\sigma \in \sum(\chi)}{\mathrm{argmin}} J(\sigma) \tag{8-2}$$

$$服从 \sigma(0) = \boldsymbol{x}_{\text{init}} \text{ 和 } \sigma(1) = \boldsymbol{X}_{\text{goal}} \tag{8-3}$$

$$\sigma(\alpha) \in \boldsymbol{\chi}_{\text{free}} \quad \forall \alpha \in [0, 1] \tag{8-4}$$

$$D(\sigma(\alpha), \sigma'(\alpha), \sigma''(\alpha), \cdots) \quad \forall \alpha \in [0, 1] \tag{8-5}$$

路径规划的数值方法可大致分为以下三大类。

(1) **变分法**。将路径表示为一个由有限维向量进行参数化的函数,通过非线性连续优化技术对向量参数进行优化来寻求最优路径。这些方法能快速收敛到局部最优解,然而,除非提供适当的初始猜测,否则这种方法通常缺乏找到全局最优解的能力。

(2) **图搜索方法**。将状态配置空间离散化为图,其中顶点表示状态配置的有限集,边缘表示顶点之间的转换。在该图中搜索最小成本路径来找到期望的路径。图搜索方法不容易陷入局部极小值,然而仅限于在有限路径集上进行优化。

(3) **增量搜索方法**。对状态配置空间进行采样,并逐步构建一个可达性(reachability)图,通常是一棵树结构,维护一组离散的可达状态配置及其之间的可能转换。一旦图足够大,让至少一个节点位于目标区域中,则从开始状态配置跟踪指向该节点的边缘,获得所需路径。基于采样的方法会逐渐增加图规模,直到在图中找到满意的解决方案路径。

动态环境中或具有动态约束的运动规划问题则在**轨迹规划**框架中表述,其中问题的求解方案是轨迹,即时间参数化函数 $\pi(t): [0, t] \to \chi$ 及时地描述车辆状态配置的渐变。

设 $\prod(\chi, T)$ 表示一个所有连续函数 $[0, T] \to \chi$ 的集合,$\boldsymbol{x}_{\text{init}}$ 是初始状态配置,目标区域是 $\boldsymbol{X}_{\text{goal}}$。在时间 $t \in [0, T]$ 所有允许状态配置的集合表示为 $\boldsymbol{\chi}_{\text{free}}(t)$,用于编码完整约束,如避免在路径上与静态的和可能的动态障碍物碰撞。轨迹上的微分约束由 $D(\boldsymbol{x}, \boldsymbol{x}', \boldsymbol{x}'', \cdots)$ 表示,用于对轨迹实施动态约束。此外,设 $J(\pi): \sum(\chi) \to \mathbf{R}$ 是成本函数。在这些假设下,**轨迹规划**问题的最优解可以表述如下。

给定 $(\boldsymbol{\chi}_{\text{free}}, \boldsymbol{x}_{\text{init}}, \boldsymbol{X}_{\text{goal}}, D, J, T)$,找到 $\pi^*$:

$$\underset{\pi \in \prod(\chi, T)}{\mathrm{argmin}} J(\pi) \tag{8-6}$$

$$服从 \quad \pi(0) = \boldsymbol{x}_{\text{init}} \text{ 和 } \pi(1) = \boldsymbol{X}_{\text{goal}} \tag{8-7}$$

$$\pi(\alpha) \in \boldsymbol{\chi}_{\text{free}} \quad \forall t \in [0, T] \tag{8-8}$$

$$D(\pi(t), \pi'(t), \pi''(t), \cdots) \quad \forall t \in [0, T] \tag{8-9}$$

动态环境中的轨迹规划已被证明比路径规划更难,数值方法成为该任务的流行选择。轨迹规划问题可以直接在时域中使用一些变分法进行数值求解,或者将轨迹规划问题转换为有时间维度的状态配置空间下路径规划问题。

运动规划已经被证明是一个计算复杂度很高的问题,有著名的维度困扰。一个可选的方法是离散化,即将连续空间模型转换成离散空间模型。这个转换包括两个普遍途径:一是组合规划(combinatorial planning)构建一个精确表示原始问题的离散表征,二是基于采样的规划(sampling-based planning)利用一个碰撞检测模块对状态配置空间的样本进行离散搜索。前者如部分可观察马尔可夫决策过程(partially observable Markov decision process),后者如快速探索随机树(rapidly-exploring random tree)和格子规划器(lattice planner)。

**快速探索随机树(RRT)**方法可以看作"树形"算法,其建立一个树状数据结构,在每次迭代中,随机添加新节点可以不断地扩展这个数据结构(节点是从配置空间中随机采样的),直到最后达到目标。建立 RRT 的基本算法如下:$G$ 是树状拓扑图,在第 1 步初始化图 $G$;在第 2 步开始进入循环过程;在第 3 步从配置空间 $C$ 随机采样一个配置 $x_{random}$;在第 4 步找到和 $x_{random}$ 距离最近的图节点 $x_{NEAR}$;在第 5 步沿着 $x_{random}$ 方向找到使 $x_{random}$ 和 $x_{NEAR}$ 距离最小的输入 $u$;在第 6 步,假如在这个探索中发生碰撞(运行一个碰撞检测算法),或者 $u$ 与现有的所有配置之间距离小于某个设定阈值(防止探索已有的配置),则放弃 $x_{random}$ 和 $x_{NEAR}$ 返回第 2 步;否则的话,给定一个状态或者配置转移公式,在时间间隔阈 $\Delta t$ 内从 $u$ 计算得到新配置 $x_{new}$;在第 7 步,$x_{new}$ 作为图节点(node)添加到 $G$;第 8 步,在 $x_{new}$ 和 $x_{NEAR}$ 之间添加一个图边缘(edge);第 9 步,返回 $G$。

RRT 是概率全备的,确保运动灵活性,容易实时实现,可以处理一般性动力学模型,很多自动驾驶场景采用 RRT。它能快速扩展自由空间,但缺点是生成的路线生涩,另外碰撞检测在每次扩展时都需要做,如果障碍物多,会带来高计算复杂度。

**状态格(state lattice)**,也叫**格子规划器(lattice planner)**,构建了一个离散搜索空间,该空间能够实现相关的状态连续性,以确定性的方式获取目标(goal)状态,并满足车辆的可微分约束。状态格可以被视为网格(grid)的推广,网格通过重复矩形或正方形进行构建来离散化连续空间。相同地,连接车辆在位置、曲率或时间轴状态下的可接收原始路径,被规则地重复就构建了状态格。这样,规划问题简化为连接原始状态和最终状态的边界值(boundary value)问题。

状态格在不增加计算能力的情况下克服了网格(grid)技术在效率方面的局限性。同时它还降低了预计算的计算成本,除非这个网格会遵循车道或道路的形状而弯曲。状态格通常非常适合非完整、高受限的环境,例如驾驶道路环境。

格子规划器是解法全备的,这意味着每个解法的变化都可以自动调整控制空间,而且是连续可探索的。格子规划器也能保证最优和平滑性,因为回球(back-pointers)相关的不连续不会产生。不过,方向角离散化的问题会造成朝向角之间的振荡,而穷举采样会导致不必要的计算复杂度。

全局固定状态格子需要平坦的地形和固定的流动性,这样限制了车辆的运动,因为一个格子集轨迹的小差别会带来搜索时间和计算的显著增加。格子规划器生成的方案大多接近车辆的真实运动,但由于无法快速考虑备选目标(goal)状态,因此无法有效执行规避机动行为。

另外在规划工作中,还有将感知和规划集成的方法,构成了**端到端规划(end-to-end planning)**。不过,对自动驾驶而言,这种方案风险比较高。

比较难的是动态环境的规划,有至少一个障碍物运动,存在系统的不确定性。防撞和避开障碍物是主要的任务。经典的解决方法是**部分可观察马尔可夫决策过程(POMDP)**模型,在时-空维度上规划需要考虑障碍物的位置、速度和轨迹。

POMDP 是马尔可夫决策过程(MDP)的广义化。POMDP 实际上是一种智体决策过程的建模:假设这个系统动态方程符合马尔可夫决策过程,但是智体不能直接观测底层状态;反而,基于观测和观测概率集及马尔可夫决策过程,该系统必须保持一个在所有可能状态集上的概率分布。

在规划中,POMDP 将任务看作一个状态转移过程,对过程中可能出现的事件定义奖励机制,例如当到达目的地时获得奖励和当发生碰撞时得到惩罚,通过相应的状态更新过程找到实现最大奖励的策略。

一种轨迹规划的简化方法是优化中的解偶(decoupling)策略,将问题分解为几个低维优化子问题,降低规划问题的求解难度。

### 8.1.1　Frenet 坐标系

真实交通道路都是弯曲的,为简化优化问题的参数表达,可用 Frenet 坐标系取代笛卡儿坐标系。

在 Frenet 坐标系中,道路的中心线作为参考线,采用参考线的切线向量 $t$ 和法线向量 $n$ 建立一个坐标系,其以自车为原点,两个坐标轴相互垂直,即 $s$ 方向(即参考线方向,称为纵向)和 $d$ 方向(或 $L$ 方向,即参考线法向,称为横向)。Frenet 坐标系也称 S-L 坐标系。

Frenet 坐标系描述了自车相对于道路的位置,纵坐标表示在道路中的行驶距离,横坐标表示偏离中心线的距离。在 Frenet 坐标系下,车辆向前行驶并保持在车道内的轨迹就被计算成一条直线,这会大大简化轨迹规划的难度。

Frenet 坐标系仅仅是一种描述方式,而道路曲线的表达式与坐标系没有关系,在 Frenet 坐标系下可使用任何一种曲线表达方式,例如多形式、B 样条、贝塞尔曲线和 Cycloid 均可。这里以多项式为例,推导出 Frenet 坐标系与笛卡儿坐标系的转换方法如下。

Frenet → 笛卡儿:即已知 $(s, d)$ 坐标计算 $(x, y)$ 坐标。用三次样条曲线(spline)对道路中心参考线参数化,即用弧长 $s$ 作为自变量,参考线的 $(x_r, y_r)$ 坐标作为 $s$ 的函数,即 $x_r = x_r(s), y_r = y_r(s)$。根据 $s$ 算出参考线的 $(x_r, y_r)$ 坐标,然后对样条曲线求导计算 $(x_r, y_r)$ 处参考线的单位切线,这样逆时针旋转 90°得到单位法线向量 $n$,最终 $(x, y) = (x_r, y_r) + dn$。

笛卡儿 → Frenet:即已知 $(x, y)$ 坐标计算 $(s, d)$ 坐标。相当于在曲线上找到一个点,使其离曲线外一个固定点的距离最小。曲线(参考线)通过三次样条曲线插值离散参考点得到,假设每两个参考点之间一段的曲线要么是直线要么是凸的,不会出现两次扭曲。假设曲线外的那个固定点坐标是 $(p_x, p_y)$,三次多项式曲线方程是 $y = ax^3 + bx^2 + cx + e$,固定点到曲线的距离平方 $g(x) = (x - p_x)^2 + (ax^3 + bx^2 + cx + e - p_y)^2$,令 $g(x)$ 导数为 0,求出最多五个点,找出距离最小的那个即可。

### 8.1.2　EM 规划器

参考文献[38]中给出了一个基于优化理论的运动规划方法 EM 规划器(planner)。该规划器以分层方式涵盖多车道和单车道自动驾驶场景：①系统的顶层是多车道策略，比较并行计算的车道级轨迹，处理变道情况。②在车道级轨迹生成器内，基于 Frenet 坐标系迭代求解路径和速度的优化。③对于路径和速度优化，提出动态规划（DP）和基于样条的二次规划（QP）的组合，构建一个可扩展且易于调整的框架，同时处理交通规则、障碍物决策和轨迹平滑度等约束。

图 8.1 所示为 EM 规划器的概览，在规划器顶部，数据中心模块收集和同步信息；数据收集后，参考线生成器将生成一些候选车道级参考线，以及有关交通法规和目标的信息；该过程基于来自路由模块的高清地图和导航信息；在车道级运动规划过程中，首先基于指定的参考线和交通规则构建 Frenet 坐标系，然后评估自车与其周围环境之间的关系；此外，重建信息传递给车道级优化器模块执行路径优化和速度优化；在路径优化过程中，将周围环境信息投影到 Frenet 帧上（E-步），基于此生成平滑的路径（M-步）；类似地，在速度优化期间，一旦路径优化器生成了平滑路径，障碍物会投影在固定点-时间（station-time）图上（E-步），然后生成平滑的速度曲线（M-步）；结合路径和速度曲线，获得指定车道的平滑轨迹；最后所有车道级最佳轨迹被发送到参考线轨迹决策器，基于当前的汽车状态、规则和轨迹成本计算，轨迹决策将为自车的机动确定最佳轨迹。

图 8.1　EM 规划器的概览

图 8.2 所示为车道级规划的 EM 迭代流水线。在一个规划周期中，操作包括两个 E-步和两个 M-步，轨迹信息在规划周期之间进行迭代更新。在第一个 E-步中，障碍物投射在车道 Frenet 坐标系上，包括静态障碍物投影和动态障碍物投影，其中静态障碍物基于笛卡儿-

Frenet 坐标系变换直接投影,而动态障碍物的意图用移动轨迹来描述。先评估每个时间点估计的动态障碍物和自车位置,然后映射动态障碍物和自车在每个时间点的重叠到 Frenet 坐标系中。此外,在路径优化过程中动态障碍的出现最终将导致车辆渐渐推动(nudging),因此出于安全考虑,动态障碍物的 S-L(Frenet 坐标系)投影仅考虑低速交通和对面开来的障碍物。对于高速交通,EM 规划器的并行变道策略将涵盖该场景。在第二个 E-步中,基于生成的路径,在固定点-时间(ST)坐标系评估所有障碍物,包括高速、低速和对面开来的障碍物。如果障碍物轨迹与规划的路径重叠,则将生成 ST 坐标系中的相应区域。在两个 M-步中,通过动态规划和二次规划的组合生成路径和速度。尽管在 SL 帧和 ST 帧上投影了障碍物,但最佳路径和速度的解决方案仍然位于非凸(non-convex)空间中。用动态规划首先获得粗解,同时该解决方案可以提供障碍物决策,如渐渐推动、让行和超车等。用粗决策确定基于二次规划样条优化器的凸包(convex hull),然后,优化器在凸包内找到解决方案。

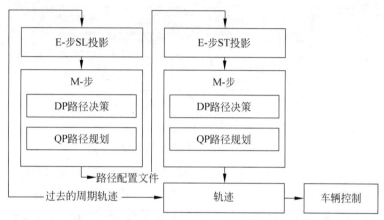

**图 8.2　车道级规划的 EM 迭代流水线**

　　M-步路径优化器优化 Frenet 坐标系中的路径,其可以表示成在非凸 SL 空间找到一个相对于固定点(station)坐标的横向坐标最优估计函数 $l = f(s)$,例如,从左到右渐渐推动,可能是两个局部最优估计。因此,路径优化器包括两个步骤:基于动态规划(DP)的路径决策和基于样条曲线的路径规划。这个 DP 路径决策步提供了带可行通道和障碍物微调决策的粗路径。如图 8.3 所示,该步骤包括 Lattice 采样策略、逐点成本函数(平滑度成本、避障成本和车道成本)和 DP 搜索。

　　样条 QP 路径步是 DP 路径决策步的细化。首先,在 DP 路径步中,基于所选路径生成可行通道;然后,基于样条的 QP 路径步将在该可行通道内生成平滑路径。图 8.4 所示为 QP 路径步的流水线,QP 样条解算器优化具有线性化约束的目标函数,生成样条 QP 路径;QP 路径步的目标函数是平滑度成本和引导线(guide line)成本的线性组合,此步中的引导线是指 DP 路径,引导线提供了对障碍物轻推(nudging)距离的估计;QP 路径步中的约束包括边界约束和动态可行性,在 EM 规划器中,自车动态采用简单的自车模型。

　　速度优化器在 ST 图中生成速度曲线,其表示为相对于时间的一个固定点函数 $S(t)$。与路径优化器类似,在 ST 图上找到最佳速度曲线是一个非凸优化问题。这里将 DP 与样条 QP 相结合,在 ST 图上找到平滑的速度分布。

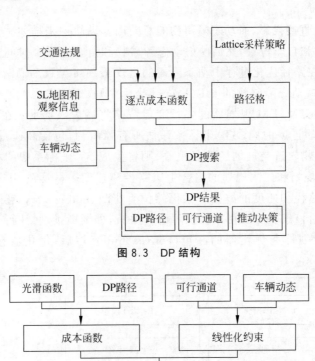

图 8.3 DP 结构

图 8.4 QP 路径步的流水线

在图 8.5(a)中,DP 速度步包括成本函数、ST 图网格和 DP 搜索,其目标是在约束条件下优化 ST 图中的成本函数,其中成本包括速度保持、平滑度和障碍物等项。DP 搜索空间也在车辆动态约束内,其搜索算法简单明了,一些基于车辆动态约束的必要修剪可加速这一过程。动态约束包括加速度、抖动界限和单调性约束(倒车只能在停车或其他指定情况下执行)。

由于分段线性速度曲线不能满足动态要求,因此需要使用样条 QP 速度步来填充此差

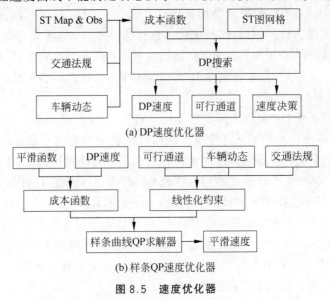

(a) DP 速度优化器

(b) 样条 QP 速度优化器

图 8.5 速度优化器

距。在图 8.5(b)中,样条 QP 速度步包括三部分:成本函数、线性化约束和样条曲线 QP 求解器。样条 QP 优化是在线性化约束之内,而线性化约束包括可行通道、车辆动态和交通法规的约束。

## 8.2　驾驶行为模型和预测

对于车辆本身来说,其驾驶动作分析离不开运动学(kinematic)和动力学理论(dynamic),及周围的障碍物,同时还有道路行驶的路况(坡度、曲率)和规则(交通信号灯、交通标志、车道线、交叉路口等)。所有这些因素组合一起就能体现交通参与者的行为模式,而学习这些行为模型就是自动驾驶掌握老司机技术的必由之路。

当驾驶行为预测结果被下游规划器使用时,以下特征对整体系统性能也至关重要。

(1) **兼容性**:场景中不同智体的轨迹预测应在单个联合预测中相互兼容。特别的,预测轨迹之间的碰撞应该是罕见的。

(2) **可跟踪的联合轨迹预测**:智体的未来运动可以是多模态的。由于模态数随着智体数呈指数增长,因此规划器很快就会不知所措。或者运动规划器可以采取保守的方法,避开所有预测的轨迹,但往往以牺牲规划性能为代价(例如,如果所有规划似乎要发生冲突,则使自车处于静止状态)。因此,希望所有智体的多模态联合预测具有有限但完全代表性的模态数,以便规划器执行意外造成的应急规划(contingency planning)。

(3) **时间一致性**:对于下游规划器,运动规划在很大程度上取决于预测结果。为了确保平滑的运动规划,如果场景本身在此期间没有发生剧烈变化,则预测不应在后续时间发生显著变化。因此,应避免进行数据采样,因为预测可能在时间步发生显著变化,导致生成的运动规划不连续,从而影响规划性能和安全性。

(4) **制约(conditioning)**:制约是固定一个或多个智体未来轨迹并预测其他智体未来轨迹的最终分布。制约预测有助于运动规划(以自车的运动规划为条件)和智体交互的理解。理想情况下,在不需要模型结构更改的情况下可生成制约分布。

### 8.2.1　驾驶行为预测

为了在道路上安全有效地运行,自动驾驶汽车不仅应了解附近道路参与者的当前状态,还应主动预测其未来的行为(也称为运动或轨迹)。这个普遍问题的一部分是预测行人或弱势道路参与者(vulnerable road-user,VRU)的行为;另一部分是预测其他车辆在道路上的预期行为。与行人相比,车辆的行为带有较高的惯性、驾驶规则和道路几何形状的限制。不过,新的挑战来自车辆行为之间的相互依赖性、交通规则、驾驶环境的影响以及车辆行为的多模态性。另外,实际观察周围环境的限制以及执行预测算法所需的计算资源也增加了问题的难度。

车辆(如小汽车和卡车)的运动结构是否合理,受驾驶规则和环境条件的支配。另外,车辆由于惯性不能瞬间改变轨迹。尽管如此,车辆行为预测并不是一件容易的事。

首先,车辆行为之间存在相互依存关系,任何车辆的行为会影响其他车辆的行为。因此,预测车辆的行为需要观察周围车辆的行为。

其次,道路的几何形状和交通规则可以改变车辆的行为。例如,在交叉路口放置放行(give-way)路标可以完全改变车辆接近交叉路口时的行为。因此,在不考虑交通规则和道路几何形状的情况下,在特定驾驶环境中训练的模型在其他驾驶环境中的性能将受到限制。

最后,车辆的行为是多模态的,这意味着在给定车辆运动历史的情况下,可能存在不止一种可能的未来行为。例如,当车辆在十字路口减速而不改变其前进方向时,可以期望向右转和向左转。自动驾驶车的行为预测模块应识别所有可能的下一步运动,这样才能可靠地运行。

除了以上三个挑战之外,自动驾驶车行为预测的模块还存在一些实际限制。例如,由于传感器的限制(例如,目标遮挡、有限的传感器范围和传感器噪声),自动驾驶车只会观察周围的部分环境。另外,自动驾驶车载设施只有有限的计算资源。所以,自动驾驶在实施行为预测中需要考虑某些假设。

车辆行为预测模型分为基于物理、基于机动和交互觉察三种模型。用车辆的动态或运动学模型作为预测的方法归类于基于物理的方法。预测车辆机动作为输出的模型被认为是基于机动的方法。在输入中考虑车辆交互作用的模型称为交互觉察模型。基于物理的方法比较过时,这里不再讨论。

在驾驶预测模型中,如何选择坐标系来表示输入和输出,大致可分为以下两类。

(1)以智体为中心(agent-centric)的模型在以智体为中心的坐标系中转换输入并执行推理,这些模型在场景元素之间本质上是平移和旋转不变,但其规模是智体和场景元素数量的二次方。

(2)以场景为中心(scene-centric)的模型用固定的坐标系来处理所有智体,具有在所有智体之间共享表征的优势,其计算与智体数量呈线性关系。然而,这些模型必须学习场景元素之间的平移和旋转不变性,并且通常表现不如以智体为中心的模型。

驾驶交互行为可以分为以下两大类,即基于模型和数据驱动。基于模型的方法可细分为以下4种形式。

(1)基于实用的模型。将物理距离相关信息整合到目标/成本函数中,将驾驶交互行为表述为优化问题,这可以用现成的动态和线性规划算法来解决。通常使用的模型是最优群(optimal swarms)、博弈论模型、模仿学习和马尔可夫决策过程。

(2)概率生成模型。一方面,可以通过概率条件分布或条件行为预测来表示交互作用;另一方面,交互行为也被视为(潜在的)概率生成过程或条件概率模型,其捕捉驾驶人的交互偏好,并且考虑到周围驾驶行为的预测,自动驾驶车将在当前时间步进行机动。

(3)潜在/风险场。物理距离相关度量在某些可学习可解释的函数(称为潜在函数)中有效地制定交互,这些函数可以嵌入交通规则和驾驶场景上下文的领域知识。同时,势函数相对坐标系(例如,$x$ 和 $y$ 方向)的导数导致伸缩虚拟力,该虚拟力"推"或"拉"自车以最小化车辆局部规划的成本,同时与周围的驾驶车辆进行交互。

(4)认知模型。用相对距离来表征驾驶人风格,一些模型揭示多智体之间的交互过程,例如心理学理论和信息累积测度;从行为科学和心理学角度出发,交互模型还可以模拟人类的驾驶行为。

数据驱动的交互建模方法分为以下三类。

(1)深度神经网络。时空状态特征张量、空间占用网格和动态插入域(交互行为)是深度学习模型交互建模常用的三种特征表征。这里,注意力机制是非常有效的一种量化方法,表征特征之间的相互关系。一般有以下实体表征:

① 时域注意。

② 智体对注意。

③ 基于空域网格的注意。

④ 基于动态插入区域 DIA 的注意。

⑤ 基于图的注意。

(2) 图神经网络。图模型提供了一个直观的界面,对高度交互的变量集和数据结构进行建模。此外,基于图的模型通常可以解释为人类主体之间的结构化关系。使用图模型,能够设想针对特定环境的新模型。

(3) 拓扑模型。拓扑模型从代数和几何上将时空多智体交互行为编码为紧凑表征,并且识别智体轨迹拓扑不变情况下的变形。经常使用两种拓扑模型:交互行为的编码拓扑编织和智体轨迹的拓扑不变性(topological invariance)。

预测方法面临的主要困难是:为了可靠地估计交通状况的风险,有必要对一组有交互和机动的智体进行高级推理,同时考虑与数据和模型相关的不确定性。这种高级推理计算量大,与实时风险估计并不总是兼容。由于这个原因,最近一些算法并不需要预测现场所有车辆的所有可能未来轨迹来检查碰撞。相反,只侧重于最相关的轨迹以加快计算速度,或使用其他风险指标,如机动意图之间的矛盾。风险评估方法的选择与运动模型的选择紧密相关。因此,联合处理车辆运动建模和风险评估的方法将带来该领域的重大改进。

从深度学习角度看,影响行为预测的关键因素可以分成三方面:场景上下文、运动的预期任务或目标(goals)以及预测不确定性的因素。

(1) 道路场景是一个高度结构化的环境,这种道路结构包含一致的交通规则。同时,道路使用者(行人、车辆和骑车人等)应遵守道路规矩。道路场景中的所有这些静态和动态语义构成了安全驾驶的场景上下文。因此,第一个方面的影响因素是场景上下文,它通常为道路静态语义和动态参与者联合建模,要考虑这些组成部分的链接和交互关系。

(2) 行为意图预测通常受到不同的预期目标影响,应该用可解释性来推断。考虑到这一点,道路参与者的重要性是不同的,并且随着驾驶场景的变化而变化。对于以预期目标为条件的未来预测,"目标"被建模为智体期望的未来状态(定义为目的地坐标或运动类型)。模仿学习通过满足人类专家确定的目标来估计轨迹预测的似然,通过模型训练不可信的多个预测被省略。通常,目标与目的地相似,而运动目标或目的地就看作先验。对于预知的目标,目标为条件的预测通过逆最优控制(IOC)或逆强化学习(IRL)相互关联。

(3) 由于周围驾驶场景上下文的变化,预测不确定性是行为意图预测中的一个自然因素。固有的多模态、部分可观测性、短时规模、数据不平衡、域(domain)差距和不足都会导致不确定性。此外,由于深度学习模型的泛化性问题,预测的分布可能涉及偏差,因此在未来状态预测中,存在两种不确定性:与预期目标潜决策变量的随意/数据不确定性(aleatoric/data uncertainty),以及因知识缺乏导致评估模型泛化的认知/模型不确定性(epistemic/model uncertainty)。

以下针对一些参考文献详细讨论预测模型的实例。

参考文献[8]是 Uber 在 Toronto 的研究院的驾驶预测工作。首先是联合目标检测和预测(fast and furious, FAF)的系统,如图8.6所示,这里的数据是激光雷达的点云,利用多帧鸟瞰投影作为单步检测器模型的输入,对目标的未来轨迹进行检测、跟踪和短时运动预测;输入表示是一个4D张量,在多个时间帧内编码3D空间的占用网格;利用空间和时间的3D卷积来产生快速准确的预测。由于点云数据在3D空间中固有的稀疏性,与在3D空间和时间上进行4D卷积相比,这样的方法节省了大量计算。

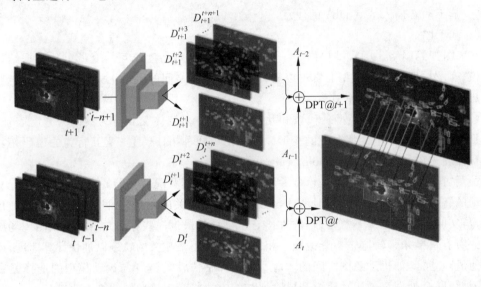

图8.6　联合目标检测和预测

图8.7所示是运动预测的示意图$(t, t+1, \cdots, t+n-1)$,添加两个卷积层分支,第一个分支执行二值分类预测成为车辆的概率,第二个分支预测当前帧及未来$n-1$帧的边框。

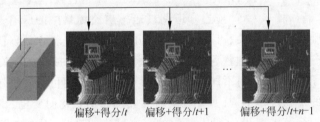

图8.7　运动预测的示意图

在此基础上,定义意向(intent)是一个高级行为和连续的轨迹的组合,提出了一个预测意向的模型IntentNet。

系统的输入数据如图8.8所示,其中左图是点云鸟瞰投影,右图是静态地图部分,包括道路、车道、十字路口、交通标志和交通信号灯等。

图8.9所示是输出结果的示意图,其中包括真值(ground truth)检测的车辆边框、航点和意图,预测的边框、航点和意图结果。这里意图以箭头表示,箭头长度是意图分数,要分类的行为类型包括8种,即保持车道、左转、右转、换左道、换右道、停止、泊车和其他(如倒车)。

图8.10所示是预测模型结构,是一种后融合方法。

图8.11所示是模型的一些细节,给出了CNN中Resblock的参数。

参考文献[35]中提出了一种统一的表征法——Rules of-the-Road,其在空间网格中编

图 8.8 系统的输入数据

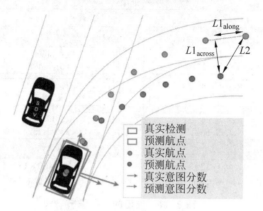

图 8.9 输出部分示意图

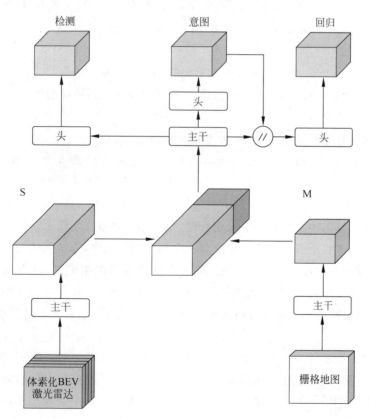

图 8.10 预测模型结构

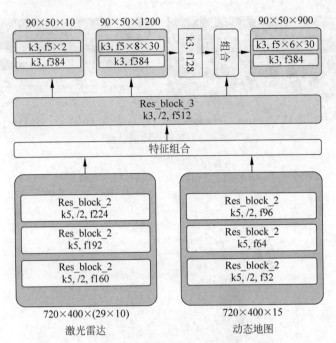

图 8.11　模型的一些细节

码高级语义信息,允许深度卷积模型融合复杂的场景上下文。这样在智体行为的整体时间模型中,实体-实体和实体-环境之间交互的学习可以在每个时间步长内简单地前馈计算进行。

该方法包括:①实体及其周围世界上下文的一种新的输入表征;②把这种过去和现在的世界表征映射到未来行为的神经网络;③几种可集成到规划系统的未来行为可能是输出表征之一。注意,该模型是一个以实体为中心的模型,这意味着它对单个"目标实体"进行建模,但会考虑到所有其他世界环境,包括其他实体。

将道路网络信息(车道、人行道、交通信号灯和交通标志等)映射到几何元素,并以自上而下的网格表征方式将其渲染为 RGB 图像,其中每个元素类型对应唯一的颜色,这样形成的张量为颜色 3 通道。任何时间步长为目标实体形成一个张量,具有位置、速度和加速度等维度的通道,在实体的中心位置编码这个标量,与道路图张量在空间上对应。为了建模实体交互,以相同的方式将所有其他实体聚合到一个编码的张量中,这些张量是 7 通道。将额外的场景上下文编码为大小为 3 通道的 RGB 图像,包含场景中按类型(自行车、车辆、行人之一)着色的所有实体定向边框,编码这些目标的范围和方向。它还包含交叉路口交通信号灯的呈现:掩蔽交叉路口显示每条道路的连接,呈现允许(绿灯)、让行(无保护)或禁止(红灯)的状态。

图 8.12 所示是实体和上下文表征示意图,从左到右依次为示例场景、目标实体状态(张量表示)、其他实体的状态(也是张量表示)、动态上下文和道路网络,其中时间标记为 $t$ ,跟踪实体标记为 $i$ ,实体的 2D 位置为 $x_i^t$ ,速度为 $v_i^t$ ,加速度为 $a_i^t$ 。另外状态不确定性估计即协方差矩阵为 $\left\| \sum_{i(x,v,a)}^t \right\|_F$ ,包括目标实体以上信息的张量 $E_i^t$ ,其他实体的对应张量为 $E_{-i}^t$ ;场

景动态上下文表征为一个RGB图像$D^t$,道路网络也表征为一个RGB图像$R$。注:这种"自顶而下"的图像表征也被不少项目采用。

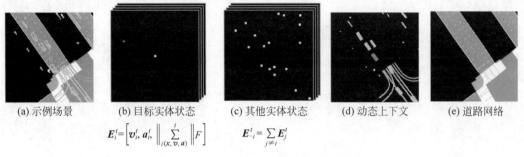

(a) 示例场景　　(b) 目标实体状态　　(c) 其他实体状态　　(d) 动态上下文　　(e) 道路网络

$$E_i^t = \left[ \boldsymbol{v}_i^t, \boldsymbol{a}_i^t, \left\| \sum_{i(x, \boldsymbol{v}, \boldsymbol{a})}^t \right\| F \right]$$

$$E_{-i}^t = \sum_{j \neq i} E_j^t$$

图 8.12　实体和上下文表征示意图

一个好的输出表征必须具有以下特征:①每个时间步实体状态空间上的概率分布,对于一个安全关键系统来说,单个最可能的点估计是不够的;②多模态,因为涵盖实体可能采取的各种潜在行动(如通过路口的方式)很重要;③一次性,出于效率方面的考虑,需要预测完整的轨迹(即状态分布的时间序列),而无须迭代地应用递归步骤。

实验中,一种输出表征是未来时间的离散$k$-Gaussians混合轨迹分布,另一种是占有格图,代表未来在该网格位置具备对应状态的存在概率。

采用编码器-解码器架构进行建模,其中编码器将4D输入张量(时间×空间×通道)映射为一些内部潜在表征,解码器使用该表征在预确定的一组真实时间偏移处对状态的输出分布进行建模。

图 8.13 所示为解码器的架构图,实验中占有网格图采用两种不同的解码器结构,分别为一次性预测和RNN解码器。一次性预测只需要一个两层网络同时回归所有分布参数,或者一个通道等于序列长度的2D卷积转置网络。对于RNN解码器,只用一个单GRU,其隐输出用于回归真实输出,然后送入下一个输入。

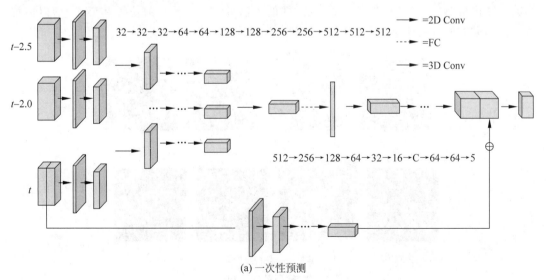

(a) 一次性预测

图 8.13　解码器的架构图

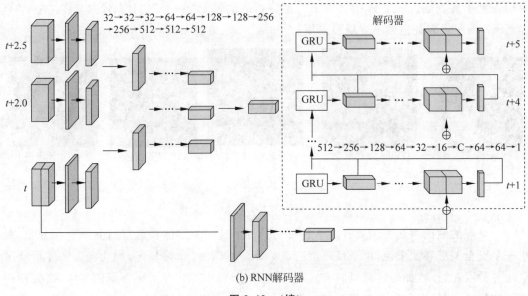

(b) RNN解码器

图 8.13 （续）

对于占用网格图输出，语义路线图通过一个单独的浅 CNN（16→16→1 个滤波器）生成空间网格。该网格直观地充当静态信息的先验热图，在应用 softmax 之前附加到解码器。这允许模型轻松惩罚与障碍物和不可行驶区域相对应的位置。

谷歌公司 Waymo 提出了一种通过驾驶数据模仿和学习人类的驾驶策略 ChauffeurNet，其反对纯粹地模拟所有数据，而是在真实数据中加入扰动，制造一些有趣的场景，如相撞、离开驾驶道路或者不平滑轨迹等，这样在模仿损失上附加一些损失来惩罚不期望出现的事件和鼓励进步（这些扰动提供了重要的信息，可增强模型的稳健性）。实验表明 ChauffeurNet 模型可以处理复杂的情况。

图 8.14 所示是模型的输入和输出，输入包括地图、交通信号灯、速度限制、（规划）路线、当前智体边框（自车位置和姿态）、动态框（其他车辆/行人/自行车的位置和姿态）和以前智体（自车）姿态的过去轨迹，而输出是智体（自车）的未来姿态。

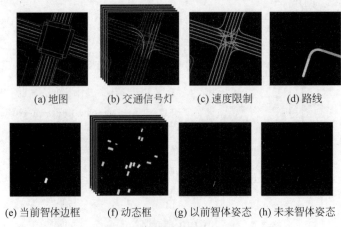

| (a) 地图 | (b) 交通信号灯 | (c) 速度限制 | (d) 路线 |

| (e) 当前智体边框 | (f) 动态框 | (g) 以前智体姿态 | (h) 未来智体姿态 |

图 8.14　模型的输入和输出

驾驶模型包括几个部分,如图 8.15(a)所示为特征网(FeatureNet),用于接收输入数据,创建和其他网络共享的上下文特征表征;这些特征由智体 RNN 使用,可迭代地预测驾驶轨迹中的连续点;轨迹中的每个点都由其位置、航向和速度来表征;智体 RNN 预测未来的智体框热图,用于计算损失函数。图 8.15(b)所示为用相同的特征表征作为输入,可以共同训练另外两个网络,一是道路掩码网,其预测视野的可驾驶区域(公路与越野),即道路掩码;二是感知 RNN,它迭代地预测每个时间步长的空间热图(显示场景中其他每个智体的未来位置),即感知框热图;图 8.15(c)所示为道路掩码和感知框热图,和智体 RNN 的输出一起,构成各项训练模型的损失函数。

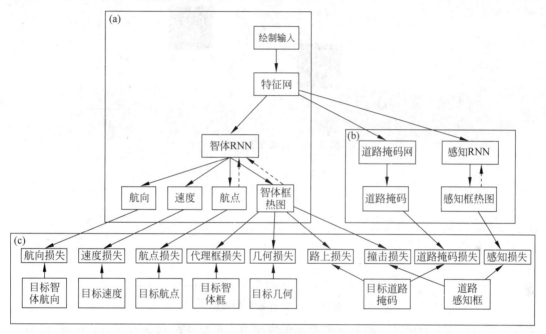

**图 8.15 驾驶模型**

更详细的模型工作描述可见图 8.16,那些渲染的输入被馈送到具有跳连接的大感受野特征网(FeatureNet),输出捕捉环境上下文和意图的特征图 $F$;基于这些特征及迭代序号 $k$、上一次的内存 $M_{k-1}$、来自智体 RNN 的过去智体位置以及预测的上一个智体框(热图)$B_{k-1}$ 作为输入,智体 RNN 可以得到预测位置 $p_k$ 和预测智体框 $B_k$;内存 $M_k$ 是由单通道图像组成的附加存储器,在迭代 $k$,内存在智体 RNN 预测的位置 $p_k$ 递增 1,然后将该内存馈送到下一次迭代。

智体 RNN 输出智体的下一个姿态热图,用 argmax 运算可以从该热图中获得粗略的预测位置 $p_k$。然后,智体 RNN 采用全连接层构成的预测网络,该网络对预测姿态进行亚像素细化,并估计智体的航向和速度。注:智体 RNN 在训练时以固定迭代次数展开,而在展开的迭代中与图 8.15(c)给出的各种损失相加在一起。

整个软件系统的框图如图 8.17 所示,数据渲染为网络输入,输出预测进入控制模块,再仿真/实车进行测试,最后更新输出。

**注**:参考文献[11]中特意提到实验中有一个路旁停车被成功绕开的例子。

VectorNet 是一个分层图神经网络(GNN)。首先,其用向量表示各个道路组件的空间

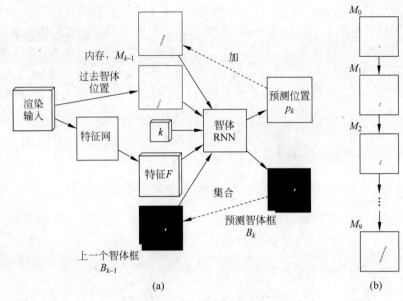

图 8.16　详细的驾驶模型

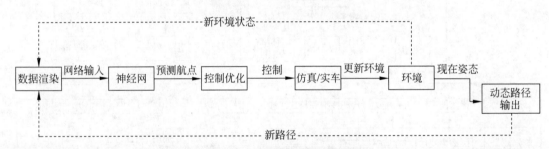

图 8.17　软件系统的框图

局部性,然后,对所有组件之间的高级交互进行建模。矢量化的高清地图和智体轨迹,避免了有损渲染和计算致密型 ConvNet 编码的步骤。为进一步增强 VectorNet 在学习上下文特征方面的能力,采用一项新辅助任务,根据上下文恢复随机抹除的地图实体和智体轨迹。

光栅化表征和矢量化表征的比较如图 8.18 所示。

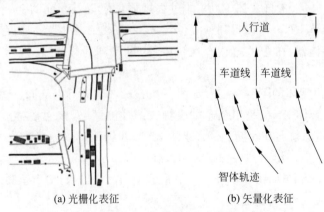

(a) 光栅化表征　　　　(b) 矢量化表征

图 8.18　光栅化表征和矢量化表征的比较

　　道路要素的地理范围可以是地理坐标中的点、多边形或曲线。例如，车道边界包含构建样条曲线的多个控制点；人行横道是由几个点定义的多边形；停车标志由一个点表示。所有这些地理实体都可以近似为多个控制点及其属性定义的多段线。同样，运动智体的动力学也可以根据其运动轨迹用折线近似表示。所有这些多段线都可以表示为向量集。

　　GNN 用来合并这些向量集。将每个向量视为图中的一个节点，并将节点特征设置为每个向量的开始位置和结束位置，以及其他属性，如折线的组 ID 和语义标签。来自高清地图的上下文信息以及其他运动智体的轨迹通过 GNN 传播到目标智体（target agent）节点，然后用与目标智体对应的输出节点特性来解码其未来轨迹。具体来说，为了用 GNN 学习竞争性表征，基于节点的空间和语义邻近性，要约束图的连接性。

　　VectorNet 的概览如图 8.19 所示，它是一种分层图结构，具有相同语义标签、相同折线的向量连接并嵌入折线特征中，而所有折线彼此完全连接交换信息。第一层是局部折线子图，表示各个图元素；第二层是全局交互图，反映元素之间的关系。这里用多层感知器实现局部图，并用自注意（self-attention）机制实现全局图。

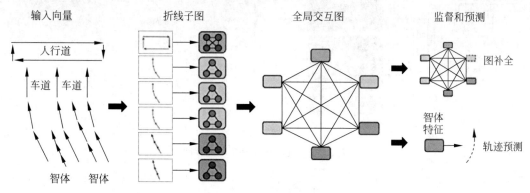

图 8.19　VectorNet 的概览

　　折线子图网络（polyline subgraph network）可以看作 3D PointNet 的泛化。但是，该方法更适合于对结构化地图的标注和智体的轨迹等进行编码，因为其具有以下三个特点：①将排序信息嵌入矢量中；②基于折线聚类对子图的连通性进行约束；③把属性编码为节点特征。

　　除行为预测外，增加一个辅助的图补全（graph completion）目标。更具体地说，随机屏蔽属于场景上下文或智体轨迹的输入节点特征，并要求模型重建屏蔽的特征。直觉是鼓励图网络可更好地捕捉智体动力学和场景上下文之间的交互行为。

　　MultiPath 是谷歌公司 Waymo 提出的，其利用一组固定的未来状态序列锚，对应于轨迹分布的不同模态。基于自上而下的场景表征，场景 CNN 提取中间特征，对各个智体及其交互的状态进行编码。对于场景的每个智体，以智体为中心裁剪中间特征表征的视图，并预测固定的预定义锚轨迹的概率。针对每个锚回归锚航路点的偏移量以及不确定性，在每个时间步以此产生一个高斯混合分布（注：最近 MultiPath＋＋做了进一步改进）。

　　这里不确定性的概念分解为独立量化。意图不确定性对智体潜在的粗略意图或期望目标不确定性进行建模。在意图的条件下，仍然存在控制不确定性，它描述了智体为满足其意图将遵循的状态序列不确定性。意图和控制不确定性都取决于过去对静态和动态世界环境的观测。在 MultiPath 中，每个意图被表示为一个锚轨迹，但其先验通过 $k$-means 聚类得到。

图 8.20 所示为 MultiPath 的流程示意图,动态和静态场景上下文的历史表征是从自顶而下的正交透视图渲染的 3D 数据数组。前两个维度表示在自上而下图像中的空间位置,深度维度的通道包含固定数量的先前时间静态和时变(动态)内容。智体观测被渲染为定向边框二值图像,每个时间步长对应一个通道。其他动态环境,如交通信号灯状态和道路的静态环境(车道连接和类型、停车线、速度限制等)形成了额外的通道。

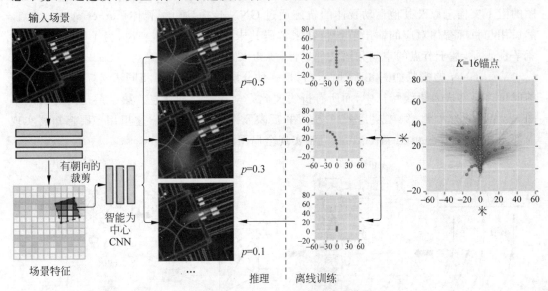

图 8.20　MultiPath 的流程示意图

TNT(target-drive N trajectory,驾驶目标 N 条轨迹预测)预测也是谷歌公司 Waymo 的工作,是一种基于历史数据(即多智体和环境之间交互)生成目标轨迹状态序列的方法,并基于似然估计得到紧凑的轨迹预测集。不同点在于,之前的工作是将智体意图定义为潜变量并依赖测试时的采样来生成各种轨迹。

如图 8.21 所示是 TNT 模型概览。首先,将场景上下文编码为模型输入。然后,遵循 TNT 的三个核心阶段:①目标预测,提出初始的 M 个目标集;②运动估计,估计每个目标的轨迹;③轨迹打分,对轨迹假设进行排序并输出 K 个预测轨迹的最终集。

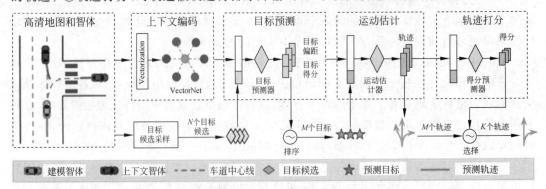

图 8.21　TNT 模型概览

对场景上下文进行建模是轨迹预测中的第一步,捕获智体与道路和智体之间的交互行为。TNT可以用任何合适的上下文编码器,当高清地图可用时,用最新的分层图神经网络VectorNet编码上下文。如果场景上下文仅有自上而下(top-down)的图像表征可用,如ChauffeurNet,则将ConvNet用作上下文编码器。同样,如MultiPath,未来状态的不确定性分为目标或意图不确定,以及控制不确定。

在车辆轨迹预测中,从高清地图统一采样车道中心线点,并将其用作目标候选,这里假设车辆决不会离开车道。针对行人,围绕智体生成一个虚拟网格并将网格点用作目标候选。对每个目标候选,TNT目标预测器产生一个三元组,即位置偏差和位置离散分布。

与直接回归相比,未来状态建模为离散目标集的最大优势在于它不会受模态平均化的影响,而这恰恰是阻碍多模态预测的主要因素。

LaneGCN是Uber ATG的多伦多实验室提出的一种开源运动预测模型,就是利用结构化地图表征与交通参与者地图交互。为了捕获车道图的复杂拓扑和长距离相关性,LaneGCN用多个邻接矩阵和沿车道膨胀的图卷积扩展。

在交互模型中,由四种交互类型组成一个融合网络,即参与者-车道、车道-车道、车道-参与者和参与者-参与者。如图8.22所示,ActorNet从交通参与者的轨迹中提取特征,而LaneGCN从高清地图生成的车道图中提取地图特征,最后融合网络建模交互行为,从而预测运动轨迹。

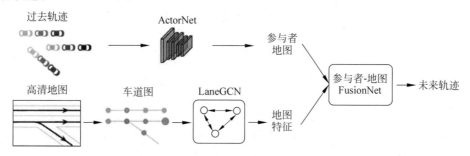

图8.22 基于LaneGCN的运动预测概览

运动预测的总体架构如图8.23所示,其由4个模块组成:①ActorNet接收过去的参与者轨迹作为输入,并用一维卷积提取参与者节点特征。②MapNet从高清地图构建车道图,并使用LaneGCN精确确定车道节点特征。③FusionNet是由4个交互块组成的堆栈,参与者-车道块将参与者节点-车道节点的实时交通信息进行融合;车道-车道块在车道图上传播信息并更新车道特征;车道-参与者块将更新的地图信息从车道节点融合到参与者节点;参与者-参与者块执行参与者之间的交互。使用另外一个LaneGCN作为车道-车道块,而空域注意力层作为其他块。④预测头利用后融合的参与者特征生成多模态轨迹。

ActorNet采用了特征金字塔网络FPN、layer normalization和ReLU。

MapNet包括两部分:车道图(lane graph)和LaneGCN。车道的连接方式有4种:predecessor(前任)、successor(继任)、left neighbour(左邻)和 right neighbour(右邻)。图8.24所示是车道图的构建方式,其中左图是感兴趣的车道中心线,右图是带有示例车道节点的衍生车道图。

图8.25所示是LaneGCN的架构图,由4个多尺度LaneConv残差块组成的堆栈,每个残差块由一个LaneConv(1,2,4,8,16,32)和一个有残差连接的线性层组成,后面跟着 layer normalization和ReLU。LaneConv是多尺度带膨胀的图卷积层。

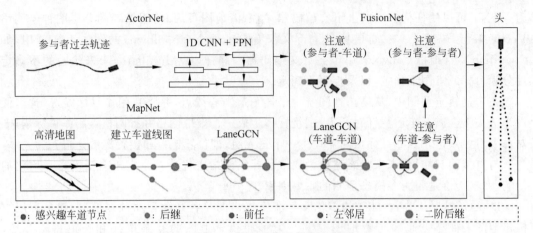

图 8.23　运动预测的总体架构

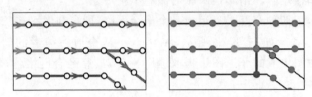

图 8.24　车道图的构建方式

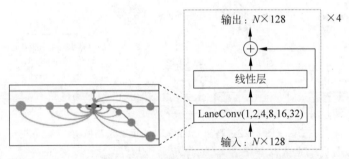

图 8.25　LaneGCN 的架构图

　　预测头包括分类和回归,分类是估计轨迹的模态,回归是模态的轨迹及其可信度分数。

　　参考文献[23]中在两个基于概率的运动预测模型之间开发了知识蒸馏(knowledge distillation)技术,并应用这些技术来缩小以智体为中心模型和以场景为中心模型之间的性能差距。

　　图 8.26 所示是教师-学生的蒸馏方法概述,其中左侧以教师和智体为中心的模型重复且独立地应用于场景中的每个智体,所有模型输入和输出都在每个以智体为中心坐标系中表征;右侧以学生和场景为中心的模型只应用于整个场景一次,而不需要每个智体重复计算。虽然以场景为中心的模型计算速度更快,但以场景为中心的公式往往不太准确,因为它还必须理解和建模以智体为中心方法内置的逐智体不变性。为了利用以场景为中心方法的计算效率,同时受益于以智体为中心方法的准确性,这里提出了一种知识提取方法,使用以智体为中心或教师模型的预测轨迹来训练以场景为中心或学生模型。

　　轨迹预测的输出是混合高斯分布(GMM),可以解释为预测轨迹的"置信度"。

　　以智体为中心的模型,道路元素(如车道、人行横道)的坐标和其他智体的状态以相对于

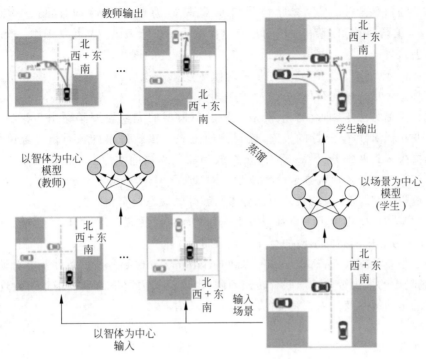

**图 8.26 教师-学生的蒸馏方法概述**

智体的姿态来描述,因此该表示对智体全局位置和方向具有不变性。此外,以场景为中心的模型在一个共享的固定坐标系中为所有智体的状态进行编码。在此框架中所运行的模型通常是"自顶而下"或 BEV 表示,将世界离散为空间网格单元,并应用 CNN 主干对场景进行编码。经过这样的处理后,这些模型的预测头进行全局到局部的转换,对智体中的轨迹进行解码。

以智体为中心的坐标系模型(ACM)作为教师。以智体为中心的模型从每个智体的角度对世界进行编码、处理和推理。这种表示需要将所有场景信息从全局坐标系转换为智体坐标系。因此,用以智体为中心的方法,推理时间和内存需求会随着智体数量的增加而增加。

ACM 架构输入包括下面 4 种数据类型:道路图、交通信号灯信息、运动历史(即智体状态历史)和智体交互。对于道路图信息,ACM 使用多段折线通过 MLP(多层感知器)对 3D 高清地图中的道路元素进行编码;对于交通信号灯信息,ACM 用单独的 LSTM 作为编码器;对于运动历史,ACM 使用 LSTM 来处理一系列过去的观测,隐状态的最后一次迭代用作历史嵌入;对于智体交互,用 LSTM 在以智体为中心的框架对附近车辆的运动历史进行编码,并通过最大池化聚合所有附近车辆的信息,实现单个交互。这是一种全连接相邻车辆交互建模的简单形式。最后,将这 4 种编码串联在一起,以便以智体为中心的坐标系中为每个智体创建嵌入。基于 MLP 的解码器将最终嵌入转换为 GMM。

作为学生的是以场景为中心的坐标系模型(SCM)。在 SCM 体系结构中,输入数据在一个全局坐标系中表示,在所有智体之间共享。如上所述,该方法的优点之一是可以将场景作为一个整体进行处理,从而对智体数来说产生的有效推理不变。

SCM 的输入是三种类型数据:道路信息表征为语义属性增强的点,智体信息表征为从每个智体朝向框采样的点,交通信号灯信息表征为语义属性增强的点。SCM 使用 PointPillars 编码器和 2D 卷积主干对所有这些输入点进行编码。从特征图中一个映射到场景智体当前位置的位置上裁剪一个子图,提取一个最终的逐智体嵌入。注意,即使最终实现一个逐智体嵌入,所有的上游处理都是针对整个场景一次完成。与 ACM 一样,基于 MLP 的解码器将这个最终的逐智体嵌入转换为一个 GMM。

在这种蒸馏方法中,训练学生模型匹配老师模型的完整轨迹集输出。忽略模型输出 GMM 的协方差,取每个分量的模态,就得到轨迹集。该轨迹集的权重由神经网络输出给出。蒸馏损失分为两部分:第一部分,全部教师的预测轨迹作为多条伪真实轨迹来训练学生;这里希望第 $k$ 个教师轨迹是学生所学习对应第 $k$ 个模态分布的最大似然;第二部分,施加交叉熵损失,鼓励学生的轨迹模态分布与教师的模态分布相匹配。

参考文献[21]中提出了一个基于策略规划的轨迹预测模型 ScePT,其明确地强制场景一致性,并学习可用于制约预测的智体交互策略。

ScePT 是一种离散 CVAE(conditional variational auto encoder,条件变分自动编码器)模型,为场景中的多个智体输出联合轨迹预测,为确保其预测中的高度场景一致性,推理出每个智体的运动策略及其周围智体的影响。

为了保持场景一致性,ScePT 是一种以场景为中心的模型,即其输出预测是场景中多个节点的联合轨迹。给定具有多个节点的场景,生成时空场景图,其中节点表示智体,边表示智体之间的交互。

通过邻接矩阵确定场景图,将场景图划分为具有最大规模(固定为参数)的小团(cliques)。有了小团,有关智体的状态(节点)和智体之间的相对状态(边)历史数据,可以通过 LSTM 编码到特征向量中。编码器对联合潜分布进行建模,这里采用一个 Gibbs 分布,由节点因子和边因子组成。

解码器设计受运动规划过程的启发,即将每个智体视为运动规划器,并仿真其规划过程以输出轨迹预测,其策略网络(policy network)的结构如图 8.27 所示。

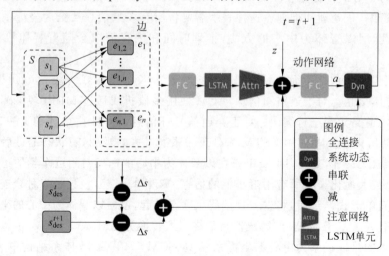

图 8.27　策略网络的结构

策略网络的输入是小团节点的当前状态、参考轨迹和小团潜变量。参考轨迹以状态历史编码、地图编码和潜变量为输入的 GRU 网络生成,然后将当前节点状态与参考轨迹进行比较,获得跟踪误差和局部坐标系的下一个航路点。

为了建模边,将其两个节点状态配对在一起,并将状态对馈送到预编码网络(全连接),然后输入 LSTM 单元。为了编码可变数的邻居,通过注意网络(attention network)将节点的所有边压缩为单个观测编码,然后将观测编码、潜变量和跟踪误差连接并馈送给全连接的动作网络(action network),获得节点的控制动作预测。

ScePT 的整体结构如图 8.28 所示,其中编码器采用 LSTM 编码的状态和边历史以及 CNN 编码的局部图,并在小团潜变量生成离散 Gibbs 分布;潜变量与状态历史和图编码一起,用于 GRU 为每个节点生成所需轨迹;然后将所需轨迹和潜变量传递到策略网络,获得闭环轨迹预测。

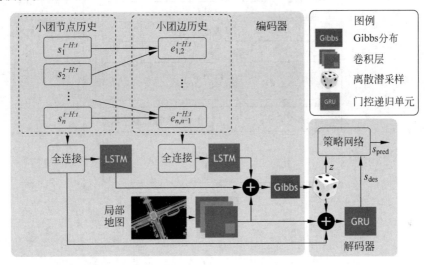

图 8.28　ScePT 的整体结构

ScePT 不需要任何结构变化来产生制约预测,因为它直接学习智体的交互策略。简单地固定制约智体的轨迹并输出小团中其他智体的轨迹预测,就生成制约预测。由于固定的未来轨迹不会落入任何潜模态,可以从 Gibbs 分布因子图中删除与制约节点有关的任何因子。

为证明 ScePT 与下游规划器集成的性能,将其预测反馈给下游基于 MPC 的规划器。MPC 规划器考虑了多模态轨迹预测,并通过分支执行应急规划(contingency planning)。

## 8.2.2　驾驶行为学习

加州大学伯克利分校的工作是通过模仿学习(imitation learning)方法得到一个集成规划和控制的框架,结合了机器学习和优化理论的两层分级结构。该框架的第一层是策略层(policy layer),通过神经网络学习长时最优 MPC 驾驶策略;第二层是执行层(execution layer),主要跟踪上一层策略层生成的参考轨迹(reference trajectory),是一个保证短期安全和可行性的基于优化的短期控制器。特别指出的一点,第一层采用在线模仿学习,其中借用了数据聚合(dataset aggregation,DAgger)的方法,可以快速连续地改进策略层。

图 8.29 所示是整个两层分级结构,包括感知、决策、集成规划和控制等模块。在每个时间步骤,感知模块检测周围环境,并对自车的所有状态进行测量/估计;基于所有感知信息

和预定义的驾驶任务,决策模块将相应地设置参考车道和水平目标,以指导下一级规划和控制。

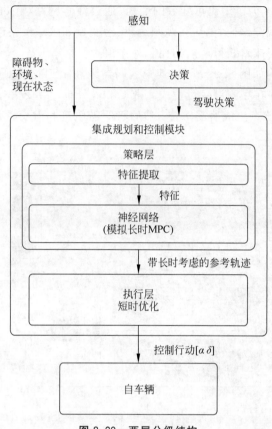

图 8.29　两层分级结构

提取的特征包括以下 3 部分。

- 地图的运动变量:自车在抽象地图设置中的当前位置和速度。
- 目标变量:自车在当前时刻到目标点的距离。
- 安全变量:自车相对于周围障碍物/车辆的当前相对位置和速度。

为了制定平稳、高效的驾驶策略,长时 MPC 会惩罚自车驾驶在限速内尽可能快,同时综合考虑系统运动学可行性(等式约束)、动力学可行性和无碰撞安全性(不等式约束)的所有约束。执行层则跟踪策略层给出的参考轨迹。

为了学习策略神经网络,同时避免完全模仿和训练集数据一样的策略,一种将数据聚合和模仿学习结合的改进方法被提出。图 8.30 是采取的一个数据聚合器方法流程图,称为采样数据聚合器(sampled DAgger),其步骤如下。

(1) 对模拟随机生成的场景运行长时专家 MPC,收集初始训练集 $D_0$,并训练网络生成初始策略 $\pi_0$。最初,$D_0$ 中包含约 2 万个场景。

(2) 运行如图 8.29 所示的两层分级结构,在策略层中学习策略 $\pi_0$,同时,慢速并行运行长时专家 MPC,周期性地标记有最佳输出的特征。如图 8.30 所示,长时 MPC 每 $M$ 个时间步运行一次,即 $T_{\text{interval}}^{\text{MPC}} = M\mathrm{d}t$,间隔设置足够长,以解决长时 MPC 的优化问题。

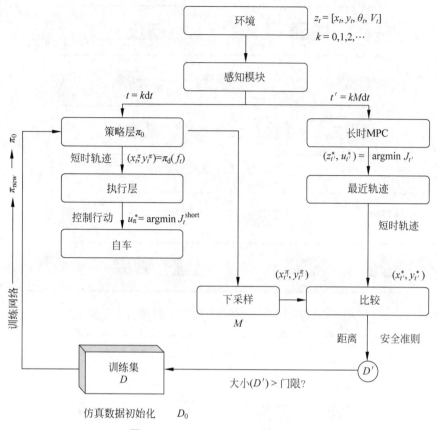

图 8.30　sampled DAgger 的流程图

（3）将 $\pi^*$ 给出的最优接近轨迹与 $\pi_0$ 给定的带策略轨迹（$k=0,1,2,\cdots$）进行比较。如果两个轨迹之间的归一化欧氏距离大于预定义的安全标准，则用相应的最优输出标注特征 $f_t$，并将它们推入新的训练集 $D'$ 中。一旦 $D'$ 的大小达到预定义阈值，则转至步骤（4）。

（4）将先前的训练集与 $D'$ 聚合，即 $D=D\cup D'$，并重新训练网络以产生新的策略 $\pi_{new}$ 和集合 $\pi_0=\pi_{new}$。

（5）重复步骤（2）～（4），直到学习的策略 $\pi_0$ 收敛。

与最初的 DAgger 相比，sampled DAgger 具有数据效率，因为它没有向专家 MPC 要所有带策略数据，而是只查询输出严重偏差的数据。虽然其使用预定义的安全标准，但采用了额外的下采样步骤，允许在线查询耗时的专家 MPC 策略，有助于减少离线重标记工作。

在参考文献[10]中做了学习的策略泛化处理，可以用在复杂的驾驶场景。泛化就是将一个连续驾驶的问题降为一系列的抽象场景，而每个抽象场景能直接应用学习的策略模型来求解。图 8.31 所示是应用于一个多车道的驾驶场景实例。

**例 1**：车道标记Ⅱ和Ⅲ都可以跨越。在这种情况下，引入虚拟路边来提取抽象的双车道场景。当自车位于位置Ⅰ，并且驾驶决策指示其保持在"参考车道Ⅰ"上行驶时，通过将路边设置为"虚拟路边"来提取"场景Ⅰ"；类似地，当自车位于位置Ⅱ且参考车道设置为"参考车道Ⅱ"时，则"场景Ⅱ"用于策略层；而如果参考车道设置为"参考车道Ⅲ"，则通过引入虚拟路边来制定"场景Ⅲ"。

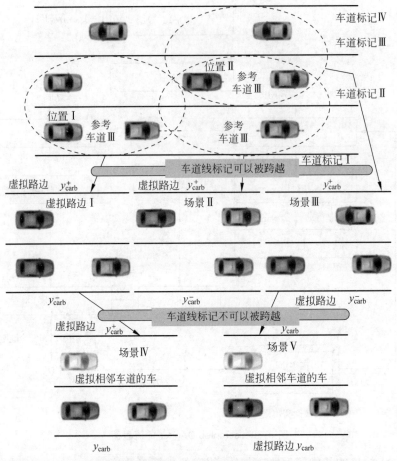

**图 8.31　多车道的驾驶场景实例**

　　**例 2**：车道标记不能跨越。在这种情况下，不仅引入虚拟路边，还引入虚拟邻车，以防止自车进行激进的超车操作。当自车位于位置Ⅰ且选择"参考车道Ⅰ"时，将引入与自车以相同速度移动的虚拟邻车进行特征提取，这将"场景Ⅰ"转换为"场景Ⅳ"；类似地，当自车处于位置Ⅱ并且设置"参考车道Ⅲ"时，"场景Ⅲ"变为"场景Ⅴ"；虚拟邻车的引入改变了策略层的特征，并使学习的策略"认为"超车并保持在参考车道上是不安全的。

　　神经运动规划器（NMP）是 Uber ATG 提出的，用于学习在复杂的城市场景中自主驾驶，包括交通信号灯处理、让行以及与多个道路使用者的互动。该整体模型将原始激光雷达数据和高清地图作为输入，以 3D 检测及其未来轨迹的形式生成可解释的中间表征，定义自动驾驶汽车在规划距离内可以采取的每个位置成本体，然后对一组不同的物理可行轨迹进行采样，从中选择学习成本最低的轨迹。这里成本体自然地捕获多模态性。

　　整个模型按照多任务目标进行端到端训练。规划损失鼓励类似于人类驾驶轨迹的规划取最低成本。注意：这种损失是稀疏的，因为一个真值轨迹只占空间的一小部分。在此引入另一种感知损失，鼓励中间表征产生准确的 3D 检测和运动预测。这确保了中间表征的可解释性，并使学习速度更快。

　　该运动规划的任务定义为一个深度结构最小化问题：

$$s^* = \mathrm{argmin}_s \Sigma_t c^t(s^t) \tag{8-10}$$

其中，$c^t$ 是 $t$ 时刻的学习成本；而 $s^t$ 是时间 $t$ 的 BEV 位置。该最小化通过采样一组物理可行的轨迹 $s=\{s^0,s^1,\cdots,s^{T-1}\}$ 来近似，而成本最小的那个被选。

图 8.32 所示是 NMP 的原理图，主干网络将激光雷达数据和地图作为输入，为未来（感知）输出其他参与者的边框，以及用一组 $T$ 个滤波器（$T$ 对应进行规划的成本体）。接下来，对于采样器的每个轨迹提议，其成本将从成本体的不同滤波器中索引并在一起求和。成本最低的轨迹将是最终规划。

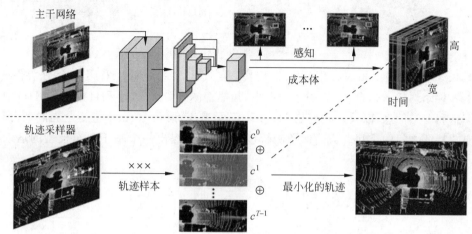

图 8.32 NMP 的原理图

感知头由两个卷积层组成，一个用于分类，另一个用于回归。成本体头由几个卷积层和反卷积层组成。为了 BEV 输入相同的分辨率生成成本体 $c$，在主干输出上应用两个反卷积层。每个反卷积层后面还有一个卷积层，然后应用最终的卷积层。每个滤波器生成一个未来时间 $t$ 的成本体 $c^t$。这允许简单地索引成本体 $c$ 来评估任何轨迹的成本。

图 8.33 所示是轨迹的曲线表征方法，分成三步进行，即 Clothoid 表示、速度轮廓估计和轨迹表示。

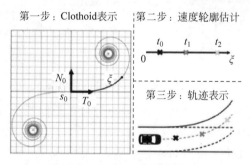

图 8.33 轨迹的曲线表征方法

Clothoid 曲线，也称为 Euler 或 Cornu 螺旋，用于表示自动驾驶车辆的 2D 路径。首先对 Clothoid 的一组参数进行采样，以确定轨迹的形状；然后对速度描述进行采样，确定自动驾驶车辆沿此轨迹的行驶速度。最后，结合这两者，得到一个时空轨迹。

SafeNet 工作来自 Lyft Level5 团队，其加入一个基于规则的应变层（rule-based fallback layer），对机器学习（ML）决策进行健全检查（sanity check），这样可减少 ML 规划器的碰撞率。图 8.34 所示是 SafeNet 的基本框架，规划器的预测轨迹在备用层进行轨迹检查。

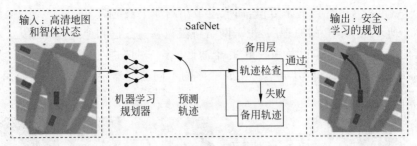

图 8.34 SafeNet 的基本框架

图 8.35 所示是 SafeNet 模型的架构图,类似于 VectorNet,采用一个分级图网络。PointNet 网络对输入信息(车辆姿态和大小,其他智体的姿态、大小和目标类型,HD 地图的静态信息和动态信息,以及路线规划)的局部编码,基于 Transformer 进行全局嵌入,推理智体和地图特征之间的交互。为确保预测轨迹物理可行,提出一个基于自车模型的运动学解码器,把嵌入变成控制信号。

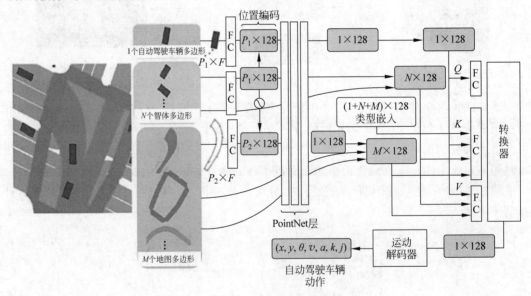

图 8.35 SafeNet 模型的架构图

网络训练基于模仿学习加入随机扰动,分布进行扩展以减少 covariance shift 的影响。损失函数考虑曲率和抖动的因素以便改进舒适度。

在应变层,考虑以下几个维度进行轨迹评估。

(1) 动态可行性(dynamic feasibility):包括约束的纵向抖动(longitudinal jerk)、纵向加速度、曲率、曲率速率、横向加速度和转向抖动(曲率速率 $X$ 速度)。

(2) 合法性:交通规则,如停止标志、红灯、离开道路或者让路等。

(3) 碰撞概率:碰撞检测。

这样给轨迹标记[Feasible,Infeasible],最后产生一个最接近 ML 预测轨迹的可行结果。

## 8.3 行人行为模型和预测

了解人体运动是自动驾驶与人类这个交通参与者共存和互动的一项关键技能,它涉及信息表征、感知和运动分析等方面。预测在人体运动分析中起着重要的作用:预见涉及多个行人和车辆的场景如何动态变化,以主动的方式整合这些知识,即增强的主动感知、预测性规划、模型预测性控制(MPC)或人机交互等。

对人类运动进行准确预测的挑战来自人类行为的复杂性及其内-外激励(internal-external stimuli)的多样性。运动行为可能由以下因素驱动:自身目标意图(goal intent)、周围智体的存在和行为、智体之间的社会关系、社会规则和规范或者有一定拓扑结构、几何结构、承担能力和语义性的环境。其中,大多数因素不是直接可观察的,需要从嘈杂的感知线索中推断出来,或者从上下文信息中建模。此外,为了实践有效,运动预测的执行应具有稳健性和实时性。

从预测建模角度看,可以分成三类方法:①基于物理的方法,使用基于牛顿运动定律的显式动力学模型来预测智体的运动状态;②基于模式的方法,从观测的智体行为学习原轨迹,预测未来的运动;③基于规划的方法,对可能的目标(goals)进行某种形式的推理,并计算实现这些目标的可能途径。

上下文线索定义为影响运动行为所有相关的内部和外部刺激,以此可以将预测方法分成三类:①目标智体线索,包括姿态、运动和语义属性(年龄和性别等);②静态环境线索,包括无觉察(开放环境)、障碍物-觉察(独自)、地图-觉察(几何和拓扑)和语义-觉察(斑马线、交通信号灯和禁止等);③动态环境线索,包括无觉察(空旷)、独自-觉察(考虑周围)和群体-觉察(考虑群体存在)。

下面对行人行为分析的系统框架展开讨论。

Next 是谷歌公司提出的一个端到端多任务学习系统,利用人类的行为信息以及与周围环境交互的视觉特征。

它通过语义特征对人进行编码,这些语义特征包括视觉外观、身体运动以及与周围环境的交互。为了方便训练,网络通过辅助任务(auxiliary task)学习,可以预测活动发生的将来位置。在辅助任务中,一个离散化的网格称为曼哈顿网格(Manhattan grid),被设计为系统的位置预测目标(location prediction target)。

其中还设计了一个活动和路径的联合预测模型(joint prediction model),有以下两个益处。

(1)活动与路径一起学习可能有益于未来的路径预测。

(2)考虑视频中语义上下文,提高未来路径和活动的理解能力。

该模型有以下 4 个关键组件。

(1)人行为模块(person behavior module)从人的行为序列中提取视觉信息。

(2)人交互模块(person interaction module)着眼于人与周围环境之间的互动。

(3)轨迹生成器(trajectory generator)通过聚焦注意(focal attention)的 LSTM 解码器总结编码的视觉特征并预测未来轨迹。

(4)活动预测(activity prediction)利用视觉语义预测将来的活动标记。

此外,曼哈顿网格将场景划分为多尺度离散化网格计算分类和回归,提供活动位置预测。

图 8.36 所示是 Next 模型概览图,给定用于预测人的帧序列,利用人的行为模块和人的交互模块将视觉语义信息编码为特征张量。

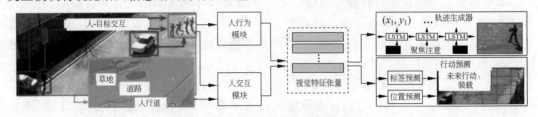

图 8.36　Next 模型概览图

对人的外观变化建模,采用有 RoIAlign 功能的预训练目标检测模型为边框提取固定大小的 CNN 特征。

图 8.37 所示是人行为模块的直观图。首先,对每个人空间维度的特征平均;然后,将其输入 LSTM 编码器;最后,获得 Tobs×$d$ 的特征表示,其中 $d$ 是 LSTM 的隐藏大小。要捕获人体运动,要使用人关键点检测模型来提取人员关键点信息。用线性变换嵌入关键点坐标,然后输入 LSTM 编码器。

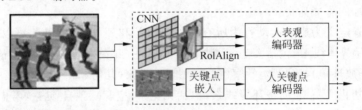

图 8.37　人行为模块的直观图

图 8.38 所示是人交互模块的直观图。人-目标特征可以捕获人与另一个人和汽车之间的距离,人-场景特征可以捕获人员是否在人行道附近或在草地上。

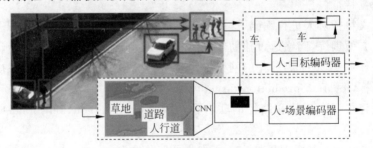

图 8.38　人交互模块的直观图

人交互模块使用 LSTM 解码器直接预测 $x$-$y$ 坐标的未来轨迹。隐状态用行人轨迹 LSTM 编码器(trajectory LSTM encoder)的最后状态进行初始化。辅助任务,即活动位置的预测,在每个时刻,$x$-$y$ 坐标将根据解码器状态和全连接层计算。

聚焦注意力机制将多个特征投影到相关的空间中,可以捕获鉴别性特征(discriminative feature)。

如图 8.39 所示,为了弥合轨迹生成和活动标记预测之间的差距,活动位置预测

(activity location prediction，ALP)模块预测未来活动的最终位置。活动位置预测包括两个任务：位置分类和位置回归。

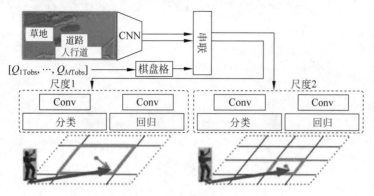

图8.39 活动位置预测模块

时空交互网络(STINet)也是谷歌公司的工作成果，一个端到端两步网络。除了行人的3D几何建模外，还为每个行人的时间信息建模。第一步预测当前和过去的位置，每个行人帧间链接，第二步则捕获全面时空信息。此外，用交互图(interaction graph)对目标之间交互进行建模，收集相邻目标之间的信息。

图8.40所示是STINet的概览，将一系列点云作为输入，检测行人并同时预测其未来轨迹。点云由柱特征编码(pillar feature encoding)模块处理，生成柱特征(pillar feature)；然后每个柱特征馈送到主干ResUNet中，获取主干特征；时域区域提议网络(T-RPN)用主干特征生成带有每个目标过去框和当前框的时域提议。时空交互特征提取(STI)模块学习用于最终检测和轨迹预测的每个时域提议特征。

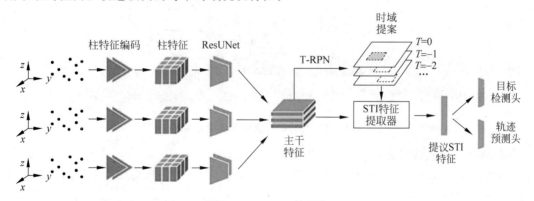

图8.40 STINet的概览

图8.41所示是主干网的架构，其中上图是主干概述，输入点云序列送入体素化和PointNet生成伪图像，然后由ResNet(U-Net)处理这些伪图像，生成最终的主干特征序列；下图是ResNet(U-Net)的详细设计。

图8.42所示是STI特征提取模块的架构，在给定一个时域提议，提取局部几何、局部动力学和历史路径特征。对于局部几何和局部动力学特征，虚线框区域用于特征提取。跨提议局部特征用于相关推理，生成交互特征。

Social-STGCNN不是聚合各种学习的行人状态，而是对行人交互进行图建模，其提出

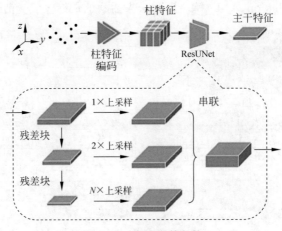

图 8.41 主干网的架构

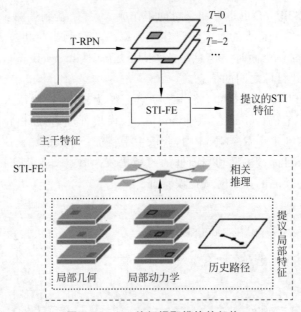

图 8.42 STI 特征提取模块的架构

一种核函数把行人社交交互嵌入一个相邻矩阵(adjacency matrix)。

图 8.43 所示是 Social-STGCNN 的工作示意图,行人之间的社会交互及其时域动态由时空图表征。

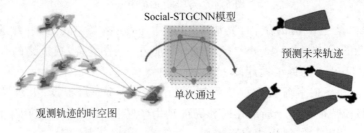

图 8.43 Social-STGCNN 的工作示意图

Social-STGCNN 包括两部分：一部分是时空 GCNN(ST-GCNN)，另一部分是时间外推 CNN(TXP-CNN)。前者在行人轨迹图表征进行时空卷积得到特征，后者用这些特征预测行人的轨迹。

建立一组空域图 $G_t$，表征场景中行人在每个时刻的位置。$G_t$ 定义为 $G_t=(V_t,E_t)$，其中图节点集 $V_t=\{v_t^i\mid\forall i\in\{1,2,\cdots,N\}\}$，图边缘集 $E_t=\{e_t^{ij}\mid\forall i,j\in\{1,2,\cdots,N\}\}$。其中：

$$e_t^{ij}=\begin{cases}1, & v_t^i\text{ 和 }v_t^j\text{ 相连接}\\0, & \text{否则}\end{cases}\tag{8-11}$$

为了对图中节点相互之间的影响度建模，采用一个核函数计算其参数 $a_t^{ij}$，作为相邻矩阵 $E_t$ 的元素，定义如下：

$$a_{\mathrm{sim},t}^{ij}=\begin{cases}\dfrac{1}{\|v_t^i-v_t^j\|_2}, & \|v_t^i-v_t^j\|_2\neq 0\\0, & \text{否则}\end{cases}\tag{8-12}$$

图 8.44 所示是 Social-STGCNN 模型的示意图，首先，给定 $T$ 帧，构造 $G=(V,A)$ 的时空图；然后，通过一个时空图卷积神经网络(ST-GCNN)$G$ 创建一个时-空嵌入。在此之后，TXP-CNN 预测未来轨迹。TXP-CNN 由一系列残差连接的 CNN 组成，只有 TXP-CNN 中的第一层在接收时没有残差连接。

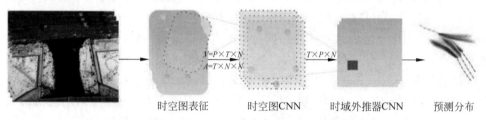

时空图表征　　　时空图CNN　　　时域外推器CNN　　　预测分布

图 8.44　Social-STGCNN 模型的示意图

TXP-CNN 直接作用于图嵌入的时间维度，并将其扩展为预测。因为 TXP-CNN 依赖于特征空间的卷积运算，所以与递归单元相比，其参数更少。需要注意的一个属性是 TXP-CNN 层，它不是置换不变的，因为在 TXP-CNN 之前的图嵌入变化会导致不同的结果。除此之外，如果行人顺序从 Social-STGCNN 的输入开始排列，则预测保持不变。

总体来说，Social-STGCNN 和 ST-GCNN 之间有两个主要区别：首先，Social-STGCNN 用一个核函数以完全不同的方式构造图；其次，除了时空图卷积层之外，还增加 TXP-CNN 操纵时间维度的灵活性。ST-GCNN 最初的设计意图用于分类。通过 TXP-CNN，该模型能够利用源于 ST-GCNN 的图嵌入来预测未来的轨迹。

## 8.4　驾驶行为克隆

前面提到的端到端的规划方法就是通过机器学习将感知器的输入和规划输出作为一个"黑盒子"来获得类人驾驶行为的方法，机器学习的方法主要是模仿学习(imitation learning)和强化学习。

先说模仿学习，这种类型的方法基于专家轨迹的智体学习策略，通常提供专家决策和控制信息。有三种广泛使用的方法：第一种为消极法，称为行为克隆（BC）；第二种建立在 BC 的基础上，称为直接策略学习（DPL）；最后一种依赖于任务，称为逆强化学习（IRL）。

BC 的目标是通过被动观察命令的完整执行来学习目标策略，然而这需要所有轨迹中的状态-动作对是独立的。由于其新颖的结构，模仿学习排除了不同子系统之间的不确定性估计，并减少了反馈时间。然而这一特征也导致了一个显著的缺点，即缺乏可解释性，无法提供足够的理由来解释决策。许多研究人员试图通过插入中间表示层来解决这个痛点，如 CIL。BC 方法的主要特点是只有专家才能生成训练示例，这直接会导致一个现象——训练集是在学习策略执行过程中访问状态的子集，因此当数据集有偏差或过度拟合时，该方法的泛化受限。此外，当智体被引导到未知状态时，很难学习正确的行为。

DPL 的主要优点是利用专家轨迹来指导智体如何从当前错误中恢复。通过这种方式，DPL 缓解了由于数据不足而造成的 BC 限制。这里基于 DAgger 的方法减少了数据集的依赖性，提高了学习效率，然而，这些方法不能区分好的或坏的专家轨迹，也不能忽视不合适行为这种学习样本。DPL 是一种迭代的在线学习策略，减轻了对数据集数量和分布的要求，同时因为其有效地消除不正确的策略，所以促进了策略的持续改进。

逆强化学习（IRL）旨在通过推断输入和输出之间的潜在原因来规避上述方法的缺点。与之前的方法类似，IRL 在开始时需要收集一组专家轨迹。然而，它不是简单地学习状态-动作映射，而是首先推断这些专家轨迹，然后基于复杂的奖励函数优化驾驶行为策略。IRL 同样存在长尾问题，如何有效地提高 IRL 的稳健性和可解释性是一个开放问题。

总结一下，IL 方法需要大量标注数据和多样化数据分布，当遇到相同的情况时，不同的驾驶人可能会做出完全不同的决定，这会导致训练过程中的不确定性。

再说强化学习（RL）。这种方法的目标是通过试错来优化累积的奖励。通过与环境持续交互，智体逐渐获得最佳策略知识，达到目标。RL 方法分为四部分：基于价值的强化学习、基于策略的强化学习、分层强化学习（HRL）和多智体强化学习（MARL）。

基于价值的强化学习试图估计给定状态下不同动作的价值，并学习在该状态下采取动作所获得的预期回报，这样可以为每个行动分配一个价值。智体学会将奖励与环境中的状态-动作联系起来，并利用这些信息做出最佳决策。其中，Q-学习因为谷歌的围棋软件 AlphaGo 而出名。基于价值的方法仅限于提供离散命令。无论如何，自动驾驶是一个连续的过程，连续方法对于车辆控制更好。

基于策略的强化学习在连续控制命令的高维动作空间中具有很高性能上限的潜力。该方法比基于价值的方法表现出更好的收敛性和探索性，如 DDPG 和 PPO。在 RL 中从头开始训练策略通常是耗时且困难的。将 RL 与模仿学习（IL）和课程学习（CL）等方法相结合可能是一个可行的解决方案。

分层强化学习（HRL）将整个问题分解为子任务的层次结构，每个子任务都有自己的目标和策略。子任务是以分层方式进行组织的，上级子任务为下级子任务提供上下文和指导。这种分层组织允许智体专注于较小的子问题，降低了学习问题的复杂性，更易处理。

多智能体强化学习（MARL），简单地说，其旨在学习环境中多智体的决策策略。

总之，强化学习（RL）方法适应性强，但是需要大量的计算资源。

下面介绍一些具体的端到端规划学习工作。

参考文献[12]中的工作是把一个开放仿真平台 Torcs 与开源的 ROS 集成在一起，其重点是如何开发和评估基于逆强化学习(IRL)的类人(human-like)自动驾驶算法。图 8.45 是其系统框图,包括四组硬件模块,即两个平台(模拟器和真实车辆)、一个学习和规划库以及附加的一个用于运动预测和路径跟踪的 ROS 模块。

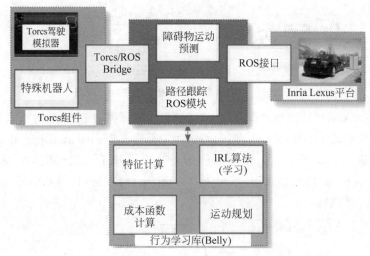

图 8.45　系统框图(平台、规划库 Belly 和 ROS)

两个平台都通过 ROS 连接到运动预测和跟踪模块。假设每个平台都具有以下内置功能。

(1) 车道线检测或定位和制图,允许自车相对于道路/轨道和其他车辆进行定位。

(2) 检测和跟踪移动障碍物/目标(DATMO),估计自车周围其他车辆的相对位置和速度。

(3) 具备汽车的里程计、发动机状态(如每分钟转数、当前档位)等固有信息。

(4) 控制,即自动驾驶需要的转向角、加速度、制动和换档的接口。

IRL 学习和规划算法的核心是一个名为 BEhavior learning library(BELLY)的独立库,此外该库还负责运动规划。BELLY 库由四个模块组成:①特征计算;②成本函数计算;③运动规划;④IRL 算法(学习)。

另外还有两个模块,与 IRL 本身无关,即运动预测和路径跟踪。

(1) 运动预测:运动预测模块接收跟踪数据(即位置、方向和速度)并输出 $H$ 个网格,代表将来在 $\{t_1,t_2,\cdots,t_K\}$ 时间占用空间的后验概率。此时,采用卡尔曼滤波器完成预测,然后将其"栅格化"(rasterized)到这些网格中。这种表征使引入更高级的预测算法变得容易。

(2) 路径跟踪:规划算法的输出是一系列带时间戳的自车路点,包含自车的姿态和速度信息。路径跟踪模块负责沿着这些路点控制车辆,包括以下两个子模块。

① 速度控制器。用于计算保持速度所需的齿轮、加速度和断开指令。

② 姿势控制器。用于计算所需的转向角,保持位置和方向。

参考文献[13]的目的是学习一种通用的车辆运动模型,如图 8.46 所示,该模型结合了一种 FCN-LSTM 架构,可以从大规模的众包车辆动作数据中学习,并利用可用的场景分割辅助任务来提高系统的性能。

这种通用模型,输入的是像素及车辆的历史状态和当今状态,预测的是未来运动的似然

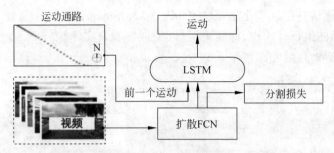

图 8.46　自动驾驶车辆自身运动(轨迹)预测

函数,定义为一组车辆的动作或者运动粒度(离散和连续),类似于 NLP 的语言模型。图 8.47
将这种方法和其他两个端到端方法进行比较:"中介感知"(mediated perception)方法依赖
于语义类别标签;"运动反射"(motion reflex)方法完全基于像素直接学习表示;而 FCN-
LSTM,采用一种称为"特权训练"(privileged training)的方法,仍然从像素学习,但允许基
于语义分割的附加训练。

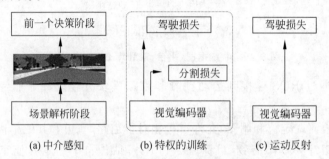

(a) 中介感知　　　　(b) 特权的训练　　　　(c) 运动反射

图 8.47　三种预测建模方法的对比

参考文献[14]中提前正确地预测驾驶人动作可以帮助避免不安全驾驶行为的后果,并
避免可能的车祸。这里将驾驶人动作预测变成一个时间序列出现异常的预测问题。如
图 8.48 所示,采用一个深度双向 RNN 模型学习传感器输入和即将到来的驾驶人动作之间
相关性,以实现准确和高视野的驾驶动作预测(DAP)。

传感模块处理传感数据,特征提取模块独立地提取可用于识别和预测驾驶人动作的特
征。驾驶人动作预测模块通过对提取特征运行预测网络(PN)模型来连续地预测未来的驾
驶人动作。此外,驾驶人动作识别模块对特征运行识别网络(RN)模型,以便识别驾驶人动
作。最后,训练模块追溯地组合预测特征和识别的动作标签生成训练样本,然后用于训练
PN 模型。系统使用现成的特征提取系统,因此主要算法贡献是如图 8.48(b)所示的预测网
络,称为深度双向递归神经网络(DBRNN)。

DBRNN 框架侧重于对特征序列中的负状态(非动作状态)和正状态(动作状态)之间的
转换进行建模。神经网络将观察的时间序列作为输入,并通过非线性激活生成向量序列。
这个输出向量是描述观察分布的隐变量。与传统的前馈神经网络不同,RNN 也考虑历史信
息或所谓的"记忆"。识别的标签由这些隐变量的非线性映射确定。

传统 RNN 的一个缺点是它们只能利用先前的上下文。但是,使用窗口方法可以获得
整个时间上下文,也没有理由不利用之后的上下文。如图 8.48(b)所示,双向递归神经网络
通过利用两个单独的隐层在两个方向上处理数据,然后将这两个隐层前馈到相同的输出层。

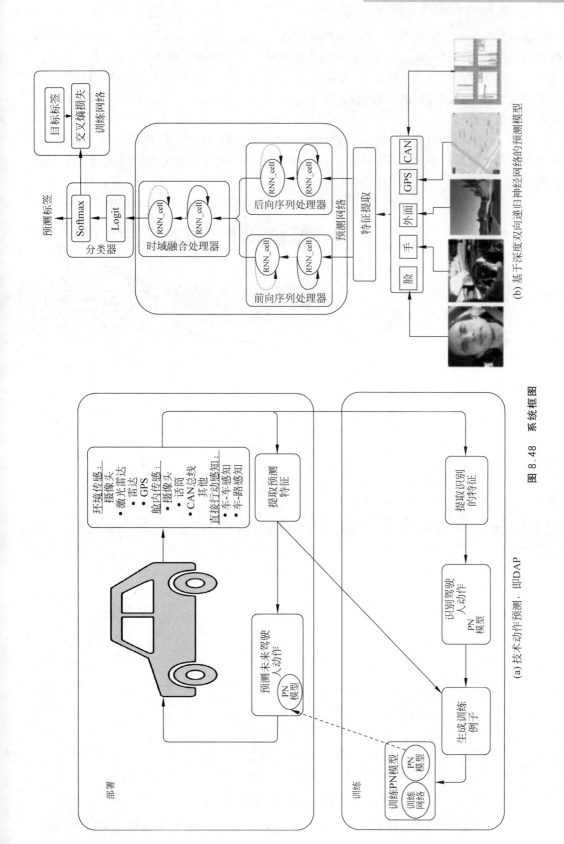

(b) 基于深度双向递归神经网络的预测模型

(a) 技术动作预测，即DAP

图 8.48 系统框图

　　参考文献[15]中指出 MIT 在自动驾驶车技术（MIT-AVT）研究中收集了大量实际驾驶数据，包括高清视频，来加强基于深度学习的内部外部感知系统的开发。为整体上了解人和汽车自动化技术之间的交互，视频数据和车辆状态数据、驾驶人特性、心理模型和自报的经验等集成在一起。录制的数据包括 IMU/GPS/CAN 总线消息、驾驶人脸部、驾驶舱、前向马路和设备群。

　　图 8.49 所示是 MIT-AVT 平台的数据流水线，包括数据卸载、清理、同步和知识提取。图左边是相关限制的非同步分布计算平台，中间是知识提取的高层次程序，右边是生成数据的类别。

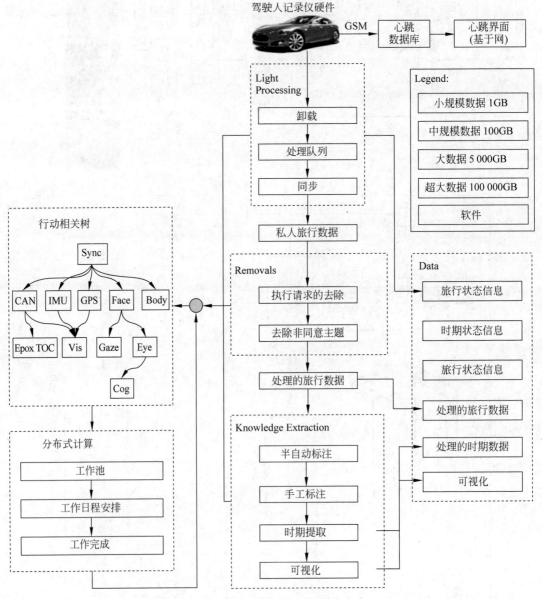

**图 8.49　MIT-AVT 平台的数据流水线**

　　参考文献[16]中的研究提出了一个机器学习方法，通过集成激光雷达点云、GPS-IMU

数据和谷歌地图导航信息而产生驾驶路径,同时采用一个 FCN 模型一起学习从真实世界的驾驶序列得到感知和驾驶路径。产生与车辆控制相接近并可理解的输出,有助于填补低层的景物分解和端到端"行为反射"方法之间的间距。图 8.50 所示是其输入-输出的张量信号,如速度、角速度、意图、反射图等。

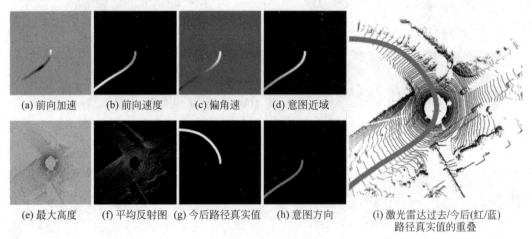

(a) 前向加速　(b) 前向速度　(c) 偏角速　(d) 意图近域

(e) 最大高度　(f) 平均反射图　(g) 今后路径真实值　(h) 意图方向　(i) 激光雷达过去/今后(红/蓝)路径真实值的重叠

**图 8.50　I/O 张量一览**

图 8.51 所示是 FCN 模型的直观图,包括上下文模块、卷积、池化、ELU 和 softmax 等。

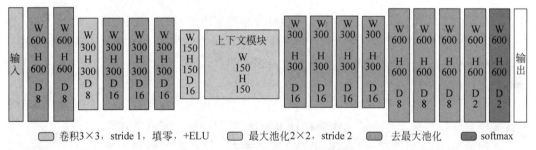

□ 卷积3×3,stride 1,填零,+ELU　□ 最大池化2×2,stride 2　□ 去最大池化　□ softmax

**图 8.51　FCN 模型的直观图**

图 8.52 所示为算法性能的比较,每列中,顶图是过去/今后(红/蓝)路径预测,底图是驾驶意图近域(左)和驾驶意图方向(右)。图 8.52(a)是驾驶意图(右转)和直路无出口的分歧;图 8.52(b)~(d)列是存在多个可能方向。

参考文献[25]中提出了一个自动驾驶系统 LookOut,其感知环境、预测场景的各种未来,并通过优化一套应急计划来估计自动驾驶车辆的轨迹。特别是 LookOut 学习交通场景中多智体未来轨迹的多样联合分布,高效率样本覆盖未来的多种模态。

图 8.53 所示是 LookOut 的推理框架,首先训练主干 CNN 和目标检测器、Actor CNN,然后训练多样采样器、预测解码器、场景打分器,最后是一个应急规划器(contingency planner)。

为了提取对检测和运动预测都有用的特征,使用卷积主干网络,将体素化激光雷达扫描和光栅高清地图作为输入,两者都位于以自动驾驶车辆为中心的 BEV 空间。

用浅卷积头执行多类目标检测,即车辆、行人和自行车的在场、BEV 姿态和尺寸,并应用 rotated RoIAlign 从每个参与者位置周围的场景上下文中提取剪裁的特征。

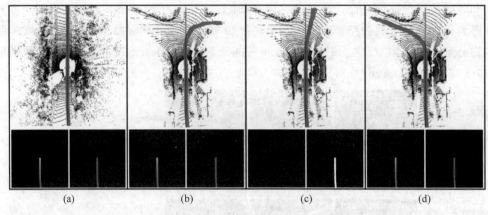

(a)　　　　　　　(b)　　　　　　　(c)　　　　　　　(d)

图 8.52　算法性能的比较

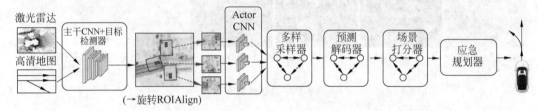

图 8.53　LookOut 的推理框架

具有最大池化的 Actor CNN 将每个参与者的特征图缩减为一个特征向量。

学习一个多样性采样函数,将来自每个传感器数据的参与者上下文映射到一组紧凑的场景潜样本中,其解码轨迹实现了良好的覆盖率。然后,该采样器将在推理中替换来自先验分布的蒙特卡洛采样。

类似于 NMP,通过采样和解码,获得场景所有参与者的一组 $K$ 未来轨迹实现。这种多样性采样器的目标是能够生成一组多样性未来,同时很好地恢复真值观测。

不同的 $K$ 未来轨迹实现集提供了安全运动规划所需的覆盖范围。然而,为了进行准确的风险评估,需要估计未来轨迹集中每个实现的概率分布。

一个隐式预测解码器,其参数化为一个空间-觉察的图神经网络(GNN)。通过一个 GNN,将参与者特征和所有 $K$ 样本未来场景作为输入,增强该模型去输出未来实现得分。然后重归一化很容易恢复此类分数的分布。

在训练过程中引入后验或 GNN 参数化的编码器来近似真实的后验分布,其有助于模型学习强大的解码器。对于参与者的在场识别,使用二值交叉熵和难负样本挖掘(hard negative mining)作为损失;对于回归目标(即姿势和维度),使用 Huber 损失。

与其为多个未来寻找单一的运动规划,不如生成一个单一的通用动作,然后生成一组未来轨迹,每个轨迹对应场景的未来实现。这里提出一个应变规划器(contingency planner),找到一个与未来实现集中所有可能实现相关的安全动作,并轻松地过渡到一组应变轨迹中。

这样的决策延期避免了过于保守的行为,同时在获得更多信息之前保持安全。只有当一组预测的未来场景是多样的,并且涵盖了可能的实现(包括低可能性事件),安全的运动规划才是可能的。

这个规划器成本函数是各种子成本的线性组合,其编码了驾驶的不同方面,包括安全、舒适、交通规则和路线等相关项。

参考文献[24]中提出了一个规划器DriveIRL,采用逆强化学习来学习如何驾驶。

如图8.54所示是DriveIRL的概览图,DriveIRL方法产生一组自车运动轨迹,并评估是否安全;首先仔细构建这些拟定轨迹,然后用一个轻量级安全滤波器,确保每条轨迹避免碰撞;模型的学习部分完全侧重于专家演示对这些轨迹进行合理的评分;这种设计不只是为了创建好的轨迹,还能将模型引导到行为中难以指定的细微差别(例如速度曲线、车辆间距),可避免明显的不安全行为。

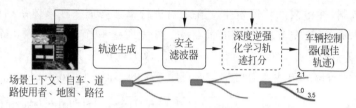

图8.54 DriveIRL的概览图

输入端用中级表征对自动驾驶汽车周围的环境(或场景)进行编码。假设自车定位在一个高清地图中,目标被感知系统检测和跟踪。其他道路用户(如汽车、自行车和行人)有目标类型、朝向边框和速度表征。高清地图提供车道中心线、道路边界、交通信号灯位置、人行横道、速度限制和其他语义信息。还提供一条路线,指示自车朝目标前进应该穿过的车道。

输出是规划器生成多个自车轨迹,并根据其与专家在给定场景背景驾驶数据的匹配程度对每个轨迹进行评分。

轨迹生成模块用场景上下文为自车合成一组可能的未来运动。自车轨迹的重要考虑因素是:①动态可行;②满足低水平跟踪和执行器控制的所有要求(即连续性水平、最小转弯半径、停车的最小加速度)。次要考虑因素是:轨迹符合地图约束(如停留在道路上)。虽然这些考虑因素并不排除使用一个学习轨迹生成模块,但发现人工的轨迹生成器最能满足上述考虑因素。

轨迹生成器使用当前自状态$S$、路径以及地图,来创建一组不同的自车轨迹,执行器沿自车前方的路线集成所需的加速度曲线。

在对候选轨迹评分之前,用可解释的安全过滤器来保证基本安全(即无碰撞)。它包括:

(1)一组用于预测非自车道路使用者行为的世界假设。

(2)一组应用于自车轨迹的轨迹修正器。

(3)修改后的自车轨迹需要通过的一组安全检查。

为了使候选轨迹视为安全,必须在给定的轨迹修改和对其他道路使用者的假设下通过所有安全检查。

轨迹打分由经过最大熵IRL损失训练的深层神经网络计算。从驾驶车辆的熟练驾驶人那里收集专家演示数据。损失倾向于在特征空间中最接近专家演示的轨迹。

每个提议轨迹的特征可作为神经网络的输入。这些特征可以基于拟定轨迹、自状态、其他道路使用者、地图、路线和历史的任意组合。特征包括:

- 碰撞时间(TTC)。自车在(预测的)未来与其他道路使用者碰撞之前的最短秒计量。在多点进行评估。
- ACCInfo。自速度、与前方道路使用者的距离、前方道路使用者的速度以及前方道路使用者的相对速度。在多点进行评估。

- MaxJerk。沿轨迹的最大抖动$(m/s^3)$。
- MaxLateralAccel。沿轨迹的最大横向加速度$(m/s^2)$。
- PastCoupling。未来轨迹与过去一秒自车姿态的串联,保持过去、现在和未来轨迹之间的一致性。
- SpeedLimit。轨迹遵守速度限制的程度。在多点进行评估。

如图 8.55 所示是轨迹打分网络的架构图,为了给一条轨迹打分,在一种体系结构中通过掩码自注意机制,在提取的特征发生交互之前进行单独处理。在该体系结构下,每个输入特征作为相关车辆-环境交互数据的时间序列,首先通过一个 BatchNormalD 层进行规范化,然后再馈送到一个 LSTM 模块。LSTM 的输出成为前馈模块的输入,接着是一个具有两个头部和 120 嵌入维度的自注意力机制。这里用查询的零掩码(zero-masking)来编码位置。

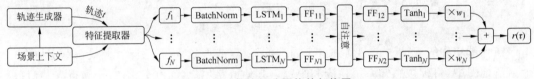

图 8.55　轨迹打分网络的架构图

通过自注意力机制可以考虑其他特征,该模型为每个特征生成一个"校正"的输出嵌入,传递给前馈网络,该网络将其转换为标量,然后激活 tanh 生成特征打分。轨迹的最终得分是这些特征得分乘以相应的可学习特征权重参数后的总和。

ST-P3 是参考文献[36]中提出的一种时空特征学习方案,可以同时为感知、预测和规划任务提供一组更具代表性的特征。具体而言,提出一种以自车为中心对齐(ego centric-aligned)的累积技术,在感知 BEV 转换之前保留 3D 空间中的几何信息;其设计一种双路(dual pathway)模型,将过去的运动变化考虑在内,用于未来的预测;而且引入一个基于时域的细化单元,补偿为规划的基于视觉元素识别。

如图 8.56 所示为 ST-P3 的总体框架,具体来说,给定一组周围的摄像头视频,将其输入主干生成初步的前视图特征,执行辅助深度估计将 2D 特征转换到 3D 空间。以自车为中心对齐累积方案,首先将过去的特征对齐到当前视图坐标系;然后在 3D 空间中聚合当前和过去的特征,在转换到 BEV 表示之前保留几何信息。除了常用的预测时域模型外,通过构建第二条路径来解释过去的运动变化,性能得到进一步提升。这种双路径建模确保了更强的特征表示,推断未来的语义结果。为了实现轨迹规划的最终目标,整合网络早期的特征先验知识,设计了一个细化模块,在不存在高清地图的情况下,借助高级命令生成最终轨迹。

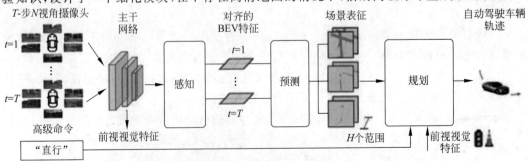

图 8.56　ST-P3 的总体框架

　　如图 8.57 所示是感知的以自车为中心对齐累计（egocentric aligned accumulation）方法，其中图（a）利用深度估计将当前时间戳处的特征提升到 3D，并在对齐后合并到 BEV 特征；图（b）～（c）将先前帧的 3D 特征与当前帧视图对齐，并与所有过去和当前状态融合，从而增强特征表示。

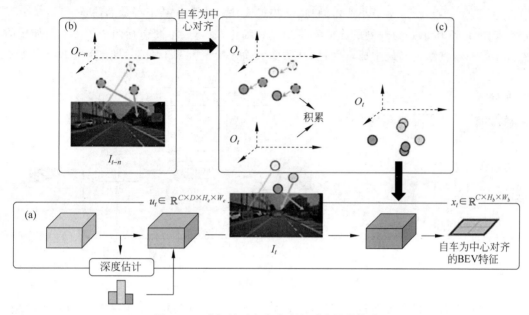

图 8.57　感知的以自车为中心对齐累计方法

　　如图 8.58 所示是用于预测的双路模型，其中图（a）中潜码是来自特征图的分布；图（b）、（c）中通路 $a$ 结合了不确定性分布，指示未来的多模态，而通路 $b$ 从过去的变化中学习，有助于对通路 $a$ 的信息进行补偿。

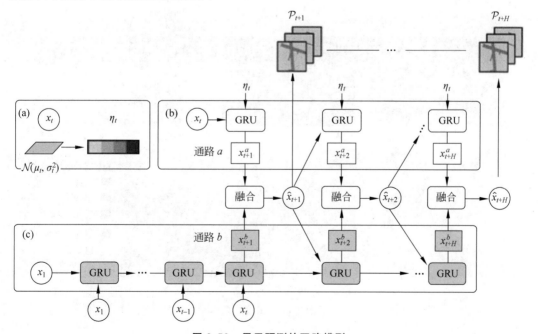

图 8.58　用于预测的双路模型

作为最终目标,需要规划一条安全舒适的轨迹,到达目标点。这个运动规划器对一组不同的轨迹进行采样,并选择一条使学习成本函数最小化的轨迹。然而,不同于其他的方法,这里加上一个额外的优化步骤,通过一个时域模型来集成目标(target)点和交通信号灯的信息。如图 8.59 所示是为规划的先验知识集成和细化,总体成本图包括两个子成本。使用前视特征进一步重新定义最小成本轨迹,从摄像头输入中聚合基于视觉的信息。

如图 8.59 所示是为规划的先验知识集成和细化,总体成本图包括两个子成本。使用前视特征进一步重新定义最小成本轨迹,从摄像头输入中聚合基于视觉的信息。

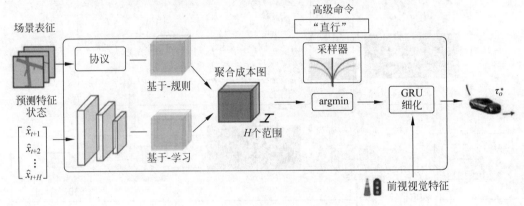

图 8.59　规划的先验知识集成和细化

惩罚具有较大横向加速度、急动或曲率的轨迹。希望这条轨迹能够有效地到达目的地,因此向前推进的轨迹将得到奖励。然而,上述成本项不包含通常由路线地图提供的目标(target)信息。采用高级命令,包括前进、左转和右转,并且只根据相应的命令评估轨迹。

此外,交通信号灯对 SDV 至关重要,通过 GRU 网络优化轨迹。用编码器模块的前摄像头特征初始化隐藏状态,并用成本项的每个采样点作为输入。

图 8.60 所示为一个实验结果。

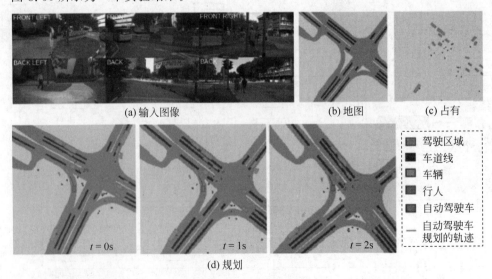

图 8.60　实验结果

## 8.5　小结

　　本章对自动驾驶的规划理论展开讨论,先是基本的理论分析,之后特别强调了行为规划中的行为模型建模和预测部分,即车辆行为和行人行为,最后介绍了数据驱动对经验丰富的驾驶人的驾驶行为克隆算法的现状。第 9 章将讨论自动驾驶的控制部分,即规划结果送入的下一个模块。

## 参考文献

# 第9章 自动驾驶的控制模块

前面提到感知是自动驾驶的"眼睛",规划是自动驾驶的"大脑",而控制就是自动驾驶的"四肢"。

自动驾驶系统的执行力也称为运动控制,是将意图转换为动作的过程;其主要目的是向硬件提供必要的输入来执行规划的意图,从而生成所需的运动。控制器根据力量映射现实世界中的交互,而自动驾驶系统中的认知导航和规划算法通常关注车辆相对于其环境的速度和位置。控制系统内部的测量值用于确定系统的性能,因此控制器做出反应,拒绝干扰并将系统的动力学改变为所需状态。

自动驾驶的控制也看成是运动控制,就是为车辆生成指令,一般为线控(wire-control)模式,即方向盘控制的角度,加速踏板和制动踏板控制的速度或加速度,同时在实际环境下(道路、风、车轮滑移等)产生实际行驶轨迹。

首先,需要确定几个专业词的表述:路线 = route、路径 = path、轨迹 = trajectory。

车辆的运动控制可以大致分为两个任务:车辆横向运动的转向控制和纵向运动的加速踏板和制动踏板控制。横向控制系统旨在控制车辆在车道上的位置,并执行其他横向动作,例如变道或避免碰撞的动作。纵向控制可控制车辆的加速度,使其在道路上保持理想的速度,与前一辆车辆保持安全距离,避免追尾事故。

当前传统的车辆控制方法建立在经典的最优控制理论基础上,该理论可以表述为在一组状态和控制动作上定义的成本函数。控制输入通常定义在有限时间范围内,并限制在可行状态空间。这样通过基于规则的控制器对自动驾驶车辆进行操作,其中参数由开发人员设置,并在模拟和现场测试后手动调整。

而深度学习不必在所有可预见场景保持性能条件下反复调整每个参数,而是使开发人员能够描述所需的行为,并通过学习让系统表现良好,并将其推广到新的环境中。学习算法可以作为学习控制器的一部分,在运动控制模块中使用,也可以作为完整的终端控制系统使用,该系统将传感器数据直接映射到控制命令,即端到端方法。

9.1节先介绍车辆的运动学和动力学模型,这是车辆控制的基础;9.2节介绍传统的控制算法,即PID和MPC;9.3节讨论自动驾驶普遍采用的路径和轨迹稳定的控制算法,包括纯跟踪控制、后轮位置反馈、前轮位置反馈、基于控制Lyapunov函数的反馈控制和线性化输出的反馈控制等;最后,9.4节讨论基于深度学习的自动驾驶控制算法。

## 9.1 车辆的运动学和动力学模型

运动学(kinematic)模型按照数学公式的描述进行车辆驾驶,形成车辆的运动和轨迹。缺点是这种模型允许瞬时方向角改变,但当运动规划模块在这种瞬时变化中生成解决方案时会造成问题。

动力学(dynamic)模型考虑了动力学原理,并以此计算施加车辆的外力,如空气阻力、车辆重量、重力、离心力和车轮摩擦力等。

车辆自动控制的效率高度依赖于车辆模型的准确性和复杂性。由于其简单性,通常文献中采用具有纵向和横向运动的平面车辆模型。精确的高保真模型可以更好地表示不同方向的车辆运动;然而,这将增加控制器设计的复杂性和计算成本。更简单的模型降低了控制系统的复杂性;然而,这不能捕捉非线性效应,并给系统带来不确定性。

从平面模型开始,类似汽车的轮式车辆假设为在配置空间中移动的2D刚体。坐标系通常由车辆的位置和方向表示,描述车辆在2D配置空间一个特殊欧氏群中的运动。自动驾驶车辆的平面运动方程通常用两组坐标系表示,即车辆坐标系$B(x,y)$和全局坐标系$G(x,y)$。车辆的运动通常使用车辆坐标系表示,其中$x$是车辆的前向/纵向轴,$y$是前向朝向左的横向轴。这些将转换为全局坐标系,计算配置空间中车辆的状态。

在车辆的运动学模型中,无论动力学部件(如力、扭矩、惯性效应)如何,都会复制运动。实际应用中,车辆的常见基本模型是包括2个刚性连接轮子的"自行车模型",并且限制在一个平面中运动。有时也叫作"运动学模型",或者"单轨道模型",如图9.1所示,其中$\boldsymbol{p}_r$和$\boldsymbol{p}_f$是前后轮在路面的接触点;$\theta$是车辆的前向角度;$\boldsymbol{p}_r$和$\boldsymbol{p}_f$的时间微分受限于不完整约束;$\delta$是前轮的转向角。

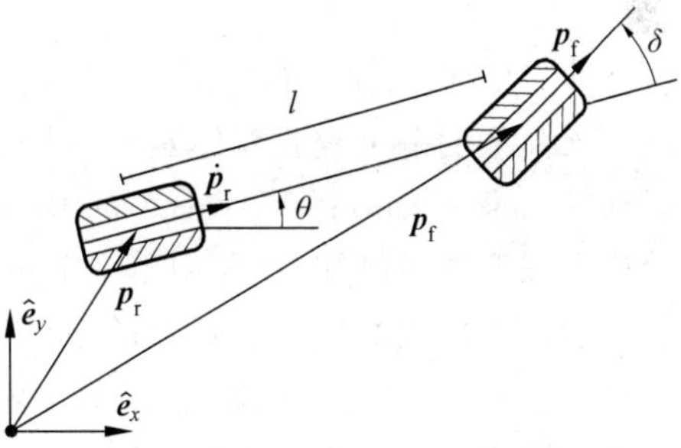

图9.1 单轨道模型的运动学

非完整约束意味着车辆允许速度空间的维度小于配置空间的维度。假设车轮完全滚动,没有任何侧滑。点$\boldsymbol{p}_r$和$\boldsymbol{p}_f$的运动必须与车轮朝向共线,以满足无滑动(no-slip)的假设。对后轮的这种约束表示为

$$(\dot{\boldsymbol{p}}_r \cdot \boldsymbol{e}_y)\cos(\theta) - (\dot{\boldsymbol{p}}_r \cdot \boldsymbol{e}_x)\sin(\theta) = 0 \tag{9-1}$$

而前轮的约束则是

$$(\dot{\boldsymbol{p}}_f \cdot \boldsymbol{e}_y)\cos(\theta+\delta) - (\dot{\boldsymbol{p}}_f \cdot \boldsymbol{e}_x)\sin(\theta+\delta) = 0 \tag{9-2}$$

该表达式通常根据沿基向量(basis vector)每个点的分量运动来重写。沿着$\boldsymbol{e}_x$方向,后轮运动是$\dot{x}_r := \boldsymbol{p}_r \cdot \boldsymbol{e}_x$;同样沿着$\boldsymbol{e}_y$方向,后轮运动是$\dot{y}_r := \boldsymbol{p}_r \cdot \boldsymbol{e}_y$。后轮的前向速度是

$$v_r := \dot{\boldsymbol{p}}_r (\boldsymbol{p}_f - \boldsymbol{p}_r) / \| \boldsymbol{p}_f - \boldsymbol{p}_r \| \tag{9-3}$$

这样,以车子后轮着地点为例,得到的微分约束方程是

$$\dot{x}_r = v_r \cos(\theta) \tag{9-4}$$

$$\dot{y}_r = v_r \sin(\theta) \tag{9-5}$$

$$\dot{\theta} = \frac{v_r}{l} \tan(\delta) \tag{9-6}$$

同样,以车子前轮的着地点为例,其微分约束方程是

$$\dot{x}_f = v_f \cos(\theta + \delta) \tag{9-7}$$

$$\dot{y}_f = v_f \sin(\theta + \delta) \tag{9-8}$$

$$\dot{\theta} = \frac{v_f}{l} \sin(\delta) \tag{9-9}$$

其中,$v_f$ 是前轮的前向/纵向速度。而前轮速度与后轮速度的关系是

$$\frac{v_r}{v_f} = \cos(\delta) \tag{9-10}$$

一般对这个模型而言,规划控制问题就是如何选择转向角 $\delta \in [\delta_{min}, \delta_{max}]$ 和前向速度 $v_r \in [v_{min}, v_{max}]$。

一个简化的方法是,选择航向速率 $\omega$ 而不是转向角 $\delta$。这些量的关系如下:

$$\delta = \arctan\left(\frac{l\omega}{v_r}\right) \tag{9-11}$$

这就简化了航向动力学,即

$$\theta = \omega, \quad \omega \in \left[\frac{v_r}{l}\tan(\delta_{min}), \frac{v_r}{l}\tan(\delta_{max})\right] \tag{9-12}$$

在这种情况下,该模型有时被称为独轮车模型(unicycle model),其可以从单车轮运动而导出。

该模型的一个重要变体是 $v_r$ 固定时的情况。一个是以用规定的切线推导出最小时间运动的 Lester Dubins 名字命名的 **Dubins** 车。另一个值得注意的变化是 **Reeds-Shepp** 车,其中最小长度路径已知 $v_r$ 采用单个前进和后退速度。

运动学模型适用于规划低速路线(如泊车操纵和市区驾驶),与无滑动假设所施加的移动性限制相比,惯性效应较小。该模型的主要缺点是它允许瞬时转角变化,如果运动规划模块产生具有这种瞬时变化的解决方案,则这可能是有问题的。

转向角的连续性可以通过增加差分约束来实现,其中转角积分了指令速率(commanded rate)。这样前轮的约束方程变为

$$\dot{x}_f = v_f \cos(\theta + \delta) \tag{9-13}$$

$$\dot{y}_f = v_f \sin(\theta + \delta) \tag{9-14}$$

$$\dot{\theta} = \frac{v_f}{l} \sin(\delta) \tag{9-15}$$

$$\dot{\delta} = v_\delta \tag{9-16}$$

除了转角的范围,转角率的范围是 $v_\delta \in [\dot{\delta}_{min}, \dot{\delta}_{max}]$。同样的问题也出现在汽车的速度 $v_r$ 中,并且可以相同的方式解决。这种技术的缺点是增加了模型的尺寸,这可能使运动

规划和控制问题复杂化。

与运动学模型类似,如图 9.2 所示为动力学自行车模型的几何结构。在该模型中,车辆的质量为 $m$,车身重心处的惯性矩为 $I_z$,垂直于水平面。

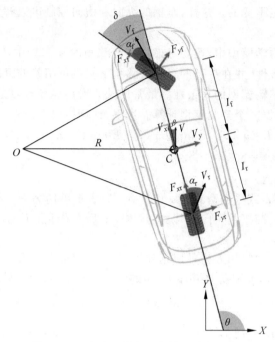

图 9.2 一个动力学自行车模型的几何结构

车辆的运动用以下牛顿-欧拉方程表示:

$$\dot{v}_x = \frac{1}{m}[F_{xf}\cos(\delta) + F_{xr} - F_{yf}\sin(\delta)] + v_y\dot{\theta} \tag{9-17}$$

$$\dot{v}_y = \frac{1}{m}[F_{yf}\cos(\delta) + F_{yr} - F_{xf}\sin(\delta)] - v_x\dot{\theta} \tag{9-18}$$

$$\ddot{\theta} = \frac{1}{I_z}[F_{yr}l_r + (F_{xf}\sin(\delta) + F_{yf}\cos(\delta)l_f] \tag{9-19}$$

其中,$F_x$ 是纵向力; $F_y$ 是横向力; r 和 f 表示后轮和前轮; $\delta$ 是转向角; $l_f$ 和 $l_r$ 是前轮和后轮与重心之间的距离; $\theta$ 是偏航角。

前轮和后轮的轮胎滑移角 $\alpha_f$、$\alpha_r$ 可以表示为

$$\alpha_f = \delta - \theta_f = \delta - \tan^{-1}\left(\frac{v_y + l_f\dot{\theta}}{v_x}\right) \tag{9-20}$$

$$\alpha_r = -\theta_r = -\tan^{-1}\left(\frac{v_y - l_r\dot{\theta}}{v_x}\right) \tag{9-21}$$

一个描述轮胎-道路相互作用的准确轮胎模型非常重要,因为所有驱动力都通过轮胎补丁施加到车辆上。由于其简单性,线性轮胎模型是自动驾驶控制器设计中常用的轮胎模型。在该模型中,侧偏力的估计基于小滑移角的假设。

如果车轮滑移角足够小,横向轮胎力与轮胎滑移角成正比:

$$F_{yf} = -C_f\alpha_f \tag{9-22}$$

$$F_{yr} = -C_r \alpha_r \tag{9-23}$$

其中，$C_f$、$C_r$ 分别是前后轮的侧偏刚度。

线性轮胎模型仅适用于小滑移角和低横向加速度。此外，使用线性模型设计控制器，通常假设纵向速度是恒定不变的。这样，车辆的纵向和横向控制可以解耦，其中纵向动力学由单独的控制器控制。

在非线性车辆动力学模型中，还要考虑较大滑移角时在车轮中产生的力。这些模型捕捉了车辆动力学的非线性，并在更高的车轮滑移角下提供更精确的解决方案。然而，这些模型显著增加了动力学车辆模型的复杂性。最常用的非线性轮胎模型之一是 Pacejka 轮胎模型，其中车轮上的力根据一个经验模型计算。这里，计算横向力或纵向力的公式如下：

$$y = D\sin[C \cdot \arctan\{Bx(1-E) + E \cdot \arctan(Bx)\}] \tag{9-24}$$

$$Y(X) = y(x) + S_v \tag{9-25}$$

$$x = X + S_h \tag{9-26}$$

其中，$X$ 表示纵向滑移 $\kappa$ 或横向滑移角 $\alpha$ 的输入；$Y$ 表示纵向力 $F_x = y(\kappa)$ 或横向力 $F_y = y(\alpha)$ 的输出。此外，$B$ 是刚度因子；$C$ 是形状因子；$D$ 是峰值；$E$ 是曲率因子；$S_h$ 是水平漂移；$S_v$ 是垂直漂移。

计算轮胎力的另一种常用方法是使用分析模型，如 Brush 模型。这里，轮胎力是车轮法向力（$F_z$）、纵向滑移率（$\kappa$）和横向滑移角（$\alpha$）的函数。对于该模型，轮胎力表示为

$$\begin{cases} F = \mu F_z [3\gamma\sigma - 3(\gamma\sigma)^2 + (\gamma\sigma)^3], & \text{如果 } \sigma \ll \sigma_s \tag{9-27} \\ F = \mu F_z, & \text{如果 } \sigma > \sigma_s \tag{9-28} \end{cases}$$

其中

$$\sigma_x = \frac{\kappa}{1+\kappa} \tag{9-29}$$

$$\sigma_y = \frac{\tan(\alpha)}{1+\kappa} \tag{9-30}$$

$$\sigma = \sqrt{\sigma_x^2 + \sigma_y^2} \tag{9-31}$$

这里 $\mu$ 是轮胎-道路摩擦系数；$\sigma_x$ 和 $\sigma_y$ 分别为纵向和横向滑移；$\sigma$ 是组合的总滑移。此外，$\sigma_s$ 是开始滑动时的滑移；而 $\gamma$ 是各向同性的轮胎参数，表示为

$$\gamma = \frac{2c_p a^2}{3\mu F_z} \tag{9-32}$$

其中，$c_p$ 表示每单位长度的胎纹元素的总刚度；$a$ 是轮胎接触长度的一半。现在，纵向和横向轮胎力可以计算为

$$F_x = \frac{\sigma_x}{\sigma} F \tag{9-33}$$

$$F_y = \frac{\sigma_y}{\sigma} F \tag{9-34}$$

## 9.2 传统控制算法

传统的控制算法主要有两种：PID 控制和 LQR 控制。

### 9.2.1 经典 PID 控制

比例-积分-微分(proportional-integral-derivative, PID)控制是根据偏差量计算变量值的算法,偏差是指计划值与实际值之间的差异,其一般表示为

$$u(t) = k_d \dot{e} + k_p e + k_i \int e(t) dt \tag{9-35}$$

其中,$e$ 是误差信号;$k_p$、$k_i$ 和 $k_d$ 分别是控制器的比例、积分和微分增益。

**PID 中的 P 项**与当前误差 $e$ 成正比。例如,如果误差 $e$ 大且为正,则考虑到增益因子 K,控制输出将成比例地大且为正。单独使用比例 P 控制会导致设定值和实际过程值之间出现误差 $e$,因为它需要一个误差来生成成比例的响应。如果没有错误,则没有纠正响应。对于给定的误差变化,高比例增益会导致输出发生较大变化。如果比例增益太高,系统可能会变得不稳定。相比之下,小增益会导致对大输入误差的小输出响应,以及响应较慢或敏感度较低的控制器。如果比例增益太低,则在响应系统扰动时控制动作的可能太小。调整理论和工业实践表明,比例项应该贡献大部分的输出变化。

**PID 中的 D 项**是基于当前变化误差 $\Delta e$ 未来趋势的最佳估计。它有时被称为预期控制,因为它施加误差变化产生的控制影响有效地寻求减少误差的影响。变化越快,控制或阻尼效果就越大。理想的微分不是因果关系,因此 PID 控制器的实现包括微分项额外的低通滤波,以限制高频增益和噪声。然而,微分项在实践中很少使用。

**PID 中的 I 项**说明误差 $e$ 的过去值,并随时间推移进行积分产生 I 项。例如,如果在比例 P 控制后存在残余误差,积分项将添加误差 $e$ 累积值的控制效应以消除残余误差。当误差 $e$ 消除后,积分 I 项将停止增长。这将导致比例 P 效应随着误差的减小而减小,但会被不断增长的积分效应所补偿。积分项加速了向设定点移动的过程,并消除纯比例控制器出现的残余稳态误差。但是,由于积分项响应的是过去累积误差,因此可能导致当前值超过设定值。

通过在控制器中包含一个前馈项,可以将另一个自由度添加到控制器中,其中该控制器架构如图 9.3 所示。在控制器中添加前馈项有助于克服反馈控制的局限性。前馈项被添加到控制信号中,而不考虑受控系统的任何测量。然而,前馈项可能涉及干扰的测量等。设计前馈控制需要更完整地理解物理系统,因此,模型参考通常用于前馈控制器。在控制器中组合前馈和反馈项的方法也称为**两自由度(2DOF)控制器**。

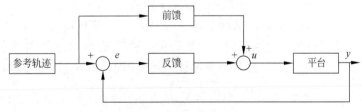

**图 9.3 2DOF PID 控制**

前馈用于生成参考轨迹,而反馈用于补偿干扰和误差。状态空间控制通常称为现代控制,是一种尝试通过检查系统状态来控制系统整个向量作为一个单元的技术。

PID 控制器是最简单和常见的控制器,实施快速,操作简单,但不适合对车辆的动力学建模。

### 9.2.2　LQR 控制

线性二次调节器(LQR)是实现控制操作和系统响应之间平衡的一个有效方法。该方法中,基于一个性能指标计算一个最优反馈控制的增益。在自动驾驶控制背景下,LQR 需要一个车辆的线性模型来计算最佳反馈增益。线性化车辆动力学模型(自行车模型)可表示为

$$\dot{x} = Ax + Bu \tag{9-36}$$

其中,$x = [v_y \quad \dot{\theta}]$,$u = \delta$。

为了实现基于 LQR 的自动驾驶控制,通常会制定一个误差状态空间模型,从而将路径曲率视为对系统的干扰。一个误差状态空间模型可以表示为

$$\dot{x} = Ax + B_1 u + B_2 \dot{r}_{\text{ref}} \tag{9-37}$$

其中,$x = [e_y, \dot{e}_y, e_\theta, \dot{e}_\theta]$;$u = \delta$;$e_y$ 是跨轨迹误差;$e_\theta$ 是航向角误差;$r_{\text{ref}}$ 是参考偏航率。$B_2 \dot{r}_{\text{ref}}$ 被认为是对系统的外部干扰。在 LQR 的最简单版本中,任务是通过最小化如下一个二次成本来找到反馈控制律 $u(k) = -Kx(k)$ 的适当增益 $K$:

$$J = \sum_{k=0}^{\infty} (x^{\text{T}}(k) Q x(k) + u^{\text{T}}(k) R u(k)) \tag{9-38}$$

其中,$Q$ 和 $R$ 是正定对角加权矩阵。

反馈矩阵的最优解 $K$ 为

$$K = R^{-1} B^{\text{T}} P \tag{9-39}$$

其中,$P$ 是矩阵 Riccati 方程的解:

$$P = A^{\text{T}} P A - A^{\text{T}} P B (R + B^{\text{T}} P B)^{-1} B^{\text{T}} P A + Q \tag{9-40}$$

在跨越一条弯曲路径时,将路径信息作为干扰的 LQR 控制可比 PID 控制器提供更好的性能。与一个基于主要二阶极点(DSOP)的控制器相比,LQR 在系统动力学未建模的情况下表现出更强的稳健性,在参数不确定性的情况下也表现出类似的稳健性。

当通过高曲率路径时,LQR 不期望能提供稳态误差。为了改善动态曲率路径的跟踪性能,建议使用额外的前馈控制器。前馈控制器采用道路曲率信息,反馈控制器采用状态反馈的跨轨迹误差和偏航误差。具有前馈控制定律的积分控制可以表示为

$$u(k) = -Kx(k) + \delta_{\text{ff}} \tag{9-41}$$

带有前馈控制的 LQR 控制器结构如图 9.4 所示。前馈控制器不考虑系统的未来扰动,可能会给系统的响应带来过冲反应。为了避免这种情况,设计这个前馈 LQR 控制器的最优预演。基于一个预演范围的路径信息可设计前馈控制器,并利用横向和偏航误差设计

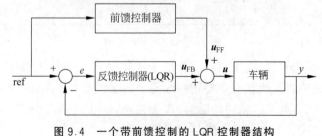

图 9.4　一个带前馈控制的 LQR 控制器结构

反馈控制器。同样,为了补偿系统的未来干扰,建议使用迭代 LQR(ILQR),将 LQR 的线性动力学变成非线性,其等价于微分动态规划(differential dynamic programming,DDP)方法和序列线性二次型(sequential linear quadratic,SLQ)方法的变形。

由于使用了线性化模型,LQR 不能处理参数和非结构不确定性。在存在不确定性和外部干扰的情况下,LQR 不能提供适当的稳健性。

### 9.2.3 模型预测控制

模型预测控制(model predictive control,MPC)模型是一种基于模型的闭环优化控制方法(见图 9.5),其表示为如下优化问题:

$$\min_{U(t)} F(x(N \mid t)) + \sum_{k=0}^{N-1} L(x(k \mid t), y(k \mid t), u(k \mid t)) \tag{9-42}$$

其中满足条件:

$$x(k+1 \mid t) = f(x(k \mid t), u(k \mid t)) \tag{9-43}$$

$$y(k \mid t) = h(x(k \mid t), u(k \mid t)) \tag{9-44}$$

$$x_{\min} \leqslant x(k \mid t) \leqslant x_{\max}, \quad k = 1, \cdots, N_c \tag{9-45}$$

$$y_{\min} \leqslant y(k \mid t) \leqslant y_{\max}, \quad k = 1, \cdots, N_c \tag{9-46}$$

$$u_{\min} \leqslant u(k \mid t) \leqslant u_{\max}, \quad k = 1, \cdots, N_{cu} \tag{9-47}$$

$$x(0 \mid t) = x(t) \tag{9-48}$$

$$u(k \mid t) = \mathcal{K}(x(k \mid t)), \quad k = N_u, \cdots, N-1 \tag{9-49}$$

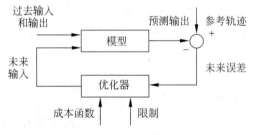

图 9.5 MPC 模型

与最优控制公式类似,成本函数表示由阶段成本(stage cost)$L(x, y, u)$ 和终端成本(terminal cost)$F(x)$ 组成的性能目标。其中 $t$ 是离散时间索引。向量 $v(h \mid t)$ 表示基于直到 $t$ 的信息、以时间 $t$ 做参考在 $h$ 时间步长预测的 $v$ 值。在上面 $f(x, u)$ 和 $h(x, u)$ 表示的系统动力学离散时间模型中,$x \in \mathbf{R}^n$ 是系统的状态,$u \in \mathbf{R}^m$ 是控制输入,$y \in \mathbf{R}_p$ 是系统输出。优化器是控制输入序列 $U(t) = (u(0 \mid t), \cdots, u(N-1 \mid t))$,其中 $N$ 是预测范围。

在任何控制周期 $t$,针对一般问题的 MPC 策略如下操作:测量系统输出并估计状态 $x(t)$。以上公式最小化的状态估计限制于初始化 $x(0 \mid t)$。一旦解决了 MPC 优化问题并获得最佳输入序列 $U^*(t)$,那么将最优输入序列的第一个元素代入系统 $u(t) = u^*(0 \mid t)$。在随后的周期中,用新获取的状态估计重复该过程,从而得到反馈。

MPC 集成最优控制的性能和稳健控制的稳健性。通常,预测是在称为预测范围的短时间范围内执行的,其中模型预测控制器的目标是计算该预测范围内的最优解。该模型以及控制器可以在线更改以适应不同的条件。

MPC 最大的优点在于显式处理约束的能力,原因是其基于模型对系统未来动态的预测,通过把约束加到未来的输入、输出或状态变量,这样就把约束显式表示在一个在线求解的二次规划或非线性规划方程中。

模型预测控制的优点是控制效果好、稳健性强,能有效地克服不确定性、非线性和并联性,并能够轻松处理被控变量和处理变量中的各种约束条件。

模型预测控制虽然非常强大,但很难实现。

## 9.3　路径和轨迹稳定的控制方法

控制的目的是,使规划的参考路径或者参考轨迹在环境的建模误差和不确定性情况下,保持稳定。

路径实现稳定要求做到:①初始的小跟踪误差不要变大;②跟踪误差收敛于零;③沿着参考路径的驾驶速度趋近于一个给定的值。

许多车辆控制法,包括这里讨论的几个,都使用了反馈法则:

$$u(x) = f(\underset{\gamma}{\mathrm{argmin}} \| x - x_{\mathrm{ref}}(\gamma) \|) \tag{9-50}$$

其中,反馈是参考路径(path)上最近点的函数。一个重要问题是闭环向量 $f(x, u(x))$ 不是连续的。如果路径在某一点上是自相交(self intersecting)或不可导,则 $f(x, u(x))$ 的不连续性将直接落在路径上。如果执行的轨迹遇到不连续性,这会导致不可预测的行为发生。

许多情况下,分析轨迹的稳定性可以变成确定时变系统中原点的稳定性问题。应该注意的一个问题是,控制器通常用时间趋于无穷大的渐近跟踪误差(asymptotic tracking error)表示。在实践中,参考轨迹是有限的,因此还应该考虑系统的瞬态响应。

### 9.3.1　路径稳定的控制

#### 1. 纯跟踪控制(Pure Pursuit)

控制定律基于车辆的当前配置将半圆拟合到车辆前方的参考路径上的点,称为预瞄距离(lookahead distance)$L$。该圆被定义为通过汽车的位置和汽车前方路径上一个预瞄距离的点,该圆与汽车的航向相切。这种方法称为纯跟踪控制(pure pursuit),是最早的路径跟踪方法,如图 9.8 所示,其曲率为

$$\mathcal{K} = \frac{2\sin(\alpha)}{L} \tag{9-51}$$

给定车速 $v_r$,前向角速度为

$$\omega = \frac{2v_r \sin(\alpha)}{L} \tag{9-52}$$

考虑配置 $(x_r, y_r, \theta)^{\mathrm{T}}$ 和参考路径上的点 $(x_{\mathrm{ref}}(s), y_{\mathrm{ref}}(s))$,使得 $\| (x_{\mathrm{ref}}(s), y_{\mathrm{ref}}(s)) - (x_r, y_r) \| = L$,其中 $s$ 是参考系数。由于参考点通常有多个,取一个参数 $s$ 值最大的点来唯一地定义控制。那么,计算出车身(后轮)与预瞄弦 $L$ 之间的夹角 $\alpha$ 为

$$\alpha = \arctan\left(\frac{y_{\mathrm{ref}} - y_r}{x_{\mathrm{ref}} - x_r}\right) - \theta \tag{9-53}$$

其中，$(x_r, y_r)$ 是车辆后轮中心坐标，$(x_{ref}, y_{ref})$ 是预瞄点坐标，$\theta$ 是车辆在全局坐标系下的横摆角。

$R$ 与 $\alpha$、$L$ 之间的关系如图9.6所示，其公式如下：

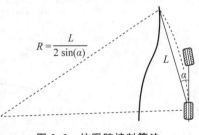

$$R = \frac{L}{2\sin(\alpha)} \qquad (9\text{-}54)$$

在车辆到路径的距离大于 $L$ 的情况下，控制器未定义输出。另一个考虑因素是参考路径的曲率变化可能导致汽车偏离参考轨迹。这对于沿着道路（road）行驶可能是可接受的，但是对于跟踪泊车操作

图9.6 纯跟踪控制算法

（parking maneuvers）可能是有问题的。最后，当车速增加时，航向速率 $\omega$ 对反馈角 $\alpha$ 变得越来越敏感。此问题的常见解决方法是对 $L$ 相对车速缩放。

**2. 后轮位置反馈控制**

后轮位置反馈控制是通过后轮中心的跟踪偏差来进行控制量计算的。如图9.7所示，先要找到参考路径上和后轮距离最近的点：

$$s(t) = \underset{\gamma}{\operatorname{argmin}} \| (x_r(t), y_r(t)) - (x_{ref}(\gamma), y_{ref}(\gamma)) \| \qquad (9\text{-}55)$$

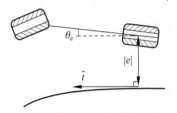

然后求这个点的单位切线如下：

$$\hat{t} = \frac{\left( \dfrac{\partial x_{ref}}{\partial s}\bigg|_{s(t)}, \dfrac{\partial y_{ref}}{\partial s}\bigg|_{s(t)} \right)}{\left\| \left( \dfrac{\partial x_{ref}(s(t))}{\partial s}, \dfrac{\partial y_{ref}(s(t))}{\partial s} \right) \right\|} \qquad (9\text{-}56)$$

图9.7 后轮位置反馈控制

而车辆和切线之间的角度差是

$$\theta_e(t) = \theta - \arctan_2 \left( \frac{\partial y_{ref}(s(t))}{\partial s}, \frac{\partial x_{ref}(s(t))}{\partial s} \right) \qquad (9\text{-}57)$$

得到的运动学方程是

$$\dot{s} = \frac{v_r \cos(\theta_e)}{1 - \mathcal{K}(s)e} \qquad (9\text{-}58)$$

$$\dot{e} = v_r \sin(\theta_e) \qquad (9\text{-}59)$$

$$\dot{s} = \omega - \frac{v_r \mathcal{K}(s)\cos(\theta_e)}{1 - \mathcal{K}(s)e} \qquad (9\text{-}60)$$

其中，$\kappa(s)$ 是路径在 $s$ 处的曲率。然后，设计的航向角速度控制器如下：

$$\omega = \frac{v_r \mathcal{K}(s)\cos(\theta_e)}{1 - \mathcal{K}(s)e} - (k_e |v_r|)\theta_e - \left( k_e v_r \frac{\sin(\theta_e)}{\theta_e} \right) e \qquad (9\text{-}61)$$

**3. 前轮位置反馈控制**

前轮位置反馈控制又称作 Stanley 控制（斯坦福大学自动驾驶组采用），其思想是，通过前轮中心的路径跟踪偏差来计算控制量。还是用控制变量 $s(t)$、$e(t)$ 和 $\theta_e(t)$，只是其中 $e(t)$ 是用前轮位置而不是后轮位置计算的。如图9.8所示，横向位置误差的时间微分是

$$\dot{e} = v_f \sin(\theta_e + \delta)$$

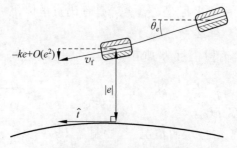

图 9.8　后轮位置反馈控制

可以看出它可以直接通过前轮转角 $\delta$ 控制，设 $\dot{e}=-ke$，求解前轮转角为

$$v_{\mathrm{f}}\sin(\theta_e+\delta)=-ke$$

$$\Rightarrow \quad \delta=\arcsin\left(-\frac{ke}{v_{\mathrm{f}}}\right)-\theta_e \tag{9-62}$$

对于有限域内的指数收敛条件，可以放宽到局部指数收敛，即变成：

$$\delta=\arctan\left(-\frac{ke}{v_{\mathrm{f}}}\right)-\theta_e \tag{9-63}$$

斯坦福大学的这个方法，在变曲率路径且路径连续可导的条件下，局部指数收敛到路径。只是在倒车操作中表现较差，不适合泊车场景。

## 9.3.2　轨迹稳定的控制

### 1. 基于控制 Lyapunov 函数的控制

基于控制 Lyapunov 函数的控制设计是在固定到汽车的坐标系中定义跟踪误差。配置误差可以通过使用参考轨迹的惯性坐标系的基础变化和速度（$x_{\mathrm{ref}}$，$y_{\mathrm{ref}}$，$\theta_{\mathrm{ref}}$，$v_{\mathrm{ref}}$，$\omega_{\mathrm{ref}}$）来表示，即

$$\begin{pmatrix} x_e \\ y_e \\ \theta_e \end{pmatrix}=\begin{pmatrix} \cos(\theta) & \sin(\theta) & 0 \\ -\sin(\theta) & \cos(\theta) & 0 \\ 0 & 0 & 1 \end{pmatrix}\begin{pmatrix} x_{\mathrm{ref}}-x_{\mathrm{r}} \\ y_{\mathrm{ref}}-y_{\mathrm{r}} \\ \theta_{\mathrm{ref}}-\theta \end{pmatrix} \tag{9-64}$$

配置误差的动态变化如下：

$$\dot{x}_e=\omega y_e-v_{\mathrm{r}}+v_{\mathrm{ref}}\cos(\theta_e) \tag{9-65}$$

$$\dot{y}_e=-\omega x_e+v_{\mathrm{ref}}\sin(\theta_e) \tag{9-66}$$

$$\dot{\theta}_e=\omega_{\mathrm{ref}}-\omega \tag{9-67}$$

其中控制任务是

$$v_{\mathrm{r}}=v_{\mathrm{ref}}\cos(\theta_e)+k_1 x_e \tag{9-68}$$

$$\omega=\omega_{\mathrm{ref}}+v_{\mathrm{ref}}(k_2 y_e+k_3\sin(\theta_e)) \tag{9-69}$$

闭环误差动态变化写成：

$$\dot{x}_e=(\omega_{\mathrm{ref}}+v_{\mathrm{ref}}(k_2 y_e+k_3\sin(\theta_e)))y_e-k_1 x_e \tag{9-70}$$

$$\dot{y}_e=-(\omega_{\mathrm{ref}}+v_{\mathrm{ref}}(k_2 y_e+k_3\sin(\theta_e)))x_e+v_{\mathrm{ref}}\sin(\theta_e) \tag{9-71}$$

$$\dot{\theta}_e=\omega_{\mathrm{ref}}-\omega \tag{9-72}$$

对于 $k_{1,2,3}>0,\dot{\omega}_{\text{ref}}=0,\dot{v}_{\text{ref}}=0$，其稳定性通过以下 Lyapunov 方程验证：

$$V=\frac{1}{2}(x_e^2+y_e^2)+\frac{(1-\cos(\theta_e))}{k_2} \tag{9-73}$$

其中半负定时间导数为

$$\dot{V}=-k_1x_e^2-\frac{v_{\text{ref}}k_3\sin^2(\theta_e)}{k_2} \tag{9-74}$$

局部分析表明，控制法则提供了局部指数稳定性。但是，对于时不变系统，$\omega_{\text{ref}}$ 和 $v_{\text{ref}}$ 是常数。

**2. 线性化输出反馈控制**

对于较高的车速，适当的是将转向角限制为连续运动。已经有了状态估计，仅考虑简单的几何关系设计控制器变得更加困难。在这种情况下，一个很好的选择是输出线性化（output-linearize）系统。这种控制仅用前轮或后轮位置并不容易实现。

将系统的输出记为 $x_p=x_f+d\cos(\theta+\delta)$ 和 $y_p=y_f+d\sin(\theta+\delta)$。用输出的导数代替前面微分方程的动力学模型，产生：

$$\begin{pmatrix}\dot{x}_p\\\dot{y}_p\end{pmatrix}=\begin{pmatrix}\cos(\theta+\delta)-\dfrac{d}{l}\sin(\theta+\delta)\sin(\delta) & -d\sin(\theta+\delta)\\[2mm]\sin(\theta+\delta)-\dfrac{d}{l}\cos(\theta+\delta)\sin(\delta) & d\cos(\theta+\delta)\end{pmatrix}\begin{pmatrix}v_f\\v_\delta\end{pmatrix} \tag{9-75}$$

$$=A(\theta,\delta)\begin{pmatrix}v_f\\v_\delta\end{pmatrix} \tag{9-76}$$

定义公式右边为辅助控制变量，即

$$\begin{pmatrix}\dot{x}_p\\\dot{y}_p\end{pmatrix}=\begin{pmatrix}u_x\\u_y\end{pmatrix} \tag{9-77}$$

从 $u_x$ 和 $u_y$，通过逆矩阵恢复原始控制 $v_f$ 和 $v_\delta$，即

$$[A(\theta,\delta)]^{-1}=\begin{pmatrix}\cos(\theta+\delta) & \sin(\theta+\delta)\\[2mm]-\dfrac{1}{d}\sin(\theta+\delta)-\dfrac{1}{l}\cos(\theta+\delta)\sin(\delta) & \dfrac{1}{d}\cos(\theta+\delta)-\dfrac{1}{l}\sin(\theta+\delta)\sin(\delta)\end{pmatrix} \tag{9-78}$$

通过上述的输入-输出线性系统，局部轨迹稳定的控制实现如下：

$$u_x=\dot{x}_{p,\text{ref}}+k_x(x_{p,\text{ref}}-x_p) \tag{9-79}$$

$$u_y=\dot{y}_{p,\text{ref}}+k_y(y_{p,\text{ref}}-y_p) \tag{9-80}$$

## 9.4 基于深度学习的车辆控制

基于物理的自动驾驶控制模型通常有两个主要缺点：第一，针对不同的驾驶行为开发了不同的模型，例如跟车和变道行为通常单独建模，为一种行为开发的模型必须针对不同的场景和任务手动重新设计；第二，预定义的运动启发式方法通常用一组小参数对驾驶行为进行强有力的假设，这可能无法捕捉人类的战略规划行为，也可能无法很好地推广到高度交

互环境中的各种驾驶场景。

这种方法的参数手动调整非常耗时,很难工程推广。此外,驾驶的高度非线性特性意味着,基于车辆模型线性化或其他代数分析解决方案的控制方法通常不可行或扩展性不好。

深度学习为车辆控制提供了许多好处:它能够根据数据优化其行为并适应新场景,所以非常适合控制复杂和动态环境中的问题;深度学习无须为可预见场景下的性能而迭代调整参数,让开发人员来描述所需的行为,并通过学习使系统表现良好并推广到新的环境中;为此,深度学习用于车辆控制变得越来越流行。

在控制目标方面基于深度学习的方法也存在一些差异,一些工作将系统描述为一个高级控制器,然后通过一个低级控制器实现,通常使用经典控制技术。其他工作的目标是学习端到端驾驶,将观察结果直接映射到低级车辆控制接口命令。

基于深度学习的控制器也可分成横向和纵向两个方向。

横向控制工作大多数专注于单个任务。例如,在为车道保持进行训练的模型中,这些系统中没有包含任何决策,例如车道变更或转向不同道路。另外,大多数这些工作都是在模拟环境中进行训练和评估的,需要进一步测试以验证其真实性能。尽管如此,这一领域已经有了重要的发展,这些结果显示了将深度学习用于自主车辆控制的巨大前景。虽然横向控制技术支持在标记数据集上训练的监督学习技术,但纵向控制技术支持通过与环境交互学习的强化学习方法。

然而,第一个挑战是,强化学习中的奖励功能需要仔细设计,其中安全、性能和舒适性都需要考虑;如果奖励函数设计不当会导致绩效不佳或模型无法收敛。强化学习算法的另一个挑战是探索(explore)和利用(exploit)之间的权衡;在训练期间,智体必须采取随机行动探索环境;然而,为了更好地完成任务,智体应该利用其知识来找到最佳操作。这方面的示例解决方案是 ε-贪婪探索策略和置信上限(UCB)算法。

ε-贪婪搜索策略选择一个概率为 ε 的随机行为,随着智体学习其环境后,会减少过多的时间开销。此外,UCB 鼓励在高度不确定性的状态下进行探索,且鼓励在高度自信的地区进行利用。

对于端到端的整车控制方法,会使用多种学习策略,但监督学习仍是首选的方法。不过,这里能做到稳健和高性能的模型似乎仍然遥不可及。例如,与只考虑转向的技术相比,实现完全车辆控制的技术在转向方面的性能往往较差。这可以通过训练神经网络执行任务的复杂性的显著增加来解释,这方面仍然需要进行大量的探索和研究。

### 9.4.1　端到端的自动驾驶控制

不管是从传感器数据输入到控制信号输出,还是从感知结果输入到控制信号输出,甚至是规划结果输入到控制信号输出,都可以通过数据驱动的机器学习方法建模,即端到端的控制。这里介绍这方面的方法,作为自动驾驶研究的一个探索方向。

参考文献[13]中提出的 DeepTest 是一个系统测试工具,可以自动检测深度学习模型(DNN)驱动的自动驾驶车辆的错误行为,避免致命的撞击事件发生,通过产生的大量测试输入来系统地探索 DNN 各个部分。

在这种探索中,调试 DNN 系统有一些问题需要解决。

- 如何系统地探索 DNN 系统的输入-输出空间?
- 如何合成这种探索需要的真实输入?

- 如何优化这种探索？
- 如何避免那些详细的手工规格，能自动建立测试库来检测错误行为吗？

在概念级别，基于 DNN 的软件错误极端案例（corner-case）和传统软件的逻辑错误（logic bugs）的行为是类似的。

图 9.9 所示是传感器输入到控制输出的 DNN 平台示意图，输入为摄像头、激光雷达和红外传感器，输出是方向盘、制动踏板和加速踏板。

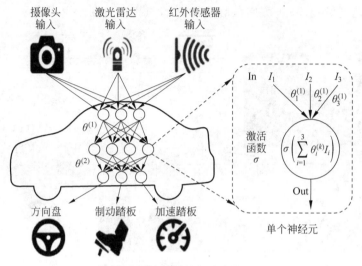

图 9.9 传感器输入到控制输出的 DNN 平台

而图 9.10 所示是其 DNN 架构（CNN＋RNN），显示 CNN 的卷积层和全连接层，以及 RNN 的时域展开模式。

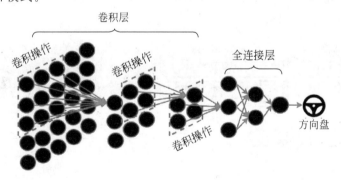

(a) 简化的CNN架构

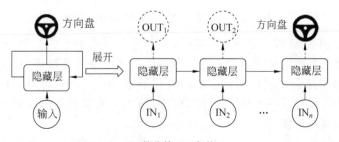

(b) 简化的RNN架构

图 9.10 CNN/RNN 模型架构

参考文献[14]中分析了驾驶模型在交通繁忙的地区、复杂的路口、糟糕的天气和照明条件下很可能失败。而这里就想给出一个方法能够学习如何预测这些失败出现,意思是估计某个场景对一个驾驶模型来说有多困难,这样可以提前预警。

这个方法是通过真实驾驶数据开发一个基于摄像头的驾驶模型,模型预测和真实操作之间的误差就称为错误度。这样就定义了场景可驾驶度(scene drivability),其量化的分数即安全和危险(safe and hazardous)度,图 9.11 所示为整个架构图,输入包括 4 个摄像头视频,输出 FCN 速度信号、FCN 方向盘信号和 FCN 失败的判断。

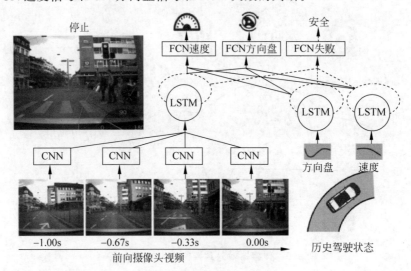

图 9.11　驾驶模型架构图

图 9.12 所示是失败预测模型训练和测试的流程图。预测失败其实是对驾驶模型的考验,能及时发现不安全的因素。

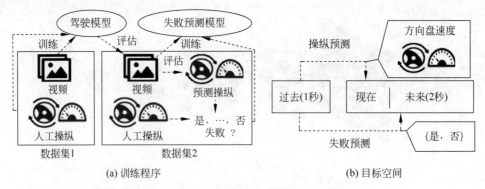

图 9.12　失败预测模型训练和测试的流程

参考文献[15]中对离散动作进行了预测,预测所有可能动作的概率分布。但离散预测的局限是,只能对有限的定义好的动作进行预测。连续预测是把预测车辆的现行状态作为一个回归任务,如果准确预测在实际状态的驾驶策略,那么被训练的模型可以成功驾驶车辆。所以,把驾驶过程看成一个连续的预测任务,训练一个模型在输入多个感知信息(包括视频和点云)后能预测正确的方向盘转角和车辆速度。

如图 9.13 所示是其系统框图,其中深度学习模型是 DNN 加 LSTM,激光雷达点云通过 PointNet 提取特征送入深度学习模型。

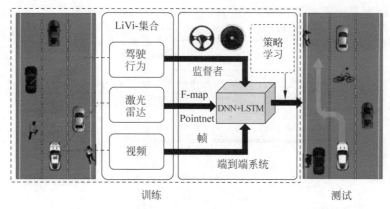

图 9.13 系统框图

图 9.14 所示是系统的多传感器数据采集平台,车辆是别克 GL8,装有多个感知扫描仪和传感器,收集了三种类型的信号,即点云、视频和驾驶行为。

图 9.14 数据采集平台

图 9.15 所示为传感器数据在进入 NN 模型之前的预处理流水线框图,需要时间同步,空间对齐。

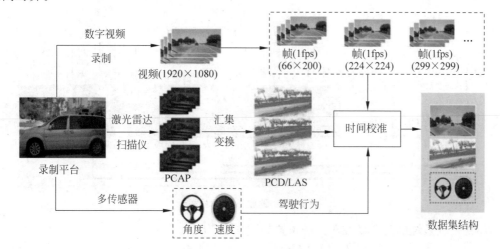

图 9.15 数据预处理的流水线

图 9.16 所示是深度学习模型 DNN 和 DNN＋LSTM 的架构图。

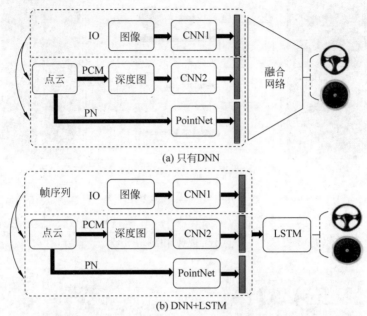

图 9.16　深度学习模型 DNN 和 DNN＋LSTM 的架构图

　　参考文献[16]是 ETH 的工作,采用一个环视视觉系统、一个路线规划器,以及一个 CAN 总线阅读器。如图 9.17 所示,采集的驾驶数据包括分散的驾驶场景和天气/照明条件,集成环视视觉系统和路线规划器(以 OpenStreetMap 为地图格式的 GPS 坐标或者 TomTom 导航仪)的信息,学习基于 CNN、LSTM 和 FCN 的神经网络驾驶模型。

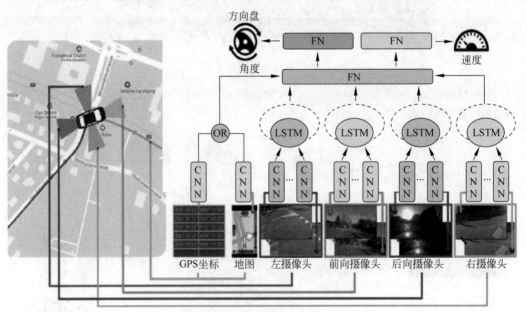

图 9.17　驾驶系统直观图

环视视觉系统的配置及在车上的位置如图 9.18 所示。

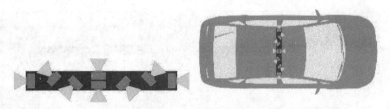

**图9.18　感知器配置**

图9.19所示是深度学习的模型架构,包括路线规划器和环视系统5个输入通道,输出到方向盘和加速踏板。

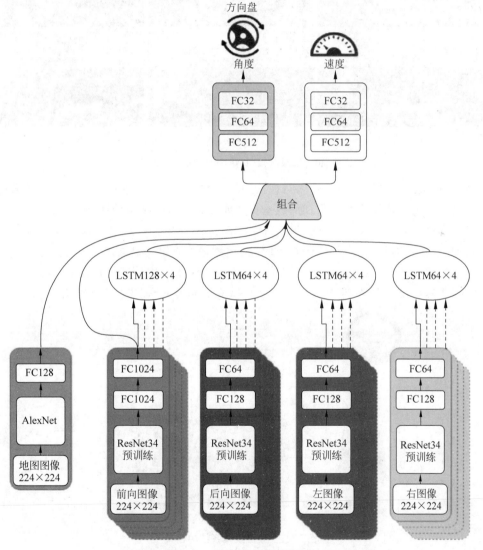

**图9.19　深度学习的模型架构**

实验中,与采用单个前向摄像头训练的模型和人工操作进行比较,如图9.20所示;其中(1)～(3)对应三种不同的模型训练结果,即(1)只用TomTom路线规划器训练;(2)只用环视视觉系统训练;(3)用环视视觉和TomTom路线规划器一起训练。

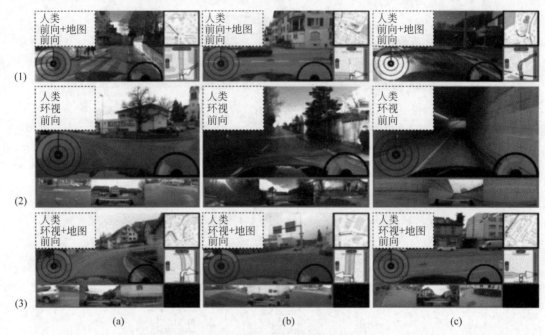

图 9.20　结果比较(和单个前向摄像头模型)

目前,该端到端系统还没有加入目标检测和跟踪的模块(当然还有交通信号灯识别、车道线检测之类的附加模块),但附加的这些模块能够改进整个系统的性能。

参考文献[17]是 NVIDIA 的工作,NVIDIA 是比较早做端到端控制车辆工作的公司,其方法训练 CNN 模型完成从单个前向摄像头的图像像素到车辆控制的映射。其系统自动学习一些处理步骤的内部表示,如只用转向角作为训练信号去检测道路特征。图 9.21 所示为其数据收集系统的框架,包括 3 个摄像头(左、右、中)输入,输出控制方向盘。

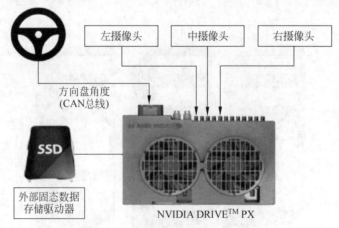

图 9.21　数据收集系统的框架

图 9.22 所示是其 CNN 模型训练的流程图,采用 BP 算法训练网络参数。

图 9.23 所示是模型推理的框图,这时只用一个中摄像头。

图 9.24 所示为 CNN 模型架构的细节,有 2700 万个联结,25 万个参数。

可以看出,该模型不学习速度调整模型,如自适应巡航控制(ACC)那样。当年,该系统

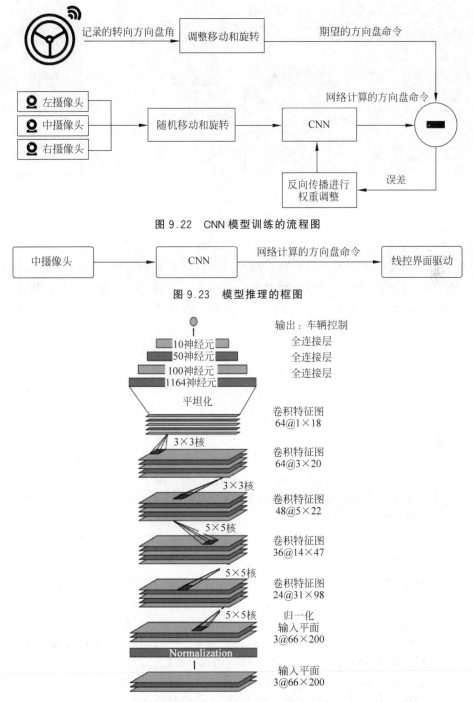

图 9.22 CNN 模型训练的流程图

图 9.23 模型推理的框图

图 9.24 CNN 模型架构的细节

曾在旧金山的九曲花街进行过演示，的确不需要控制速度，但是障碍物造成刹车也会导致人为接管。

参考文献[18]是 Comma.ai 的工作，作为向特斯拉和 Mobileye 的视觉方法挑战的黑客，Comma.ai 的确在端到端的自动驾驶开发中是最早的探索者。如图 9.25 所示是

Comma.ai 的开源软件 OpenPilot 的框架图。

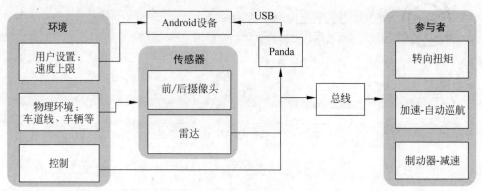

图 9.25  OpenPilot 框架图

OpenPilot 主要由两部分组成：软件和硬件。软件部分包含各种算法和中间件。称为 EON 的硬件设备是一整套设备的大脑，负责运行 NEO 系统（高度定制的 Android 系统）和软件算法。EON 设备上的不同单元捕捉相应的环境信息，例如，摄像头拍摄物理世界的前向图像，名为 Panda 的车辆接口从 CAN 总线提取车辆状态。此步骤中还使用车辆上的毫米波雷达。然后，利用这些数据，OpenPilot 运行 Supercombo 自动驾驶模型，并通过后处理软件和中间件验证其输出。最后通过 Panda 接口向车辆控制器发送控制信号。

自动驾驶模型 Supercombo 的思想就是复制驾驶人的驾驶行为，并模拟道路的驾驶规划。采用的深度学习模型是基于生成对抗网络（GAN）框架下的变分自动编码器（VAE）。利用一个动作（action）条件 RNN 模型通过 15 帧的视频数据来学习一个变换模型（transition model）。

为了学习数据嵌入，选择一个将潜空间概率分布强制为高斯分布的模型。生成性对抗性网络（GAN）与生成器一起学习生成模型成本函数，其交替训练生成网络和鉴别网络。生成模型将潜空间分布的样本转换为所需数据集的数据。鉴别器网络试图从生成器采样的图像中辨别来自期望数据集的样本。

可以简单地将 VAE 方法与学习成本函数相结合。VAE 可以和 GAN 一起训练，其中编码器优化潜空间中的高斯先验和 GAN 鉴别器网络提取特征之间的相似性。生成器从潜空间分布和编码器网络的输出接收随机样本作为输入。该生成器优化以欺骗鉴别器并最小化原始图像和解码图像之间的相似度。图 9.26 所示为这个驾驶模拟器模型的架构，其中基于 RNN 的变换模型和 GAN 结合在一起。

对自动编码器进行 200 次 epoch 训练。每个 epoch 由 10 000 个梯度更新组成，批处理大小为 64。从驾驶数据中随机抽取批次进行处理，采用 Adam 进行优化。生成器由 4 个去卷积层组成，每层随后进行 BN 和泄露 ReLU 激活。鉴别器和编码器由卷积层组成，除第一层之外，每一层都进行 BN。激活函数为 ReLU。鉴别器网络输出大小为 1，其成本函数为二进制交叉熵。编码器网络的输出大小为 2048。

RNN 存在两种训练模式：一种是自由运行模式（free-running mode），即上一个状态输出作为下一个状态的输入；另一种是教师强迫模式（teacher-forcing mode），即使用训练真值作为输入。在采用 15 帧视频数据的 RNN 变换模型训练中，前 5 帧使用教师强迫模式，剩余的 10 帧采用自由运行模式。在 RNN 的相关文献中，反馈输出作为输入被非正式地称

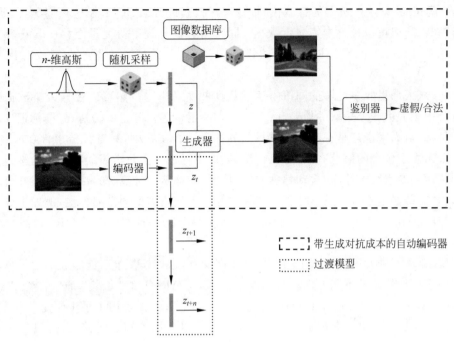

图 9.26  驾驶模拟器模型的架构：GAN 训练一个 VAE 和 RNN 的联合模型

为 RNN 幻觉（hallucination）。注意，当输出作为输入反馈时，输出的梯度认为等于零，应避免不重要的求解。该方法没有考虑感知模块的单独训练，安全性较差，如缺乏障碍物检测、车道线检测、交通信号灯检测等。

## 9.4.2  基于机器学习的运动控制

以下介绍的是深度学习或者强化学习实现运动控制的工作，这里不同于端到端的车辆控制之处在于，运动控制的输入不是原始传感器数据，而是被感知预测规划处理过的中间结果或者表征。

参考文献[21]中通过模仿一个强化学习教练来训练一个自动驾驶系统，即 **Roach**（**RL coach**）。自动驾驶的端到端方法，通常依赖于专家演示（LfD）。对同策略（on-policy）密集监督的端到端算法来说，尽管人是优秀的司机，但并不是很好的教练。相反，靠提供特别信息的自动驾驶专家可以有效地生成大规模同策略和异策略（off-policy）演示。

然而，现有的城市驾驶自动驾驶专家使用大量手工制定的规则，即使在有真值的驾驶模拟器上也表现不佳。为了解决这些问题，参考文献[21]中训练了一个强化学习专家，将 BEV 图像映射到连续的底层操作。在这个强化学习教练的监督下，一个单目摄像头的基准端到端智体实现了专家级性能。

虽然模仿学习（IL）方法直接模仿专家的行为，但强化学习方法通常用专家演示的监督学习对模型的一部分进行预训练，这样可提高样本效率。一般来说，专家演示可以分为异策略和同策略两类。

（1）**异策略**，即专家直接控制系统，状态/观测分布随专家。自动驾驶的异策略数据包括一些公共驾驶数据集，如 nuScenes、Lyft level 5、Bdd100k。

（2）**同策略**，系统由所需的智体控制，专家对数据进行"标记"；在这种情况下，状态/观测分布随智体，但可以接触专家演示数据；同策略数据是缓解协变量漂移（covariate shift）现象的基础，因为它允许智体从自己的错误中学习，而异策略数据的专家没有出现这种错误。

然而，从人那里收集足够的同策略演示数据并非易事。虽然可以在异策略数据收集过程中直接记录人类专家采取的轨迹和行动，但在给定传感器测量值的情况下，标记这些专家给出的目标，对人来说还是一项具有挑战性的任务。在实践中，只有稀疏事件（如人为干预等被记录），由于包含的信息有限，难以训练，因此更加适合强化学习而不是模仿学习。

为了达到专家级的性能，自动驾驶专家可能依赖详尽的计算、昂贵的传感器甚至真值信息，因此直接部署是不可取的。尽管一些模仿学习方法不需要同策略标注，例如生成对抗模仿学习（generative adversarial imitation learning，GAIL）和逆强化学习（IRL），但与环境的异策略交互，效率不高。

相反，自动驾驶专家可以减少昂贵的同策略交互，这使模仿学习能够成功地将自动驾驶专家应用于自动驾驶的不同方面。自动驾驶仿真器 CARLA 的"专家"，通常称为 Autopilot（或漫游智体）。这种 Autopilot 可以访问真实模拟状态，但由于用了手工制定的规则，因此其驾驶技能无法与人类专家相提并论。模仿学习可以看成是知识迁移，但是只是从专家行动中学习是不够有效的。

CARLA Autopilot 由两个轨迹跟踪的 PID 控制器和紧急制动的危害（hazard）检测器组成。危害包括：

- 前方检测到行人/车辆。
- 前方检测到红灯/停车信号。
- 自车负速度，用于处理斜坡。

如果自车前方的触发区域出现任何危害，Autopilot 会紧急刹车：加速＝0，转向＝0，制动＝1；如果没有检测到危险，自车通过两个 PID 控制器沿着所需路径行驶，一个用于速度控制，另一个用于转向控制。PID 控制器将自车的位置、旋转和速度作为输入，指定的路线是密集（1 米间隔）的航路点。速度 的 PID 产生加速，转向的 PID 产生转向。手动调整 PID 控制器和危害检测器的参数，CARLA Autopilot 可以成为一个强大的基准方法（目标速度为 6m/s）。

从实验中看到，从头开始训练一千万步之后，Roach 超越基于规则的 Autopilot，为 CARLA 设定了新的性能上限。从 Roach 专家进行学习时，可以训练模仿学习智体，并研究更有效的训练技术。鉴于神经网络的策略采用，Roach 可以当同样基于神经网络的模仿学习智体更好的教练。Roach 为模仿学习智体提供了许多可供学习的信息化目标，这远远超出了其他专家提供的确定性动作。

如图 9.27 所示为 Roach 的概览，这是一个在 CARLA 仿真器上 Roach 标注的同策略监督学习方案。用 Roach 的输出在 CARLA 上可驱动车辆，这样能够记录来自 Roach 的同策略数据。除了利用 3D 检测算法和其他传感器来合成 BEV 之外，Roach 还可以解决现实世界中带策略存在的监督稀缺问题。

Roach 具有以下三个特点。

- 与之前的强化学习智体相比，Roach 不依赖于其他专家的数据。

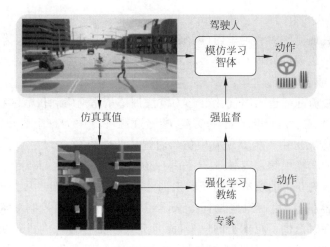

**图 9.27 Roach 概览**

- 与基于规则的 CARLA Autopilot 不同,Roach 是端到端可训练的,因此可通过少量的工程工作推广到新的场景。
- 采样效率高,基于输入/输出表征和探索(exploration)损失,单个 GPU 机器从头开始训练 Roach 不到一周的时间,在 CARLA 的 6 个排名榜(LeaderBoard)地图中获得顶级专家的性能。

Roach 由一个策略网络和一个价值网络组成。策略网络将 BEV 图像和测量向量映射到一个动作分布。最后价值网络用和策略网络相同的输入估计一个标量值输出。

如图 9.28 所示是 Roach 的每个 BEV 表征通道(类似第 8 章介绍的谷歌 ChauffeurNet 模型输入),其中,可行驶区域和预期路线分别如图 9.28(a)和图 9.28(b)所示;在图 9.28(c)中,实线为白色;图 9.28(d)是 $K$ 个灰度图像的时间序列,其中自行车和车辆被渲染为白色边框;图 9.28(e)与图 9.28(d)相同,但针对行人;类似地,交通信号灯处的停止线和停止标志的触发区域在图 9.28(f)中呈现。

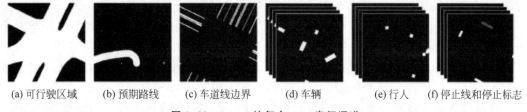

(a) 可行驶区域 　 (b) 预期路线 　 (c) 车道线边界 　 (d) 车辆 　 (e) 行人 　 (f) 停止线和停止标志

**图 9.28 Roach 的每个 BEV 表征通道**

红灯和停止标志按最亮的级别着色,黄灯按中间级别着色,绿灯按较暗级别着色。如果停止标志处于活动状态,则呈现停止标志,即自车进入其附近并在自车完全停止后消失。通过 BEV 表征记住自车是否停止,用无循环结构的网络架构减少 Roach 的模型大小。图 9.27 中给出了所有通道的彩色组合。给 Roach 提供一个测量向量,其中包含 BEV 未表征的自车状态,包括转向、加速、制动、闸门、横向和横向速度。

为了避免进行参数调整和系统识别,Roach 直接预测动作分布。其动作空间主要是转向和加速,加速度正值对应加速,负值对应制动。这里用 Beta 分布描述动作。

与无模型强化学习(model-free RL)常常采用的高斯分布相比,Beta 分布的支持是有界的，避免了强制输入约束的剪切（clipping）或压扁（squashing）操作。

这个会带来表现更好的表现学习（better behaved learning）问题，因为不需要 tanh 层并且熵和 KL 散度可以明确计算。此外，Beta 分布的模态也适用于经常进行极端操作的驾驶动作，如紧急制动或急转弯。

训练采用带裁剪的邻近策略优化（PPO）方法训练策略网络和价值网络。为了让模仿学习智体从 Roach 生成的信息化监督中受益，参考文献[21]中为每个监督制定一个损失，这样 Roach 的训练方案可用于提高现有模仿学习智体的性能。

从所有驾驶的车辆中学习驾驶（learning from all vehicles，LAV）是一种根据自车收集的经验以及从其观测获得的所有车辆经验来训练驾驶策略的框架。从其他车辆学习的主要困难是没有传感器信息，用一组监督任务来学习中间表征，则对控制车辆的视点具有不变性。这不仅在训练时提供了更丰富的信号，而且允许在推理过程中进行更复杂的推理。了解所有车辆的驾驶方式有助于在测试时预测其行为，并可以避免碰撞。

如图 9.29 所示是智体流水线概览，3D 主干网融合激光雷达测量和 RGB 摄像头的语义分割，生成 2D 空间特征图，该共享特征图用作运动规划器的输入。在推理时用中心裁剪（central crop）来预测自车轨迹（见图 9.29(a)）；在训练时用附近车辆的真值检测从所有可见车辆训练运动规划器。检测结果用共享特征图的旋转 ROI 表征。最后，在推理时，控制器将多个运动预测聚合为单个转向和加速命令。

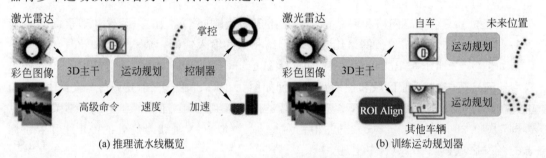

图 9.29　智体流水线概览

LAV 目标是建立一个确定性驾驶模型，该模型在每个时刻将传感器数据、高级导航命令和车辆状态映射到原始控制命令。

LAV 采用的是一个端到端可微的三步模块化流水线：感知模块、运动规划器和低级控制器。

感知模块从大规模标注数据监督中训练，有两个目标：创建周围世界的稳健泛化表征，以及构建车辆有不变形的特征，有助于监督运动规划器。

用 PointPillars 和 PointPainting 两个激光雷达-图像检测模型作为多模态 3D 感知主干网。给定有外参的 3 个摄像头拍摄的 RGB 图像，用 ERFNet 计算其语义分割得分。采用 5 个语义类：背景、车辆、道路、车道线标记和行人。对于每个激光雷达点，用 PointPainting 通过分割分数集成其相应的语义类。

对于 PointPillars，用带 BatchNorm 的 FC-64-64 作为其 PointNet。为在 $x \in [-10\text{m}, 70\text{m}]$ 和 $y \in [-40\text{m}, 40\text{m}]$ 区域的激光雷达点创建柱（pillar）。每个 pillar 代表 $0.25\text{m} \times 0.25\text{m}$ 的空间区域。用具有多尺度特征的默认 2D CNN 获取空间特征，分辨率为原始图像的 0.5 倍。与原始 PointPillars 直接构建超参指定的密集 pillar 不同，这里稀疏地表示

pillar。另外还用稀疏 PointNet 处理相应的稀疏 pillar 特征。这样能够在空间维度和时间维度上有效地处理所有 pillar。

检测头和地图头使用分支架构。用简化的单步 CenterPoint 模型进行 BEV 目标检测。特别是,预测了两个中心(centerness)图,一个用于车辆,另一个用于行人;还预测了类无关的方向和边框图。对于地图,预测了道路、实心车道标记和不连续车道标记的 BEV 语义图。每幅地图都是用单独的 $3 \times 3$ 卷积生成的,然后是步长为 2 的 $3 \times 3$ 上卷积(up-convolution)。所有这些都来自共享的主干网络。在测试时,用 2D 最大池化层作为 NMS 的简化版。

运动规划器用感知模型的地图视角特征生成一系列描述车辆未来轨迹的路点。运动规划通常仅用自车监督来进行此预测。这种监督非常稀疏,为运动规划器提供的是每个收集数据点的一系列标签。在 LAV 框架中,要从围绕自车的所有智体中学习运动规划。这是可能的,因为感知系统产生车辆不变的特征作为输入;这也是因为运动规划器的输出,即未来轨迹,可以很容易地从真实驾驶日志中获得。

最后,低级控制器将运动规划转换为在车辆上执行的实际转向、制动和加速命令。在测试时,低级控制器会考虑其他车辆的运动规划,做出紧急停车决策。

如图 9.30 所示是 LAV 模型训练流水线概览,首先,用检测和语义映射作为监督信号训练 3D 感知模型,这两项任务都有助于学习视点不变的空间表征,检测还可以预测其他车辆的姿态,在推理时预测其未来的轨迹,感知模块生成用于运动规划中与车辆无关的特征表征。同时,通过真实感知结果训练运动规划器,用所有附近车辆的轨迹来训练模型,并用其未来轨迹作为监督。最后,用蒸馏技术结合图 9.30(a) 和 (b) 中学习的模型,该模型学习仅使用自车传感器的输入让所有车辆以端到端的方式进行规划。

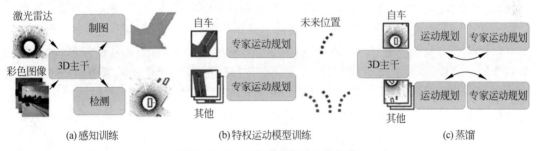

图 9.30　LAV 模型训练流水线概览

控制器将运动规划转换为实际的驾驶命令。如图 9.31 所示是控制器逻辑,其用两个 PID 控制器进行横向(转向)和纵向(加速度)控制,这两种 PID 控制器都使用修正的运动规划得到基本统计信息作为输入,生成连续输出命令,纵向 PID 控制器还用当前速度作为输入来计算加速度。

二进制制动器分类器将所有摄像头 RGB 图像作为输入。将长焦镜头图像和其他三幅图像缝合到 ResNet-18,然后是一个全局平均池层。这提供了固定大小的两个嵌入,连接在一起馈送到线性层,预测二进制制动器。

**SHAIL**(safety-aware hierarchical adversarial imitation learning)是一种自动驾驶分层对抗模仿学习的方法。

生成模仿学习是通过现实世界和模仿决策来自动生成策略的一种方法。以前自动驾驶

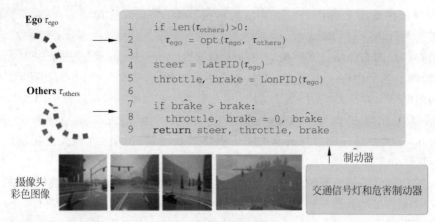

图 9.31  控制器逻辑

策略的生成模仿学习侧重于学习简单设置的低级控制器。然而,为扩展到复杂设置,一些自动驾驶系统将固定的、安全的、基于优化的低级控制器与具备选择适当任务和相关控制器能力的**高级决策逻辑**相结合。

SHAIL 就是这样一种学习方法,带策略地模仿低级驾驶数据,从一组低级控制器实例中选择出高级策略。

许多自动驾驶系统将低级控制的快速、安全、基于优化的控制器与高级逻辑相结合,去选择适当的任务、控制器和控制器参数。高级逻辑可以在不同的选项之间进行选择,例如,左变道(lane change left)、加速(accelerate)、右拐弯(turn right)、轻踩制动(easy brake)、重踩制动(hard brake),然后将控制权传递给具有所选适当任务和参数的低级控制器实例。但是,这些高级选项的选择标签在专家轨迹中通常无法访问,这样导致直接学习变得困难。

先回顾一下模仿学习和强化学习的背景知识。

最优决策一般在马尔可夫决策进程(MDP)中进行环境定义,包括状态空间、动作空间和状态转移函数,以及奖励函数、初始状态分布和折扣系数 $\gamma$。MDP 的策略通过动作映射状态到一个分布,一个最优的策略会最大化所累计的折扣奖励。

在强化学习设置中,确切的转换和奖励函数 $T$ 和 $R$ 是未知的,但可以与环境交互,接收下一状态和奖励生成的样本。

在模仿学习设置中,不接收奖励信号,而是依赖于与环境交互的专家以轨迹展开的形式提供数据。模仿学习问题可以看作专家和学习者分布之间的**时刻匹配**(**moment matching**)问题,方法可以大致描述为以下几种:异策略的 Q-价值时刻,带策略的 Q-价值时刻或奖励时刻。

在模仿学习设置中,学习策略的最直接方法是行为克隆(BC),其中受监督的学习者从状态回归到动作。这种方法在自动驾驶系统中有着悠久的历史。行为克隆在测试过程中会有错误的累积,因为智体最终会进入训练中未见过的状态,这种现象通常被称为协变量漂移(covariance shift)。

在一个策略 $\pi$ 下,定义**状态-动作占用度量**(**occupancy measure**)是该策略下所访问的状态和动作(非规范化)$\gamma$-折扣平稳分布。同样地,也可以定义专家策略的状态-行动占用度量。

一种观点将模仿学习表述为专家和学习的占用度量之间的**时刻匹配**（**moment matching**）问题，其通过最小化相关分布之间的一些 $f$-散度（divergence）来实现。在带策略**奖励匹配**设置中，这个目标（objective）可以写成一个策略生成器和一个观测-动作鉴别器之间的双人博弈。

这个目标的优化方法可以在优化鉴别器参数的鉴别器梯度下降和优化随机策略的策略梯度下降之间切换，后者可以看成是带奖励信号的强化学习。而这两个步骤都可以用蒙特卡洛方法（和一个重放缓存）估计其期望。

下面讨论 SHAIL 的具体实现。

首先定义与一个能分层生成低级数据的策略相匹配的占用度量（occupancy measure）目标，然后再设计安全-觉察的高级控制器。

首先，占用度量-匹配的目标函数定义为一个分层地生成状态和动作的策略，其中把占有度量在各个高级选项中展开。然后，把占有度量的分层表征引入。这里鉴别器更新保持不变，而生成器更新采用**策略梯度**（**policy gradient**）算法，其中新的"想象"高层奖励会累积折扣的低层"想象"鉴别器奖励。

许多实际策略梯度的实现，都依赖于固定大小的动作空间。基于此，这里仅限于一个高级选项集，其中任何选项都可以从每个状态进行初始化。就安全性而言，这种假设可能非常有限。通常，有来自不同状态的受限选项信息。例如加速（accelerate）选项不应从一个红灯中获取。此外，也许能够对不同控制器的安全性进行预测。例如，通过控制器的可达性（reachability）公式严格去预测安全性，或者通过场景理解更宽松地判断（例如，"由于有车辆穿过十字路口，因此转弯可能不安全"）。

SHAIL 设计一个在选项安全性包含敏感性度量的高级"选项-选择"（option-selection）策略，改进了前面的分层对抗模仿学习形式。

假设智体可以推断来自不同状态不同选项的安全性或可用性，以此纳入安全觉察估计。SHAIL 引入一个二进制随机变量，预测低级控制器的安全性或可用性，表示选项从高级状态执行时是安全的概率。这样设计选项就可以根据此安全预测将控制传递回高级选项的选择器。

基于此控制器的安全性，可以设计一个高级控制器，其根据选项的安全预测重新加权（或掩码）选项的概率。此方案需要至少一个具有非零安全概率的选项（例如，一个永久的"安全"控制器），否则这个高级策略将不能代表在控制器的一个有效分布。另外，要学习有用选项的选择器，这些选项应该具有一些在不同初始状态下成立的语义含义。

通过**策略梯度**学习具有此策略的选项选择器，需要将选项启动看到的安全概率存入重放缓存（replay buffer）中。

GIN 是一种基于图交互-觉察约束的安全驾驶策略优化方法。在此框架中，运动预测和控制模块共享包括一个社会上下文的潜在表征，同时一起进行训练。

为了反映社会交互，GIN 以图形式说明了智体的运动，并用图卷积网络对特征进行滤波。这有助于保持相邻节点的时空位置。此外，反馈循环能有效地结合这两个模块。因此，GIN 鼓励学习的控制器免受动态风险的影响，同时运动预测对异常运动具有稳健性。

具体来说，运动预测和控制这两个模块通过强化学习（RL）框架同时进行训练，同时共享一个能解释智体之间交互的社会上下文向量。为了学习这个上下文向量，用编码器对动态图特征进行时空优化。用这个上下文向量,可以创建两个反馈循环来有效地组合这两个模块。一种方法利用几何解释用作策略优化约束的预测运动,生成辅助成本;另一种方法利用策略在训练期间收集的样本作为预测的真值。

如图 9.32 所示是 GIN 的原理图,蓝线表示运动预测和控制模块共享的社会上下文向量,而彩色线的组合表示两个模块之间的反馈循环;根据红线,辅助成本是控制的附加约束信号;此外,绿线说明保存的样本作为运动预测的真值。

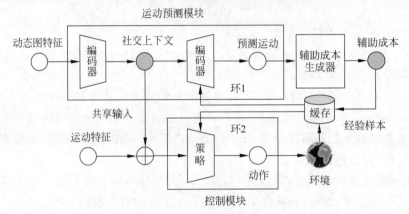

图 9.32    GIN 的原理图

如图 9.33 所示为 GIN 每个部分的详细架构,主要包含三个模块:输入预处理、交互-觉察运动预测和交互-觉察控制。

这里简单描述一下输入预处理模块,主要是两个特征:路径跟踪特征和社会图特征。

定位信息通过 GPS 实时接收,路网信息通过特定区域内的数据库查询获得。使用 $A^*$ 算法在路网生成从当前位置到目标位置的全局路径。随后,利用路径和定位计算每个时刻在当前位置和预瞄距离 $d$ 之前位置的交叉跟踪误差和航向角误差。最后,添加自车的当前速度。

动态智体在路上的运动以图形式表示,包括节点和相邻矩阵。每个节点向量包括以自车为中心坐标系的位置、朝向角、相对速度、相对加速度、相对角速度和掩码。掩码代表这个目标是否在识别范围内存在。图边缘代表空间和帧间信息,相邻矩阵表示边缘的相邻关系。

至于交互觉察-运动预测模块,它由编码器和解码器组成,考虑自车和其他车辆之间的交互,以此预测轨迹。当智体进入或离开识别范围时,图结构会随着时间而发生变化。为了使交互觉察-运动预测模块能够归纳推理任意图,该模块使用强化学习智体收集的子图样本进行训练。

(1)编码器:重放缓存采样的子图用作编码器的输入。对子图,一个瓶颈层,即具有 $1 \times 1$ 内核的卷积层,应用其增加节点特征的大小。随后,特征通过图卷积块的三层来提取鼓励复杂驾驶策略的高阶关系。每个图卷积块在保持时空连通性的同时压缩潜在表征。在此过程中,图操之和沿空间边缘提取空间相关特征。接下来,沿帧间边缘应用卷积运算,可了解动态智体之间的时间相关性,这有助于让学习的意图保持一致。最后,用一个残余连接防止梯度消失。在多层块之后,创建一个社会上下文,这个序列特征由 GRU 模型总结。

(2)解码器:基于隐含上下文向量,解码器生成周围的未来轨迹并允许交互-觉察控制模块了解长期风险。这是因为它可以通过几何解释预测轨迹为检测的风险提供信号。解码

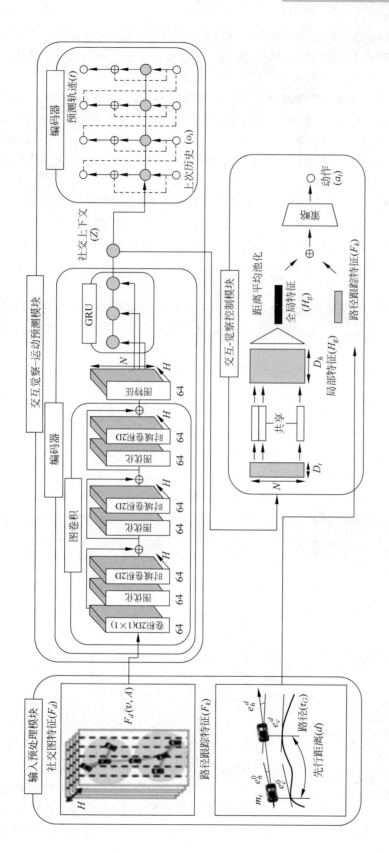

图 9.33　GIN 详细架构图

器 GRU 的初始隐状态是社会上下文向量,初始输入是每辆车的当前位置。每个 GRU 单元通过一个输入和输出之间的跳连接预测车辆的速度分布。从重放缓冲采样的轨迹用作真值。预测模块使用具有 $p$ 范数的回归损失进行训练。

最后,交互-觉察控制模块通过强化学习框架在动态环境中考虑路径跟踪和避免碰撞的特性来输出动作。因此,GIN 用路径跟踪特征和社会上下文向量表征目标的交互。为了从一个自车的控制角度压缩社会上下文,其设计了一个共享模块。此外,用预测运动产生辅助成本。最后,在受限 MDP 下通过不带策略的策略梯度(PG)方法同时优化交互觉察-运动预测模块和交互-觉察控制模块。

(1)距离平均池化:为识别范围内的动态目标创建图时,节点的顺序会发生变化,所以保留社会上下文向量的置换不变性,其局部特征通过共享权重的前馈网络获得。然后,应用距离平均池化(DAP)创建全局特征。就自车而言,智体越接近,其意图就越得到反映。在 DAP 之后,将全局特征和手工设计的路径跟踪特征连接起来,作为输入传递给参数化的策略。

(2)辅助成本:为了避免仅在碰撞稀少的情况下获得成本,用预测的轨迹创建辅助成本。因此,将稀疏信号转换为密集信号,从而促进学习策略以避免长期风险。这里将风险检测分为四种情况。为从几何角度解释社会风险,用多边形和折线。多边形是一个局部边框,在其长度和宽度上加有一定安全余量。折线表示解码器预测的每辆车轨迹。用分离轴定理(SAT)可检查自车多边形和其他多边形之间的重叠。基于逆时针(CCW)算法可检测两条线段之间的相交。为了创建线段,连接多边形的起点和终点。对于多边形,用每条边作为线段。辅助成本定义为自车多边形和多折线之间的重叠。

(3)优化:算法称为基于图的意图-觉察约束策略优化,即 GIN。GIN 在训练循环之前,用 $A^*$ 算法获得一条遵循道路网络 $\mathcal{G}_n$ 的全局路径 $\tau_g$。在每个步骤中,智体与环境交互,在训练期间生成样本,并将它们存储在缓冲中。输入预处理模块为 $\phi_d$ 和 $\phi_k$,分别创建社会图特征 $F_d$ 或路径跟踪特征 $F_k$。$F_d$ 描述观测车辆位置 $o_t$ 历史下的动态目标,而 $F_k$ 解释系统的运动学。此外,在时域中累积了另一个以长度 $2H$ 中点为中心的特征 $\bar{F}_d$($H$ 为时域特征总长度),用数据预测未来轨迹 $\hat{\tau}_t$。给定编码器 $v_\eta$ 处理的状态,智体执行一个操作,并进入下一个状态。为了避免考虑这种交互的长期风险,使用辅助成本 $\hat{c}_\rho$,其从解码器 $\rho_\zeta$ 获得的轨迹 $\hat{\tau}_t$ 计算得到。对于梯度,所有模型参数都从重放缓存取样的批次进行更新。编码器和解码器用预测损失进行更新。演员(actor)、评论家(critic)和近似成本的参数 $<\theta,\psi,\mu>$ 以及自适应权重 $<\beta,$ $\kappa>$ 由 worse case soft AC(最坏情况柔性 AC,WCSAC)算法通过累积样本学习。最后,目标网络的参数 $<\bar{\theta},\bar{\psi},\bar{\mu}>$ 通过移动平均值进行更新,保持学习稳定性。

如图 9.34 所示即为 GIN 的算法伪代码,其中成本为 $c$,状态为 $s$,动作为 $a$,奖励为 $r$,状态转移为 $T$,折扣因子为 $\gamma$,策略分布为 $\pi$,GCN 的传播规则为 $\psi$,社交上

```
1.  初始化:网络参数 π_θ, Q_ψ, C_μ, υ_η, ρ_ζ
2.  初始化:自适应权重 β, κ
3.  初始化:重放缓冲 D ← φ
4.  用 <θ, ψ, μ> 复制目标网络 <θ̄, ψ̄, μ̄>
5.  从数据库上载道路网络图 G_n
6.  for 每次迭代 do
7.      随机选择 p_s 和 p_g
8.      计算 τ_g ← A*(p_s, p_g, G_n)
9.      for 每个环境步 do
10.         计算 F_d ← φ_d(o_{t-H+1:t}) 和 F_k ← φ_k(τ_g, m_t)
11.         计算 在 t-H 时刻 F̄_d ← φ_d(o_{t-2H+1:t})
12.         计算 Z ← υ_η(F_d)
13.         s_t = {Z, F_k}
14.         计算 a_t ← π_θ(a_t | s_t)
15.         计算 s_{t+1} ← T(s_{t+1} | s_t, a_t)
16.         计算 τ̂_t ← ρ_ζ(Z, o_t)
17.         计算 c_t^+ ← c(s_t, a_t) + ĉ(τ̂_t)
18.         计算 D ← D ∩ {s_t, r(s_t, a_t), c_t^+, s_{t+1}, F̄_d}
19.     end for
20.     for 每个梯度步 do
21.         从 D 随机采样经历
22.         用 ∇_{η,ζ} L_p(F̄_d) 更新 η, ζ
23.         计算 θ, ψ, μ, β, κ ← WCSAC(s_t, a_t, r_t, c_t^+, s_{t+1})
24.         用 <θ, ψ, μ> 更新 <θ̄, ψ̄, μ̄>
25.     end for
26. end for
```

图 9.34　GIN 算法伪代码

下文为 $Z$。

参考文献[25]中提出了基于模型预测控制(MPC)的模仿学习实现安全自动驾驶系统。

一方面,不少工作都在开发控制系统模仿驾驶人的驾驶行为演示。模仿学习算法可用于此目的,但很难为最后的闭环系统轨迹提供安全保障。另一方面,MPC 可以处理具有安全约束的非线性系统,但要实现和人一样驾驶还需要广泛的领域知识。

参考文献[25]中建议使用两种技术的无缝组合,用 MPC 作为分层模仿学习策略中的可微分控制层,从所需驾驶行为的演示中学习一个控制器。具有此策略模仿学习就可以通过 MPC 成本中的参数、模型或约束以闭环和端到端的方式运行。

一个 MDP 包括状态 $s_t$、动作 $a_t$ 和状态转换 $s_{t+1} \sim P(\cdot \mid s_t, a_t)$。一个智体控制系统的策略为 $\pi(a_t \mid s_t)$。一个策略 $\pi$ 诱导的**状态占有度量 $\rho_\pi(s)$** 表示状态发生的密度,同时在无限时间范围内遵循该策略叠加一个因子 $\gamma$ 的折扣:

$$\rho_\pi^S = \sum_{t=0}^{\infty} \gamma^t P(s \mid \pi) \tag{9-81}$$

鉴于模仿的专家策略 $\pi_E$,模仿学习试图找到一个策略 $\pi$ 将占用度量距离最小化,即

$$\min_\pi \mathbb{E}_{s \sim \rho_\pi^S} [\mathcal{L}(\pi_E, \pi)] = \mathcal{L}(\rho_{\pi_E}^S, \rho_\pi^S) \tag{9-82}$$

而 MPC 作为一个最优控制器,定义为

$$a = \underset{x,u}{\operatorname{argmin}} \sum_{k=0}^{N-1} l(\theta, x_k, u_k) + l_N(\theta, x_k, u_k) \tag{9-83}$$

服从以下约束:

$$x_0 = \hat{x} \tag{9-84}$$

$$x_{k+1} = f(x_k, u_k, \theta) \tag{9-85}$$

$$h(x_k, u_k, \theta) \leqslant 0 \tag{9-86}$$

$$a = u_0 \tag{9-87}$$

现在系统状态 $s_t$ 的控制通过一个(未知)随机策略 $\pi_H$,即 $a_t \sim \pi_H(\cdot \mid s_t)$,而模仿的控制器用一个 $\theta$ 参数化的确定性策略控制,即 $a_t = \pi_\theta(s_t)$。策略的控制器部分由 MPC 表示,根据系统状态 $s$ 和参数 $\theta$(目标函数、模型和约束的部分)优化其控制动作 $a$:

$$\min_\theta \mathbb{E}_{s \sim \rho_{\pi_\theta}^S} [\mathcal{L}(\pi_H, \pi_\theta)] = \mathcal{L}(\rho_{\pi_H}^S, \rho_{\pi_\theta}^S) \tag{9-88}$$

其中

$$\pi_\theta \in \underset{x,u}{\operatorname{argmin}} \sum_{k=0}^{N-1} l(\theta, x_k, u_k) + l_N(\theta, x_k, u_k) \tag{9-89}$$

服从以下约束:

$$x_0 = s \tag{9-90}$$

$$x_{k+1} = f(x_k, u_k, \theta) \tag{9-91}$$

$$h(x_k, u_k, \theta) \leqslant 0 \tag{9-92}$$

$$a = u_0 \tag{9-93}$$

式(9-88)~式(9-93)描述了一个双层优化问题,其中上层问题是策略 $\pi$ 相对于人类策略 $\pi_H$ 的模仿,而下层问题是在给定状态 $s$ 的情况下 MPC 优化问题。

在基于梯度的求解技术中,下层的优化问题通常用 KKT 条件作为约束来替换。然而,

在模仿学习和强化学习的背景下,直接求解约束优化问题并不容易。此外,它需要二阶信息(即 Hessian 矩阵),并且当涉及神经网络和大量数据处理时,二阶信息不能很好地扩展。

相反,这里所采用的解决方案仅基于一阶信息。核心思想是,相对于上层模仿问题的优化变量,计算 MPC 参数化解的梯度,然后将其作为无约束解进行求解,其中梯度下降步长为 $\alpha$:

$$\theta \leftarrow \theta - \alpha \left[ \frac{\partial \mathcal{L}}{\partial \theta} \right] \tag{9-94}$$

$$\left[ \frac{\partial L}{\partial \theta} \right]^{\mathrm{T}} = \left[ \frac{\partial \pi_\theta}{\partial \theta} \right]^{\mathrm{T}} \left[ \frac{\partial L}{\partial \rho_{\pi_\theta}^s} \frac{\partial \rho_{\pi_\theta}^s}{\partial \pi_\theta} \right]^{\mathrm{T}} \tag{9-95}$$

可以看出 $\frac{\partial \mathcal{L}}{\partial \theta}$ 的计算需要:

- $\frac{\partial \mathcal{L}}{\partial \rho_{\pi_\theta}^s} \frac{\partial \rho_{\pi_\theta}^s}{\partial \pi_\theta}$,取决于所采用的模仿学习算法,定义的距离 $\mathcal{L}$ 以及如何近似占用度量 $\rho$。

- $\frac{\partial \pi_\theta}{\partial \theta}$,MPC 问题(局部)最优解的导数。

参数 $\theta$ 指模型中的物理性质或二次调节器成本中的权重矩阵,因此是静态的。然而,为了解更复杂的策略行为,作为端到端从演示进行控制的情况,需要将 MPC 控制与其他可微分层相结合。

关于系统在时间 $t$ 的一些上下文信息,这里以潜变量 $\chi_t$ 的形式分析,该变量可从系统当前状态推断,即 $\chi_t = Q(s_t)$,例如,$\chi_t$ 可以是高维输入(如图像),从中可以方便地进行端到端学习。为此,学习一个函数 $\theta = g(\chi_t)$ 将潜变量 $\chi_t$ 映射到 MPC 参数 $\theta$。例如,$\theta$ 可以表示系统的目标状态或要遵循的轨迹,这取决于时间 $t$ 的当前情况,这种方法称为分层分解。MPC 负责反应控制行为,即映射 $s_t \rightarrow a_t$,而前面的层会学习间接影响系统闭环行为的子任务,这些层被称为间接控制器。然后,策略写为

$$a_t = \pi_\theta(\chi_t)(s_t) \tag{9-96}$$

如图 9.35 所示,基于一个约束的优化 MPC 提供映射 $s_t \rightarrow a_t$,间接控制器根据潜变量 $\chi_t$ 输出 MPC 参数 $\theta$;虚线显示整个策略的梯度流,这可能是由于 MPC 的可微分性。

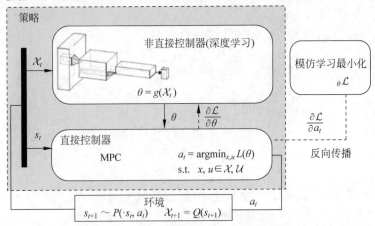

图 9.35    带一个 MPC 控制层的策略分层分解

下面介绍通过 MPC-IL 方法如何采用观测的克隆行为(BCO)和可微分模拟器来闭环学习带 MPC 控制的分层策略,简称为 MPC-BCO。

已知由策略 $\pi_\theta : \tau_{\pi\theta} = s_0, s_1, \cdots, s_T$ 得到的长度为 $T$ 的状态轨迹,以及从人类演示中采样的状态轨迹 $\tau_{\pi H} = s_0^*, s_1^*, \cdots, s_T^*$。该问题定义为一个优化问题,即从相同的初始状态 $s_0^*$ 开始,最小化人类和策略在状态序列上的 L2 状态误差 $\mathcal{L}(s_t, s_t^*) = \| s_t - s_t^* \|_2^2$。这些序列是通过模拟模型 $F$ 获得的,提供状态转换 $s_{t+1} = F(s_t, a_t)$。假设可以计算 $F$ 在某个 $(s_t, a_t)$ 附近的一阶导数,建议通过时间反向传播(BPTT)来计算式(9-45)中的 $\frac{\partial \mathcal{L}}{\partial \theta}$。BPTT 未来状态的错误由策略采取的先前操作造成。

定义 $J(\theta) = \mathbb{E}_{s_t \sim \rho_{\pi\theta}^s} \mathbb{E}_{s_t^* \sim \rho_{\pi H}^s} \left[ \sum_{t=0}^{T} \mathcal{L}(s_t, s_t^*) \right]$ 是沿轨迹 L2 姿态误差的总和。然后,为了更新策略,利用策略和模拟器的可微性,用 BPTT 计算 $J$ 在 $(s_t, a_t, s_{t+1})$ 的导数。梯度通过以下递归公式计算:

$$\frac{\partial J_t}{\partial s_t} = \frac{\partial \mathcal{L}_t}{\partial s_t} + \frac{\partial J_{t+1}}{\partial s_{t+1}} \left( \frac{\partial F}{\partial s_t} + \frac{\partial F}{\partial a_t} \frac{\partial \pi_\theta}{\partial s_t}_{|\chi_t} \right) \tag{9-97}$$

$$\frac{\partial J_t}{\partial \theta} = \frac{\partial J_{t+1}}{\partial s_{t+1}} \frac{\partial F}{\partial a_t} \frac{\partial \pi_\theta}{\partial \theta}_{|\chi_t} + \frac{\partial J_{t+1}}{\partial \theta} \tag{9-98}$$

最终梯度 $J(\theta)$ 通过递归地应用式(9-97)和式(9-98)计算,从 $t = T$ 开始直到 $t = t_s$。建议在 $t_s = 0$ 之前不要进行反向传播(BP)以避免偏差;由于初始状态 $s_0^*$ 属于人类演示状态的占用度量,因此在策略达到与其实际占用度量相对应的稳定状态之前,系统可能存在一个过渡部分。完整的 MPC-BCO 的算法伪代码如图 9.36 所示。

1. 输入:手工采样轨迹 $D(\tau_{\pi H})$ $=$ $\tau_1^*, \tau_2^*, \cdots, \tau_m^* \sim \rho_{\pi H}$
2. 其中 $\tau^* = s_0^*, s_1^*, \cdots, s_T^*$
3. 用 $\theta_0$ 初始化 $\pi_\theta$
4. **for** $\tau^* \sim D(\tau_{\pi H})$ **do**
5. $s_0 = s_0^*$, $\chi_0 = Q(s_0^*)$
6. **for** $t = 0$ **to** $T-1$ **do**
7. //策略仿真展开
8. $a_t = \pi_{\theta(\chi_t)}(s_t)$
9. $s_{t+1} = F(s_t, a_t)$
10. $\chi_{t+1} = Q(s_{t+1})$
11. **end for**
12. $\frac{\partial J_{T+1}}{\partial s_{T+1}} = \frac{\partial J_{T+1}}{\partial \theta} = 0$
13. **for** $t = T$ **down to** $t_s$ **do**
14. //BPTT
15. $\frac{\partial J_t}{\partial s_t} = \frac{\partial L}{\partial s_t} + \frac{\partial J_{t+1}}{\partial s_{t+1}} \left( \frac{\partial F}{\partial s_t} + \frac{\partial F}{\partial a_t} \frac{\partial \pi_\theta}{\partial s_t} \right)$
16. $\frac{\partial J_t}{\partial \theta} = \frac{\partial J_{t+1}}{\partial s_{t+1}} \frac{\partial F}{\partial a_t} \frac{\partial \pi_\theta}{\partial \theta} + \frac{\partial J_{t+1}}{\partial \theta}$
17. **end for**
18. $\theta \leftarrow \theta - \alpha \left[ \frac{\partial J_{t_s}}{\partial \theta} \right]^T$ //梯度更新
19. **end for**

图 9.36　MPC-BCO 伪代码

## 9.5　小结

本章讨论了自动驾驶的控制模块,从车辆的运动学和动力学模型、传统控制算法(PID、

LQR 和 MPC)到实用的路径/轨迹稳定的控制算法,特别涉及基于机器学习的端到端控制系统。

从第 5 章到本章,已经把自动驾驶的模块化开发平台进行了"浏览",即感知、地图、定位、规划和控制等。第 10 章将讨论自动驾驶的仿真模拟模块。

## 参考文献

# 第10章 自动驾驶的仿真模拟模块

彩色图片

在现实世界中测试自动驾驶技术的性能和安全是一个巨大的工程。通常认为,大概需要100亿英里(1英里≈1.609千米)的试驾数据来优化一个开发的自动驾驶系统,即便是组建一支1000辆车的车队也需要花费约50年的时间完成。由于无法进行充分的道路测试(道路测试需要投入的时间和费用极其昂贵),因此需要基于计算机模拟仿真系统帮助在虚拟环境中开发和测试自动驾驶系统。

众所周知,谷歌公司开发的仿真系统CarCraft已经跑了超过150亿英里(每天超过1000万英里),而实际车载测试才1800万英里(每个月大概测试100万英里)。其中将实际上车测试的问题在模拟仿真系统中进行复现并添加各种变化被称为"模糊化"(fuzzing),当时开发的可视化平台Xview就是模拟仿真系统的一部分,相当于调试可视化的显示界面。

这样的模拟仿真系统的构成一般包括多个算法模块,例如:

- 传感器模型。摄像头(游戏引擎类似的功能)、激光雷达、雷达、声呐,甚至车联网(V2X)、GPS、IMU、轮速计等。
- 高清地图和虚拟环境(类似VR)。一些高清地图的制造商也可以直接从真实环境中生成,如旧金山、纽约、伦敦等。
- 车辆模型(OEM数据、动力学模型、控制模型)。行人、摩托车和自行车等,以前做运动捕获(motion capture)的公司有很好的数据,商用的汽车模拟软件在这些方面也很成熟。
- 道路系统(路径网络)和道路特性(地质、坡度、风险、利用率等)。
- 环境模型(季节、气候、天气,时间如白天、晚上等)。跟传感器模拟关系比较大。
- 交通模型(交通规则、限速、停车、十字/丁字/环路、交通信号灯、让路、分岔、汇入等),即交通流的仿真。
- 驾驶模型(驾驶行为、导航规则、避撞、个人特色、文化、地域等)。
- 应用相关的,如运动规划、模拟训练。

本章介绍一些搭建仿真系统的模块。10.1节介绍传感器的仿真,如摄像头的图形学成像技术,激光雷达和毫米波雷达的数据模拟合成等;10.2节以开源软件SUMO为基础,介绍交通仿真模型;10.3节介绍车辆和行人CAD模型,并讨论深度学习建模的车辆动力学,另外介绍一些计算机视觉方法方面渲染人体和人体运动的研究；10.4节以美国网约出租车公司 Uber 开源的可视化平台为例，介绍自动驾驶的可视化技术；10.5节介绍道路网络仿真环境的建立；10.6节分析场景库的自动驾驶测试技术（包括场景描述语言 OpenSCENARIO 和场景库例子 PEGASUS）；最后10.7节讨论数字孪生构建安全紧要数据的神经网络方法。

## 10.1　传感器

以介绍摄像头、激光雷达和毫米波雷达为主，另外还介绍惯导、导航系统、超声波雷达和车联网等传感器。

### 10.1.1　摄像头

摄像头的图像处理参考2.2节，摄像头的传感器光-电结构参考3.1.1节。

参考文献[49]中模拟了数字摄像头系统的功能。模拟包括从光到数字信号的转换、颜色处理和渲染。一个光谱图像处理算法用于模拟数字摄像头的辐射测量特性。在这个算法中，考虑了光源的光谱图像和透射率、透镜、滤波器以及 CMOS 图像传感器的量子效率。光学部分的特征在于不同点扩散函数（PSF）光学组件之间的多卷积，如库克三元镜（cooke triplet）、孔径、光衰减和 CMOS 传感器的光学部分。电气部分包括 Bayern 采样、插值、动态范围和模数转换。为减少噪声，混合不同的曝光图像来重建噪声模糊图像。然后，对图像进行滤波、去卷积和锐化，消除噪声和模糊。接下来，进行颜色处理和渲染块的插值、白平衡、颜色校正、从 XYZ 颜色空间到 LAB 颜色空间的转换，然后转换到 RGB 颜色空间、颜色饱和度和对比度。

摄像头方程（camera equation）描述了摄像头的图像捕获过程。在该方程中，场景的辐射测量描述转换为传感器表面的辐照度图像，然后，传感器将辐照度图像转换为电子信号。

在摄像头中，光学器件负责场景的照明、捕捉反射光、将光聚焦在传感器上。图像捕获系统由库克三元物镜（objective）和图像传感器组成。从分辨率和光谱角度可以分析光学部件的功能。通过摄像头方程，从光学角度可以覆盖图像捕获系统的功能。

反射目标的图像光谱辐射度（spectral radiance），通过目标光谱辐射度与库克三元组点扩散函数（point spread function，PSF）的卷积得到，其给出了目标图像采集系统在照明和传播中发生颜色变换的信息。点扩散函数从分辨率角度表征光学系统。该函数提供通过库克三元组物镜反射目标在空间传播过程中的图像质量、清晰度和变形的信息。

目标的照明通过一幅光谱图像和一个将波长转换为红、绿和蓝（RGB）颜色空间的算法来实现。该转换过程表明照明源的光谱、透镜的光谱响应、Bayern 滤波器以及传感器制作材料的半导体量子效率。场景表示为描述场景每个像素光谱辐射的多维像素阵列。

光谱量子效率是一个波长相关函数，描述产生电子的光子预期分数。填充因子是光电探测器所占像素百分比。

光学器件将场景辐射度数据转换为传感器表面的辐照度图像。除了 PSF，还可以用调制转移函数（MTF）和光学转移函数（OTF）表征在空间频率上的光学系统。MTF 是光路差（OPD）方差的函数。均方根 OPD 功能函数产生 MTF。整个光学部分传感器的 PSF 通过库克三元组的单响应、低通滤波器(孔径)、光衰减和传感器光学部分等之间的多重卷积获得。

如图 10.1 所示是库克三元镜的 MTF 函数和对数 PSF 函数例子。

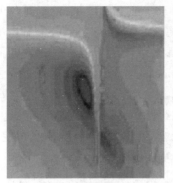 

(a) MTF函数　　　　　　　　　(b) 对数PSF函数

**图 10.1　库克三元镜的 MTF 和对数 PSF 函数例子**

库克三元镜代表最简单的摄影物镜,能够校正 5 个四阶波前像差(wavefront aberration),即球面像差、彗差(comatic aberration)、散光(astigmatism)、场曲率和畸变以及横向和横切色差(chromatic aberration)。

库克摄影物镜有一个圆孔径,控制到达图像传感器的光量。通常,孔径光阑(aperture stop)被放置在库克三元物镜中的第二和第三透镜之间。

辐照度定律表明,即使镜头完全没有渐晕(vignette),图像外围区的光线衰减也会随视角的增加而增加。图像的外围区由相对于光轴特定角度进入透镜的一组光线形成。

传感器将辐照度转换为电子信号,然后转换为数字信号。传感器的功能包括 Bayer 采样、光子噪声、固定模式噪声(FPN)和高斯噪声、高动态图像、去卷积、双边滤波器(bilateral filter)和模数转换等。

暗电流(dark current)是漏电流,它对应于无亮光下的光电流。它随温度波动,并引入不可避免的光子噪声。光子噪声、暗电流噪声和热噪声是信号相关噪声。重置和偏差噪声是与信号无关的噪声。读取噪声包括与信号无关的所有噪声源。噪声影响是加性的。

输入的光通量(photon flux)在辐射度捕获过程中被光学和电子器件退化。光学器件负责色彩保真度和空间分辨率,电子器件引入时间和空间电噪声。在电气部分的输出端,图像被光学模糊和噪声的组合效应所破坏。为减少模糊,采用库克三元物镜的 PSF 反卷积和拉普拉斯滤波技术。为减少诸如光子噪声、FPN 和高斯噪声等组合效应,6 种不同的曝光图像混合在一起。最后,使用双边滤波器抑制剩余噪声。

颜色处理块包括 Bayer 采样、插值、白平衡、颜色校正和 RGB 颜色空间到 XYZ 颜色空间的颜色转换,然后再到 LAB 颜色空间,从 LAB 颜色空间到 RGB 颜色空间的重建、颜色饱和度和对比度。

单传感器摄像头需要使用颜色滤波器阵列(CFA)。Bayern 模式是由 2×2 像素内核构建的周期性阵列,包括 RGBG 排列。来自这 4 个 RGBG 像素的数据组合在最终显示中形成像素。为了避免混叠伪影,光亮必须覆盖 2×2 像素内核。

如图 10.2 所示为 Bayern 模式的 CFA 示意图,RGBG 安排的 2×2 像素核。

图 10.2 Bayern 模式的 CFA 示意图

一旦采用 Bayer CFA 进行采样,就需要进行插值恢复原始图像。色差空间方法在绿色-红色和绿色-蓝色色差空间中插值像素,而不是在原始的红色、绿色和蓝色通道上插值像素。基本假设是,由于颜色通道之间的相关性,取两条通道之间的差异会产生对比度较低的色差通道,拥有不那么清晰的边缘。对比度较低的图像进行去马赛克(dcmosaic)会产生较少的明显误差,如锐边,这会导致重建图像大部分的插值误差。色差空间方法创建 KR(绿色减红色)和 KB(绿色减蓝色)差通道,并对它们进行插值。然后,该方法重建红色、绿色和蓝色通道,获得完全去马赛克的图像。

颜色平衡或白平衡,是使图像中的颜色看起来与原始场景中的颜色具有相同外观的调整。这意味着中性色被正确再现。在灰度世界算法中,图像的 R、G 和 B 分量的平均值为一个共同的灰度值。G 分量的平均值与其他 R、G 和 B 分量的平均值进行算术平均,可以在每个颜色分量上分别获得灰度值。

图像渲染引擎,如现在流行的 Unreal Engine 或者 Unity 3D,实现图像生成(如图 10.3 所示的光线和图像的关系)。一些开源的自动驾驶仿真系统,如 Intel CARLA(Car Learning to Act)和 Microsoft AirSim 都采用了开源渲染引擎。

有一些开源的虚拟图像库已经在计算机视觉的研究中得到应用,如 Virtual KITTI、密歇根 & 福特联合组建自动驾驶研究中心(UM Ford Center for Autonomous Vehicles,FCAV)和 Synthia 等。

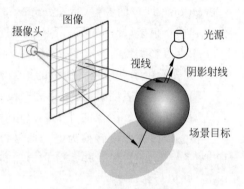

图 10.3 光线和图像的关系

计算机图形学的渲染通常有以下几个阶段。

(1) 物体材料,包括漫反射/朗伯(diffuse/lambertian)、光泽(glossy)、理想反射/折射(reflective/refractive)、微面(microfacet)和各向异性(anisotropic)等。

(2) 几何变换,即 3D 模型-2D 图像的坐标转换过程,包括畸变模型。

(3) 光栅化过程,主要是着色,包括光照模型、着色频率和纹理模型。

- 光照模型有三部分:漫反射(diffuse)、高光(specular)、环境光(ambient)。
- 着色频率有平面着色(flat shading)、Gouraud 着色和 Phong 着色三种模型。
- 纹理包括漫反射纹理、环境纹理、凹凸/法线纹理和环境遮挡纹理。

(4) 图像渲染流水线,包括光线跟踪(ray tracing)、光线投射(ray casting)、纹理映射(texture mapping)、体素渲染器(voxel shader)和像素渲染器(pixel shader/fragment shader)等方法。

(5) 基于物理的渲染(PBR),即辐射度计算模型、双向反射分布函数(BRDF)等。

计算机视觉可以看作计算机图形学的逆过程,只是它和计算机图形学也可以结合,结果有两个重要输出,一个是增强现实(AR),另一个是基于图像的渲染(IBR)。

AR 的思想在仿真系统中也可以体现,如在真实的街景中可以插入合成的车辆或者行人。IBR在虚拟环境生成的过程中可以通过一些拍摄的图像生成一些背景以简化实际渲染的计算量。通过机器学习,如GAN,在大量真实图像数据的训练情况下,和图形学的CAD模型结合,也可以合成新场景图像,甚至包括因天气变化造成的图像内容改变。

即使是最复杂的游戏,其实时渲染依然无法实现真实的现实场景,人们一眼就能分辨出模拟图像和真实图像。Intel的工作EPE(enhancing photorealistic enhancement)利用游戏引擎渲染过程中产生的中间结果G-Buffers,作为训练卷积神经网络的额外输入信号,可进一步增强游戏中图像的真实性。不直接生成数据,而是在已经渲染的图像上进行增强,集成场景信息来合成几何和语义一致的图像。

在EPE中,卷积网络利用传统渲染流水线生成中间表征G-缓存,提供景深、形状、光照、透明度、材质等特征信息;通过对抗目标训练,在多个感知层提供监督信号,用GAN的鉴别器评估增强图像的真实性;在训练过程中对图像块进行采样,以消除图像伪影。

EPE网络模型有以下两个改进点。

(1) 普通卷积取代跨步卷积(strided convolution)。

(2) 渲染-觉察非规范化(rendering-aware denormalization,RAD)模块,取代BN层。

如图10.4所示为EPE的总体框架,图像增强网络(image enhancement network)可以转换渲染的图像,除了图像,还有来自传统图形学流水线的渲染信息G-缓存,网络提取多尺度G-缓存特征张量,由G-缓存编码器网络(encoder)编码;通过LPIPS(learned perceptual image patch similarity,学习感知图像块相似度)损失保持渲染图像的结构,以及感知鉴别器(perceptual discriminator)最大化增强图像的真实性,这样联合训练两个网络。

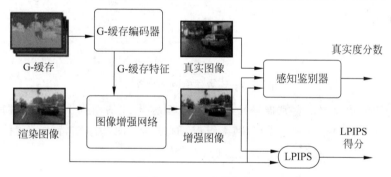

图 10.4 EPE 总体框架

如图10.5所示是图像增强网络架构,让RAD模块替换HRNet中的BN层,形成一个RAD-块(RB);HRNet的每个分支,在匹配尺度接收一个G-缓存特征张量。

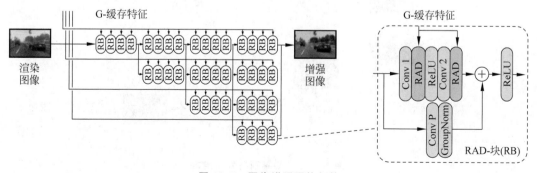

图 10.5 图像增强网络架构

RAD 通过来自传统渲染流水线的编码几何、材质、照明和语义信息来调整图像特征张量。图像特征通过组归一化(group normalization,GN)进行归一化,然后通过每个元素权重进行尺度伸缩和移位。学习权重并适应 G-缓存编码器接收的 G-缓存特征。为了更好地适应权重,通过每个 RAD 模块内的三个残差块来变换 G-缓存特征。

如图 10.6 所示是 G-缓存编码器网络架构,考虑不同的数据类型和 G-缓存的不同空间密度,通过多个流(0~c)处理这些特征,融合到一个和 one-hot 编码目标 ID 一致的联合表征中;通过残差块进一步变换特征;与图像增强网络中的分支尺度做到匹配。

在 G-缓存编码器和 RAD 模块中,都采用残差块:由卷积层(核大小为 3)组成,具有频谱归一化(spectral normalization)和 ReLU。

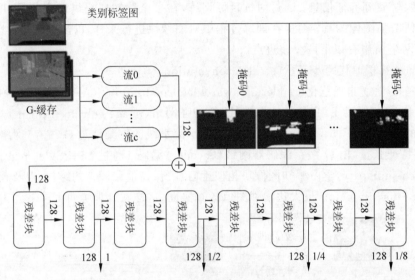

图 10.6    G-缓存编码器网络架构

如图 10.7 所示是感知鉴别器网络架构,感知鉴别器评估增强图像的真实性,其由预训练的稳健分割(MSeg)和感知(VGG)网络组成,通过标签图和感知特征张量提供高级语义信息,图和张量被鉴别器网络获取,产生真实感分数图。

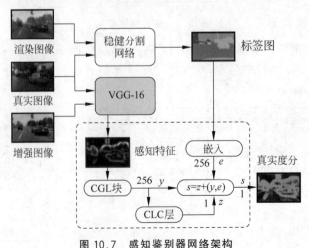

图 10.7    感知鉴别器网络架构

当前的图像仿真工作要么无法实现真实感,要么无法模拟 3D 环境和其中的动态目标,从而失去了高级控制和物理真实感。GeoSim 也是 Uber 提出的一种几何-觉察图像合成过程,从其他场景提取动态目标以新姿态渲染,增强现有图像,合成新自动驾驶场景。

其构建一个具有真实几何形状和传感器数据外观的多样化 3D 目标库。在仿真过程中,合成方法完成几何-觉察的模拟工作。

(1) 在给定场景放置合理、真实的目标。

(2) 从资产库中得到动态目标新视图。

(3) 合成和混合渲染该图像。

生成的合成图像具有真实感、交通-觉察和几何一致性,允许扩展到复杂用例。跨多个摄像头传感器进行远程逼真视频模拟,数据生成结果作下游任务数据增强。

如图 10.8 所示是为自动驾驶通过几何-觉察合成的真实感视频仿真,一种数据驱动的图像处理方法,将动态目标插入现有视频中。生成的合成视频片段高度逼真、布局清晰且几何一致,允许图像模拟扩展到复杂用例。

图 10.8 通过几何-觉察合成的真实感视频仿真

首先,通过执行 3D 目标检测和跟踪来推断场景中所有目标的位置。对于要插入的每个新目标,根据高清地图和现有检测的交通,选择放置位置以及使用哪个目标模型。然后,为新放置的目标使用智能驾驶人模型(IDM),为了使其运动逼真,考虑与其他参与者的交互并避免碰撞。该过程的输出定义了要呈现的新场景。接着,用具有 3D 遮挡推理的新视图渲染,对场景中的所有元素进行渲染,在新图像中创建新目标的外观。最后,用神经网络来填充插入目标的边界,创建任何丢失的纹理并处理不一致的照明。

如图 10.9 所示是 3D 目标放置、片段检索和仿真示意,分别为 3D-觉察场景表征、碰撞-觉察的位置设定和视频仿真概览。

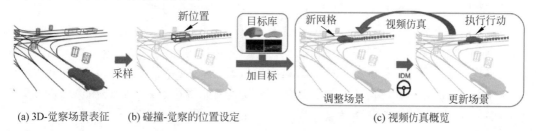

(a) 3D-觉察场景表征　　(b) 碰撞-觉察的位置设定　　　　　(c) 视频仿真概览

图 10.9 3D 目标放置、片段检索和仿真示意

希望在现有的图像中放置新目标,保证在规模、位置、方向和运动方面都是合理的。为了实现这一目标,利用城市中车辆行为的先验信息。用 2D 目标插入很难实现类似的真实感水平。因此,用有 BEV 车道位置的高清地图,目标位置参数化为 BEV 目标中心和方向三

元组,随后用局部地面高程将其转换为 6DoF 姿态。

目标样本应该与现有目标有真实的物理交互,符合交通流,并在摄像头的视野中可见。为了实现这一点,从摄像头视野内的车道区域中随机采样一个位置,并从车道中检索方向。拒绝所有导致与其他参与者或背景目标碰撞的样本,最后得到目标在初始帧的放置。为模拟视频模拟中随时间推移的合理位置,用智能驾驶人模型拟合运动模型,更新模拟目标的状态,与周围交通进行真实交互。

插入的目标必须遵守现有场景元素的遮挡关系。例如,植被、栅栏和其他动态目标可能具有不规则或薄的边界,使遮挡原因复杂化。一种简单的策略是,将插入目标的深度与现有3D场景的深度图进行比较,确定目标场景中插入目标及其阴影的遮挡,如图 10.10 所示,为了实现这一点,首先通过一个深度补全网络(depth completion)估计目标图像的密集深度图。输入是 RGB 图像和通过激光雷达扫描投影到图像上而获取的稀疏深度图。用这个目标的渲染深度,评估目标图像的深度是否小于相应目标像素的深度,可计算得到遮挡掩码。

在遮挡推理之后,渲染的图像可能看起来仍然不真实,因为插入片段可能是与目标场景不一致的照明和颜色平衡、边界处的差异,以及来源视图的缺失区域。为了解决这些问题,用图像合成网络(SynNet)将源片段自然地混合到目标场景,如图 10.10 所示,网络将目标背景图像、渲染的目标物体(target object)以及目标轮廓作为输入,并输出自然合成背景和渲染目标的最终图像。

(a) 背景场景+目标　　(b) 致密深度　　(c) 提案画布　　SynNet　　(d) 最终结果

图 10.10　遮挡推理的几何-觉察组合和图像合成模块

合成网络架构类似于图像补全网络,只是将渲染的目标掩码作为附加输入。网络用目标场景中实例分割掩码图像进行训练。

### 10.1.2　激光雷达

下面基于参考文献[14]介绍激光雷达(激光雷达的原理参考 3.1.2 节)。

首先,采用非常流行的游戏 GTA-V(grand theft auto V)获取模拟的点云和高保真图像。其框架基于 DeepGTAV,其中使用 Script Hook V 作为插件。为了模拟真实的驾驶场景,在游戏中使用自主车(ego vehicle),安装有虚拟激光雷达,并通过 Script Hook V 提供的AI 接口在虚拟世界中进行自动驾驶。系统同时收集激光雷达点云并捕捉图像。在虚拟环境中,虚拟摄像头和虚拟激光雷达放在同一个位置。这样做有以下两个优点。

(1) 可以轻松地对收集的数据进行健全性检查(sanity check),因为点云和相应的图像必须保持一致。

(2) 游戏的虚拟摄像头和虚拟激光雷达之间的标定可以自动完成,然后收集的点云和场景图像可以组合在一起作为传感器融合任务的神经网络训练数据集。

如图 10.11 所示是一个激光雷达生成点云示例。

(a) 游戏引擎生成的图像　　　　　　　　　(b) 对应的激光雷达合成点云

**图 10.11　激光雷达点云合成示例**

光线投射(ray casting)用于模拟虚拟激光雷达发射的每个激光射线。光线投射 API 将光线起点和终点的 3D 坐标作为输入,并返回该光线命中的第一个点 3D 坐标。该点将用于计算其距离、光线击中的目标类别和实例 ID 等数据,并对收集的数据进行自动标注。激光雷达参数包括垂直视野(VFOV)、垂直分辨率、水平视野(HFOV)、水平分辨率、俯仰角、激光射线的最大范围和扫描频率。

如图 10.12 所示为一些可配置的参数,其中图 10.12(a)所示为虚拟激光雷达前向图的正视图(虚线是水平线,$\alpha$ 是垂直视场(FOV),$\theta$ 是垂直分辨率,$\sigma$ 是俯仰角);图 10.12(b)表示虚拟激光雷达的俯视图($\beta$ 是水平 FOV,$\varphi$ 是水平分辨率)。

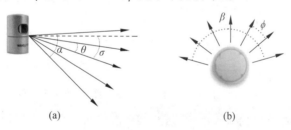

(a)　　　　　　　　　　　　(b)

**图 10.12　虚拟激光雷达参数**

该传感器仿真系统实现 3D 激光雷达点云和摄像头图像的自动校准,而且用户可以选择所需的游戏场景,并指定和改变游戏场景的 8 个维度:汽车模型、汽车位置、汽车方向、汽车数量、汽车背景、汽车颜色、天气和时间。前 5 个维度同时影响激光雷达点云和游戏图像,而后 3 个维度仅影响游戏图像。

该传感器仿真框架还提供了一种可配置模式,用户可以配置所需的场景并从中收集数据。可配置场景的一个优点是生成真实世界中危险或罕见的驾驶场景作为训练数据;另一个优点是,可以系统地采样场景的修改空间(如汽车的数量、汽车的位置和方向)。然后,这些数据可以用来测试神经网络,暴露其脆弱性,并通过重新训练提高其性能。用户可以指定和更改游戏场景的 8 个维度:汽车模型、汽车位置、汽车方向、汽车数量、场景背景、汽车颜色、天气和时间。前 5 个维度同时影响激光雷达点云和场景图像,而后 3 个维度仅影响场景图像。

参考文献[50]开发了一个激光雷达传感器模型,该虚拟激光雷达传感器包括扫描模式的精确建模和激光雷达传感器的完整信号处理工具链。通过标准化开放模拟接口(OSI)和功能模型接口(FMI),其开发为一个功能模型单元(FMU)。一个虚拟激光雷达需要考虑真实激光雷达传感器的完整信号处理步骤和缺陷,才能获得接近实际传感器的仿真结果。这里的缺陷是光学损失、固有的检测器效应、电子放大器产生的效应以及太阳光产生的噪声。

可通过以下几种渲染技术生成合成传感器的原始数据:光线跟踪、光线投射、光栅化(采用 Z-缓存技术)和光线路径。如图 10.13 所示为这个激光雷达模型的工具链和信号处理步骤。传感器模型考虑了 Blickfeld Cube 的扫描模式和完整的信号处理步骤。模型本身构建为 OSMP FMU,并采用 CarMaker 的虚拟环境。其为光线跟踪框架提供了一个双向反射分布函数(BRDF)考虑了入射光线角 $\theta$ 的方向、材料表面和颜色属性。激光雷达 FMU 使用 CarMaker 的光线追踪模块。CarMaker 的材质库中规定了模拟目标的材质特性、角度相关光谱反射率 $R_\lambda(\theta)$ 和反射类型,包括漫反射、镜面反射、反光和透射。

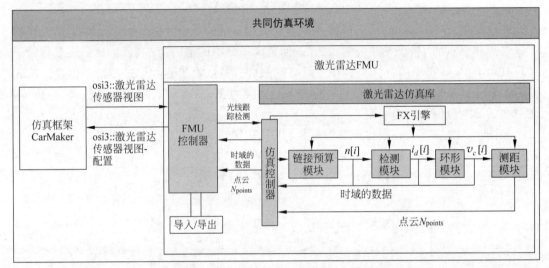

图 10.13 激光雷达模型的工具链和信号处理步骤

FMU 控制器设置模拟的输入配置,然后调用激光雷达模拟库,并传递光线跟踪数据以供进一步处理。仿真库的中心组件是仿真控制器。下一个模块是链路预算模块,它计算随时间变化的光子。捕获这些光子,并将捕获的光子转换为电流信号。

第三个模块是电路模块,其任务是放大检测器的光电流信号并将其转换为电压信号。最后一部分是测距模块,从模拟电路接收的每个反射扫描点确定目标的距离和强度。最后,效果引擎(FX engine)是一系列与环境或传感器相关的效果和模拟流水线块之间交互的接口。这些交互可以包括,例如,电气部件的热噪声、天气现象引起的信号衰减以及反向散射。

参考文献[53]讨论了如何生成真实感的激光雷达点云。其在城市中驾驶激光雷达采集车,建立一个 3D 静态地图和 3D 动态目标的大数据。然后,从数据中选择场景并"虚拟"地将自动驾驶车辆(SDV)和数据中的一组动态目标放在场景中的合理位置来生成新场景。为了产生真实的模拟,一个新模拟器 LiDARSim,兼具基于物理和基于学习的模拟能力。首先用 3D 场景的光线投射,然后用深度神经网络产生与基于物理模拟的偏差,并产生真实的点云。

如图 10.14 所示是 LiDARSim 的总览架构,包括两个阶段,即 3D 创建和传感器仿真。在 3D 创建阶段,车队在几个城市周围行驶,随时间构建一个 3D 静态地图和动态模板网格的数据集;在传感器仿真阶段,结合基于物理和基于学习仿真,首先利用3D场景的光线投射获取初始物理渲染,然后深度神经网络通过学习近似更复杂的物理和传感器噪声,学习偏离基于物理的模拟,生成真实的激光雷达点云。

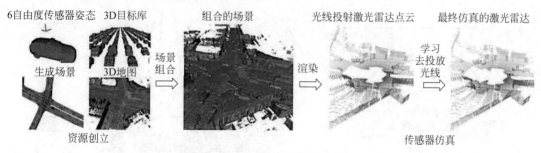

6自由度传感器姿态　3D目标库　　　　　组合的场景　　　　光线投射激光雷达点云　　最终仿真的激光雷达

生成场景　　　3D地图　　　　资源创立　　　　　　　　　　　　　　　　传感器仿真

**图 10.14 LiDARSim 的总览架构**

首先利用基于物理的模拟来创建生成点云的几何估计。这里专注于模拟机械扫描式激光雷达,即 Velodyne HDL-64E。该系统有 64 个发射器-探测器对,每对都使用光脉冲来测量距离。基本概念是每个发射器发射一个光脉冲,该光脉冲一直传播到击中目标,一部分光能被反射回来并被检测器接收。计算行驶时间即可测量距离。整个光学组件在基座上旋转,提供大约 10Hz 的 360 度全方位视野,每个完整的"扫描"提供大约 110k 次返回。

给定所需 6 自由度姿态和速度,图形学引擎模拟激光雷达传感器。基于传感器的内部参数,一组光线从虚拟激光雷达中心投射到场景中。通过补偿激光雷达扫描过程中自车的相对运动来模拟卷帘(rolling shutter)效应。除此之外,还模拟了激光雷达扫描过程中场景中其他车辆的运动模糊。为了平衡计算成本和真实性,以 360 个等时间距更新扫描中的目标姿态。用 Intel Embree 光线投射引擎,计算场景中所有表面(surfel)的光线-三角网格碰撞,并找到被击中的、距离传感器最近的表面。将此应用于扫描中的所有光线,在构建的场景上获得物理生成点云。另外,应用了一个掩码移除自车返回的光线。

真实的激光雷达通常比光线投射版本生成的激光雷达点少大约 10%,有一些车辆的模拟激光雷达点比真实的多。上述基于物理仿真方法的一个假设是,如果投射到虚拟世界的每条光线与物理表面相交,则会返回。然而,如果返回信号的强度(强度值)不足以被接收器检测到,则真实传感器发射的光线可能不会返回(即光线回落)。光线回落(raydrop)是一种复杂的随机现象,受材料反射率、入射角、距离值、光束偏置和其他环境因素的影响。利用真实世界的数据,可以捕捉这些因素的信息,尽管有噪声的干扰。

将激光雷达光线投射定为二进制分类问题,应用神经网络来学习传感器的光线投射特性,利用机器学习来弥补模拟和真实世界激光雷达数据之间的差距。如图 10.15 所示为基于机器学习的激光雷达光线投射模型解决回落问题示意。

为了预测激光雷达的光线回落,将 3D 点云转换为 64×2048 2D 极坐标图像网格,允许编码哪一些光线没有从传感器返回,同时还提供真实扫描和模拟扫描之间的映射。给网络提供一组通道作为输入,信道表示可能影响每条光线不返回机会的可观察因素。该网络架构是标准的 8 层 U-Net,网络输出是每个元素返回或不返回的概率。为了模拟激光雷达噪声,从概率掩码中采样生成输出激光雷达点云。对概率掩码进行采样,而不是直接进行阈值处理,其原因有两个:①以交叉熵损失学习光线回落,这意味着估计的概率可能没有得到很好的标定,与阈值处理相比,采样有助于缓解这一问题;②真实的激光雷达数据是不确定性

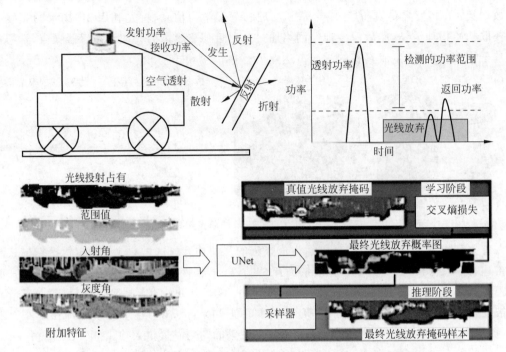

图 10.15    基于机器学习的激光雷达光线投射模型解决回落问题示意

的,因为目前的方法可能无法完全模拟额外的噪声(大气透射率、传感器偏差)。

另外值得一提的是,参考文献[51]、[52]和[55]分别讨论了激光雷达在雾天、雪天和雨天的点云数据模拟工作。

### 10.1.3    毫米波雷达

毫米波雷达的原理参考 3.1.3 节。

近年来,已经开发了许多不同的雷达传感器系统建模方法。生成合成雷达数据有多种不同的方法。

(1)**理想的传感器模型**只需为传感器检测范围内的目标生成真值(GT)数据,这样为传感器视野(FOV)中的所有目标生成传感器-类型-特定的目标列表信息。与理想的传感器模型不同。

(2)**基于物理的传感器模型**试图尽可能准确地模拟真实传感器的物理传感过程。这属于计算密集任务,需要更多的算力支持,通常以牺牲实时性为代价。除了传感器技术所需的专业知识外,还需要对环境条件(材料特性、天气条件等)进行详细描述,才能准确地模拟传感器的物理特性。来自这些模型的模拟输出数据可以是与真实传感器的模拟数据相当的原始模拟信号。基于物理的仿真方法被分为两类,一类涉及雷达的电子部件建模,包括通过射线追踪(ray tracing)技术建模的传播通道,另一类考虑雷达的杂波回波以及噪声。

(3)**概率传感器模型**可以在复杂性和计算效率之间进行合理权衡。简化的参数集和降低的模型复杂度使仿真测试的速度比实时更快。尽管与真实传感器相比,输出数据不太真实,但在开发过程的大多数阶段都可以使用现象学(phenomenological)模型来测试和验证。

（4）**功能传感器模型**忽略传感器硬件架构和信号处理过程。这种黑箱模型仅关注被测目标的检测结果。这种类型的传感器模型可以通过组合某些几何特性和选定的物理特性来实现。这样简化提高了传感器仿真的实时性能，而不会完全忽略真实传感器的检测极限和特性。基于功能的建模方法包括两类，即几何模型和对付散射中心的模型。

雷达表现出一些特殊的特征，包括多径反射、干扰、鬼影、模糊、杂波和衰减。这些效应是高频电磁波在复杂场景中传播和相互作用的结果。使用基于物理的模型对这种现象的精确模拟通常需要广泛使用的光线追踪计算。这种方法目前还不够快，无法在模拟中实际使用，因为它们需要高度详细的几何结构（即平方毫米精度）才能获得正确的结果，这需要大量的计算能力。

现有的雷达模型通常是黑盒或白盒。黑匣子模型试图以随机方式表示雷达现象。白盒模型使用光线追踪来估计电磁路径传播，通常依赖于给定的目标雷达截面值或提取虚拟散射中心。白盒模型可以利用现代 GPU 技术实现更快的计算。然而，这种白盒模型需要详细的环境模型捕捉与雷达相关的重要影响，如多径传播和干扰。详细的模型通常不存在，所需的大量计算使得实时模拟不可行。

参考文献[12]中提出了一种构建概率随机汽车雷达模型的方法，其基于深度学习和生成对抗网络（GAN），产生的模型体现了基本的雷达效应，同时保持实时计算的速度。采用深度神经网络作为雷达模型，从数据中学习端到端的条件概率分布。网络的输入是空间栅格和目标列表，输出是读取的传感器数据。

如图 10.16 所示是在深度学习框架下模拟雷达数据的表示。空间栅格具有两个主要尺寸，即距离和方位角的 3D 张量，第三个维度由不同类型的信息层组成。这类似于 RGB 图像，其像素信息存储在空间维度和颜色通道中。那么，这种空间栅格同样适合 CNN 模型。

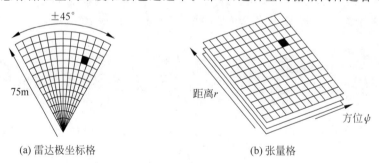

(a) 雷达极坐标格　　　　　　　　(b) 张量格

**图 10.16　雷达数据模拟表示**

目标列表也表示为 3D 张量（见图 10.17）。与空间光栅一样，一个预处理头用于在与空间光栅连接之前学习抽象特征。

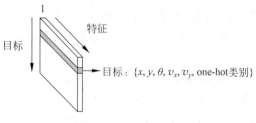

目标：$\{x, y, \theta, v_x, v_y, \text{one-hot类别}\}$

**图 10.17　目标列表**

目标列表的第一个处理层是独立于目标的,并为参数共享而设计。这种独立性是用 2D 卷积实现的,也减少了参数的数量,提高了稳健性。张量具有形状 $n_{\text{objects}} \times 1 \times n_{\text{feature}}$,其中前两个维度对应于传统张量的长度和宽度,而最后的特征维度对应于通道的数量。一个接一个的卷积应用于张量,在列表中所有目标共享操作。

目标列表表征是通用的,允许包含任意特征,这里包括目标 2D 姿态 $\{x, y, \theta\}$、速度和目标类上的 one-hot 类编码。不用目标行时,存在一个额外的类,这种情况在列表容量大于场景中目标时会出现。当一个目标行不用时,除了 one-hot 类之外的所有类都将为零。目标几何未指定,因为它由目标类给定。

用神经网络表示概率分布有两种主要方法:直接参数化和以噪声产生样本作为辅助输入。这些方法分别称为直接法和采样法,如图 10.18 所示。

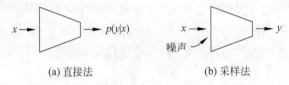

　　　　　　(a) 直接法　　　　　　　　　　　　(b) 采样法

**图 10.18　概率分布的神经网络表征方法**

这里提供两个直接参数化概率分布的基准雷达模型:正态分布和高斯混合模型。多变量正态分布通常用于机器学习,因为它具有良好的数学性能。不过,正态分布是单峰的,而且正态分布的参数与目标变量的维数呈二次方增长。这里 CNN 模型的输出是具有两层的张量网格:一个平均值,一个对角对数方差。

一个随机雷达模型的重要挑战是,传感器输出是多模态和空间相关的。回归方法将平滑可能的解决方案,导致预测模糊化。而变分自动编码器(VAE)允许学习一对多概率分布而无须明确输出哪个分布。其条件 VAE 的模型架构如图 10.19 所示。

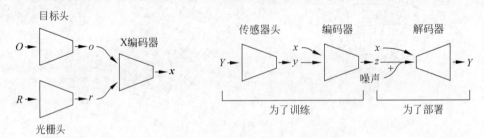

**图 10.19　条件 VAE 的模型架构**

条件 VAE 模型的架构是一个编码器-解码器网络。编码器获取光栅和目标列表并产生潜特征表示 $x$,解码器采用特征表示和随机生成的噪声值并产生预测的传感器测量值。编码器由两个分支组成,即一个空间光栅和一个目标列表,这些分支合并在一起产生潜特征表示。两个分支完全由卷积层组成。输出被扁平化级联在一起,然后用有 ReLU 的全连接层处理。

解码器使用编码特征和随机噪声生成功率值的雷达极坐标网格。在 VAE 重参数化时,随机噪声作为输入。把噪声和潜特征连接在一起,用 ReLU 激活的全连接层进行处理,其输出重整形再经过一系列反卷积层处理输出最终的雷达信号。

### 10.1.4　其他传感器

其他传感器,如 GPS、IMU、超声波雷达和 V2X 传感器,也可以模拟仿真其数据。

(1) GPS 模拟 GPS 位置以及 GPS 噪声模型参数,输出车的经纬度、速度、航向等。

(2) IMU 模拟车的加速度和角速度,特别是当 GPS 信号丢失时车的位置、速度和航向的累积误差。

(3) 超声波雷达(主要是自动泊车)模拟超声波雷达位置、角度和障碍物的距离。

(4) V2X 模拟动态交通流设备数据,甚至要反映通信延时或丢包的情况。

## 10.2　交通模型

下面以开源软件 SUMo(simulation of urban mobility)为基础,介绍交通仿真的模型问题。

首先,SUMo 道路网络可以使用自身程序生成,也可以通过导入数字道路地图生成。道路网络导入器允许从其他交通模拟器读取网络,如 Vissim 或 MATsim。SUMo 也兼容常见的地图格式,如 Open Street Map(OSM)和模拟器常用的格式,如 openDRIVE。

SUMo 可以看作一种纯粹的微观(microscopic)交通模拟,图 10.20 是其 GUI 图。每辆车给定标识符(名称)、出发时间和车辆在道路网络中的路线。而一个宏观(macroscopic)交通模拟器会把整个交通流看成一个单元。SUMo 还可以定义出发和到达属性,例如车道、速度或位置。每辆车分配一个类型,该类型描述车辆的物理特性和运动模型的变量。

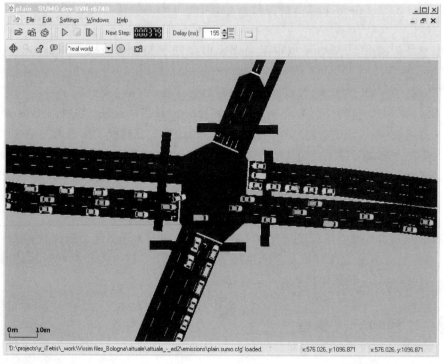

图 10.20　SUMo GUI

模拟是时间离散和空间连续的,并且在内部描述每台车辆的位置,即所在的车道和从起点开始的距离。当车辆移动时,使用跟车模型(car-following model)计算车速。除了传统的交通措施外,SUMo 还扩展了噪声排放和污染物排放/燃料消耗模型。

SUMo 交通建模(traffic modeler)定义给定区域的交通群体总数并计算该群体的移动性愿望,作为交通模拟器的输入。有些软件也可以考虑一些环境特征,例如天气状况。

模块 SUMo-ROUTER 读取将要模拟的一组虚拟群体的出发时间、起点和目的地,然后使用 Dijkstra 路由算法计算在交通网络中的路线。

SUMo 的车-驾驶人模型(car-driver model)采用 Gipps 模型的扩展型。它能够显示交通的主要特征,如自由流和拥挤流。在每个时间步骤,车辆的速度适应于前车的速度,避免在随后的步骤中产生碰撞。该速度称为安全速度,计算如下:

$$v_{\text{safe}}(t) = v_l(t) + \frac{g(t) - v_l(t)\tau}{\dfrac{\overline{v}}{b(\overline{v})} + \tau} \tag{10-1}$$

其中,$v_l(t)$ 是前车速度,$g(t)$ 是前车的间距,$\tau$ 是司机反应时间(一般为 1 秒),而 $b$ 是减速度函数。

车辆的"希望"或"期望"速度取下面三个中的最小值:可能的最大速度、车速加上最大加速度、如上计算的安全速度。因此,其期望车速为

$$v_{\text{des}}(t) = \min[v_{\text{safe}}(t), v(t) + a, v_{\max}] \tag{10-2}$$

其中,$a$ 是最大加速度。

如果模拟中认为驾驶人会因为犯错而没有完全适应期望的速度,这样实际速度就减去随机的"人为错误":

$$v(t) = \max[0, \text{rand}[v_{\text{des}}(t) - \epsilon a, v_{\text{des}}(t)]] \tag{10-3}$$

其中,$\epsilon$ 是扰动系数。由于车辆不得向后行驶,因此车辆当前速度是计算的速度和零的最大值。

该模型是无碰撞的,所以模拟中不允许因模型的不完整而造成变异(artifact)的情况出现。

SUMo 提供 V2X 的可能,可以耦合外部通信仿真器,如 ns2 或 ns3。

SUMo 给一个完整的交通需求或一组车辆会分配适当的路线。其主要任务是对交通参与者选择路线(通过给定道路网络的路径)到目的地的过程建模。由于通过路线图边缘的时间很大程度上取决于使用此边缘的交通参与者数量,因此路线计算是实现大规模交通模拟的关键步骤。在 SUMo 中,这被叫作用户分配(user assignment)或交通分配(traffic assignment)。

如何使交通信号灯适应当前交通是微观交通流模拟工作的主要应用之一。SUMo 的快速执行时间和与外部应用程序交互的开放式接口使其成为评估新交通控制算法的良好候选者,包括控制单个交叉路口和对全网络的评估。在 10.7 节中将介绍基于神经网络模型 SceneGen 在现有真实场景中插入参与者生成新交通场景。

## 10.3　车辆和行人模型

在模拟仿真的环境中,一部分属于静态的物体,以背景为主,如高架桥、楼房、街道、树

木、河流和山丘等；另一部分是动态的物体，如汽车、行人、摩托车、自行车和动物等。静态的环境数据需要 3D 模型，或者 IBR 模型，而动态的活动模型就需要提供运动学和动力学模型。

在汽车工业领域，有众多成熟的仿真模拟公司做汽车 CAD 模型和车体运动学/动力学模型，如 MSC 软件公司的 VIRES、西门子收购的公司 TASS 开发的 PreScan、IPG 公司的 CarMaker、Mechanical Simulation 公司的 CarSim 和 DSpace 的 Automotive Simulation Models(ACM)等。

传统的车辆动力学模型是由科学家根据物理原理设计的，其模型主要采用参数微分方程的形式（对于连续时间动力系统）。建模的艺术是决定哪些物理现象与预期用途相关，哪些可能被忽略。然而，由于建模和未建模物理现象之间的折中，如果不满足关于被忽略方面的假设，解析模型就不能很好地工作。此外，如果将参数模型拟合到未建模部分突出的情况下，则模型将尝试用其参数来解释未建模部分，因此，模型参数将被更改，不再具有预期意义。

作为另一种选择是基于机器学习的模型（神经网络/深度学习）。递归神经网络（具有内部状态）可用于建模动力学系统，并适用于真实车辆动力学的观测。或者，可以用非递归网络建立模型，在这种情况下，网络的输入是足够长的历史数据才合适。

参考文献[43]中给出了车辆纵向动力学模型的神经网络模型设计和实验结果。如图 10.21 所示为车辆纵向动力学的 RNN 模型，输入由瞬时速度 $v_k$、制动压力 $p_{bk}$、高程 $h_k$、发动机扭矩 $T_{gk}$ 和档位信号向量 $\boldsymbol{G}_k$ 组成，形成维度为 12 的瞬时输入向量 $\boldsymbol{u}_k$，进入基本递归层 BR；基本递归层实现状态转换。

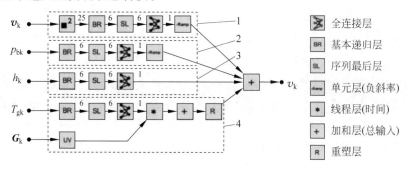

图 10.21 车辆纵向动力学的 RNN 建模

参考文献[44]中讨论了车辆的转向控制神经网络建模方法。如图 10.22 所示，该模型由时域堆叠的几个神经网络块单元组成，每个神经网络块被分成一个已知的物理函数（基于汽车模型的预测转向角输出）和一堆全连接层。当前输入和以前的输出叠加在一起馈入全连接层和物理函数。这些层的输出组合后预测下一步的状态，这些预测变量与新控制输入一起反馈到网络中，继续下一步的预测。

该车辆转向控制神经网络层预测物理函数未建模的残余动力学。因此，神经网络层捕获了道路轮胎相互作用、动力转向逻辑和转向系统动力学的影响。物理函数的加入改善了网络的梯度流，从而提供了更好的预测性能。

参考文献[45]中给出了车辆横-纵动力学的深度神经网络（DNN）建模方法，其框架如图 10.23 所示。DNN 的输入是车辆的初始纵向速度和驾驶扭矩，输出是纵向行驶距离、横

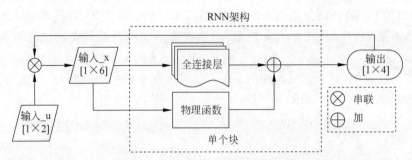

图 10.22　RNN 的转向动力学建模框架

向行驶距离、最终纵向速度、最终横向速度和车辆横摆角(yaw angle)。DNN 模型有 4 个隐藏层,每个隐藏层涉及 28 个、24 个、20 个和 15 个神经元。最后一个激活函数是线性的,其他激活函数是整流线性单元(ReLU)函数。

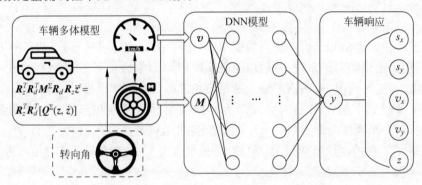

图 10.23　车辆横-纵动力学的神经网络模型

　　人体模型及人脸模型是模拟行人的基础,作为外观的服装也需要 3D 建模,至于更多的细节,如皮肤和头发部分,对自动驾驶环境仿真的效果不那么敏感。同时,作为一个运动物体,本身需要提供其骨架模型(skeleton model)、行走或者其他动作,如倒地和蹲下等,需要运动学模型确定,甚至摩托车手和自行车手也可以在一些动作细节上做工作,体现出其特有的动作模型。面部表情和人体动作一样,也需要提供变形模型(也有肌肉模型和表情单元模型等)和运动学方程决定仿真的面部动作,如惊讶、微笑,甚至哭泣等。手指运动类似于人体运动,有独特的骨架模型描述。

　　在对人体运动理解和建模困难的情况下,以前动画游戏制作者会采用运动捕获技术,即在运动物体身上贴红外标记(marker),在红外摄影数据中得到人体模型的运动模式。

　　在计算机视觉研究领域,一些研究者探索如何通过真实图像的数据采用机器学习和概率方法对人体(包括提到的人脸、服装等)的外观和运动(包括表情和手势)进行建模,其中还是和计算机图形学的 3D 模型结合,即 IBR 或者 VBR(video-based rendering)技术。

　　图 10.24 所示是基于视频数据重建 3D 人体模型的工作,鉴于一个单目 RGB 视频描绘了一个移动的人,目标是生成一个个性化的主题 3D 模型,包括身体、头发和衣服的形状、个性化的纹理图以及装配到表面的底层骨架(skeleton)。新姿势的非刚性表面变形完全是骨架驱动的,包括 3 个步骤:①姿势重建;②一致性(consensus)形状估计;③帧细化和纹理图生成。一致性形状可以有效地优化,最大限度地解释每个帧实例的轮廓。随着时间的变化,布料发生变形,所构造的一致性形状可能与框架轮廓略微对不齐。因此,为了计算纹理

时变细节,在滑动窗口中在每帧对一致性形状的偏差进行优化。鉴于细化的逐帧形状,可以计算纹理图,方法依赖于图像的前景分割,即基于 CNN 的视频分割方法,对每个序列进行 3～4 次手动分割。

图 10.24 基于视频的人体模型重建

图 10.25 所示是一种基于深度学习得到运动转换的方法,这里将基于视觉捕获的人体运动传递到另外一个人身上,给定一个人跳舞的源视频,可以在目标主体执行标准动作的几分钟后将该表现转移到一个新的(业余)目标。问题定义为具有时空平滑的逐帧"图像到图像"的转换。姿态检测作为源和目标之间的中间表示,学习从姿态图像到目标主体外观的映射。该方法也用于时域视频生成,包括逼真的面部合成。

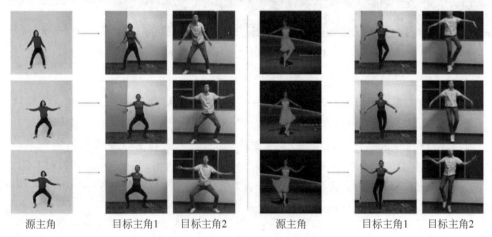

源主角　　　目标主角1　　目标主角2　　　源主角　　　目标主角1　　目标主角2

图 10.25 基于深度学习的运动转换

整条流水线划分为三个阶段:姿势检测、全局姿态归一化以及从标准化姿态棒图到目标主体的映射。在姿势检测阶段,给定来自源视频的帧,用预训练的姿态检测器状态来创建姿态棒图。全局姿态归一化阶段考虑源体和目标体在形状与帧内位置之间的差异。一个系统学习从归一化的姿态棒图到对抗训练的目标人体图像之间的映射。

## 10.4 数据可视化模型

数据可视化是仿真平台必要的组成部分,同时也有助于自动驾驶系统的线下调试,特别是开发不同模块(如感知、规划和控制模块)的研发工程师,可以在同一个平台联合调试算法。

下面以 Uber 开源的可视化系统(autonomous visualization system,AVS)为例介绍可视化模型。

AVS 是用于描述和可视化自动车辆感知、运动和规划数据的新标准,提供了一个功能强大的基于 Web 的工具包,用于构建应用程序、探索及交互,最关键的是,开发者可以使用该数据做出重要的开发决策。图 10.26 所示是一个 AVS 工作的界面视图。

图 10.26　AVS 工作的界面视图

为什么 Uber 选择 Web 开发?原因有以下三个。

(1)迭代的快速循环。在 Web 上,可以快速轻松地逐步开发和部署功能。如果用户想要产品的最新版本,他们只需刷新浏览器页面而不是下载和安装新应用程序。

(2)灵活性和可共享性。由于 Web 与硬件无关,任何人都可以使用任何操作系统在平台上工作,实际上是浏览器成为操作系统。将该系统移至网络,任何团队范围内的操作系统工作都能够联结起来,并有了将团队扩展到 ATG 总部之外的可能性。在 Web 上,报告和诊断事件只需单击一次 URL 即可。

(3)协作和定制。作为一种快速发展的技术,自动驾驶汽车永远不会停止生成新数据集、指标或用例。新服务和端点在不断添加。ATG 的每个团队都有独特的可视化和数据生成需求,因此,他们需要能够定制自己的体验。HTML5 和 JavaScript 是经过测试的和可信赖的工具,可以动态创建自定义 UI,并且可以轻松集成到其他基础架构和任务管理系统中。

若想有效管理数据,需要引入一个新的抽象概念。这将帮助描述和操控 Web 应用程序所生成的数据。鉴于此,构建可视化系统有两个关键部分:XVIZ 提供数据(包括管理和规范),而 streetscape.gl 是为 Web 应用程序提供动力的组件工具包。

### 10.4.1　XVIZ

需要对自动化系统生成的数据进行正式和灵活的规范,以便其格式可以与不断发展的基础架构集成,和多个客户端保持一致,而且足够接近数据来源以定义必要的控制和绑定,以实现有效的管理。

图 10.27 展示的是 XVIZ 的应用场景。XVIZ 提供了随时间变化场景的面向流

(stream-oriented)视图和可声明的用户界面显示系统。像视频录制一样,用户可以随机搜索并了解当时的环境状况。与 HTML 文档一样,它可以根据允许内省的模式进行聚焦和结构化。但是,XVIZ 也可以将单独的流更新绑定到单个对象中,以轻松地探索和查询数据。

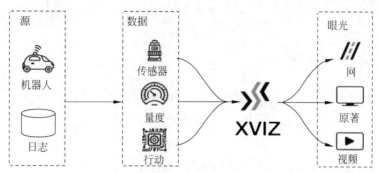

图 10.27 XVIZ 的应用场景

图 10.28 所示是服务器端-客户端之间 XVIZ 流的工作图,XVIZ 流(stream)是在特定时间使用特定基元(primitive)类型发生的一系列离散更新;基元是能够描述诸如 LiDAR 点云、相机图像、对象边界、轨迹、随时间变化的车辆速度以及预测规划等信息的对象(objects)。为了简化用户的演示,可以单独设置这些对象的样式(包括流级别)或分配样式类。

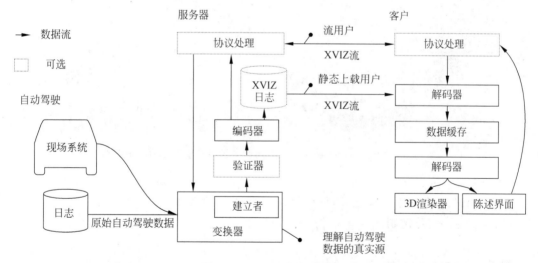

图 10.28 XVIZ 流的工作图

XVIZ 通过分层命名来组织流,其中单独的元数据(metadata)部分列出流、流的类型、相对转换,声明性 UI 面板和样式类。然后,用户界面将对象的图形面板与数据捆绑在一起,通过 YAML 为用户提供控件,以配置一系列布局和显示组件。

### 10.4.2 streetscape.gl

图 10.29 所示是 streetscape.gl 的模块图。它是一个用于构建 Web 应用程序的工具包,这些程序使用在 XVIZ 协议定义的数据。它提供了可立即投放的组件,用于在 3D 视口、

图表、表格和视频中可视化 XVIZ 流。它解决了常见的可视化难点，如跨数据流的时间同步、坐标系统、摄像头、动态样式以及与 3D 对象和交叉组件的交互，这样用户可以投入更多时间来构建自动驾驶车辆软件。

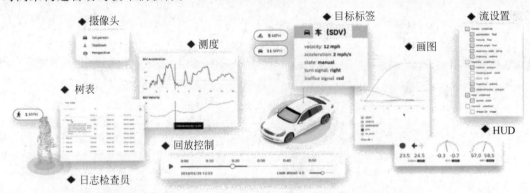

图 10.29　streetscape.gl 的模块图

渲染（rendering）性能是 streetscape.gl 的首要目标。在 React 和 Uber 成熟的基于 WebGL 驱动的可视化平台基础上，能够支持实时回放以及与支持数十万个几何场景的平滑交互。图 10-30 所示是一个普通轿车的渲染模型 CarMesh 效果。

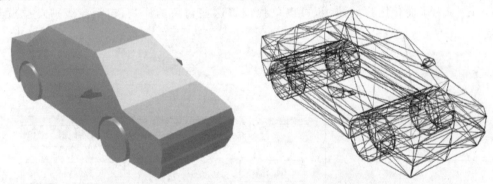

图 10.30　streetscape.gl 中一个普通轿车的渲染模型 CarMesh 效果

可组合性（composability）也是这个 streetcape.gl 设计的前沿和中心。可视化平台为分类、标签、调试、远程协助和场景编辑等十几个不同的用例提供支持，从中可以学习到，该设计的组件具有高度可定制性（styleable）和可扩展性。

## 10.5　道路网络仿真

以一个 VectorZero 公司开发的商业软件 RoadRunner 为例（已被 Matworks 收购），介绍道路网络的模拟仿真工作。

RoadRunner 是用于汽车仿真、城市规划、交通、道路和环境的生成软件。它是一个基于系统生物学标记语言（systems biology markup language，SBML）的仿真引擎，而 SBML 是在 XML 上的变形，用于交流和存储生物过程的计算模型。

RoadRunner 可以创建环境和道路，生成包含环形交叉路口、交叉路口和桥梁的复杂道路网络,自定义一些交通标牌和标记,然后发布到 OpenDRIVE、Unreal、Unity 或 FBX 等。

### 10.5.1 道路与环境建模

创建逼真、复杂、相互连接的道路网络,包括交叉口、桥梁、隧道、环形交叉口、道岔、道路标记和标志,如图 10.31 所示。

图 10.31 道路环境建模

具体讲,有以下三个功能。

(1) 真实世界道路几何:创建具有曲率、垂直坡度和混合的道路形状,包括横截面。

(2) 复杂的交叉点:具有合并、分割和环形交叉口的复杂交叉点。

(3) 表面标记:细节化的路面与车道标记、模板和自定义图形。

图 10.32 所示为三个各自功能实现的建模示例(依次从左到右)。

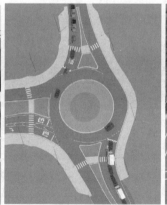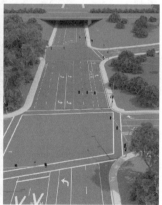

图 10.32 道路环境建模的三个功能

### 10.5.2 可定制的道具和标志

可定制和可本地化的道具,如障碍物、标志、柱子、灯光、人员和障碍物,如图 10.33 所示。同样地,也包括以下三个功能。

(1) 道具库:使用道具库或导入自己的 FBX 和 OBJ 文件来创建自己的道具。拼接组件以构建复杂的组件,然后使用量身定制的工具放置和/或随机化道具。

图 10.33　道具和标志

（2）信号编辑器：包含一个集成的标志编辑器，允许组合文本和图形以构建自定义标志。支持 Unicode 创建国际化标志。

（3）型材：使用符合道路规则的集成扩展工具，可轻松形成栅栏、墙壁和障碍物等隔板。

### 10.5.3　功能性道路网络

道路、交叉路口、车道和信号（马上加入交通和行人模型）在模拟环境中使用时自动包含智能，如图 10.34 所示。

图 10.34　功能性道路网络

功能性道路网络有以下三个功能。

（1）复杂的道路网络：生成具有车道和交叉路口连接的道路网络，用于汽车和交通模拟。

（2）交通信号编辑：使用集成的信号时间轴和交互式视口控件，编辑信号的相位和时序。

（3）交通和行人：通过动态交通（不久将加入行人模型）来填充。

## 10.6　场景库的建设和自动驾驶测试

基于场景的自动驾驶汽车测试方法是实现加速测试、加速评价的有效途径。

### 10.6.1　场景定义

场景（scenario）作为行驶环境与汽车驾驶情景（scenery）的一种综合体现，描述了车辆外部行驶环境的道路场地、周边交通、气象(天气和光照)和车辆自身的驾驶任务和状态等信息,是影响和判定智能驾驶功能与性能因素集合的一种抽象与映射,具有高度的不确定、不可重复、不可预测和不可穷尽等特征。

测试场景的分类方法有所不同。

(1) 按照场景的抽象程度,可分为功能场景、逻辑场景、具体场景。

(2) 按照测试场景的数据来源,可分为自然驾驶场景、危险工况场景、标准法规场景和参数重组场景。

基于生成方案的不同,测试场景分为两种:Worldsim 场景和 Logsim 场景。Worldsim 由仿真平台预设的障碍物行为和交通流状况构成的场景,有确定性和低复杂度。Logsim 由路测数据提取场景,包括复杂运动的障碍物行为和交通流,有随机的不确定性。

## 10.6.2　仿真测试方法分类

仿真测试包括以下几种类型:模型在环仿真(MIL)、软件在环仿真(SIL)、硬件在环仿真(HIL)和整车在环仿真(VIL)。

MIL 测试,在模型的开发环境下进行仿真,通过输入一系列的测试用例,验证模型是否满足了设计的功能需求。

SIL 测试运行车辆模型和虚拟域控制器模型,以模拟各种所需传感器信号。它接收这些传感器信号,并从虚拟域控制器发出响应,以实现闭环仿真并对控制系统进行测试验证。

在 SIL 测试中,替换 MIL 测试中的模型,使用与 MIL 测试相同的测试用例输入,并记录测试输出的值,最后比较其输出是否与 MIL 测试输出一致。

HIL 测试区别于 SIL 的是需要考虑目标硬件,可以额外评估软件在目标硬件上的整体性能(运行调度、内存调用、算力调用)是否符合预期。HIL 测试通常将一个被测控制器和一系列模拟设备连接,将记录或模拟的原始数据作为真实信号输入,来完成对目标硬件的测试工作。

VIL 测试的一般做法就是真实路试。HIL 测试最为重要的是整个测试系统的实时性与同步性,否则搭建的环境不足以支撑功能验证,系统步长及实时性得不到保证,域控制器的输入信号与真实的实车环境就会存在较大的偏差。

## 10.6.3　场景库建设

场景库建设基本上基于真实、虚拟以及专家数据等不同的数据源,通过场景挖掘、场景分类、场景演绎等方式分层构建成一个完整的体系。

一个场景库包含以下几个维度。

(1) **场景**:静态部分和动态部分。

(2) **交通**:驾驶行为和 VRU(行人、自行车)等非机动行为。

(3) **天气**:传感器(摄像头、雷达、激光雷达)和干扰。

德国 PEGASUS 项目(2016 年 1 月—2019 年 5 月)聚焦于高速公路场景的研究和分析,基于事故以及自然驾驶数据建立场景数据库,以场景数据库为基础对系统进行验证。

如图 10.35 所示为 PEGASUS 场景框架,其定义了场景功能—逻辑—具体(functionallogical-concrete) 三级分层体系,以及面向概念—开发—测试—标定(concept-development-testing-calibration)的场景库构建流程及智能驾驶测试方法。

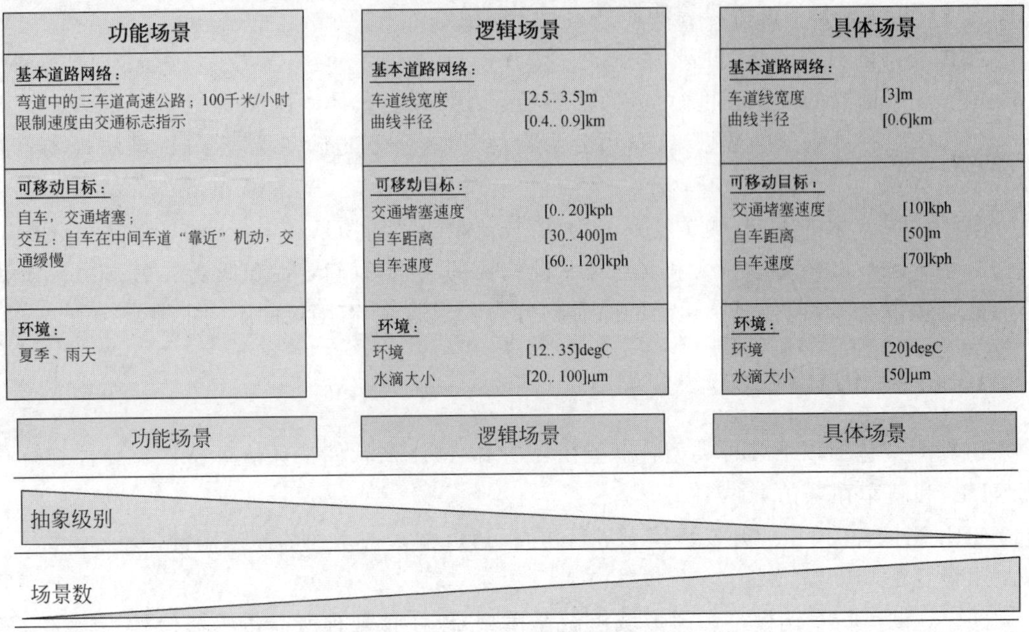

| 功能场景 | 逻辑场景 | 具体场景 |
|---|---|---|
| **基本道路网络:**<br>弯道中的三车道高速公路;100千米/小时限制速度由交通标志指示 | **基本道路网络:**<br>车道线宽度　　　[2.5..3.5]m<br>曲线半径　　　　[0.4..0.9]km | **基本道路网络:**<br>车道线宽度　　　[3]m<br>曲线半径　　　　[0.6]km |
| **可移动目标:**<br>自车、交通堵塞<br>交互:自车在中间车道"靠近"机动,交通缓慢 | **可移动目标:**<br>交通堵塞速度　　[0..20]kph<br>自车距离　　　　[30..400]m<br>自车速度　　　　[60..120]kph | **可移动目标:**<br>交通堵塞速度　　[10]kph<br>自车距离　　　　[50]m<br>自车速度　　　　[70]kph |
| **环境:**<br>夏季、雨天 | **环境:**<br>环境　　　　　　[12..35]degC<br>水滴大小　　　　[20..100]μm | **环境:**<br>环境　　　　　　[20]degC<br>水滴大小　　　　[50]μm |
| 功能场景 | 逻辑场景 | 具体场景 |

抽象级别

场景数

**图 10.35　PEGASUS 场景框架**

PEGASUS 通过开发 OpenScenario 接口试图建立可用于模拟仿真、试验场和真实环境中测试以及试验高级智能驾驶系统的标准化流程。

该项目分四个阶段:①场景分析 & 质量评估,定义一种系统的场景生成方法以及场景文件的语法结构,计算场景的 KPI,定义一套基于专家经验的场景困难(危险)程度评价方法;②实施流程,以安全为基础,设计一套足够灵活的、稳健性强的适用于自动驾驶功能的设计实施流程;③测试,输出为一套用于实验室(仿真软件、台架等)以及真实交通场景的方法和工具链;④结果验证 & 集成,对前三个阶段的结果进行分析。

PEGASUS 建立三种测试场景格式标准,即 OpenCRG、OpenDRIVE 和 OpenSCENARIO,定义了测试场景的六层模型:道路、交通基础设施、前两层的临时操作(如道路施工现场)、对象、环境和数字信息。

## 10.6.4　场景描述语言 OpenSCENARIO

OpenSCENARIO 数据格式主要描述自动驾驶仿真测试中的动态信息。场景主要的要素为是谁(目标物体)、在哪里(与道路或参照物的关系)、发生了什么(场景的动作描述)、持续了多久(场景运行的时间)。这些客观信息的组合可以有效覆盖所有的测试用例建立,实现高覆盖场景测试,提升场景的价值。

OpenSCENARIO 中每个场景有三个必要的组成概念。

- 道路网络(roadnetwork)。
- 场景剧本(storyboard)。
- 动作(action)。

道路网络由实体(entity)实例组成：

- 车辆。
- 行人。
- 其他。

这些实例通过场景剧本中包含的命令进行交互。

如图 10.36 所示为场景剧本(storyboard)的结构框图。场景剧本涵盖完整的场景描述。每个场景剧本包含一个初始化(init)和一个或多个场景内容。场景剧本构建场景为虚拟动态内容的剧本。

- 初始化用于设置场景的初始条件。

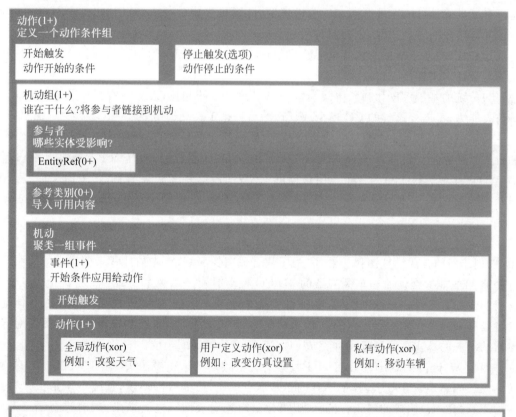

图 10.36　场景剧本的结构框图

- 场景内容具备分层次结构,更加结构化。场景内容包含定义动作组的动作(acts)。
- 触发器(即 startTriggers 和 stopTriggers)控制动作的执行。
- 机动组将实体作为行动者分配给机动。机动是一个共享的事件容器。
- 事件控制仿真世界或相应的实体。通过触发行动,事件给出用户定义的条件。

行动者最终采取的动作是由条件来触发的,此处的行动者指的是参与动作的实体实例。

## 10.7    基于数字孪生的安全-紧要场景泛化

数字孪生就是在虚拟环境中建立一个和现实世界一致的模型。数字孪生技术将为自动驾驶仿真测试发展道路上的一大助力,是仿真测试的增效利器。

百度在参考文献[37]中提出了一种用于自动驾驶端到端仿真的数据驱动方法:增强自动驾驶仿真(AADS)。该方法通过模拟交通流来增强真实世界的图像,创建与真实世界渲染类似的图像逼真模拟场景。如图 10.37 所示为 AADS 系统的流水线及其主要输入和输出。

具体来说,用激光雷达和摄像头扫描街道场景。将输入数据分解为背景、场景照明和前景目标。采用一种视图合成技术,可以在静态背景中改变视点。前景车辆配有 3D CG 模型。有了准确估计的室外照明、3D 车辆模型、计算机生成的行人和其他可运动目标可以重定位并渲染放回背景图像,创建照片般逼真的街景图像。此外,模拟的交通流(如合成目标的放置和移动)基于捕捉的真实世界车辆轨迹,这些轨迹看起来很自然,并捕捉真实世界场景的复杂性和多样性。

与传统的基于 VR 和基于游戏引擎的 AV 仿真系统相比,AADS 提供了更精确的端到端仿真能力,不需要昂贵的 CG 模型或烦琐的编程来定义交通流。

利用 ApolloScape 数据集中的语义信息,删除特定类型的目标,例如汽车、自行车、卡车和行人。移除运动目标后,RGB 图像和点云中会出现大量孔洞,应仔细填充这些孔洞,以便为 AADS 生成完整干净的背景。用最新的 RGB 图像修复方法来填洞,其中语义标签来指导基于学习的修复技术,之后在新背景合成的深度处理中引入点云补全(point cloud completion)。

给定合成背景图像,可以将任何 3D CG 模型放置在地面上,然后将其渲染到图像空间中,以创建新的合成模拟图像。然而,为了使合成图像逼真,首先估计背景图像中的照明度。这使 AADS 能够在地面和车辆渲染的 3D CG 模型具有一致阴影。此外,为了进一步改善合成图像的真实性,AADS 还从真实图像中抓取纹理来增强 3D CG 模型的外观。具体地,给定具有未移动车辆的 RGB 图像,检索相应的 3D 车辆模型,将这些模型与输入图像对齐。然后从对齐的真实图像中迁移并完成 3D CG 模型的外观的生成。

谷歌 Waymo 的 SurfelGAN 基于收集的有限激光雷达和摄像头数据,生成逼真的摄像头图像。如图 10.38 所示,其主要有两个步骤:首先,扫描目标环境,重建一个由大量带纹理的面素(surfel)构成的场景;然后,用摄像头轨迹对表面元进行渲染,同时进行语义和实例分割,接着,通过 GAN 生成逼真的图像。

在参考文献[38]中,Waymo 提出了一种纹理增强表面元(surfel)的地图表示方法。表面元适用于动态几何建模,一个目标由一组密集点或带有光照信息的表面元来表示。将激

彩色图像　　　　点云/深度　　　　语义标签　　　　轨迹

运动目标抹去　　　修复　　　　光照估计　　　模型纹理增强

左车道　　　　中间车道

图
像

标注　　　　　　激光雷达　　　　　轨迹

图 10.37　AADS 系统的流水线及其主要输入和输出

光雷达扫描的体素转换为有颜色的表面元,离散成 $k \times k$ 网格。

由于光照条件的不同和摄像头相对姿态的变化,每个表面元在不同帧可能会有不同的表观,创建一个由 $n$ 个不同距离的 $k \times k$ 网格组成的编码,增强表面元表示。在渲染阶段,该方法根据相机姿态决定创建哪一个 $k \times k$ 块。

为了几何形状和纹理的进一步完善,训练两个对称的编码-解码生成器,如图 10.39 所示,一个从面素图像到真实图像,另一个从真实图像到面素图像。同样也有两个判别器,分别针对面素图像域和真实图像域。

(a) 目标：新图像生成　　(b) 步骤1：面素场景重建　　(c) 步骤2：SurfelGAN图像生成

图 10.38　SurfelGAN 的基本框架

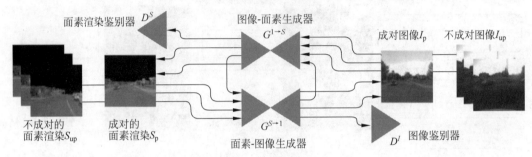

图 10.39　SurfelGAN 训练的示意图

输入数据包括配对数据和未配对数据。其中未配对数据为了两个目的：

- 提高图像鉴别器的泛化性。
- 实现循环一致性约束。

另外，由于表面元图像的覆盖范围有限，渲染图像包含大面积的未知区域，并且，摄像头和表面元之间的距离引入了不确定因素，附加距离加权损失来稳定 GAN 的训练。

VISTA(virtual image synthesis and transformation for autonomy)是一个 MIT 开源的数据驱动模拟器，其流程如下：①使用连续运动学模型更新车辆状态；②检索数据集与当前姿态相关的最近帧；③将帧投影到 3D 空间重建场景；④重投影到自车视点。与传统的基于几何模型的仿真系统不同，数据驱动的仿真直接从真实数据中合成新视点，这已成为克服照片真实性和仿真-现实差距的一种方法。

如图 10.40 所示是 VISTA 的应用场景，其中图 10.40(a)从一个收集的驾驶轨迹中，VISTA 合成一个新的可能轨迹空间，用于学习虚拟智体控制策略；图 10.40(b)中，保持真实世界的真实感允许虚拟智体超越模仿学习，用只有很少奖励的强化学习来探索空间，学习的策略不仅直接传递到现实世界，而且优于使用模仿学习训练的端到端方法。

如图 10.41 所示为 VISTA 1.0 生成新视点图像用于训练的示意图，其中如图 10.40(a)所示为自车与数据驱动仿真模拟器的交互示意图，在时间步 $t$，智体接收环境观测并发出命令执行动作；在 VISTA 中仿真车辆运动，并将其与真实世界中的估计运动进行比较(见图 10.41(b))；然后将场景的 3D 表征转换为虚拟智体视点得到新观测(见图 10.41(c))。

从一个最近的单目图像中，用卷积神经网络使用自监督学习方法得到估计深度图模型(见 5.3 节)。根据估计的深度图和摄像头内参，可以将传感器图像帧反投影到 3D 世界中。这样，新视点的图像可以从 3D 世界投射回传感器图像坐标系得到。VISTA 能够模拟不同

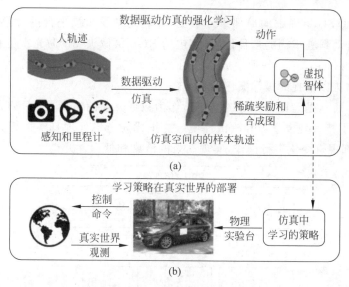

图 10.40 VISTA 的应用场景

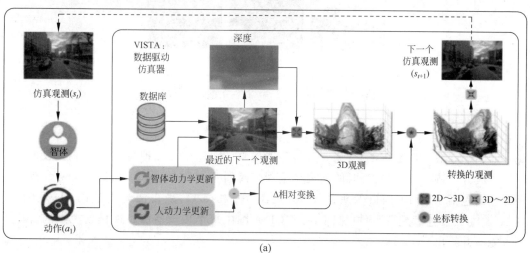

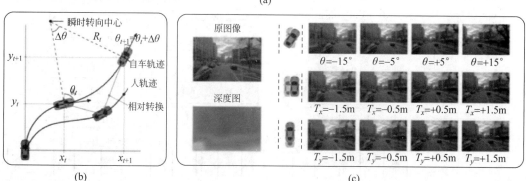

图 10.41 VISTA 1.0 生成新视点图像用于训练的示意图

的局部旋转（±15°）以及沿道路的横向和纵向平移（±1.5m）。由于车辆在其车道内的自由横向空间通常小于 1m，VISTA 可以模拟超出车道稳定行驶范围的情况。

VISTA 2.0 的目标是以数据驱动的方式将仿真扩展到其他模态，即合成激光雷达的新传感器测量值和数据集周围的局部事件数据,并利用和发布该平台进行稳健的感知学习。其集成了用于自动驾驶车辆的多种传感器,包括 RGB 摄像头、3D 激光雷达和基于事件的摄像头。VISTA 2.0 在模拟中快速生成新视点数据,丰富了可用于策略学习的数据,其中包含在物理世界中难以捕捉的极端案例。

如图 10.42 所示是 VISTA 2.0 的框架,作为数据驱动的仿真器,VISTA 2.0 在合成场景中模拟智体,支持大规模学习和测试环境。这里优先考虑处理真实世界数据集的轻量级 API,其仅对局部视点变化进行操作,实现高效的渲染和低内存开销。

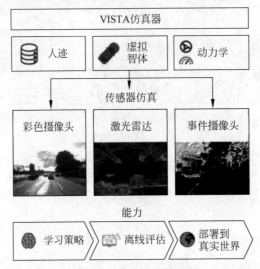

图 10.42　VISTA 2.0 的框架

如图 10.43 所示是 VISTA 2.0 多传感器仿真的示意图。虚拟智体动力学在数据驱动环境中展开轨迹,每次都从当时的新视点呈现传感器观测数据(见图 10.43(a));合成的三种传感器包括来自 RGB 摄像头的图像(见图 10.43(b))、来自激光雷达的 3D 点云(见图 10.43(c))和连续差分事件(见图 10.43(d)),图中每个传感器的可视化新视点的合成示例也能一并给出。

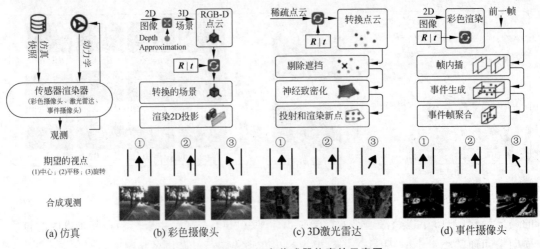

图 10.43　VISTA2.0 多传感器仿真的示意图

激光雷达的传感器具备测量几何深度信息的准确性和对环境变化(如照明)的稳健性。与返回结构化网格状图像的摄像头不同,激光雷达传感器捕捉环境的稀疏点云。这里,每个点由 4 元组$(x,y,z,i)$表示,其中$(x,y,z)$是点在 3D 笛卡儿空间中的位置,$i$是该点的强度特征测量值。给定虚拟智体在环境中的位置,以及到最近收集点云$\boldsymbol{\Psi}$的相对变换(旋转$\boldsymbol{R}$和平移$\boldsymbol{t}$),VISTA 的目标是合成一个新的激光雷达点云$\boldsymbol{\phi}'$,源自虚拟智体的相对位置。

由于$\boldsymbol{\Psi}$在 3D 笛卡儿空间表征,一个简单的解决方案是直接将智体的相对变换$(\boldsymbol{R},\boldsymbol{t})$作为刚性变换应用于$\boldsymbol{\Psi}$:$\boldsymbol{\Psi}'=\boldsymbol{R}\boldsymbol{\Psi}+\boldsymbol{t}$。然而,由于以下几个原因,这种方法会失败:从激光雷达传感器获得的点云具有源自传感器光学中心的特定环形模式;对点应用刚性变换不仅会变换单个点,而且还会变换和打破固有的定义传感器位置的环形结构;相反,为了保护传感器这种数据空间结构,将来自新传感器位置的激光雷达光线重新投射到场景中,并估计新的强度;此外,简单变换点云的结果很可能使原始扫描可见的点在新视点中被遮挡,因此需要被拒绝接收以保持传感器的视线特性。

为了克服这些问题,VISTA 2.0 具有以下措施:①剔除当前被遮挡点;②创建稀疏点云的密集表征;③根据传感器特定的先验知识从密集表征中采样得到新稀疏点云。

首先实现一个基于 GPU 加速对稀疏转换后点云$\boldsymbol{\Psi}'$的剔除(culling)算法。$\boldsymbol{\Psi}'$投影到 2D 极坐标,即

$$\alpha = \arctan\left(\frac{\boldsymbol{\Psi}'_y}{\boldsymbol{\Psi}'_x}\right), \quad \beta = \arcsin\left(\frac{\boldsymbol{\Psi}'_z}{d}\right), \quad d = \|\boldsymbol{\Psi}'\|_2 \tag{10-4}$$

其中,$(\alpha,\beta)$是连接每个点光线的摆角和仰角;$d$是沿着光线的距离。$\boldsymbol{\Psi}'$表示成一个$(\alpha,\beta)$稀疏图像(无信息损失),而$d$是每个像素的颜色或数值。在图像中剔除点时,每个像素的距离要和其周围光线"锥体"的平均距离比较,类似于 Z-缓存技术。如图 10.44 所示为剔除算法,变换后的稀疏场景(见图 10.44(a))将有一些点在渲染之前被拒绝接收(剔除),避免前景和背景(见图 10.44(b))的混合;剔除算法(见图 10.44(c))是轻量级的,GPU 加速,不依赖于场景网格的光线投射过程。

使用稀疏和剔除后的点云,需要构建场景的密集表征,最后采样新激光雷达光线并生成新视点。为使稀疏表征致密,训练 UNet 架构学习一个场景的致密点云输出。致密化网络(densification network)的训练数据是用 2D 线性插值生成的。与严格的基于规则的插值算法(scipy.interpolate)相比,数据驱动的方法通过数据挖掘会产生更平滑、更自然的定性结果。此外,所得到的模型很容易实现 GPU 并行化,实现显著的加速(约 100 倍)。

最后,从密集表征中采样稀疏点形成新的视点的点云。为确定采样位置,可以在数据集传感器的现有光线投射角上构建一个先验$\boldsymbol{\Omega}$。传感器的光线向量随时间推移基本上固定不变,因为其本身内置在传感器硬件中,但可能会根据环境有一些轻微变化或回落。从先验$\boldsymbol{\Omega}$中采样$\omega$会产生一组光线$\{(\alpha_i,\beta_i)\}$,从中投射和回收点的读数。此外,先验$\boldsymbol{\Omega}$将尊重传感器的几个理想特性,也可以由用户指定,如激光雷达射线的数量和密度。由于仍然在极坐标图像空间中操作,$\omega$相当于一个二值掩码图像,表示致密图像中应该采样的位置。用新采样极坐标图像可以逆变换数据表征,回到所需的 3D 笛卡儿空间。如图 10.45 所示,以路面横向 1 米的运动为例,通过场景的密集表征深度和灰度(见图 10.45(a)、(b))以及采样和重投影返回 3D 笛卡儿空间后的结果(见图 10.45(c)),可视化渲染流水线的不同阶段。

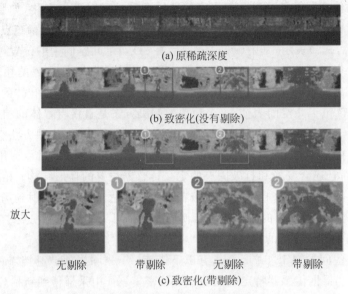

(a) 原稀疏深度

(b) 致密化(没有剔除)

放大

无剔除　　带剔除　　无剔除　　带剔除

(c) 致密化(带剔除)

**图 10.44　VISTA 2.0 点云剔除算法**

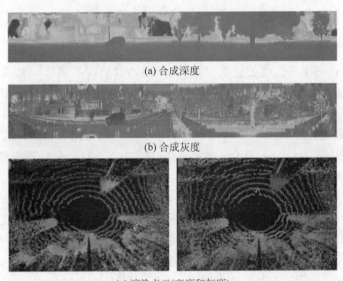

(a) 合成深度

(b) 合成灰度

(c) 渲染点云(高度和灰度)

**图 10.45　VISTA 2.0 点云新视角合成算法**

AdvSim 是 Uber 提出的一种对抗性框架,为激光雷达自动驾驶系统生成安全关键场景。

如图 10.46 所示,目标是在现有场景中干扰交互参与者的机动,对抗性行为会导致现实的自动驾驶系统出现故障;给定初始交通场景,AdvSim 以物理合理的方式修改参与者的轨迹,并更新激光雷达传感器数据;通过传感器数据进行模拟,获得对全自主驾驶安全-紧要的对抗场景。

场景扰动的真实激光雷达模拟如图 10.47 所示,给定参与者动作的场景扰动,修改先前记录的激光雷达数据以准确反映更新的场景配置;在确保传感器真实性的同时,移除原始的参与者激光雷达观测数据,并在扰动位置用模拟的参与者激光雷达观测数据代替。

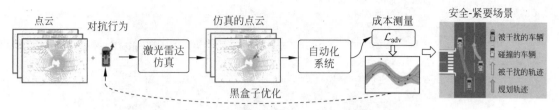

图 10.46 对抗性场景生成流水线概览

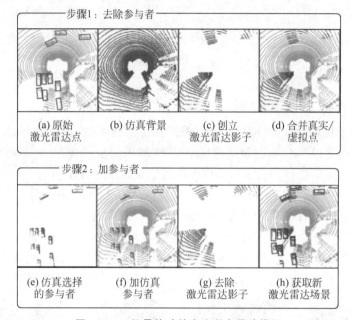

图 10.47 场景扰动的真实激光雷达模拟

为了产生物理上可行的参与者行为,将轨迹参数化为自行车模型(bicycle model)状态序列,包括受扰动参与者的中心位置、航向、前进速度和加速度,以及车辆路径的曲率。通过在不同时间步长设定边界内扰动曲率和加速度值的变化,并用运动学自行车模型计算其他状态,可以生成候选对抗轨迹。此外,为了扩大采样对抗行为的空间,还允许初始状态在设定边界内扰动。

为了增加扰动轨迹的合理性,要确保它不会与其他参与者或自动驾驶车的原始专家轨迹发生碰撞。在实践中,首先执行拒绝采样来创建一组物理可行的轨迹,然后将生成的轨迹投影到物理可行的集合上,以 L2 距离测量。搜索空间是低维的,有利于基于查询的黑盒子优化,同时仍允许细粒度的参与者运动控制。

为了解决建模真实交通场景的复杂性和多样性这一限制,Uber 在参考文献[42]中提出了一个交通场景的神经自回归(AR)模型 SceneGen,避免对规则和启发式方式的需要。特别是,考虑到自车状态和周围区域的高清地图,SceneGen 将不同类别的参与者插入场景中,并合成其大小、朝向和速度。

SceneGen 与传感器仿真相结合,可用于训练适用于现实世界解决方案的感知模型。

自回归交通场景生成方法如图 10.48 所示,给定自车状态和周围环境的高清地图,SceneGen 通过一次插入一个参与者来生成交通场景。

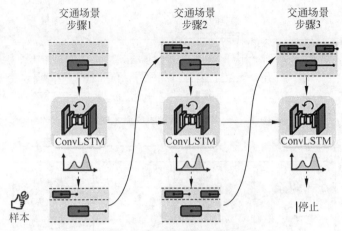

图 10.48　自回归交通场景生成方法

神经 AR 模型用递归神经网络（RNN）来捕获自回归生成过程中的长期相关性。该模型的基础是 ConvLSTM 架构,在每次迭代中,模型输入的是一幅 BEV 多通道图像编码,包括自动驾驶车 $a_0$、高清地图和迄今为止生成的其他交通参与者 $\{a_1,a_2,\cdots,a_{i-1}\}$。

如图 10.49 所示,多通道图像包括车道线多边形（直车道、专用右车道、专用左车道、专用公交车道和专用自行车道）、车道线中心线和分隔线（允许跨线、禁止跨线和可能允许跨线）；车道线片段（直行车道、专用右车道和专用左车道）、车道线朝向和速度限制、参与者占有（掩码）、参与者方向和速度、可行驶区域和道路、人行道以及每条车道的交通信号灯状态（绿色、黄色、红色、闪烁黄色、闪烁红色和未知）等。总体来说,这产生了 24 通道图像。

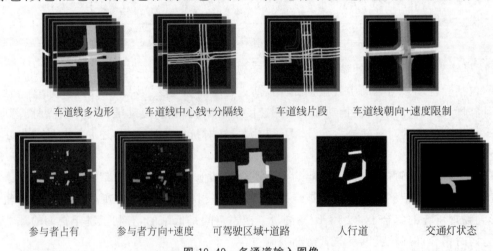

图 10.49　多通道输入图像

每个参与者有其类标签、BEV 位置、定向边界和速度。为了捕获这些属性之间的依赖关系,对其联合分布进行因子分解。如图 10.50 所示是参与者概率模型示意图,对每个参与者进行概率建模,作为其类别、位置、边框和速度分布的乘积。

其意思就是参与者位置的分布取决于其类别,其边框取决于其类别和位置,其速度取决于类别、位置和边框。

在每个生成步骤中,从 SceneGen 的输出分布中采样 M 次,并保留最可能的样本。这有

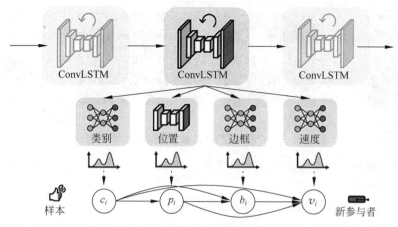

图 10.50　参与者概率模型示意图

助于避免退化的交通场景,同时保持样本多样性。此外,拒绝那些边框与目前采样的参与者边框发生碰撞的车辆和自行车。

参考文献[62]是之前 Lyft Level 5 团队的工作,提出了一个端到端可训练机器学习系统 SimNet,真实地模拟驾驶体验。模拟问题构建为马尔可夫过程(MP),利用深度神经网络对状态分布和转移函数进行建模。直接从现有的原始数据中进行训练,即**行为克隆**,无须在运动模型中进行任何手工设计,所需要的只是一个具有历史交通事件(traffic episodes)的数据集。

如图 10.51 所示是提出的可训练仿真系统框图,它允许系统构建从未见过的场景,这些场景对自驾车的行为真实地做出反应;实际上直接用 1000 小时的驾驶数据训练系统,模拟的真实性和反应性是测量的两个关键属性;同时,该方法可评估通过专家驾驶数据训练的最新机器学习规划系统性能,该规划系统容易出现**因果混淆**(**causal confusion**)问题,很难通过无功仿真或者**非反应性模拟**(**non-reactive simulation**)方法进行测试。

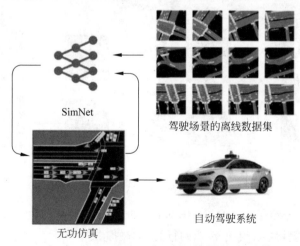

图 10.51　可训练仿真系统框图

如图 10.52 所示是仿真采样的流程,包括位置选择、初始化场景采样和前向仿真等。为了生成新的驾驶事件,首先选择并采样一个初始状态,捕获所有交通参与者的位置。

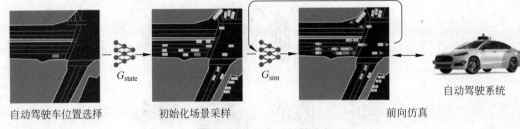

自动驾驶车位置选择　　　　　初始化场景采样　　　　　　　　前向仿真　　　　　自动驾驶系统

图 10.52　仿真采样的流程

接下来,神经网络控制的交通参与者和自驾控制回路(control loop)控制的自动驾驶车行为对状态进行前向模拟。包括步骤如下:

(1) 从所有允许的地图位置选择初始自驾车的位置。

(2) 初始状态从所有可行状态的分布得到,该状态捕获交通参与者的数目和初始姿态。

(3) 驾驶事件是通过参与者驾驶策略和自驾车控制系统的逐步前向模拟生成的。

该模拟具备的特性包括:

- **完全模拟**。执行上述所有步骤,从所有位置生成新的、从未体验过的驾驶场景。
- **旅程模拟**。保持初始自驾车位置固定,合成许多不同的初始条件,得到从该位置开始的驾驶事件。
- **场景模拟**。现有的历史感兴趣状态作为 初始状态,生成许多可能的未来结果。
- **行为模拟**。通过硬编码特定路径来遵循,可替换转向角,迫使交通参与者采取特定的高级行为,但在执行中仍会留下某种反应性模拟结果。对于模拟自驾车行为,这点很有用。

如图 10.53 所示是仿真系统交互式状态展开的详细信息,该状态的所有智体,独立运行一步预测来推进,自驾车由控制算法控制,新位置形成一个新状态,然后重复该过程。

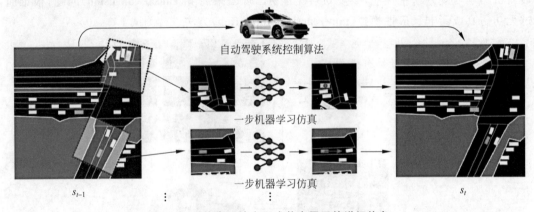

自动驾驶系统控制算法

一步机器学习仿真

一步机器学习仿真

$s_{t-1}$　　　　　　　　　　　　　　　　　　　　　　　　　　$s_t$

图 10.53　仿真系统交互式状态展开的详细信息

参考文献[63]中介绍了 **STRIVE**(stress-test drive),一种自动生成具有挑战性场景的方法,该场景会让给定规划器产生不希望的行为,如碰撞。

为了保持场景的合理性,关键思想是以基于**图**条件 **VAE** 的形式采用已学习的交通运动模型。场景生成是在该交通模型的潜空间进行优化,扰动初始真实场景产生与给定规划器发生碰撞的轨迹。随后的优化用于找到场景的"解决方案",确保它有助于改进给定的规划器。

进一步的分析基于碰撞类型对这些场景进行聚类。实验中攻击了两个规划器,并证明在这两种情况下,STRIVE 成功地生成了真实且具有挑战性的场景。此外,实现闭环,并用这些场景优化一个基于规则的规划器超参数。

如图 10.54 所示,STRIVE 为给定的规划器生成具有挑战性的场景。对抗优化会扰乱所学习交通模型潜空间的真实场景,导致对抗与规划器发生碰撞。后续的解决方案优化会找到规划器的轨迹避免碰撞,而验证场景有助于确定规划器的改进。

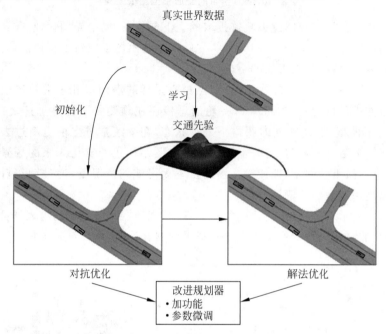

图 10.54 STRIVE 生成挑战性场景过程图

STRIVE 的核心思想是,通过学习生成的交通运动模型似然,衡量优化过程中场景的合理性,该模型鼓励场景具有挑战性,但同时又具备真实性。因此,STRIVE 不会提前选择特定的对抗,而是联合优化所有场景智体,从而产生多种多样的场景。此外,为了适应实践中广泛使用的不可微(或不可访问)规划器,所提出的优化在学习的运动模型中使用规划器的可微智体表征,从而允许用标准的基于梯度方法进行优化。

STRIVE 不了解规划器的内部结构,也无法通过它计算梯度。不可取行为包括与其他车辆发生碰撞、不能驾驶地形、驾驶不舒适(如高加速)以及违反交通法规。虽然公式是一般性的,原则上可以处理其他目标(objective)函数优化,但重点是与规划器一起生成车辆碰撞相关的事故多发场景。

如图 10.55 所示是学习的交通模型测试架构,为了对场景所有智体未来轨迹进行联合采样,首先,对每个智体分别处理过去的运动和局部地图环境信息。然后,计算条件先验,输出每个节点的潜分布,该分布可通过自回归(auto regressive,AR)解码器进行采样馈入,预测未来的智体轨迹。

为了在测试时对未来运动进行采样,使用条件**先验网络和解码器**,两者都是**图神经网络(GNN)**,在所有智体全连接的场景图中运行。**先验模型**包括一组智体的潜向量。输入场景

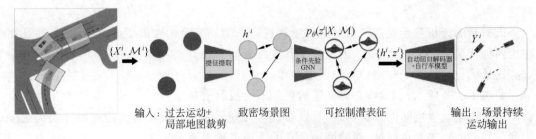

图 10.55    学习的交通模型测试架构

图的每个节点都包含从该智体过去轨迹提取的上下文特征、局部光栅化地图、边界框大小和语义类等。消息传递（message passing）后，先验网络输出场景中每个智体的高斯分布参数，形成"分布"潜表征，捕捉未来可能的变化。

确定性**解码器**在场景图中操作，每个节点都有采样的潜向量和过去轨迹上下文。解码是通过自回归方式执行的，在时间步 $t$，一轮消息传递在预测每个智体加速之前解决交互；通过运动自行车模型，加速度立即获得下一个状态，在继续推进之前更新过去的轨迹上下文。即使在智体被独立采样时，解码器的决定性和图结构仍然支持未来的场景一致性。对于潜向量优化而言，重要的是，即使输入潜向量不太可能的情况下，通过动态自行车模型解码器仍然可以确保合理的车辆动力学。

如图 10.56 所示，在对抗性优化的每个步骤中，规划器和非自车的潜表征都用学习的解码器进行解码，非自车轨迹提供给规划器在场景中展开。最后，计算各个损失。

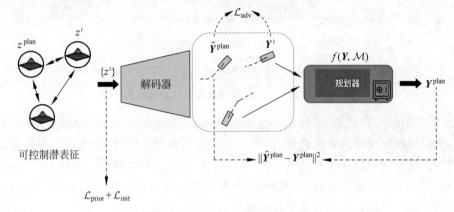

图 10.56    STRIVE 的对抗学习流程

参考文献[64]是 NVIDIA 公司的工作，采用一种数据驱动的方法，并提出了一种可以学习真实驾驶日志生成交通行为的方法。该方法将交通模拟问题解耦为高级意图推理和低级驾驶行为模拟，利用驾驶行为的双层结构，实现了高采样效率和行为多样性。

该方法还结合一个规划模型，获得稳定的长期行为效果。用两个大规模驾驶数据集场景对方法进行经验验证，该方法称为交通仿真的双层模仿学习方法（**bi-level simulation for traffic simulation，BITS**），并表明 BITS 在真实性、多样性和长时稳定性方面实现了平衡的交通模拟性能。

如图 10.57 所示是 **BITS** 的框架，决策上下文 $c_t$ 是一个张量，包含语义图和光栅化智体历史，按通道连接在一起。给定 $c_t$ 作为输入，空间目标网络产生短视野目标的 2D 空间分布,目标条件(goal-conditioned)策略为每个采样目标(goal)生成一组动作,轨迹预测模型预测相邻智体的未来运动,以及最后基于预测的未来状态,该框架选择让基于规则的成本函数最小化的一组动作。

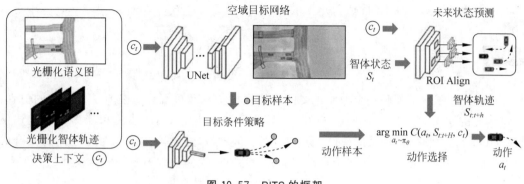

图 10.57　BITS 的框架

交通模拟可以描述为有监督的模仿学习问题。然而,城市驾驶的性质带来了重大的技术挑战。由于模型无法访问演示者的潜在意图和其他与决策相关的线索,例如其他车辆的转向信号,因此是一个部分观察的决策过程。动作监督本质上是模糊的,通常用概率分布建模。

虽然这种模糊性使训练复杂化,但有效地建模动作分布也可以生成不同的反事实(counterfactual)交通模拟。其次,由于每个智体的行为没有明确的协调,它们的联合行为生成了一个可能未来状态的组合空间。这种不确定性使得生成稳定的交通模拟非常具有挑战性。

交通模仿模型的目标是通过学习真实世界的驾驶日志(作为演示)来产生各种各样的合理行为。轨迹预测中的大多数现有方法用深度潜变量模型(如 VAE)来捕获行为分布。然而,学习生成稳定的长视野行为需要大量的训练数据。相反,这里提出的方法将学习问题分解为训练高层目标网络,捕获可能的短期目标空间分布;训练确定性目标条件策略,学习如何达到预测目标。

空间目标网络(goal network)利用驾驶运动的 2D BEV 结构,并用 2D 网格高效地表示空间目标分布。这种分解将多模态轨迹建模的负担转移到高级目标预测器,使低级目标条件策略能够重用达成目标的技能,提高样本效率。

这样一个双层模拟学习方法可以从有限的数据中生成合理的交通模仿。该策略可以从多模态空间目标预测器中采样,综合各种行为。然而,该策略的执行仍然受到训练数据规模和覆盖范围的限制。

驾驶日志偏向于正常行为,几乎不包含碰撞或越野驾驶等安全-紧要情况。生成多样行为的目标进一步放大了这一挑战,因为鼓励智体进入地图上未见过的区域并创建新的交互。因此,为了实现稳定的长时间模拟,即使在缺乏训练数据指导的状态下,智体也必须生成合理的行为。

为此,建议使用预测和规划模块来增强策略,以稳定长期轨迹展开。

该方法类似于典型的模块化 AV 堆栈中的运动规划流水线,重要的区别在于,用学习的策略生成类人运动轨迹候选。关键思想是,策略可以直接跟踪分布内状态下的数据似然,其中大多数行为样本都遵循规则,在最可能的动作可能导致不良后果的状态下,接受纠正指导。此外,采样模块允许在无须再训练的情况下对模拟器进行灵活调整(例如,多样性水平、多个目标的强调)。

关于神经渲染的技术(特别 NeRF)将在第 14 章专门讨论。

## 10.8    小结

本章介绍了自动驾驶一个非常重要的模块模拟仿真和可视化。主要是传感器的仿真、驾驶环境的建模(包括交通建模、道路建模、车辆和行人的 CAD 建模和计算机视觉建模等)、Uber 可视化平台、场景库建设、场景级测试和场景描述语言,以及数字孪生的逼真合成数据生成方法等。第 11 章将讨论自动驾驶开发中的一个重要议题——安全模型。

## 参考文献

# 第11章 安全模型

彩色图片

安全一直是车辆行业非常重视的问题,而研发自动驾驶的初衷也是降低人为因素的交通事故。美国权威机构的 2018 年报告显示,美国每天有超过 100 人死于与非自动驾驶汽车有关的交通事故。同样一项被广泛引用的研究显示,近两年半美国发生了 200 多万起撞车事故,其中 94% 的事故是由司机造成的。

不过,在自动驾驶即将进入商业落地轨道时,大家发现以前的安全标准和测试过程有些不适合,故对一些新的测试自动驾驶系统的安全标准进行了修订。

自动驾驶的关键模块,如感知、规划和控制等,大量地使用了 AI,例如,计算机视觉、机器学习和深度神经网络的算法,但一般这些算法多半是概率地对待解决的问题建模,这无疑对过去的安全模型和测试方法是一种新的挑战。

自动驾驶研发的公司也在探讨这些问题,并提出了自己的安全模型,如 Mobileye 的 RSS 模型和 NVIDIA 的 SFF 模型。不少自动驾驶公司(主要是 L4 级别)纷纷发布了自己的安全报告,如谷歌 WayMo、福特、GM、NVIDIA、Uber 和 AutoX 等。

自动驾驶仍然受到来自不同攻击的威胁困扰,这些攻击可以分为物理攻击、网络攻击和基于学习的对抗性攻击。不可避免的是,基于深度学习的自动驾驶系统,其安全性(safety&security)受到这些攻击的严重挑战,因此应研究对策,减轻潜在的风险。

如果自动驾驶能够量产或者大规模部署,需要对其进行大量的验证和确认(V&V)。验证与确认最大化场景覆盖率的常见策略是在虚拟仿真中进行,并模拟生成大量场景样本。

基于场景采样的 V&V 所面临的挑战是,确定合理覆盖所需的样本量,从而使得自动驾驶不当操作所产生的风险得以控制。然而,另一组基于形式验证(formal verification)的方法通过规范满足(specification satisfaction)处理场景覆盖。

目前自动驾驶安全方面的开放性挑战问题包括以下几点。

- 设计规范。机器学习模型的设计规范通常是不够的,因为模型要学习数据的模式以鉴别或生成新的未知输入的分布。因此,机器学习算法通过其训练数据(和正则化约束)学习目标类,而不是使用一个正式规范。

- 实施透明度。基于高维数据训练的高级机器学习模型并不透明。模型中的大量变量让模型难以理解,或者说是黑箱。在实践中,可解释性技术主要被设计者用于改进网络结构和训练过程,而不是支持安全评估。

- 测试和验证。对于 DNN 来说,由于数据的高维性,正式验证其正确性具有挑战性(证明 NP-hard)。因此,很难在操作设计领域内实现完整的测试和验证。

- 性能和稳健性。SOTIF 标准将机器学习模型视为黑箱,并建议提高模型性能和稳健性。然而,提高模型性能和稳健性本身是一项非常具有挑战性的任务。在学习问题中,模型的训练通常以训练集上的错误率(错误的正预测 FP 和错误的负预测 FN)结束。经验误差是学习函数对其目标分布的预测误差率。泛化误差是指模型在训练集和测试集的经验误差之差。除此之外,操作错误是指模型在开放世界中部署的错误率,可能高于测试集错误率。域泛化是指模型为开放世界任务学习通用数据表征的能力。

- 运行监控函数。设计监控函数来预测机器学习故障(如误报和漏报)本质上是不同的。机器学习模型为输入实例生成预测概率,但研究表明预测概率不能保证故障预测。事实上,DNN 和许多其他机器学习模型在分布漂移和对抗性攻击的情况下可能会产生不正确的输出,但具有很高的可信度。

11.1 节介绍一些安全基本概念,11.2 节分析 NHTSA 的 12 个安全要素,11.3 节介绍功能安全标准 ISO 26262,11.4 节讨论预期功能安全标准 SOTIF,11.5 节对 Mobileye 的安全模型 RSS 进行分析,11.6 节介绍网络安全,而 11.7 节阐述自动驾驶的安全隐患以及解决方案,最后 11.8 节介绍自动驾驶系统的验证和确认(V&V)技术。

## 11.1　基本概念

以下名词需要事先解释一下。

(1) **故障安全**(**fail safe**):工程设计中的故障安全,意思是在发生特定类型的故障时,其本身的响应方式不会对其他设备、环境或人造成伤害或损害最小;故障安全意味着设备在发生故障时不会危及生命或财产安全;自动驾驶中 L3 要求做到故障安全。

(2) **故障保险**(**fail secure**):也称为故障关闭(fail-closed),意味着在故障保险中访问或数据不会落入坏人之手。

(3) **故障-被动**(**fail passive**):在故障后脱离,没有进一步的动作并且不干扰其他系统的操作。

(4) **容错**(**fault-tolerance**):使系统能够在某些组件发生故障时继续正常运行。

(5) **失败操作**(**fail operational**):在系统发生单一故障的情况下继续运行,所以要确保所需安全的元件的可用性,并有多样化/冗余的架构设计;在自动驾驶系统中,L4 要求实现失败操作。

安全分**被动**（**passive**）**安全**和**主动**（**active**）**安全**，前者指车身的保护措施，如安全气囊和座椅限制，后者是跟自动驾驶有关的，指自身的车祸预防。以谷歌自动驾驶子公司 WayMo 的安全报告为例，可以看到自动驾驶考虑的一些安全问题。

- 行为安全（behavior safety）：指车辆在道路上的驾驶决策和行为；就像驾驶人一样，必须遵守交通规则，并且必须安全地导航各种情况，包括预期和意外情况。
- 功能安全（functional safety）：确保即使系统出现故障，车辆也能安全运行。主要是备份系统和冗余，以此处理意外情况（ISO 26262 主要针对功能安全）。
- 碰撞安全（crash safety）：指被动安全。
- 操作安全（operational safety）：车辆和乘客之间的相互作用，提供用户界面。
- 非碰撞安全（non-collision safety）：与车辆互动的人群提供物理安全保障。
- 网络安全/信息安全（cybersecurity/security）：防止黑客和敌人侵入系统，特别是 V2X 部分。

安全涉及很多方面的问题，如政府法规的制定、道德伦理的接受以及出现事故时保险公司的责任赔偿等，所以安全是一个宏大的、要考虑多方面因素的问题，下面展开讨论。

## 11.2　NHTSA

美国高速公路交通安全管理局（National Highway Traffic Safety Administration，NHTSA）的职责和使命是什么？原文如下：

Save lives, prevent injuries, and reduce economic costs due to road traffic crashes, through education, research, safety standards, and enforcement activity.

翻译为中文就是：“通过教育、研究、安全标准和执法活动，在道路交通撞车事故中，挽救生命，防止伤害和降低经济损失。”

为此 NHTSA 给出了自动驾驶系统（automated driving system，ADS）的如下 12 个安全因素，许多部门以此参考给研发自动驾驶的公司和机构提出要求。

（1）系统安全（system safety）：安全设计。

（2）操作设计域（operational design domain，ODD）：定义自动驾驶的工作条件、时间和地点。

- ADS 运行安全的道路类型。
- 地理区域。
- 速度范围。
- 环境条件。
- 其他限制。

（3）目标和事件检测与响应（object and event detection and response）：包括地图、感知、定位、预测、规划、控制。

（4）应急（fallback）或者最小风险的条件（minimal risk condition）。

（5）验证方法（validation method）。

（6）人机交互接口（human machine interface）。

（7）车载网络安全（vehicle cybersecurity）。

（8）耐撞性（crashworthiness）。

（9）ADS 撞击后行为（post-crash ADS behavior）。

（10）数据记录（data recording）。

（11）用户教育和培训（consumer education and training）。

（12）联邦政府、州政府和当地政府的法律条款（Federal，State and Local Laws）。

图 11.1 所示的是 NHTSA 发布的自动驾驶系统安全报告 2.0 封面。

**图 11.1　NHTSA 自动驾驶系统安全报告 2.0 封面**

## 11.3　ISO 26262

ISO（International Organization for Standardization，国际标准化组织）26262 是基于国际电工委员会（International Electrotechnical Commission，IEC）61508 标准演化而来的，IEC 这个标准的目标是电子电气器件和软件编程所构成系统的功能安全，ISO 26262 的目的也是满足道路车辆电子电气系统领域的安全需求。

什么是功能安全？根据 ISO 26262 的说明“Absence of unreasonable risk due to hazards caused by malfunctioning behavior of E/E systems.”翻译为中文，这里的功能安全就是指汽车的“电气电子系统故障造成的危害不会带来不合理的风险”。

随着软件复杂度和机电一体化程度的提高，随机系统和硬件失效的风险也变大。ISO 26262 就是提供适当的要求和流程来避免这类风险。ISO 26262 能够做到的事包括：

（1）车辆安全生命周期（管理、开发、生产、操作、服务、报废）。

（2）车辆专门的风险评估，即汽车安全的完整性级别（automotive safety integrity levels，ASIL）方法。

（3）基于 ASIL 方法，得到可操作功能安全需求，避免不合理的风险；提供功能安全需求。

ISO 26262(2018 年版本)的基本框架分成 12 个部分：

- Part 1：词汇。
- Part 2：功能安全管理。
- Part 3：概念阶段。
- Part 4：系统级产品研发。
- Part 5：硬件级产品研发。
- Part 6：软件级产品研发。
- Part 7：生产、操作、服务和停止使用。
- Part 8：支持过程。
- Part 9：ASIL 导向和安全导向的分析。
- Part 10：ISO 26262 指南。
- Part 11：ISO 26262 半导体应用指南。
- Part 12：ISO 26262 摩托车改编指南。

ISO 26262-1/2 定义如何避免因电子电气系统故障导致的不合理的安全风险。ISO 26262-3 描述危害分析与风险评估(hazard analysis and risk assessment，HARA)方法来确定整车级别的危害。HARA 主要用来评估因相关失效造成的潜在风险，并定义高层安全需求，例如安全目标、减轻风险的必要性等。

ISO 26262 余下章节提供安全需求和建议，避免和控制那些影响安全目标的系统失效和随机硬件失效。图 11.2 所示是 ISO 26262 标准的概貌。

ASIL 安全级别划分是定义系统实现指定安全目标的概率，而每个安全功能要求包括两部分：安全性目标和 ASIL 安全等级。

ASIL 安全等级划分步骤如下：

- 根据预想的架构、功能概念、操作模式和系统状态等因素确定安全事件。
- 危险分析和风险评估，确定初步的 ASIL 安全级别。
- 分解安全要求和安全等级，ASIL 安全级别划分和 ASIL 安全级别分解两个过程交替进行，直至无法分解。
- 基于原则检查级别分配的合理性，包括共存原则、相关失效分析和安全分析等。

ASIL 定义 4 个等级，分别为 A、B、C 和 D，依次等级从低到高。具体评估按照 3 个维度进行，即严重性、暴露性和可控性。

- 严重性(SX)。X=0～3。S0 无伤害；S1 轻微或有限伤害；S2 严重或危及生命的伤害(可生还)；S3 危及生命的伤害(有死亡可能)或致命伤害。
- 暴露性(EX)。X=0～4，共 5 个等级。E0 几乎不可能暴露于危险中，E4 暴露于危险中的可能性极高。
- 可控性(CX)。X=0～3，共 4 个级别。C0 可控，C3 几乎不可控。

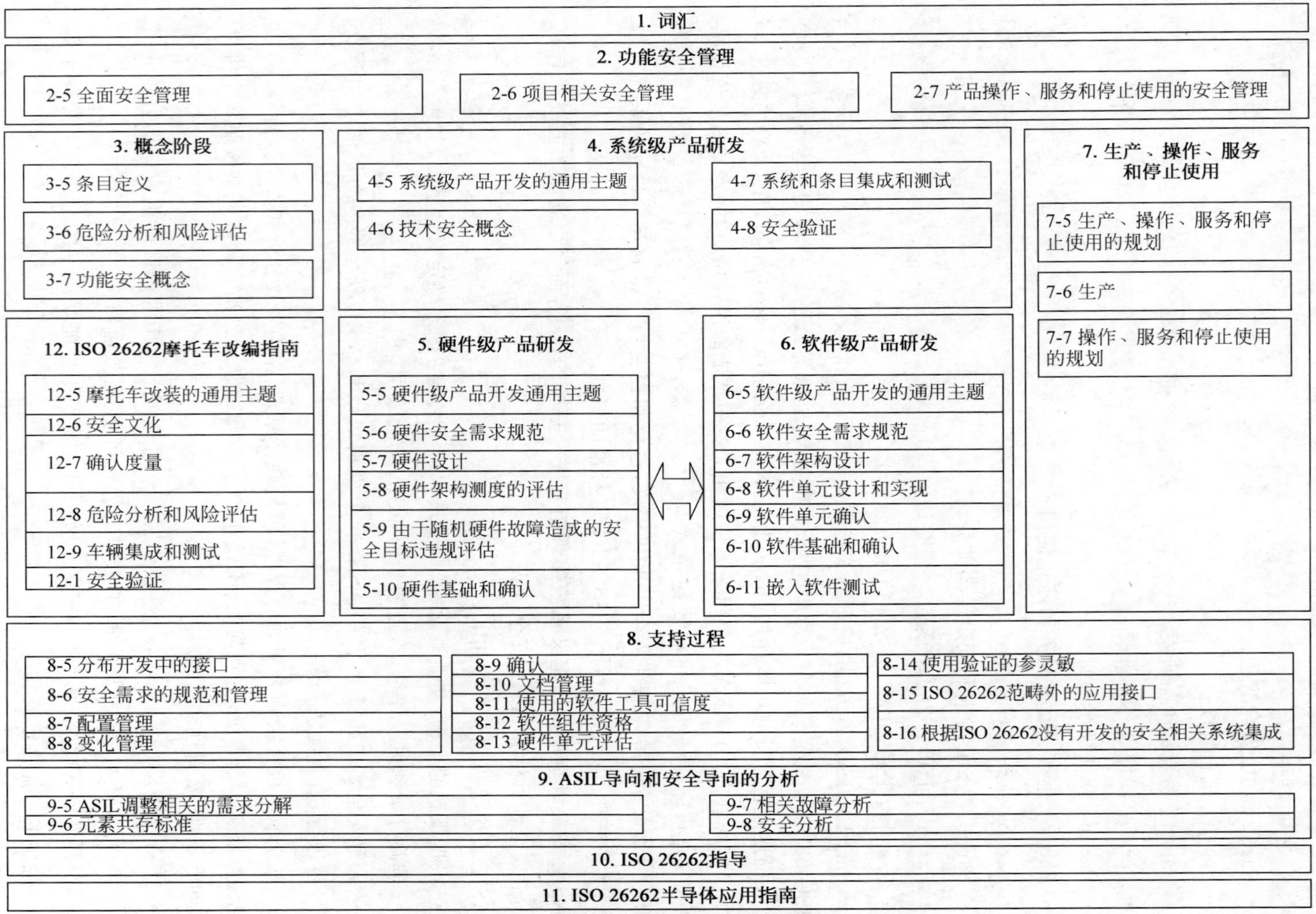

**1. 词汇**

**2. 功能安全管理**

| 2-5 全面安全管理 | 2-6 项目相关安全管理 | 2-7 产品操作、服务和停止使用的安全管理 |
|---|---|---|

2-7 产品操作、服务和停止使用的安全管理

**3. 概念阶段**

- 3-5 条目定义
- 3-6 危险分析和风险评估
- 3-7 功能安全概念

**4. 系统级产品研发**

- 4-5 系统级产品开发的通用主题
- 4-6 技术安全概念
- 4-7 系统和条目集成和测试
- 4-8 安全验证

**5. 硬件级产品研发**

- 5-5 硬件级产品开发通用主题
- 5-6 硬件安全需求规范
- 5-7 硬件设计
- 5-8 硬件架构度量的评估
- 5-9 由于随机硬件故障造成的安全目标违规评估
- 5-10 硬件集成和测试

**6. 软件级产品研发**

- 6-5 软件级产品开发的通用主题
- 6-6 软件安全需求规范
- 6-7 软件架构设计
- 6-8 软件单元设计和实现
- 6-9 软件单元验证
- 6-10 软件基础和确认
- 6-11 嵌入软件测试

**7. 生产、操作、服务和停止使用**

- 7-5 生产、操作、服务和停止使用的规划
- 7-6 生产
- 7-7 操作、服务和停止使用的规划

**8. 支持过程**

- 8-5 分布开发中的接口
- 8-6 安全需求的规范和管理
- 8-7 配置管理
- 8-8 变化管理
- 8-9 确认
- 8-10 文档管理
- 8-11 使用的软件工具可信度
- 8-12 软件组件资格
- 8-13 硬件单元评估
- 8-14 使用验证的参灵敏
- 8-15 ISO 26262范畴外的应用接口
- 8-16 根据ISO 26262没有开发的安全相关系统集成

**9. ASIL 导向和安全导向的分析**

- 9-5 ASIL调整相关的需求分解
- 9-6 元素并存标准
- 9-7 相关故障分析
- 9-8 安全分析

**10. ISO 26262指导**

**11. ISO 26262半导体应用指南**

**12. ISO 26262摩托车改编指南**

- 12-5 摩托车改装的通用主题
- 12-6 安全文化
- 12-7 确认度量
- 12-8 危险分析和风险评估
- 12-9 车辆集成和测试
- 12-1 安全验证

图 11.2　ISO 26262 标准的概貌

## 11.4 ISO/PAS 21448 SOTIF

  预期功能安全(safety of the intended function,SOTIF)标准是为了规避那些因性能局限(performance limitation)或者滥用(misuse)导致潜在危害行为发生的不合理风险。

  可以说,ISO 26262 功能安全和 SOTIF 是互补的。图 11.3 所示为不同 ISO 标准在安全课题中覆盖的不同领域。

| 源 | 危险活动的谨慎 | 范围 |
|---|---|---|
| | E/E系统失败 | ISO 26262 series |
| | 性能限制或者不充分的场景警觉,带或者不带合理的可预报误用 | ISO/PAS 21448 |
| 系统 | 合理地可预见的误用,不正确的HMI(如用户混乱、用户超载) | ISO/PAS 21448<br>ISO 26262 series<br>在人机接口设计原则中的欧洲声明 |
| | 系统技术造成的危险<br>成功攻击发现车辆安全脆弱性 | 特别标准<br>ISO 21434[a] or SAEJ3061 |
| 外部因素 | 主动基础设施和/或车-车通信、外部设备和云设备的影响 | ISO 20077 series; ISO 26262 series |
| | 车辆周围的影响 | ISO/PAS 21448<br>ISO 26262 series |
| 在准备发布时间的阶段:ISO/SAE CD21424 | | |

图 11.3 不同 ISO 标准所覆盖的不同安全领域

自动驾驶系统的性能局限有以下几部分。
- 感知:设定的目标场景不全面,系统无法正确响应。
- 决策:功能逻辑仲裁机制和算法不合理,造成决策错误。
- 执行:执行机构的控制和期待的结果不一样,难以完美工作。

而 SOTIF 定义的驾驶场景可以分为以下 4 部分。
- 已知安全(known safe)。
- 已知不安全(known unsafe)。
- 未知安全(unknown safe)。
- 未知不安全(unknown unsafe)。

其中第 4 部分是未解决的,目前可行的方法就是细化第 2 部分而缩小第 4 部分区域。

  图 11.4 所示是 SOTIF 框架下基于场景的自动驾驶系统开发流程图。图 11.4(a)所示是软件开发和标定(SW development+calibration)阶段,包括以下部分。
- 调查驾驶场景和影响参数。
- 分成两个分支:定义实际环境的驾驶需求和定义专用测试案例。
- 执行 3 个任务:收集真实场景数据、现存数据的 HIL(hardware in loop,硬件在环测试)重模拟和执行测试案例(车辆和 HIL)。
- 软件更新和标定。

- 输出软件最终版。

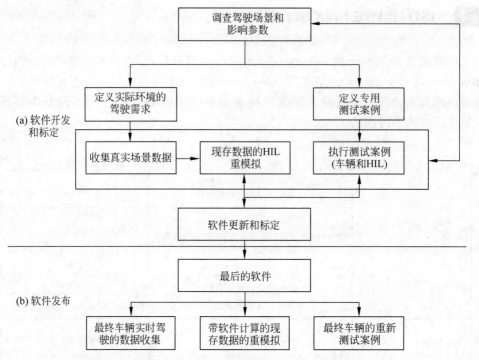

图 11.4　SOTIF 框架下基于场景的自动驾驶系统开发流程图

图 11.4(b)所示是软件发布(SW release)阶段,包括 3 项工作:最终车辆实时驾驶的数据收集、现存数据的重模拟和最终车辆的重新测试案例。

图 11.5 是展示在软件开发 V-模型中 ISO 26262 和 SOTIF 影响的部分(见阴影部分)。

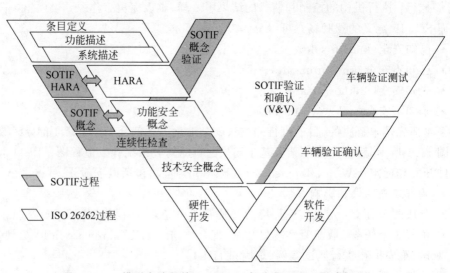

图 11.5　V-模型中涉及的 ISO 26262 部分和 SOTIF 影响部分

## 11.5 Intel Mobileye RSS 安全模型

Intel Mobileye 公司提出了一种"责任敏感性的安全模型"（responsibility-sensitive safety，RSS），它是一种自动驾驶车辆在发生碰撞事故时的责任判定方法。

RSS 的构建基于以下 4 个常识。

- 保持和前车的安全距离，这样一旦它突然制动可以及时停车。
- 保持和侧面车辆的安全距离，当横向操作和切入其他车辆的车道时，必须给其他车辆留出足够的反应空间。
- 尊重路权，但不要刻板使用路权。
- 小心遮挡，例如小孩可能被隐藏在一辆停止的车辆后面。

作为一个合理的安全模型，Mobileye 认为需要满足以下两方面。

- 健全性（soundness）：当该模型认为不对事故负责时，它应该清楚地符合人类判断的常识。只要模型仍然有用，即使可能过于谨慎，也允许在模糊场景中承担责任。
- 实用性（usefulness）：有效地制定政策，在正常交通流量情况下保证不会发生事故。

考虑两辆车在同一车道上驾驶，一辆在另一辆后沿直道行驶。如果前车紧急制动，后车不能及时制动，则会发生追尾事故。如图 11.6 所示，可以计算出后车必须和前车保持的安全距离，其实是纵向安全距离（safe longitudinal distance），即

$$d_{\min} = L + T_f[v_r - v_f + \rho(a_a + a_d)] - \frac{\rho^2 a_d}{2} + \frac{(T_r - T_f)(v_r + \rho a_a - (T_f - \rho)a_d)}{2}$$

$$(11\text{-}1)$$

其中，$L$ 为车辆的平均长度；$\rho$ 为后车的响应时间；$v_f$、$v_r$ 分别为前、后车的速度；$a_a$、$a_d$ 分别为车辆最大加速、减速（制动）；$T_f$ 为当前车做最大的减速（制动）时，达到完全停车的时间；$T_r$ 为当后车从最大的加速状况转换到最大的减速（制动），达到完全停车的时间。

图 11.6  RSS 安全模型中的纵向安全距离

换种情况，如果前车不顾一切地切入另一辆靠后车辆的轨道，而后车撞到前车，那么这却是前车的错，如图 11.7 所示。RSS 可以使用相同的原则来处理这种情况。基于一组变量，存在一个安全走廊（safety corridor）。如果人为驱动车辆在发生碰撞之前侵犯了该走廊，那就是该车辆的故障。反过来，可以连续地计算其他车辆的安全走廊，并且绝不会侵犯。

如图 11.8 所示，$C_0$ 正试图从一个停车场驶入一条街道，但交通情况被建筑物阻挡。一般采取的驾驶行为是慢慢地融入道路，获得越来越多的视野，直到感知局限消失。但是有一些假设是必要的，例如行驶速度以及发现街道交通流的时机。设最高合理速度为 $V_{\text{limit}}$（基于限速），$C_0$ 窥视街道，仍然给 $C_1$ 一个机会制动以避免追尾。如果 $C_1$ 的速度超过 $V_{\text{limit}}$，

图 11.7　变道中的安全距离问题

图 11.8　RSS 模型对遮挡的处理

并且发生碰撞,则是 $C_1$ 的错。

当与行人发生事故时,担责的几乎总是汽车一方,即使是在汽车很晚才看到行人的情况下,但也有例外。

图 11.9 表示车辆的横向安全距离(safe lateral distance),把图 11.6 中的一些纵向参数转换成对应的横向参数即可。

另外还有一些 RSS 考虑的情况。

- 路线优先级(route priority):在某个区域,多条道路几何互相重叠,例如高速公路合并道和环形交叉口。在这些情况下,两辆车中的一辆必须在另一辆车的正面走廊(front corridor)切入才能合并。在这种情况下,优先车道上的车辆可以进行切入。
- 双向交通(two-way traffic):在双向交通情况下,中心线提供边界,但当一辆车越过中心线去做超越停放的卡车或者倒车进入一个停车位时,都属于违规。
- 交通信号灯(traffic light):采用动态路线优先级(dynamic route priority)对有交通信号灯的交叉路口进行建模。换句话说,根据交通信号灯的状况,一些路线比其他路线有优先级。
- 非结构化道路(unstructured roads):如停车场。在没有车道标记的情况下,根据当前轨迹预测车辆的路径。如果车辆偏离此预测（通过改变航向），则要足够长的距离让迎面来的汽车调整。

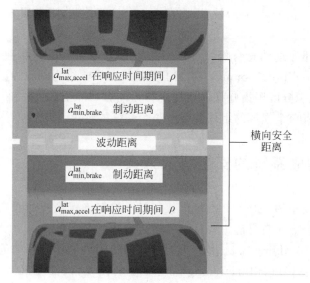

图 11.9  RSS 模型中的横向安全距离

## 11.6  网络安全

还有一个安全任务是汽车的网络安全（cybersecurity），相应的标准是 ISO/SAE 21434。网络安全漏洞可能会损害系统实现基本安全目标的能力，所以网络安全是重要的组成部分，确保自动驾驶车辆的完整性和安全性，这是当务之急。

ISO 21434 采用基于风险导向的方法，明确区分了产品、项目和组织层面的措施。它既没有规定具体技术、解决方案或补救方法，也没有对自动驾驶车辆或道路基础设施提出要求。虽然 ISO 21434 涵盖网络安全原则，但并没有为实施提供指导。

ISO 21434 可用于实施网络安全管理体系，包括网络安全风险管理和治理。其目的是使网络安全成为参与道路车辆生命周期的各个组织的强制性要求。网络安全管理主要集中在工程周期的不同阶段、产品的生命周期和组织层面。

自动驾驶汽车在网络安全方面是一个独特的挑战，它结合了汽车前所未有的先进性、频繁的软件更新和云控制特征。一般网络安全战略不仅包括车辆的电子设备、传感器和自动驾驶系统，还包括与之相连的任何功能，如数据端口、移动应用程序和客户服务系统。

对自动驾驶车辆的网络攻击基本分为三类：自主控制系统、自主驾驶系统组件和车联网通信。针对此类攻击的防御方法可分为安全体系结构、入侵检测和异常检测。

入侵检测系统（IDS）持续监控车辆网络并检测任何网络攻击。IDS 极其重要，通常是攻击者突破防御机制时的最后一道防线。传统的 IDS 解决方案依赖于防火墙或基于规则（非AI）的系统来检测网络攻击。然而，它们无法有效地检测复杂的攻击，因为无法捕获时间序列的网络数据存在的复杂相关性。最近基于 AI 的解决方案可用于解析高维车辆网络数据，其中包括车载网络级别和车载自组织网络（VANET）级别的监控和攻击检测。

网络安全行业标准提供纵深防御（defense-in-depth）方法，在多个相互重叠的系统之间进行安全分层。通过对任何嵌入式系统（尤其是具有外部接口或安全功能的嵌入式系统）使用组件隔离（component isolation）技术、内存保护和访问控制，降低黑客进入车辆网络的可能性。

网络安全系统还通过消息身份验证（message authentication）、消息验证（verification）和资质配备（credential provisioning），降低了受损设备影响行为的能力。此外，还可以通过网络隔离、物理和虚拟分区等措施将任何违规行为的影响降至最低。整个确认（validation）技术有助于确保没有单个损坏的组件能危害整个系统的健康。

## 11.7　自动驾驶系统的安全解决方案

道路车辆功能安全的 ISO 26262 标准提供了一整套确保系统功能安全的要求，但机器学习（包括深度学习）方法自身的一些特点会影响安全或安全评估。

- 识别危险（identifying hazard）。机器学习的使用可能产生新的危险类型，这些并不是由组件的故障（malfunctioning）带来的。特别是，人类与机器学习实施的高级功能之间的复杂行为交互会产生危险的状况，应在系统设计中予以缓解。
- 机器学习使用水平。通过使用端到端方法，机器学习可在体系结构层面广泛使用，或者仅限于在组件级别使用。不过端到端（E2E）方法挑战了这样的假设，即复杂系统被定义成一个有自己的功能的、分层的组件分解。
- 所需的软件技术。ISO 26262 要求在软件开发生命周期的各个阶段使用许多特定技术。虽然其中一些仍然适用于机器学习组件而其他组件可以很容易地进行调整，但许多仍然特别偏向于使用命令式编程语言实现代码的假设。
- 非透明。所有类型的机器学习模型都包含编码的知识，但这种编码对人来说在某些类型中比其他类型更难以解释。例如，用于天气预报的贝叶斯网络更容易解释，因为节点是表示人类定义的概念的随机变量，例如降水类型、温度等。相比之下，神经网络模型被认为是不透明的。增加机器学习模型表达能力通常以牺牲透明度为代价。不透明是安全保障的障碍，因为评估员更难以建立模型按预期运行的信心。
- 错误率。机器学习模型通常不能完美地运行并且出现错误。因此，即使对于测试数据，机器学习组件的正确性也很少实现，并且必须假定它周期性地出错。此外，虽然错误率的估计也是机器学习开发过程的任务，但只有其可靠性的统计保证。最后，即使误差的估计是准确的，也可能无法反映系统在有限输入集的误差率，要知道真实误差是基于无限样本集的。在使用机器学习组件设计安全系统时必须考虑这些特性。
- 基于训练。用可能遇到的输入子集来训练基于监督和无监督学习的机器学习模型。因此，训练集必然是不完整的，并且不能保证甚至代表可能的输入空间。此外，可能通过捕获训练集附带的细节而不是一般输入的学习过程会出现过度拟合（overfitting）。强化学习受到类似的限制，它通常仅在训练期间探索行为的子集。这种机器学习组件性能的不确定性是对安全的威胁。此外，即使训练集具有代表性，也不足以代表安全危机案例（safety-critical case），因为这些案例在输入空间通常是较少的。

- 不稳定。通常使用局部优化算法训练更强大的机器学习模型(如 NN),并且可能存在多个最优。因此,即使训练集保持不变,训练过程也可能产生不同的结果。但是,更改训练集也可能会改变最佳状态。一般说,不同的最优结构可能在架构上相距甚远,即使它们在性能上相似。这样,难以调试模型或重复使用已经安全评估的部分。

本质上安全的 AI 远未达到。有以下两种安全策略的实用机器学习解决方案。

- 安全故障(safe fail)是指在故障时车辆在道路上保持安全状态的策略。该策略可以通过使用监控功能和适当的降级计划(如通知驾驶人控制车辆),在发生故障时减轻危险。建议在运行时检测车辆的 AI 算法的错误输出(如错误分类和错误检测)。
- 机器学习背景下的安全间距(safety margin)被描述为模型在训练集与开放世界之间的性能差异。建议用模型稳健性技术来提高机器学习组件的容错性,从而提高安全间距。

另外,还需要注意程序保障(procedural safeguard)对于最终用户(即驾驶人和乘客)的重要性。

下面介绍实现 AI 安全策略的一些具体方法:一是监控函数,二是算法稳健性。

**1. 监控函数**

监控函数利用机器学习错分类错误检测的一系列技术来实现安全故障行为。同样,可以为机器学习组件设计各种运行时监控功能和错误检测器,以预测模型故障并触发适当的警告。

概率学习的不确定性是维护系统故障安全的重要因素。即使训练有素且经过标定的预测器对噪声、恶化和扰动都具有稳健性,也可以从不确定性估计中获益,在运行时检测域漂移和分布外样本(OOD)。量化不确定性可以解释一个模型在预测模型的置信度(即认知或模型不确定性)和未知样本的不确定性(任意或数据不确定性)方面所不知道的。

量化 DNN 中的预测不确定性是一项具有挑战性的任务。通常,DNN 分类模型会生成标准化的预测分数,这些分数往往过于自信,回归 DNN 模型不会在其输出中给出不确定性表征。一些解决方案,如集成(ensemble)和蒙特卡洛退出(Monte Carlo dropout)估算预测不确定性。

尽管不确定性估计方法为 DNN 故障预测提供了有效解决方案,但在实践中,显著的计算成本和延迟,对于运行时故障预测来说并不理想。

域内样本误分类往往是由于表征学习能力较弱。近年来,先进的神经网络、正则化技术和大型训练数据集显著改进了 DNN 表征学习,从而提高了模型性能和稳健性。然而,在模型失效的情况下,仍然需要运行预测错误检测器来维护系统的安全。选择性分类(selective classification)也称为带拒绝选项的分类,是一种谨慎地为高置信样本提供预测并在质疑时放弃的技术。这种可信预测方法可以显著提高模型性能,但代价是测试覆盖率。

OOD 样本或离群值是指超出正常训练分布的输入。OOD 错误是指 OOD 样本的机器学习模型误分类误差。自动驾驶车辆中 OOD 样本的示例包括独特的、不寻常的或未知的路牌、路标或罕见的目标或场景,这些目标或场景没有包含在训练集中,或者模型在训练过程中无法学习(例如,由于类不平衡)。

OOD 错误是 ReLU 系列激活函数的固有问题,随着训练分布的进一步深入,它们会产生任意的高置信度。然而，人们提出了各种技术，如 OOD 检测器、新颖性检测器和异常值检测器来检测 OOD 样本。OOD 检测器技术的例子包括：修改网络结构学习预测置信度、用遗漏（leaving-out）分类器集成，以及用于异常值检测的自监督表征学习等方法。此外，OOD 检测中一种快速且低成本的方法是使用类概率作为 OOD 检测的测度。

**2. 算法稳健性**

机器学习研究中的稳健性技术提高了算法对未知样本、恶化和扰动、对抗性示例和域漂移的容错性。机器学习相关文献介绍了多种技术，如数据集增强、噪声注入和多任务学习，以正则化 DNN 学习可泛化特征。其他技术，如迁移学习，将通用表征从预训练的模型转移到新域，已经证明可以提高模型的稳健性。此外，采用未标注的自由数据可正则化模型训练实现稳健性。

域漂移（也称为分布漂移和数据集漂移）描述了与训练集相比输入数据分布的变化。与测试集性能相比，分布漂移打破训练数据和测试数据之间的 i.i.d 假设，降低了操作性能。在这方面，域泛化是机器学习算法在开放世界应用中的一个关键方面，例如自动驾驶车辆，其数据是从不受控制的、快速变化的环境中获取的。域泛化可以通过许多不同的方式实现。其方法是对抗性域适配（adversarial domain adaptation），利用从目标域捕获的大量未标注数据。多任务学习通过同时学习两个（或更多）任务来提高模型稳健性。

在开放环境中，自然数据的扰动和恶化普遍存在。由对 DNN 恶化和扰动的稳健性基准测试表明，机器学习模型在简单扰动上显示出意外的预测错误。要实现模型对自然恶化（例如，由于摄像头出现的雪、雨和雾）和扰动（例如，传感器瞬态误差、传感器的电磁干扰）的稳健性，需要用技术来提高模型对干净数据集的稳健性。此前，经典数据增强用于增强对简单图像变化（如旋转和缩放）的稳健性。其他技术，如自适应算法选择增强变换和随机图像块擦除，也证明对稳健性和表征学习都有效。

最近，风格转换等高级增强技术已证明可以提高模型对纹理偏差的稳健性。另一个研究方向建议使用更大的网络，通过多尺度和冗余特征学习如何提高 DNN 的稳健性。此外，对抗扰动是攻击者故意制造的较小但最坏情况的扰动，因此扰动样本会导致模型以高置信度做出样本的错误分类。

## 11.8　自动驾驶的 V&V 技术

在一个离散场景周围引入 δ-邻域，为场景样本分配体量（volume），这是一种很有希望的尝试。T-wise 和泊松过程等数学算法通过巧妙地选择样本进行有限地候选，可实现几乎全部（almost full）的统计覆盖。

乐观地假设，这个定量覆盖-表示问题在整个社区得到了解决和接受，每个采样场景都有一个覆盖体量（coverage volume）。然后，这个基于样本方法的全场景覆盖任务将执行足够数量的采样验证测试，以确保每个覆盖体量单元与至少一个安全测试结果相关联。

实际上，场景空间的某些部分恐怕不可能产生安全测试结果（例如，与障碍物的反应距离太小）。这种情况下，需要额外努力来确认这些场景确实不安全（safety infeasible）。在类型审定和认证方面，政府机构需要设定一个可接受的成功门槛，以满足公众的期望。最简单的阈值是,确认为安全的测试数与 ODD 场景测试所需的最小测试数之比。

多样化的自动驾驶场景采样(scenario sampling)测试是开发阶段加强安全控制的主要方法之一。其中一类方法基于测试的采样,旨在以最小的努力、最大限度地扩大场景覆盖范围;另一类方法基于证伪的采样,旨在发现值得开发人员更多关注的安全极端案例。就实现 SOTIF 最小化已知和未知不安全场景的目标而言,基于样本的方法,在发现未知不安全的场景方面有更多的探索力。

根据 ISO 21448 SOTIF 标准,场景(scenario)是一系列情景(scene)中几个情景之间时域发展的描述,情景是环境的快照(snapshot),包括景色(scenery)、动态元素、所有参与者和观察者的自表征,以及这些实体之间的关系。那么,ODD(operation domain design)中确保完全的任务可以描述为对 ODD 所有可能的场景进行安全 V&V。

基于样本的方法并不显式地拥有与每个样本场景相关联的体量属性,因为每个场景样本都是基础的,并且体量较小。为了对两种安全验证方法进行统一比较和利用,必须将场景体量(scenario volume)的概念分配给基于样本的方法。

为简单起见,假设所有 N 个连续维度彼此正交,对一组参数指定的场景样本分配一个 N 维场景空间的轴对齐多边形体量。在基于样本的方法中,对每个场景样本检查模拟场景的安全性。

形式方法通常在执行任何仿真之前,先从安全规范开始,然后将规范转换成机器可理解的语言陈述,例如**线性时域逻辑**(LTL)或**信号时域逻辑**(STL)。然后,应用所转换的规范,可以在模拟/真实世界测试中检查规范的有效性,或者在系统合成期间将规范转换为系统约束或其他系统设计功能。

形式方法是一类应用数学技术(通常采用逻辑计算的形式),实现软件和工程设计规范和验证。根据定义,形式方法在安全验证任务中具有固有的优势,但连续动态场景的系统复杂性一直是其在自动驾驶广泛应用的主要限制因素,即扩展困难。

从技术上讲,形式方法可以概括为一个实现或者把抽象规范转换为自动驾驶系统算法/程序的过程,这样受控的系统行为可以满足所述的规范(注:需要指出的是,自动驾驶算法设计需要把规范合成到自动驾驶系统架构中,或对设计的系统进行安全验证,有足够的信心或确凿的证据确保其满足规范)。

形式验证主要是在自动驾驶系统中实现安全规范,在环境仿真中达到一定的逼真度。基于采样的方法,通过加入大量场景样本来验证场景变化,这是由于安全验证的机制不同。在形式方法的安全哲学中,安全规范要么得到满足,要么被违反,把规范的满足合成到基于模型的系统设计中。这样设计完成后,在运行过程中才确保实现的责任转移到模型正确性的在线验证上:只要面向自动驾驶系统的模型验证为正确的,系统按照综合安全规范执行,那么该系统就可以证明是安全的。

在开发阶段,通常需要将基于样本(sample-based)的方法和形式方法,以及现场操作测试方法结合起来,促进原型设计开发和发现设计错误。与基于测试的方法相比,形式方法具有陈述可靠性高的优点,因为它有严格的逻辑基础。

自动驾驶安全中常用的形式方法包括模型检查、可达性分析(reachability analysis)和定理证明。模型检查源于软件开发,以确保软件行为符合设计规范。当安全规范用公理和引理表示时,则定理证明可用于最坏情况假设下的安全性验证。可达性分析在三者中占有特殊地位,因为其为动态系统生成安全陈述的固有能力,捕获动态驾驶任务(DDT)的主要特征。

真实世界的道路测试或现场操作测试(FOT),是自动驾驶验证和确认的最终但也昂贵的方法。从某种意义上说,这是唯一的验证方法。然而,FOT 的缺点也很明显:它缺乏足够的场景覆盖能力(尤其是在接近碰撞和碰撞的场景中)。

基于样本的方法、形式方法和现场操作测试方法的比较如图 11.10 所示,不同方面的得分为 0~10 分,10 分代表最高满意度;可以看到形式方法覆盖最佳,但工业接受度最低;基于样本的方法在确认成本和可靠性跟踪方面都比较差,但工业接受度最佳;现场操作测试方法显然成本最高,场景覆盖率最低,但模型真实度最好。

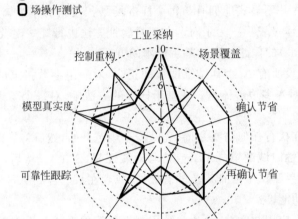

图 11.10    基于样本的方法、形式方法和现场操作测试方法的比较

下面介绍可达性分析理论。首先定义一个动态系统如下:

$$\dot{x} = f(x,u) \tag{11-2}$$

其中,$(x,u)$ 是可测量和连续的状态和控制变量,$f$ 是均匀连续受限和 Lipschitz 连续的函数(流域)。

给定初始状态 $\mathcal{X}_{\text{init}}(t_0)$,时间段 $[t_0,t]$,则最大前向可达集(maximal forward reachable set)定义如下:

$$\text{maxFRS}: \{x(t) \in \mathcal{X} | \ \exists u \in \mathcal{U}, \quad \exists x(t_0) \in \mathcal{X}_{\text{init}}(t_0) \tag{11-3}$$

$$x(t) = x(t_0) + \int_{t_0}^{t} f(u,t)\mathrm{d}t\} \tag{11-4}$$

前向可达集(FRS)传播动态,自初始时间 $t_0$ 起,到未来时间 $t$ 内的所有可能可达状态。

相反,后向可达集(BRS)的后向传播,查找来自前一时间 $t$ 的所有可能状态,其导致当前时间 $t_0$ 达到某个目标状态集 $\mathcal{X}_{\text{goal}}(t_0)$,即如下最大后向可达集(maximal BRS)的定义:

$$\text{maxBRS}: \{x(t) \in \mathcal{X} | \ \exists u \in \mathcal{U}, \quad \exists x(t_0) \in \mathcal{X}_{\text{goal}}(t_0) \tag{11-5}$$

$$x(t_0) = x(t) + \int_{t}^{t_0} f(u,t)\mathrm{d}t\} \tag{11-6}$$

另外,状态的选取 $\exists$ 换成 $\forall$,则得到最小后向可达集(minimal BRS)定义(其他类推):

$$\text{minBRS}: \{x(t) \in \mathcal{X} \mid \forall u \in \mathcal{U}, \quad \exists x(t_0) \in \mathcal{X}_{\text{goal}}(t_0) \tag{11-7}$$

$$x(t_0) = x(t) + \int_t^{t_0} f(u, t) \mathrm{d}t \} \tag{11-8}$$

某些情况下,定义时间范围内的可达性更令人感兴趣。因此,把定义扩展到包括从当前时间到时间范围结束,如最大前向可达管(maximal forward reachable tube)的定义修正为(其他类推):

$$\text{maxFRT}: \{x(t) \in \mathcal{X} \mid \exists u \in \mathcal{U}, \quad \exists s \in [t_0, t], \quad \exists x(t_0) \in \mathcal{X}_{\text{init}}(t_0) \tag{11-9}$$

$$x(s) = x(t_0) + \int_{t_0}^s f(u, t) \mathrm{d}t \} \tag{11-10}$$

当不同交通参与者之间交互起着关键作用时,必须将参与者的影响,有时甚至是对抗智体,纳入可达性分析。在这种情况下,动态系统要引入额外的对抗输入 $d$,以表示这种对抗性控制输入:

$$\dot{x} = f_a(x, u, d) \tag{11-11}$$

其中,$f_a$ 代表所有参与车辆的联合或相对动力学。这样的话,系统中对抗性输入的影响不取决于自车控制,因此必须保守建模以便在最坏的情况下提供安全保证。

如下为进一步限制在对抗影响下最大前向可达集的定义(其他类推):

$$\{x(t) \in \mathcal{X} \mid \exists u \in \mathcal{U}, \quad \forall d \in D, \quad \exists x(t_0) \in \mathcal{X}_{\text{init}}(t_0) \tag{11-12}$$

$$x(t) = x(t_0) + \int_{t_0}^t f_a(u, t, d) \mathrm{d}t \} \tag{11-13}$$

理想情况下,对于形式方法,如果所有与安全相关的规范首先被真实地转换为此类机器可理解的陈述,并且如果系统合成完全尊重这些陈述,并用基于模型的系统对(仿真)环境进行完美建模,那么场景覆盖率相对于仿真层是100%。

然而,由于以下原因,实际存在的挑战阻碍了形式化安全规范的100%理想转换。

- 形式方法依赖于基于现实世界抽象的观点,因此抽象和现实之间的差异(无论大小)将出现,并损害有效的安全保障。
- 实际开发的系统通常有性能限制,在任何情况下都无法符合安全规范。
- 当形式化安全规范转换为安全验证或系统合成时,存在实际的扩展性困难。在形式上,定义规范穿透率(penetration rate)为:在形式化安全规范规定的场景子空间中,可验证场景的百分比。那么换句话说,形式方法在现实的规范穿透率通常低于100%。

要完成多样场景覆盖的验证路线如图11.11所示。在图11.11(a)～(e)中,首先,形式方法从ODD的安全规范开始进行初始安全规范渗透测试,查看安全规范如何被保持;然后,进行可行性检查,查看有多少失败的场景实际上是安全可行的;接着,重新设计自动驾驶系统修复故障场景区域,并最终用候选自动驾驶系统验证所有安全可行场景体积的安全性。在图11.11(f)～(j)中,基于样本的方法首先将ODD分解为可验证的场景单元,然后执行不完整的采样安全测试,以检查候选自动驾驶系统的主要问题;随后,进行完全饱和采样,以确保场景覆盖率;在完整的场景覆盖测试之后,自动驾驶系统的弱点暴露出来,重设计过程继续迭代;最终,自动驾驶系统的弱点不再减少,系统重设计过程可能完成。

请注意,通过形式方法,安全不可行的场景区域可以确定,并且一旦ODD中的所有场

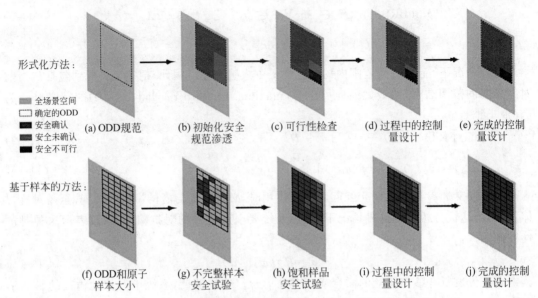

形式化方法:

全场景空间
确定的ODD
安全确认
安全未确认
安全不可行

(a) ODD规范　(b) 初始化安全　(c) 可行性检查　(d) 过程中的控制　(e) 完成的控制
　　　　　　　　　规范渗透　　　　　　　　　　　　量设计　　　　　　量设计

基于样本的方法:

(f) ODD和原子　(g) 不完整样本　(h) 饱和样品　(i) 过程中的控制　(j) 完成的控制
样本大小　　　安全试验　　　安全试验　　　　量设计　　　　　量设计

**图 11.11　多样场景覆盖的验证路线(基于样本方法和形式方法)**

景(安全不可行场景除外)都得到验证,就不需要进一步重设计。形式方法和基于样本的方法都是帮助发现自动驾驶安全弱点的有效工具,自动驾驶开发者可以根据自己的便利性和偏好选择其中一种或两种方法。

安全验证可以在模拟仿真期间(在线)用预测模块执行,也可以在模拟仿真之后(离线)执行,简单地检查结果。如图 11.12 所示即不同验证方案的概览,如图的顶部框所示,对白盒控制策略和灰盒控制策略分别执行一个先验验证;黑盒控制策略只能进行后验验证,如底部框所示。区别在于,只有用每个经历(episode)的最终安全结果,才能在仿真之间进行一个后验验证;只要在仿真中启动环境感知,就可以进行一个前验验证;当自车和其他参与交通智体的控制策略已知(白盒控制)或部分已知(灰盒控制)时,形式方法可以利用这些信息并缩小可达集,提供车辆运动更贴近的预测,形成在线安全监控和验证等有价值的应用。相反,如果控制策略是专有的且完全未知(黑盒控制),则安全验证过程必须涉及每次模拟仿真后黑盒子控制器行为的统计学习,这样反过来指导如何选择下一个要测试的场景,可以更好地针对反例。

下面给出几种形式化安全验证类型。

(1) 已知自动驾驶策略的形式化安全验证。如果完全了解自动驾驶策略(通常仅限于自车),则可以非常确定地执行安全验证,有效地消除可达性分析(RA)中的控制变量 $u$。这通常是计算受控车辆的可达集,并将其与相关时间的障碍物占用集进行比较。

(2) 黑盒自动驾驶策略的形式化安全验证。当自动驾驶策略完全未知时,验证需要退回到不需要自动驾驶策略信息的更一般的计划。此类计划将自动驾驶和平台视为一个整体系统,并调查整个系统的输入(如干扰)如何导致不期望的输出(如安全违规)。可采用比如模拟退火、进化算法、贝叶斯优化或扩展蚁群优化(ant colony optimization)等方法。

(3) 灰盒自动驾驶策略的形式化安全验证。如果自动驾驶策略部分已知,则可以执行修改的可达性分析形式方法。在半自动车辆的设置中,驾驶人的行为最多只能进行估计,必须用部分已知的自动驾驶策略(指人类驾驶策略)进行安全验证。在此设置中,设计的特定车

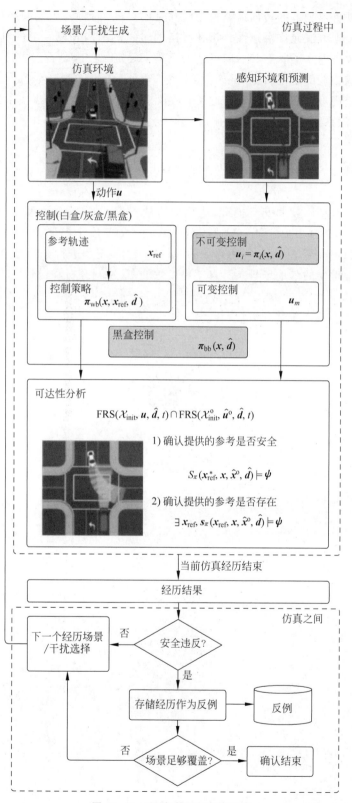

图 11.12　不同验证方案的概览

道保持辅助驾驶将驾驶人的转向策略视为已知且不可变,而将驾驶人的加速策略视为未知且可变。这种处理方法允许可达性分析在适当的时间范围内预测车辆的可达状态范围,系统可以通过比较当前车辆状态和后向可达安全集来确定驾驶人是否需要帮助。当至少知道自动驾驶策略或功能的定性目标时(如激活干预,避免车辆因驾驶人误操作而发生可避免的碰撞),则可以使用可达性分析来验证此类自动驾驶策略或功能是否忠实于其定性描述。例如,用于判断防撞系统是否错过或滥用了干预机会。

## 11.9　小结

本章讨论了自动驾驶的安全模型,从自动驾驶安全的基本概念、著名机构 NHTSA 安全框架、安全标准 ISO 26262 和 SOTIF、Mobileye 的 RSS 安全模型、网络安全、自动驾驶系统的安全问题和解决策略,以及自动驾驶的 V&V 技术,逐个进行介绍。第 12 章将针对一个自动驾驶非常重要的落地场景——自动和自主泊车,展开分析和讨论。

## 参考文献

# 第12章　自动和自主泊车

彩色图片

　　自动驾驶技术的产品落地涉及应用场景,所谓"麻雀虽小,五脏俱全",自动和自主泊车是一个有实际应用价值的场景。前面已经对自动驾驶内部结构和算法进行了分析和讨论,本章将专注于自动泊车这个落地场景,将前面讨论的技术模块具体化展开。

　　其中12.1节是对泊车系统的基本介绍;12.2节讨论泊车系统特有的环视摄像头系统如何标定;12.3节介绍鱼眼摄像头的感知方法;12.4节对泊车位检测方法进行讨论;12.5节分析泊车的一些具体运动规划算法;12.6节分析传感器融合(超声波和摄像头)在自动泊车中的体现;12.7节针对自动代客泊车,也是泊车中最高级别的自动驾驶方法进行分析;12.8节介绍泊车场的语义地图制作和定位技术;12.9节介绍自动泊车在泊车场的深度学习规划方法。

## 12.1　自动泊车系统的基本介绍

　　首先,从参考文献[1]中可以看出自动泊车领域的发展概貌。图12.1展示了一个泊车系统具备的必要模块,分别为感知、定位、地图、预测、规划和控制,其中泊车的特殊性使规划模块在运动规划这个层次(前面提到规划分任务规划、行为规划和运动规划三个层次)有泊车规划器(parking planner)这个小模块,解决在泊车时道路窄小的问题。

　　在硬件方面,计算平台和执行器(actuator)的需求和一般自动驾驶系统是类似的。传感器方面,最基本的是超声波雷达,但这种传感器的作用距离有限,只有当车辆在泊车位边上经过时才能检测是否可以泊车,而且它也无法确定泊车位的准确位置(特别是有多个泊车位的情况),对倾斜的泊车位无法工作。摄像头通过图像可以检测识别泊车位,甚至可以建视觉泊车场地图,应该是升级的配置。激光雷达当然可以做超声波雷达和摄像头的工作,成本是一个主要因素。另外,车联网(V2X)也会使泊车场的管理变得容易,但这需要铺设基础设施,不是造车企业单方面考虑的工作。

　　基于摄像头的泊车系统一般采用环视摄像系统,将多台鱼眼摄像头放在车辆的侧身和前后保险杠(bumper),其原理是基于摄像头标定得到

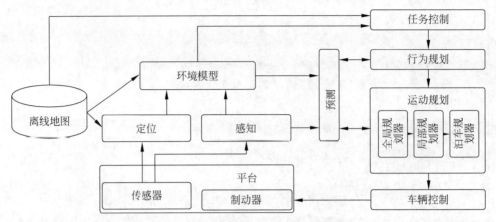

图 12.1　泊车系统的模块化架构

的摄像头内外参数,通过单应性变换(homography),将图像投射到路面(基于 IPM),形成 360 度环视拼接。

注意,这个拼接和虚拟现实常常采用的 360 度环视拼接不一样,该拼接是拼接在一个中心的柱面(上下俯仰角度小于 60 度)或者球面。当然这种路面拼接质量差,在拼接处容易出现畸变,特别是运动物体,有"鬼影"效应。

实际上,环视图是 4 个鸟瞰视图(BEV)的合成视图,即前视图、左视图、后视图和右视图。两个相邻的 BEV 彼此重叠。生成 BEV 图像的关键步骤是构建离线查找表 $T_{B \rightarrow F}$,执行一组标定操作,将 BEV 图像上的点 $x_B$ 映射到输入鱼眼图像上的位置 $x_F$。确定 $T_{B \rightarrow F}$,需要确定从 BEV 坐标系到世界坐标系的变换矩阵 $P_{B \rightarrow W}$,从世界坐标系到无畸变输入图像坐标系的变换矩阵 $P_{W \rightarrow U}$,以及将无畸变输入图像上的点映射到原始输入鱼眼图像上位置的查找表 $T_{U \rightarrow F}$。图 12.2 是一台环视鱼眼摄像头的拼接示例,4 台环视摄像头(前、后、左、右)合成一幅 IPM 图像。

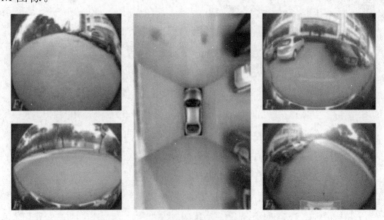

图 12.2　环视鱼眼摄像头的拼接示例

在自动驾驶鱼眼摄像头感知的综述论文中(见参考文献[18]),指出以下存在的挑战。

(1)最明显的是强烈的径向畸变,无法校正、没有缺点,包括视野减小和周边重采样畸变伪影。由于空域的变形,目标的外观变化较大,特别是对于近处目标,这增加了卷积神经网络的学习复杂度,该网络用平移不变性作为归纳偏差,增加了样本复杂度,因为模型必须学习所有畸变的外观。

（2）此外，用边框表征目标检测变得更加复杂，因为边框不能为鱼眼畸变目标提供最佳拟合。更复杂的表征，而不是矩形框，例如，有一种利用已知鱼眼摄像头径向畸变的弯曲边框。

在环视感知系统中使用鱼眼摄像头的主要动机是覆盖车辆周围整个 360 度的近场区域。这是通过 4 个水平视野（hFOV）约为 190 度、垂直视野（vFOV）约为 150 度的鱼眼摄像头实现。鱼眼摄像头具有非常大的角体（angular volume）覆盖范围，但其角分辨率相对较小，无法在远距离感知较小的目标。因此，环视感知主要用作近场传感器。

相比之下，典型的远场前置摄像头具备 hFOV 为 120 度、vFOV 为 60 度、角体明显较小，但具有更高的角分辨率，能够感知远距离目标。只用 4 个大 hFOV 鱼眼摄像头就能实现 360 度全覆盖。大垂直视场能够捕捉车辆附近的区域，例如，在交叉路口泊车时检测到交通信号灯等高程目标。

目前环视摄像头中的大多数工作都是独立处理 4 台摄像头中的每一个，并执行感知算法。联合建模 4 台环视摄像头可能更为理想。首先，有助于通过两台或 3 台摄像头（前方、左侧和后方）检测可见的大型车辆（如运输卡车）；其次，消除了多台摄像头中看到的目标实现重识别和单个检测的后处理，从而形成统一的输出，如车道模型。多摄像头模型将更有效地聚集信息并产生更优化的输出。

## 12.2 环视视觉系统标定

环视视觉系统标定和一般摄像头类似。首先，通过使用棋盘格模型来标定 4 台鱼眼摄像头，分别获得它们的内在参数和外部参数；其次，基于多项式畸变模型的方法用于校正每台摄像头的畸变；最后，根据图像坐标到世界坐标的逆透视映射得到 BEV 图像。此外，非线性 LM（Levenberg-Marquardt）优化算法可以用于优化相机参数。

鱼眼摄像头的畸变系数可以通过张正友的标定方法来估计，因此，无畸变输入图像到原始输入鱼眼图像的查找表 $T_{U \to F}$ 可以获得。从 BEV 坐标系到世界坐标系的变换矩阵 $P_{B \to W}$ 是相似性变换，如果预先确定了 BEV 图像的大小（由像素测量）和相应的物理可见范围（由毫米测量），则可以直接确定该矩阵。如图 12.3 所示，假设 BEV 图像的大小为 $M \times N$，相应物理区域的高度为 $H$ mm，则很容易验证 $P_{B \to W}$ 可以表示为

$$P_{B \to W} = \begin{bmatrix} \dfrac{H}{M} & 0 & -\dfrac{HN}{2M} \\ 0 & -\dfrac{H}{M} & \dfrac{H}{2} \\ 0 & 0 & 1 \end{bmatrix} \tag{12-1}$$

要估计从世界坐标系到无畸变输入图像坐标系的单应矩阵 $P_{W \to U}$，用预先已知特征点世界坐标的标定场（calibration field）。捕获一个标定场的图像，然后使用估计的查找表 $T_{U \to F}$ 进行去畸变。然后，在无畸变图像上，可以手动选择 $N_F$ 个特征点（$N_F$ 不能小于 4，通常设置在 10～20），如图 12.4(a) 所示是标定场的原始鱼眼图像，其无畸变版本如图 12.4(b) 所示，在图 12.4(b) 中手动选择 $N_F$ 个特征点，用圆圈标记，对于选定的特征点，其在世界坐标

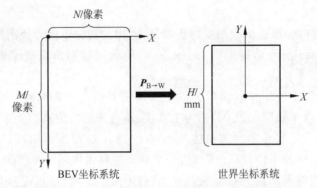

图 12.3　BEV 坐标系和世界坐标系的变换关系

系中的坐标 $x_W^i$ 和无畸变图像坐标系中的坐标 $x_U^i$ 已知。

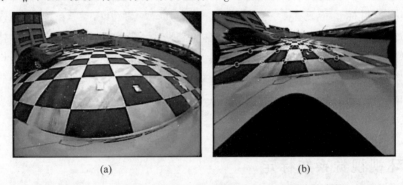

图 12.4　世界坐标系到无畸变图像坐标系的单映性变换

对于每个选定的特征点 $i$，在世界坐标系中的坐标是 $x_W^i$，在无畸变图像坐标系中的坐标是 $x_U^i$。$x_W^i$ 和 $x_U^i$ 之间的关系为 $x_U^i = P_{W\to U} x_W^i$。因此，$P_{W\to U}$ 可以通过求解基于特征对应 $\{x_W^i, x_U^i\}_{i=1}^{N_F}$ 的最小二乘问题来获得。

当矩阵 $P_{B\to W}$，$P_{W\to U}$ 和查找表 $T_{U\to F}$ 准备就绪，可以最终确定查找表 $T_{B\to F}$。4 台鱼眼摄像头可以有 4 个映射表 $\{T_{B\to F}^i\}_{i=1}^4$，每台负责生成一幅 BEV。为了合成环绕视图，最后需要确定每对相邻 BEV 图像之间的拼接线。通过 4 条拼接线，对于 360 度环视图上的点，可以知道应该来自哪幅 BEV，相应地，用哪个映射表和关联的输入鱼眼图像来确定其像素值。

## 12.3　鱼眼摄像头的感知系统

在介绍泊车位检测之前，先通过一些参考文献介绍鱼眼摄像头感知系统的整体工作。

参考文献[19]中提出了一个基于未校正（unrectified）鱼眼图像的多任务视觉感知网络 OmniDet，包括自动驾驶系统所需的 6 项主要任务：深度估计、视觉里程表、语义分割、运动分割、目标检测和镜头污染检测。其中提出一种基于摄像头几何的自适应机制，用于在训练和推理时对鱼眼畸变模型进行编码。鉴于目标边框不能很好地表示变形的鱼眼图像，需要把目标检测扩展到使用一个具有非均匀采样顶点的多边形。

首先,FisheyeDistanceNet 建立了一个自监督的单目运动恢复结构框架用于距离和姿态估计,如图 12.5 所示,其加入多项式投影模型函数执行视图合成,总损失由重建匹配项和正则化项组成。此外,还使用了交叉序列距离一致性损失和尺度恢复技术;还考虑了特征度量损失,使用自注意自动编码器学习特征;这些损失的主要目的是防止训练目标落在同质区域的多个局部极小值处,因为鱼眼图像的同质区域比普通摄像头(rectilinear)图像同质区域大得多;它本质上是一个损失函数,惩罚小斜率,并用图像梯度强调低纹理区域;使用一阶导数对自监督损失景观进行约束,形成适当的收敛盆地,从而正则化目标特征。

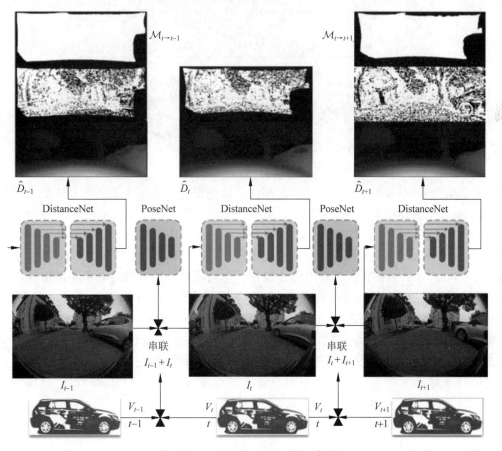

图 12.5　FisheyeDistanceNet 框架

由于严重的径向畸变,标准边框表征在鱼眼摄像头中不太成功,尤其是在摄像头图像外围区域。为此,探索鱼眼图像的不同输出表征,包括定向边框、曲线框、椭圆和多边形。提出一个 FisheyeYOLO 框架如图 12.6 所示,这里的基线边框模型与 YOLOv3 相同,只是 Darknet53 编码器被替换为 ResNet18 编码器;与 YOLOv3 类似,目标检测在多个尺度上执行;对于每个比例中的每个网格,推断目标宽度、高度、中心坐标和类别;最后,使用非最大抑制(NMS)来滤除低置信度检测结果。分别使用标准类别交叉熵和二元熵损失,而不是使用 L2 损失进行类别和目标分类。

另外将方向离散为 18 个 bin,其中每个 bin 表示 $10°$ 的范围,容限为 $±5°$。为了进一步改进预测,设计了一个 IoU 损失函数,指导模型最小化预测框和真值的面积差异。计算预

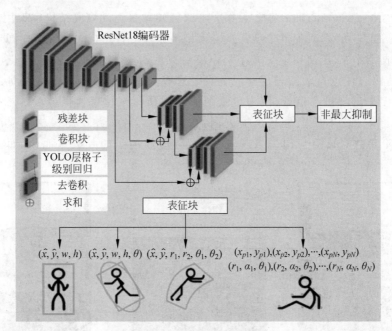

图 12.6　FisheyeYOLO 的框架

测值和真值的面积,并对这些值应用回归损失。这种损失最大化了预测值和真值之间的重叠区域,改善了整体结果。

　　多边形是任意形状的通用表征,然而,其标注成本比边框更贵。提出一个 PolyYOLO 模型,其目标轮廓可以在 360 度范围内均匀采样,分割成 $N$ 个相等的多边形顶点,每个顶点由 PolyYOLO 中距目标质心的径向距离表征。均匀采样不能有效地表示鱼眼图像目标轮廓中的高曲率变化。因此,用基于局部轮廓曲率的自适应采样,即不均匀地分布顶点,以便最佳地表示目标轮廓。如图 12.7 所示是 YOLOv3 和 PolyYOLO 架构的比较,PolyYOLO 在特征提取器部分每层均使用较少的卷积滤波器,并通过 SE(squeeze-and-excitation)块对其进行扩展;重的颈部网被一个带有超柱体的轻量块取代,利用阶梯方式进行上采样;输出时使用单个头而不是 3 个头,分辨率更高。总之,PolyYOLO 的参数比 YOLOv3 少 40%,同时可得到更精确的预测。

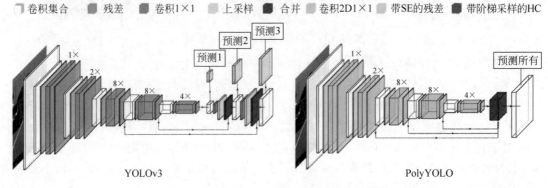

图 12.7　YOLOv3 和 PolyYOLO 架构的比较

运动分割用两个帧并输出二进制动态或静态掩码。在训练过程中,网络预测后验概率,使用 Lovasz Softmax 损失和 Focal 损失代替交叉熵损失来监督优化,处理类不平衡。后验概率应用逐像素 argmax 运算来获得最终分割掩码。

SoilingNet 的工作如下。首先,创建一个数据集,专门用于污物检测模型开发。此外,应用基于 GAN 的数据增强技术。在多任务网络中,其他任务和污物解码器共享编码器。包括一个简化的类似 ResNet10 的编码器和两个解码器。污物解码器作为第三项任务,其输出是分格污物类别输出。分格数在训练时设置,一种是大小为 $64\times64$,另一种是以图像分辨率输出。用加权平均将三个模型损失按比例转换为一个损失,并用网格搜索通过超参调整来优化权重。

通过基于向量注意的成对和块式自注意编码器来设计编码器。这些网络在空间维和通道有效地调整权重。将孪生网络方法应用于运动预测网络,其中将源帧和目标帧特征连接起来,并将它们传递给超分辨率运动解码器。由于权重在 Siamese 编码器中共享,因此可以保存并重新使用前一帧的编码器,而不是重新计算。

如图 12.8 所示是整个鱼眼多任务视觉感知系统 OmniDet 的框架,距离估计任务利用来自语义/运动估计的语义引导和动态目标掩码以及摄像头几何自适应卷积;此外,用语义特征指导检测解码器特征;编码器块对所有任务都通用;整个框架由处理块组成,用于训练自监督学习的距离估计和语义分割、运动分割、基于多边形的鱼眼目标检测和污垢分割的异步任务;对 3D 空间中的预测距离图进行后处理获得环绕视图几何信息;摄像头张量有助于 OmniDet 在多个摄像头视点上生成距离图,并使网络摄像头彼此独立。

参考文献[20]中给出了一台车载鱼眼摄像头的近场距离估计模型 SVDistNet。

对于给定的车辆系列,基础摄像头的内部结构不完全相同。由于制造过程的不同,导致每个摄像头实例需单独进行标定。即使在部署后,由于环境温度升高,标定也会发生变化。因此需要模型中的标定自适应机制。车辆周围有 4 个摄像头实例,具有不同的内参,即是一个环绕视图系统。

将所有摄像头几何特征转换为一个**摄像头几何**(**camera geometry**)张量,并在训练和推断时将其作为 CNN 模型的输入。从距离估计的角度来看,摄像头内参是主要模型所需的自适应部分。然而,摄像头几何张量的概念是通用的,这里会扩展到包括摄像头外参和摄像头运动(视觉里程计)的任务场景。

一种适用于所有摄像头的单一模型,具有以下优点:①更低的内存占用和更好的数据传输率,从而提高效率;②单个神经网络模型比多个模型更容易维护。

在之前 FisheyeDistanceNet 的基础上,SVDistNet 是用于多摄像头的单图像距离和姿态估计框架。该距离和姿态估计网络如图 12.9 所示,其总损失由图像重建损失和正则化损失组成,该图像重建损失最小化重建图像和目标帧之间的差异,并增强边缘-觉察平滑度。此外,同样利用了交叉序列距离一致性损失以及尺度恢复技术。

一个具体的 SVDistNet 架构如图 12.10 所示,它由基于共享向量的自注意编码器和任务特定解码器组成。编码器是一个具有成对和图块变体的自注意网络,而解码器使用像素自适应卷积,这两种卷积都由摄像头几何卷积进行补充。

摄像头几何自适应机制是 SVDistNet 训练过程中的基础,因为安装在汽车中的 4 台不同摄像头具有不同的内参和视点。经过训练的距离和姿态估计网络需要在部署到不同的车

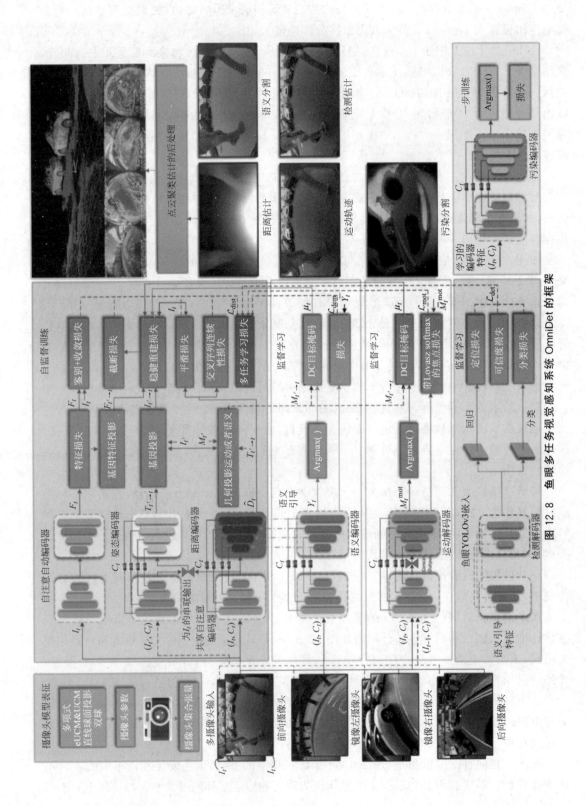

图 12.8 鱼眼多任务视觉感知系统 OmniDet 的框架

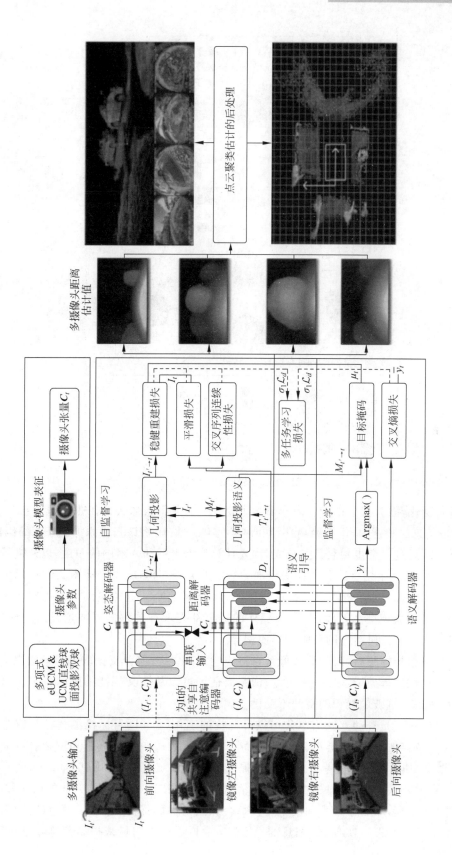

图 12.9 SVDistNet 总览

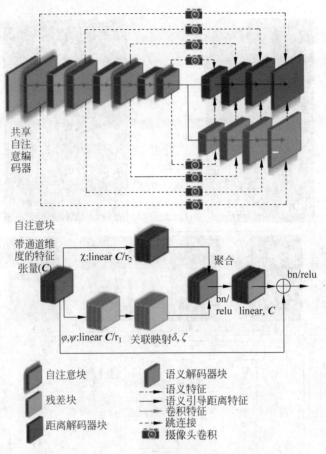

图 12.10    SVDistNet 架构

辆上时进行泛化,因为多个视点和内参发生了变化。为此将摄像头几何张量包含在从 RGB 特征到 3D 信息的映射中,用于距离估计和语义分割。此外,将该张量添加到姿态编码器。

张量可以通过 3 个步骤获得。首先,预先计算像素坐标和入射图的角度,以便进行更有效的训练;然后,为了结合这些摄像头校准参数中的编码知识,将每个像素的归一化坐标用作附加通道并连接,生成张量;最后,这些特征与编码器特征一起传递到显著指导注意网络(SAN)成对和图块模型。因此,有 6 个额外的通道补充现有的解码器通道输入。理论上,该方法可以应用于任何给定的鱼眼投影模型。

为了更好地指导距离特征,调整像素自适应卷积,将从分割分支提取的特征知识蒸馏到距离解码器中。这遵循了这样一种直觉,即距离估计可以从语义特征编码的特定位置知识中获益,反过来也打破了卷积的空间不变性。

参考文献[21]是自动驾驶泊车公司纵目科技的工作,将 3D 目标检测任务分解为一些子任务,如车辆接触点检测、类型分类、重识别和单元组装等。为了克服和避免获取大规模准确 3D 真值数据的困难,参考文献[21]中提出了一个多维向量(multidimensional vector)的概念,包括在不同维度和阶段生成的可用信息,而不是 BEV 或 8 点立方体的描述方法。

如图 12.11 所示,为了最大限度地发挥每个算法组件的优势,建立一种稳健机制,结合几何约束,在不同情况下实现 3D 信息的稳定获取;再用多维向量来提高预测效果,该向量通过目标车辆的中心点、航向角、类型等来描述目标车辆；该系统从 4 台周围鱼眼摄像头获取原始图像作为输入，并仅使用 2D 标记的真值数据（包括一些航向角真值数据）和所需标定输出目标车辆的 3D 位置。

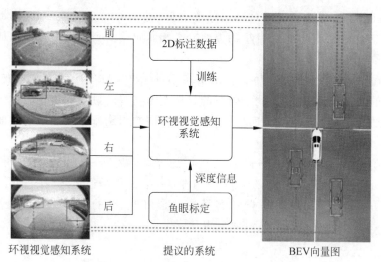

图 12.11　鱼眼摄像头 3D 感知总览

如图 12.12 所示是鱼眼摄像头感知方法的总架构。首先，将 4 幅鱼眼图像输入接触点检测模块、车辆类型识别模块和航向角回归模块，获得多维向量所需的属性，包括车辆类型、尺寸（$l$，$w$，$h$）、前外悬（$f_o$）、后外悬（$r_o$）、航向角（$\varphi$）和接触点坐标；然后，这些属性被重识别（ReID）模块合并和统一，生成每台目标车辆的唯一标识号；随后，整合中间结果生成用于目标车辆 BEV 描述的向量，并直观解释最终的 BEV 向量图。

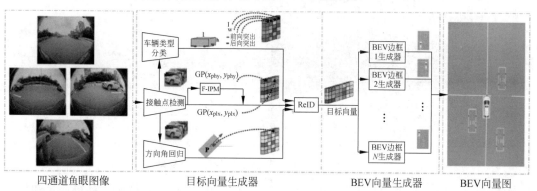

图 12.12　总架构

利用接触点的像素坐标，可以通过鱼眼 IPM 算法计算它们在真实世界坐标系中的物理坐标，通过内参矩阵将其转换到畸变平面。通过参考去畸变表，将它们转换到去畸变平面。在引入重标定的内参和预标定表之后，得到摄像头坐标系中的坐标和目标深度值。通过外参数矩阵，获得局部坐标系（自车坐标系）中接触点的坐标。总之，在这一步骤中准备一些有用的车辆检测信息，包括 2D 边框、像素坐标和接触点的物理坐标。

在鱼眼环视系统中，可以从不同的摄像头中观察目标车辆，并通过一个或多个向量进行描述。为了便于后续任务，有必要用有唯一识别号的向量来描述目标车辆。因此，将来自 3

个分支的原始向量合并为一个具有唯一标识号的向量。该过程称为目标重识别(ReID),由3个不同阶段组成。

- 第一阶段是多分支向量融合。目标车辆的边框信息包含在每个分支的向量中。如果不同分支中的两个向量具有相同的边框,将一个附加到另一个,并删除重复的元素。在这种情况下,将来自车辆类型分类和航向角回归分支的向量附加到接触点检测向量分支。
- 第二阶段是目标车辆 ID 生成。由于同一目标可能在不同的通道中被观察到,并用不同的向量进行描述,因此该阶段的目标是为这些向量分配相同的标识号。该阶段主要通过一些手工规则来实现。例如,将相同的识别号分配给距离地面接触点物理坐标小于 50 厘米处的向量。
- 第三阶段是 BEV 目标 ID 生成,其目标是合并描述同一目标车辆的所有向量,并为它们分配唯一的标识。本阶段考虑两种情况:一种是通道之间的融合,以互补或加权的方式进行;另一种是类别之间的融合,以互补的方式进行。最后,得到包含BEV 向量图所有信息的唯一向量表示。

## 12.4　泊车位检测

下面讨论在 IPM 图像中如何检查泊车位(parking-slot)。如图 12.13 所示,常见的泊车位模式有垂直、斜向和平行这 3 种,其他有禁用和非禁用两个用户模式。

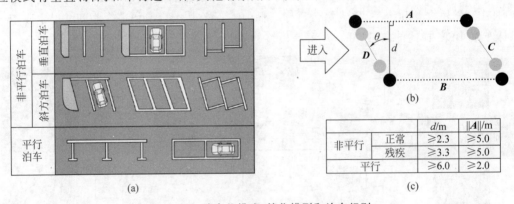

| | | $d$/m | $\|A\|$/m |
|---|---|---|---|
| 非平行 | 正常 | ≥2.3 | ≥5.0 |
| | 残疾 | ≥3.3 | ≥5.0 |
| 平行 | | ≥6.0 | ≥2.0 |

(a)　　　　　　　　　　　　　　　(c)

图 12.13　泊车位模式、简化模型和泊车规则

泊车位检测识别基本就是一个典型的图像识别问题,图 12.14(a)所示是离线检测模型训练,图 12.14(b)所示是在线标记检测。训练时,正负样本送入,提取特征,采用 Adaboost加决策树的结构,最后得到二值分类器;测试时,从环视全景图搜索,每个滑行窗提取特征,在分类器中判别是否是泊车位。

对于有深度传感器的车辆,激光雷达或者双目视觉的深度信息可以被用在有明显高低路标的泊车位检测识别中,如图 12.15 所示,HM 指高度图(height map),逆透视图像(inverse perspective image,IPI)是图像被投影到路面的结果,根据运动立体视觉得到 HM,然后进行空域分割;同时结合显著线段提取(salient line extraction)一起推理道路标记(road marking)的概率图,最后概率图和分割结果进入基于贝叶斯分类器的识别模块,判断

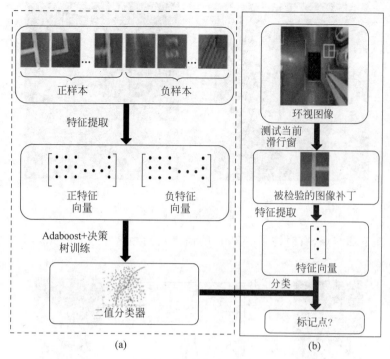

**图 12.14　离线检测模型训练和在线标记点检测**

泊车位；不过,这个系统也采用了轮速计(wheel speed sensor),以此得到车辆的自身运动参数,送入 HM 的估计模块和概率图的推断模块;图 12.15(a)所示是所提出的方法框图,图 12.15(b)所示是 IPI 和识别结果:绿色框为空泊车位,红色框为占用泊车位;图 12.15(c)所示是显著线段概率图并覆盖颜色编码的障碍物高度图:蓝色为路面,绿色为路沿(curbs)/或较低的目标,红色为障碍物。

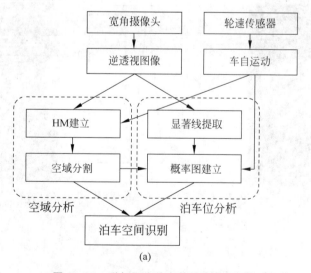

(a)

**图 12.15　附加深度信息的泊车位识别**

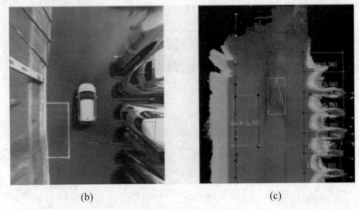

(b)　　　　　　　　　　　　　　　(c)

图 12.15　（续）

在室内/地下泊车场,有时柱子(pillar)的信息对超声波来说,也可以用来检测泊车位,如图 12.16 所示。

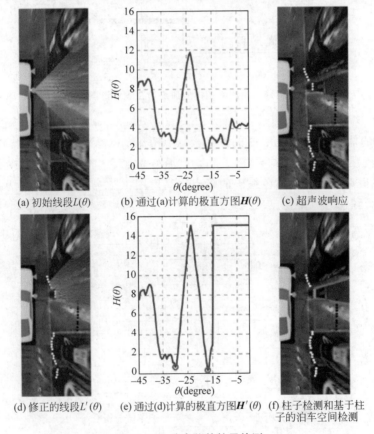

(a) 初始线段$L(\theta)$　　　(b) 通过(a)计算的极直方图$\boldsymbol{H}(\theta)$　　　(c) 超声波响应

(d) 修正的线段$L'(\theta)$　　　(e) 通过(d)计算的极直方图$\boldsymbol{H}'(\theta)$　　　(f) 柱子检测和基于柱子的泊车空间检测

图 12.16　泊车位的柱子检测

## 12.5　泊车的运动规划

一旦泊车位确定,车辆通过地图定位(自主代客)或者驾驶人(自动)开到其附近,就可以用运动规划完成泊车动作。

欧盟项目 V-Charge 对泊车规划的三阶段划分:阶段一,在两条直线段之间连接一个弧线;阶段二,两条直线段之间用三个圆连接两个拐点;阶段三,混合规划,使用一种修正的格子搜索法,可以将任意拐点连接起来。

传统的基于单圆轨迹(single circular trajectory)的路径规划方法可分为三部分,即第一部分为直线,第二部分为圆弧,第三部分为另一直线。然而,这种方法总是受到泊车位大小、障碍物、泊车空间等的限制,这将导致自动泊车方法失败。考虑到这些缺陷,传统的基于双圆轨迹(double circular trajectory)的路径规划方法进行了很多改进。然而,该方法没有考虑车辆相对于目标(target)泊车位的初始位置,结果是不能规划出一个容易控制的泊车轨迹。在这种情况下,参考文献[2]中提出了一种改进的基于双圆轨迹的路径规划方法。图 12.17 显示了改进方法的详细信息,其中 $XOY$ 坐标是世界坐标,$P_1$ 和 $P_2$ 是从 IPM 图像的泊车位检测坐标结果获得的入口引导点,相应地,$W_D$ 是泊车位深度;规划路径基于双圆轨迹,具有三个切换点,分别为 $A$、$B$ 和 $C$。

(1) 在 $A$ 点之前,沿直线行驶,直到到达 $A$ 点。

(2) 在圆弧 $AB$ 中,以一定的转向角驾驶汽车进行圆周运动。

(3) 在圆弧 $BC$ 中,以另一个特定的转向角倒车,直到到达点 $C$。

(4) 在 $C$ 点之后,沿直线行驶。

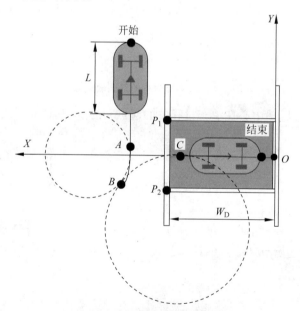

**图 12.17 基于双圆轨迹的泊车路径**

参考文献[4]中提出了一个基于改进的快速探索随机树(RRT)方法的泊车规划框架,图 12.18 是其平行泊车的双圆轨迹规划,$A$、$B$、$C$、$D$ 分别代表旁边停放的汽车,点 $a$、$b$、$c$、$d$ 代表自主车,其宽度和长度是 $W$ 和 $L$,车后和车前的悬臂长度是 $L_{ro}$ 和 $L_{fo}$,轴距是 $L_{wb}$;泊车过程中 $R_{min}$ 是车辆最小转弯半径,$l_S$ 是泊车位边界和车辆之间的安全距离点,泊车位的

最小长宽 $L_p$ 和 $W_p$ 的计算方式如下：

$$L_p = y_B = W + 2l_S \tag{12-2}$$

$$W_p = x_B = \min(x_{B1}, x_{B2}) \tag{12-3}$$

$$x_{B1} = L_{ro} + l_S + \sqrt{(2R_{min} - l_S) \cdot (W + l_S) + (L - L_{ro})^2} \tag{12-4}$$

$$x_{B2} = L_{ro} + l_S + \sqrt{2}R_{min} - \sqrt{[(2 - \sqrt{2})R_{min} - (W + l_S)][\sqrt{2}R_{min} + l_S]} \tag{12-5}$$

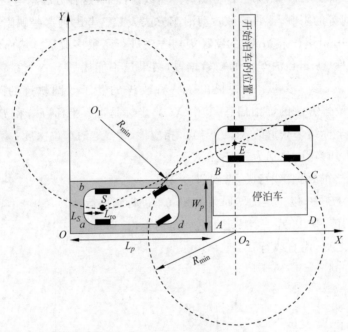

**图 12.18   平行泊车的双圆轨迹规划**

$S$ 和 $E$ 是自主车后轴中心在泊车过程中的起点和终点，其计算公式如下：

$$x_S = L_{ro} + l_S \tag{12-6}$$

$$y_S = W_p/2 \tag{12-7}$$

$$x_E = \sqrt{2}R_{min} + x_S \tag{12-8}$$

$$y_E = W_p + y_S \tag{12-9}$$

同理，图 12.19 是垂直泊车的单圆轨迹规划，设 $R_{rr}$ 为垂直泊车轨迹的半径，$L_z$ 是泊车直接距离，那么得到起始点和终点的计算公式如下：

$$x_S = W_p/2 \tag{12-10}$$

$$y_S = L_{ro} + l_S \tag{12-11}$$

$$x_E = R_{min} + x_S \tag{12-12}$$

$$y_E = R_{min} + L_z + y_S \tag{12-13}$$

$$L_z = L_p - l_S - L_{ro} - \frac{\sqrt{2}R_{rr}}{2} \tag{12-14}$$

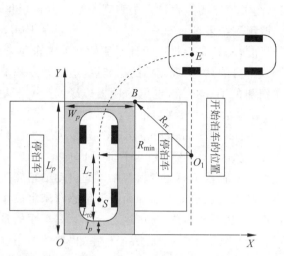

**图 12.19 垂直泊车的单圆轨迹规划**

## 12.6 泊车中的传感器融合

参考文献[7]在泊车位检测和跟踪系统中融合了环视监控(AVM)系统和基于超声波的自动泊车系统传感器。该系统由 3 个阶段组成：泊车位检测、泊车位占用情况分类和泊车位跟踪。如图 12.20 所示为一个跟踪泊车位的传感器融合方案，里程计提供了车辆的运动信息，由此预测泊车位的下一时刻位置，最后泊车位的位置估计通过图像的 Chamfer 匹配实现。

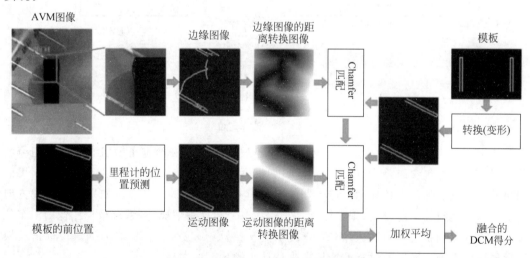

**图 12.20 里程计和环视视觉系统的融合**

AVM 图像提供的信息与先前位置无关，但由于遮挡，该信息可能会减少。此外，里程计提供的信息与遮挡无关，但存在累积误差。因此，利用这两个传感器的优势，可以精确、稳定地跟踪泊车位标记。里程计使用轮速计和方向盘转角传感器估计。在大多数基于超声波传感器的自动泊车系统中，里程计用来更新自车位置。当车辆进入泊车位时，地面上呈现的图像特征较少,这使基于图像校准的里程计方法表现不稳定。这里里程计用于预测先前估计泊车位的当前位置。该预测结果具有双重目的:一个是限制 ROI,另一个是实现对遮挡的稳健性。对于第一个目的,ROI 是根据里程计预测的当前泊车位置而不是根据之前泊车位置来确定的。对于第二个目的,为实现遮挡的稳健性,这里融合基于 AVM 图像的边缘和基于里程计的边缘。在预测的泊车位置,定位的模板边缘产生基于里程计的边缘,而检测 AVM 图像的 ROI 边缘来生成基于 AVM 的边缘。然后,计算 AVM 图像的方向倒角(Chamfer)匹配(directional chamfer matching,DCM)分数和基于里程计的图像的 DCM 分数。最后,两个 DCM 分数的加权求和获得融合的 DCM 分数。

参考文献[10]中提出了一种基于模糊逻辑控制器的自动泊车算法,以车辆姿态为输入,以方向盘转动率为输出。其采用视觉传感器和超声波传感器来定位车辆,如图 12.21 所示,图像检测泊车位的标记点,而超声波检测空位,这适合于家庭车库场景;图像部分先提取泊车空间标记候选,然后从图像坐标系转换到世界坐标系,提取的泊车空间标记送入线段检测模块;超声波部分会将超声波信号滤波,以此估计泊车空间,结果也送入线段检测模块;最后输出的是车辆姿态的估计,进入模糊控制器(fuzzy controller)。

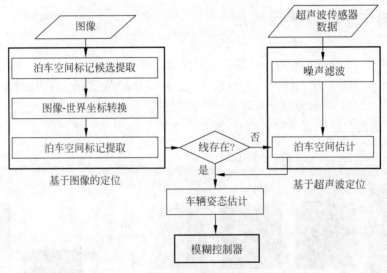

图 12.21  泊车定位

如果存在其他车辆或车库墙壁,可通过超声波传感器轻松确定车辆状态。因为超声波传感器数据可能包含误差,所以需要集成。如果超声波传感器值的变化大于某一阈值,可以用超声波传感器阵列中相邻两个传感器的平均值来处理该噪声。但是,如果车辆行驶方向与空泊车位之间的角度较大,则无法估计车辆状态。在这种情况下,系统根据图像的泊车位标记来估计车辆状态。使用边缘和灰度提取泊车位标记候选后,将提取的泊车位标记转换到世界坐标系下。然后通过提取特征点来估计车辆状态。

## 12.7  自动代客泊车

自动代客泊车(automatic valet parking)可以让车辆自己在泊车场寻找泊车位,而不是由驾驶人来完成这个过程,因此必须提供地图,这样就实现了所谓的"一键泊车"。这里的地图还是以语义地图为主,包括的路标物体有车道线、交叉口、柱子(地下泊车场)。定位的方法也取决于传感器选择的方式,如摄像头的视觉方法(视觉特征或者路标、语义目标),以及激光雷达方法和涉及基建的车联网方法。

行为规划在自主泊车中比较多样化,如图 12.22 给出了 11 个行为例子:静等、循车道、靠近车、跟车、停止、紧急制动、准备变道、变道、转弯、泊车(进入泊车位)、取消泊车。

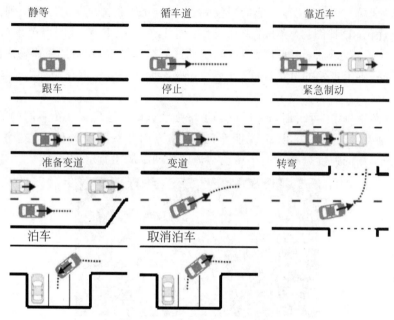

图 12.22 泊车的行为规划模型

欧盟项目 V-Charge 实现的是自主泊车,图 12.23 是其传感器的配置,包含由一台鱼眼单目摄像头构成的环视系统、前后两个双目视觉系统,以及超声波雷达。

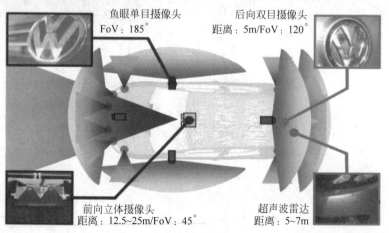

图 12.23 V-Charge 的传感器配置

V-Charge 项目基本就是泊车场的自动驾驶系统开发。首先,对所有采集的图像执行运动估计。由于泊车系统的多摄像头设置会采取周视的非透视摄像头(各个摄像头的光线不会只在单个投影中心相交),因此无法使用外极线几何进行运动估计。相反,多摄像头系统建模为一个广义摄像头,其中所有光线都相对于一个公共坐标系定义,这带来用于运动估计的广义外极线几何。这里利用这样一个事实,即多摄像头系统刚性地安装在一辆车上,所以运动受限,大大降低了计算复杂度。在估计所有摄像头姿态之后,使用特征对应的三角测量方法获得 3D 地图点。每个 3D 点与观察该点的所有图像的特征描述子相关联,可进行视觉定位。

为了获得全局一致的地图,基于单词包(bag-of-word)方法的视觉位置识别器可识别闭环,这样可以优化 3D 地图。V-Charge 项目将一组具有有限 FoV 或距离范围(立体视觉和超声波)的精密传感器与 360 度环视图像的运动恢复结构结合,在估计障碍物之间的空间和泊车位的范围提供了良好的度量性能。同时,传感器设置完全覆盖车辆周围环境,实现泊车场上的安全导航。

在度量地图基础上,可附加语义层进一步增强。该语义层包括 3 个不同的部分,以支持规划模块,分别为:①道路图,详细说明车道、道路方向和交叉口的位置;②泊车位位置;③车辆通过泊车场的速度分布。泊车场视觉地图如图 12.24 所示。

(a) 视觉重建点云地图

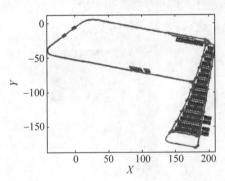 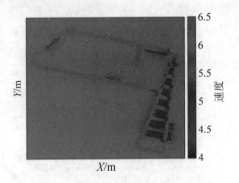

(b) 道路图(road graph)和速度图

图 12.24　泊车场视觉地图

为了开发单目环视系统的潜力,V-Charge 开发了一种能够检测和跟踪汽车周围行人和车辆的系统。在每台摄像头图像上运行传统的 Soft-Cascade + ACF 分类器,检测车辆和行人。这里使用柱面摄像头模型最小化图像中心外的畸变,同时保持大 FoV。对于多摄像头跟踪问题,首先应用摄像头之间的关联算法,然后使用 UKF 来跟踪障碍物。

利用摄像头之间的重叠 FoV 可以提高检测性能,尤其是对于交叉或暂时遮挡的目标。如图 12.25 所示,在动态目标的环视跟踪中,可用的多视点允许克服遮挡(远处的行人仅在左图中可见)。

图 12.25　基于多视点的动态障碍物跟踪

为了获得"自然的"泊车机动,即仅包含最小数量尖点(cusps)且占用很少空间的机动,V-Charge 使用复杂度不断增加的三级规划级联。前两个阶段由确定性方法组成,因为人类倾向于以类似的行为(即单个移动或两次方向改变)来泊车。在第三阶段采用混合 A * 规划器,可提供最高的灵活性。泊车规划器通过这三个阶段,直到找到一个无碰撞机动。

## 12.8　泊车场的语义地图和定位

在泊车场景,车辆需要在狭窄、拥挤和 GPS 不可用的泊车场导航。准确的定位能力至关重要。这里介绍一个基于语义特征在泊车场构建地图并定位的工作。

在泊车场,通常出现的语义特征包括导向标志、泊车线、减速带等。与传统特征相比,这些语义特征对视角和光照变化具有长期稳定性和稳健性。

该泊车场构建地图定位系统采用 4 台鱼眼摄像头进行感知,在 IMU(惯性测量单元)和轮速计的协助下,该系统生成一个全局视觉语义地图,可用于厘米级的车辆定位。

下面介绍一个基于语义特征在泊车场构建地图并定位的工作,称为 AVP-SLAM,如图 12.26 所示是该 AVP-SLAM 系统的完整流水线,该系统从 4 台全方位车身摄像头、一个IMU 和轮速计开始,其中来自环视摄像头的 4 幅图像被投影到 BEV 中,合成为一幅全向(omnidirectional)图像;神经网络检测语义特征,包括车道、泊车线、指路标志和减速带;基

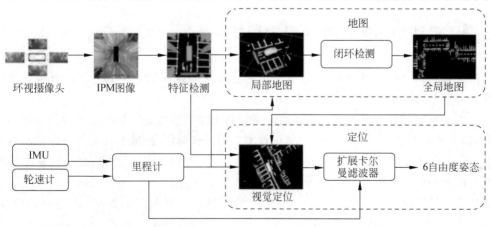

图 12.26　AVP-SLAM 系统的完整流水线

于里程计方法,语义特征被投影到全局坐标中。由于里程计长期漂移,需要通过局部地图匹配检测环路(loop closure),减少累积误差;在制图过程中,从 IPM 图像中提取语义特征。将语义特征与以前构建的地图相匹配,对车辆进行定位;最后,扩展卡尔曼滤波器(EKF)将视觉定位结果与里程计融合,确保系统输出平滑的轨迹。

采用一个修改的 UNet,将图像像素分割成不同的类别。该网络通过泊车场 BEV 图像进行训练,将像素分为车道、泊车线、引导标志、减速带、自由空间、障碍物和墙等。在这些类别中,泊车线、指路标志和减速带是用于定位的独特、稳定的特征。泊车线还用于泊车位(parking spot)检测。自由空间和障碍物等用于规划。

由于里程计漂移时间较长,运行环路检测消除漂移。对于最新的局部地图,将其与其他周围的局部地图进行比较。两幅局部地图通过 ICP 方法进行匹配。如果两幅局部地图匹配成功,则获得这两幅局部地图之间的相对姿态。该相对姿态将用于全局姿态图优化,以纠正漂移。

环路检测完成后,进行全局姿态图优化,消除累积漂移并保持整幅图的一致性。在这幅姿态图中,节点是每幅局部地图的姿态。还包括两种边:一个是里程边,通过里程测量约束两幅连续的局部地图;另一个是闭环边,约束闭环的局部地图。

姿态图的优化采用高斯-牛顿法。在全局姿态图优化后,更新姿态将局部地图叠加在一起。这样就生成了一幅全局一致的地图。

基于此语义图,当车辆再次来到此泊车场时,可以对其进行定位。与地图过程类似,环视图像合成为一幅 BEV 图像。在图像上检测到语义特征,并将其转换到车辆坐标中。然后,通过当前特征点与地图的匹配来估计车辆的当前姿态。

要注意的是,良好的初始值对于 ICP 方法至关重要。最初,有两种初始化策略:一种策略是在地图上标出泊车场的入口,因此,车辆直接在泊车场入口处初始化;第二种策略是可以在进入地下泊车场之前使用 GPS 作为初始姿态,在地图上定位车辆后,不再使用 GPS。初始化后,使用里程计的预测作为初始值。

泊车场中存在一些纹理极为稀少的区域。为了克服这个问题,采用了一个 EKF 框架,它将里程表与视觉定位结果融合在一起。在此过滤器中,里程计用于预测,视觉定位结果用于更新。该滤波器不仅提高了系统的稳健性,而且平滑了估计轨迹。

## 12.9　自动泊车的深度学习规划技术

泊车场是一个非常复杂的环境,其结构化比高速公路和街道要低。下面分析如何通过深度学习来学习自动泊车的规划技术。

参考文献[15]中提出了一个神经运动规划算法将深度生成网络与传统运动规划方法相结合,由于规划算法 A* 和 Hybrid A* 在效率方面存在局限性,故引入条件变分自动编码器(CVAE)来引导搜索算法,利用 CVAE 在给定泊车环境学习规划空间信息。根据专家演示中学习的可行轨迹分布,得到一个有效的扩展策略。

**状态转换模型**:状态 $x_k = (x_k, y_k, \theta_k)^T$ 表示规划步骤 $k$ 的状态,其中 $x_k$、$y_k$、$\theta_k$ 分别表示 $x$ 轴位置、$y$ 轴位置和航向角。离散形式的状态转换模型表示如下:

$$x_{k+1} = x_k + d\cos(\theta_k)\mathrm{dir} \tag{12-15}$$

$$y_{k+1} = y_k + d\sin(\theta_k)\mathrm{dir} \tag{12-16}$$

$$\theta_{k+1} = \theta_k + \frac{d}{L}\tan(\delta_k)\mathrm{dir} \tag{12-17}$$

其中，$\delta_k$ 属于离散转向角集 $\boldsymbol{D}$ 的转向角候选值；dir 代表车辆运动方向，dir 的值为 $-1$ 或 $1$，分别表示向后和向前移动；$d$ 是一个搜索步骤中的扩展量。这两个控制动作包括转向角度和方向。$\boldsymbol{D}$ 包括设置在 $-40°\sim40°$ 的转向角，间隔为 $10°$。

**混合 A***：混合 A* 算法用转换模型生成运动动力学（kinodynamic）路径，Hybrid A* 在 X-Y 维度实现 2 米的分辨率和 15°航向角。此信息用于确定候选节点是否位于某个网格单元中，其中只有成本最低的节点得以保留。

为了解自动泊车的可行轨迹分布，设计一个 CVAE 架构，包括一个带条件输入的编码器-解码器网络。带条件输入表征了地图信息，包括初始点和目标点的位置和方向、障碍物和自由空间。其整体结构如图 12.27 所示，2D 图像表示地图信息 $c$，宽度和高度分别为 250 和 150，分辨率为 0.1 m；图像中每个像素的特定值为 0 表示自由空间，1 表示障碍物，2 表示起始位置，并带有箭头表示航向信息，3 表示目标位置，箭头指示航向信息；真实轨迹 $\xi$ 是用混合 A* 算法获得的规划轨迹；共生成 5 条轨迹，2D 图像的相应像素被赋值为 1；虚线表示的真实轨迹 $\xi$ 仅在训练阶段使用。

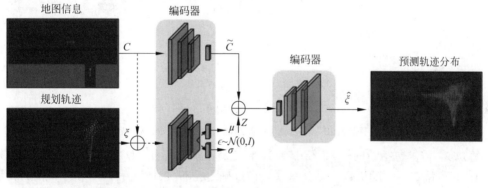

图 12.27　CVAE 架构

输入不同的条件，例如地图信息，可以生成各种预测轨迹分布。例如，改变起始位置和目标位置以及航向值，可以生成不同的轨迹分布。

神经混合 A* 算法采用了从 CVAE 网络获得的轨迹分布图信息。如图 12.28 所示为混合 A*（算法 1）和神经混合 A*（算法 2）的伪代码，其中 $N$ 表示一个由 {state, action, path cost, heuristic, parent node} 组成的节点。$\mathbb{O}$ 和 $\mathbb{C}$ 分别表示打开列表和关闭列表。

**算法 1**：当前状态和零成本状态添加到打开列表中；成本最低的状态（$x_k$）将从打开列表中排除，并添加到关闭列表中。如果达到目标状态，则搜索将结束；如果没有达到目标状态，则可用的动作（转向角和方向）通过转换模型获得下一个状态；如果搜索的状态（$x_{k+1}$）无碰撞，还在打开列表中，但步骤成本和启发式的和低于列表所有状态的总和，则替换相应的状态；如果状态（$x_{k+1}$）不在打开列表中，那么添加到打开列表中。对打开列表的状态重复此过程，如果目标是选定状态，则搜索完成，并通过关闭列表回溯返回最佳轨迹。此外，当车辆无碰撞时，IsCollide 过程返回 0，状态转换获得给定控制操作的下一个状态。

算法：混合 A* 函数
要求：$x_s$ 为开始状态，$g$ 为目标状态，$h(x)$ 为启发式函数，$O$ 为障碍物

1. C←∅
2. $N=\{x_s,,0,0,0,\varnothing\}$
3. O←N
4. KeepSearching←1
5. while KeepSearching is 1 do
6.   if O 非空 then
7.     $N=$O 中最小 c＋h 的 Extract 节点
8.     在O 中删除 $N$，在C 中加 $N$
9.     if $N$ is $g$ then
10.       trajectory＝Backtracking($N$)
11.       KeepSearching←0
12.     else
13.       foreach $a \in$ Available action($N$) do
14.         $\{x_n,c_n\}$←transition($N,x,a,N,c$)
15.         if is Collide($x_n,O$) is 0 then
16.           $N_n=\{x_n,c_n,h(x_n),a,N\}$
17.           if $N_n \in$ C then
18.             继续
19.           else if $N_n$ 和较小成本的 $n \in$ O
20.             有同一个状态 then
21.             用 $N_n$ 替换 $n$
22.           else
23.             在O 中用 $N_n$
24.
25. return trajectory

算法：神经混合 A* 函数
要求：$x_s$ 为开始状态，$g$ 为目标状态，$h(x)$ 为启发式函数，$O$ 为障碍物，$D_{map}$ 为预测轨迹分布图

1. C←∅
2. $N=\{x_s,,0,0,0,\varnothing\}$
3. O←N
4. KeepSearching←1
5. while KeepSearching is 1 do
6.   if O is 非空 then
7.     $N=$O 中最小 c＋h 的 Extract 节点
8.     在O 中删除 $N$，在C 中加 $N$
9.     if $N$ is $g$ then
10.       trajectory＝Backtracking($N$)
11.       KeepSearching←0
12.     else
13.       foreach $a \in$ Available action($N$) do
14.         $\{x_n,c_n\}$←transition($N,x,a,N,c$)
15.         if Rand()＞0.2 then
16.           if CheckDistMap($x_n,D_{map}$)then
17.             继续
18.         if is Collide($x_n,O$) is 0 then
19.           $N_n=\{x_n,c_n,h(x_n)a,N\}$
20.           if $N_n \in$ C then
21.             继续
22.           else if $N_n$ 和较小成本的 $n \in$ O
23.             有同一个状态 then
24.             用 $N_n$ 替换 $n$
25.           else
26.             在O 中用 $N_n$
27.
28. return trajectory

**图 12.28　混合 A* 和神经混合 A* 的算法伪代码**

**算法 2**：需求包括新的输入，第 15～17 行是新添加的部分；$D_{map}$ 表示预测轨迹的分布图；第 15 行检查一个随机数 Rand()∈(0,1)以确定是否使用 $D_{map}$；80% 的节点扩展是借助于神经网络模型进行的；如果 $D_{map}$ 的当前状态值大于某个阈值，则 CheckDistMap 过程将返回 0；如第 16、17 行所示，如果 $D_{map}$ 在状态 $x_n$ 的值低于阈值，则认为第 13 行选择的操作是不必要的；否则，下一步继续。因此，在这种状态扩展策略下，主要基于学习的轨迹分布执行扩展，可以有效地选择控制动作。

如图 12.29 所示是该规划策略的示例图，预定义动作集的扩展在顶图的传统方法中执行，在底部基于 CVAE 的预测分布执行有效的扩展方法。

参考文献[16]基于模仿学习，采用专家驾驶数据训练深度神经网络，得到一个基于视觉占用格图(occupancy grid map)在泊车场可驾驶区域的规划方法。

根据数据集的收集方式，有强化学习和模仿学习两种方法。对于强化学习，收集数据获得最大回报。然而，为了实现目标，需要启发式方法来建模奖励函数。此外，智体通过随机操作的反复试验收集数据，因此完成训练需要很长时间。模仿学习收集专家的成功驾驶数据，用于以类似监督学习的方式训练深层神经网络，以模拟专家驾驶的模式。与强化学习相比，所需的训练时间更少。

传统的运动规划算法包括**优化**、**图搜索**和**增量树搜索**，这些算法存在三个问题。首先，

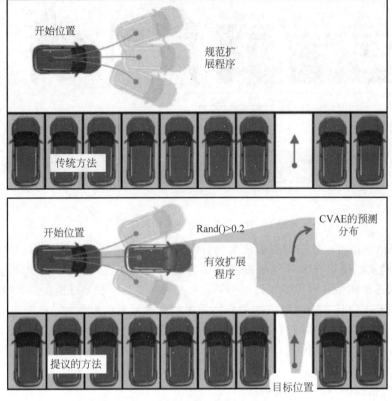

图 12.29　基于预测分布的规划策略示例

如果局部区域较大或复杂,则生成路径需要较长的计算时间,并且可能无法在控制回路中找到解决方案(即非实时);其次,在全局路径中选择一个目标来搜索局部路径是启发式的;最后,在实现算法时,由于定位数据不准确,因此很难识别障碍物是否靠近全局路径以及无碰撞地跟踪路径。在非结构化环境中,各种类型的障碍物在可行驶区域存在,获取每个点的精确定位数据是困难的。

除了搜索和跟踪一条路径,还可以使用其他方法,包括**候选路径选择**(动态窗口法、曲率速度法和约束算法)和**人工场生成**(虚拟力场、人工势场和速度向量场算法)。然而,这两类方法存在一些问题,在非结构化环境中难以使用。第一,目标函数或场模型的参数(权重)可能不同,要找到能够处理所有这些情况的具体参数并不容易;第二,不准确的定位数据使得在实践中很难知道全局路径的确切位置;第三,如果当地障碍物信息难以准确识别,尤其是在道路边界或投下阴影的区域(即含噪状态),车辆可能无法平稳行驶,可能驶出可行驶空间或驶向障碍物。

为了解决这些问题,参考文献[16]中提出的方法是,采用空间表征为基于视觉的占用格图,其通过深度学习对摄像头获取的图像进行分割得到。在运动规划中,模仿学习选择以占用格图为输入的预瞄点,纯追踪(pure pursuit)算法计算到达预瞄点的转向角,以及根据预瞄点与车辆之间的纵向距离确定的速度。数据集聚合(DAgger)算法用于解决训练网络策略出现的不安全和几乎碰撞的情况。

如图 12.30 所示是所提方法的系统架构和神经网络架构。

占用格图是将一个区域划分为栅格的 2D 地图。基于占用格图的驾驶策略有两个优

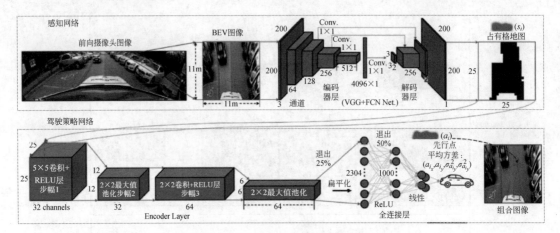

图 12.30 系统架构和神经网络架构

点：首先，分割图像可以忽略与驾驶无关的信息，例如可驾驶区域中障碍物类型和路面的差异，因此，驾驶策略可以在未经训练的环境中实现相似的性能，增强驾驶性能的通用性；其次，近距离和远距离信息可以清楚地区分，因为占用格图是一张 2D 地图（即 BEV）。因此，根据情况，车辆可以优先避开附近的障碍物或提前考虑远处的障碍物。

通过语义分割，深度神经网络将图像分解为可驾驶和不可驾驶区域。道路、人行横道和道路标记被标记为可行驶区域，道路边界线、人行横道、泊车位（包括泊车线）、行人和车辆也被标记为不可驾驶区域。

模仿学习指模仿专家在特定状态下的行为。当人类专家开车时，收集状态-动作数据对。策略 $\pi_{net}$（即深度神经网络）在一个行为克隆过程中采用这些数据进行训练。为了解决行为克隆的局限性，DAgger 执行训练的策略，重训练 $\pi_{net}$，收集附加的数据。重复此过程，直到获得最佳策略。

这个驾驶策略网络是由 CNN 和全连接层组成的编码器。编码器由两对卷积层和最大池化层组成，扁平层节点相连在一起。

该行为克隆驾驶策略网络可以学习适合训练集已有的各种复杂驾驶模式，包括学习占用格地图所有信息的模式，而不仅仅是候选路径或人工场（artificial field）周围的信息。

## 12.10 小结

本章是自动驾驶中一个重要落地场景——自动泊车系统的分析和讨论，对其系统的标定、泊车位检测、运动规划、传感器融合以及代客泊车技术——进行介绍。第 13 章将介绍车联网在自动驾驶中的应用。

## 参考文献

# 第13章 车联网

彩色图片

在 3.1.7 节中已经简单介绍了车联网,即 DSRC 和 Cellular-V2X 通信技术。车联网包括通过 V2V(车对车)、V2I(车对基础设施)和 V2P(车对行人)交互而与公共网络进行通信的车辆,其收集和实时共享有关路网状况的关键信息。

使用车载单元,车辆可以彼此(V2V)与路边单元(V2I)进行通信。这可以实现多种其他形式的通信,例如车对宽带云(V2B)(其中车与监视数据中心进行通信)、车对人(V2H),即与行人或自行车进行通信,或者车辆对传感器(V2S),即车辆与环境中嵌入的传感器进行通信。

对于自动驾驶的车辆而言,和高清地图的作用类似,车联网本身就是一种传感器的延伸,可以看成传感器。

与自动驾驶技术中常用的摄像头或激光雷达相比,V2X 技术具备突破视觉死角和跨越遮挡物获取信息的能力,同时也可以和其他车辆及设施共享实时驾驶状态信息,还可以通过研判算法产生预测信息。另外,V2X 是唯一不受天气状况影响的传感器技术,无论雨、雾或强光照射都不会影响其正常工作。因此 V2X 技术广泛应用于交通运输领域,尤其是自动驾驶领域。

本章介绍车联网在自动驾驶中应用的技术。13.1 节讨论智能网联汽车的发展;13.2 节介绍车联网的社交特性及其 AI 元素;13.3 节对各种边缘计算进行分析;13.4 节则讨论车辆-路端的协同方法;13.5 节介绍车辆通过车联网进行协同感知的技术;13.6 节讨论编组车队的规划与控制。

## 13.1 智能网联汽车

智能网联汽车(CAV)可以通过减少交通事故来提高安全性。它们还可以通过改善交通流提供减少运输能耗和排放的机会。车辆与交通结构和交通信号灯之间的通信可以优化单车的运行并应对不可预测的变化。参考文献[2]中总结了 CAV 协同领域的发展和研究趋势,还讨论了其他挑战和潜在的未来研究方向。

显然,V2V 通信有潜力使车辆能够更快地考虑其相互环境的变化,减少交通事故并缓解交通拥堵。同样，V2I 的通信，例如与交通结构、附近建筑物和交通信号灯的通信，允许各个车辆控制系统考虑到本地基础设施中不可预测的变化。

使用集中式或分布式协同方法的大量研究工作都集中在协调交叉路口的 CAV 和在高速公路匝道上合并。如果系统中至少有一项任务是由单个中央控制器为所有车辆全局决定的，则它被分类为**集中式**。在**分散式**方法中，将车辆视为自主智体，它们试图通过战略互动（strategic interaction）来最大化其协作效率。在这种框架下，每辆车都从其他车辆和路边基础设施获取信息，优化特定的性能标准（如效率和行驶时间），同时满足运输系统的物理约束（如停车标志和交通信号）。

**匝道计表**（ramp metering）是一种用于调节汇聚入高速公路的车辆流量以减少交通拥堵的常用方法。尽管已经表明它可以帮助改善高速公路的总体交通流量和安全性，但由于匝道长度较短，可能会出现一些问题，例如对相邻道路上的交通产生干扰。以前已经探索了解决这些挑战的不同策略，包括反馈控制理论、最优控制方法和启发式算法。

鉴于最近的技术发展，为解决因道路汇聚而引起的交通拥堵问题，一些团队在几种途径上做出了努力。在这些努力中，假设道路上的车辆已连接并具有一定程度的自主权。该假设有助于设计策略，以实现合并动作的安全和有效协同，从而避免车辆不必要的走走停停（stop-and-go）操作。

此外，对于十字路口，交通信号灯被认为是控制交通的最有效方法之一，并且仍在进行尝试以提高其有效性。请注意，交叉路口控制问题和合并控制问题本质上非常相似，为交叉路口控制提出的大多数方法都可以轻松地用于合并协调，反之亦然。

通常，十字路口的穿行顺序由交通信号灯或停车标志控制。在合并高速公路的情况下，匝道计量是一种常用的方法，用于调节汇入高速公路的车辆流量，但这也意味着次要公路（另一个是主要公路）的车辆必须停车以减少交通拥堵。图 13.1 和图 13.2 说明了这两种情况，交叉路口中心的区域，或道路的合流，称为**合流区**（merging zone），长度为 $S$；此外，还有一个**控制区**（control zone），在该控制区内，车辆可以相互通信；控制区入口与合并区入口之间的距离为 $L$。

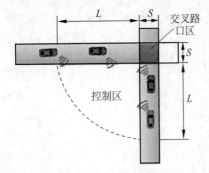

图 13.1　CAV 的交叉口

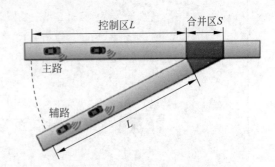

图 13.2　CAV 的汇入道路场景

这里的工作目标是协调车辆通过交叉口（或并线），不能在并线区追尾或横向相撞。一般有两种方法来解决这个问题：集中式方法和分散式方法。

在**集中式**方法中，系统至少有一项任务由单个中央控制器为所有车辆进行全局决定，包括启发式规则法和最优化控制理论方法。在**分散式**方法中，每台车辆基于从道路上其他车辆或某个协调器接收的信息来确定自己的控制策略。分散式方法面临的主要挑战之一是，由于使用局部信息，解决方案可能会出现死锁。

参考文献[11]中回顾了当前基于各种应用(即智能停车、变道和并线、交叉路口管理和车辆编队)的自动驾驶车辆协同解决方案。这种协同的作用和功能在车队编排中变得更加重要，其中一个挑战就是在高级编排中选出一名领导。

协同驾驶是智能交通系统的一个关键子组件，它致力于创建寻求合作的自动驾驶车辆，并用通信技术在高速公路上导航。然后，它采用理想的控制律来实现共同目标。为了实现这一点，**协同驾驶系统**(CDS)应考虑 4 个关键部件：①车辆动力学，用完整的车辆模型定义车辆动力学(即纵向和横向)；②执行器滞后，描述车辆之间要交换的信息；③通信拓扑，确定车辆网络的连接结构；④控制法，定义每辆车上执行的控制法。

CDS 背后的动机是解决两个主要问题：①管理车辆的分散式控制；②协调每个车辆控制器的行动。第一个问题的解决方案是使用纵向和横向控制。为了解决第二个问题，CDS假设车辆按排编成组。在协同驾驶中，通常形成一个编排。

CDS 的分层结构如图 13.3 所示，包括车辆控制层、车辆管理层和交通控制层。

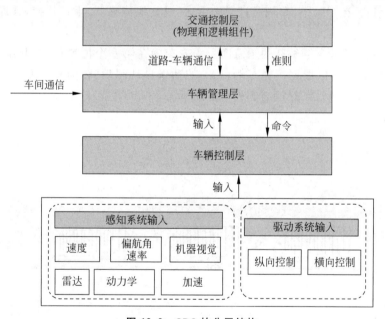

**图 13.3　CDS 的分层结构**

**车辆控制层**负责两项功能：①检测后面车辆和相邻车辆的状况和状态变量；②激活横向和纵向执行器。该层从传感系统(如用于加速度、雷达、横摆率、车速和视觉的各种传感器)和执行系统(横向和纵向控制)获取输入，并输出给车辆管理层，获取转向和车速查询。

**车辆管理层**利用控制层、车间通信(IVC)的相邻车辆以及道路车辆通信的交通控制层数据，确定在协同驾驶约束下每辆车辆的力矩。

**交通控制层**由两个组件组成：物理组件和逻辑组件。物理部分由交通信号灯、标志牌和路侧通信组成，而逻辑部分涉及社会法律、规则、礼仪和其他社会伦理。最后，该层将交通信息传递给管理层中的每辆车，以保持协同并执行行动。

通常的协同驾驶场景包括：

（1）**协同智能泊车**。智能泊车系统可分为 6 类：泊车预约系统、泊车引导和信息系统、智能交通系统中的众包、集中式辅助泊车搜索、基于智体的引导系统以及电动车辆泊车系统。

（2）**车辆变道或者汇入**。利用智能驾驶技术进行协同和自动变道可以大大提高道路效率和安全性；V2V 通信的快速发展使得协同自动变道成为可能；同样，车道合并可以车辆最小行驶时间和最大并线车辆数为目标，求解一个优化问题。

（3）**协同路口管理（CIM）**。在信号交叉口，协同交叉口管理允许车辆与基础设施通信和交换各种信息，如交通感知、通过交叉口的协商、车辆标志等；而在非信号交叉口中，CIM 通过提供交叉口管理的全局视图来帮助驾驶人做出最佳决策。

**车辆编队**（vehicle platooning）是实现协同自动驾驶的一个重要用例。由于其具有改善道路安全、减少燃料消耗、减少二氧化碳排放、增加道路吞吐量、提高资产利用率和优化劳动力成本等潜在优势，因此获得大家的显著关注。

车辆编队，也称为**护航驾驶**（convoy driving），是指以相同速度驾驶一组从头到尾（nose-to-tail）两辆或两辆以上连续车辆，在同一车道上以较小的车间距（通常相同速度情况下小于 1s）前后行驶。在车队中，车辆通过激光雷达（或其他传感器）虚拟连接，并通过无线通信技术（如 CACC）相互通信。

如图 13.4 所示是车辆编队的示意图。领先车辆在第一个位置行驶，并尾随一批跟车，这意味着跟车（FV）可以根据领先车辆（LV）的动作自动制动、转向和减速。车队中的车辆协同其横向和纵向控制，以保持与领先车辆的所需车头时距。

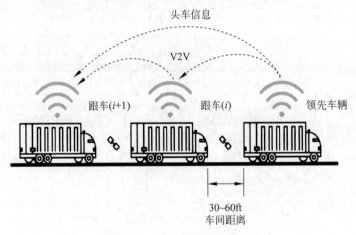

图 13.4　车辆编队的示意图

领先车辆控制行驶方向，跟车使用先进技术跟随领先车辆，如自适应巡航控制（ACC）、自动紧急制动（AEB）、盲点警告（BSW）、前方防撞系统（FCA）、车道偏离警告（LDW）等，后面的车辆在没有驾驶人干预的情况下自动开始跟随前面的车辆。V2V 通信允许车辆来回通信，因此，领先车辆也可以基于跟车的响应来调整其速度和位置。车队的无线耦合和解耦使得车辆可以很容易地在不需要停止行驶的情况下加入或离开车队。

在许多应用中，需要一个领导或协调车辆来同步并完成一组车辆的协同目标。其中一些应用是交叉路口协调、虚拟交通灯（VTL）和高速公路汇入，车辆编排就是其中之一。这些应用程序允许车辆以 V2V 方式进行通信，并最终一致选出一个领导。

领队车辆在编排中发挥着重要作用,除了与后续车辆传输信息,还负责机动任务,如编队、合并和拆分等。

## 13.2 车载网络与社交物联网

社交物联网(SIoT)引入目标之间的社交关系,创建了一个参与者不是人类而是智能目标的社交网络。参考文献[1]探讨了车辆的社交车联网(SIoV)概念,该网络使车辆之间和驾驶人之间的社交互动成为可能;此外还讨论了 SIoV 的技术和组件、可能的应用以及可能出现的安全性、隐私和信任问题。

上下文-觉察技术和无线车辆通信技术,例如专用短距通信(DSRC)、长时演进(LTE)、IEEE 802.11p 和用于微波访问(WiMax)的全局互操作性,其最新发展推动了车辆网络的设计、开发和部署。越来越多的提议想把社交网络应用于车载网络,这导致传统车载网络向 SIoV 转变。

**车辆自组织网络**(vehicular ad-hoc network,VANET)是一种移动自组织网络(mobile ad hoc network),已被提出来提高交通安全性并为驾驶人提供舒适的应用程序。

DSRC 使 VANET 成为可能。VANET 不需要车辆通信的任何基础设施,这是确保偏远和欠发达地区安全的关键,尤其是在有雾的高速公路上预防事故。在 DSRC 中车辆以小于 100 ms 的延迟传输公共觉察消息(CAM)和基本安全消息(BSM)。DSRC 是对 IEEE 802.11 协议的轻微修改,可以轻松地用于部署 VANET。

SIoV 的一个关键方面是使车辆具有上下文觉察能力,即了解周围的情况,尤其是与之特别相关的情况。上下文觉察系统是那些能够使其行为适应其当前上下文环境的系统。车辆的上下文觉察可以通过 3 个主要子系统提供:感知、推理和执行。

- 感知子系统从与车辆 OBU 集成的不同传感器中收集上下文信息。这些传感器的类型根据车辆的要求而有所不同,例如位置、红外或超声波。换句话说,此表示是收集上下文数据的方式。

- 推理子系统处理原始数据以提取高级上下文信息,例如驾驶人的情况。可以从定义特定上下文信息的单个传感器中提取上下文信息,也可以从定义不确定上下文信息的多个传感器中提取上下文信息。

- 执行子系统代表应用程序执行者,该执行者为用户或其他驱动程序提供服务、传播警告消息,车载警报系统和智能停车辅助系统都是部署高级应用程序的示例,这些应用程序可防止发生事故并减少道路拥堵。

车辆聚类是一种广泛应用于各种网络的方法,从移动自组织网络到传感器网络。集群以不同的形式存在,可以使用广泛的网络特性来执行,从而为网络带来显著的好处。例如,集群可以缓解密集网络中大量广播的问题(广播风暴),增加系统吞吐量并降低误码率。它可以显著减少分组延迟,并在时间和空间上提供更好的频谱利用率。

聪明地划分网络的集群还可以允许数据聚合并延长网络寿命。通过创建共享同样特征的节点小组,使网络看起来更小、更稳定。为了形成集群,车辆可以结合 LTE 和 DSRC 通信能力,如图 13.5 所示。集群头可以在集群内执行特殊操作,如信道使用、数据聚合、调度和分组路由。

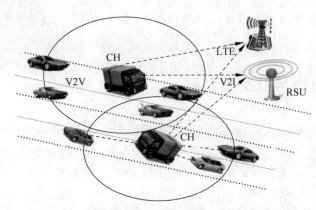

图 13.5　车辆聚类

聚类的一个特殊类别是车辆编队,如前面论述的,领先车辆可以充当聚类头,并接管编队与外部网络之间的大部分通信(见图 13.6)。

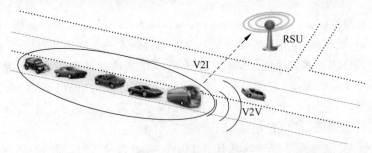

图 13.6　车辆编队

车辆网络的安全性是 SIoV 的一个重要方面,因为若车辆达不到要求可能会导致危及生命的情况发生,而且 SIoV 本身也是智能城市基础设施的一部分。与标准计算机网络不同,车辆网络提供大量分布式异构资源的计算能力。不同地理位置的车辆之间的连通性使得安全性成为一个更复杂的问题,所有权、制造商和用户方面的异质性也是如此。社交车辆网络安全考虑了社会特征和人类行为。

人们可以将自动驾驶汽车视为具有人工智能功能的交通工具,它可以通过感知、识别周围环境和目标以及执行推理和决策等功能实现自动驾驶。CAV 形成了**汽车互联网**(IoV),将改变世界范围内的交通运输方式和城市生活。

车辆需要通过 DSRC 或 5G-V2X 网络,采用 IoT 服务(包括通过路边单元),不仅与其他车辆,而且还可能与摩托车、自行车、行人和其他道路用户进行交互。通过网络协议,车辆有机会交换应用层消息并进行合作以提高安全性,并提高其有效性,从而在车辆网络层(vehicular network layer)之上创建一个协同层(cooperation layer)。

**社交车辆**(social vehicle)构想了 CAV 的**社交大脑**(social brain),CAV 被定义为一个软件模块,该软件模块确定车辆如何与其他车辆协作、车辆如何与车联网络上的行人和服务协作、车辆如何推理社交行为、车辆在收到特定消息时如何表现,以及在路况下如何利用车辆之间的合作。

CAV 的社交大脑可以针对道路上的其他车辆和行人推断出社会状况(social situation),记住过去的互动以为将来的合作提供信息,在道路的社交规范内工作,并具有上下文-觉察(context-aware)的关注(类似于人类的社会认知)。

社交大脑不仅在推理场景-觉察(situation-awareness),而且还决定车辆的行为(车辆在社交活动中相对其他车辆如何表现),以及车辆与其他实体的互动方式(如要发送哪些消息)。

CAV 的社交大脑可以预测或建模其他车辆和人员将要做什么,了解其他车辆和人员的意图,并表现出对各种情况都能理解的方式。

车辆的社交大脑可以针对不同的路况实施多种合作协议,例如用于交叉路口的碰撞警告协议、用于环岛(roundabout)的移动协议、用于交通合并的协议、用于在高速公路通行的协议、用于超车的协议和用于交叉路口的汽车让路协议等,这些协议都集成到了车辆的社交大脑模块中。同时,不仅需要规则政策和机器人法律来治理一般的道路交通,还需要确保 CAV 之间以及 CAV 与人之间的可信赖的和道德的互动。

除了感知直接环境和基础网络技术之外,作为自动驾驶汽车的**社交人工智能**(social-AI)功能的一种形式,还需要具有协作行动(behave cooperatively)的能力。车辆的社交人工智能是支持各种协作行为的主要组成部分。

传统上,道路或交通信号灯上的标记用于协调车辆,使它们有条不紊地行驶,但它们可能会导致延误或降低道路使用率。通过合作与协调,可以在没有物理信号的情况下协调交通流。车辆之间的合作也可以形成灵活的集体车辆行为。这些可能性如图 13.7 所示,例如在高速公路上,车道在两侧均等地固定(例如,每个方向上有 5 条车道);而在某些时候,一个方向的交通流量可能会比另一方向大。

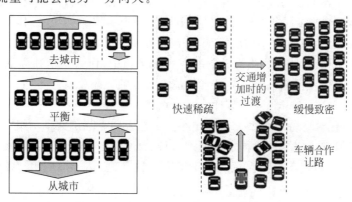

图 13.7　基于群体(swarm)的动态交通流

一种情况是借助 CAV,当一个方向的交通流量很高时,车辆可以大规模协作并通知其他车辆,允许现在一个方向有 8 条车道,而相反方向有 2 条车道。然后,在其他时间重新平衡车道。另外,某些"车道"在某些时候可能会变窄(汽车相互靠近但速度较慢),而在其他时候,车道会变宽(汽车运动较快但彼此相距较远)。这个想法被称为"交通整形"(traffic shaping)。

另一种情况是为紧急车辆让路——接收紧急车辆通知的 CAV 可以通过协调来创建路径。附近的所有车辆都可以从应急车辆接收到相同的信息,但每台车辆都需要根据自身及其周围车辆的上下文知识来决定采取什么样的最佳行动,以便创建路径。车辆还必须能够检测到紧急车辆已经通过,以便能够协同恢复正常行驶。

## 13.3　边缘计算

边缘计算(EC)是一种可行的解决方案,可以应对延迟、可扩展性和隐私的挑战,将成为云的重要补充,甚至在某些场景中取代云的角色。在边缘计算中,计算资源的精细网格提供了接近终端设备的计算能力。例如,边缘计算节点可以与蜂窝基站和物联网网关或校园网络位于同一位置。

为了解决延迟挑战,边缘计算靠近终端设备上的数据源,可以减少端到端延迟,从而实现实时服务。为了解决可扩展性挑战,边缘计算支持终端设备、边缘计算节点和云数据中心的分层架构,可以提供计算资源并随着客户端数量的增加而扩展,从而避免中心位置的网络瓶颈。为了应对隐私挑战,边缘计算使数据能够在靠近源的地方进行分析,可能是由本地可信的边缘服务器进行分析,从而避免了穿越公共互联网,并减少了隐私和安全攻击的风险。

在边缘计算的发展中,出现了各种旨在网络边缘工作的新技术,其原理相同,但重点不同,如 Cloudlet、微型数据中心(MDC)、雾计算和移动边缘计算(即现在的多址边缘计算)。然而,边缘计算社区尚未就边缘计算的标准化定义、架构和协议达成共识。以下介绍各种边缘计算的概念及区别。

(1) **Cloudlet 和微型数据中心**(MDC)。Cloudlet 是一个结合了移动计算和云计算的网络架构元素。它代表了三层架构的中间层,即移动设备、微云和云。其亮点是:①定义系统并创建支持低延迟边缘云计算的算法;②在开源代码中实现相关功能,作为 Open Stack 云管理软件的扩展。与 Cloudlet 类似,MDC 也被设计用于补充云。其想法是,运行客户应用程序所需的所有计算、存储和网络设备封装在一个机箱中,作为一个独立的安全计算环境,用于较低延迟的应用程序或电池寿命及计算能力有限的终端设备。

(2) **雾计算**(fog computing)。雾计算的亮点之一是假设了一个完全分布式的多层云计算架构,拥有数十亿台设备和大型云数据中心。虽然云和雾范例共享一组类似的服务,如计算、存储和网络,但雾的部署针对特定的地理区域。此外,雾专为需要较少延迟实时响应的应用程序而设计,例如交互式和物联网应用程序。与 Cloudlet、MDC 和 MEC 不同,雾计算更侧重于物联网。

(3) **移动/多址边缘计算**(MEC)。移动边缘计算将计算能力和服务环境置于蜂窝网络的边缘。它旨在提供更低的延迟、更准确的上下文和位置-觉察以及更高的带宽。在蜂窝基站(BSs)上部署边缘服务器允许用户灵活快速地部署新的应用程序和服务。欧洲电信标准协会(ETSI)为适应更多无线通信技术,如 Wi-Fi,进一步将 MEC 的术语从移动边缘计算扩展到多址边缘计算。

(4) **边缘计算术语**。常见的边缘设备进一步分为终端设备和边缘节点。终端设备(end devices,end level)指移动边缘设备(包括智能手机、智能车辆等)和各种物联网设备,边缘节点(edge level)包括 Cloudlet、路边单元(RSU)、雾节点、边缘服务器、MEC 服务器等,即部署在网络边缘的服务器。

(5) **协作端-边缘-云计算**。虽然云计算是为处理计算密集型任务(如深度学习)而创建的,但它不能满足从数据生成然后传输到执行整个过程的延迟要求。此外,终端或边缘设备上的独立处理能力受到其计算能力、功耗和成本瓶颈的限制。因此,协作端-边缘-云计算正在成为一个重要的趋势。在这种新的计算范式中,由终端设备生成的计算强度较低的计算任务可以直接在终端设备上执行或卸载到边缘,从而避免了因向云发送数据所造成的延迟。对于计算密集型任务,它将被合理地分解并分别分配到终端、边缘和云设备执行,减少任务的执行延迟,同时确保结果的准确性。这种协作模式的重点不仅在于成功完成任务,还在于实现设备能耗、服务器负载、传输和执行延迟的最佳平衡。

## 13.4 车辆-路端的协同技术

CAV 的出现也为交通运输的大幅度改善铺平了道路,包括提高安全性(例如,通过检测遮挡视线的车辆)和减少对交通信号灯的依赖。

参考文献[6]从通道协调层(corridor coordination layer)、交叉路口管理层(intersection management layer)和车辆控制层(vehicle control layer)三个层次总结了各个学科(如交通工程、控制工程)**自动交叉路口管理**(AIM)研究工作。与**信号交叉路口管理**(SIM)相比,AIM 在单车层面协调交叉路口,提供了更多的灵活性。

AIM 可以潜在地消除在交叉路口因交通信号灯发生的停车,同时保持相互冲突车流之间的安全分隔。参考文献[6]详细讨论了 AIM 设计的关键方面,包括冲突检测方案、优先级规则、控制中心化、计算复杂性等。

如图 13.8 所示,可以从交通工程中现有的交叉路口控制实践中提取出三个层次结构,即通道协调层、交叉路口管理层(又叫轨迹规划层)和车辆控制层。分层结构框架也适用于评估 AIM。各层之间的连接由通信网络实现。在 SIM 中,磁环检测器为承载交叉路口管理协议(例如,信号相位和定时 SPaT 计划)的信号控制器收集通行交通状况。交通信号灯通知驾驶人是否可以通行。AIM 用 V2X 通信代替上述程序。此外,预计驾驶人车辆将被ADAS 取代,并最终被 AIM 的自动驾驶系统(ADS)取代。

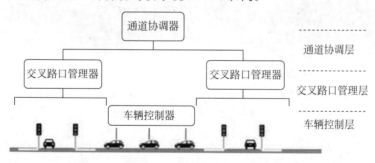

图 13.8 交叉路口控制层

通道协调层处理道路级别上多个交叉点的协调。这种协调在 SIM 下的主动脉交通中很常见。绿带(green band)的最大化通常用于确保穿过多个交叉路口的主要直通行进。交叉口之间的固定时间 SPaT(signal phase and timing)计划是实现协调的最常用方法。

交叉路口管理层为 AIM 车辆或 SIM 车辆分配交叉路口交通顺序。对于 SIM,带有冲突活动行为的信号相位会按照预定义的相位序列进行循环。对于 AIM,交叉口管理器负责分配有限的时空资源。AIM 的这一方面通常被称为轨迹规划,因为 AIM 在单车层面上分开各个冲突活动。

车辆控制层侧重于单车纵向和横向的运动控制。通常,车辆由驾驶人驾驶,有时借助于车辆子系统,如动力转向和辅助制动。在 CAV 环境下,自动驾驶系统可以补充并最终取代人类的驾驶输入。

在交叉路口管理层,优先级分配和预约系统是两个关键方面。车辆轨迹分配类似于在时空维度上的飞机分离规划。AIM 中的分离是在车辆级用基于预约的系统进行的,而 SIM 中的分离则是在车辆组级用交通信号进行的。

AIM 有 4 种用于切割冲突的预留系统:基于交叉路口的预留、基于分块(tile)的预留、基于冲突点的预留,以及基于车辆的预留,如图 13.9 所示。

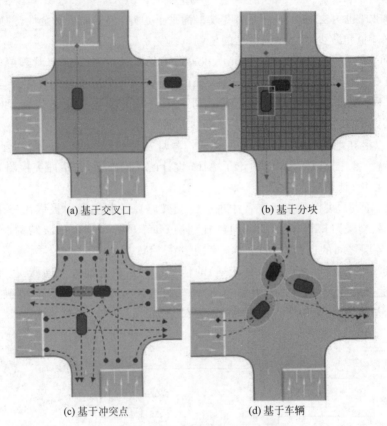

图 13.9　交叉路口预留系统的分类

基于交叉路口的预留允许交叉路口内有一辆且只有一辆车。在基于分块的预留中,空间被离散为块状网格。如果两辆车同时占用同一分块,则预留被拒绝。分块也可以被聚类成更大的区域,以降低预留的计算复杂性。基于冲突点的预留能够充分利用交叉口空间。基于车辆的预留是限制最小的预留系统。然而,由于高维的避撞约束,解决非线性规划(NLP)问题需要耗费大量的计算资源。

优先级策略规定交叉路口资源的分配,和预留框架相互独立。预留框架的主要目标是分离冲突活动。在 SIM 中,车辆组之间的优先级由操作需求(如排队长度或延迟)决定,并通过 SPaT 计划实施。可以通过延长感兴趣活动组的绿色信号定时来提高优先级。

与 SIM 不同,AIM 的优先级分配是在单车级进行的。SIM 唯一的车辆级优先级分配被公交或紧急车辆信号抢占。而大多数 AIM 都采用公平的、先到先服务(FCFS)策略。系统最优策略是第二经常使用的优先策略,其中交通顺序是基于系统级性能指标确定的,如总体延迟、吞吐量、旅行时间等。其他已知的优先策略还有最长排队优先策略、基于车辆类型的策略、基于定义优先级分数的策略和基于拍卖(auction)的策略等。

集中式中心化、分散式/去中心化和分布式是用于描述 AIM 系统通信结构的术语。三种规划的信息流和相应组织如图 13.10 所示。

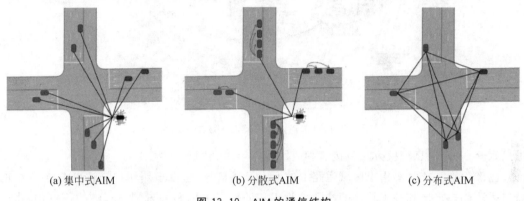

(a) 集中式AIM      (b) 分散式AIM      (c) 分布式AIM

图 13.10 AIM 的通信结构

集中式 AIM 在节点(车辆)之间具有单点接触,用于信息共享和决策。因此,单点故障是集中式 AIM 的主要问题。集中式中断管理策略的实施成本很高,其可扩展性也存在问题。V2X 无线通信的当前状态在技术上可能无法保证路口附近数千辆车的这种性能。

去中心化/分散式 AIM 包含系统内的几个中心枢纽。请注意,去中心化系统中的处理是跨多个节点共享的。如车队内通信假定在车队成员之间进行局部通信。

分布式 AIM 是去中心化的极端情况。在分布式系统中,没有一个做决策的单独点,每个节点都只为自己的行为做出决策。系统行为是系统内每个节点聚合响应的结果。车辆之间的调度分配有可能变得真正容错。

从交通工程角度看,AIM 通常假设车辆控制的可用性,并强调协调有冲突的交叉路口活动。路侧单元(RSU)接管车辆的控制,并引导其安全穿过交叉路口。随着车辆自动化,驾驶功能有望被车辆控制器取代。

参考文献[7]针对 CAV 提出了一种利用集中式系统进行车道合并协调的框架。道路上连接的车辆能够提供轨迹建议,这是由作为主要组件的一个**交通协调器**(traffic orchestrator,TO)和**数据融合**(data fusion,DF)模块实现的。DF 与集中式面向微服务的架构协同作用,向 TO 提供网联和未网联车辆的描述子。这里深度强化学习(DRL)和数据分析用于预测网联车辆的轨迹推荐,并将未网联车辆考虑在内。

如图 13.11 所示是车辆协同车道汇入场景示意图。

网联车辆将尝试汇入到存在网联和未网联车辆的主车道上。通过边缘云方法,定制的轨迹推荐由集中协调机制确定并发送给网联车辆。该体系结构能够为车道汇入算法收集数据,同时能够对突然的道路变化做出反应。这个架构还允许车辆协调方面的易扩展性。5个不同的组件有助于车道协调汇入:V2X 网关、图像识别(IR)系统、**全局动态地图**(GDM)、DF 和 TO。

V2X 网关负责将消息转发到体系结构中的各种应用程序和接口。V2X 网关作为一种

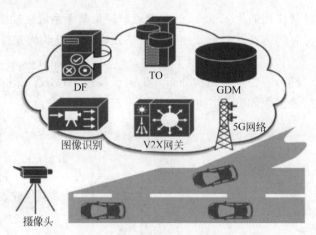

图 13.11　车辆协同车道汇入场景示意图

通信媒介,基于消息交换方法将接口和应用程序连接到网联车辆。

图像识别系统收集指定区域道路上的所有车辆信息,包括道路用户描述(RUD)给出的特定道路用户定位和基于轨迹的参数。收集和处理有关网联和未网联车辆的信息,并将所有信息发送到 V2X 网关,后者将消息转发到全局动态地图。

GDM 将网联和未网联车辆的环境信息存储在数据库中。此信息由 V2X 网关提供。GDM 确保存储的 RUD 最新。DF 为来自不同来源的 RUD 提供了同步机制(例如,分别来自图像识别系统和精密定位时间坐标中的网联车辆)。DF 将信息发送给订阅特定位置边界的应用程序。此外,还包括评估通信 KPI 的监控和评估平台。

TO 将存储和处理有关网联和未网联车辆的环境因素,生成网联车辆的轨迹。TO 需要考虑时间关键变量,如车辆位置的时间戳、车辆速度和车辆特定尺寸。一旦 TO 为单个或一组道路用户提供了协调的轨迹推荐,该建议将被发送到 V2X 网关,转发给网联车辆。网联车辆可以选择接受、拒绝或中止推荐。该反馈信息由网联车辆提供给 V2X 网关,可用于重新计算轨迹推荐。

未网联车辆无法与 TO 通信,也无法解释或使用轨迹推荐。然而,车道汇入协调模块通过图像识别系统能够识别未网联车辆。该图像识别系统向 GDM 提供要存储的 RUD。TO 将请求道路使用者信息以创建轨迹推荐。为此,需要定义一组消息来沟通车道合并协调模块的所有组件。

TO 的新颖之处在于,采用深度学习模型,能够更广泛地应用于不同的车道汇入场景。TO 架构是最小化的,其依赖于较低层的架构(如图像识别)来提供道路和车辆的状态。

如图 13.12 所示是 TO 的架构图,检测接口(DI)的主要作用是通过传输控制协议(TCP)连接从 V2X 网关接收正在发送的任何数据;检测接口还充当一个中间过滤器,将读取 JSON 字符串,并将 JSON 消息处理为更紧凑和高效的结构,供 TO 使用;同样,网络接口(NI)将 TO 内的信息转换为 JSON 消息,输入到 V2X 网关。

设计了一个知识库,用于存储发送给 TO 的信息。交换接口(EI)被设计为具有两个职责:执行 TO 应用程序,并在 TO 中的所有接口之间调解信息流。

其中采用两种强化学习模型:深度 Q-网络(DQN)和决斗深度 Q-网络(dueling DQN)。决斗 DQN 显示了最理想的结果,以极低的偏差提供了类似人类的轨迹。

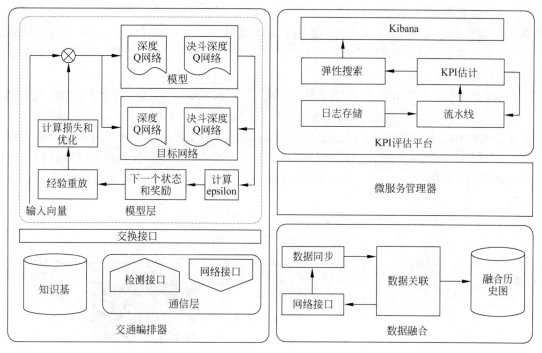

**图 13.12　TO 的架构图**

DF 负责用最新的道路用户描述更新 GDM 数据,避免来自网联车辆和图像识别系统的重复道路用户。它还负责组合每个源的最准确数据来提高 RUD 的精度,即来自摄像头系统的加速度精度不如网联车辆提供的加速度精确。

DF 由 4 个不同的组件组成:网络接口、数据同步、数据关联和融合历史图(fusion history map)。

网络接口负责与其他组件交互,它从 V2X 网关接收 RUD,反序列化消息并将其转发到数据同步。它还处理来自数据关联的融合和修正的描述,将其序列化并发送到 GDM。DF 还从数据协会接收融合和校正的描述,将其序列化并发送给 GDM。数据同步旨在及时同步接收到的 RUD。它收集特定时间段(100ms)内接收到的所有描述,然后将每个描述外推到相同的时间参照。考虑到目标的速度,假设周期很小情况下,均匀加速的直线运动模型就足够。它更新每个目标的坐标及其时间戳。数据关联将摄像头系统检测到的目标与网联车辆进行匹配。对于摄像头系统检测到的每个目标,它首先检查该目标是否已经与融合历史图中的另一个目标匹配。然后,它根据欧几里得距离和角度来提高或降低置信度。融合历史图存储匹配目标的历史。

KPI 评估平台的目标,首先是在单个易于搜索的平台中聚合每个组件日志,简化整个系统的实时监控;其次是评估软件和网络 KPI,例如延迟和可靠性。

KPI 评估平台由 3 个组件组成:收集器、数据库和数据可视化。

收集器通过公开网络接口从不同组件接收日志,在接收消息转发到数据库之前,对其进行分析、格式化和充实。数据库用于存储收集器收集的消息,并提供查询语言来浏览数据和计算 KPI。数据可视化是一个 GUI,允许用户实时监控数据库数据。它提供了探索原始数据以及创建图表和仪表板的能力。

　　弹性堆栈是一组集成良好的开源组件,Logstash 用于数据收集、Elasticsearch 用于存储和查询数据,以及 Kibana 用于可视化。微服务管理器(micro services manager)支持可扩展解决方案中独立组件之间的连接,为所有可监控组件提供了一个中央日志记录系统,以便进一步操作和分析。

　　参考文献[10]中提出了一种基于可见光通信(VLC)的 V2I 方案,通过 VLC 的无干扰特性和基于位置的特性,增加自主代客泊车(AVP)应用的 V2I 通信冗余度。其体系结构,通过车载数据传输和基于位置的地图传播方法,借双向 VLC 通信实现室内停车场的在线地图更新。所提出的系统通过 DCO-OFDM 实现无差错 LoS 传输,发射机与接收机间的距离可达 33 米,能够在室内停车场共享车辆 CAN 总线数据、摄像头视频和激光雷达点云数据。

　　基于 VLC 的 V2I 通信系统架构如图 13.13 所示,基于 VLC 的 V2I 通信系统是基于 VLC 车载单元(OBU)、VLC 路边单元(RSU)、光学探测器和 LED。

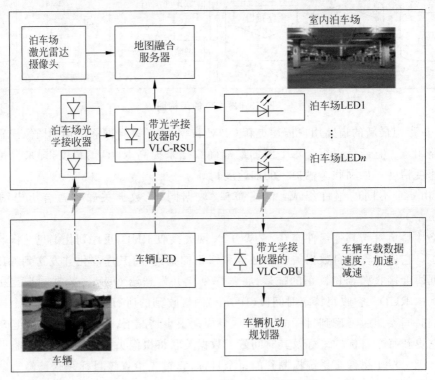

图 13.13　基于 VLC 的 V2I 通信系统架构

　　车辆通过 VLC-OBU 驱动的 LED 传输车载数据。此外,基建信息由车辆 VLC-OBU 捕获并传送给车辆机动规划器。

　　停车场在线地图由摄像头、激光雷达和车载信息创建。基础设施的地图服务器负责通过 VLC-RSU 驱动的 LED 融合和传播在线地图更新。VLC-RSU 通过光学接收器捕获车载信息。

　　VLC 由于其 LoS 特性提供了基于位置传输的独特优势。因此,仅从基建 LED 传输在线地图的相关部分。此外,即使车辆通过其 LED 连续传输信息,但受探测器 LoS 和视野(FoV)限制,部署的基建光学接收器仅在特定位置捕获车辆数据。因此,基于 VLC 的 V2I

通信实现了车辆和基建之间的特定位置信息交换,减少了车载计算需求,同时提供了无射频干扰的安全通信。

车辆通过 VLC 传输减速、加速、速度和制动状态信息,并从基建接收激光雷达点云地图和视频。此外,部署在停车场的光学探测器接收车辆数据,将这些信息汇总到激光雷达点云地图中。不断更新的汇总地图通过基建 LED 传播给车辆。

整个系统的设置如图 13.14 所示,在车辆侧,VLC-OBU 负责将车辆 CAN 总线信息转换为 DCO-OFDM 帧信息,并利用基带 DCO-OFM 信号和所需的 DC 偏置驱动车辆 LED;更重要的是,它结合一个光学接收器,从基建 LED 捕获信息。在基建侧,VLC-RSU 将激光雷达点云数据转换为 DCO-OFDM 帧信息,用基带 DCO-OFM 信号和所需的 DC 偏置驱动基建 LED;VLC-RSU 集成与 VLC-OBU 相同的硬件,优化后连续地传输地图信息,而不是定期的车载信息。

图 13.14　基于 VLC 的 V2I 通信系统设置

## 13.5　自动驾驶的协同感知

参考文献[14]中回顾了协同感知技术的相关工作,包括基本概念、协同模式,以及关键要素和应用。

单车感知的两个重要问题是远距离遮挡和稀疏数据。这些问题的解决方案是,同一区域内的车辆彼此共享集体感知信息(collective perception message,CPM)、协同感知环境,称为协同感知或协作感知。

得益于通信基础设施的建设和 V2X 等通信技术的发展,车辆可以以可靠的方式交换信息,从而实现协作。最近的工作表明,车辆之间的协同感知可以提高环境感知的准确性以及交通系统的稳健性和安全性。

感知是自主驾驶系统的关键模块之一,然而单车视野有限的能力成为感知性能提高的瓶颈。为了突破单个感知的限制,提出协同感知,使车辆能够共享信息,感知视线之外和视野以外的环境。

此外,自动驾驶车辆通常配备高保真传感器以实现可靠的感知,从而造成昂贵的成本开销。协同感知可以缓解单车对感知设备的苛刻要求。

协同感知与附近的车辆和基础设施共享信息,使自主车辆能够克服某些感知限制,如遮挡和短视野。然而,实现实时和稳健的协同感知需要解决通信容量和噪声带来的一些挑战。最近,有一些工作研究了协同感知的策略,包括什么是协同、何时协同、如何协同、共享信息的对齐等。

类似于融合,协同的分类也有 4 类。

**1. 早期协同**

早期协同在输入空间进行协同,在车辆和基础设施之间共享原始感官数据。它汇总了所有车辆和基础设施的原始测量值,得到一个整体观点。因此,每台车辆都可以进行下游的处理,并基于整体视角完成感知,这可以从根本上解决单体感知中出现的遮挡和远距离问题。然而,共享原始感官数据需要大量通信,并且容易使通信网络因数据负载过大而拥塞,这在大多数情况下阻碍了其实际应用。

**2. 后期协同**

后期协同在输出空间中进行协同,这促进了每个智体输出的感知结果融合,实现了细化。虽然后期协同具有带宽经济性,但它对智体的定位误差非常敏感,并且由于不完全的局部观测而遭受高估计误差和噪声。

**3. 中间协同**

中间协同在中间特征空间中进行协同。它能够传输单独智体预测模型生成的中间特征。融合这些特征后,每个智体对融合的特征进行解码并产生感知结果。从概念上讲,可以将代表性信息压缩到这些特征中,与早期协同相比,可以节省通信带宽,与后期协同相比,还可以提高感知能力。在实践中,这种协同策略的设计在算法上具有两方面的挑战性:①如何从原始测量中选择最有效和紧凑的特征进行传输;②如何最大限度地融合其他智体的特征以增强每个智体的感知能力。

**4. 混合协同**

如上所述,每种协同模式都有其优缺点。因此,一些工作采用了混合协同,将两种或多种协同模式结合起来,以优化协同策略。

参考文献[8]中用 V2V 通信提高自动驾驶车辆的感知和运动预测性能,提出了 V2VNet。聚集从多台附近车辆接收的信息,可以从不同角度观察同一场景。这样能够在观测非常稀疏或根本不存在的情况下,透过遮挡物并远距离检测参与者。

如图 13.15 所示是 V2VNet 的概览,包括 3 个阶段:①特征提取阶段,卷积网络块处理原始传感器数据并创建可压缩的中间表征;②跨车辆聚合阶段,将从多台车辆接收的信息与车辆的内部状态(用自身传感器数据计算)进行聚合以计算更新的中间表征;③计算最终感知-预测的输出网络。

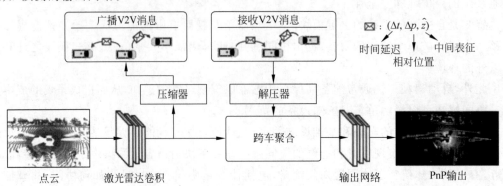

图 13.15　V2VNet 的概览

**卷积网络块**：从激光雷达数据中提取特征,并将其转换为 BEV;具体而言,将过去 5 次激光雷达点云扫描体素化,输出特征图。

**压缩**：采用变分图像压缩算法来压缩中间表征;然后,通过熵编码进行量化,并用很少的比特进行无损编码。注：压缩模块可微分,因此可训练。

**跨车辆聚合**：对从其他车辆接收的中间表征进行解码。具体地,将熵解码应用于比特流,并应用解码器 CNN 来提取解压缩的特征图;然后将从其他车辆接收到的信息进行聚合,生成最新的中间表征。

每辆车都用一个全连接图神经网络(GNN)作为聚合模块,其中 GNN 的每个节点都是场景中自动驾驶车的状态表征,包括其自身。基于一定范围(即 70 米内)每辆自动驾驶车维护其自身的局部图(local graph)。对于自动驾驶车的接收器信息,GNN 可以时域扭曲和空域转换到接收器坐标系。如图 13.16 所示,在自动驾驶车传送消息之后,每个接收消息的自动驾驶车补偿接收消息的时延,GNN 聚合空间消息计算最终的中间表征。

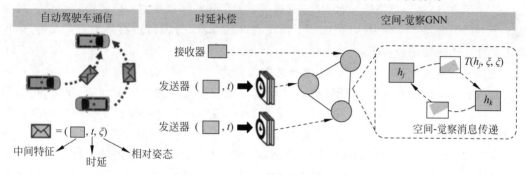

**图 13.16　基于 GNN 聚合车辆信息**

首先,补偿车辆之间的**时间延迟**,为 GNN 的每个节点创建初始状态。基于通用 GPS 时间,时间延迟是每辆车激光雷达扫描开始时间之间的时间差。取时延补偿的中间表征,连接零以增加节点状态的容量,GNN 聚合从其他车辆接收传播之后的信息。

然后,执行 GNN 消息传递。由于其他自动驾驶车位于同一局部区域,因此节点表示具有重叠的视场。首先应用相对**空间变换**扭曲中间状态,然后用 CNN 对两个节点空间对齐的特征图进行联合推理。

接下来,在每个节点通过掩码-觉察置换不变函数聚合接收的消息,并用卷积 GRU (ConvGRU)更新节点状态。最后迭代之后,多层感知器输出更新的中间表征。

**输出网络**：消息传递之后,应用一组 4 个类似 Inception 的卷积块,高效捕获多尺度上下文,这对于预测非常重要。最后,获取特征图并利用两个网络分支分别输出检测和运动预测估计。

用高保真激光雷达模拟器 LiDARsim 生成大规模 V2V 通信数据集,称为 V2V-Sim。LiDARsim 应用光线投射,然后用深度神经网络为场景中的每个帧生成真实的激光雷达点云。

参考文献[12]中展示一个公开的大规模协同感知数据集 V2X-Sim。V2X-Sim 提供：①路边基建和交叉路口多辆车辆的同步记录,实现协同感知;②多模态传感器流,促进多模态感知;③多种标注真值,支持各种下游任务,包括检测、跟踪和分割。

如图 13.17 所示是传感器设置和坐标系统示意图。传感器由 RGB 摄像头、深度传感

器、语义分割传感器、BEV 语义分割传感器和激光雷达组成。同时,道路基建配备了 RGB
摄像头、BEV 语义分割传感器、激光雷达和语义激光雷达等。

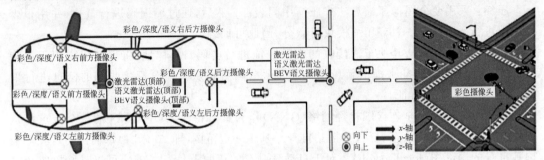

图 13.17    传感器设置和坐标系统

在电动汽车和路边基础设施上,摄像头和激光雷达覆盖 360°范围,从而实现全视图感
知。具体而言,每辆车都搭载 6 台 RGB 摄像头,遵循 nuScenes 配置;路边基建在交叉路口
的 4 个方向上配备了 4 台 RGB 摄像头。请注意,BEV 语义分割传感器基于正交投影,而自
车语义分割传感器用透视投影。

在自车和路边基建上,激光雷达和语义激光雷达、RGB/深度/语义传感器都放置在同
一位置,获得深度/语义真值。BEV 语义分割传感器与激光雷达共享相同的 BEV 位置,但
位置较高,以确保一定大小的视野。至于路边基建,传感器被放置在合适范围内的随机高
度,增强多样性。

为了解决多智体协同感知的延迟问题,参考文献[13]中从机器学习的角度提出了一个
延迟-觉察系统,该系统将多智体的异步感知特征主动适应同一时间戳,提高了协作的稳健
性和有效性。如图 13.18 所示是一个协同 3D 检测的例子,可以看到不考虑延迟的协同感
知可能比没有协同的感知更糟糕。

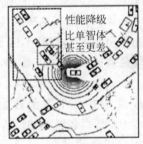
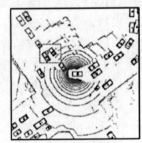

(a) 无延迟协同                    (b) 有一秒延迟的协同                    (c) 单智体感知

图 13.18    协同 3D 检测系统

该协同感知系统遵循中间表征协作框架,如图 13.19 所示,由 5 个组件组成:①编码模
块,从原始数据中提取感知特征;②通信模块,在不同的通信延迟下跨智体传输感知特征;
③延迟补偿模块,将多智体的特征同步到同一时间戳;④融合模块,聚合所有同步特征并产
生融合特征;⑤解码模块,采用融合特征得到最终感知输出。

该系统的关键部件是延迟补偿模块,旨在实现特征级同步。为了实现这一点,参考文献
[13]中提出了一种 SyncNet,利用历史协同信息来同时估计当前特征和相应的协同注意,这
两者由于延迟而不确定。作为协同的两个智体之间的注意权重,协同注意与特征具有相同

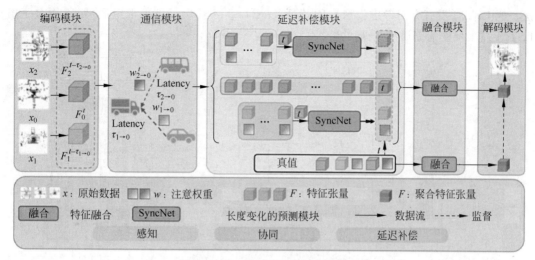

**图 13.19 协同感知系统架构图**

的空间分辨率,同时能指示特征中每个空域的信息水平。

与常见的时域序列预测方法相比,SyncNet 有两个主要区别:①特征级估计,而不是输出级预测;②估计耦合特征和相关联的协同注意,而不是预测一个单输出。

SyncNet 的功能是利用历史信息来实现延迟补偿,如图 13.20 所示,包括两部分:特征注意共生估计(feature attention symbiotic estimation,FASE),采用双分支金字塔 LSTM 同时估计实时特征和协作注意;时域调制,用延迟时间自适应调整协同特征的最终估计。

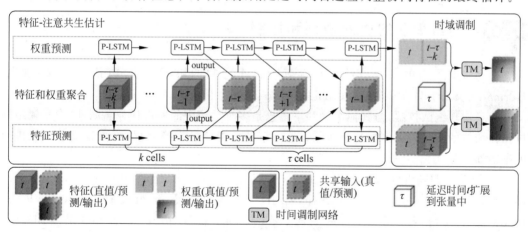

**图 13.20 SyncNet 的架构**

在 FASE 部分,每个分支由金字塔 LSTM 实现,对一系列历史协同信息进行建模并估计当前状态。金字塔 LSTM 专门用于捕获空间相关的协同特征。

特征估计分支旨在获得当前时间用于协同信息量最大的特征。为了实现这一点,特征估计分支应该是注意-觉察的。注意估计分支的目标是找到当前最有信息的协同区域,此外还必须抑制具有较大估计误差的区域。同样,注意估计分支应该是特征-觉察的。为了允许特征估计和相应的注意估计彼此知晓,反复利用估计的特征图和来自上一个时间戳的协同注意作为每个分支下一个时间戳的输入。

FASE 多分辨率空域卷积如图 13.21(a)所示,多尺度卷积架构取代了 LSTM 的矩阵乘法。原 LSTM 没有专门考虑提取空间特征,convLSTM 在单尺度提取空间特征,而金字塔 LSTM 在多尺度捕获局部-全局的特征。

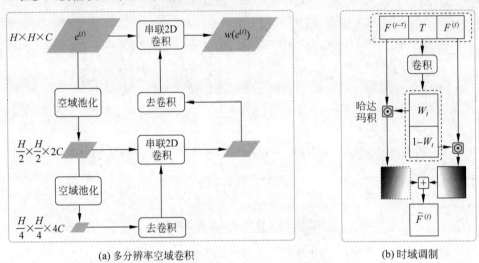

(a) 多分辨率空域卷积          (b) 时域调制

图 13.21  FASE 的多分辨率空域卷积和时域调制架构图

当延迟较低时,其引起的性能下降,相对来说,小于 FASE 导致的估计噪声。为了解决这一问题,时域调制模块专心地融合延迟时间条件下原始(低延迟下工作良好)特征和估计(高延迟下工作正常)特征,生成更全面和可靠的估计,如图 13.21(b)是该模块的架构图。

## **13.6** 编组车队的协同规划和控制

参考文献[3]中主要总结了自动驾驶汽车之间的协同方法,包括车辆编队控制(formation control)或车辆编排(vehicle platooning)。

为了实现编队控制,与其他车辆共享信息是多车系统中的关键任务。因此,在车辆组排中拓扑结构的实现解决信息共享问题。这些拓扑负责信息交换流程,该流程描述了组排中的车辆如何相互交换信息。

一个领导-跟随者(leader-follower)拓扑的例子如图 13.22 所示,其中拓扑(a)是前继跟随(predecessor following,PF)拓扑,拓扑(b)是前继-领导跟随(predecessor-leader following,PLF)拓扑,拓扑(c)是双向(bidirectional,BD)拓扑,拓扑(d)是双向-领导(bidirectional-leader,BDL)拓扑,拓扑(e)是双前继跟随(two-predecessor following,TPF)拓扑,拓扑(f)是双前继-领导跟随(two-predecessor-leader following,TPFL)拓扑。

请注意,这些拓扑是针对单个编排而言的。在编排操作期间,可能会发生多种情况,例如多个编排之间的交互或现有拓扑的通信中断。为了编排的稳定性和移动性,应考虑动态或交换拓扑,其意味着随时间推移,编排的拓扑会切换为不同拓扑。

在多智体系统中,达成共识(consensus)可以被认为是重要的要求之一,在这种情况下,自动驾驶汽车可以通过与其邻居车辆在本地共享信息达成协议以形成阵型(formation)。

通常,收敛到一个共同的价值被称为**共识**,这取决于自动驾驶汽车之间的沟通。根据一些设计的分布式协议,要解决的关键问题是移动智体之间局部交互、相邻智体共享信息、共

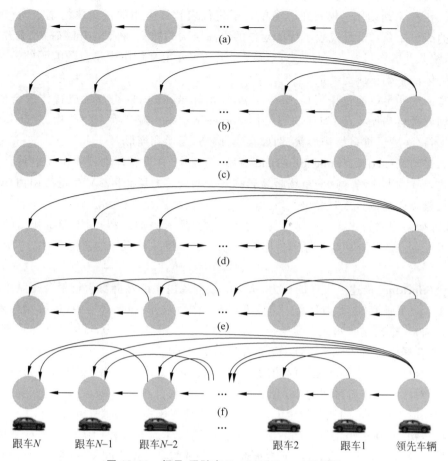

图 13.22　领导-跟随者(leader-follower)拓扑图

识行为(consensus behavior)的分析。

　　**领导-跟随者控制**是一种广泛采用的编队方法。其可以通过三种方式实现领导：静态领导(领导不变)、虚拟领导(软件领导)和动态领导(根据情况而改变)。此外，负责车辆之间信息交换的通信拓扑结构在领导-跟随者方法中起着至关重要的作用。一旦编排形成，就使用弦稳定性分析(string stability analysis)来分析编排的稳定性。在领导-跟随者方法中，每个位置向量和车辆分离向量之和达成共识，信息流(information flow)本身就是一棵有向生成树(spanning tree)。

　　**行为控制**(behavioral control)用于在未知或动态环境中实现多智体系统的协同控制。当无法准确地建模或表征真实世界时，基于行为的方法最为有效。避免离线路径规划(offline path planning)并使用传感器来获取环境的即时信息，可以为系统提供在复杂或混乱环境中导航的自主权。

　　自动驾驶汽车的环境充满不确定性，并且也是不可预测的、嘈杂的和动态的。基于行为的体系结构提供了克服这些困难的答案，其启用严重依赖传感器的实时处理方法，避免构建有潜在错误的全局世界模型。基于行为的智体具有高度自治性和机械精确性，几乎没有计算资源，可以通过学习进行改进，可以通过软件重用(software reuse)编程并与环境集成。

　　用于移动智体的**电机模式**(motor schemas)是完成目标导向行为(goal-directed

behavior)的一系列动作。模式和运动单元不是代表智体可用的最简单的基本动作(例如,执行器的简单命令),而是代表了智体动作的更高层次的抽象,例如避开障碍物、避开其他智体、保持编队并前往目标(goal)。这些模式和运动单元定义仅用少量参数编码的控制策略,并用作智体的基础集或运动词汇。

这样的单元足以通过模式(schemas)或单元(primitive)的组合生成智体的全部动作。通过实施几种运动模式,例如移动到目标(move-to-goal)、避开静态障碍物、避开其他智体和编排保持,考虑了许多编排形状,例如直线、圆柱、菱形和楔形。

在**人工势场**(artificial potential field,APF)方法中,移动智体在搜索空间中具有由目标和障碍物生成的两个场。这两个场是障碍物产生的排斥力场和目标产生的吸引力场。这些力量在靠近障碍物或目标时会更强,在远处的影响较小。在这种方法中,目标位置获得了吸引力,而障碍物则对智体产生了排斥力。智体合力(所有力的总和)用于确定智体的运动和速度以及行进方向,同时避免碰撞。事实证明,APF 是一种很好的避障算法,可用于编排问题。

**聚合**(flocking)描述了飞鸟的行为、鱼类的放养或昆虫的蜂群行为。聚合控制主要包括三种行为:避免碰撞(也称为分离)、速度匹配(也称为对齐)和聚合居中(也称为内聚)。速度匹配是向量,是指航向和速度的组合。避免碰撞是一种分离行为,可以避免过度拥挤和彼此碰撞,聚合居中使智体位于聚合中心或聚合伙伴附近。

聚合问题可以看作编队控制问题的一个子案例,它要求智体沿着聚合体的某些路径一起移动,但对特定智体所采用的路径要求却很低。与聚合相比,编队更加严格,要求智体在环境中移动时保持一定的相对位置。因此,多个移动智体系统同时考虑聚合和编队控制。

**虚拟结构**(virtual structure)方法旨在解决协同智体运动过程中维持几何配置的问题。虚拟结构是智体元素的集合,这些元素彼此之间以及与参照系之间保持(半)刚性几何关系。

虚拟结构方法的优点如下。

- 实现高精度控制的能力。
- 通过保持编队,在智体故障期间具有固有的容错能力。
- 无须选举领导智体。
- 无须修改即可针对不同种类的虚拟结构进行重新配置。
- 可以以分布式方式实施,而不会如集中式实施那样增加通信开销。
- 没有明确的功能分解。

参考文献[5]中介绍了一个具体卡车编队(truck platooning)的路径规划算法。

在货车编队时,前车为人工驾驶,后车为自动驾驶,车距较短。在各种情况下做到成功地编队,每辆卡车都必须保持动态稳定性,而且整个系统必须保持串稳定性(string stability)。然而,由于前视范围较短,后续车辆的路径规划能力会显著降低。

另外,在**铰接式货车**(articulated cargo truck)编队时,在弯路上出现的跑偏(off-tracking)现象使得后车很难跟踪前车的轨迹。此外,在没有全局坐标系信息的情况下,每辆卡车用于感知环境和动态信号的局部坐标系,很难彼此关联。

为了解决这些问题,参考文献[5]中采用卡尔曼滤波器、V2V 通信和一种更新-转换(update-and-conversion)方法,使每辆跟随车辆都可以准确计算领先车辆前部(front part)的轨迹,并将其用作目标路径(target path)。该算法可以为卡车编队提供横向(lateral)串稳定性和稳健性。

如图 13.23 所示是卡车编队的架构图,前车(leading vehicle,LV)由有经验的驾驶人手动驾驶,后车(following vehicle,FV)由自动驾驶系统运行。

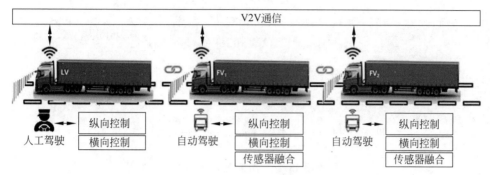

图 13.23  卡车编队的架构图

后车使用雷达、摄像头等环境传感器感知前方车辆和车道,通过车辆纵向和横向控制进行自动驾驶。后车的自动驾驶算法不依赖 GPS,因为车辆在某些情况下无法接收正确的GPS 信号,例如在隧道中行驶时。在大型货车编队的情况下,车队的长度可以轻松达到100m。因此,考虑到附近车辆的安全,一个编队的卡车数量通常限制在 3 辆或 4 辆。

后车的纵向控制旨在与前车保持较短的距离,这基本上是通过采用成熟的 ACC 算法来完成的,该算法依赖于雷达。较短的车辆间距离在卡车编队中很重要,因为减少空气阻力为后车提供了燃油经济性。

后车的横向控制旨在跟随前车的行驶路径,同时保持在自己的车道上。后车使用摄像头进行车道保持,但成熟的 LKS 算法无法使用,因为摄像头的前视范围受到前面卡车的严重限制。后车的路径跟随控制将前车所经过的轨迹设置为其目标。因此,在卡车编队中,需要有比一般自动驾驶的横向控制方法更高水平的技术。有两种主要的编队横向控制方法,分别为**直接跟车**(direct vehicle-following)和车辆路径跟随(vehicle path-following)。

在**直接跟车**方法中,后车用与前车相对纵向和横向距离进行操作,基于几何原理计算转向角。主车(subject vehicle)重心(CG)和前车后部中心(rear center)之间的相对位置和相对角度,可以用来计算其到前车后部的虚拟弯曲路径。但是,用的是前车后方的相对位置信息,而不是前车方向盘的轨迹,所以在转弯时可能会出现在前车实际轨迹内行驶的问题。另外,在小曲率高速公路上行驶时,由于与前车的相对横摆角(yaw angle)很小,如果感知精度低或测量分辨率小,则无法保证跟随前车虚拟弯曲路径的可靠性。

此外,**车辆路径跟随**是一种跟随前车轨迹的方法。前车的轨迹可以用本车的运动参数并存储前车后部位置坐标来获得。由于可以控制位于前车轨迹内的前视距离(look-ahead distance),因此路径跟踪的性能得到提高。但是,由于编队行驶时车辆间距离较短,因此存在无法在高速状态下获得足够前视距离的问题。如果是半挂卡车(semi-trailer truck),在转向过程中,**跑偏**(off-tracking)现象,即牵引车的转向轴和拖车后部保险杠之间的路径不同,会导致在跟随前车时出现跟踪错误。

如图 13.24 所示就是**跑偏**现象。在低速时,挂车后保险杠的轨迹形成在牵引车的轨迹内部;在高速时,由于横向加速度的增加,挂车的轨迹行进比牵引车的轨迹朝外。跑偏是损害编队横向动力学稳定性的主要因素,随着它向编队的尾部传播,稳定性变差。

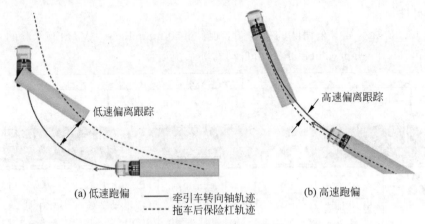

(a) 低速跑偏　　　── 牵引车转向轴轨迹　　　(b) 高速跑偏
　　　　　　　　　┈┈ 拖车后保险杠轨迹

**图 13.24　跑偏现象示意图**

　　为了克服跑偏的问题,后车需要用前车的牵引车而不是拖车的轨迹来确定自己的目标路径。但是,后车无法仅通过摄像头感知前车牵引车的位置。一项研究提出,利用前车拖车位置轨迹的曲率,但只有当两辆车之间的偏航角很小时才有效。另一项研究提出用 DRTK 和 V2V 来访问前车牵引车的全球位置,但由于 GPS 信号无法识别,编队卡车通常不使用 GPS,因为在某些条件下,如在开车经过隧道时,无法收到 GPS 信号。

　　如图 13.25 所示是现代公司的牵引车,仪表板和前保险杠上分别安装了单目摄像头和雷达,用于感知前车保险杠的中心点;V2V 模块采用双天线,安装在左、右后视镜内,最大限度地减少通信盲区的面积;控制器是 MicroAutoBox II,作为 CPU 实现编队控制逻辑和路径规划算法。

V2V模块无线

单目摄像头

控制器(MicroAutoBox II)

雷达(前向)

**图 13.25　现代公司的牵引车**

　　如图 13.26 所示是卡车的一些指标,车长 16.66m,牵引车和拖车通过主销连接,但所有纵向和横向控制仅在牵引车上执行。

　　如图 13.27 所示是卡车编队横向控制器的架构图,所有车辆运行 V2V 通信;前车控制器创建其驱动轨迹,并通过 V2V 通信将其传输至后车;利用前车的轨迹,后车执行路径规划,即计算自己要遵循的目标路径;最后,后车执行路径跟踪,跟随目标路径;同样,在任何相邻后车之间创建目标路径,因此本质上所有后车都可以遵循前车的轨迹。这里仅讨论路径规划算法。

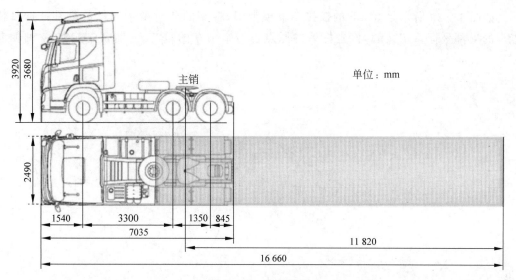

图 13.26 卡车指标

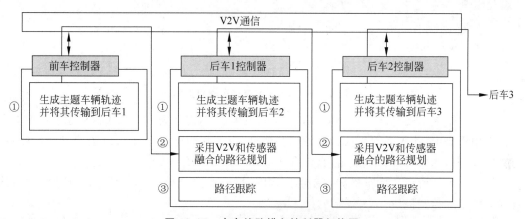

图 13.27 卡车编队横向控制器架构图

如图 13.28 所示是主车驾驶人轨迹生成架构图,包括状态估计卡尔曼滤波器、后保险杠中心计算、前端和后端轨迹缓存和轨迹曲线拟合等步骤,输入是速度、摆角率、方向盘转角和主销角,输出是前轨迹、后轨迹和当前后点,并通过 V2V 发送给后车。

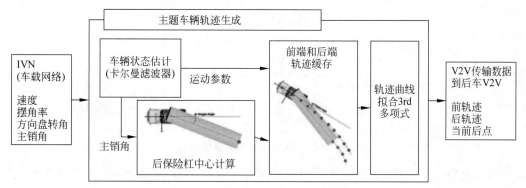

图 13.28 主车驾驶人轨迹生成架构图

如图 13.29 所示是 3DoF 的铰接车辆模型图,模型的所有变量和参数都是根据每辆卡车的局部坐标系定义的,该坐标系的原点位于牵引车的重心,$x$ 轴朝向前方,$y$ 轴朝向左侧。

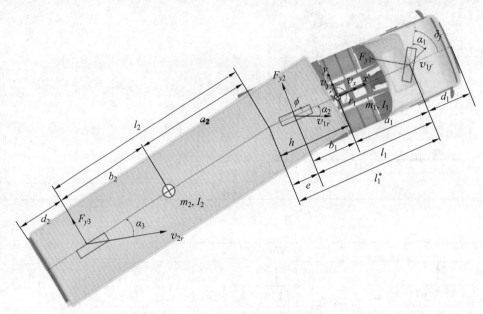

图 13.29　3DoF 的铰接车辆模型图

设计一个卡尔曼滤波器,每 10 ms 估计一次状态,这等于每辆车的 CAN 通信周期。在路径规划算法中,前车必须生成自己的驾驶轨迹,因为该轨迹使后车可以创建其目标路径。该轨迹分别由前后两部分组成,各自保存 300 个样本在缓存中。

如图 13.30 所示是后车横向控制器架构图,后车做路径规划,即计算目标路径,然后输入到路径跟踪控制模块。

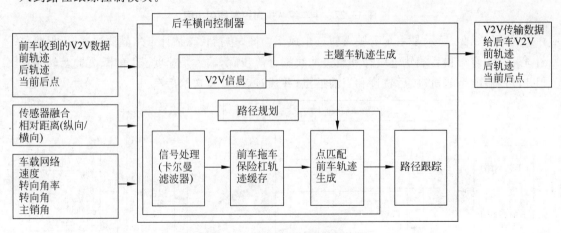

图 13.30　后车横向控制器架构图

假设有同一个场景不同坐标系下表征的两组点集 $P$ 和 $Q$,那么坐标匹配等同于两个数据集 $P$ 和 $Q$ 之间的点匹配。首先,从 $P$ 和 $Q$ 中分别选择一个参考点,这组点必须表示场景中的相同点;然后,根据它们的位置差异,可以找到平移向量,并相应地平移 $Q$ 中的所有点；最后，找到使 $P$ 和 $Q$ 一致的旋转矩阵。

应用上述算法到前车坐标系下和后车坐标系下的两组后轨迹，可实现后车和前车的坐标匹配，其流程如图 13.31 所示。这将用于下面讨论的编队卡车路径规划。

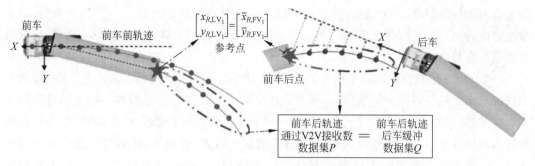

图 13.31　实现后车和前车的坐标匹配流程

如图 13.32 所示是路径规划流程图，首先，前后生成 TF.LV（前车坐标系下的前轨迹）和 TR.LV（前车坐标系下的后轨迹），同时，后车生成 TR.FV（后车坐标系下的后轨迹）；通过 V2V 通信，后车以三阶多项式系数描述的形式接收 TF.LV 和 TR.LV。用 TR.LV 和 TR.FV，后车执行坐标转换，因为它们表示相同的轨迹；坐标转换是为了找到前车和后车之间的平移和旋转关系。

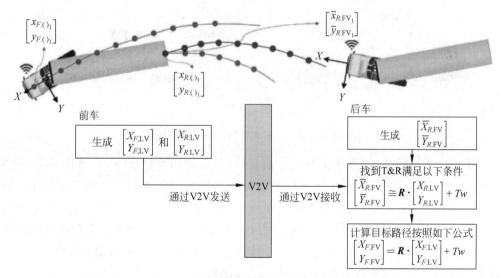

图 13.32　路径规划流程图

**注**：采用 Kabsch 算法，把 V2V 接收的前车轨迹转换到后车坐标系。

参考文献[9]中讨论了 6G 网络下的协同驾驶，这是一种通过信息共享的驾驶模式。第六代蜂窝网络（6G）背景下，网联自动驾驶车（CAV）是一个关键垂直领域，在改善道路安全、道路和能源效率方面具有巨大潜力。然而，CAV 对可靠性、延迟和高速通信的要求将给 6G 网络带来巨大挑战。6G 支持的 CAV 需要新的通道接入算法和智能控制方案，用于网联车辆。

路边单元（RSU）并非所有场景都可用，这里考虑协同驾驶网络的最坏情况，分布式

V2V 通信进行通信。如 DSRC 和 3GPP LTE-V2V 技术规定，车辆以随机方式竞争访问广播信道进行常规数据传输。

射频相对较低的 V2V 通信，所有车辆的数据传输通过随机信道接入。而高频段（例如毫米波和太赫兹频段）6G 通信，则假设车辆只能与紧邻车辆进行通信。不失一般性，以毫米波通信为例。为了区分低频通信和高频通信，分别称它们为**蜂窝 V2V** 和 **6G 通信**，同时具有低频和高频通信的 V2V 网络称为**混合网络**。

一个 6G 支持的协作网联车场景如图 13.33 所示，显示了不同天气条件下支持 6G 的车辆网络示例。在良好的天气条件下，可以为短安全消息和包含传感器数据的大消息分别建立蜂窝 V2V 和 6G 通信信道。然而，如果环境不适合建立 6G 信道，蜂窝 V2V 也可以保持协同驾驶的基本功能。根据蜂窝 V2V 和 6G 通信的特点，蜂窝 V2V 通信发送宽范围的短分组，6G 通信发送近邻的大感测数据分组。如果 6G 通信的连通状态不佳，则需要蜂窝 V2V 通信来传输部分传感器数据。

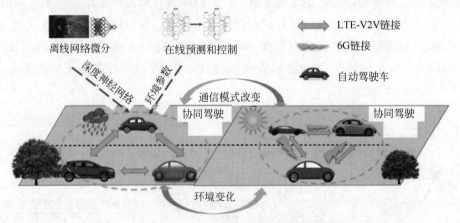

**图 13.33　一个 6G 支持的协同网联车场景**

对于混合车辆网络，每辆车都有一个消息队列，分别用于蜂窝 V2V 通信和 6G 通信。对于相同的通信类型，车辆具有相同的队列容量。蜂窝 V2V 通信的队列长度用 $L$ 表示。只有当距离小于所需阈值时，车辆才能建立 6G 连接，如 mmWave 链路。为了简化性能分析，假设 6G 通信网络的拓扑是一个连通图。6G 通信被假定为一个具有无限缓冲的液体流（fluid-flow）离散时间排队系统。此外，6G 网络中最长的流是一个具有起始节点 $S$、$n-2$ 个全双工中继和一个目的节点 $D$ 的流，其中 $n$ 是车辆数。

为了提高交通安全水平和改善道路试验，需要预测车辆网络的通信性能。通过网络演算（SNC）对 V2V 网络的通信延迟上限进行分析建模，另外开发并训练了一个深度学习神经网络，用于实时操作中延迟边界的快速预测。从 SNC 获得的分析结果用于创建深度学习神经网络的训练样本。

基于延迟上限，网联车的智能车间距离控制策略可以开发出来。这个策略要满足安全、交通效率和能源效率的要求。这里采用深度学习建模，整个策略分成两部分：**安全距离和决策**。此外，一种基于马尔可夫链的算法预测参数，还有一个安全距离映射方法，用于实现平稳的车速变化。

## 13.7 小结

本章讨论的是车联网在自动驾驶的应用,包括智能网联汽车(CAV)、车联网的社交特性及其 AI 元素、边缘计算、车-路协同、协同感知以及协同规划控制等。

## 参考文献

# 第14章 神经渲染技术

彩色图片

  合成照片级逼真的图像和视频是计算机图形学的核心,也是几十年来研究的焦点。传统意义上,场景的合成图像是用渲染算法(如光栅化或光线跟踪)生成的,这些算法将特别定义的几何和材质属性表示作为输入。总体来说,这些输入定义了实际场景和渲染的内容,称为场景表征(场景由一个或多个目标组成)。用可微分渲染的损失函数从观测中重建这样的场景表征被称为逆图形学或逆渲染。

  神经渲染是一个迅速兴起的领域,它可以紧凑地表示场景,通过神经网络从现有的观察中学习渲染。神经渲染的主要思想是将经典(基于物理学的)计算机图形学的见解与深度学习的最新进展相结合。与经典计算机图形学类似,神经渲染的目标是以一种可控的方式生成照片般真实的图像。例如,新视点合成、重打光、场景变形和合成。

  神经渲染这个术语经常被用于两种范式。第一种范式是神经网络被训练为从一些2D输入信号(如语义标签或栅格化的智体几何)直接映射到输出图像,即把神经网络训练为一个渲染引擎;而另外一种范式是一个神经网络代表一个特定场景的形状或外观,并且代表用一个传统的图形"引擎"进行渲染,以分析而不是学习方式去定义。与之前的范式不同,该神经网络并不学习如何渲染,而是学习以3D方式表征一个场景,然后根据图像生成的物理学原理渲染该场景。神经辐射场(NeRF)就是这样的技术之一,其利用体渲染生成场景图像。

  14.1节是原始NeRF理论介绍,14.2节讨论NeRF的加速方法,包括自动积分(AutoInt)方法和Plenoxels模型,而14.3节是讨论动态场景的渲染技术,14.4节分析重打光方法,14.5节介绍NeRF的泛化问题,最后14.6节介绍最新的质量改进方法。

## 14.1  原始 NeRF

  将低维坐标映射到场景的局部属性(如占用率、正负距离场或辐射场),可以表示3D场景。这种隐式表征方法提供了显式表征(如体素、网格和点云)没有的优点:更平滑的几何形状、更少的存储空间、具有高保真度的新视图合成等。因此,隐式表征已用于3D重建、新视图合成、姿态估计、图像生成等。NeRF 就是其中的一个范例。

NeRF 将静态场景表示为一个连续的 5D 函数,该函数输出空间中每个点 $(x,y,z)$ 在每个方向 $(\theta,\varphi)$ 发射的辐射度,以及每个点的密度,其作用类似于一个微分的不透明度,其控制通过 $(x,y,z)$ 的光线累积辐射量。

NeRF 方法从单个 5D 坐标 $(x,y,z,\theta,\varphi)$ 回归单个点的体密度和视角相关的 RGB 颜色,一个基于坐标的深度全连接神经网络(MLP)训练后用于表示此函数。为了从特定视点渲染此 NeRF,需要:①让摄像头光线穿过场景,生成一组采样的 3D 点;②将这些点及其相应的 2D 观察方向作为神经网络的输入,生成颜色和密度的输出集;③用经典的体渲染技术将这些颜色和密度累积得到 2D 图像。

因为这个过程是自然可微的,可以用梯度下降来优化这个模型,即最小化每幅观测图像和场景表征渲染视图之间的误差。在多个视图中最小化此误差,为场景内容指定体密度和颜色,鼓励网络去预测场景的一致模型。

先介绍 NeRF 的场景表征。

将连续场景表征为一个 5D 向量值函数,其输入是 3D 位置 $\boldsymbol{x}=(x,y,z)$ 和 2D 观察方向 $(\theta,\varphi)$,其输出是辐射颜色 $\boldsymbol{c}=(r,g,b)$ 和体密度 $\sigma$。实际上,将方向表示为 3D 笛卡儿单位向量 $\boldsymbol{d}$。用一个 MLP 网络 $F_{\Theta}:(\boldsymbol{x},\boldsymbol{d})\to(\boldsymbol{c},\sigma)$ 近似这个连续的 5D 场景表征并优化其权重 $\Theta$,以输入 5D 坐标映射到体密度和颜色。

要限制网络来预测体密度 $\sigma$(仅作为位置 $\boldsymbol{x}$ 的函数),同时允许 RGB 颜色 $\boldsymbol{c}$(作为位置和观察方向的函数)来预测,从而使表征具有多视图一致性。为了实现这一点,首先 MLP 网络 $F_{\Theta}$ 让输入的 3D 坐标 $\boldsymbol{x}$ 通过 8 个全连接层(激活函数 ReLU,通道数为 256 个),并输出体密度 $\sigma$ 和 256 维特征向量。然后,该特征向量与摄像头光线的观察方向连接在一起,传递到另一个全连接层(激活函数 ReLU,通道数为 128 个),该层输出与视图相关的 RGB 颜色 $\boldsymbol{c}$。

再阐述辐射场的体渲染方法。

5D 神经辐射场将场景表征为空间任意点的体密度和有向发射辐射度。那么可以用经典体渲染的原理,渲染任何穿过场景光线的颜色,即体渲染方程(VRE)。体密度 $\sigma(\boldsymbol{x})$ 可以解释为射线在 $\boldsymbol{x}$ 位置终止于无穷小粒子的差分概率。带近边界和远边界 $t_n$ 和 $t_f$ 的摄像头射线 $\boldsymbol{r}(t)=\boldsymbol{o}+t\boldsymbol{d}$,其预期颜色 $C(\boldsymbol{r})$ 为

$$C(\boldsymbol{r})=\int_{t_n}^{t_f}T(t)\sigma(\boldsymbol{r}(t))c(\boldsymbol{r}(t),d)\mathrm{d}t \tag{14-1}$$

其中

$$T(t)=\exp\left(-\int_{t_n}^{t}\sigma(r(s))\mathrm{d}s\right) \tag{14-2}$$

函数 $T(t)$ 表示沿射线从 $t_n$ 到 $t$ 的累积透射度,即射线从 $t_n$ 到 $t$ 传播而不撞击任何其他粒子的概率。从连续神经辐射场渲染一个视图,需要估计沿一个摄像头光线追溯虚拟摄像头每个像素的积分 $C(\boldsymbol{r})$。

数值积分(quadrature)用来估计这个连续积分。因为 MLP 只能在固定的一组离散位置查询,确定性求积通常用于渲染离散化的体素网格,其限制了表征的分辨率。相反,用分层抽样(stratified sampling)方法,将 $[t_n,t_f]$ 划分为 $N$ 个均匀间隔的格子(bin),然后从每个格子内均匀随机抽取一个样本:

$$t_i \sim \mathcal{U}\left[t_n + \frac{i-1}{N}(t_f - t_n), t_n + (t_f - t_n)\right] \tag{14-3}$$

虽然用一组离散的样本来估计积分,但分层抽样能够表示连续的场景表征,因为这时 MLP 在优化过程中是在连续位置进行评估。采用体渲染的数值积分规则来估计这些样本颜色 $C(\boldsymbol{r})$:

$$\hat{C}(\boldsymbol{r}) = \sum_{i=1}^{N} T_i (1 - \exp(-\sigma_i \delta_i)) \boldsymbol{c}_i \tag{14-4}$$

其中

$$T_i = \exp\left(-\sum_{j=1}^{i-1} \sigma_j \delta_j\right) \tag{14-5}$$

而 $\delta_i = t_{i+1} - t_i$ 是相邻样本的距离。此函数用于从一组 $(\boldsymbol{c}_i, \sigma_i)$ 值计算 $\hat{C}(\boldsymbol{r})$,它是可微函数,可以简化为用 $\alpha_i = 1 - \exp(-\sigma_i \delta_i)$ 为参数的传统 alpha 合成。

如图 14.1 所示是可视化的整个 NeRF 流水线。

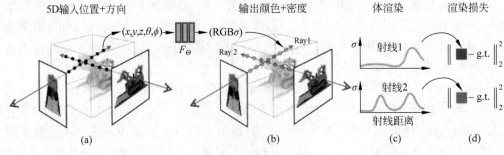

图 14.1　NeRF 流水线

可以看出,与用神经网络学习渲染函数的方法相反,NeRF 更明确地使用了计算机图形学的知识,由于(物理)归纳偏差,这种场景密度和辐射度的 3D 结构化中间表征能够更好地概括新视图。因此,NeRF 在 3D 空间中学习物理有意义的颜色和密度值,物理激发的光线投射和体积分则可以持续渲染到新视图中。

最后讨论如何优化一个 NeRF。

主要采用两项改进来实现高分辨率复杂场景的表征。第一种是输入坐标的位置编码,它有助于 MLP 表示高频函数(一种傅里叶变换特征);第二种是分级采样,它有效地对这种高频表征进行采样。

1) 位置编码

尽管神经网络是通用函数逼近器,但让网络 $F_\Theta$ 直接操作 $xyz\theta\varphi$ 的输入坐标会导致渲染在颜色和几何体表征高频变化方面表现不佳。那么将 $F_\Theta$ 重新定义为两个函数的组合 $F_\Theta = F_\Theta' \circ \gamma$,一个是学习的,一个是未学习的,可以显著提高性能。这里 $\gamma$ 是从 $\mathbf{R}$ 到高维空间 $\mathbf{R}^{2L}$ 的映射,而 $F_\Theta'$ 仍然只是一个正则 MLP。从形式上讲,该编码函数是:

$$\gamma(p) = (\sin(2^0 \pi p), \cos(2^0 \pi p), \cdots, \sin(2^{L-1} \pi p), \cos(2^{L-1} \pi p)) \tag{14-6}$$

函数 $\gamma(\cdot)$ 分别适用于 $\boldsymbol{x}$ 中的 3 个坐标值(归一化为 $[-1,1]$)和笛卡儿观察方向单位向量 $\boldsymbol{d}$ 的 3 个分量(位于 $[-1,1]$)。实验中设置 $\gamma(\boldsymbol{x})$ 的 $L=10$,$\gamma(\boldsymbol{d})$ 的 $L=4$。

在流行的 Transformer 架构中使用了类似的映射,称为位置编码。然而,Transformer

将其用于一个不同的目标,即提供序列中 token 的离散位置,作为不包含任何顺序概念架构的输入。相反,这里使用这些函数将连续输入坐标映射到更高维空间,使 MLP 更容易逼近更高频率的函数。

2) 分级采样(hierarchical volume sampling)

沿每条摄像头光线的 $N$ 个查询点,密集评估 NeRF 网络的渲染策略,其效率是低下的——对渲染图像没有贡献的自由空间和遮挡区域仍会重复采样。故此提出一种分级表示法,按样本对最终渲染的预期效果尺度化,可提高渲染效率。

不只用单个网络来表示场景,其同时优化两个网络:一个粗网络和一个细网络。首先用分层抽样在一组 $N_c$ 位置进行抽样,并评估这些位置的粗网络,如式(14-3)~式(14-5)所述。给定这个粗网络的输出,然后沿着每条射线生成一个更有见识的点采样,其中样本偏向体的相关部分。

为此,首先从粗网络 $\hat{C}_c(\boldsymbol{r})$ 重写 alpha 合成颜色,即沿射线所有采样颜色 $\boldsymbol{c}_i$ 的加权和:

$$\hat{C}_c(\boldsymbol{r}) = \sum_{i=1}^{N_c} w_i \boldsymbol{c}_i, \quad w_i = T_i(1 - \exp(-\sigma_i \delta_i)) \tag{14-7}$$

这里权重归一化为 $\hat{w}_i = w_i / \sum_{j=1}^{N_c} w_j$,得到一个沿射线的分段线性概率分布函数(PDF)。

用逆变换采样从该分布中对第二组的 $N_f$ 位置进行采样,在第一组和第二组采样的并集评估细网络,并通过式(14-4)和式(14-5)用所有 $N_c + N_f$ 样本计算光线 $\hat{C}_f(\boldsymbol{r})$ 的最终渲染颜色。此过程将更多样本分配给希望包含可见内容的区域。这与重要性采样的目标类似,但这里用采样值对整个积分域进行非均匀离散化,而不是将每个样本作为整个积分的独立概率估计。

在具体实现中,为每个场景优化一个单独的神经连续体表征网络。这只需要对一个场景采集 RGB 图像数据集,获得相应的摄像头姿态、内参以及场景边界(在实验中,用真值姿态、内参和合成数据的边界,并用运动恢复结构开源软件 COLMAP 来估计真实数据的参数)。在每次优化迭代中,从数据集中所有像素的集合随机采样一批摄像头光线,然后按照分级采样,从粗网络中查询 $N_c$ 样本,从细网络中查询 $N_c + N_f$ 样本。然后,用体渲染过程来渲染两组样本每条光线的颜色。损失计算只是粗渲染、细渲染和真实像素颜色之间的总平方误差:

$$L = \sum_{r \in R} \left[ \| \hat{C}_c(\boldsymbol{r}) - C(\boldsymbol{r}) \|_2^2 + \| \hat{C}_f(\boldsymbol{r}) - C(\boldsymbol{r}) \|_2^2 \right] \tag{14-8}$$

可以说,NeRF 方法的提出对这个领域的影响在于其惊人的简单:只需一个 MLP 在5D 坐标下输出密度和颜色,加上位置编码和分级采样两个改进。尽管如此,原始 NeRF 留下了许多需要改进的地方。

- 训练和渲染速度都很慢。
- 只能表示静态场景。
- 固定照明。
- 经过训练的 NeRF 表征不会推广到其他场景/目标。

下面讨论针对这些弱项的改进工作。

## 14.2　NeRF 的加速方法

NeRF 要直接计算空间单个点的颜色和密度，而不是查询简单的数据结构，这需要对整个神经网络（数十万次浮点操作）进行评估，其渲染速度非常慢。有一些加速工作基于 MLP 表征的体渲染方法，如 Neural Sparse Voxel Fields。还有方法是在稀疏 3D 网格上缓存 MLP 学习的各种量，这样在训练完成后再进行实时渲染，如 PlenOctrees 和无神经网络的 Plenoxels。加速渲染的另一种方法是训练 MLP 表征本身，有效地预计算沿光线的部分或全部体积分，如 AutoInt。很多新方法采用网格、稀疏网格、树和哈希等经典数据结构，加速渲染速度，实现更快的训练时间，如 Instant Neural Graphics Primitives。

这里以 AutoInt、PlenOctree 和 Plenoxels 为例讨论 NeRF 加速方案。

### 14.2.1　AutoInt

AutoInt 就是在参考文献[10]中提出的自动积分（automatic integration）方法，在基于坐标的神经网络（也称隐式神经表征）中学习有效的闭式积分解。假设用 MLP 作为网络，将其求导得到梯度网络，该梯度网络可以根据想积分的信号进行训练。若将梯度网络参数重新组合到原来的 MLP，则构建了一个神经网络所表征积分信号的不定积分（antiderivative）。根据微积分基本定理，可以在该网络两次估计中计算任何定积分。将此方法应用于神经渲染，在稍微降低图像质量的前提下，渲染时间提高 10 倍以上。

关于自动积分的数学定义如下：基于坐标的网络，即将低维输入坐标映射为低维输出，是一个带有参数 $\theta$ 的神经网络 $F_\theta$。假设这个网络接受一个相对于输入 $\boldsymbol{x}$ 的（次）梯度，用 $G_\theta^i = \partial F_\theta / \partial x_i$ 表示关于坐标 $x_i$ 的导数。然后，根据微积分的基本定理得到：

$$F_\theta(\boldsymbol{x}) = \int \frac{\partial F_\theta}{\partial x_i}(\boldsymbol{x}) \mathrm{d}x_i = \int G_\theta^i(\boldsymbol{x}) \mathrm{d}x_i \tag{14-9}$$

这里将基于坐标的网络 $F_\theta$ 和其微分 $G_\theta^i$ 联系起来，因此 $F_\theta$ 是 $G_\theta^i$ 的不定积分（反导数）。

$G_\theta^i$ 是一个不同的神经网络，在满足(14-9)的同时与 $F_\theta$ 共享参数 $\theta$。现在，不去优化基于坐标的网络 $F_\theta$，而是优化 $G_\theta^i$ 去代表一个目标信号，重组优化参数（即权重和偏差）$\theta$ 形成 $F_\theta$，即代表 $G_\theta^i$ 不定积分的网络，整个过程为不定积分的自动积分。

定义 MLP 或全连接架构的基于坐标网络为

$$F_\theta(\boldsymbol{x}) = W_n(\phi_{n-1} \circ \phi_{n-2} \circ \cdots \phi_0)(\boldsymbol{x}) \tag{14-10}$$

其中，$\phi_k$ 是神经网络的第 $k$ 层，即定义为 $\phi_k(y) = NL_k(W_k k + b_k)$，参数 $\theta = \{W_k, b_k\}$，其中 $NL$ 是非线性函数。

那么这个 MLP 的导数按照链式规则得到：

$$G_\theta^i(x) = \hat{\phi}_{n-1} \circ (\phi_{n-2} \circ \cdots \phi_0)(x) \odot \cdots \odot \hat{\phi}_1(x) \circ \phi_0(x) \odot W_0 e_i \tag{14-11}$$

其中，$\odot$ 表示 Hadamard 积，$\hat{\phi}_k(y) = W_k^T NL'_{k-1}(W_{k-1}y + b_{k-1})$，$e_i$ 是只有第 $i$ 个元素为非零的向量。

可以说,尽管两个网络具有不同的体系结构(节点数量也大不相同),但它们共享相同的参数。将与 $F_\theta$ 相关联的网络称为积分网络,将与 $G_\theta^i$ 相关的神经网络称为梯度网络。

为了在 AutoInt 框架中计算函数 $f$ 的反导数和定积分,首先为积分网络 $F_\theta$ 选择 MLP 体系结构的细节(层数、特征数、非线性类型)。然后根据 AutoDiff 从该积分网络中实例化梯度网络 $G_\theta^i$。在实践中,采用一个定制的 AutoDiff 框架,记录该积分网络并显式实例化相应的梯度网络,同时维护共享参数。

AutoInt 的实现依赖于计算图的评估,其中依赖关系用有向无环图(DAG)建模。利用这种基于图的表征,创建一个自动流水线从积分网络实例化梯度网络,并且提供一个在训练期间评估梯度网络的有效程序。

DAG 图中的大多数节点表示计算运算符,有两种叶节点:可以求导的输入节点和常量输入节点。有向边表示节点之间的依赖关系并指向依赖项(即要先计算的其他节点)。因此,零级节点(in-degree zero)是计算图的最终结果。

为了实例化一个梯度网络,AutoInt 对该积分网络的 DAG 执行自动微分。每个节点都按拓扑顺序调用,并提供其自身导数。该递归调用链构建了该梯度网络的计算图。

该梯度网络建立后,可以用其节点的一个逆拓扑顺序进行评估:从叶开始,把计算追溯到根。请注意,此过程与反向传播(BP)不同,后者存储前向传递的中间结果,是为了评估与反向传递关联的图。

如图 14.2 所示是 AutoInt 实现的可视化,其中箭头从一个节点指向其每个依赖项,指示应该首先计算哪个节点。在 AutoInt 中,如果梯度网络是一个与积分网络分离的实体,则正向传递的中间结果无法获得。然而,通过重复使用网络分支(leg)的计算,梯度网络仍然可以有效地计算,因为这些节点共享权重并执行相同的计算。

梯度网络具有树状结构,并计算积分网络对其输入之一的偏导数。梯度网络"分支"内的节点出现多次,因此这些计算可以通过在前向传递期间重复使用来提高性能。其实现的途径是在拓扑顺序中相同级节点之间保存字典顺序。

该字典顺序由积分网络的微分过程中所创建节点的顺序定义,最后创建的节点在顺序中第一个出现。因此,在正向模式下,梯度网络的评估要调用该词典拓扑顺序的每个节点。节点以累积方式保存其计算;在计算网络的分支时,最后的结果会被保留下来,以便在其他分支中重用。

训练梯度网络权值采用 BP 算法。在梯度网络评估期间,保存 BP 算法反向传递的计算结果,然后用 Adam(SGD 的变形)更新梯度网络的权重。

一旦实例化,梯度网络的参数将使用传统的 AutoDiff 和优化工具进行优化,适应感兴趣的信号。具体来说,优化损失函数如下:

$$\theta^* = \mathrm{argmin}_\theta \, \mathcal{L}(G_\theta^i, f(x)) \tag{14-12}$$

其中,$\mathcal{L}$ 是惩罚积分目标信号 $f(x)$ 和基于坐标网络 $G_\theta^i$ 输出之间差异的成本函数。

一旦训练,梯度网络会近似信号,即 $G_{\theta^*}^i \approx f(x), \forall x$。因此 $f(x)$ 的不定积分的计算如下:

$$\int f(x)\mathrm{d}x_i \approx \int G_{\theta^*}^i(x)\mathrm{d}x_i = F_{\theta^*}(x) \tag{14-13}$$

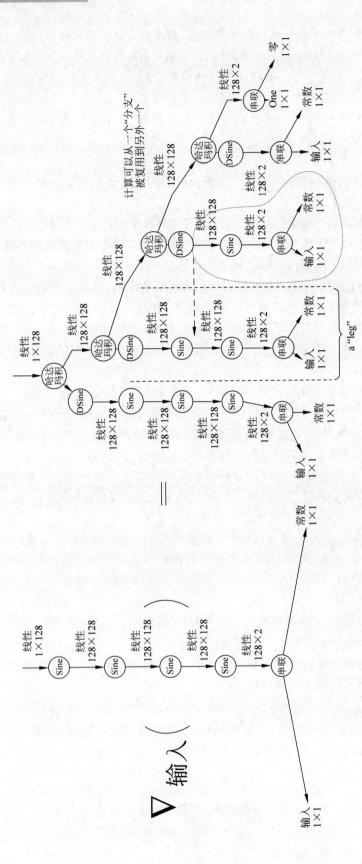

图 14.2  AutoInt 实现的可视化

然后,根据 Newton-Leibniz 公式,信号 $f(x)$ 的任何定积分可以用 $F_\theta$ 的两次评估计算:

$$\int_a^b f(x)\mathrm{d}x_i = F_{\boldsymbol{\theta}}(b) - F_{\boldsymbol{\theta}}(a) \tag{14-14}$$

自动积分能够用导数的闭式解有效地计算定积分。然而,无法用 AutoInt 直接评估体渲染方程,因为它包含多个嵌套积分,如沿射线的辐射积分、被累积透射度积分加权。因此,选择在分段中近似该积分,每个分段都可以用 AutoInt 有效进行计算。对于沿射线的 $N$ 个分段截面,给出近似的 VRE 和透射度如下:

$$\widetilde{C}(\boldsymbol{r}) = \sum_{i=1}^N \bar{\sigma}_l \bar{\boldsymbol{c}}_l \overline{T}_l \delta_l, \quad \overline{T}_l = \exp\left(-\sum_{j=1}^{i-1} \bar{\sigma}_j \delta_j\right) \tag{14-15}$$

其中

$$\bar{\sigma}_l = \delta_i^{-1} \int_{t_{i-1}}^{t_i} \sigma(t)\mathrm{d}t, \quad \bar{c}_l = \delta_i^{-1} \int_{t_{i-1}}^{t_i} \boldsymbol{c}(t)\mathrm{d}t \tag{14-16}$$

式(14-15)可以看作重复的 alpha 合成操作,其中 alpha 值即 $\bar{\sigma}_j \delta_j$。简化后,可得到如下分段 VRE:

$$\widetilde{C}(\boldsymbol{r}) = \sum_{i=1}^N \delta_i^{-1} \int_{t_{i-1}}^{t_i} \sigma(t)\mathrm{d}t \int_{t_{i-1}}^{t_i} \boldsymbol{c}(t)\mathrm{d}t \prod_{j=1}^{i-1} \exp\left(-\int_{t_{j-1}}^{t_j} \sigma(s)\mathrm{d}s\right) \tag{14-17}$$

虽然该分段表达式只是对整个 VRE 的近似,但能够用 AutoInt 有效地计算每个分段吸收和辐射的积分。在实践中,随着 $N$ 的减小,在提高计算效率和降低近似精度之间进行折中。

随后,分层采样也对应地修正,把间隔 $\delta_i$ 分成 $M$ 个格子,计算样本如下:

$$t_{i,j} \sim \mathcal{U}\left(t_{i-1} + \frac{j-1}{M}\delta_i, t_{i-1} + \frac{j}{M}\delta_i\right) \tag{14-18}$$

## 14.2.2　PlenOctree

PlenOctree 是一种高效的数据结构,能够在场景中再现非朗伯(non-Lambertian)效应。具体来说,它是一棵八叉树,在树叶处存储球谐(SH)系数、编码视角相关的辐射度。

为了更直接地把 NeRF 转换为 PlenOctree,NeRF-SH 作为 NeRF 网络的一个变形,直接输出 SH 系数,消除给网络输入视角方向的需要。有了这种改变,可以在统一网格上进行模型评估,然后进行阈值化。

NeRF-SH 训练和转换成 PlenOctree 的过程如图 14.3 所示。

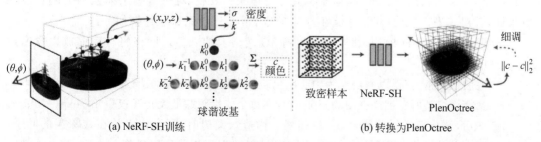

图 14.3　NeRF-SH 训练和转换为 PlenOctree 的过程

NeRF-SH 模型采用与 NeRF 相同的优化程序和体渲染方法。然而,该网络不是直接预测 RGB 颜色 $c$，而是预测球谐波系数 $k$。颜色 $c$ 是通过对相应光线方向$(\theta,\varphi)$的加权球谐波基求和计算得出的。球谐波系数的表征能够建模视图相关外观。为构建 PlenOctree，在目标对象（target object）周围的体中密集采样 NeRF-SH 模型，并将密度和 SH 系数制成表格，之后可以直接用训练图像进一步优化 PlenOctree，提高其质量。

SH 已经成为球面函数的一种流行的低维表征，并已用于建模 Lambertian 曲面甚至光滑曲面。具体来说，调整 NeRF 网络 $f$ 去输出球谐系数 $k$，而不是 RGB 值。

$$f(x)=(k,\sigma),\quad \text{其中 } k=(k_l^m)_{l:\,0\leqslant l\leqslant l_{\max}}^{m:\,-l\leqslant m\leqslant l} \tag{14-19}$$

每个 $k_l^m$ 是一组对应 RGB 颜色的 3-参数。这样的设置中位置 $x$ 的视角颜色 $c$ 可以通过查询在期望视角 $d$ 的 SH 函数来确定：

$$c(d\,;\,k)=S\Big(\sum_{l=0}^{l_{\max}}\sum_{m=-l}^{l}k_l^m Y_l^m(d)\Big) \tag{14-20}$$

其中，$S:x\to(1+\exp(-x))^{-1}$ 是归一化颜色的 sigmoid 函数。

在没有任何正则化的情况下，该模型可以在未观察过的区域自由生成任意几何体。虽然这不会直接恶化图像质量，但会对转换过程产生不利影响，因为额外的几何体占用了大量的体素空间。

为了解决这个问题，在 NeRF 训练期间引入一个额外的稀疏先验知识（sparsity prior）。直觉上，当空白和纯色都是可能的解决方案时，这一先验知识鼓励 NeRF 选择空白空间。正式地讲

$$\mathcal{L}_{\text{sparsity}}=\frac{1}{K}\sum_{k=1}^{K}|\,(1-\exp(-\lambda\sigma_k)\,)| \tag{14-21}$$

其中，$\{\sigma_k\}_{k=1}^K$ 是边框内 $K$ 个均匀随机点估计的密度值，而 $\lambda$ 是一个超参。

训练的 NeRF-SH 模型可以转换为稀疏八叉树表征进行实时渲染。PlenOctree 存储密度和 SH 系数，模拟每个叶子的视角相关外观。

为了渲染 PlenOctree，对于每条光线首先确定八叉树结构中的光线-体素交点。这会在体素边界之间产生一系列长度为$\{\delta_i\}_{i=1}^N$、密度和颜色恒定的分段。然后应用 NeRF 的体渲染模型为光线指定颜色。这种方法允许一步跳过大体素，同时也不会错过小体素。

在测试时，在光线累积透射度 $T_i$ 小于 $\gamma=0.01$ 时应用提前停止（early stop），可进一步加快此渲染过程。

NeRF-SH 到 PlenOctree 的转换过程可分为三个步骤：首先，在较高层次上，在网格上评估网络，只保留密度值；然后，通过阈值过滤体素；最后，对每个剩余体素内的随机点进行采样，并对其进行平均，获得存储在八叉树叶子中的 SH 系数。详情如下：

- 评估 NeRF-SH 模型，获得均匀间隔 3D 网格上的 $\sigma$ 值。网格将自动缩放以紧密适应场景内容。
- 滤波该网格，获得以网格点为中心的稀疏体素集，其足以表示场景。具体来说，用此体素栅格渲染所有训练视图的 alpha 图，在每个体素跟踪最大光线权重 $1-\exp(-\sigma_i\delta_i)$。然后，消除权重低于阈值 $\tau_w$ 的体素。构造八叉树时，剩余体素放在最深层的叶子，而在其他地方是空的。与在每个点通过以 $\sigma$ 为阈值划分的简单方法比，该方法消除了不可见的体素。
- 对每个剩余体素中的 256 个随机点进行采样，并将八叉树的相关叶子设置为这些值

的均值,以减少混叠。现在,每个叶子包含每个 RGB 颜色通道的密度 $\sigma$ 和球谐系数向量。

由于此体渲染过程对这些树值是完全可微分的,因此可以用 SGD 的 NeRF 损失函数直接微调原始训练图像生成的八叉树,提高图像质量。注:树结构从 NeRF 获得。

### 14.2.3　Plenoxel

Plenoxel(plenoptic voxel)模型扩展了 PlenOctree,用球谐波对稀疏体素表征进行端到端优化,提供了更快的训练速度(与 NeRF 相比,速度提高了两个数量级)。Plenoxel 模型是 PlenOctree 的推广,支持任意分辨率(不需要一定是二次方)的稀疏 plenoptic voxel 网格,并具有三线性插值的能力,这种稀疏体素结构更容易实现。

如图 14.4 所示是 Plenoxel 模型的概览。给定一组目标或场景的图像,用每个体素的密度和球谐系数重建稀疏体素(Plenoxel)网格;为了渲染光线,通过相邻体素系数的三线性插值计算每个采样点的颜色和不透明度;如 NeRF 一样,用可微分体渲染来整合这些样本的颜色和不透明度;用相对于训练图像的标准 MSE 重建损失以及总变分(TV)正则化器优化体素系数。

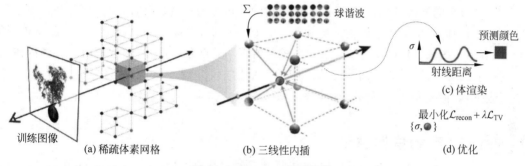

图 14.4　Plenoxel 模型概览

与 PlenOctree 类似,几何模型采用稀疏体素网格。然而,为了易于实现三线性插值,Plenoxel 不用八叉树作为数据结构。相反,将一个带指针的密集 3D 索引数组存储到一个单独的数组中,只包含已占用体素的值。像 PlenOctree 一样,每个占用的体素存储每条颜色通道的标量不透明度 $\sigma$ 和球谐系数向量。

球谐波形成了球面上定义函数的正交基,低阶谐波编码的是平滑(更 Lambertian)颜色变化,高阶谐波编码的是更高频率(更镜面反射)的效果。样本 $c_i$ 的颜色值是每条颜色通道这些谐波基函数之和,由相应的优化系数加权,并在适当的观察方向进行评估。这里采用二阶球谐波,其需要每条颜色通道包含 9 个系数,每个体素共 27 个球谐波系数。用二阶球谐波的原因是 PlenOctree 发现高阶谐波带来的益处是最小的。

PlenOctree 假设不透明度和球谐波系数在每个体素内保持不变。而 Plenoxel 网格用三线性插值来定义整体的连续 plenoptic 函数。沿着每条光线的每个采样点,不透明度和颜色的计算是对存储在 8 个体素邻域的不透明度和谐波系数进行三线性插值。

Plenoxel 采用从粗到精的策略实现高分辨率,该策略从低分辨率的密集网格开始,优化、删减不必要的体素,在每个维度将每个体素分成两半,可细化剩余的体素并继续优化。

在每个体素细分步骤之后,用三线性插值来初始化栅格值。体素修剪还是采用前面 PlenOctree 提到的方法。另外,还有一个膨胀(dilation)操作,即只有体素本身及其相邻体素都被认为未被占用,才对其进行修剪。

最后,通过总变分(TV)正则化,针对渲染像素颜色的均方差(MSE)优化体素不透明度和球谐波系数。具体来说,基本损失函数是

$$\mathcal{L} = \mathcal{L}_{\text{recon}} + \lambda_{\text{TV}} \, \mathcal{L}_{\text{TV}} \tag{14-22}$$

其中,MSE 重建损失和 TV 正则化器计算如下:

$$\mathcal{L}_{\text{recon}} = \frac{1}{|\mathcal{R}|} \sum_{r \in \mathcal{R}} \| C(r) - \hat{C}(r) \|_2^2 \tag{14-23}$$

$$\mathcal{L}_{\text{TV}} = \frac{1}{|\mathcal{V}|} \sum_{\substack{\boldsymbol{v} \in \mathcal{V} \\ \boldsymbol{d} \in D}} \sqrt{\Delta_x^2(\boldsymbol{v}, h) + \Delta_y^2(\boldsymbol{v}, h) + \Delta_z^2(\boldsymbol{v}, h)} \tag{14-24}$$

其中,$\Delta_x^2(\boldsymbol{v}, h)$ 代表体素 $(i, j, k)$ 和 $(i+1, j, k)$ 之间被分辨率归一化的第 $h$ 个值平方差,$\Delta_y^2(\boldsymbol{v}, h)$ 和 $\Delta_z^2(\boldsymbol{v}, h)$ 同理。

可见 Plenoxel 不需神经网络的权重来提取特征,不同场景之间保持特征的一致性,便于快速渲染和迁移。

经过微小的修改,Plenoxel 可扩展到真实的无边界场景,包括前向和 360°环视。对于前向场景,用相同的稀疏体素网格结构和归一化设备坐标,如原 NeRF 所定义。对于 360° 场景,用多球体图像(MSI)背景模型来增强稀疏体素网格前景表征,同时还采用学习到的体素颜色和不透明度,以及球体内和球体之间的三线性插值。注:这里正则化器会进行适当调整来适应,如稀疏先验知识和前景-背景分割等。

## 14.3　动态场景的渲染

原 NeRF 用于表示静态场景和目标,但之后已经有一些方法可以处理动态变化的内容。这些方法可以被分类为两种:一是时变表征方法,将动态变化场景的新视点合成为未经修改的回放(例如,产生"子弹-时间"放慢效应);二是控制变形状态的技术,对内容进行新视点合成和编辑。

变形的 NeRF 可以隐式或显式实现,隐式地在变形上调节辐射场,显式地用单独的变形 MLP 去扭曲(warp)空间,回归从变形空间到静态规范空间的偏移。

时变 NeRF 表征允许播放具有新视点的视频。由于放弃状态控制,这些方法不依赖于特定的运动模型,因此可以处理一般目标和场景。

而另一类方法为了控制 NeRF 的变形状态,使用特定类别的运动模型作为变形状态的基本表征(例如,人脸的变形模型或人体的骨骼变形图)。

下面以 NR-NeRF 为例介绍动态场景的 NeRF 技术扩展。

在 NeRF 框架中建模变形的一种简单方法是在变形中调节体(例如,在时域或一个变形潜代码中调节)。但是除了不提供硬对应之外,这种简单的方法只在重建输入摄像头路径时产生满意的结果,但在新视图合成中结果就很差。

**非刚体神经辐射场(NR-NeRF)**是一种用于一般非刚体动态场景重建和新视图合成的

方法。其输入动态场景的 RGB 图像(如单目视频),创建高质量的时空几何和外观表征。NR-NeRF 将动态场景分解为规范体及其变形。场景变形实现为**光线弯曲(ray bending)**网络,其中直线光线进行非刚性变形。

另外 NR-NeRF 还提出一种**刚性网络(rigidity network)**,更好地约束场景的刚性区域,从而获得更稳定的结果。在没有明确监督的情况下可训练光线弯曲网络和刚性网络。如图 14.5 所示是 NR-NeRF 概览图,用与变形相关的光线弯曲网络 $b'$ 和与变形无关的刚性网络 $\omega$ 将变形体中的直线光线 $\bar{r}$ 弯曲为一个单静态规范 NeRF 体 $v$。

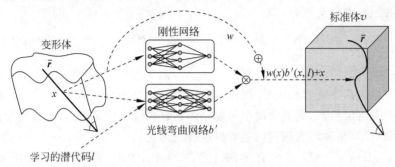

图 14.5　NR-NeRF 概览图

简单讲,NR-NeRF 方法将一组 $N$ 个 RGB 图像 $\{\hat{c}_l\}_{i=0}^{N-1}$ 及其内外 $\{R_i,t_i\}$ 和 $\{K_i\}$ 作为非刚性场景的输入。然后 NF-NeRF 找到一个单一的规范神经辐射体,可以通过光线弯曲变形来正确渲染每个 $\{\hat{c}_l\}$。具体来说,从权重 $\theta$ 参数化的静态规范体 $v$ 收集外观和几何信息。把摄像头发出的直射光线弯曲来模拟变形,获得 $v$ 的变形渲染。

这种光线弯曲被实现为一种具有权重 $\psi$ 的光线弯曲 MLP 网络 $b$。以当前变形为条件,将 3D 点(例如,从直射光线中采样)映射到 $v$ 的 3D 位置。对每幅图像 $i$ 来说,该变形条件以自动解码潜代码 $\{l_i\}$ 的形式出现。

具体来说,将光线弯曲实现为光线弯曲网络 $b(x, l_i)$。对于点 $x$,例如位于直线上的点,网络在 $l_i$ 表示的变形下回归偏移。然后将偏移量添加到 $x$ 弯曲光线。最后,将新弯曲射线点传递给规范体,即 $(c, o) = v(x + b(x, l_i))$。请注意,$v$ 不以 $l_i$ 为条件,这导致变形($b$ 和 $l_i$)与几何外观($v$)分离。将直线射线 $\bar{r}$ 的弯曲版本表示为 $\tilde{r}_{l_i}(j) = \bar{r}(j) + b(\bar{r}(j), l_i)$。

然而,场景的刚性部分没有受到该公式的充分约束。重新计算 $b(x, l_i)$ 为一个原始偏移量 $b'(x, l_i)$ 和一个刚性掩码 $\omega(x) \in [0,1]$ 的乘积,即 $b(x, l_i) = \omega(x)b'(x, l_i)$。对于刚性目标,希望防止变形,因此 $\omega(x) = 0$;而对于非刚性目标,$\omega(x) > 0$。这样 $b'$ 更容易关注场景中随时间变化的非刚性部分,因为刚性部分可能被联合训练的刚性网络 $\omega$ 遮蔽。

由于刚性网络不受潜代码 $l_i$ 的制约,它被迫在时域共享场景区域刚性的知识,这也确保了部分刚性背景即使在某些时间可以不存在,仍然可以在所有时间内被重建,不会发生任何变形。

下面将 NeRF 的损失修正为非刚体设置:

$$L_{\text{data}} = \| c_c(\tilde{C}) - \hat{c}(r) \|_2^2 + \| c_f(\tilde{C} \cup \tilde{F}) - \hat{c}(r) \|_2^2 \tag{14-25}$$

其中,均匀采样点设为 $j \in [j_n, j_f]$,给定潜代码 $l$,所弯曲的粗光线点 $\tilde{C} = \{\tilde{r}_l(j)\}_{j \in C}$,弯曲的细光线点 $\tilde{F} = \{\tilde{r}_l(j)\}_{j \in F}$,$\hat{c}(r)$ 是像素真值颜色,$c(S)$ 是在离散光线点集合 $S$ 估计的光

线颜色。

此外,用一个透射度损失来正则化偏移。由于希望视觉上未占用空间(即空气)是可压缩的,而且不会阻碍优化,因此用不透明度来加权每个点的损失。但是,这仍然会对光线中的完全遮挡点应用高权重,会在渲染新视图时导致伪影。因此通过透射度来加权:

$$L_{\text{naive offsets}} = \frac{1}{|C|} \sum_{j \in C} \alpha_j \cdot \| \boldsymbol{b}(\bar{\boldsymbol{r}}(j), \boldsymbol{l}) \|_2^{2 - \omega(\bar{r}(j))} \tag{14-26}$$

其中,每个点加权是透射度和占用一起 $\alpha_j = V(j) \cdot o(\bar{r}(j))$。而实际上损失分别用于回归的刚性掩码和原始偏移会更好,即

$$L_{\text{offsets}} = \frac{1}{|C|} \sum_{j \in C} \alpha_j \cdot (\| \boldsymbol{b}'(\bar{\boldsymbol{r}}(j), \boldsymbol{l}) \|_2^{2 - \omega(\bar{r}(j))} + \omega_{\text{rigidity}} \omega(\bar{r}(j))) \tag{14-27}$$

其中,惩罚 $\boldsymbol{b}'$ 而不是 $\boldsymbol{b}$。

由于偏移损失仅限制可见区域,因此引入隐藏区域的额外正则化。受计算机图形学的局部等距形状保持的启发,例如曲面尽可能刚体的正则化或体保持,寻求保持变形后的局部形状。为此,建议对偏移场发散度的绝对值进行正则化。

采用 Helmholtz 分解,任何有界域上两次可微的 3D 向量场可以分解为无旋转(rotation-free)向量场和无发散度(divrgent-free)向量场之和。因此,通过惩罚发散度,可鼓励向量场主要由平移和旋转组成,从而有效地保持体。发散度损失定义为

$$L_{\text{divergence}} = \frac{1}{|C|} \sum_{j \in C} \omega'_j \cdot | \operatorname{div}(\boldsymbol{b}(\bar{\boldsymbol{r}}(j), \boldsymbol{l})) |^2 \tag{14-28}$$

其中

$$\operatorname{div}(\boldsymbol{b}(x)) = \operatorname{Tr}\left( \frac{\mathrm{d}\boldsymbol{b}(x)}{\mathrm{d}x} \right) = \frac{\partial \boldsymbol{b}(x)_x}{\partial x} + \frac{\partial \boldsymbol{b}(x)_y}{\partial y} + \frac{\partial \boldsymbol{b}(x)_z}{\partial z} \tag{14-29}$$

其中,$\boldsymbol{b}(x)_k$ 是 $\boldsymbol{b}(\boldsymbol{x})$ 的第 $k$ 个组件,而 $\dfrac{\mathrm{d}\boldsymbol{b}(x)}{\mathrm{d}x}$ 是 $3 \times 3$ Jacobian 矩阵。而 $\operatorname{Tr}(\cdot)$ 的计算按照 Hutchinson 公式如下:

$$\operatorname{Tr}(\boldsymbol{A}) = \mathbb{E}_e[\boldsymbol{e}^{\mathrm{T}} \boldsymbol{A} \boldsymbol{e}] \tag{14-30}$$

其中,$e$ 是高斯分布。

## 14.4　NeRF 重打光技术

一般 NeRF 应用基于简化的吸收-发射体渲染模型,其中场景被建模为阻挡光和发射光的粒子体。虽然该模型足以从新视点渲染场景的图像,但它不能在不同的光照条件下渲染场景的图像。启用重打光(relighting)需要场景表征,其模拟光在体中的透射,包括具有各种材质属性的粒子对光的散射。

以下以神经反射场(neural reflectance field)为例介绍在 NeRF 如何重打光。

神经反射场是一种深度的场景表征,用全连接的神经网络对场景中任何 3D 点的体密度、法线和反射特性进行编码。此表征与基于物理的可微分**光线行进(ray-marching)**框架相结合,后者可以在任何视点和光线下从 NeRF 渲染图像。从简单的摄像头-灯光联用设置拍摄图像,并估计神经反射场,并用复杂的几何和反射精确地建模真实场景的外观。一旦估

计后,可以用于在新视点和(非联用)照明条件下渲染照片级真实感图像,并精确再现镜面反射、阴影和遮挡等具有挑战性的效果。

先从反射场开始讨论。总体来说,非发射非吸收体的物理体渲染是体渲染方程(VRE)决定的,这里为方便重写 VRE 如下,即计算点 $c$ 和方向 $\boldsymbol{\omega}_o$ 的辐射 $L(\boldsymbol{c},\boldsymbol{\omega}_o)$:

$$L(\boldsymbol{c},\boldsymbol{\omega}_o) = \int_0^\infty \tau_c(\boldsymbol{x})\sigma(\boldsymbol{x})L_s(\boldsymbol{x},\boldsymbol{\omega}_o)\mathrm{d}t \tag{14-31}$$

其中

$$\tau_c(\boldsymbol{x}) = \mathrm{e}^{-\int_0^t \sigma(\boldsymbol{c}-u\boldsymbol{\omega}_o)\mathrm{d}u} \tag{14-32}$$

这里,$t$ 代表体中沿一条光线跟踪的 1D 位置,$\boldsymbol{x} = \boldsymbol{c}-t\boldsymbol{\omega}_o$ 代表 $t$ 的 3D 位置,点 $c$ 典型地代表摄像头位置。$\sigma$ 是消光系数,表示介质颗粒的概率密度,即体密度。$\tau_c(\boldsymbol{x})$ 表示透射系数,它决定了光线从 $c$ 到 $x$ 的损失。而 $L_s(\boldsymbol{x},\boldsymbol{\omega}_o)$ 代表沿 $\boldsymbol{\omega}_o$ 方向在 $x$ 处的散射光如下:

$$L_s(\boldsymbol{x},\boldsymbol{\omega}_o) = \int_S f_p(\boldsymbol{x},\boldsymbol{\omega}_o,\boldsymbol{\omega}_i)L_i(\boldsymbol{x},\boldsymbol{\omega}_i)\mathrm{d}\omega_i \tag{14-33}$$

其中,$S$ 是单位球,$s$ 表示散射,$f_p$ 是决定光散射的相位函数,而 $L_i(\boldsymbol{x},\boldsymbol{\omega}_i)$ 是从方向 $\boldsymbol{\omega}_i$ 到达位置 $x$ 的入射辐射量。

这里用单点光源下的单反射直接照明近似 $L_s$,计算如下:

$$L_s(\boldsymbol{x},\boldsymbol{\omega}_o) = f_r(\boldsymbol{x},\boldsymbol{\omega}_o,\boldsymbol{\omega}_i,\boldsymbol{n}(\boldsymbol{x}),\boldsymbol{R}(\boldsymbol{x}))L_i(\boldsymbol{x},\boldsymbol{\omega}_i) \tag{14-34}$$

其中,$f_r$ 表示具有参数 $\boldsymbol{R}$ 的可微分反射模型,$n$ 表示局部表面着色法线。仅当考虑点光源直接照明时,$L_i$ 由光源强度和横穿体消光损失决定:

$$L_i(\boldsymbol{x},\boldsymbol{\omega}_i) = \tau_l(\boldsymbol{x})L_l(\boldsymbol{x}) \tag{14-35}$$

其中,$\tau_l$ 是从光到着色点的透光度;$L_l$ 代表考虑距离衰减的光强度;$l$ 是点光源的位置;$\boldsymbol{\omega}_i$ 是向量 $l-x$ 的方向。

最后,一个反射感知的体渲染方程(VRE)变成如下形式:

$$L(\boldsymbol{c},\boldsymbol{\omega}_o) = \int \tau_c(\boldsymbol{x})\tau_l(\boldsymbol{x})\sigma(t)f_r(\boldsymbol{x},\boldsymbol{\omega}_o,\boldsymbol{\omega}_i,\boldsymbol{n}(\boldsymbol{x}),\boldsymbol{R}(\boldsymbol{x}))L_i(\boldsymbol{x})\mathrm{d}t \tag{14-36}$$

该 VRE 方程考虑了光传输中完整的单反射摄像头-体-光的路径。与之前仅考虑着色点和摄像头之间的视图透射或不透明度的工作不同,它明确表示了从点到光的透射($\tau_l$),这允许在不同点光源下渲染逼真的阴影。本质上,没有像以前的视角合成工作一样建模场景辐射 $L_s$,它解耦嵌入在 $L_s$ 的多个因子($\tau_l$, $f_r$, $L_l$),并在 $f_r$ 中显式建模场景反射参数,从而允许用于视图合成和重打光的反射感知体渲染,其具有真实的着色和阴影效果。

再说光线行进框架。该方法可以对式(14-36)中的连续积分进行数值估计,类似于之前在体渲染中所采用的思路。具体来说,光线行进从摄像头中心穿过图像平面的每个像素,并在每条光线上采样一个包括 $N$ 个着色点 $x_j$ 的序列。这个渲染方程计算如下:

$$L(\boldsymbol{c},\boldsymbol{\omega}_o) = \sum_{j=0}^N \tau_c(\boldsymbol{x}_j)\tau_l(\boldsymbol{x}_j)(1-\exp(-\sigma(\boldsymbol{x}_j)\Delta t_j))f_r(\boldsymbol{x}_j))L_l(\boldsymbol{x}_j) \tag{14-37}$$

其中,$\Delta t_j$ 代表在 $x_j$ 点的光线步长,这里忽略 $f_r$ 的其他参数($\boldsymbol{\omega}_o$, $\boldsymbol{\omega}_i$, $\boldsymbol{n}$, $\boldsymbol{R}$)等。$\tau_c(\boldsymbol{x}_j)$ 是式(14-2)的一个积分,可数值估计如下:

$$\tau_c(\boldsymbol{x}_j) = \exp(-\sum_{k=0}^j \sigma(\boldsymbol{x}_k)\Delta t_k) \tag{14-38}$$

透射度 $\tau_l(\boldsymbol{x}_j)$ 可以同样估计,但需要采用另外一个从光源到着色点 $\boldsymbol{x}_j$ 的附加光线采样出一组序列点 $\boldsymbol{x}'_p$:

$$\tau_l(\boldsymbol{x}_j) = \exp\left(-\sum_p \sigma(\boldsymbol{x}'_p)\Delta' t_p\right) \tag{14-39}$$

式(14-37)~式(14-39)表示反射-觉察光线行进框架。给定摄影机 $\boldsymbol{c}$ 和点光源 $\boldsymbol{l}$,该框架将根据场景中各点的体密度 $\sigma$、法线 $\boldsymbol{n}$ 和反射特性 $\boldsymbol{R}$ 计算穿过场景的任何行进光线的辐射度。

此外,该光线行进框架支持任何可微分的反射模型 $f_r$。基于 $f_r$ 的经典分析 BRDF,该模型用漫反射系数(albedo)和镜面粗糙度对不透明表面反射进行建模。

下面介绍用神经网络回归这些必要的渲染特性。如图 14.6 所示是神经反射场和光线行进框架的概览,光线穿过每台摄像头的像素,并对光线上的一系列着色点进行采样。点光源下的光线辐射由体密度 $\sigma$、法线 $\boldsymbol{n}$ 和反射特性 $\boldsymbol{R}$ 通过可微分光线行进方程计算得出。在每个点 $\boldsymbol{x}_j$,用指定的反射模型 $f_r$,根据法线 $\boldsymbol{n}(\boldsymbol{x}_j)$、反射特性 $\boldsymbol{R}(\boldsymbol{x}_j)$ 和对应的光和视角方向($\boldsymbol{\omega}_i$ 和 $\boldsymbol{\omega}_o$)计算着色。体密度 $\sigma(\boldsymbol{x}_j)$ 如同不透明度($\alpha = 1 - \exp(-\sigma\Delta t)$)一样减弱着色;它还用于计算沿摄像头光线的视点透射 $\tau_c$,以及沿朝向光的附加光线透射度 $\tau_l$。这里用一个由 MLP 表示的神经反射场,为了光线行进,从 3D 位置 $\boldsymbol{x}_j = (x, y, z)$ 回归所需的渲染特性($\sigma, \boldsymbol{n}, \boldsymbol{R}$)。

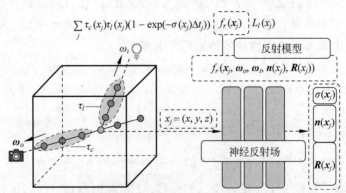

图 14.6　神经反射场和光线行进框架的概览

给定一个有 $m$ 个参数的反射模型 $f_r$,神经反射场在场景中任意 3D 位置 $\boldsymbol{x}$ 输出一个 $(4+m)$ 维向量,该向量包含体积密度 $\sigma$(1D)、法线 $\boldsymbol{n}$(3D)和反射特性 $\boldsymbol{R}$($m$D)。实际上,采用微面 BRDF 模型,其中 $\boldsymbol{R}$ 包括漫反射系数和镜面粗糙度,但也使用一个毛发反射模型作为扩展。神经反射场的参数化采用一个有 14 个全连接层和 ReLU 激活层的 MLP。

给定 3D 位置 $\boldsymbol{x}$,应用基于频率的位置编码。特别是,已知 3D 点 $\boldsymbol{x}$ 的每个维度,将标量值 $v$ 映射为

$$\gamma(v) = (\sin(2^0 \pi v), \cos(2^0 \pi v), \cdots, \sin(2^{W-1} \pi v), \cos(2^{W-1} \pi v)) \tag{14-40}$$

其中,$W$ 代表最高频率级。这些是在编码 $\gamma(x)$、$\gamma(y)$ 和 $\gamma(z)$ 中回归场景特性的 MLP 网络输入。

该框架只用 3D 位置作为输入,推断视图(和光)独立的场景外观属性。

由于整个渲染过程(表征和光线行进)是可微分的,因此训练神经反射场网络,最小化渲染图像和场景捕获图像之间的误差。用联用的光和视图(如一个带摄像头和闪光灯的手机)

捕捉闪光图像,以此训练网络。为了优化光线行进中的点采样,对每个场景训练两个网络——粗和细的神经反射场,并用粗到细的自适应采样过程进行渲染。也采用分层采样对每条行进光线上的稀疏点集进行采样,这样用粗网络计算分布函数,然后从分布函数中采样密集点集,用细网络计算最终辐射亮度值。

特别的,将每个完整的光线段划分为 $N_1$ 个单元,并从每个单元中随机抽取一个点,获得分层采样点。从这些点出发,可以用式(14-37)计算光线的粗网络辐射度作为副产品,还可以生成相应的逐点贡献权重:

$$a(\boldsymbol{x}_j) = \tau_c(\boldsymbol{x}_j)(1 - \exp(-\sigma(\boldsymbol{x}_j)\Delta t_j)) \tag{14-41}$$

权重 $a(\boldsymbol{x})$ 本质上描述了在 $\boldsymbol{x}$ 处点对摄像头的可见度。对每点权重 $a(\boldsymbol{x}_j)$ 归一化构建一个分段恒定概率分布,然后从该分布中抽取 $N_2$ 点(**重要性采样**),根据从粗神经反射场收集的可见性信息,该分布自适应地选取新样本。

接着,用所有 $N = N_1 + N_2$ 采样点和细神经反射场的渲染参数根据式(14-37)计算最终辐射度。这种从粗到细的自适应采样有效地将更多采样点分布在对渲染积分贡献最大的区域中,从而允许高频细节的精确着色计算。

建议预先计算一个自适应透射体,有效地近似 $\tau_l$。学习的神经反射场可快速计算透射体的透射度,具体来说,将一个虚拟图像平面放置在指向场景的点光源前面,并使光线行进穿过每个像素,类似于经典的摄像头做法。类似地,用两个经过训练的网络(粗网络和细网络)执行自适应采样。首先用粗表征法,用分层采样格(bin)中采样的稀疏点计算可见度感知分布函数;然后从分布中抽取稠密点,合并来自两个过程的样本并计算它们的透射度,从而生成一个透射体,其适应从粗网络推断出的可见性信息。这种自适应透射体如图 14.7 所示,沿每条光线自适应地将采样点分布在可见场景结构的周围,从而实现一个高效的透射表征。

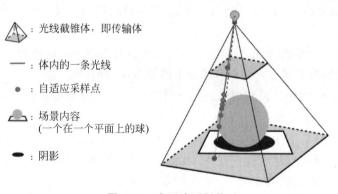

**图 14.7 自适应透射体**

使用学习的网络和预先计算的自适应透射体,从视点开始进行光线行进,在任何点光源下从任何视点渲染一幅图像。在任何给定的着色点,定位最近的采样点,然后线性插值透射体,获得所需的透光度。该方法在重打光时可很好地恢复真实的阴影效果。

进一步地,在推理渲染时对摄像头光线进行从粗到细的采样。基本上,在推理中,在光线行进中对光线和摄像头进行从粗到细的自适应采样,从而实现高效的透光度计算和最终图像合成。

用 L2 损失来监督粗网络和细网络的回归辐射值,以及来自获取图像的真值辐射度。由于考虑不透明目标,因此还需要正则化光线透射度(来自细网络),使其接近 0 或 1,这有助于获得干净的背景。

## 14.5　NeRF 的泛化技术

在单个场景中过拟合单个 MLP 的方法需要大量的图像观测数据,在场景表征中泛化的核心目标是在给定很少或可能只有单个输入视图的情况下进行新视图合成。

可以通过多种关键的方法来泛化不同的场景。一类方法遵循了一种类似于基于图像渲染(IBR)的方法,其中多个输入视图被扭曲(warp)和混合(blend)合成新的视点;在基于 MLP 的场景表征上下文中,这通常通过局部调节实现,其中场景表征 MLP 的坐标输入与一个局部变化特征向量连接一起,存储在离散场景表征中,如体素网格。

另一类方法旨在学习场景的整体、全局表征,而不是依赖图像或其他离散空间数据结构。给定一组观测数据,这种方法利用场景表征 MLP 推理一组权重来描述整个场景。有一些工作在单个低维潜代码中编码场景,然后该代码用来调节场景表征的 MLP。

还有一种类似的方法,不是根据 3D 场景的一组观测来推断一个低维潜代码,而是学习无条件的生成模型。一个备有神经渲染器的 3D 场景表征嵌入生成对抗网络(GAN)中。不需要从一组观测值推断低维潜代码,而是直接定义潜代码的分布。

以下以 GRAF 和 GIRAFFE 为例介绍泛化技术。

### 14.5.1　GRAF

**GRAF(generative radiance field)**是一种辐射场的生成模型,通过引入基于多尺度 patch 的鉴别器,实现高分辨率 3D-觉察图像的合成,同时模型的训练仅需要未知姿态摄像头拍摄的 2D 图像。

目标是学习一个模型,通过对未经处理的图像进行训练来合成新的场景。更具体地说,利用一个对抗性框架来训练一个辐射场的生成模型(GRAF)。

图 14.8 显示了 GRAF 模型的概述,生成器 $G_\theta$ 采用摄像头矩阵 $K$、摄像头姿态 $\xi$、2D 采样模式 $\nu$ 和形状/外观代码 $z_s/z_a$ 作为输入并预测一幅图像 patch $P'$;鉴别器 $D_\varphi$ 将合成的 patch $P'$ 与从真实图像 $I$ 中提取的 patch $P$ 进行比较;在推理时,为每个图像像素预测一个颜色值;然而在训练时间这个操作太贵,因此像素采样模块 $\Gamma$ 预测一个大小为 $M \times M$ 像素的固定 patch $P$,其随机缩放和旋转,为整个辐射场提供梯度。

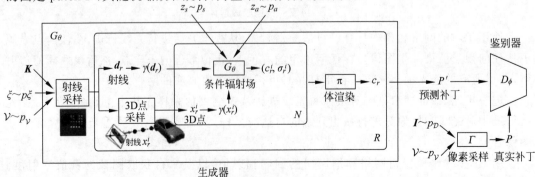

图 14.8　GRAF 模型

$\nu = (\pmb{u}, s)$ 决定要生成虚拟 $M \times M$ patch $P(\pmb{u}, s)$ 的中心 $\pmb{u} = (u, v)$ 和尺度 $s$。随机 patch 中心 $\pmb{u}$ 来自一个图像域 $\Omega$ 的均匀分布 $\pmb{u} \sim U(\Omega)$，而 patch 尺度 $s$ 来自一个均匀分布 $s \sim U([1, S])$，其中 $S = \min(W, H)/M$，其中 $W$ 和 $H$ 表示目标图像的宽度和高度。形状和外观变量 $\pmb{z}_s$ 和 $\pmb{z}_a$ 的采样分别来自形状和外观分布 $\pmb{z}_s \sim p_s$ 和 $\pmb{z}_a \sim p_a$。在实验中，$p_s$ 和 $p_a$ 都使用标准高斯分布。

$M \times M$ patch $P(\pmb{u}, s)$ 取决于一组 2D 图像坐标：

$$P(\pmb{u}, s) = \left\{ (sx + u, sy + v) \mid x, y \in \left\{ -\frac{K}{2}, \cdots, \frac{K}{2} - 1 \right\} \right\} \tag{14-42}$$

对应的 3D 光线唯一地取决于 $P(\pmb{u}, s)$、摄像头内参 $K$ 和摄像头姿态 $\xi$。下面定义像素/光线索引 $r$，归一化 3D 光线 $d_r$，光线数 $R$（训练时 $R = K^2$，推理时 $R = WH$）。对辐射场的数字积分，还是采用分层采样方法，沿着每条光线 $r$ 采样 $N$ 个点 $\{x_r^i\}$。

辐射场由深度全连接的神经网络表示，其中参数 $\theta$ 映射 3D 位置 $x$ 的位置编码和观察方向 $d$ 到 RGB 颜色值 $c$ 和体密度 $\sigma$：

$$g_\theta : (\gamma(x), \gamma(d), z_s, z_a) \rightarrow (c, \sigma) \tag{14-43}$$

其中，$g_\theta$ 取决于两个附加潜代码：一个是形状代码 $z_s$ 决定目标形状，一个是表观代码 $z_a$ 决定外观。这里称 $g_\theta$ 为条件辐射场，其结构如图 14.9 所示，首先根据 $x$ 的位置编码和形状代码 $z_s$ 计算形状编码 $h$；密度头 $\sigma_\theta$ 将此编码转换为体密度 $\sigma$；为预测 3D 位置 $x$ 处的颜色 $c$，将 $h$ 与 $d$ 的位置编码以及外观代码 $z_a$ 连接起来，并将结果向量传递给颜色头 $c_\theta$；独立于视点 $d$ 和外观代码 $z_a$ 计算 $\sigma$，鼓励多视图一致性，同时形状与外观进行分离；这个鼓励网络用潜代码 $z_s$ 和 $z_a$ 分别对形状和外观建模，并允许在推理过程中分别处理。

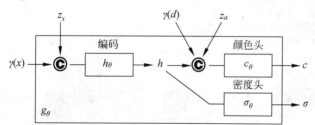

**图 14.9　条件辐射场**

更正式的表示如下：

$$h_\theta : (\gamma(x), z_s) \rightarrow h \tag{14-44}$$

$$c_\theta : (h(x, z_s), \gamma(d), z_a) \rightarrow (c, \sigma) \tag{14-45}$$

$$\sigma_\theta : h(x, z_s) \rightarrow \sigma \tag{14-46}$$

$(h_\theta, c_\theta, \sigma_\theta)$ 的实现采用带 ReLU 激活的全连接网络。为避免混乱，采用同样符号 $\theta$ 记录每个网络的参数。

给定射线 $r$ 上所有点的颜色和体密度 $\{(c_r^i, \sigma_r^i)\}$，体渲染得到对应于射线 $r$ 的像素颜色 $c_r$。结合所有 $R$ 条射线的结果，预测的 patch 表示为 $P'$。

鉴别器 $D_\varphi$ 实现为一个卷积神经网络，将预测的 patch $P'$ 与从数据分布 $p_D$ 提取的真实图像 $\pmb{I}$ 中提取的 patch $P$ 进行比较。为了从真实图像 $\pmb{I}$ 提取 $M \times M$ patch，首先从用于提取上述生成器 patch 的同一分布 $p_v$ 中提取 $\nu = (\pmb{u}, s)$；然后，通过双线性插值在 2D 图像坐标

$P(\boldsymbol{u},s)$ 处查询 $\boldsymbol{I}$，采样真实 patch $P$。用 $\Gamma(\boldsymbol{I},\boldsymbol{\nu})$ 表示这种双线性采样操作。

实验发现一个有共享权重的单鉴别器足以用于所有 patch，即使这些 patch 在不同尺度随机位置采样。注：尺度决定 patch 的感受野。因此，为了促进训练，从更大地接受野 patch 开始去捕捉全局上下文。然后，逐步采样具有较小感受野的 patch 细化局部细节。

最后，训练模型是一个带 R1-正则化的 GAN 目标函数如下：

$$V(\theta,\phi)=\mathbb{E}\big[f(D_\phi(G_\theta(z_s,z_a,\boldsymbol{\xi},\boldsymbol{\nu})))\big]+\mathbb{E}\big[f(-D_\phi(\Gamma(\boldsymbol{I},\boldsymbol{\nu})))-\lambda\|\nabla D_\nabla(\Gamma(\boldsymbol{I},\boldsymbol{\nu}))\|^2\big]$$

$$(14\text{-}47)$$

其中

$$f(t)=-\log(1+\exp(-t))\qquad(14\text{-}48)$$

### 14.5.2　GIRAFFE

GIRAFFE 用于在原始非结构化图像进行训练时以可控和真实感的方式生成场景。主要贡献有两方面：①将组合 3D 场景表征直接纳入生成模型，实现更可控的图像合成；②将这种明确的 3D 表征与一个神经渲染流水线相结合，实现更快的推理和更逼真的图像。为此，场景表征为组合生成神经特征场，如图 14.10 所示，对于一个随机采样的摄像头，基于单独特征场对场景的一幅特征图像进行体渲染；2D 神经渲染网络将特征图像转换为 RGB 图像；训练时只采用原始图像，在测试时能够控制图像形成过程，包括摄像头姿势、目标姿势以及目标的形状和外观；此外，该模型扩大到训练数据范围之外，例如，可以合成包含比训练图像中更多目标的场景。

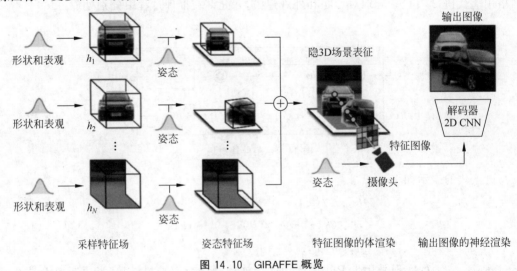

图 14.10　GIRAFFE 概览

将场景体渲染为分辨率相对较低的特征图像，可节省计算时间。神经渲染器处理这些特征图像并输出最终渲染。通过这种方式，该方法可以获得高质量的图像并尺度化到真实场景。当在原始非结构化图像集合上进行训练时，该方法允许单目标和多目标场景的可控图像合成。下面讨论各个细节，包括神经特征场的单独目标建模、通过特征场组合有多个单独目标的场景、体渲染和神经渲染的有效结合和模型训练等。

该方法把 GRAF 的 3D 颜色输出替换成一个更通用的 $M_f$ 维特征 $\boldsymbol{f}$，目标则表示为生成神经特征场：

$$h_\theta : (\gamma(\boldsymbol{x}), \gamma(\boldsymbol{d}), z_s, z_a) \to (\sigma, \boldsymbol{f}) \tag{14-49}$$

GIRAFFE 用单独的特征场和如下的仿射变换来表示每个目标：

$$T = \{s, \boldsymbol{t}, \boldsymbol{R}\} \tag{14-50}$$

其中, $s$, $\boldsymbol{t}$ 是尺度和平移参数, $\boldsymbol{R}$ 是旋转矩阵。基于此表征, 空域把目标点转换到场景空间, 即

$$k(\boldsymbol{x}) = \boldsymbol{R} \cdot \begin{bmatrix} s_1 & 0 & 0 \\ 0 & s_2 & 0 \\ 0 & 0 & s_3 \end{bmatrix} \cdot \boldsymbol{x} + \boldsymbol{t}$$

实践中, 对场景空间做体渲染, 并在一个规范化目标空间评估特征场：

$$(\sigma, \boldsymbol{f}) = h_\theta(\gamma(k^{-1}(\boldsymbol{x})), \gamma((k^{-1}(\boldsymbol{d})), z_s, z_a) \tag{14-51}$$

这样可以在场景中安置多个目标。所有目标特征场共享权重, 而仿射变换从一个数据相关分布中采样而得。

场景组合时, 要考虑两种情况： $N$ 固定和 $N$ 变化(其中最后一个是背景)。在实践中, 像目标那样背景用相同的表征法, 不同的是横跨整个场景把尺度和平移参数 $s_N$、$t_N$ 固定, 并以场景空间原点为中心。

一个单个体 $h_{\theta_i}^i$, 对一个给定点 $\boldsymbol{x}$ 和观察方向 $\boldsymbol{d}$, 预测一个密度 $\sigma_i$ 和一个特征向量 $\boldsymbol{f}_i$。考虑非刚体目标的话, 在 $\boldsymbol{x}$ 点处的总密度计算是对单独密度求和并采用密度求和并对其在 $\boldsymbol{d}$ 方向的所有特征做密度加权均值。所有特征：

$$C(\boldsymbol{x}, \boldsymbol{d}) = \left(\sigma, \frac{1}{\sigma} \sum_{i=1}^{N} \sigma_i \boldsymbol{f}_i\right), \quad \sigma = \sum_{i=1}^{N} \sigma_i \tag{14-52}$$

先从 3D 体渲染开始。对于给定的摄像头外参 $\xi$, 假设 $\{x_j\}_{j=1}^{N_s}$ 是一个给定像素沿摄像头射线 $\boldsymbol{d}$ 的采样点, 并且 $(\sigma_j, \boldsymbol{f}_j) = C(\boldsymbol{x}_j, \boldsymbol{d})$ 是体密度和特征向量。体渲染算子 $\pi_{\text{vol}}$ 将这些评估映射到像素的最终特征向量 $\boldsymbol{f}$：

$$\pi_{\text{vol}} : \{\sigma_j, \boldsymbol{f}_j\}_{j=1}^{N_s} \to \boldsymbol{f} \tag{14-53}$$

采用数值积分, 可得到 $\boldsymbol{f}$ 如下：

$$\boldsymbol{f} = \sum_{j=1}^{N_s} \tau_j \sigma_j \boldsymbol{f}_j, \quad \tau_j = \prod_{k=1}^{j-1} (1 - \alpha_k), \quad \alpha_j = 1 - \mathrm{e}^{-\sigma_j \delta_j} \tag{14-54}$$

其中, $\tau_j$ 是透射度; $\alpha_j$ 是 $\boldsymbol{x}_j$ 的 alpha 值; $\delta_j = \|x_{j+1} - x_j\|_2$ 即邻近样本的距离。整个特征图像通过对每个像素的 $\pi_{\text{vol}}$ 进行估计。为了效率, 以分辨率162(比输出分辨率642和2562低)渲染特征图像。然后通过 2D 渲染上采样低分辨率特征图像到高分辨率的 RGB 图像。

2D 渲染的算子 $\pi_\theta^{\text{neural}}$ 的权重 $\theta$ 把特征图像 $\boldsymbol{I}_V$ 映射到最后合成图像 $\hat{\boldsymbol{I}}$, 可以参数化为一个带泄露 ReLU 激活的 2D CNN, 然后通过 $3 \times 3$ 卷积和最近邻域(NN)上采样 $\text{Up}_{\text{NN}}$ 相结合。在每个分辨率, 特征图像映射到 RGB 图像, 再经双线性上采样块 $\text{Up}_{\text{BL}}$ 和之前的输出求和, 这样可增加空域分辨率。其中的跳连接确保了特征场的强梯度流。最后一层应用 sigmoid 操作得到最后的图像预测。其示意图如图 14.11 所示。

生成器定义为

$$G_\theta(\{z_s^i, z_a^i, T_i\}_{i=1}^{N}, \xi) = \pi_\theta^{\text{neutral}}(I_V) \tag{14-55}$$

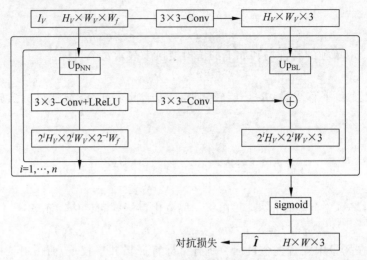

图 14.11 神经渲染算子

其中

$$I_V = \{\pi_{\text{vol}}\{C(x_{jk}, \boldsymbol{d}_k)_{k=1}^{N_s}\}_{k=1}^{H_V \times W_V} \tag{14-56}$$

其中，$N$ 是场景的个体数；$N_s$ 是沿着每条光线的样本点数；$\boldsymbol{d}_k$ 是第 $k$ 个像素的光线；$x_{jk}$ 是第 $k$ 个/条像素/光线的第 $j$ 个样本。

鉴别器是一个带泄露 ReLU 激活的 CNN。在网络训练中，采样场景的个体数为 $N \sim p_N$，潜代码为 $\{z_s^i, z_a^i\} \sim N(0, I)$，摄像头姿态为 $\xi \sim p_\xi$，目标级转换为 $T_i \sim p_T$。实践中，定义 $p_\xi$ 和 $p_T$ 分别是在数据相关摄像头仰角和有效目标变换的均匀分布。

模型训练采用一个 GAN 目标函数和 R1-梯度惩罚如下：

$$V(\theta, \phi) = \mathbb{E}\big[f(D_\phi(G_\theta(z_s^i, z_a^i, T_i)_i, \xi))\big] + \mathbb{E}\big[f(-D_\phi(\boldsymbol{I})) - \lambda \|\nabla D_\phi(\boldsymbol{I})\|^2\big]$$
$$\tag{14-57}$$

其中

$$f(t) = -\log(1 + \exp(-t)) \tag{14-58}$$

## 14.6 质量改进的技术

还有一些改进，包括加监督数据（DONeRF）、最优化摄像头姿态（bundle-adjusting neural radiance field，BARF）、混合表面/体表征（NeuS）、稳健性和质量改进（NeRF＋＋、NeRF in the wild、Mip-NeRF、Mip-NeRF 360、NeRF-in-the-dark）和标准计算成像方法的结合（NeRF in the dark）、大规模场景（urban radiance field，URF、CityNeRF、Block-NeRF）和来自文字的 NeRF（CLIP-NeRF）等。

以下以 Mip-NeRF 和 NeRF-in-the-dark 为例介绍最近的改进工作。

### 14.6.1 Mip-NeRF

当图像以不同分辨率观察场景内容时，NeRF 可能会生成过度模糊或锯齿的渲染。Mip-NeRF 的解决方案扩展了 NeRF，能够以连续的尺度表示场景。Mip-NeRF 通过有效地渲染抗锯齿圆锥截锥体(conical frustum)而不是射线,减少了令人讨厌的锯齿毛病,并显著提高了 NeRF 表征细节的能力,同时也比 NeRF 快 7%,而模型只是一半大小。Mip-NeRF 在多尺度数据集上匹配暴力超采样 NeRF 的精度,同时速度是其 22 倍。

Mip-NeRF 的输入是一个 3D 高斯函数,表示辐射场积分的区域。如图 14.12 所示,沿一个圆锥体间隔通过查询 Mip-NeRF 来渲染预滤波的像素,用高斯函数近似对应于像素的圆锥截锥体。为了编码 3D 位置及其周围的高斯区域,提出了一种特征表征,即**集成位置编码(IPE)**。这是 NeRF 位置编码(PE)的推广,它允许一个空间区域紧凑地特征化,而不是空间中的单个点。

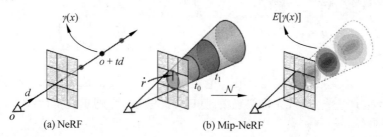

图 14.12　Mip-NeRF 示意图

Mip-NeRF 不是沿着每条射线执行点采样,而是把投射的圆锥划分为一系列圆锥截锥体(圆锥沿垂直于其轴方向切割);不是从空间的一个无穷小点构造**位置编码(PE)**特征,而是构造每个圆锥截锥体覆盖体的**集成位置编码(IPE)**表征。这些变化使 MLP 能够推断每个圆锥截锥体的大小和形状,而不仅仅是其质心。这种圆锥截锥体和 IPE 特性允许 NeRF 的两个单独"粗"和"细"MLP 减少为一个多尺度 MLP,从而提高训练和评估速度,并将模型大小减小 50%。

与 NeRF 一样,Mip-NeRF 中的图像一次渲染一个像素,因此可以根据要渲染的单个像素来描述过程。对于该像素,从摄像头的投影中心 $o$ 沿穿过像素中心的方向 $d$ 投射一个圆锥体。该圆锥体的顶点位于 $o$,在图像平面 $o+d$ 这个圆锥体半径参数化为 $\dot{r}$。将 $\dot{r}$ 设置为世界坐标中像素的宽度,尺度调节 $2/\sqrt{12}$,这将生成一个圆锥体,其在图像平面的部分在 $x$ 和 $y$ 的方差与像素面积的方差相匹配。圆锥截锥体内位于两个阈值 $[t_1, t_0]$ 之间的位置 $x$ 集合为

$$F(\boldsymbol{x},\boldsymbol{o},\boldsymbol{d},\dot{r},t_0,t_1) = \amalg \left\{ \left(t_0 < \frac{\boldsymbol{d}^{\mathrm{T}}(\boldsymbol{x}-\boldsymbol{o})}{\|\boldsymbol{d}\|_2^2} < t_1\right) \wedge \left(\frac{\boldsymbol{d}^{\mathrm{T}}(\boldsymbol{x}-\boldsymbol{o})}{\|\boldsymbol{d}\|_2 \|\boldsymbol{x}-\boldsymbol{o}\|_2} > \frac{1}{\sqrt{1+(\dot{r}/\|\boldsymbol{d}\|_2)^2}}\right) \right\}$$

(14-59)

其中,$\amalg\{\cdot\}$ 是一个指示函数。$F(x,\cdot)=1$,当且仅当 $x$ 位于 $(\boldsymbol{o},\boldsymbol{d},\dot{r},t_0,t_1)$ 定义的圆锥截锥体。

现在构建这个圆锥截锥体内体特征表征。最简单、最有效的解决方案是简单地计算位于圆锥截锥体内所有坐标的预期位置编码:

$$\gamma^*(\boldsymbol{o},\boldsymbol{d},\dot{r},t_0,t_1) = \frac{\int \gamma(x) F(x,\boldsymbol{o},\boldsymbol{d},\dot{r},t_0,t_1)\mathrm{d}x}{\int F(x,\boldsymbol{o},\boldsymbol{d},\dot{r},t_0,t_1)\mathrm{d}x}$$

(14-60)

用多元高斯近似圆锥截锥体,有效地近似所需特征,称为**集成位置编码(IPE)**。

要用多元高斯近似圆锥截锥体,必须计算 $F(x, \cdot)$ 的均值和协方差。由于每个圆锥截锥体假定为圆形,并且绕圆锥轴对称,因此这种高斯分布完全由 3 个值(除 $o$ 和 $d$ 外)表示:沿射线 $\mu_t$ 的平均距离、沿射线 $\sigma_t^2$ 的方差,以及垂直于射线 $\sigma_r^2$ 的方差。

$$\mu_t = t_\mu + \frac{2t_\mu t_\delta^2}{3t_\mu^2 + t_\delta^2}, \quad \sigma_t^2 = \frac{t_\delta^2}{3} - \frac{4t_\delta^4(12t_\mu^2 - t_\delta^2)}{15(3t_\mu^2 + t_\delta^2)^2}, \quad \sigma_r^2 = \dot{r}^2\left(\frac{t_\mu^2}{4} + \frac{5t_\delta^2}{12} - \frac{4t_\delta^4}{15(3t_\mu^2 + t_\delta^2)}\right)$$

$$(14\text{-}61)$$

这些量是根据中点 $t_\mu = (t_0 + t_1)/2$ 和半宽度 $t_\delta = (t_1 - t_0)/2$ 参数化。将此高斯函数从圆锥截锥体坐标系转换为世界坐标,如下所示:

$$\boldsymbol{\mu} = \boldsymbol{o} + \mu_t \boldsymbol{d}, \quad \boldsymbol{\Sigma} = \sigma_t^2(\boldsymbol{d}\boldsymbol{d}^{\mathrm{T}}) + \sigma_r^2\left(\boldsymbol{I} - \frac{\boldsymbol{d}\boldsymbol{d}^{\mathrm{T}}}{\|\boldsymbol{d}\|_2^2}\right) \tag{14-62}$$

则得到最后的多元高斯函数。

接下来,推导出集成位置编码(IPE),它是根据上述高斯函数分布的一个位置编码坐标的期望。为了实现这一点,首先将位置编码(PE)重写为一个傅里叶特征:

$$P = \begin{bmatrix} 1 & 0 & 0 & 2 & 0 & 0 & & 2^{L-1} & 0 & 0 \\ 0 & 1 & 0 & 0 & 2 & 0 & \cdots & 0 & 2^{L-1} & 0 \\ 0 & 0 & 1 & 0 & 0 & 2 & & 0 & 0 & 2^{L-1} \end{bmatrix}^{\mathrm{T}}, \quad \gamma(x) = \begin{bmatrix} \sin(\boldsymbol{P}x) \\ \cos(\boldsymbol{P}x) \end{bmatrix} \tag{14-63}$$

这种重新参数化允许推导 IPE 的闭式。利用变量线性变换的协方差是变量协方差的线性变换这一事实($\mathrm{Cov}[Ax, By] = A\mathrm{Cov}[\boldsymbol{x}, \boldsymbol{y}]B^{\mathrm{T}}$),将其提升到 IPE 基 $\boldsymbol{P}$ 之后,可以确定圆锥截锥体高斯的均值和协方差:

$$\boldsymbol{\mu}_\gamma = \boldsymbol{P}_\mu, \quad \boldsymbol{\Sigma}_\gamma = \boldsymbol{P}\boldsymbol{\Sigma}\boldsymbol{P}^{\mathrm{T}} \tag{14-64}$$

生成 IPE 特征的最后一步是计算提升的这个多元高斯函数的期望,用位置正弦和余弦调制。这些期望具有简单的闭合形式表达式:

$$E[\sin(x)] = \sin(\mu)\exp\left(-\left(\frac{1}{2}\right)\sigma^2\right) \tag{14-65}$$

$$E[\cos(x)] = \cos(\mu)\exp\left(-\left(\frac{1}{2}\right)\sigma^2\right) \tag{14-66}$$

这个期望正弦或余弦只是被方差高斯函数衰减的均值正弦或余弦。通过这种方法,可以将最终的 IPE 特征计算为均值的期望正弦、余弦和协方差矩阵对角元素如下:

$$\gamma(\mu, \boldsymbol{\Sigma}) = E[\gamma(x)] = \begin{bmatrix} \sin(\mu_\gamma) \circ \exp\left(-\left(\frac{1}{2}\right)\mathrm{diag}(\boldsymbol{\Sigma}_\gamma)\right) \\ \cos(\mu_\gamma) \circ \exp\left(-\left(\frac{1}{2}\right)\mathrm{diag}(\boldsymbol{\Sigma}_\gamma)\right) \end{bmatrix} \tag{14-67}$$

因为位置编码独立地对每个维度进行编码,所以这种期望编码仅依赖于 $\gamma(\boldsymbol{x})$ 的边缘分布,只需要协方差矩阵的对角线(逐维度方差的一个向量)。由于 $\boldsymbol{\Sigma}_\gamma$ 的尺寸相对较大,计算成本高昂,因此直接计算 $\boldsymbol{\Sigma}_\gamma$ 对角元素:

$$\mathrm{diag}(\boldsymbol{\Sigma}_\gamma) = [\mathrm{diag}(\boldsymbol{\Sigma}), 4\mathrm{diag}(\boldsymbol{\Sigma}), \cdots, 4^{L-1}\mathrm{diag}(\boldsymbol{\Sigma})]^{\mathrm{T}} \tag{14-68}$$

这个向量依赖于 3D 位置协方差矩阵 $\boldsymbol{\Sigma}$ 的对角元素,如下计算:

$$\mathrm{diag}(\boldsymbol{\Sigma}) = \sigma_t^2(\boldsymbol{d} \circ \boldsymbol{d}) + \sigma_r^2\left(1 - \frac{\boldsymbol{d} \circ \boldsymbol{d}}{\|\boldsymbol{d}\|_2^2}\right) \tag{14-69}$$

如果这些对角元素被直接计算,则 IPE 特征的构建成本大致与 PE 特征相同。

除了圆锥-追踪和 IPE 特征外,Mip-NeRF 的表现类似于 NeRF。圆锥投射和 IPE 特征允许明确编码尺度到输入特征中,从而使 MLP 能够学习场景的多尺度表征。因此,Mip-NeRF 使用一个参数 $\theta$ 的 MLP,在一个分层采样策略中重复查询。这有多个好处:模型大小减半,渲染更精确,采样更高效,整体算法更简单。这个优化问题是:

$$\min_{\Theta} \sum_{r \in R} (\lambda \| C^*(r) - C(r; \Theta, t^c) \|_2^2 + \| C^*(r) - C(r; \Theta, t^f) \|_2^2) \qquad (14\text{-}70)$$

因为只有一个 MLP,所以"粗"损失必须与"细"损失相平衡,这是通过用超参数 $\lambda$ 来实现的(设置 $\lambda = 0.1$)。粗样本 $t^c$ 是通过分层采样产生的,而细样本 $t^f$ 是通过逆变换采样产生的 alpha 合成权重 $w$ 进行采样。与 NeRF 不同,在 Mip-NeRF 中,对粗模型采样 128 个样本,对细模型采样 128 个样本。在采样 $t^f$ 之前,稍微修改一下权重 $\omega$:

$$\omega'_k = \frac{\max(\omega_{k-1}, \omega_k) + \max(\omega_{k+1}, \omega_k)}{2} + \alpha \qquad (14\text{-}71)$$

Mip-NeRF 是在 JaxNeRF 中实现的,遵循 NeRF 的训练程序:100 万次 Adam 迭代,批次大小为 4096 次,学习率从 $5 \times 10^{-4}$ 退火至 $5 \times 10^{-6}$。

## 14.6.2  NeRF-in-the-dark

与大多数视图合成方法一样,NeRF 使用色调映射(tone mapping)低动态范围(LDR)作为输入。这些图像已经由有损的摄像头流水线处理,该流水线平滑细节,裁剪高光,并扭曲原始传感器数据的单一噪声分布。NeRF-in-the-dark 将 NeRF 修改为直接在线性原始图像上训练,从而保持场景的完整动态范围。通过从生成的 NeRF 渲染原始输出图像,可以执行新的高动态范围(HDR)视图合成任务。除了改变摄像头视点之外,事后还可以操纵焦距、曝光和色调映射。

虽然单幅原始图像的噪声明显高于后处理的图像,但 NeRF 对原始噪声的零均值分布具有很强的稳健性。当采用许多含噪原始输入图像优化后,NeRF 生成的场景表征非常精确,其渲染的新视图超过了专用的图像去噪算法。该方法称为 **Raw NeRF**,从几乎黑暗的含噪图像中重建场景。

如图 14.13 所示为 Raw NeRF 和原 NeRF 的比较,原 NeRF 训练流水线接收通过摄像头处理流水线发送过来的 LDR 图像,重建场景并在 LDR 颜色空间中渲染新视图。因此,其渲染效果已经有效地处理,无法进行显著的修整。相比之下,RawNeRF 修改 NeRF,直接对线性原始 HDR 输入数据进行训练,生成的场景表征会生成新视图,像任何原始照片一样进行编辑。

首先该方法应用一种损失,其更强烈地惩罚黑暗区域的错误,与人类感知压缩动态范围的方式相一致。一种方法是在应用这个损失之前,通过色调映射曲线 $\psi$ 传递渲染估计值 $\hat{y}$ 和噪声观测强度 $y$:

$$L_{\psi} = \sum_i (\psi(\hat{y}_i) - \psi(y_i))^2 \qquad (14\text{-}72)$$

为了避免噪声情况下色调映射的偏差,这里采用加权 L2 损失。线性化色调曲线 $\psi$ 后得到:

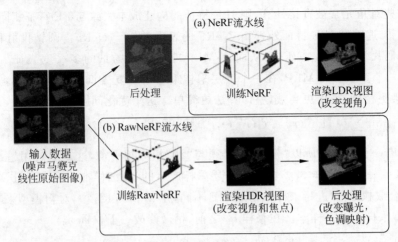

图 14.13 　原 NeRF 和 RawNeRF 的比较

$$L_\psi(\hat{y}, y) = \sum_i [\psi'(sg(\hat{y}_i))(\hat{y}_i - y_i)]^2 \tag{14-73}$$

其中,sg(·)记录一个截止梯度,其认为输入是一个零导数的常数,防止影响 BP 的损失梯度。而一个梯度监督的色调曲线 $\psi(y) = \log(y+\varepsilon)$,其中 $\varepsilon = 10^{-3}$,感知上造成最小畸变的高质量结果,这意味着损失加权项为 $\psi'(sg(\hat{y}_i)) = (sg(\hat{y}_i)+\varepsilon)^{-1}$。最后损失形式:

$$L_\psi(\hat{y}, y) = \sum_i \left(\frac{\hat{y}_i - y_i}{g(\hat{y}_i)+\varepsilon}\right)^2 \tag{14-74}$$

在动态范围很高的场景中,即使是 10~14 位的原始图像可能不足以在一次曝光中同时捕获明暗区域。这在许多数码摄像头的包围曝光(bracketing)模式中已经解决,在这种模式下,具有不同快门速度的多幅图像被连拍,然后合并利用在较短曝光中保留的明亮高光和在较快曝光中更多细节捕获的较暗区域。

同样可以利用 RawNeRF 中的可变曝光。给定一系列具有曝光时间 $t_i$(以及所有其他捕获参数保持不变)的图像 $I_i$,通过记录的快门速度 $t_i$ 来曝光 RawNeRF 的线性空间颜色输出,这样匹配图像 $I_i$ 的亮度。

实际上,由于传感器校准错误,仅用快门速度无法精确对齐不同的曝光。为此,图像集的每个独特快门速度添加一个学习的逐颜色通道的尺度因子,与 NeRF 网络一起进行优化。给定一个网络的输出颜色 $y_i$,RawNeRF 最终的曝光是最小化$(\hat{y}_i^c \cdot t_i \cdot \alpha_{t_i}^c, 1)$,其中 $c$ 是颜色通道,$\alpha_{t_i}^c$ 是学习的、对快门速度 $t_i$ 和通道 $c$ 的尺度因子(长曝光情况下 $\alpha_{t_{max}}^c = 1$)。

上方估计在 1 处进行裁剪,可以解释像素在过度曝光区域饱和的事实。这个缩放和剪裁的值传递给前面描述的损失。

具体实现基于 Mip-NeRF 代码库。唯一的网络架构更改是将 MLP 输出颜色的激活函数从一个 sigmoid 修改为指数函数,这样更好地参数化线性辐射值。采用 Adam optimizer 对所有训练图像进行批量 $16k$ 的随机射线采样,在超过 $500k$ 的优化步骤中学习率从 $10^{-3}$ 衰减到 $10^{-5}$。

极度噪声干扰的场景受益于体密度的正则化损失,防止部分透明的"浮动"伪影。对于在体渲染期间沿光线累积颜色值的权重分布方差,也需要添加一个损失项。权重方差正则化器是一个计算颜色的组合权重函数,给定 MLP 输出,即长度为对应的光线段,这些权重

计算为

$$\omega_i = (1 - \exp(-\Delta_i \sigma_i)) \exp\left(-\sum_{j<i} \Delta_j \sigma_j\right) \tag{14-75}$$

如果用这些权重定义一个光线段的分段常数概率分布 $p_w$，则该方差正则化器等于：

$$L_\omega = \mathrm{Var}(\boldsymbol{X}) = E\left[(\boldsymbol{X} - E[\boldsymbol{X}])^2\right] \tag{14-76}$$

该均值（期望的深度）计算为

$$\bar{t} = E[\boldsymbol{X}] = \sum_i \int_{t_{i-1}}^{t_i} \frac{\omega_i}{\Delta_i} t\, \mathrm{d}t = \sum_i \frac{\omega_i}{\Delta_i} \frac{t_i^2 - t_{i-1}^2}{2} = \sum_i \omega_i \frac{t_i + t_{i-1}}{2} \tag{14-77}$$

计算该正则化器如下：

$$\mathrm{Var}(\boldsymbol{X}) = \sum_i \omega_i \frac{(t_i - \bar{t})^2 + (t_i - \bar{t})(t_{i-1} - \bar{t}) + (t_{i-1} - \bar{t})^2}{3} \tag{14-78}$$

权重大的正则化会带来锐度的小损失，在训练中可以采用退火改善。

## 14.7 小结

本章对最近神经渲染分支 NeRF 的技术进行介绍。主要是讨论其基本算法、加速方法、动态场景、重打光和泛化等问题。神经渲染技术还不成熟，仍然是一个新兴领域，有许多开放的挑战要解决。受篇幅限制，这里无法覆盖其前沿技术的各方面。

## 参考文献

# 第15章 扩散模型

给定感兴趣分布的观测样本 $x$，生成模型的目标是学习对其真实数据分布 $p(x)$ 建模。一旦完成学习，可以根据该近似模型随意生成新的样本。此外，在某些公式下，能够用学习模型来评估观测或采样数据的似然。

生成对抗网络（GAN）对复杂分布的采样过程进行建模，以对抗方式学习。另一类生成模型被称为基于似然，试图学习一种为观测数据样本分配一个高似然的模型，包括自回归（AR）模型、归一化流（NF）和变分自编码器（VAE）。有一种类似的方法是基于能量的建模（EBM），其中一个分布被学习为一个任意灵活的能量函数，然后归一化。

深度学习中生成模型类根据隐含参数随机生成观测结果。然而，目前的生成模型面临四大问题，即生成过程缓慢（采样效率低）、数据处理类型单一（泛化能力弱）、次优的似然和模型需要降维等。

最近，扩散模型（Diffusion Model）凭借其强大的生成能力，成为生成模型的热门之一。应用领域包括计算机视觉、语音生成、生物信息学和自然语言处理等。

迄今为止，在计算机视觉领域中，扩散模型已被应用于各种生成式建模任务，如图像生成（image generation）、图像超分（mage super-resolution）、图像修复（image inpainting）、图像编辑（image editing）和图像翻译（image-to-image translation）等。此外，扩散模型学习的潜表征在鉴别性任务中也很有用，例如图像分割、分类和异常检测。

扩散概率模型最初是由非平衡热力学（non-equilibrium thermodynamic）启发而提出的潜变量生成模型。这类模型由两个过程组成：第一个是正向过程，在多个尺度上添加噪声，逐步干扰数据分布；第二个是反向过程，学习恢复数据结构。

本章涉及扩散模型的理论和应用。15.1 节讨论带 Langevin 动力学的基于分数生成网络；15.2 节介绍去噪扩散概率模型；15.3 节分析去噪扩散隐式模型（DDIMs）；15.4 节则讨论封装以前方法的 SDE 框架；15.5 节介绍扩散模型在图像和视频合成中的应用；15.6 节讨论另一个应用图像-图像翻译；15.7 节介绍扩散模型的应用文本-图像/视频生成；15.8 节总结扩散模型的一些改进方法。

## 15.1　基于分数生成网络

扩散模型的最初想法是重建一个从随机噪声开始的特定分布。因此,要求生成样本的分布与原始样本的分布尽可能接近。基于分数的生成模型是高度相关的。其不去学习如何对能量函数本身建模,而是作为一个神经网络用基于能量的模型分数学习。

分数匹配模型旨在通过近似数据密度的梯度(称为分数)来解决原始数据分布估计问题。分数匹配的主要方法是训练一个分数网络预测这个得分,通过不同的噪声水平对数据进行扰动而获得。

假设数据集由来自未知数据分布 $p_{data}(x)$ 的 i.i.d. 样本 $\{x_i\}_{i=1}^N$ 组成。概率密度 $p(x)$ 的得分定义为 $\nabla_x \log p(x)$。得分网络 $s_\theta$ 是由 $\theta$ 参数化的神经网络,被训练为输出近似 $p_{data}(x)$ 分布的分数。生成建模的目标是用数据集学习一个模型,以便从 $p_{data}(x)$ 生成新的样本。

采用分数匹配,可以直接训练分数网络 $s_\theta(x)$ 估计 $\nabla_x \log p_{data}(x)$,不需要首先训练模型来估计 $p_{data}(x)$。与分数匹配的典型用法不同,这里选择不使用基于能量模型的梯度作为分数网络,避免由于高阶梯度而导致的额外计算。目标最小化 $\frac{1}{2}\mathbb{E}_{p_{data}}\left[\|s_\theta(x)-\nabla_x \log p_{data}(x)\|_2^2\right]$,它可以表示为等价于以下:

$$\mathbb{E}_{p_{data}}\left[\mathrm{tr}(\nabla_x s_\theta(x)) + \frac{1}{2}\|s_\theta(x)\|_2^2\right] \tag{15-1}$$

其中,$\nabla_x s_\theta(x)$ 代表 $s_\theta(x)$ 的 Jacobi 矩阵。

对于大尺度的分数匹配,为避免 $\mathrm{tr}(\nabla_x s_\theta(x))$ 的计算,采用以下两种方法。

(1)去噪分数匹配。首先采用一个预确定的噪声 $q_\sigma(\tilde{x}\mid x)$ 分布干扰数据 $x$,然后执行分数匹配估计干扰数据分布的分数 $q_\sigma(\tilde{x}) \triangleq \int q_\sigma(\tilde{x}\mid x)p_{data}(x)\mathrm{d}x$。其目标等价于:

$$\frac{1}{2}\mathbb{E}_{q_\sigma(\tilde{x}\mid x)p_{data}(x)}\left[\|s_\theta(\tilde{x})-\nabla_{\tilde{x}}\log q_\sigma(\tilde{x}\mid x)\|_2^2\right] \tag{15-2}$$

(2)分片分数匹配。采样随机投影近似分数匹配中的 $\mathrm{tr}(\nabla_x s_\theta(x))$,其目标是:

$$\mathbb{E}_{p_v}\mathbb{E}_{p_{data}}\left[v^{\mathrm{T}}\nabla_x s_\theta(x)v + \frac{1}{2}\|s_\theta(x)\|_2^2\right] \tag{15-3}$$

其中,$p_v$ 是随机向量的简单分布。分片分数匹配提供原始未扰动数据分布的分数估计,但是要加大 4 倍进行计算。

Langevin 动力学从概率分布 $p(x)$ 中采用分数函数 $\nabla_x \log p(x)$ 生成样本。给定一个固定步长 $\varepsilon>0$,以及一个初始值 $\tilde{x}_0$ 来自初始分布 $\pi(x)$,Langevin 方法可以递推地计算如下:

$$\tilde{x}_t = \tilde{x}_{t-1} + \frac{\varepsilon}{2}\nabla_x \log p(\tilde{x}_{t-1}) + \sqrt{\varepsilon}z_t \tag{15-4}$$

其中,$z_t$ 符合标准正态分布。

可以发现,为了从 $p_{data}(x)$ 获得样本,首先训练分数网络,这样 $s_\theta(x) \approx \nabla_x \log p_{data}(x)$,然后通过 Langevin 动力学利用 $s_\theta(x)$ 近似获得样本,即所谓的基于分数的生成建模方法。

观察表明带有随机高斯噪声的扰动数据使数据分布更适合于基于分数的生成建模。首先,由于高斯噪声分布支持的是整个空间,因此扰动数据将不会局限于低维流形 (manifold),这消除了流形假设的困难,并使分数估计得到明确定义。其次,大高斯噪声填充原始未扰动数据分布中的低密度区域,因此,分数匹配可以获得更多的训练信号以改进分数估计。此外,用多个噪声水平干扰,可以获得收敛于真实数据分布的噪声扰动分布序列。可以通过模拟退火和退火重要性采样,利用这些中间分布来提高多模态分布下 Langevin 动力学的混合速率。

基于此,通过以下方式改进基于分数的生成建模:①用不同级别的噪声干扰数据;②通过训练单个条件得分网络来同时估计与所有噪声水平相对应的得分。训练后,当使用 Langevin 动力学去生成样本时,首先利用大噪声相对应的分数,然后逐渐降低噪声水平。这有助于将大噪声水平的好处平滑地转移到低噪声水平。在低噪声水平下,扰动数据与原始数据几乎无法区分。这样最终得到的是 $s_\theta(x, \sigma)$,一个条件噪声的分数网络(NCSN)。

与基于似然的生成模型和 GAN 类似,模型体系结构的设计在生成高质量样本方面起着重要作用。由于主要关注图像生成有用的体系结构,而且噪声条件评分网络的输出与输入图像具有相同的形状,因此从成功的图像密集预测模型架构中获得了灵感(例如语义分割)。在实验中,模型将 UNet 的体系结构设计与膨胀卷积/反卷积相结合。此外,在分数网络中采用了实例归一化(IN),实际上是一个条件实例归一化的修正版。

## 15.2 去噪扩散概率模型

根据扩散模型和与 Langevin 动力学的去噪分数匹配之间的联系,设计一个加权变分界 (weighted variational bound)。去噪扩散概率模型(DDPM)承认一个渐进有损解压缩方案,可解释为自回归(AR)解码的推广。

DDPM 由两个参数化马尔可夫链组成,并使用变量推理在有限时间后生成与原始数据匹配的样本。正向链通过使用预先设计的调度逐渐添加高斯噪声来干扰数据分布,直到数据分布收敛到给定的先验,即标准高斯分布。反向链从给定的先验开始,使用参数化高斯转换核,学习逐步恢复未受干扰的数据结构。

扩散模型可形式化为如下潜变量模型:

$$p_\theta(x_0) := \int p_\vartheta(x_{0:T}) dx_{1:T} \tag{15-5}$$

其中,$x_1, x_2, \cdots, x_T$ 为数据 $x_0 \sim q(x_0)$ 同维度的潜变量。联合分布 $p_\theta(x_{0:T})$ 称为反向过程,定义为一个带学习的高斯转换从 $p(x_T) = \mathcal{N}(x_T; 0, I)$ 开始的马尔可夫链如下:

$$p_\theta(x_{0:T}) := p(x_T) \prod_{t=1}^{T} p_\theta(x_{t-1} \mid x_t), \quad p_\theta(x_{t-1} \mid x_t) := \mathcal{N}(x_{t-1}; \mu_\theta(x_t, t), \sum_\theta(x_t, t))$$

$$\tag{15-6}$$

扩散模型不同于其他潜变量模型之处是,近似推理后验 $q(x_{1:T} \mid x_0)$,称为正向过程或者扩散过程,固定为一个按照方差水平表$(\beta_1, \beta_2, \cdots, \beta_T)$逐渐给数据叠加高斯噪声的马尔可夫链:

$$q(x_{1:T} \mid x_0) := \prod_{t=1}^{T} q(x_t \mid x_{t-1}), \quad q(x_t \mid x_{t-1}) := \mathcal{N}(x_t; \sqrt{1-\beta_t} x_{t-1}, \beta_t I) \tag{15-7}$$

训练中优化通常的负对数似然变分界:

$$\mathbb{E}\left[-\log p_\theta(\boldsymbol{x}_0)\right] \leqslant \mathbb{E}_q\left[-\log\frac{p_\theta(x_{0:T})}{q(x_{1:T}\mid x_0)}\right] = \mathbb{E}\left[-\log p(\boldsymbol{x}_T) - \sum_{t\geqslant 1}\log\frac{p_\theta(x_{t-1}\mid x_t)}{q(x_t\mid x_{t-1})}\right] := L$$

$$(15\text{-}8)$$

正向过程中一个值得注意的特性是,允许在任意时间 $t$ 以闭合形式对 $\boldsymbol{x}_t$ 进行采样,即采用符号 $\alpha_t := 1 - \beta_t$, $\bar{\alpha}_t := \prod_{s=1}^{t}\alpha_s$,则成立

$$q(\boldsymbol{x}_t\mid\boldsymbol{x}_0) = \mathcal{N}(\boldsymbol{x}_t;\sqrt{\bar{\alpha}_t}\boldsymbol{x}_0,(1-\bar{\alpha}_t)\boldsymbol{I}) \tag{15-9}$$

需要优化 $L$ 的随机项来提高训练效率。重写式(15-8)的 $L$ 公式如下:

$$\mathbb{E}_q\left[\underbrace{D_{\mathrm{KL}}(q(\boldsymbol{x}_T\mid\boldsymbol{x}_0)\|p(\boldsymbol{x}_T)\|)}_{L_T} + \sum_{t>1}\underbrace{D_{\mathrm{KL}}(q(\boldsymbol{x}_{t-1}\mid\boldsymbol{x}_t,\boldsymbol{x}_0)\|p(\boldsymbol{x}_{t-1}\mid\boldsymbol{x}_t))}_{L_{t-1}} - \underbrace{\log p_\theta(\boldsymbol{x}_0\mid\boldsymbol{x}_1)}_{L_0}\right]$$

$$(15\text{-}10)$$

其中,采用 KL 发散度直接比较 $p_\theta(\boldsymbol{x}_{t-1}\mid\boldsymbol{x}_t)$ 和正向过程后验,后者在 $\boldsymbol{x}_0$ 条件下可控:

$$q(\boldsymbol{x}_{t-1}\mid\boldsymbol{x}_t,\boldsymbol{x}_0) = \mathcal{N}(\boldsymbol{x}_{t-1};\tilde{\boldsymbol{\mu}}_t(\boldsymbol{x}_t,\boldsymbol{x}_0),\tilde{\beta}_t\boldsymbol{I}) \tag{15-11}$$

其中,$\tilde{\boldsymbol{\mu}}_t$ 是正向过程的后验均值:

$$\tilde{\boldsymbol{\mu}}_t(\boldsymbol{x}_t,\boldsymbol{x}_0) := \frac{\sqrt{\bar{\alpha}_{t-1}}\beta_t}{1-\bar{\alpha}_t}\boldsymbol{x}_0 + \frac{\sqrt{\alpha_t}(1-\bar{\alpha}_t)}{1-\bar{\alpha}_t}\boldsymbol{x}_t,\quad \tilde{\beta}_t := \frac{1-\bar{\alpha}_{t-1}}{1-\bar{\alpha}_t}\beta_t \tag{15-12}$$

正向过程方差 $\beta_t$ 可以在重新参数化中学习或者保持不变作为超参,反向过程的表现力部分来自 $p_\theta(\boldsymbol{x}_{t-1}\mid\boldsymbol{x}_t)$ 中选择的高斯条件,因为当 $\beta_t$ 小的时候两个过程有同样的函数形式。

扩散概率模型在实现中允许很大的自由度。必须选择正向过程的方差 $\beta_t$ 和模型结构,以及反向过程的高斯分布参数化。为便于选择,在扩散模型和去噪分数匹配之间建立了一个显式联系,可带来扩散模型的一个简化的加权变分界目标。

忽略正向过程方差 $\beta_t$ 可通过重参数化学习的事实,将其固定为常数。在实现中,近似后验 $q$ 没有可学习参数,因此 $L_T$ 在训练期间是常数,可以忽略。

反向过程中,$\sum_\theta(\boldsymbol{x}_t,t) = \sigma_t^2\boldsymbol{I}$ 设定为时间相关的常数,那么可写出:

$$L_{t-1} = \mathbb{E}_q\left[\frac{1}{2\sigma_t^2}\|\tilde{\boldsymbol{\mu}}_t(\boldsymbol{x}_t,\boldsymbol{x}_0) - \boldsymbol{\mu}_\theta(\boldsymbol{x}_t,t)\|^2\right] \tag{15-13}$$

可以看见最直接的 $\boldsymbol{\mu}_\theta$ 参数化是一个预测 $\tilde{\boldsymbol{\mu}}_t$ 的模型。

进一步参数化 $q(\boldsymbol{x}_t\mid\boldsymbol{x}_0)$ 为 $\boldsymbol{x}_t(\boldsymbol{x}_0,\boldsymbol{\varepsilon}) = \sqrt{\bar{\alpha}_t}\boldsymbol{x}_0 + \sqrt{1-\bar{\alpha}_t}\boldsymbol{\varepsilon}$,其中 $\boldsymbol{\varepsilon}\sim\mathcal{N}(0,I)$,并应用正向过程后验公式,可得到:

$$L_{t-1} - C = \mathbb{E}_{\boldsymbol{x}_0,\boldsymbol{\varepsilon}}\left[\frac{1}{2\sigma_t^2}\left\|\tilde{\boldsymbol{\mu}}_t\left(\boldsymbol{x}_t(\boldsymbol{x}_0,\boldsymbol{\varepsilon}),\frac{1}{\sqrt{\bar{\alpha}_t}}(\boldsymbol{x}_t(\boldsymbol{x}_0,\boldsymbol{\varepsilon}) - \sqrt{1-\bar{\alpha}_t}\boldsymbol{\varepsilon})\right) - \boldsymbol{\mu}_\theta(\boldsymbol{x}_t(\boldsymbol{x}_0,\boldsymbol{\varepsilon}),t)\right\|^2\right]$$

$$= \mathbb{E}_{\boldsymbol{x}_0,\boldsymbol{\varepsilon}}\left[\frac{1}{2\sigma_t^2}\left\|\left(\boldsymbol{x}_t(\boldsymbol{x}_0,\boldsymbol{\varepsilon}) - \frac{\beta_t}{\sqrt{1-\bar{\alpha}_t}}\boldsymbol{\varepsilon}\right) - \boldsymbol{\mu}_\theta(\boldsymbol{x}_t(\boldsymbol{x}_0,\boldsymbol{\varepsilon}),t)\right\|^2\right] \tag{15-14}$$

式(15-14)说明 $\boldsymbol{\mu}_\theta$ 必须在给定 $\boldsymbol{x}_t$ 情况下预测 $\frac{1}{\sqrt{\bar{\alpha}_t}}\left(\boldsymbol{x}_t - \frac{\beta_t}{\sqrt{1-\bar{\alpha}_t}}\boldsymbol{\varepsilon}\right)$。因此可以选择如

下参数化：

$$\boldsymbol{\mu}_\theta(\boldsymbol{x}_t,t)=\tilde{\boldsymbol{\mu}}_t\left(\boldsymbol{x}_t,\frac{1}{\sqrt{\bar\alpha_t}}(\boldsymbol{x}_t-\sqrt{1-\bar\alpha_t}\,\boldsymbol{\varepsilon}_\theta(\boldsymbol{x}_t))\right)=\frac{1}{\sqrt{\bar\alpha_t}}\left(\boldsymbol{x}_t-\frac{\beta_t}{\sqrt{1-\bar\alpha_t}}\boldsymbol{\varepsilon}_\theta(\boldsymbol{x}_t,t)\right)$$

（15-15）

其中，$\boldsymbol{\varepsilon}_\theta$ 是一个从 $\boldsymbol{x}_t$ 预测 $\boldsymbol{\varepsilon}$ 的函数近似。基于上述参数化，$L_{t-1}$ 可进一步简化：

$$\mathbb{E}_{\boldsymbol{x}_0,\varepsilon}\left[\frac{\beta_t^2}{2\sigma_t^2\alpha_t(1-\bar\alpha_t)}\left\|\boldsymbol{\varepsilon}-\boldsymbol{\varepsilon}_\theta(\sqrt{\bar\alpha_t}\,x_0+\sqrt{1-\bar\alpha_t}\varepsilon,t)\right\|^2\right]$$

（15-16）

这类似于多噪声尺度（$t$）的去噪分数匹配。

总之，可以训练反向过程平均函数逼近器 $\boldsymbol{\mu}_\theta$ 来预测 $\tilde{\boldsymbol{\mu}}_t$，或者修正其参数化，训练其预测 $\boldsymbol{\varepsilon}$。可以看见，$\varepsilon$-预测参数化既类似于 Langevin 动力学，又简化扩散模型变分界为一个去噪分数匹配类似的目标。

## 15.3　DDIM

为了加速采样，去噪扩散隐式模型（DDIM）采用非马尔可夫扩散过程。这些非马尔可夫过程对应于确定性的生成过程，从而得到生成高质量样本更快的隐式模型。

如 15.2 节中对 DDPM 的分析，如果所有条件都被建模为可训练平均函数和固定方差的高斯分布，则 DDPM 最大化变分界（variational bound）的目标可以简化为如下形式：

$$L_\gamma(\varepsilon_\theta)=\sum_{t=1}^{T}\gamma_t\,\mathbb{E}_{x_0\sim q(x_0),\varepsilon_t\sim\mathcal{N}(0,I)}\left[\left\|\boldsymbol{\varepsilon}_\theta^{(t)}(\sqrt{\bar\alpha_t}\,x_0+\sqrt{1-\bar\alpha_t}\,\boldsymbol{\varepsilon}_t)-\boldsymbol{\varepsilon}_t\right\|_2^2\right]$$ （15-17）

其中，$\boldsymbol{\varepsilon}_\theta:=\{\boldsymbol{\varepsilon}_\theta^{(t)}\}_{t=1}^{T}$ 是一个有 $T$ 个函数的集合，每个 $\boldsymbol{\varepsilon}_\theta^{(t)}$ 是一个带可训练参数 $\theta^{(t)}$ 的函数，而 $\boldsymbol{\gamma}:=[\gamma_1,\gamma_2,\cdots,\gamma_T]$ 是一个依赖 $\bar\alpha_{1:T}$ 目标的正系数向量。

在参考文献[3]中，$\gamma=1$ 的目标优化是最大化训练模型的生成性能，这也是基于分数匹配的噪声条件分数网络中的相同目标。首先在一个训练模型从先验 $p_\theta(\boldsymbol{x}_T)$ 中采样 $\boldsymbol{x}_T$，然后在生成过程中迭代采样 $x_{t-1}$。

正向过程的长度 $T$ 是 DDPM 中的一个重要超参。从参数变化角度来看，大 $T$ 允许反向过程接近高斯分布，因此用高斯条件分布建模的生成过程成为一个很好的近似，这促使选择大 $T$ 值，如在参考文献[5]中选择 $T=1000$。然而，由于所有 $T$ 次迭代都必须按顺序而不是并行操作获得样本 $\boldsymbol{x}_0$，因此 DDPM 采样比其他深度生成模型采样要慢得多，这样就不适用于计算有限且延迟紧要的任务。

关键的观察是，$L_\gamma$ 形式的 DDPM 目标仅取决于边际 $q(\boldsymbol{x}_t|\boldsymbol{x}_0)$，而不是联合分布 $q(\boldsymbol{x}_{1:T}|\boldsymbol{x}_0)$。由于有许多具有相同边际的推理分布（联合），非马尔可夫的替代推理过程可带来新的生成过程，如图 15.1 所示。

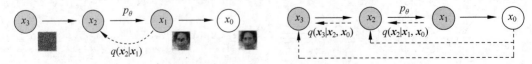

图 15.1　扩散推理模型（左）和非马尔可夫推理模型（右）的图模型

下面将分析这些非马尔可夫推理过程造成了与 DDPM 相同的替代目标函数(注:非马尔可夫的思考角度也适用于高斯分布之外的情形)。

考虑一组推理分布 $Q$,采用一个实数向量 $\boldsymbol{\sigma}$ 来标记:

$$q_{\boldsymbol{\sigma}}(\boldsymbol{x}_{1:T} \mid \boldsymbol{x}_0) := q_{\boldsymbol{\sigma}}(\boldsymbol{x}_T \mid \boldsymbol{x}_0)\prod_{t=2}^{T} q_{\boldsymbol{\sigma}}(\boldsymbol{x}_{t-1} \mid \boldsymbol{x}_t, \boldsymbol{x}_0) \tag{15-18}$$

其中,$q_{\boldsymbol{\sigma}}(\boldsymbol{x}_T \mid \boldsymbol{x}_0) = \mathcal{N}(\sqrt{\bar{\alpha}_T}\,\boldsymbol{x}_0, \sqrt{1-\bar{\alpha}_T}\,\boldsymbol{I})$,同时对所有 $t > 1$:

$$q_{\boldsymbol{\sigma}}(\boldsymbol{x}_{t-1} \mid \boldsymbol{x}_t, \boldsymbol{x}_0) = \mathcal{N}(\sqrt{\bar{\alpha}_{t-1}}\,\boldsymbol{x}_0 + \sqrt{1-\bar{\alpha}_{t-1}-\boldsymbol{\sigma}_t^2} \cdot \frac{\boldsymbol{x}_t - \sqrt{\bar{\alpha}_t}\,\boldsymbol{x}_0}{\sqrt{1-\bar{\alpha}_t}}, \boldsymbol{\sigma}_t^2\boldsymbol{I}) \tag{15-19}$$

选择这个平均函数是为了对所有 $t$ 保证 $q_{\boldsymbol{\sigma}}(\boldsymbol{x}_t \mid \boldsymbol{x}_0) = \mathcal{N}(\sqrt{\bar{\alpha}_t}\,\boldsymbol{x}_0, \sqrt{1-\bar{\alpha}_t}\,\boldsymbol{I})$。这样定义一个联合推理分布和期望的"边际分布"匹配。该正向过程从贝叶斯原则推导如下:

$$q_{\boldsymbol{\sigma}}(\boldsymbol{x}_t \mid \boldsymbol{x}_{t-1}, \boldsymbol{x}_0) = \frac{q_{\boldsymbol{\sigma}}(\boldsymbol{x}_{t-1} \mid \boldsymbol{x}_t, \boldsymbol{x}_0)q_{\boldsymbol{\sigma}}(\boldsymbol{x}_t \mid \boldsymbol{x}_0)}{q_{\boldsymbol{\sigma}}(\boldsymbol{x}_{t-1} \mid \boldsymbol{x}_0)} \tag{15-20}$$

不同于扩散过程,这个正向过程不再是马尔可夫链,因为每个 $\boldsymbol{x}_t$ 同时依赖 $\boldsymbol{x}_{t-1}$ 和 $\boldsymbol{x}_0$。这里 $\boldsymbol{\sigma}$ 的幅度控制该正向过程的随机性。

下一步定义一个可训练的生成过程 $p_{\theta}(\boldsymbol{x}_{0:T})$,其中每个 $p_{\theta}^{(t)}(\boldsymbol{x}_{t-1} \mid \boldsymbol{x}_t)$ 利用 $q_{\boldsymbol{\sigma}}(\boldsymbol{x}_{t-1} \mid \boldsymbol{x}_t, \boldsymbol{x}_0)$ 的知识。直觉说,给定一个含噪观测 $\boldsymbol{x}_t$,首先预测对应的 $\boldsymbol{x}_0$,然后用来从定义的反向条件分布 $q_{\boldsymbol{\sigma}}(\boldsymbol{x}_{t-1} \mid \boldsymbol{x}_t, \boldsymbol{x}_0)$ 获得一个样本 $\boldsymbol{x}_{t-1}$。

对于某些 $\boldsymbol{x}_0 \sim q(\boldsymbol{x}_0), \boldsymbol{\varepsilon}_t \sim \mathcal{N}(0, I)$,可以获得 $\boldsymbol{x}_t$,无须 $\boldsymbol{x}_0$ 的知识,模型 $\boldsymbol{\varepsilon}_{\theta}^{(t)}(\boldsymbol{x}_t)$ 尝试从 $\boldsymbol{x}_t$ 预测 $\boldsymbol{\varepsilon}_t$。这样可以预测去噪观测(denoised observation),给定 $\boldsymbol{x}_t$ 的 $\boldsymbol{x}_0$ 预测:

$$f_{\theta}^{(t)}(\boldsymbol{x}_t) := (\boldsymbol{x}_t - \sqrt{1-\bar{\alpha}_t} \cdot \boldsymbol{\varepsilon}_{\theta}^{(t)}(\boldsymbol{x}_t)) / \sqrt{\bar{\alpha}_t} \tag{15-21}$$

这样定义这个生成过程,通过一个固定先验 $p_{\theta}^{(t)}(\boldsymbol{x}_T) = \mathcal{N}(0, I)$ 和如下的条件分布:

$$p_{\theta}^{(t)}(\boldsymbol{x}_{t-1} \mid \boldsymbol{x}_t) = \begin{cases} \mathcal{N}(f_{\theta}^{(1)}(\boldsymbol{x}_1), \boldsymbol{\sigma}_1^2 I), & t = 1 \\ q_{\boldsymbol{\sigma}}(\boldsymbol{x}_{t-1} \mid \boldsymbol{x}_t, f_{\theta}^{(t)}(\boldsymbol{x}_t)), & \text{其他} \end{cases} \tag{15-22}$$

其中,$q_{\boldsymbol{\sigma}}(\boldsymbol{x}_{t-1} \mid \boldsymbol{x}_t, f_{\theta}^{(t)}(\boldsymbol{x}_t)), f_{\theta}^{(t)}(\boldsymbol{x}_t)$ 取代 $\boldsymbol{x}_0$。对于情况 $t = 1$,叠加高斯噪声确保生成过程处处得到支持。

从下面这个变分推理目标去优化 $\theta$:

$$J_{\boldsymbol{\sigma}}(\boldsymbol{\varepsilon}_{\theta}) := \mathbb{E}_{\boldsymbol{x}_{0:T} \sim q_{\boldsymbol{\sigma}}(x_{0:T})}[\log q_{\boldsymbol{\sigma}}(\boldsymbol{x}_{1:T} \mid \boldsymbol{x}_0) - \log p_{\theta}(\boldsymbol{x}_{0:T})] \tag{15-23}$$

$$= \mathbb{E}_{\boldsymbol{x}_{0:T} \sim q_{\boldsymbol{\sigma}}(x_{0:T})}\Big[\log q_{\boldsymbol{\sigma}}(\boldsymbol{x}_T \mid \boldsymbol{x}_0) + \sum_{t=2}^{T}\log q_{\boldsymbol{\sigma}}(\boldsymbol{x}_{t-1} \mid \boldsymbol{x}_t, \boldsymbol{x}_0) -$$

$$\sum_{t=1}^{T} p_{\theta}^{(t)}(\boldsymbol{x}_{t-1} \mid \boldsymbol{x}_t) - \log p_{\theta}(x_T)\Big]$$

其中,对 $q_{\boldsymbol{\sigma}}(\boldsymbol{x}_{1:T} \mid \boldsymbol{x}_0)$ 进行分解。

从 $J_{\boldsymbol{\sigma}}$ 这个定义看,似乎对每个 $\boldsymbol{\sigma}$ 的选择,必须训练一个不同的模型,因为其对应一个不同的变分目标(和一个不同的生成过程)。

变分目标 $L_{\gamma}$ 是特殊的,因为如果不同 $t$ 之间模型 $\boldsymbol{\varepsilon}_{\theta}^{(t)}$ 的参数 $\theta$ 不共享,那么 $\boldsymbol{\varepsilon}_{\theta}$ 的最优解将不依赖于权重 $\gamma$(因为全局最优通过最大化总和中分别每项来实现)。$\gamma$ 的这个性质有

两个含义：一方面，这证明了使用 $L_1$ 作为 DDPM 变分下限的替代目标函数是合理的；另一方面，由于 $J_\sigma$ 等价于某个 $L_\gamma$，因此 $J_\sigma$ 的最优解也与 $L_1$ 相同。所以，如果模型 $\varepsilon_\theta$ 中参数不在 $t$ 之间共享，则 DDPM 的 $L_1$ 目标也可以用作变分目标 $J_\sigma$ 的一个替代。

把 $L_1$ 作为目标，不仅学习马尔可夫推理过程的生成过程，而且在学习 $\sigma$ 参数化的非马尔可夫正向过程的生成进程。因此，基本上可以用预训练的 DDPM 模型作为新目标的解决方案，并专注于通过改变 $\sigma$ 来寻找一种生成过程，更好地生成样本。

当所有 $t$ 的 $\sigma_t = 0$ 时，给定 $x_{t-1}$ 和 $x_0$，正向过程变得具有确定性，除了 $t = 1$；在生成过程中，随机噪声 $\varepsilon_t$ 之前的系数变为零。这样所得模型成为一个隐式概率模型，其中样本通过一个固定程序从潜在变量生成（从 $x_T$ 到 $x_0$），可命名为去噪扩散隐式模型（DDIM），原因在于它是一个用 DDPM 目标训练的隐式概率模型（尽管正向过程不再是一个扩散过程）。

## 15.4　SDE

在基于分数生成建模和扩散概率建模的基础上，参考文献[7]中提出了一个 SDE 框架封装了以前的方法。一个随机微分方程（SDE）的正向过程，是通过缓慢注入噪声将复杂数据分布平滑地转换为已知的先验分布，而相应的反向时间 SDE，则是缓慢去除噪声将先验分布转换回数据分布。关键的是，反向时间 SDE 仅取决于扰动数据分布的时间相关梯度场（也称为分数）。利用基于分数的生成建模方法，可以用神经网络准确估计这些分数，并用数值 SDE 求解器生成样本。

这个扩散过程定义为一个 SDE 的解，即正向过程：

$$\mathrm{d}x = f(x,t) + g(t)\mathrm{d}w \tag{15-24}$$

其中，$w$ 是标准的维纳过程（布朗运动）；$f(\cdot,t)$ 是一个向量-值函数，称为 $x(t)$ 的漂移系数；$g(t)$ 是一个标量函数，即 $x(t)$ 的扩散系数。

记 $p_t(x)$ 为 $x(t)$ 的概率密度，下面从样本 $x(T) \sim p_T$ 开始做反向 SDE，得到样本 $x(0) \sim p_0$。一个扩散过程的反向也是一个扩散过程，即

$$\mathrm{d}x = [f(x,t) - g(t)^2 \nabla_x \log p_t(x)]\mathrm{d}t + g(t)\mathrm{d}\overline{w} \tag{15-25}$$

其中，$\overline{w}$ 是一个标准维纳过程，$\mathrm{d}t$ 是一个无限小负时间步长。一旦每个边际分布分数 $\nabla_x \log p_t(x)$ 已知，则可推导反向扩散过程，模拟从 $p_0$ 进行采样。

如图 15.2 所示即求解反向时间 SDE 产生基于分数生成模型的示意图，一个连续时间 SDE 可以完成把数据转换为简单的噪声分布。如果知道每个中间时间步长的分布分数 $\nabla_x \log p_t(x)$，该 SDE 可以反方向进行。

在这个框架下，基于分数生成建模方法可以被描述为一个带增加噪声尺度 $\sigma(t)$ 的方差爆炸（variance-exploding，VE）SDE：$\mathrm{d}x = \sqrt{\mathrm{d}[\sigma^2(t)/\mathrm{d}t]}\,\mathrm{d}w$。对比的是，扩散概率建模则是带另一个噪声序列 $\beta(t)$ 的方差保留（variance-preserving，VP）SDE：$\mathrm{d}x = -\left[\dfrac{|\beta(t)|}{2}\right]x\mathrm{d}t + \sqrt{\beta(t)}\,\mathrm{d}w$。注：VP SDE 可以被重参数化为一个等价 VE SDE。

特别地，参考文献[7]中还给出了一个预测-校正框架对离散反向时间 SDE 演化中的误差进行校正，以及一个等效的神经常微分方程（ODE），从 SDE 相同的分布中采样，但依靠准

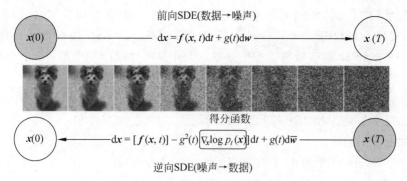

图 15.2　SDE 产生基于分数生成模型的示意图

确的似然计算,提高了采样效率。

任何扩散过程都可以用确定性 ODE 表示,该 ODE 在整个演化过程中带着与扩散过程相同的边际密度,称为概率流(PF)ODE。PF ODE 支持数据的唯一可识别编码,是 DDIB 的核心。对于式(15-24)正向 SDE,等效 PF ODE 具有以下形式:

$$\mathrm{d}\boldsymbol{x} = \left[ \boldsymbol{f}(\boldsymbol{x}, t) - \frac{1}{2} g(t)^2 \, \nabla_x \log p_t(\boldsymbol{x}) \right] \mathrm{d}t \qquad (15\text{-}26)$$

当分数函数被基于时间的分数模型(通常是神经网络)近似时,即得到一个神经 ODE 例子。

另外提一下参考文献[17]中的工作,其介绍了一组基于扩散的生成模型,其中为捕捉数据的精细尺度细节,在噪声预测模型的输入中添加一组傅里叶特征。在去噪模型输入中包括这些特征会大大提高似然性,尤其是与可学习的信噪比(SNR)函数相结合。通过分析扩散模型的变分下限(VLB),得出一个扩散过程 SNR 的非常简单表达式,从而帮助了对扩散模型密度建模的理论理解。

对于连续时间(无限深度)设置,参考文献[17]证明其 VLB 对噪声调度而言是不变的。这样就能够学习一个噪声调度方案,最小化 VLB 估计器的方差,从而实现更快的优化。

## 15.5　图像/视频合成

### 15.5.1　图像

图像超分辨率(super resolution)旨在从低分辨率(LR)图像中恢复高分辨率(HR)图像,而图像修复(inpainting)则是重建图像中丢失或损坏的区域。

参考文献[11]中提出了一种通过重复细化实现图像超分的方法 SR3。SR3 通过一系列细化步骤将标准正态分布转换为经验数据分布,类似于 Langevin 动力学。SR3 让 DDPM 适应条件图像生成场景,并通过一个随机迭代去噪过程进行超分。生成输出从纯高斯噪声开始,并采用一个在不同噪声水平下降噪训练的 UNet 模型迭代地细化含噪输出。

SR3 用 BigGAN 中的残差块替换原始的 DDPM 残差块,用因子 $1/\sqrt{2}$ 伸缩残余连接,并增加了残差块和不同分辨率通道乘法器的数量。为了让模型适应输入,用双三次插值将低分辨率图像上采样为目标分辨率。结果沿通道维度与输出连接。

参考文献[12]中专门研究了图像生成的应用,认为扩散模型和 GAN 之间的差距至少源于两个因素:①GAN 模型架构已被大量探索和改进;②GAN 能够以多样性换取保真度,产生高质量的样本,但不能覆盖整个分布。为此参考文献[12]中改进了扩散模型架构,设计了一个以多样性换取保真度的方案。

所做的改进有以下几点。

- 增加深度与宽度,保持模型尺寸相对不变。
- 增加注意头的数量。
- 在 32×32、16×16 和 8×8 分辨率下使用注意力机制。
- 用 BigGAN 残差块对激活进行上采样和下采样。
- 用因子 $1/\sqrt{2}$ 伸缩残余连接。

此外参考文献[12]中还研究了与 Transformer 架构更好匹配的其他注意配置,对自适应组归一化(AdaGN)操作进行了实验。类似于自适应实例归一化(adaptive instance normalization),AdaGN 层将时间步长和类嵌入(class embedding)引入组归一化(GN)操作后的每个残差块中。定义该层为 $\mathrm{AdaGN}(h, \boldsymbol{y}) = y_s \mathrm{GroupNorm}(h) + y_b$,其中 $h$ 为第一个卷积后残差模块的中间激活,而 $\boldsymbol{y} = [y_s, y_b]$ 由时间步长和类嵌入的一个线性嵌入得到。

用于条件图像合成的 GAN,大量使用类标签,通常采用类条件归一化统计以及类似分类器 $p(y|x)$ 的头部鉴别器形式。为此参考文献[12]中探索了一种不同的方法:利用分类器 $p(\boldsymbol{y}|\boldsymbol{x})$ 来改进一个扩散生成器,即分类器引导(classifier-guided)的方法。

分类器引导方法用一个分类器的梯度来调节一个预训练的扩散模型。特别地,可以在噪声图像 $\boldsymbol{x}_t$ 上训练一个分类器 $p_\phi(\boldsymbol{y}|\boldsymbol{x}_t, t)$,然后用梯度 $\nabla_{\boldsymbol{x}_t} \log p_\phi(\boldsymbol{y}|\boldsymbol{x}_t, t)$ 把扩散采样过程引导向一个任意类别的标签 $\boldsymbol{y}$。

从带一个无条件含噪反向过程 $p_\theta(\boldsymbol{x}_t|\boldsymbol{x}_{t+1})$ 的一个扩散模型开始,为了调节一个标签,根据如下方式采样每个转换:

$$p_{\theta,\phi}(\boldsymbol{x}_t \mid \boldsymbol{x}_{t+1}, \boldsymbol{y}) = Z p_\theta(\boldsymbol{x}_t \mid \boldsymbol{x}_{t+1}) p_\phi(\boldsymbol{y} \mid \boldsymbol{x}_t) \tag{15-27}$$

其中,$Z$ 是归一化常数。直接从该分布采样很难,但是其可以近似为一个扰动的高斯分布。

回想一下,扩散模型用一个高斯分布从 $\boldsymbol{x}_{t+1}$ 预测 $\boldsymbol{x}_t$:

$$p_\theta(\boldsymbol{x}_t \mid \boldsymbol{x}_{t+1}) = \mathcal{N}(\boldsymbol{\mu}, \textstyle\sum) \tag{15-28}$$

$$\log p_\theta(\boldsymbol{x}_t \mid \boldsymbol{x}_{t+1}) = \frac{1}{2}(\boldsymbol{x}_t - \boldsymbol{\mu})^{\mathrm{T}} \textstyle\sum^{-1} (\boldsymbol{x}_t - \boldsymbol{\mu}) + C \tag{15-29}$$

可通过在 $\boldsymbol{x}_t = \boldsymbol{\mu}$ 泰勒展开做以下近似:

$$p_\phi(\boldsymbol{y} \mid \boldsymbol{x}_t) = (\boldsymbol{x}_t - \boldsymbol{\mu}) g + C_1 \tag{15-30}$$

其中,$g = \nabla_{\boldsymbol{x}_t} \log p_\phi(\boldsymbol{y}|\boldsymbol{x}_t)|_{\boldsymbol{x}_t = \boldsymbol{\mu}}$,$C_1$ 为常数。这样有:

$$\log(p_\theta(\boldsymbol{x}_t \mid \boldsymbol{x}_{t+1}) p_\phi(\boldsymbol{y} \mid \boldsymbol{x}_t)) \approx -\frac{1}{2}(\boldsymbol{x}_t - \boldsymbol{\mu})^{\mathrm{T}} \textstyle\sum^{-1} (\boldsymbol{x}_t - \boldsymbol{\mu}) + (\boldsymbol{x}_t - \boldsymbol{\mu}) g + C_2$$

$$= \log p(\boldsymbol{z}) + D, \boldsymbol{z} \sim \mathcal{N}(\boldsymbol{\mu} + \textstyle\sum g, \textstyle\sum) \tag{15-31}$$

直接可忽略常数 $D$。

不过上面的条件采样公式推导只是对随机扩散采样过程有效,不能用于确定性采样方法,如 DDIM。如果有一个预测样本叠加噪声的模型 $\varepsilon_\theta(\boldsymbol{x}_t)$,就可以直接推导出一个分数函数：

$$\nabla_{x_t} \log p_\phi(\boldsymbol{x}_t) = -\frac{1}{\sqrt{1-\bar{\alpha}_t}} \varepsilon_\theta(\boldsymbol{x}_t) \tag{15-32}$$

代入 $p(\boldsymbol{x}_t)p(y|\boldsymbol{x}_t)$ 的分数函数：

$$\nabla_{x_t} \log(p_\theta(\boldsymbol{x}_t)p_\phi(\boldsymbol{y}\mid\boldsymbol{x}_t)) = \nabla_{x_t}\log p_\phi(\boldsymbol{x}_t) + \nabla_{x_t}\log p_\phi(\boldsymbol{y}\mid\boldsymbol{x}_t)$$

$$= -\frac{1}{\sqrt{1-\bar{\alpha}_t}}\varepsilon_\theta(\boldsymbol{x}_t) + \nabla_{x_t}\log p_\phi(\boldsymbol{y}\mid\boldsymbol{x}_t) \tag{15-33}$$

最后，定义一个新预测模型 $\hat{\varepsilon}(\boldsymbol{x}_t)$，对应于这个联合分布的分数函数：

$$\hat{\varepsilon}(\boldsymbol{x}_t) := \varepsilon_\theta(\boldsymbol{x}_t) - \sqrt{1-\bar{\alpha}_t}\,\nabla_{x_t}\log p_\phi(\boldsymbol{y}\mid\boldsymbol{x}_t) \tag{15-34}$$

这样应用和 DDIM 同样的采样程序，其中使用了一个修正的噪声预测模型 $\hat{\varepsilon}(x_t)$。

既然提到分类器引导的扩散模型，也需要介绍一下无分类器引导（classifier-free guided）的扩散模型。没有分类器的纯生成模型确实可以进行引导，只是不在图像分类器的梯度方向上采样，而是联合训练了一个有条件扩散模型和一个无条件扩散模型，并将得到的条件分数和无条件分数估计组合在一起。通过混合权重，获得了 FID/IS 折中，类似于通过分类器引导获得的折中。

这时类条件扩散模型 $\varepsilon_\theta(\boldsymbol{x}_t|\boldsymbol{y})$ 的标签 $\boldsymbol{y}$ 在训练期间以固定的概率被替换为空标签 $\varnothing$。在采样期间，模型的输出沿 $\varepsilon_\theta(\boldsymbol{x}_t|\boldsymbol{y})$ 方向进一步外推并远离 $\varepsilon_\theta(\boldsymbol{x}_t|\varnothing)$，方式如下：

$$\hat{\varepsilon}_\theta(\boldsymbol{x}_t\mid\boldsymbol{y}) = \varepsilon_\theta(\boldsymbol{x}_t\mid\varnothing) + s\cdot(\varepsilon_\theta(\boldsymbol{x}_t\mid\boldsymbol{y}) - \varepsilon_\theta(\boldsymbol{x}_t\mid\varnothing)) \tag{15-35}$$

其中，$s\geq 1$ 是引导尺度因子。其实该函数形式受隐式分类器启发，即

$$p^i(\boldsymbol{y}\mid\boldsymbol{x}_t) \propto \frac{p(\boldsymbol{x}_t\mid\boldsymbol{y})}{p(\boldsymbol{x}_t)} \tag{15-36}$$

其梯度可写成真实分数 $\varepsilon^*$ 的形式：

$$\nabla_{x_t}p^i(\boldsymbol{x}_t\mid\boldsymbol{y}) \propto \nabla_{x_t}\log p(\boldsymbol{x}_t\mid\boldsymbol{y}) - \nabla_{x_t}\log p(\boldsymbol{x}_t)$$

$$\propto \varepsilon^*(\boldsymbol{x}_t\mid\boldsymbol{y}) - \varepsilon^*(\boldsymbol{x}_t) \tag{15-37}$$

参考文献[13]中提出：级联的扩散模型（cascaded diffusion model，CDM）能够在类条件 ImageNet 生成基准上生成高保真图像，无须任何辅助图像分类器来帮助提高样本质量。一个级联扩散模型包括多个扩散模型的流水线生成分辨率递增的图像，其从最低分辨率的标准扩散模型开始，然后是一个或多个超分扩散模型，接着是图像上采样和添加更多细节。

级联流水线的样本质量在很大程度上取决于调节增强（conditioning augmentation），即对超分模型的低分辨率调节输入进行数据增强。

级联是一种技术，学习一个在多分辨率单独训练模型的流水线来建模高分辨率数据；基础模型生成低分辨率样本，超分模型在低分辨率上采样为高分辨率。从一条级联流水线中采样是顺序进行的，首先从低分辨率基础模型采样，然后从超分模型采样以提高分辨率。

假设 $\boldsymbol{x}_0$ 是高分辨率数据，$\boldsymbol{z}_0$ 是低分辨率数据。在低分辨率下，有一个扩散模型 $p_\theta(\boldsymbol{z}_0)$；在高分辨率下，有一个超分扩散模型 $p_\theta(\boldsymbol{x}_0|\boldsymbol{z}_0)$。级联流水线形成高分辨率数据的潜变量模型，例如，$p_\theta(\boldsymbol{x}_0) = \int p_\theta(\boldsymbol{x}_0|\boldsymbol{z}_0)p_\theta(\boldsymbol{z}_0)\mathrm{d}\boldsymbol{z}_0$。根据类信息或其他条件信息 $c$ 来调节一条整个级联流水线也很简单，其中模型采用 $p_\theta(\boldsymbol{z}_0|c)$ 和 $p_\theta(\boldsymbol{x}_0|\boldsymbol{z}_0,c)$。一条级联

流水线的例子,生成类条件$256\times256$图像的详细CDM。如图15.3所示,第一个模型是一个类条件扩散模型,然后是两个类条件超分扩散模型的序列。

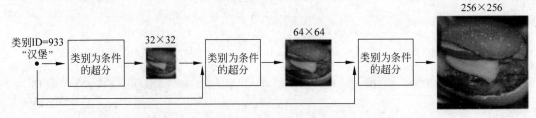

图 15.3    生成类条件 $256\times256$ 图像的 CDM 示意图

提高级联流水线样本质量的最有效技术,是在每个超分模型的低分辨率输入上使用数据增强进行训练,即调节增强。在低分辨率下最有效的是添加高斯噪声(正向过程噪声),而对于高分辨率,对 $z$ 随机应用高斯模糊。在某些情况下,更实用的方法是训练超分模型,并在训练后的超参搜索中选择最佳强度,以获得最佳样本质量。

为了在有限的计算资源上实现扩散模型训练,同时保持其质量和灵活性,报道高分辨率图像合成的论文(见参考文献[16])将扩散模型应用于预训练自动编码器的潜空间,即潜扩散模型(LDM)。其在模型体系结构中引入交叉注意层,将扩散模型转换为用于文本或边框等一般条件输入的生成器,以卷积方式实现高分辨率合成。同时与基于像素的扩散模型相比,显著降低了计算要求。

在编码器的训练中,为避免高方差的潜空间,加入两种不同的正则化。一个是 KL 回归,对学习的潜变量施加轻微的 KL 惩罚,类似于 VAE;另一个是 VQ 回归,用解码器内的矢量量化(VQ)层。该模型可以解释为 VQGAN,但量化层被解码器吸收。

通过训练的编码器和解码器组成的感知压缩模型,可以进入一个高效、低维的潜空间,在这个空间中,高频难以察觉的细节被抽象出来。与高维像素空间相比,该空间更适合基于似然的生成模型,因为其:①关注数据的重要语义比特;②在低维、计算效率更高的空间中训练。

参考文献[16]中用交叉注意机制增强其底层 UNet 主干,将扩散模型转换为更灵活的条件图像生成器,这对学习各种输入模态的基于注意模型是有效的。为了从各种模态(如语言提示)预处理输入,参考文献[16]中引入了一个域特定编码器,先把输入投影到一个中间表征,再通过交叉注意层映射到 UNet 的中间层。如图 15.4 所示为 LDM 的架构图,$\varepsilon$ 和 $\mathcal{D}$ 分别为感知压缩器的编码器和解码器,条件去噪自动编码器$\varepsilon_\theta$基于 UNet 和交叉注意机制,域专用编码器记为$\tau_\theta$。

### 15.5.2    视频

由于视频帧的时空连续性和复杂性,高质量视频生成仍然具有挑战性。参考文献[20]中提出了一个视频生成的扩散模型,是标准图像扩散架构的自然扩展,采用一个 3D UNet 扩散模型架构,训练模型生成固定数量视频帧。

该 3D UNet 扩散模型架构支持从图像和视频数据中联合训练,可以减少 minibatch 梯度方差并加快优化。为了生成长时间和高分辨率的视频,参考文献[20]中引入了一种用于空间和时间视频扩展的条件采样技术。

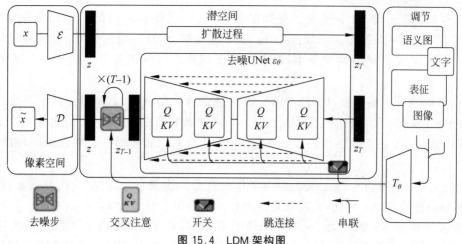

图 15.4　LDM 架构图

时空分解的 3D UNet 架构将图像扩散模型扩展到视频数据。首先,将每个 2D 卷积改变为仅空间 3D 卷积。每个空间注意块的注意保持为空间注意,即第一轴作为批量轴。其次,在每个空间注意块之后插入一个时间注意块,其在第一轴进行注意,并将空间轴视为批量轴。在每个时间注意块中使用相对位置嵌入,以便网络能够不需要绝对视频时间来区分视频帧的顺序。

3D UNet 架构如图 15.5 所示,每块表示一个 4D 张量,其轴标记为帧×高度×宽度×通道;输入是含噪视频 $z_t$、条件 $c$ 和对数 SNR $\lambda_t$。$K$ 个块的每一个下采样/上采样块以因子 2 调整空间高度×宽度分辨率。通道乘法器 $M_1, M_2, \cdots, M_K$ 指定通道数,并且上采样通道与下采样通道有级联的跳连接。

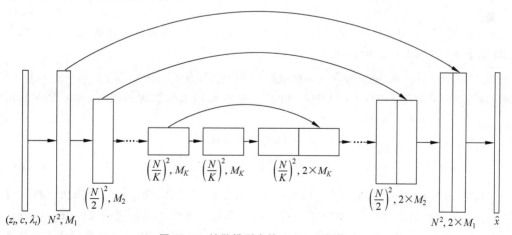

图 15.5　扩散模型中的 3D UNet 架构

### 15.5.3　新视图合成

参考文献[26]中提出了一种用于 3D 新视图合成的扩散模型 3DiM,将单个输入视图转换为跨多视图一致且清晰的补全结果。3DiM 的核心组件是一个姿态条件图像-图像扩散模型,其将源视图及其姿态作为输入,并为目标姿态生成一个新视图作为输出。

　　与 GAN 相比,扩散不仅提供更简单的架构,而且还提供更简单的超参调整体验。3DiM 用随机条件(stochastic conditioning)技术生成多个 3D 一致的视图。输出视图是自回归生成的,在生成新视图的过程中,每个去噪步骤从可用视图集合中选择一个随机条件视图。

　　3DiM 是在同一场景成对图像上训练的图像-图像扩散模型,其中假设两个图像的姿态是已知的。经过训练,3DiM 可以在给定另一个视图及其姿态的情况下,构建一个视图的条件生成模型。这个图像到图像的模型通过自回归生成可以转换为一个生成 3D 一致性帧集的模型。

　　给定一个 3D 场景 $S$ 的完整描述,对于任何姿态 $p$,其视图 $x(p)$ 完全由 $S$ 确定,即给定 $S$,视图是条件独立的。然而,兴趣点是在没有 $S$ 的情况下分布 $q(\boldsymbol{x}_1,\cdots,\boldsymbol{x}_m \mid \boldsymbol{x}_{m+1},\cdots,\boldsymbol{x}_n)$ 的建模,其中视图不再条件独立。一个图像-图像模型,只有背面视图采样的话,确实应该会对每个正面视图产生不同的输出,但不能保证彼此的一致性,尤其是完美的学习数据分布情况下。

　　这与 NeRF 方法形成了对比。在给定一个 3D 表征 $S$ 的情况下,查询射线是条件独立的——这一条件甚至比各帧之间条件独立性约束更强。NeRF 方法试图学习单个场景 $S$ 最丰富的可能表征,而 3DiM 避免了为整个 $S$ 学习一个生成模型的困难。

　　给定一个姿态 $\boldsymbol{p}_1,\boldsymbol{p}_2$ 的场景视图对数据分布 $q(\boldsymbol{x}_1,\boldsymbol{x}_2)$,可定义一个同态高斯过程,其当信噪比 $\lambda$ 降低时对数据样本叠加一定量的噪声,即

$$q(\boldsymbol{z}_k^{(\lambda)} \mid \boldsymbol{x}_k) := \mathcal{N}(\boldsymbol{z}_k^{(\lambda)}; \sigma(\lambda)^{\frac{1}{2}} \boldsymbol{x}_k, \sigma(-\lambda)\boldsymbol{I}) \tag{15-38}$$

其中,$\sigma(\cdot)$ 是 sigmoid 函数。应用重参数化方法,并通过以下公式从边际分布中采样:

$$\boldsymbol{z}_k^{(\lambda)} = \sigma(\lambda)^{\frac{1}{2}} \boldsymbol{x}_k + \sigma(-\lambda)^{\frac{1}{2}} \boldsymbol{\varepsilon}, \boldsymbol{\varepsilon} \sim N(0,\boldsymbol{I}) \tag{15-39}$$

　　然后给定一对视图,学习通过最小化目标在这对中的一个做反向过程,产生比最大化真实证据下限(ELBO)更好的样本质量:

$$\mathbb{E}_{q(\boldsymbol{x}_1,\boldsymbol{x}_2)} \mathbb{E}_{\lambda,\varepsilon} \| \boldsymbol{\varepsilon}_\theta(\boldsymbol{z}_2^{(\lambda)},\boldsymbol{x}_1,\lambda,\boldsymbol{p}_1,\boldsymbol{p}_2) - \boldsymbol{\varepsilon} \|_2^2 \tag{15-40}$$

其中,$\boldsymbol{\varepsilon}_\theta$ 是一个给定不同(干净)帧 $\boldsymbol{x}_1$ 情况下对帧 $\boldsymbol{z}_2^{(\lambda)}$ 去噪的神经网络,而 $\lambda$ 是对数信噪比。为了方便,下面简记为 $\boldsymbol{\varepsilon}_\theta(\boldsymbol{z}_2^{(\lambda)},\boldsymbol{x}_1)$。

　　理想情况下,3D 场景帧可以建模为链式规则分解如下:

$$p(\boldsymbol{x}) = \prod_i p(\boldsymbol{x}_i \mid \boldsymbol{x}_{<i}) \tag{15-41}$$

　　不过这种因子分解表现不佳。以下介绍随机条件采样器,即采用一个随机条件采样程序从一个 3DiM 生成 3D 一致性样本。首先从一组静态场景的条件视图 $\chi = \{\boldsymbol{x}_1,\cdots,\boldsymbol{x}_k\}$ 开始,这里 $k$ 比较小。然后对 $\lambda_{\min}=\lambda_T < \lambda_{T-1} < \cdots < \lambda_0=\lambda_{\max}$ 运行如下一个标准去噪扩散反向过程修正版生产一个新帧:

$$\hat{\boldsymbol{x}}_{k+1} = \frac{1}{\sigma(\lambda_t)^{\frac{1}{2}}} (\boldsymbol{z}_{k+1}^{(\lambda_t)} - \sigma(-\lambda_t)^{\frac{1}{2}} \boldsymbol{\varepsilon}_\theta(\boldsymbol{z}_{k+1}^{(\lambda_t)},\boldsymbol{x}_i)) \tag{15-42}$$

$$\boldsymbol{z}_{k+1}^{(\lambda_{t-1})} \sim q(\boldsymbol{z}_{k+1}^{(\lambda_{t-1})} \mid \boldsymbol{z}_{k+1}^{(\lambda_t)},\hat{\boldsymbol{x}}_{k+1}) \tag{15-43}$$

其中,$\boldsymbol{x}_i$ 是在每个去噪步中的重采样,$i \sim \mathcal{U}(1,\cdots,k)$。换句话说,每个单独去噪步取决于 $\chi$ 中一个随机的不同视图。一旦完成这个采样链,得到最后的 $\boldsymbol{x}_{k+1}$,将其简单加入 $\chi$,如果需

要可重复这个过程。给定足够的去噪步,随机条件方法允许每个生成帧由之前帧指导。

如图 15.6 所示是随机条件采样器的结构图,其采样过程有两个主要组成部分:①多帧自回归生成;②去噪过程生成每帧。当生成新帧时,在每个去噪步中随机选择前一帧作为条件帧。

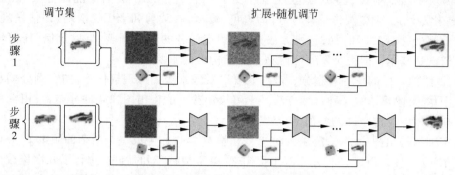

图 15.6 随机条件采样器的结构图

实践中采用 256 步去噪,足够实现高样本质量并近似 3D 一致性。注:第一个(最含噪)样本就是一个高斯,即 $z_i^{(\lambda_T)} \sim \mathcal{N}(0, I)$,而最后一步 $\lambda_0$,样本基本无噪。

随机条件方法可以视为一个对真实 AR 采样的简单近似。真实 AR 采样要求一个分数模型,如 $\nabla_{z_{k+1}^{(\lambda)}} \log q(z_{k+1}^{(\lambda)} | x_1, \cdots, x_k)$,但是这严格地需要多视图训练数据,而感兴趣的却是每个场景尽可能少的视图做训练。

3DiM 模型需要一个神经网络架构将条件帧和噪声帧作为输入。一种自然方式是简单地沿着通道维度连接两幅图像,并用标准的 UNet 架构。不过该 Concat-UNet 方法产生的结果非常差,存在严重的 3D 不一致性,并且与条件图像缺乏对齐。假设给定有限的模型容量和训练数据,是很难学习仅依赖于自注意的复杂非线性图像变换的。因此,引入 X-UNet,其核心改变是:①共享参数处理两个视图的每一个;②用两个视图之间的交叉注意机制。如图 15.7 所示是 X-UNet 架构图。

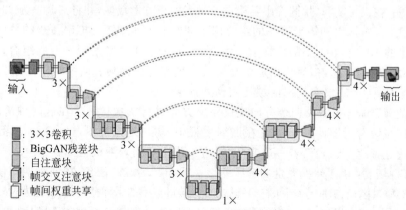

图 15.7 X-UNet 架构图

X-UNet 让每帧都有自己的噪声水平(记住,DDPM 残差块的输入是特征图以及一个噪声水平的位置编码),对干净帧用 $\lambda_{max}$ 的位置编码。

## 15.6　图像-图像翻译

参考文献[14]中基于条件扩散模型开发了一个统一的图像-图像翻译框架 Palette，对 4 个具有挑战性的图像-图像翻译任务（即着色、修复、去裁剪和 JPEG 恢复）评估发现，在所有任务上都战胜 GAN 和回归基线方法，无须特定任务的超参调整、架构定制、任何辅助损失或复杂的新技术。研究证明自注意在神经结构中的重要性。

图像-图像翻译的任务有超分、着色、修复以及像素级图像理解任务，如实例分割和深度估计。图像-图像翻译的一种自然方法是学习给定输入的输出图像条件分布，采用深度生成模型去捕获图像高维空间的多模态分布。

给定训练输出图像 $y$，给定输入图像 $x$ 和噪声水平 $\gamma$，生成一个嘈杂的版本 $\tilde{y}$，并训练神经网络 $f_\theta$ 去噪 $\tilde{y}$。Palette 使用 UNet 架构，受参考文献[7]的启发，进行了几次修改。该网络架构基于参考文献[12]中以类为条件的 $256 \times 256$ UNet 模型。该架构与之前方法的两个主要区别是：①没有类条件；②如同参考文献[11]中一样，通过级联给源图像附加条件。

参考文献[14]中的一个很大的贡献是评估图像-图像翻译模型。从规模性、多样性和公共可用性考虑，其提出了一个统一的评估协议，用于数据集 ImageNet 的修复、去裁剪和 JPEG 恢复等。主要包括 4 种图像-图像翻译样本质量的自动定量测度：①Inception Score (IS)；Fréchet Inception Distance（FID）；②预训练的 ResNet-50 分类器的 Classification Accuracy（CA）；③简单度量 Perceptual Distance（PD），即 Inception-v1 特征空间中的欧氏距离。不过最终评价是人眼观察的评价。

训练的详细信息：所有模型的最小批量为 1024，训练步数为 1M；用标准 Adam 优化器，具有固定的 1e-4 学习速率和 10k 线性学习速率预热安排。不进行任何特定于任务的超参调整或架构修改。

针对各项任务，特定训练的细节如下。

- 着色：用 RGB 参数化进行着色，灰度图像作为源图，并训练调色板来预测完整的 RGB 图像；在训练期间，从图像中随机选择最大的正方形裁剪，并将其调整为 $256 \times 256$。
- 修复：自由掩码和矩形掩码的组合用来训练 Palette；矩形掩码覆盖的总面积保持在图像的 $10\% \sim 40\%$；随机抽取 $60\%$ 的自由掩码和 $40\%$ 的矩形掩码组合；不提供任何额外的掩码通道，只是用随机高斯噪声填充掩码区域；训练时限制损失函数在掩码区域，推理时仅对掩码区域使用模型预测。
- 去裁剪：训练模型沿四个方向或仅一个方向进行图像扩展。在这两种情况下，将遮蔽区域设置为图像的 $50\%$。在训练过程中，均匀地选择沿着一个边遮蔽，或所有 4 个边选择遮蔽。当沿着一边遮蔽时，进一步进行均匀随机选择。
- JPEG 恢复：由于较低质量的解压缩是一项非常困难的任务，在训练期间使用指数分布对质量因子 $(5, 30)$ 进行采样；具体而言，质量范围的采样概率 $Q$ 设置为 $\propto e - Q/10$。

参考文献[18]中提出了双扩散隐式桥梁（DDIB），一种基于扩散模型的图像翻译方法，其可以避免源域和目标域的联合训练。DDIB 的图像翻译依赖于两个在单个域独立训练的扩散模型，是一个两步过程：首先使用源扩散模型获得源图像的潜编码，然后用目标扩散模型解码以构建目标图像。

具体而言，DDIB 基于 DDIM 方法开发。DDIM 发明了扩散过程的特定参数化，在图像及其潜表征之间创建了一个平滑、确定和可逆的映射。这种映射用一个概率流(PF)常微分方程(ODE)解来获取，该方程是 DDIB 的基石。在源-目标对使用 DDIB 进行翻译需要两个不同的 PF-ODE：源 PF-ODE 将输入图像转换为潜空间；而目标 ODE 随后合成目标域的图像。

重要的是，训练的扩散模型是特定于各个域的，并且不依赖于域成对信息。实际上，DDIB 可以保存某个域的训练模型，以备将来作为源或目标出现在新的域对时使用。DDIB 的成对翻译只需要线性数量的扩散模型(和参考文献[12]中一样，可以用条件模型进一步减少)，并且训练时不需要同时扫描两个数据集。与利用共享域的 StarGAN 不同，DDIB 的潜空间存储有关数据的所有信息。

本质上，在数据和潜分布之间，DDIB 的概率流 ODE 包括带线性或退化漂移的一个特别的薛定谔桥(SBP)问题解。而且，仅限于 ODE 解算器引入的离散化误差，DDIB 保证精确的循环一致性。

数值 ODE 解算器用于在不同的时间构造图像 $x$。经验表明，在 $t=0$ 处重建 $x$ 时，基于分数的生成模型(SGM)具有相对较低的离散化误差。为简明起见，用 $v_\theta = \mathrm{d}x/\mathrm{d}t$ 表示 $\theta$ 参数化的速度场，并用符号 ODESolve 表示从 $x(t_0)$ 到 $x(t_1)$ 的映射：

$$\mathrm{ODESolve}(x(t_0); v_\theta, t_0, t_1) = x(t_0) + \int_{t_0}^{t_1} v_\theta(t, x(t))\mathrm{d}t \tag{15-44}$$

这样抽象出精确的模型(基于分数模型或扩散模型)，或使用的积分器。

直观地显示 DDIB 如图 15.8 所示，DDIB 利用两个 ODE 进行图像翻译。给定源图像 $x(s)$，源 ODE 正向运行求解将其转换为潜 $x(l)$，而目标 ODE 反向求解构建目标图像 $x(t)$；其中图 15.8 的上图是两个 1D 分布之间的 DDIB 思想图示，而下图是 DDIB 用一个预训练条件扩散模型把一只"老虎"转换成一只"猫"。

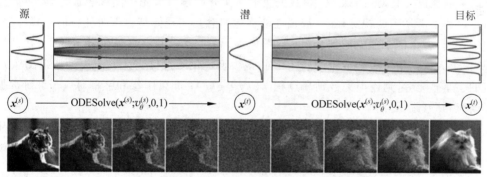

图 15.8　DDIB 的直观显示

首先，给定表示为一个向量场 $v_\theta^{(s)}$ 的一个源模型，DDIB 首先在源域应用 ODESolve，在结束时间 $t=1$ 时获得图像的编码 $x(s)$，称为潜代码(与域的扩散模型相关)。然后，将源潜代码作为初始条件($t=1$ 处的目标潜代码)馈送到有目标模型 $v_\theta^{(t)}$ 的 ODESolve，获得目标图像 $x(t)$。如前所述，DDIM 可实现 ODESolve，其具有相当小的离散化误差。

## 15.7　文本-图像/视频的合成

由于潜在应用价值巨大，视觉语言模型最近引起了大量关注。文本到图像生成是从描述性文本生成相应图像的任务。

一种从文本生成真实图像的工具可以使人类以轻松的方式创建丰富多样的视觉内容。使用自然语言编辑图像的能力更能迭代细化和细粒度控制生成的内容。

无条件图像模型可以合成真实感照片,有时具有足够的逼真度,无法和真实图像区别开来。在这一研究领域内,扩散模型已成为一个很有前途的生成模型,实现了最先进的样本质量。

为了在类为条件的设置中实现照片真实感,分类器引导方法允许扩散模型以分类器的标签为条件。分类器首先在噪声图像上训练,并且在扩散采样过程中,分类器的梯度用于将样本引向标签。而无分类器引导方法采用另外一种引导形式,在有和无标签的扩散模型预测之间进行插值。

参考文献[15]中报道了一个有 35 亿参数的训练扩散模型,用文本编码器适应自然语言的描述。用无分类器引导这个扩散模型所生成的样本比 DALL-E 的样本更受大家青睐,即使后者用昂贵的 CLIP 重排序(reranking)技术。此外,该扩散模型可以通过微调进行图像修复,实现强大的文本驱动的图像编辑。该系统命名为 GLIDE(guided language to image diffusion for generation and editing),而滤波后小模型记作 GLIDE(filtered)。

为了用通用文本提示实现无分类器引导,有时在训练期间会用空序列(也称为 $\varnothing$)替换文本标题。然后,用修改后的预测 $\hat{\varepsilon}$ 向标题 $c$ 引导:

$$\hat{\varepsilon}_\theta(\boldsymbol{x}_t \mid c) = \varepsilon_\theta(\boldsymbol{x}_t \mid \varnothing) + s \cdot (\varepsilon_\theta(\boldsymbol{x}_t \mid c) - \varepsilon_\theta(\boldsymbol{x}_t \mid \varnothing)) \tag{15-45}$$

无分类器引导有两个吸引人的特性:①在引导过程中允许单个模型利用自己的知识,而不是依赖于单独(有时更小)分类模型的知识;②在对分类器(如文本)难以预测的信息进行调节时可简化引导。

CLIP(contrastive language-image pre-training)是一种预测字幕-图像对的预训练模型,从互联网收集的 4 亿对(图像-文本)数据集上从头开始学习最先进图像表征。预训练之后,用自然语言参考学习的视觉概念(或描述的视觉概念),实现模型在下游任务的零样本迁移。

CLIP 模型由两个独立的部分组成:图像编码器 $f(x)$ 和字幕编码器 $g(c)$。在训练期间,从一个大数据集中采样成批的 $(x, c)$ 对,该模型优化了对比交叉熵损失。如果图像 $x$ 与给定的字幕 $c$ 配对,则该损失鼓励高点积 $f(x) \cdot g(c)$;如果图像和字幕对应于训练数据中的不同对,则鼓励低点积。

由于 CLIP 提供了图像与标题接近的分数,一些方法以此把生成模型(比如 GANs)向用户定义的文本-字幕引导。相同的思想也应用于扩散模型,在分类器引导方法中用 CLIP 模型替换分类器。特别地,图像-字幕编码的点积相对于图像的梯度,用来扰动反向过程的均值:

$$\hat{\mu}_\theta(\boldsymbol{x}_t \mid c) = \mu_\theta(\boldsymbol{x}_t \mid c) + s \cdot \sum_\theta ((\boldsymbol{x}_t \mid c)) \nabla_{x_t}(f(\boldsymbol{x}_t) \cdot g(c)) \tag{15-46}$$

与分类器引导类似,在噪声图像 $x_t$ 上训练 CLIP,在反向过程中获得正确的梯度。

参考文献[22]中提出了一种文本到图像的扩散模型 Imagen,具有更好的语言理解能力和前所未有的照片真实感。Imagen 建立在 Transformer 大型语言模型理解文本的能力上,并依赖于扩散模型在高保真图像中生成的强度。增加 Imagen 中语言模型规模比增加图像扩散模型更能提高样本保真度和图像-文本的对齐。为了更深入地评估文本-图像模型,建立了 DrawBench,一个具有挑战性的文本-图像模型基准。

如图 15.9 所示是 Imagen 可视化图,Imagen 包括两部分,即一个文本编码器,将文本映射到一个嵌入序列;一连串条件扩散模型,将这些嵌入映射到分辨率递增图像。

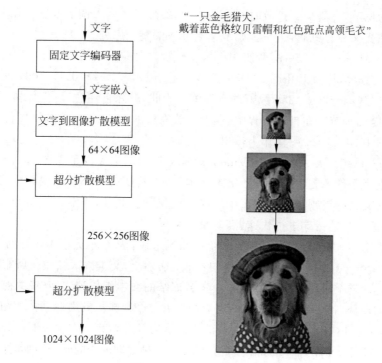

**图 15.9　Imagen 可视化**

　　文本-图像模型需要强大的语义文本编码器来捕获任意自然语言文本输入的复杂性和组合性。基于成对图像-文本数据训练的文本编码器,是当前文本-图像模型中的标准,可以从头开始训练或在图像-文本数据上预训练。

　　大型语言模型可以是另一种用于编码文本以生成文本-图像的模型。大型语言模型的最新进展导致了文本理解和生成能力的飞跃。语言模型是在比成对的图像-文本数据大得多的纯文本语料库(corpus)上训练的。Imagen 考察那些预训练的文本编码器,如 CLIP。为简单起见,冻结这些文本编码器的权重。

　　在扩散模型中,Imagen 主要依赖于无分类器引导方法来进行有效的文本调节。在整个采样过程中,由于扩散模型迭代应用于其自身输出,所以采样过程会产生不自然的图像,有时甚至会发散。为了解决这个问题,Imagen 采用逐单元裁剪的静态阈值和动态阈值,防止像素饱和。动态阈值可以显著改善真实感以及图像-文本对齐,尤其是在引导权重非常大时。

　　受级联扩散模型的启发,Imagen 利用一个 $64\times64$ 基本模型和两个文本条件超分扩散模型的流水线,将生成的 $64\times64$ 图像上采样为 $256\times256$ 大小图像,然后再上采样为 $1024\times1024$ 图像。具有噪声调节增强的级联扩散模型在逐步生成高保真图像方面非常有效。此外,通过噪声水平调节,使超分模型觉察到叠加的噪声,显著提高样本质量,并有助于提高超分模型的稳健性,处理低分辨率模型产生的伪影。Imagen 对两个超分模型都使用噪声调节增强,对生成高保真图像至关重要。

　　给定一个调节低分辨率图像和增强水平(高斯噪声或模糊的强度),用增强破坏低分辨率图像,并以此调节扩散模型。在训练过程中,增强水平是随机选择的;而在推理过程中,扫描不同值以找到最佳的样本质量。

　　Imagen 将 UNet 架构用于基本 $64\times64$ 文本-图像扩散模型。网络通过混合嵌入向量对文本嵌入进行调节,并添加到扩散时间步嵌入中,类似于类嵌入调节方法。在多分辨率的文本嵌入上添加交叉注意机制,进一步调节文本嵌入的整个序列。

超分 $64 \times 64 \rightarrow 256 \times 256$ 模型使用 UNet 模型。为提高内存效率、推理时间和收敛速度,进行了一些修改,称为 Efficient UNet 变形。超分 $256 \times 256 \rightarrow 1024 \times 1024$ 模型用 $1024 \times 1024$ 图像的 $64 \times 64 \rightarrow 256 \times 256$ 裁剪进行训练。为此,删除自注意层,但保留了文本交叉注意层,这是关键的细节。在推断过程中,模型接收完整的 $256 \times 256$ 低分辨图像作为输入,并返回上采样的 $1024 \times 1024$ 图像作为输出。

将 Imagen 系统扩展为 Imagen Video,参考文献[27]中提出了一个基于一连串视频扩散模型的文本为条件视频生成系统。给定文本提示,其使用一个基本视频生成模型和一系列空间和时间交叉的视频超分模型来生成高清的视频。此外,将渐进式蒸馏方法应用于视频模型,并用无分类器指导进行快速、高质量的采样。

图 15.10 总结了 Imagen Video 的整个级联流水线:从文本提示输入开始,以 24FPS 的速度生成 5.3 秒长、$1280 \times 768$ 像素大小的视频;实际上,文本嵌入被注入所有模型中,而不仅是基础模型。整个级联流水线共有 1 个参数冻结的文本编码器、1 个基本视频扩散模型、3 个 SSR(空间超分)和 3 个 TSR(时间超分)模型,共 7 个视频扩散模型,共 11.6B 扩散模型参数。用于训练这些模型的数据处理到适当的空间和时间分辨率。在生成时间,SSR 模型增加所有输入帧的空间分辨率,而 TSR 模型通过填充输入帧之间的中间帧来增加时间分辨率。

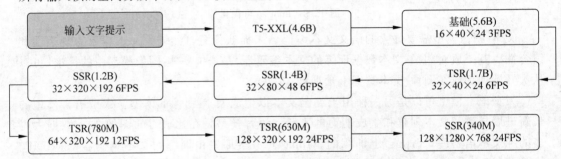

图 15.10　Imagen Video 的完整级联流水线

参考文献[28]中提出了一个给定一系列文本提示的真实视频合成模型 Phenaki,其引入一种学习视频表征的模型,将视频压缩为离散标记(tokens)的小表征。这个标记器使用时域因果注意,这能够处理可变长度的视频。为了从文本生成视频标记,使用一个取决于预计算文本标记的双向掩码 Transformer。生成的视频标记随后被去标记化以创建实际视频。

为了解决数据问题,大量图像-文本对语料库和少量视频-文本示例用于联合训练,实现视频数据集之外的泛化。与以前的视频生成方法相比,在开放域中 Phenaki 根据一系列提示(即时变文本或一个故事)生成任意长视频。

受到先前自回归(AR)文本-图像和文本-视频工作的启发,Phenaki 设计两个主要组件:一个将视频压缩为离散嵌入(即标记)的编码器-解码器模型,一个将文本嵌入转换为视频标记的 Transformer 模型。为了获得文本嵌入,Phenaki 使用预训练的语言模型 T5X。

Phenaki 架构图如图 15.11 所示,其中,图 15.11(a)为 C-ViViT 编码器架构,来自原始帧 $x$ 的图像和视频块的嵌入由空间 Transformer 处理,然后由因果 Transformer(时域自回

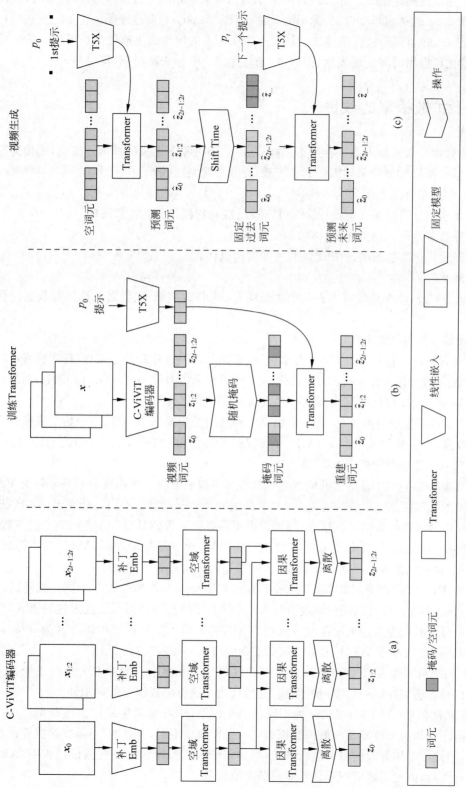

图15.11 Phenaki 架构图

归)处理,生成视频标记 $z$。图 15.11(b)所示为由参数冻结的 C-ViViT 编码器预测,并以一个给定提示 $p_0$ 的语言模型 T5X 标记为条件,训练 MaskGiT 重建掩码标记 $z$。图 15.11(a)所示为 Phenaki 如何通过冻结过去的词元并生成未来的词元来生成任意长视频。提示可以随时间变化以启用时间变量提示(即故事)条件生成。下标表示时间(即帧号)。

## 15.8   扩散模型的改进

重建数据分布需要采样。在每个采样步骤中,随机噪声生成的样本再细化,更接近原始分布。然而,扩散模型的采样需要太多步骤,导致非常耗时。

改进的措施有以下几个。

- 加速。包括训练方案设计、无训练采样、混合建模和分数扩散的统一。

- 分布多样化。包括连续、离散和受限空间。

- 似然优化。包括改进 ELBO 和可变的间隔优化。

- 降维。

之前提到过,经典扩散模型有三个主要缺点:采样效率低、次优似然估计和数据泛化能力差。

增强的方法包括以下几个。

- 采样加速。包括 SDEE/ODE 求解器、非马尔可夫过程和部分采样(反向过程中)。

- 似然-最大化。包括噪声方案优化、可学习的反向方差(reverse variance)和目标设计等。

- 数据泛化。包括特征空间统一和数据依赖的转化核等。

由于扩散模型的良好特性,将扩散模型与传统的生成模型相结合,对原始生成模型进行了新的改进,如生成对抗网络(GAN)、自回归(AR)模型、归一化流(NF)、变分自编码器(VAE)和基于能量的建模(EBM)等。

扩散模型与 VAEs 有更多共同点。扩散模型可以被看作一个深度分层马尔可夫 VAE,这意味着加噪和恢复过程分别对应于 VAE 的编码和解码过程。不同之处在于:①VAE 的潜在表征包含原始图像的压缩信息,而扩散模型在正向过程的最后一步之后完全破坏数据;②扩散模型的潜在表征具有与原始数据相同的维数,而当维数减小时,VAE 工作得更好;③到 VAE 潜空间的映射是可训练的,而扩散模型的正向过程不是这样。

此外,DDPM 跨多个层共享解码器,所有潜变量与样本数据的大小相同。在连续时间设置中,分数匹配目标可以通过深度分层 VAE 的 ELBO 进一步近似。通过这种方式,优化扩散模型可以被视为训练无限深度分层的 VAE,这证明了扩散模型可以解释为分层 VAE 的连续范围。ELBO 是通过扩散潜空间而实现的特殊分数匹配目标。

AR 模型将图像表示为像素序列,其生成过程是以先前生成的像素为条件逐像素生成图像。这种方法意味着一种单向的偏差,显然代表了这类生成模型的局限性。

AR 扩散模型(ARDM)提出一种不同的 AR 模型,学习如何生成任意阶数据。ARDM 扩展了阶不可知 AR 模型和离散扩散模型。与 AR 模型不同,ARDM 不需要对表征进行因果掩码,因此可以用有效的目标进行训练,这类似于扩散概率模型。在测试过程中,ARDM 能够并行生成,因此可以应用于任意规模的生成任务。

归一化流(NF)与扩散模型类似,将数据分布映射到高斯噪声。然而,归一化流学习可逆和可微函数,以确定性的方式进行映射。与扩散模型相反,这些特性意味着网络架构的额外约束,以及一个可学习的正向过程。

DiffFlow 结合了基于流模型和扩散模型的优点,提出一种新的生成建模算法。与扩散概率模型相比,它不仅可以获得比 NF 更尖锐的边界,而且用更少的离散步学习更普遍的分布。

如图 15.12 所示是归一化流、扩散模型和 DiffFlow 的示意图。在归一化流中,正向和反向过程都是确定性的,它们是互逆的过程,因此合并为一个过程;扩散模型具有固定的正向过程和可训练的反向过程,两者都是随机的。在 DiffFlow 中,正向和反向过程都是可训练和随机的。

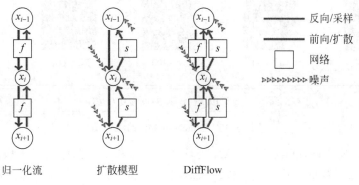

图 15.12 DiffFlow 示意图

基于能量的模型(EBM)专注于提供非规范化密度函数(称为能量函数)的估计。用于训练这类模型的一种流行策略是分数匹配。关于抽样,除其他策略外,还有基于分数函数的马尔可夫链蒙特卡洛(MCMC)方法。因此,分数匹配的扩散模型可以被认为是基于能量框架的一种特殊情况,即在训练和采样中只需要分数函数。

参考文献[32]中提出了一种扩散恢复似然法,在扩散模型的反向过程中,其从一系列 EBM 中可控地学习样本。给定处于较高的噪声水平的噪声板,每个 EBM 经恢复似然进行训练,其目的是最大化数据在特定噪声水平下的条件概率。EBM 使恢复似然最大化,因为它比边际似然更容易处理,正如条件分布采样比从边际分布采样容易一样。该模型可以生成高质量的样本,并且来自条件分布的长期 MCMC 样本仍然类似于真实图像。

就生成样本的质量而言,在扩散模型兴起之前,GAN 是最先进的生成模型。GAN 也因其对抗的目标而难以训练,并且经常遭受模式崩溃。相比之下,扩散模型有一个稳定的训练过程,并提供了更多的多样性,因为它们基于似然。尽管有这些优点,但与 GAN 相比,扩散模型仍然效率低下,需要在推理过程中进行多次网络评估。

GAN 的训练不稳定性问题,这主要是由输入数据分布与生成数据分布之间的不重叠引起的。一种实用的解决方案是,将噪声注入鉴别器输入。慢采样是去噪步骤的高斯假设引起的,仅适用于小步长。因此,使用一个条件 GAN 对每个去噪步骤建模,允许更大的步长。相反,GAN 可以帮助提高扩散模型的采样速度。

如图 15.13 所示是 Diffusion-GAN 的流程图。头行图像表示真实图像的前向扩散过程,而底行图像表示生成的假图像的前向扩散过程。鉴别器学习在所有扩散步骤中区分一个扩散真实图像和一个扩散伪图像。

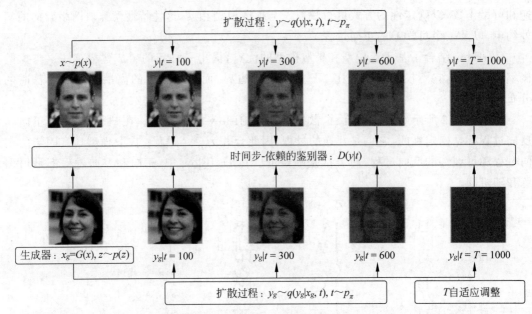

图 15.13　Diffusion-GAN 的流程图

　　与基础 GAN 不同,Diffusion-GAN 比较真实图像和生成图像的噪声板,它们是在时间步长相关鉴别器的帮助下从扩散步长的高斯混合分布中采样获得的。这种分布下各个组件具有不同的噪声-数据比。这样可以获得两个好处:首先,通过缓解梯度消失的问题来稳定训练,因为当数据和生成器分布相差太大时会出现梯度消失;其次,通过创建同一图像的不同噪声板来增强,这可以提高数据效率和生成器的多样性。

## 15.9　小结

　　本章介绍和讨论扩散模型的理论和应用,理论方面包括 Langevin 动力学的基于分数生成网络、去噪扩散概率模型、去噪扩散隐式模型(DDIM)和统一的 SDE 框架,应用领域包括图像和视频合成、图像-图像翻译和文本-图像/视频生成等,最后总结了扩散模型的一些改进方法。

## 参考文献

# 附　　录

| 英 文 缩 写 | 英 文 全 称 | 中 文 全 称 | 相 关 解 释 |
|---|---|---|---|
| 3DAC | 3D-aware convolution | 3D-觉察卷积 | 一种显式 3D 表征模型,在准确性和效率上都优于中间曲面法线表征和从点云学习的方法 |
| AADS | augmented autonomous driving simulation | 增强自动驾驶仿真 | AADS 系统包含一套全新开发的基于数据驱动的交通流仿真框架和一套全新的基于图像渲染的场景图片合成框架 |
| ABS | anti-lock brake system | 防抱死刹车系统 | 通过控制制动踏板油压的收放,来达到对车轮抱死的控制,使车辆始终处于临界抱死的间隙滚动状态 |
| ACC | adaptive cruise control | 自适应巡航控制 | 适用于正常驾驶条件,使行驶速度适应前方车辆,并检测远处的障碍物,避免发生任何事故 |
| ACM | agent-centered coordinate model | 以智体为中心的坐标系模型 | 从每个智体的角度对世界进行编码、处理和推理 |
| ACO | ant colony optimization | 扩展蚁群优化 | 一种全局优化算法,具有分布式、自组织、信息素通信、合作等性能,已经在组合优化、通信网络、机器人等领域取得大量的成果 |
| ACT | articulated cargo truck | 铰接式货车 | 通常分为两部分:驱动部分和载重部分。驱动部分也就是通常所说的车头,它包括发动机、驾驶室、操控装置、电器系统等 |
| ACV | attention concatenation volume | 注意关联体 | 一种新的成本体构造方法,从相关线索生成注意权重,在关联体中抑制冗余信息并增强匹配相关信息 |
| ADA | adversarial domain adaptation | 对抗性域适配 | 以对抗学习的方式最小化源领域中的任务损失和最大化域混淆损失,学习到领域间的共享特征空间,从而进行特征适配(分布式配),辅助目标领域学习任务,是当前域自适应研究,被广泛应用到在行人重识别、图像分类和情感分析等领域 |
| ADAS | advanced driving assistance system | 高级驾驶辅助系统 | 利用安装于车上的各式各样的传感器,在第一时间收集车内外的环境数据,进行静/动态物体的辨识、侦测与追踪等技术上的处理,从而能够让驾驶人在最快的时间察觉可能发生的危险,以引起注意和提高安全性的主动安全技术 |

| 英文缩写 | 英文全称 | 中文全称 | 相关解释 |
|---|---|---|---|
| AEB | autonomous emergency braking | 自动紧急制动 | 重要的主动安全技术,该系统在检测到车辆前方出现碰撞危险时,通过声音和图像等方式向驾驶人发出警告,提醒驾驶人采取措施回避碰撞 |
| AIM | automatic intersection management | 自动交叉路口管理 | 不需要交通信号灯,利用激光扫描技术、雷达技术、摄像头技术等实现智能交叉路口的控制,解决交叉路口交通拥堵排队问题,减少交通事故的发生 |
| AIN | adaptive instance normalization | 自适应实例归一化 | 一种归一化方法,可将内容要素的均值和方差与样式要素的均值和方差对齐 |
| AL | active learning | 主动学习 | 旨在从未标注的数据集中选择最有用的样本,并将其交给标注器去打标签,以便在保持性能的同时尽可能降低标注成本 |
| APF | artificial potential field | 人工势场 | 人工势场法是一种经典的机器人路径规划算法。该算法将目标和障碍物分别看作对机器人有引力和斥力的物体,机器人沿引力与斥力的合力来进行运动 |
| APR | absolute posture regression | 绝对姿态回归 | 从端到端神经网络构建的一个 2D 地图直接回归姿态 |
| AR | augmented reality | 增强现实 | 在真实环境中增添或者移除由计算机实时生成的可以交互的虚拟物体或信息 |
| AR | autoregressive | 自回归 | 统计上一种处理时间序列的方法 |
| ARDM | autoregressive diffusion model | 自回归扩散模型 | 一种自回归扩散模型,学习如何生成任意阶数据 |
| ASIL | automotive safety integrity level | 汽车安全的完整性级别 | 为了对失效后带来的风险进行评估和量化以达到安全目标 |
| ASPE | absolute space positional encoding | 绝对空间位置编码 | 对不同的位置随机初始化一个位置编码,不同位置对应的位置编码不同 |
| ASPICE | automotive software performance improvement and capability determination | 汽车产业软件性能改进和能力测定标准 | 汽车产业的软件流程改进和能力测定标准,目前盛行于汽车供应链,是车厂对供货商进行软件开发过程评估的标准 |
| ASR | anti-slip regulation | 驱动车轮防滑系统 | 当汽车加速时将滑动控制在一定的范围内,从而防止驱动轮快速滑动。它的功能一是提高牵引力;二是保持汽车的行驶稳定性 |
| AUTOSAR | automotive open system architecture | 汽车开放式系统架构联盟 | 该联盟的目的是设计一整套标准化的软件架构,以方便软件组件的重复利用和后期优化 |
| AVP | automatic valet parking | 自动代客车 | 自主代客泊车是自动驾驶的第一步和最后一步,"第一步"就是一键召唤功能;"最后一步"就是一键泊车功能 |
| AVS | autonomous visualization system | 自主可视化系统 | 一个适用于自动驾驶及机器人数据的基于 Web 的 3D 可视化工具 |

| 英文缩写 | 英文全称 | 中文全称 | 相关解释 |
|---|---|---|---|
| BA | bundle adjustment | 集束修正法 | 集束指 2D 点和 3D 点之间的光线集；修正是指全局优化过程，其解法是非线性迭代的梯度下降法 |
| BAP | behavior-aware planning | 行为觉察的规划 | 要求交互和协作的决策过程，但不确定性会爆炸般增大 |
| BC | behavior cloning | 行为克隆 | 一种模仿学习算法，通过模仿人类专家的动作来学习策略 |
| BEV | bird-eye-view | 鸟瞰视图 | 根据透视原理，用高视点透视法从高处某一点俯视地面起伏绘制成的立体图。简单地说，就是在空中俯视某一地区所看到的图像，比平面图更有真实感 |
| BLF | bilateral filtering | 双边滤波 | 是一种可以保边去噪的滤波器 |
| BN | batch normalization | 批处理归一化层 | 神经网络的一层，解决在训练过程中，中间层数据分布发生改变的问题，以防止梯度消失或爆炸，加快训练速度 |
| BP | belief propagation | 置信传播算法 | 是一种用于有效执行此类推断的消息传递算法 |
| BP | behavior planning | 行为规划 | 也叫决策器，做一些与其他智体正确交互的特设决策，遵循规则约束并产生局部目标，如变道、超车、通过交叉口等 |
| BRDF | bidirectional reflectance distribution function | 双向反射分布函数 | 物体表面将光能从任何一个入射方向反射到任何一个视点方向的反射特性，即入射光线经过某个表面反射后如何在各个出射方向上分布 |
| BRN | box regression network | 边框回归网络 | 预测 3D 边框回归所需的所有坐标，包括目标位置、旋转和大小 |
| BSW | blind spot warning | 盲点警告 | 可以通过传感器对后方车辆判断，在车辆并线或变道时，以视觉、听觉、触觉等方式提醒驾驶人，从而减少事故发生 |
| CAN | controller area network | 控制器局域网 | 一种串行数据通信协议，其通信接口中集成 CAN 协议的物理层（physical layer）、目标层（object layer）和数据链路层（transfer layer）功能，可完成对通信数据的帧（frame）处理，包括位填充、数据块编码、循环冗余检验、优先级判别等项工作 |
| CAV | connected and automated vehicle | 智能网联汽车 | 指车联网与智能车的有机联合，是搭载先进的车载传感器、控制器、执行器等装置，并融合现代通信与网络技术，实现车与人、路、后台等智能信息交换共享，实现安全、舒适、节能、高效行驶，并最终可替代人来操作的新一代汽车 |

| 英文缩写 | 英文全称 | 中文全称 | 相 关 解 释 |
|---|---|---|---|
| CCD | charge-coupled device | 电荷耦合器件 | 一种用于探测光的硅片,由时钟脉冲电压来产生和控制半导体势阱的变化,实现存储和传递电荷信息的固态电子器件 |
| CD | coordinate descent | 坐标下降法 | 一种非梯度优化算法 |
| CDM | cascaded diffusion model | 级联的扩散模型 | 将多个空间分辨率的多个生成模型链接在一起 |
| CDS | collaborative driving system | 协同驾驶系统 | 利用车辆间通信或路车间通信,与相邻车辆共享车载传感器信息,从路边基础设施获取更多交通状况信息,以做出最优的联合驾驶决策,通过相互协作来降低成本 |
| CF | catastrophic forgetting | 灾难遗忘 | 在一个顺序无标注的、可能随机切换的、同种任务可能长时间不复现的任务序列中,AI 对当前任务 B 进行学习时,对先前任务 A 的知识会突然地丢失的现象。通常发生在对任务 A 很重要的神经网络的权重正好满足任务 B 的目标时 |
| CFA | color filter array | 颜色滤波器阵列 | 像素传感器上方的一层马赛克覆层,用于采集图像的色彩信息 |
| CG | conjugate gradient | 共轭梯度法 | 介于最速下降法与牛顿法之间的一个方法,它仅需利用一阶导数信息,但克服了最速下降法收敛慢的缺点,又避免了牛顿法需要存储和计算 Hesse 矩阵并求逆的缺点 |
| CHS | cubic hermite spline | 立方 Hermite 样条 | 是这样一种样条,其中每个片段都是以 Hermite 形式指定的三次多项式,即由其值和相应域区间端点处的一阶导数 |
| CIM | city information modeling | 协同路口管理 | CIM 平台是 3D 地理信息系统(3DGIS)、建筑信息模型(BIM)的融合,既可以存储城市规模的海量信息,又可以作为云平台提供协同工作与数据调阅功能;同时如果和物联网(IoT)、大数据(big data)、云计算(cloud computing)等技术结合起来,还能提供满足城市发展需求的集成性管理系统 |
| CL | continual learning | 持续学习 | 也称增量学习(incremental learning)或者终身学习(lifelong learning),是指该机器学习方法可以不断积累不同任务得到的知识,而无须从头开始重新训练 |
| CL | contrastive learning | 对比学习 | 对比学习的目标是学习一个编码器,此编码器对同类数据进行相似的编码,并使不同类的数据的编码结果尽可能地不同 |
| CLIP | contrastive language-image pre-training | 对比式语言-文字预训练 | 一种预测字幕-图像对的预训练模型 |

| 英文缩写 | 英文全称 | 中文全称 | 相关解释 |
|---|---|---|---|
| CMOS | complementary metal oxide semiconductor | 互补金属氧化物半导体 | 指制造大规模集成电路芯片用的一种技术或用这种技术制造出来的芯片 |
| CNN | convolution neural network | 卷积神经网络 | 一类包含卷积计算且具有深度结构的前馈神经网络,是深度学习的代表算法之一 |
| CPM | collective perception message | 协同感知信息 | 同一区域内的车辆彼此共享共同感知信息 |
| CRF | conditional random field | 条件随机场 | 一种鉴别式概率模型,是随机场的一种,常用于标注或分析序列资料,如自然语言文字或生物序列 |
| DA | domain adaptation | 域适应 | 迁移学习的一种特殊情况,其利用一个或多个相关源域(source domain)的标注数据在目标域(target domain)执行新任务 |
| DAG | directed acyclic graph | 有向无环图 | 一个无回路的有向图 |
| DAgger | dataset aggregation | 数据集聚合 | 一种更先进的基于BC方法的从示范中模仿学习的算法,它是一种无悔的(no-regret)迭代算法 |
| DAP | driving action prediction | 驾驶动作预测 | 在驾驶人采取行动之前尽早正确地估计驾驶人意图 |
| DATMO | detection and tracking of moving objects | 运动目标的检测和跟踪 | 一般指运动目标检测和跟踪算法 |
| DBRNN | deep bidirectional recurrent neural network | 深度双向递归神经网络 | 侧重于对特征序列中的负状态(非动作状态)和正状态(动作状态)之间的转换进行建模 |
| DC | deformable convolution | 可变形卷积 | 一种卷积结构,将固定形状的卷积过程改造成了能适应物体形状的可变的卷积过程,从而使结构适应物体形变的能力更强 |
| DCA | discriminant component analysis | 判别分析法 | 在已知的分类之下,一旦遇到有新的样本时,可以利用此法选定一判别标准,以判定该如何将新样本放置于那个族群中 |
| DCG | directed connection graph | 有向连接图 | 一幅具有方向性的图,由一组顶点和一组有方向的边组成,每条方向的边都连接着一对有序的顶点 |
| DCU | deep completion units | 深度补全单元 | 不受RGB-D相机类型的限制,只需要输入一幅RGB加一幅depth图,可以补全任意形式深度图的缺失 |
| DDIBs | dual diffusion implicit bridges | 双扩散隐式桥梁 | 一种基于扩散模型的图像翻译方法,其可以避免源域和目标域的联合训练 |
| DDIMs | denoising diffusion implicit models | 去噪扩散隐式模型 | 一种更有效的迭代隐式概率模型,其训练过程与DDPM相同 |

| 英 文 缩 写 | 英 文 全 称 | 中 文 全 称 | 相 关 解 释 |
|---|---|---|---|
| DDPM | denoising diffusion probabilistic model | 去噪扩散概率模型 | 由两个参数化的马尔可夫链组成,并使用变分推理在有限时间步后产生与原始数据匹配的样本 |
| DDS | data-distribution service | 数据分发服务 | 可以很好地支持设备间的数据分发和设备控制,以及在设备和云上传输数据,同时DDS的数据传输实时高效,能够在数级范围内将数百万条信息同时发送给许多设备 |
| DDT | dynamic driving task | 动态驾驶任务 | 在道路交通中操作车辆所需的所有实时操作和策略功能 |
| DF | damped factor | 阻尼因子 | 阻尼是指阻碍物体的相对运动并把运动能量转换为热能或其他可以耗散能量的一种作用,阻尼因子是定量的衡量系统阻尼程度的标志 |
| DM | diffusion model | 扩散模型 | 包括扩散概率模型、噪声条件得分网络,以及去噪扩散概率模型 |
| DMS | driver monitoring system | 驾驶人监控系统 | 实现对驾驶人的身份识别、驾驶人疲劳驾驶以及危险行为的检测功能,是目前流行的ADAS(高级驾驶辅助系统)中的重要组成部分 |
| DoF | degree of freedom | 自由度 | 物体在空间里面的基本运动方式 |
| DoG | difference of gaussian | 高斯差分 | 高斯差分是一种将一个原始灰度图像的模糊图像从另一幅灰度图像进行增强的算法 |
| DP | dynamic programming | 动态规划 | 运筹学的一个分支,是求解决策过程最优化的过程 |
| DPM | deformable parts model | 变形部件模型 | 一种目标检测算法 |
| DQN | deep q-learning network | 深度 Q 学习网络 | 一种异策略 TD 方法,即是指行为策略和目标策略不是同一个策略,即智能体可以通过离线学习自己或别人的策略,来指导自己的行为 |
| DR | dead reckoning | 航位推测 | 一个很常见的定位方法。在知道当前时刻的位置,通过 IMU 等传感器去估计下一个时刻的位置 |
| DSI | disparity space image | 视差空间图像 | 一种矩阵,用于存储两条扫描线中每个像素的匹配分数 |
| DSM | deep structured model | 深层结构模型 | 使用一组前馈神经网络利用摄像头和激光雷达数据来计算检测和匹配分数 |
| DSRC | dedicated short range communication | 专用短程通信 | 使用 802.11p 提供的基础无线电通信 |
| DVF | direct vehicle following | 直接跟车 | 后车用与前车相对纵向和横向距离进行操作,基于几何原理计算转向角 |
| DySPN | dynamic spatial propagation network | 动态空间传播网络 | 一种非线性传播模型,动态调整亲和力权重 |

| 英文缩写 | 英文全称 | 中文全称 | 相关解释 |
|---|---|---|---|
| E2A | electrical/electronic architecture | 电子电气架构 | 整合汽车各类传感器、处理器、电子电气分配系统和软硬件的总布置方案 |
| EAA | egocentric aligned accumulation | 自车为中心对齐累计 | 将先前帧的3D特征与当前帧视图对齐，并与所有过去和当前状态融合，从而增强特征表示 |
| EBM | energy based model | 基于能量的建模 | 由描述特定状态概率的能量函数控制的概率模型 |
| EC | edge computing | 边缘计算 | 一种分散式运算的架构，将应用程序、数据与服务的运算，由网络中心节点（数据中心DC、云中心等）移往网络逻辑上的边缘节点来处理 |
| ECU | electronic control unit | 电子控制单元 | 一方面接收来自传感器的信号，另一方面完成对这些信息的处理，并发出相应的控制指令来控制执行元件的正确动作，使发动机和汽车的运行保持在最佳状态的核心控制元件 |
| ELBO | evidence lower bound | 证据下界 | 这里的证据指数据或可观测变量的概率密度，为一系列隐变量（latent variables） |
| ELU | exponential linear unit | 指数线性单元 | 一种激活函数，被证实有较高的噪声稳健性，同时能够使得神经元的平均激活均值趋近为0，同时对噪声更具有稳健性 |
| EM | expectation-maximization | 期望最大化 | 一种无监督期望最大化算法，其结合了极大似然和迭代求解的方法去预估数据的分布 |
| EM | enhanced maps | 增强地图 | 定义车道线的拓扑结构，能辅助车辆的车道线级别的定位 |
| EPE | enhancing photorealistic enhancement | 真实感增强 | 利用游戏引擎渲染过程中产生的中间结果G-Buffers，作为训练卷积神经网络的额外输入信号，可进一步增强游戏中图像的真实性 |
| EPS | electric power steering | 电子助力转向系统 | 直接依靠电机提供辅助扭矩的动力转向系统 |
| ER | experience replay | 经验重放 | 在线强化学习智能体可以记住和重用过去的经验。然而经验重放机制是从存储器中统一采样，只是以与最初的经验以相同频率进行重采样，而不管其重要性如何 |
| ESP | electronic stability program | 电子稳定系统 | 一组控制车身稳定的综合策略，它包含防抱死刹车系统和驱动车轮防滑系统 |
| EVP | efficient voxel pooling | 高效体素池化 | 充分利用GPU设备的高度并行性进行体素池化 |

| 英文缩写 | 英文全称 | 中文全称 | 相关解释 |
|---|---|---|---|
| FC | fuzzy controller | 模糊控制器 | 一种容易控制且掌握得较理想的非线性控制器,并且抗干扰能力强,响应速度快,并对系统参数的变化有较强的稳健性和较佳的容错性 |
| FC | fog computing | 雾计算 | 在该模式中数据、(数据)处理和应用程序集中在网络边缘的设备中,而不是几乎全部保存在云中,是云计算(cloud computing)的延伸概念 |
| FCA | forward collision avoidance | 前方防撞预警 | 该系统能对前方慢速行驶或者静止的车辆进行综合评估碰撞危险程度,并在必要时对驾驶人告警 |
| FCN | fully convolution network | 全卷积网络 | 用于图像语义分割的一种框架,FCN 将传统 CNN 后面的全连接层换成了卷积层,这样网络的输出将是热力图而非类别 |
| FCW | forward collision warning | 前方防撞警告系统 | 通过雷达系统来时刻监测前方车辆,判断本车与前车之间的距离、方位及相对速度,当存在潜在碰撞危险时对驾驶人进行警告 |
| FID | Fréchet inception distance | 弗雷歇距离 | 计算真实图像和生成图像的特征向量之间距离的一种度量 |
| FMCW | frequency-modulated continuous-wave | 调频连续波 | 一种连续的 LFM 波,与传统脉冲式 LFM 信号相比,该信号的占空比为 100% |
| FMI | functional mock-up interface | 功能模型接口 | 一个工具独立的标准,通过 XML 文件与编译的 C 代码的融合来支持动态模型的交互和联合调试 |
| FMU | functional mock-up unit | 功能模型单元 | 一个压缩文件,包含了 XML 格式接口数据描述和功能 |
| FOT | first-order test | 现场操作测试 | 较大规模的测试项目,其主要用于评估汽车相关解决方案(如导航和交通信息系统、驾驶辅助系统)的效率、质量、稳健性和接受度 |
| FDPHT | fast direct planar hypothesis testing | 快速直接平面假设检验 | 一种基于立体视觉的障碍物检测算法 |
| FPN | fixed pattern noise | 固定模式噪声 | 出现在图像中固定位置的噪声 |
| FSL | few shot learning | 少样本学习 | 从有限的监督信息中进行训练学习 |
| FSM | finite state machine | 有限状态机 | 为研究有限内存的计算过程和某些语言类而抽象出的一种计算模型 |
| FV | formal verification | 形式验证 | 一种 IC 设计的验证方法,它的主要思想是通过使用形式证明的方式来验证一个设计的功能是否正确 |
| GA | genetic algorithm | 遗传算法 | 模拟达尔文生物进化论的自然选择和遗传学机理的生物进化过程的计算模型,是一种通过模拟自然进化过程搜索最优解的方法 |

| 英文缩写 | 英文全称 | 中文全称 | 相关解释 |
| --- | --- | --- | --- |
| GAC | ground-aware convolution | 地面-觉察卷积 | 模拟人类如何在深度感知中利用地面假设,提取几何先验知识和特征;用于引导网络将基于地面的推理纳入网络推理 |
| GAIL | generative adversarial imitation learning | 生成对抗模仿学习 | 通过把生成对抗网络与IRL相结合,直接从专家轨迹中学习策略,不仅提升了学习效率,而且具有很好的泛化能力 |
| GAN | generative adversarial network | 生成对抗网络 | 生成对抗网络包含一个生成模型和一个判别模型。其中,生成模型负责捕捉样本数据的分布,而判别模型一般情况下是一个二分类器,判别输入是真实数据还是生成的样本 |
| GCN | graph convolutional network | 图卷积神经网络 | 将卷积操作从传统数据(图像或网格)推广到图数据 |
| GLIDE | guided language to image diffusion for generation and editing | 用于生成和编辑的图像扩散的引导语言 | 该扩散模型可以通过微调进行图像修复,实现强大的文本驱动的图像编辑 |
| GML | geometric map layer | 几何地图层 | 主要包括地图几何3D信息 |
| GMM | Gaussian mixture model | 混合高斯模型 | 一个将事物分解为若干的基于高斯概率密度函数(正态分布曲线)形成的模型 |
| GNIM | Gauss-Newton iteration method | 高斯—牛顿迭代法 | 非线性回归模型中求回归参数进行最小二乘的一种迭代方法,该法使用泰勒级数展开式去近似地代替非线性回归模型,然后通过多次迭代,多次修正回归系数,使回归系数不断逼近非线性回归模型的最佳回归系数,最后使原模型的残差平方和达到最小 |
| GNSS | global navigation satellite system | 全球导航卫星系统 | 能在地球表面或近地空间的任何地点为用户提供全天候的3D坐标和速度以及时间信息的空基无线电导航定位系统 |
| GOLD | generic obstacle and lane detection | 通用障碍物和车道检测 | 主要基于视差和逆向投影映射检测车道线,同时根据左右图像的视差计算路上障碍物 |
| GOM | gradient orientation measure | 梯度方向测量 | 图像和激光雷达点云的梯度相关性度 |
| GPS | global positioning system | 全球定位系统 | 一种以人造地球卫星为基础的高精度无线电导航的定位系统,它在全球任何地方以及近地空间都能够提供准确的地理位置、车行速度及精确的时间信息 |
| GRAF | generative radiance field | 生成式辐射场 | 一种辐射场的生成模型,通过引入基于多尺度patch的鉴别器,实现高分辨率3D-觉察图像的合成,同时模型的训练仅需要未知姿态摄像头拍摄的2D图像 |

续表

| 英 文 缩 写 | 英 文 全 称 | 中 文 全 称 | 相 关 解 释 |
|---|---|---|---|
| GRU | gated recurrent unit | 门控递归单元 | RNN 中的一种门机制单元，与 LSTM 类似，GRU 有一个遗忘门（forget gate），但其没有输出门（output gate）。GRU 在音乐模型、语音信号模型和 NLP 模型中的性能与 LSTM 类似，而且在一些小样本数据集中表现出更优的性能 |
| GS | grid sampler | 栅格采样器 | 用于生成对不同任务支持不同范围和粒度的 BEV 特征 |
| HAP | highway auto pilot | 高速路巡航 | 属于自动驾驶 L2.5，高速公路上提供自动跟车和车道保持，缺点是报警时间不足，优点是在相对封闭的环境下容易些 |
| HARA | hazard analysis and risk assessment | 危害分析与风险评估 | 基于相关项定义的功能和接口来展开，通过识别出相关项的功能失效可能导致的危害和风险，并对风险进行 ASIL 等级评估从而得到相关项的安全目标 |
| HCU | hybrid control unit | 混合动力整车控制器 | ABS 执行机构，一般由增压阀（常开阀）、减压阀（常闭阀）、回液泵、储能器组成 |
| HDGCNN | hierarchical deep graph convolutional neural networks | 分层深度图神经网络 | 一种用于点云 3D 语义分割的神经网络算法 |
| HDM | high definition map | 高精地图 | 一款高精度地图，采用激光雷达定位技术，为无人驾驶汽车等产品提供更精准、全方位 3D 定位导航服务 |
| HDR | high dynamic range | 高动态范围图像 | 相比普通的图像，可以提供更多的动态范围和图像细节，根据不同的曝光时间的 LDR（low-dynamic range）图像，利用每个曝光时间相对应最佳细节的 LDR 图像来合成最终 HDR 图像，能够更好地反映人真实环境中的视觉效果 |
| HFL | histogram filter location | 直方图滤波器定位 | 由两部分组成，一是运动预测，以降低基于运动的估计可信度；二是观测更新，以增加给予传感器数据的估计可信度 |
| HFOV | horizontal field of view | 水平视域 | 相机的水平视场大小 |
| HIL | hardware-in-the-loop | 硬件在环测试 | 一种用于复杂设备控制器的开发与测试技术。通过 HIL 测试，机器或系统的物理部分被仿真器所代替，并被广泛运用于汽车控制器开发过程中 |
| HILS | hardware-in-the-loop simulation | 硬件在环仿真 | 一种用于实时嵌入式系统的开发和测试技术 |
| HM | height map | 高度图 | 一张存储了高度值的 2D 纹理 |

| 英文缩写 | 英文全称 | 中文全称 | 相关解释 |
|---|---|---|---|
| HNM | hard negative mining | 难负样本挖掘 | 相当于给模型定制一个错题集,在每轮训练中不断"记错题",并把错题集加入下一轮训练中,直到网络效果不能上升为止 |
| HPE | human pose estimation | 人体姿态估计 | 对"人体"的姿态(关键点,如头、左手、右脚等)的位置估计 |
| HPS | hydraulic power steering | 液压助力转向系统 | 动力转向油泵、软管、液压油、传送带和装于发动机上的皮带轮 |
| HTJAP | highway traffic jam auto pilot | 高速路交通拥挤堵塞巡航 | 属于自动驾驶 L3,好处是速度慢,缺点是交通拥挤,要预防有角点情况 |
| HVS | hierarchical volume sampling | 分级采样 | 一种分级表示法,按样本对最终渲染的预期效果尺度化,可提高渲染效率 |
| $I^3$ | illuminant invariant image | 光照不变性图像 | 可用于检测自由道路空间,然后通过凸包产生兴趣区域,根据水平视差图定义路上障碍物 |
| IBR | image-based rendering | 基于图像的渲染 | 指仅仅根据在 3D 场景中按一定的算法,有序拍摄的一组 2D 图像,计算机使用已经在不同位置拍摄的原始照片,渲染出在一个指定位置的视点的 2D 图像 |
| ICP | iterative closest point | 迭代最近点 | 用于最小化两个点云之间的差异的算法 |
| ICR | instantaneous center of rotation | 瞬时旋转中心 | 刚体运动时基面上必存在一瞬时速度为 0 的点,这个点就是物体的瞬时旋转中心,简称瞬心 |
| IDE | instance depth estimation | 实例深度估计 | 不计算图像的深度图;可以直接估计目标 3D 边框的深度 |
| IDM | intelligent-driving model | 智能驾驶员模型 | 一种纵向交通流模型 |
| IDS | intrusion detection system | 入侵检测系统 | 入侵检测系统是一种对网络传输进行即时监视,在发现可疑传输时发出警报或者采取主动反应措施的网络安全设备 |
| IDT | inverse distance transform | 逆距离变换 | 处理激光雷达点和图像点之间的一致相关性,从而采用更大的搜索步长,防止在搜索优化过程中陷入局部最优 |
| IEN | image enhancement network | 图像增强网络 | 可以转换渲染的图像,除了图像,还有来自传统图形学流水线的渲染信息 G-buffer,网络提取多尺度 G-buffer 特征张量,由 G-buffer 编码器网络编码 |
| IL | imitation learning | 模仿学习 | 指以仿效榜样的行为方式为特征的一种学习模式 |
| IMU | inertial measurement unit | 惯性测量单元 | 测量物体三轴姿态角及加速度的装置 |
| INS | inertial navigation system | 惯性惯导系统 | 一种利用安装在运载体上的陀螺仪和加速度计来测定运载体位置的一个系统 |

| 英文缩写 | 英文全称 | 中文全称 | 相关解释 |
|---|---|---|---|
| IoT | internet of things | 物联网 | 即万物相连的互联网，是互联网基础上的延伸和扩展的网络，将各种信息传感设备与网络结合起来而形成的一个巨大网络，实现任何时间、任何地点，人、机、物的互联互通 |
| IoU | intersection over union | 交并比 | 是一种测量在特定数据集中检测相应物体准确度的一个标准 |
| IPE | integrated positional encoding | 集成位置编码 | 对一个3D位置及其周围的高斯区域进行编码的特征表示方法 |
| IPI | inverse perspective images | 逆透视图像 | 根据逆透视变换得到的图像 |
| IPM | inverse perspective mapping | 逆透视映射 | 在前视摄像头拍摄的图像中，由于透视效应的存在，本来平行的事物，在图像中却是相交的。而IPM变换就是消除这种透视效应 |
| IRL | inverse reinforcement learning | 逆强化学习 | 指在给定一个策略或者一些操作示范的前提下，反向推导出MDPs的报酬函数，让智体通过专家示范来学习如何决策复杂问题的一种算法 |
| IS | inception score | 起始分数 | 图像生成评价指标，衡量的是生成模型的两个能力：①生成图片的质量；②生成图片的多样性 |
| iSAM | incremental smoothing and mapping | 增量式平滑和建图 | 在SLAM中遇到的稀疏非线性问题的优化库。iSAM库提供高效的批量和增量优化算法，恢复精确的最小二乘解 |
| ISP | image signal processor | 图像信号处理器 | 用于处理图像信号传感器输出的图像信号 |
| IVC | inter-vehicle communications | 车间通信 | 为了解决交通的安全与高效问题，配备了无线互联接口装置的车辆与车辆之间需要在一个暂时的、快速变化的Ad Hoc网络中进行数据的交换 |
| JPDAF | joint probabilistic data association filter | 联合概率数据互联 | 一种数据关联算法，对应于观测数据落入跟踪门相交区域的情况，这些观测数据可能来源于多个目标 |
| JSD | jensen shannon divergence | JS散度 | JS散度是KL散度的一种变体，与KL散度相似，P和Q越相似，JS散度越小 |
| KF | kalman filtering | 卡尔曼滤波器 | 一种利用线性系统状态方程，通过系统输入输出观测数据，对系统状态进行最优估计的算法 |
| KKT | karush-kuhn-tucker | KKT条件 | 非线性规划最佳解的必要条件 |
| KLD | kullback-leibler divergence | KL散度 | 也称相对熵、KL距离。对于两个概率分布P和Q之间的差异性（也可以简单理解成相似性），二者越相似，KL散度越小 |

| 英文缩写 | 英文全称 | 中文全称 | 相 关 解 释 |
|---|---|---|---|
| LBP | local binary pattern | 局部二值模式 | 一种用来描述图像局部特征的算子 |
| LBP | loopy belief propagation | 循环置信传播 | 为求解一个要素图的 SLAM 问题,其中消息传递是实际的迭代算法 |
| LDM | latent-diffusion-model | 潜扩散模型 | 一项高分辨率图像合成训练工具 |
| LDW | lane departure warning | 车道偏离警告 | 旨在帮助驾驶人在高速公路、快速道路等类似主干道上降低车辆意外偏离车道的风险,LDW 将通过视觉、听觉和触觉的方式警告驾驶人 |
| LiDAR | light detection and ranging | 光探测和测距 | 一种集激光、全球定位系统(GPS)和惯性导航系统(INS)三种技术于一身的系统,用于获得点云数据并生成精确的数字化 3D 模型 |
| LLE | locally linear embedding | 局部线性嵌入 | 局部线性嵌入是一种关注于降维时保持样本局部线性特征的降维方法 |
| LLS | linear least squares | 线性最小二乘法 | 线性最小二乘是一种求解线性系统参数的方法,即参数估计的方法 |
| LM | Lagrange multipliers | 拉格朗日乘子 | 即求函数 $f(x_1, x_2, \cdots)$ 在 $g(x_1, x_2, \cdots) = 0$ 的约束条件下的极值的方法 |
| LMA | Levenberg-Marquardt algorithm | 莱文贝格-马夸特算法 | 能提供数非线性最小化(局部最小)的数值解。此算法能借由执行时修改参数达到结合高斯-牛顿算法以及梯度下降法的优点,并对两者之不足进行改善(如高斯-牛顿算法之反矩阵不存在或是初始值离局部极小值太远) |
| LOAM | laser odometry and mapping | 激光测距和测绘 | 使用 3D 激光雷达进行状态估计和映射的实时方法 |
| LPIPS | learned perceptual image patch similarity | 学习感知图像块相似度 | 用于度量两幅图像之间的差别 |
| LRR | long-range radar | 远程雷达 | 应用于 ACC 的雷达技术(77GHz)。传感器安装在车辆前部,以便探测前方的其他车辆或障碍物 |
| LSTM | long short-term memory | 长短期记忆递归神经网络 | 一种时间循环神经网络,是为了解决一般的 RNN(循环神经网络)存在的长期依赖问题而专门设计出来的,所有的 RNN 都具有一种重复神经网络模块的链式形式 |
| LTL | linear-time logic | 线性时域逻辑 | 提供了一种非常直观但是在数学上又很精确的表示方法来描述线性时间性质 |
| MAML | model-agnostic meta-learning | 模型无关的元学习 | 模型无关是指任意的能够经过梯度降低进行优化训练的模型,元学习是指通过元学习技术进行模型训练 |
| mAP | mean average precision | 全类平均正确率 | 全类平均正确率用于衡量目标检测算法的性能 |

| 英文缩写 | 英文全称 | 中文全称 | 相关解释 |
|---|---|---|---|
| MCMC | Markov chain Monte Carlo | 马尔可夫链蒙特卡洛方法 | 该方法将马尔可夫(Markov)过程引入蒙特卡洛模拟中,实现抽样分布随机进行而改变的动态模拟,弥补了传统的蒙特卡洛积分只能静态模拟的缺陷 |
| MCU | micro controller unit | 微控制器 | 把中央处理器的频率与规格进行适当缩减,并将内存、计数器、USB、A/D 转换、UART、PLC、DMA 等周边接口,甚至 LCD 驱动电路都整合在单一芯片上,形成芯片级的计算机,为不同的应用场合进行不同组合控制 |
| MDC | micro data center | 微型数据中心 | 传统数据中心的一种紧凑版本,它采用相应的硬件、软件、电缆、网络,可以作为端到端的计算机、存储和控制网络中枢 |
| MEC | mobile/multi-access edge computing | 移动/多址边缘计算 | MEC 采用灵活的分布式网络体系结构,把服务能力和应用推进到网络边缘,极大地缩减了等待时间,使之与 5G 相匹配 |
| MEMS | micro-electro-mechanical system | 微机电系统 | 也叫作微电子机械系统、微系统、微机械等,指尺寸在几毫米乃至更小的高科技装置 |
| MG | Manhattan grid | 曼哈顿网格 | 将场景划分为多尺度离散化网格计算分类和回归,提供活动位置预测 |
| MH-SA | multi-hypothesis self-attention | 多假设自注意 | 独立地对单个假设依赖性进行建模,构建自假设通信,能够在每个假设内传递消息以增强特征 |
| MHT | multiple hypothesis tracking | 多假设跟踪 | 一种数据关联算法,保留真实目标的所有假设,并让其继续传递,从后续的观测数据中来消除当前扫描周期的不确定性 |
| MI | mutual information | 互信息 | 互信息是信息论中用以评价两个随机变量之间的依赖程度的一个度量 |
| MILS | model-in-the-loop simulation | 模型在环仿真 | 基于模型设计在早期开发阶段对模型的仿真 |
| MISRA | Motor Industry Software Reliability Association | 汽车工业软件可靠性联会 | 作为工业标准的 C 编程规范 |
| ML | machine learning | 机器学习 | 可以理解是机器为了优化其性能,根据输入的样本或者经验数据,改变它的结构、程序或者数据 |
| MLE | maximum likelihood estimate | 最大似然估计 | 最大似然估计是建立在极大似然原理的基础上的一个统计方法 |
| MLP | multilayer perceptron | 多层感知机 | 一种前馈人工神经网络模型,其将输入的多个数据集映射到单一的输出的数据集上 |

| 英文缩写 | 英文全称 | 中文全称 | 相 关 解 释 |
|---|---|---|---|
| MLS | mobile laser scanning | 移动激光扫描 | 可以在高速公路上以前所未有的速度和比传统测量更低的成本直接收集精确的 3D 信息 |
| MML | map metric localization | 地图度量定位 | 不断将视觉传感器的输出与经过的地图当前区域对齐,这样车辆在地图上运动的同时被跟踪 |
| MMS | mobile mapping system | 移动制图系统 | 一种基于飞机、飞艇、火车、汽车等移动载体的快速摄影测量系统 |
| MNC | multi-task network cascades | 多任务网络级联 | 通过一个任务结果来影响下一个任务结果,此种方法需要考虑两种任务之间的转换关系,但该方法可以使任务之间共享更多的网络参数,还可以使各个任务相辅相成,提高各自任务的准确率 |
| MOT | multiple object tracking | 多目标跟踪 | 其主要任务是给定一个图像序列,找到图像序列中运动的物体,并将不同帧中的运动物体一一对应(Identity),然后给出不同物体的运动轨迹 |
| MP | mission planning | 任务规划 | 也称路线规划,是最高级的,定义起点(pickup)和终点(drop-off),以及从起点到终点的道路 |
| MP | motion planning | 运动规划 | 也称局部规划,将产生合适的路径,或/和一系列动作,去实现局部目标 |
| MPC | model predictive control | 模型预测控制 | 一种基于对受控对象进行预测的控制方法 |
| MPL | map priors layer | 地图先验层 | 包括动态元素的信息,甚至包括驾驶行为 |
| MRF | Markov random field | 马尔可夫随机场 | 建立在马尔可夫模型和贝叶斯理论基础之上的,它包含两层意思:一是什么是马尔可夫,二是什么是随机场 |
| MRR | mid-range radar | 中程雷达 | 用于盲点监测、车辆停止和起步场景,范围有限(可达 40 米)。根据具体的使用情况,传感器安装在汽车周围(4 个角),使用 24GHz 系统。不过,77GHz 也会用于中程 |
| MS | motor schemas | 电机模式 | 用于移动机器人的电机模式是完成目标导向行为的一系列动作 |
| MSE | mean squared error | 均方误差 | 测量预测值与某些真实值的匹配程度 |
| MTF | modulation transfer function | 调制转移函数 | 光学工程里的一个术语,常用于评价镜头(光学系统)的性能。在图像画质领域,也可用于评价图像清晰度 |
| MTL | multi-task learning | 多任务学习 | 一个机器学习领域,使用包含在相关任务的监督信号中的领域知识来改善泛化性能 |
| MVS | multiple view stereo | 多视角立体视觉 | 对立体视觉的推广,能够在多个视角(从外向里)观察和获取景物的图像,并以此完成匹配和深度估计 |

| 英文缩写 | 英文全称 | 中文全称 | 相关解释 |
|---|---|---|---|
| MWIS | maximum-weight independent set | 最大权重独立集 | 从加权无向图中寻找最大独立集 $I^*$ 的问题 |
| NDS | navigation data standard | 导航数据标准 | 是由汽车制造商和供应商联合发展创建的汽车等级导航数据库标准格式 |
| NDT | normal distributions transform | 正态分布变换 | 一个配准算法,它应用于 3D 点的统计模型,使用标准最优化技术来确定两个点云间的最优的匹配,因为其在配准过程中不利用对应点的特征计算和匹配,所以时间比其他方法快 |
| NeRF | neural radiance fields | 神经辐射场 | 用一个 MLP 神经网络去隐式地学习一个静态 3D 场景 |
| NET | non-equilibrium thermodynamics | 非平衡热力学 | 非平衡热力学也称为不可逆过程的热力学,对热传导、物质的扩散、物质的膜渗透、黏性流动、导电及那些联结现象、干涉现象等根本不可逆的输运现象是非常有效的理论 |
| NF | normalizing flow | 归一化流 | 一种生成模型,与扩散模型类似,将数据分布映射到高斯噪声 |
| NHTSA | National Highway Traffic Safety Administration | 美国高速交通安全管理局 | 美国政府部门汽车安全的最高主管机关 |
| NiN | network in network | 网络中的网络 | 多个 mlpconv 层的堆叠,在 mlpconv 层中拥有构成整个深层网络元素的微网络(MLP) |
| NLM | non-local means | 非邻域均值 | 非局部均值滤波是一种在去噪的同时能够最大限度地保持图像的细节特征的改进滤波 |
| NLPM | nonlinear propagation model | 非线性传播模型 | 类似于一个偏微分方程(PDE)描述的扩散过程,直到 $N$ 次迭代结束才会停止,但这不适用于所有像素 |
| NLS | nonlinear least squares | 非线性最小二乘法 | 以误差的平方和最小为准则来估计非线性静态模型参数的一种参数估计方法 |
| NMP | neural motion planning | 神经运动规划器 | 一种在线运动规划算法,在高维规划空间中的规划效率与传统规划算法相比具有很大的优势 |
| NMS | non-maximum suppression | 非最大抑制 | 抑制不是极大值的元素,可以理解为局部最大搜索 |
| NODE | neural ordinary differential equation | 神经常微分方程 | 用于学习物理系统,作为离散架构的连续时间限制,包括对可表达性的理论结果 |
| OBU/E | on-board unit/equipment | 车载单元或设备 | 包括天线、定位系统、处理器、车辆操作系统和人机界面等 |

| 英 文 缩 写 | 英 文 全 称 | 中 文 全 称 | 相 关 解 释 |
|---|---|---|---|
| OCR | optical character recognition | 光学字符识别 | 指电子设备(例如扫描仪或数码相机)检查纸上打印的字符,然后用字符识别方法将形状翻译成计算机文字的过程 |
| ODD | operational design domain | 运行设计域 | 特定驾驶自动化系统或其功能专门设计的运行条件,包括但不限于环境、地理和时间限制,和/或某些交通或道路特征的存在或缺失 |
| OFT | orthographic feature transform | 正交特征变换 | 用于解决 2D 图像推理物体 3D 边框的问题 |
| OGM | occupancy grid map | 视觉占用格图 | 将车辆行驶道路环境用网格切分,并且每个网格用二值数值 0 和 1 填充,0 表示该网格被占用,1 表示该网格没有被占用 |
| OOD | out-of-distribution | 分布外样本 | 指模型在分布变化的场景下进行泛化的任务 |
| OSCC | open source car control | 开源车辆控制 | 软硬件设计的集合体。它可以对汽车进行计算机控制,以推动自动驾驶汽车技术的发展 |
| OSI | open simulation interface | 开放模拟接口 | 确保任何硬件在环测试系统中轻松集成罗德与施瓦茨雷达目标模拟器 |
| OSM | openstreetmap | 公开地图 | 一款由网络大众共同打造的免费开源、可编辑的地图服务 |
| OSR | open set recognition | 开放集识别 | 指在训练时存在不完整的世界知识,在测试中可以将未知类提交给算法,要求分类器不仅要准确地对所见类进行分类,还要有效处理未见类 |
| OTA | over-the-air | 空中下载 | 通过移动通信的空中接口实现对移动终端设备及 SIM 卡数据进行远程管理的技术 |
| OTF | optical transfer function | 光学转移函数 | 它表示的图像的对比度比率时作为空间频率的函数作图,以标本对比度,考虑到实际的和理想的图像占据的位置之间的相移 |
| OWL | open world learning | 开放世界学习 | 可以看作持续学习的一个子任务 |
| P3P | perspective-3-points | 3 点透视算法 | 求解 3D 到 2D 点对运动的方法,目的是求解相机坐标系相对世界坐标系的位姿 |
| PAF | part affinity fields | 部件亲和力场 | 表示部件之间的关联程度。部分亲和力是每个肢体的 2D 矢量场,对于属于特定肢体的区域中的每个像素,2D 矢量编码从肢体的一部分指向另一部分的方向。每种类型的肢体都有一个相应的亲和力场,连接两个相关的身体部位 |
| PBR | physically based rendering | 基于物理的渲染 | 指使用基于物理原理和微平面理论建模的着色/光照模型,以及使用从现实中测量的表面参数来准确表示真实世界材质的渲染理念 |

| 英文缩写 | 英文全称 | 中文全称 | 相 关 解 释 |
|---|---|---|---|
| PCA | principal component analysis | 主成分分析 | 主成分分析是一种无监督的数据降维方法 |
| PDM | positive definite matrix | 正定矩阵 | 在线性代数中,正定矩阵的性质类似复数中的正实数。与正定矩阵相对应的线性算子是对称正定双线性形式 |
| PF | particle filter | 粒子滤波 | 一个求解状态空间问题的蒙特卡洛模拟方法,其思想就是用粒子集来表示概率,从后验概率中随机抽取的状态粒子来代表其分布 |
| PI | parameter isolation | 参数孤立 | 参数孤立方法为每个任务分配了不同的模型参数,防止任何可能的遗忘 |
| PID | proportional-integral-derivative | 比例-积分-微分 | 结合比例、积分和微分三种环节于一体的控制算法 |
| PMIC | power management integrated circuits | 集成电源管理电路 | 它是用来管理主机系统中的电源设备,常用于手机以及各种移动终端设备 |
| PnP | perspective n points | N 点透视算法 | 求解 3D 到 2D 点的对应方法。它描述了当知道 $n$ 个 3D 空间点及其位置时,如何估计相机的位姿 |
| POMDP | partially observable Markov decision process | 部分可观察马尔可夫决策过程 | 一种智体决策过程的建模:假设这个系统动态方程符合马尔可夫决策过程,但是智体不能直接观测底层状态 |
| PP | pure pursuit | 纯跟踪控制 | 基于几何追踪实现的方法,主要目标是使车辆的后轮沿着一条弧线运动并经过目标点。主要应用在自行车模型的车辆控制上 |
| PPO | proximal policy optimization | 邻近策略优化 | 一种基于 Actor-critic 框架的无模型、在线策略更新深度强化学习算法,同时面向离散控制和连续控制,能够很好地处理自动驾驶决策控制任务输出连续动作空间的问题 |
| PSF | point spread function | 点扩散函数 | 描述了成像系统对点源或点对象的响应 |
| PSN | polyline subgraph network | 折线子图网络 | 可以看作 3D PointNet 的泛化。但是,排序信息嵌入矢量、基于折线聚类约束子图的连通性以及编码属性为节点特征等,说明该方法更适合于编码结构地图标注和智体的轨迹 |
| PV | perspective view | 透视视图 | 近大远小,符合正常人眼观察 3D 世界的规律 |
| PVA | position-velocity-angle | 位置、速度和姿态 | 传感器融合信息估计 |
| QoS | quality of service | 服务质量 | 指一个网络能够利用各种基础技术,为指定的网络通信提供更好的服务能力,是网络的一种安全机制,是用来解决网络延迟和阻塞等问题的一种技术 |

| 英文缩写 | 英文全称 | 中文全称 | 相关解释 |
|---|---|---|---|
| RA | reachability analysis | 可达性分析 | 该算法具备实现简单和执行高效等特点，更重要的是可以有效地解决在引用计数算法中循环引用的问题，防止内存泄漏的发生 |
| RANSAC | random sample consensus | 随机采样一致算法 | 随机采样一致算法是从一组含有"外点"的数据中正确估计数学模型参数的迭代算法 |
| RCS | road centerline segmentation | 道路中心线分割 | 指能够分割道路中心线的算法 |
| REM | road experience management | 道路经验管理 | 也称路书，标注的是通过视觉提取的路标，包括车道线、道路边界、交通标志、路上标记等 |
| RF | random forest | 随机森林 | 一个包含多个决策树的分类器，并且其输出的类别是由个别树输出的类别的众数而定 |
| RF | rigid flow | 刚性流 | 源帧 s 的像素点坐标减目标帧像素坐标 |
| RFS | random finite set | 随机有限集 | 对于多目标追踪，当目标数量很多时，传统的点理论（就是用矩阵）会导致计算量大，对于未知和时变的目标数量也较难实现，而基于随机有限集的滤波器能够解决这一问题 |
| RL | reinforcement learning | 强化学习 | 又称再励学习、评价学习或增强学习，是机器学习的范式和方法论之一，用于描述和解决智体在与环境的交互过程中通过学习策略以达成回报最大化或实现特定目标的问题 |
| RM | ramp metering | 匝道计表 | 通过高速公路匝道上的交通信号灯来控制进入高速公路的车辆 |
| RNN | recurrent neural network | 循环神经网络 | 一类以序列数据为输入，在序列的演进方向进行递归且所有节点（循环单元）按链式连接的递归神经网络 |
| ROC | receiver operation characteristic | 接收者操作特征曲线 | 接收者操作特性曲线是指在特定刺激条件下，以被试在不同判断标准下所得的虚报概率 $P(y/N)$ 为横坐标，以击中概率 $P(y/SN)$ 为纵坐标，画得的各点的连线 |
| ROIP | region of interest pooling | 感兴趣区域池化 | 使用卷积神经网络在目标检测任务中广泛使用的操作 |
| ROS | robot operating system | 机器人操作系统 | 在机器人领域一个成熟和灵活的控制编程框架 |
| RPN | region proposal network | 区域生成网络 | 基于滑窗的无类别 object 检测器，输入是任意尺度的图像，输出是一系列矩形候选区域 |
| RPR | relative posture regression | 相对姿态回归 | 用地理参考数据集的检索方法或其他方法来回归相对姿态 |

| 英文缩写 | 英文全称 | 中文全称 | 相关解释 |
|---|---|---|---|
| RQE | Rényi quadratic entropy | 雷尼二次熵 | 在信息论中,雷尼熵是香农熵的推广,是用于量化系统的多样性、不确定性或随机性的函数族之一 |
| RRT | rapidly-exploring random tree | 快速遍历随机树 | 一种树状数据存储结构和算法,通过递增的方法建立,并快速减小随机选择点同树的距离,用于有效地搜索非凸的高维度的空间 |
| RSS | responsibility-sensitive safety | 责任敏感性的安全模型 | 将人类对于安全驾驶的理念和事故责任的划分转换成为数学模型和决策控制的参考参数 |
| RSTPE | relative spatio-temporal positional encoding | 相对时空位置编码 | 用于学习每个轨迹的辨别特征 |
| RSU/E | roadside unit/equipment | 路边单位或设备 | 包括天线、定位系统、处理器、车辆基础设施接口以及其他界面 |
| RTK | real time kinematics | 实时动态差分定位技术 | 一种差分 GPS 方法,它利用信号载波相位信号,依赖单个参考基站或者内插的虚拟基站可以实时矫正位置,达到厘米级精度 |
| RTKL | real-time knowledge layer | 实时知识层 | 在地图顶层,可读写,可更新 |
| RTOS | real time operating system | 实时操作系统 | 旨在为实时处理数据的应用程序提供服务而且通常没有缓冲区延迟的操作系统 |
| RTSP | real-time publish-subscribe | 实时流传输协议 | TCP/IP 协议体系中的一个应用层协议,该协议定义了一对多应用程序如何有效地通过 IP 网络传送多媒体数据 |
| SA | simulated annealing | 模拟退火算法 | 模拟退火算法是一种通用概率演算法,用来在一个大的搜索空间内寻找命题的最优解 |
| SA | software architecture | 软件架构 | 对复杂的软件系统进行结构化,并给出其高级的系统描述 |
| SAE | Society of Automotive Engineers | 美国汽车工程师学会 | 美国及世界汽车工业(包括航空和海洋)有重要影响的学术团体 |
| SBML | systems biology markup language | 系统生物学标记语言 | 它是机器可读的、基于 XML 的置标语言,用于描述生化反应等网络的计算模型 |
| SC | spectral clustering | 谱聚类 | 谱聚类算法建立在谱图理论基础上,与传统的聚类算法相比,它具有能在任意形状的样本空间上聚类且收敛于全局最优解的优点 |
| SC | sanity checks | 健全检查 | 一般是指一个初始化的测试工作,以决定一个新的软件版本是否足以执行下一步的测试用例 |
| SCM | scene-centered coordinate system model | 场景为中心的坐标系模型 | 在 SCM 体系结构中,输入数据在一个全局坐标系中表示,在所有智体之间共享 |

| 英文缩写 | 英文全称 | 中文全称 | 相关解释 |
|---|---|---|---|
| SDE | stochastic differential equation | 随机微分方程 | 包括鞅表示论、变分不等式和随机控制等内容 |
| SDV | software defined vehicles | 软件定义汽车 | 具体是指在模块化和通用化硬件平台的支撑下,以人工智能为核心的软件技术决定整车功能的未来汽车 |
| SDV | self-driving vehicle | 自动驾驶车辆 | 一种通过计算机系统实现无人驾驶的智能汽车 |
| SE | squeeze and excitation | 压缩和激发 | 一种图像识别结构,通过对特征通道间的相关性进行建模,把重要的特征进行强化来提升准确率 |
| SFM | structure from motion | 运动恢复结构 | 运动恢复结构是一种通过分析图像序列得到相机参数并进行3D重建的技术 |
| SFS | shape from shading | 从明暗恢复形状 | 计算机视觉中3D形状恢复(3D shape recovery)问题的关键技术之一 |
| SfX | shape from x | 3D形状恢复 | 许多其他的单目线索,如阴影、剪影、纹理和对称等被用作从图像重构物体形状的替代或补充 |
| SGD | stochastic gradient descent | 随机梯度下降 | 优化神经网络的一种方法 |
| SGM | semi-global matching | 半全局匹配 | 用于计算双目视觉中disparity的半全局匹配算法 |
| SGN | sequential grouping networks | 串行分组网络 | 一种实例分割神经网络 |
| SHAIL | safety-aware hierarchical adversarial imitation learning | 安全感知的分层对抗性模仿学习 | 一种学习方法,同策略地模仿低级驾驶数据,从一组低级控制器实例中选择出高级策略 |
| SHC | spherical harmonics coefficients | 球谐系数 | 一组基函数 |
| SHL | structured hinge loss | 结构化铰链损失 | 一种分类损失函数 |
| SHR | self-hypothesis refinement | 自假设细化 | 细化每个假设特征 |
| SIFT | scale invariant feature transform | 尺度不变特征转换 | 尺度不变特征转换是图像处理领域中的一种局部特征描述算法 |
| SIL | software in the loop | 软件在环测试 | 软件在环测试的目的是验证代码与控制模型在所有功能上是完全一致的 |
| SIM | signalized intersection management | 信号交叉路口管理 | 从对每个信号交叉口孤立的控制发展到综合考虑一条路线上的各交叉口(线控)或路网中的各个交叉口(面控),协调分配交通信号,以达到整体最优的效果 |
| SINS | strap-down inertial navigation system | 捷联惯性导航系统 | 把惯性仪表直接固连在载体上,用计算机来完成导航平台功能的惯性导航系统 |

| 英文缩写 | 英文全称 | 中文全称 | 相关解释 |
|---|---|---|---|
| SIoT | social internet of things | 社交物联网 | 利用物联网的感知监测技术,原本在我们生活中的普通物体可以实现实时的信息化,通过网络技术、云计算技术、云存储技术等,物体通过信息上网就可以"活生生"地"生长"在网上 |
| SIoV | social internet of vehicles | 社交车联网 | 通过网络实现车主和车主之间的社交 |
| SIS | sequential importance sampling | 串行重要性采样法 | 粒子滤波的别称 |
| SL | supervised learning | 监督学习 | 利用一组已知类别的样本调整分类器的参数,使其达到所要求性能的过程,也称为监督训练或有教师学习 |
| SLAM | simultaneous localization and mapping | 同步定位与建图 | 机器人在未知环境中从一个未知位置开始移动,在移动过程中根据位置和地图进行自身定位,同时在自身定位的基础上建造增量式地图,实现机器人的自主定位和导航 |
| SML | semantic map layer | 语义地图层 | 即在几何图上加上语义物体 |
| SNC | stochastic network calculus | 网络演算 | 一种基于非线性代数的确定性排队理论,目前已广泛应用于计算机网络建模与性能分析,特别是为计算延迟和积压等端到端性能参数的确界提供了有效工具 |
| SOA | signal-oriented architecture | 面向信号架构 | 汽车软硬件传统的交互方式,软件与硬件之间通过 CAN、LIN 总线进行点对点数据传输,通信方式在汽车出厂时已经确定 |
| SOA | service-oriented architecture | 面向服务架构 | 可以根据需求通过网络对松散耦合的粗粒度应用组件(服务)进行分布式部署、组合和使用 |
| SOTIF | safety of the intended function | 预期功能安全 | 为了规避那些因性能局限或者滥用导致潜在危害行为发生的不合理风险 |
| SPaT | signal phase and timing | 信号相位和定时 | 与信号交叉路口操作相关的通信 |
| SPD | stability-plasticity dilemma | 稳定性-可塑性困境 | 可塑性指的是整合新知识的能力,而稳定性则是在编码时保留原有知识 |
| SPN | spatial propagation networks | 空域传播网络 | 一个通用框架,可应用于许多与亲和力相关的任务;包含一个学习亲和实体的深度 CNN 和一个空间线性传播模块 |
| SPN | spatial transformer network | 空间变换网络 | 提出动机源于对池化的改进,即与其让网络抽象的学习位移不变性和旋转不变性,不如设计一个显示的模块,让网络线性地学习这些不变性,甚至将其范围扩展到所有仿射变换乃至非放射变换 |
| SPP | spatial pyramid pooling | 空间金字塔池化 | 使得任意大小的特征图都能够转换成固定大小的特征向量 |

| 英文缩写 | 英文全称 | 中文全称 | 相关解释 |
|---|---|---|---|
| SQP | successive quadratic programming | 连续二次规划 | 也称为顺序或递归二次规划,采用牛顿法(或拟牛顿法)直接求解原始问题的 KKT 条件 |
| SR | super-resolution | 超分辨率 | 通过硬件或软件的方法提高原有图像的分辨率,通过一系列低分辨率的图像来得到一幅高分辨率的图像过程就是超分辨率重建 |
| SRM | symbolic road marking | 标志性道路标记 | 如车道线、直行箭头和左转箭头等 |
| SRR | short-range radar | 短程雷达 | 由 24GHz 系统覆盖,该系统位于车辆周围(前、后、侧或车辆 4 个角),应用于如 BSD、车辆停止和起步或泊车辅助,所有这些都是在车辆以较低的行驶速度和较小的总距离(<20m)行驶下完成的 |
| SS | stratified sampling | 分层抽样 | 指先将总体按照某种特征分为若干层,如按照性别分为男、女两层,然后再从每一层内进行简单随机抽样 |
| SSA | string stability analysis | 弦稳定性分析 | 分析领导-跟随者方法编排稳定性的一种方法 |
| SSD | sum of squared difference | 差方和算法 | 差方和算法是图像序列中对应像素差的平方和 |
| SSD | single shot detector | 单步检测器 | SSD 的框架在一个基础 CNN 网络之上,添加了一些额外的结构,从而使网络可以用多尺度特征图进行检测、用卷积网络进行预测等 |
| SSL | semi-supervised learning | 半监督学习 | 模式识别和机器学习领域研究的重点问题,是监督学习与无监督学习相结合的一种学习方法 |
| SSL | self-supervised learning | 自监督学习 | 无监督学习里面的一种,也被称作辅助任务(pretext task)。自监督学习主要是利用辅助任务从大规模的无监督数据中挖掘自身的监督信息,通过这种构造的监督信息对网络进行训练,从而可以学习到对下游任务有价值的表征 |
| SSR | space super-resolution | 空间超分辨率 | 一种采用深度神经网络来进行图片超分辨率的技术 |
| STL | spatial transformer layer | 空间变换层 | 本身也是一个神经网络层,可以跟 CNN 并在一起直接训练,不仅可以 Transform 输入,所有的 feature map 都可以 |
| STL | signal-time logic | 信号时域逻辑 | 一个非常通用和稳健强硬的分解时间序列的方法 |

| 英文缩写 | 英文全称 | 中文全称 | 相关解释 |
|---|---|---|---|
| SUMO | simulation of urban mobility | 交通系统仿真 | 免费、开源的交通系统仿真软件,可以实现交通流的微观控制,即具体到道路上每一辆车的运行路线都可以单独规划 |
| SURF | speeded-up robust features | 加速稳健特征 | 是一个稳健的图像识别和描述算法,可被用于计算机视觉任务,如物件识别和3D重构 |
| SVM | support vector machine | 支持向量机 | 是一类按监督学习方式对数据进行二元分类的广义线性分类器,其决策边界是对学习样本求解的最大边距超平面 |
| TL | transfer learning | 迁移学习 | 其将模型训练分成两阶段:第一阶段是在大型通用数据集上进行训练,无论有无监督;第二阶段是使用训练的权重,在目标数据集上进行微调 |
| TNT | target-driven trajectory | 驾驶目标 N 条轨迹预测 | 一种基于历史数据(即多智体和环境之间交互)生成目标轨迹状态序列的方法 |
| ToF | time of flight | 飞行时间 | 通过测量物体、粒子或波在固定介质中飞越一定距离所耗费时间(介质/距离/时间均为已知或可测量),从而进一步理解离子或媒介某些性质的技术 |
| TS | traffic shaping | 流量整形 | 限制流出某一网络的某一连接的流量与突发,使这类报文以比较均匀的速度向外发送 |
| TSR | traffic sign recognition | 交通标志识别 | 指能够在车辆行驶过程中对出现的道路交通标志信息进行采集和识别,及时向驾驶人做出指示或警告,抑或者直接控制车辆进行操作,以保证交通通畅并预防事故的发生 |
| TSR | temporal super resolution | 时间超分辨率 | 一种采用深度神经网络来进行图片超分辨率的技术 |
| TTC | time-to-collision | 碰撞时间 | 自车与前车发生碰撞的时间 |
| TV | total variation | 全局变分 | 调整不同的参数对输出图像的影响 |
| UCB | upper confidence bounds | 置信上限 | 取值区间的上界 |
| UON | unexpected obstacle network | 意外障碍物网络 | 一种语义分割神经网络 |
| USL | unsupervised learning | 无监督学习 | 指在没有类别信息情况下,通过对所研究对象的大量样本的数据分析实现对样本分类的一种数据处理方法 |
| UTJAP | urban traffic jam auto pilot | 城市路交通堵塞自动巡航 | 属于自动驾驶 L4,目前没有市场上的产品,只有研发测试 |
| V&V | validation and verification | 验证和确认 | 通过提供客观证据对规定要求已得到满足的认定。通过提供客观证据对特定的预期用途或应用要求已得到满足的认定 |

续表

| 英文缩写 | 英文全称 | 中文全称 | 相关解释 |
|---|---|---|---|
| V2D | vehicle to device | 车辆到设备 | 可在车辆、移动设备和云服务之间提供安全的身份验证和权限管理服务 |
| V2G | vehicle to grid | 车辆到电网 | 车辆与电网通信,使电动车辆或混合动力车辆在最具成本效益的非高峰时段进行充电,或者向电网中输出电能转售给电力公司 |
| V2I | vehicle to infrastructure | 车辆到基础设施 | 车辆与路边基础设施元件(例如交通信号灯、道路标志、交叉路口和路灯)通信以共享交通信号变化通知、道路状况警告、交叉路口碰撞警告和行人横穿马路等信息 |
| V2N | vehicle to network | 车辆到网络 | 车辆与由基站和远程无线前端(RRH)组成的无线网络基础设施进行通信,以共享实时交通信息(例如工作区警告) |
| V2P | vehicle to people | 车辆到行人 | 车辆与行人通信,即使在漆黑的夜晚、大雾或雨天等能见度较低的条件下,也能获取有人行横道或行人靠近的警告,从而保护行人 |
| V2V | vehicle to vehicle | 车辆到车辆 | 车辆直接相互通信,可以共享碰撞前和碰撞后警告、接近实时的道路状况、盲点警告,以及提高能见度 |
| V2X | vehicle to everything | 车对外界的信息交换 | 未来智能交通运输系统的关键技术。它使得车与车、车与基站、基站与基站之间能够通信。从而获得实时路况、道路信息、行人信息等一系列交通信息,从而提高驾驶安全性、减少拥堵、提高交通效率、提供车载娱乐信息等 |
| VAE | variational auto-encoder | 变分自编码器 | 包含隐变量的一种模型,其与对抗生成网络类似,均是为了解决数据生成问题而生的 |
| VANET | vehicular ad-hoc networks | 车辆自组织网络 | 一种移动自组织网络,已被提出来提高交通安全性并为驾驶人提供舒适的应用程序 |
| VBR | video-based rendering | 基于视频的渲染 | 使用基于图像的渲染技术(例如视图插值)重新组合源视频帧,以在源摄像头之间创建虚拟摄像头路径,作为实时观看体验的一部分 |
| VCU | vehicle control unit | 整车控制器 | 实现整车控制决策的核心电子控制单元 |
| VFF | voxel field fusion | 体素场融合 | 旨在保持融合的跨模态一致性,其增强的图像特征、表征和融合为体素场中的一条射线 |
| VIL | vehicle in the loop | 实车在环测试 | 实车在环测试是指通过实时仿真机仿真模拟道路、交通场景和传感器,将真实的车辆置于其中进行测试的方法,可实现功能验证、各场景仿真测试、整车电控系统的匹配及联合运行 |

| 英文缩写 | 英文全称 | 中文全称 | 相关解释 |
|---|---|---|---|
| VIO | visual-inertial odometry | 视觉惯性里程计 | 融合相机和 IMU 数据实现 SLAM 的算法 |
| VLC | visible light communications | 可见光通信 | 一种无线通信技术,是利用荧光灯或发光二极管(LED)等物体发出的明暗闪烁信号来实现信息传输的通信技术 |
| VO | visual odometry | 视觉里程计 | SLAM 的一部分,主要是估计视角之间的变换,或者运动参数,它不需要输出制图的结果 |
| VP | vehicle platooning | 车辆编队 | 车与车之间保持一定的间距,动态组成车队行驶 |
| VPF | vehicle path-following | 车辆路径跟随 | 车辆跟踪运动规划输出的可执行轨迹 |
| VPN | view parsing network | 视图解析网络 | 可以有效地学习和聚合具有多个角度和模式的第一视图观察的特征 |
| VR | virtual reality | 虚拟现实 | 一种可以创建和体验虚拟世界的计算机仿真系统,它利用计算机生成一种模拟环境,使用户沉浸到该环境中 |
| VRE | volume rendering equation | 体渲染方程 | 可以解释为渲染方程的推广,包括体积结构,而表面几乎是具有复杂相函数的无限密集体 |
| VRU | vulnerable road user | 易受伤害的道路使用者 | 指以行人和骑行者为主的两类交通参与者 |
| VTL | virtual traffic light | 虚拟交通信号灯 | 可以通过车辆间直接交换的信息协商路权分配,且在设备获取相关信息时,车辆能够同策略地提供信息以获得优先路权 |
| VTM | view transformer module | 视图转换器模块 | 旨在聚合来自不同角度和不同模式的多个第一视图观察的信息 |
| YOLO | you only look once | 单步检测器 | 一种属于回归系列的目标检测方法 |
| ZSL | zero shot learning | 零样本学习 | 旨在识别训练过程中可能未见过的目标。 |